SEXTI PROPERTI
OPERA QVAE SVPERSVNT

SEXTI PROPERTI
QVAE SVPERSVNT OPERA

EDIDIT
NOVOQVE ADPARATV CRITICO INSTRVXIT

OLIFFE LEGH RICHMOND

CANTABRIGIAE
E TYPIS ACADEMICIS
mcmxxviij

CAMBRIDGE
UNIVERSITY PRESS

University Printing House, Cambridge CB2 8BS, United Kingdom

Cambridge University Press is part of the University of Cambridge.

It furthers the University's mission by disseminating knowledge in the pursuit of education, learning and research at the highest international levels of excellence.

www.cambridge.org
Information on this title: www.cambridge.org/9781107545212

© Cambridge University Press 1928

This publication is in copyright. Subject to statutory exception and to the provisions of relevant collective licensing agreements, no reproduction of any part may take place without the written permission of Cambridge University Press.

First published 1928
First paperback edition 2015

A catalogue record for this publication is available from the British Library

ISBN 978-1-107-54521-2 Paperback

Cambridge University Press has no responsibility for the persistence or accuracy of URLs for external or third-party internet websites referred to in this publication, and does not guarantee that any content on such websites is, or will remain, accurate or appropriate.

OPVS · HOC · DE · MONTE · SORORVM
DETVLIT · INTACTA · PAGINA · NOSTRA · VIA

CONTENTS

AUTHOR'S NOTE

If I were to thank by name all the scholars who have assisted me at various times with advice, information or criticism, all the librarians at home and abroad who have shown me courtesy, there would be no end to the list. I ask them to accept a general expression of my gratitude. I have mentioned in the first paragraphs of my Introduction those to whom I feel that a special debt is owing. Four other friends whose practical encouragement in early days laid me under heavy obligations have not lived to see the appearance of this book— Professors Bury and Sir William Ridgeway, Walter Headlam and Sir John Sandys. It remains to thank the two friends who undertook to read my proofs. Dr M. R. James, Provost of Eton, has read the Introduction, Professor A. Souter of Aberdeen the whole work. To the latter I owe a number of improvements in the diction of the Latin notes, and some critical remarks on spelling which have caused me to add the note on p. 17. His great authority in such a matter gives importance to his view that what I have called the *codex uncialis* was more probably, if it ever existed, a *codex* written in rustic capitals. I incline to this view myself, but have not thought it worth while to alter throughout a description which I chose originally to denote a *codex* written in a hand *of not later than uncial* date.

My debt to the Syndics and officials of the Cambridge University Press can only be repaid if it is recognised that their courage and care on my behalf have not been shown in vain; my admiration for the technical staff will be shared by all who handle the beautiful book which they have made.

O. L. RICHMOND

INTRODUCTION

nos, qui sequimur probabilia nec ultra quam id quod
ueri simile occurrit progredi possumus, et refellere sine
pertinacia et refelli sine iracundia parati sumus.

INTRODUCTION

§ 1. The researches upon which this work is founded could not have been undertaken by the writer except with the generous support of Cambridge University, which elected him to the Craven Studentship for the years 1904–6, and of King's College, Cambridge, which elected him to a Fellowship in 1905. That these researches were directed into fruitful channels was due above all to Dr M. R. James, who already in 1903 had initiated him into the art of collating manuscripts and had accompanied him to Wolfenbüttel and Leyden as guide and counsellor. The palaeographer's definite contribution to the problem of Propertius was to clear up the vexed questions of the date and provenance of the *Codex Neapolitanus*. His article in the Classical Review, XVII (1903), pp. 462–3, established beyond further doubt that this codex was written on the borders of France and Germany towards the end of the twelfth century; the judgement of Lachmann was thus vindicated against the perverse, and indeed inexplicable, error of Baehrens.

§ 2. Between 1903 and 1906 the writer examined and collated every manuscript of Propertius of which information could be obtained in Western Europe, and a number of early incunabula with the notes of the Humanists. It is hardly probable that important evidence for the text is still evading scholarly pursuit. Certainly nothing has been reported since the writer's article in the Journal of Philology, XXXI, 62 (1910), pp. 162–196. The present work draws upon the MSS there reported and grouped. The article contained upon its later pages (177 foll.) a preliminary discussion of the C manuscripts ($c^1c^2c^3$), the details of which his more mature judgement has for the most part condemned. But even the readings there quoted should have convinced readers that a family of manuscripts altogether distinct from the N and the F families was worthy of study and of full report. It was there suggested that C, from which they descend, was itself descended from an Irish text (pp. 188–9), and this still seems not impossible; but the argument from *finit* written for *explicit* in the conclusions of books (pp. 166, 187), though offered by high authorities, has been impugned and can be given up. It has also since been suggested tentatively by Dr James that C might have been written in the Beneventan hand; the question is one for the palaeographers.

§ 3. Before these researches among the MSS were begun, the writer had inferred from study of the editions of Lachmann, Baehrens, Palmer, Postgate and Phillimore that the *Codex Neapolitanus* was of all those in existence the one with which a critic could least easily dispense; his sympathy in 1903 was given rather to Palmer and Phillimore than to the more eclectic Baehrens and Postgate, and his first ambition was to evolve a 'conservative' text neglecting no hint offered by N. Study of the codex itself did not disillusion him; we can afford to disregard *no* hint in N. But the further the quest extended the deeper grew the conviction that to set N in judgement on the other families, or to prefer its reading merely as the oldest written evidence now before us, was as futile as to give weight to a mere majority vote. The altered point of view was forced upon the writer by his first examination of the Cambridge MS, c^3, and confirmed by the discovery of c^1 at Leyden and of c^2 at Florence; for, whatever importance may attach to their singular or mutually corroborative readings, however many glosses or 'interpolations' we may detect in them, it is abundantly clear that their exemplar was widely different from N, and that where we can establish its reading we must weigh it against N's with the scales not loaded on either side. The same thing is true of AFBHL; but the occasions are far fewer where this group offers a reading possibly preferable to N's. It was from the C family that the Humanists disseminated a number of readings which have passed as emendations of their own; without C before us, it is sometimes most difficult to determine whether C (or the immediate exemplar of c^1 and c^2) was carefully worked over by a specially skilled emendator, or itself preserved variants from another ancient source.

Experience in the handling of manuscript evidence strengthened the conclusion that a 'conservative' text would not be a true text. Yet, when all the evidence has been weighed, the text now offered is at many points actually closer to the manuscript tradition than many so-called conservative texts.

§ 4. The researches began with another fixed idea to cramp them. Postgate's edition admitted the conjectural transposition of couplets and of groups of couplets with a frequency beyond the dreams of Scaliger; and certain elegies—for instance, the first of the last book— assumed a shape so far from that given by the manuscripts that the changes could only be accounted for by imagining a scribe armed with scissors, snipping his exemplar into couplets and shuffling them before he made his copy.

Common-sense denied the possibility of a chaos thus contrived and set the writer's face against the wholesale use of transposition. But closer study convinced him of the necessity of certain transpositions, and set him searching for the true causes of chaos.

The work of Lachmann on the text of Lucretius offered an analogy; the lacunas postulated by Lachmann, Fonteine, Baehrens and others gave the clue. The lacunas and the dislocations could be accounted for only by supposing extensive damage and loss to a MS earlier than our archetype. The internal evidence yields cumulative proof that this ancestor MS had but 16 lines on a page and 32 on a leaf. The numbers indicate an uncial[1] MS. Some of the more salient details of the evidence were set out in the writer's article in the Classical Quarterly, XII, 2 (April 1918), pp. 59 foll. The evidence as a whole is offered, page by page, in the present work, which aims, incidentally, at the reconstitution of this uncial MS, so far as its pages and leaves have survived disaster. The transpositions admitted here are most often the replacement of dislocated pages or leaves; but among a series of displaced leaves the copyist's uncertain eye or the corrector's arbitrary hand may work havoc not otherwise likely to befall a text. Fragments following or preceding a lacuna may be falsely joined or even deliberately detached to follow some seemingly similar context; a scribe may begin in error a page too soon or write out the *verso* before the *recto*. But the transposition of couplets or groups of couplets has been not seldom admitted, where no external accident can help to account for the error in the tradition. It will be seen that the main causes of such dislocations are homoeoteleuton or homoearchon; and the palaeographer will probably grant that elegiac couplets are far more liable to this kind of damage than any continuous writings. The fact remains, however, that no other elegiac writer has suffered in this way so seriously as Propertius; we must suppose at least one scribe, anterior in date to our archetype, who was unusually careless. Or can we admit that to displace six couplets in the whole of the *Cynthia*, some 780 verses, was after all no heinous offence, if one man displaced them all? One who, though thoroughly familiar with the poems, has found it hard to copy them out without such slips, can more easily admit this than the reader trained only to the printer's accuracy.

[1] Or one written in rustic capitals. The term 'uncial' used throughout should not exclude that possibility. See especially App. adn. 10.

This edition, then, though undertaken with a strong prejudice against transposition, admits it as a legitimate and salutary weapon in the critic's hand, but brings it under new constraints of circumstance.

Postgate's version of *Elegies*, IV, i [= *Ell. Lib.* IV, ii] has been mentioned; the writer ventures to point to his own version of that poem as a typical example of the difference in the methods here employed. But to Postgate, whose recent death deprives this edition of a most valued critic and this writer of his earliest patron, an incalculable debt is due for the work he accomplished in this field among many, and for generous and long-continued assistance and advice. With him must be named the acutest of all living critics of Latin poetry, Professor Housman, from whom the writer has learned more about Latin than from any one man, whom to convince is the arduous ambition of all his pupils, whom worthily to repay in kind their hope beyond fulfilment.

§ 5. The researches among the MSS were far advanced when the late Professor Phillimore, who had earlier lent most courteously his own collation of a great part of N, communicated in a letter his view that Propertius had composed his elegies in verse-groups roughly balanced. It was an idea in advance of Hertzberg, if it could be shown to be practical; but the examples then communicated failed to convince. However, a rejected idea may germinate; and in the event the present edition offers a text distributed throughout in stanzas. These are everywhere shown in a balanced scheme of numbers, corresponding in a different field to the lyric schemes.

In 1908 the writer read a paper to the Emmanuel College Classical Society on the subject of this numerical arrangement. His article in C.Q. XII (1918), pp. 69–74, offered a preliminary statement of the grounds upon which he based his own theory and of the methods to be employed in restoring this feature of the poet's composition. Professor Phillimore's attempt was published in his text for the Bibliotheca Riccardiana in 1910; he divided the elegies into groups of verses, indeed, but only rarely are they numerically balanced, and his complete rejection of the possibility of transpositions or lacunas involved him, to the writer's thinking, in difficulties which are insurmountable. Nevertheless priority is readily granted to his work in this field. He had divided *Cynthia*, v and xiv (= xv) and xix (= xx) almost, and vi entirely, as here given: also viii*b* (= ix). II, xii (= *Ell.*

Lib. II, xi) was the point from which the writer's own theory started; Phillimore had printed it in 1910 in the same quatrains which the writer has interpreted in detail (see pp. 27, 28). II, xx (= *Ell. Lib.* I, xxi) was printed almost, the following elegy quite, as here given. These are all elegies where the order of couplets is preserved in the MSS, and no other problem is presented. A passage from the article may here be added. 'But before me Robinson Ellis had expressed his belief in such numerical schemes underlying our damaged text of Propertius [*Catullus*, I (ed. I), pp. 221, 222], and moreover had detected the strongest piece of internal evidence. Vertumnus, at the close of a now disordered poem (our IV, ii, 57) [= *Ell. Lib.* IV, iii], says:

> *sex superant uersus* (te, qui ad uadimonia curris,
>   non moror): haec spatiis ultima creta meis.

The understanding reader will know at this point that the scheme is incomplete without a group of eight verses to balance vv. 1–8 of the true text. These are two of them, *and six remain.* Robinson Ellis also anticipated me in detecting the numerical scheme of Callimachus' *Bath of Pallas*, with its triads of tens and twelves.' It is not necessary to find a first author of the idea that Greek and Roman elegists applied to their art such laws of proportion as they could borrow from lyric. '*nolo in his morari, iam enim de Tibulli structura aequabili Dissenus et Bubendeius, de Propertio Hertzbergius Muellenhoffius Drenckhahnius dixerunt; de Ouidio uero idem demonstrare conatus est O. Korn...et post eum Rautenbergius': R. Ellis, op. cit.* The present work is the first which attempts to apply the idea in a logical way; and after long and patient experiment the writer dares to hope that his hands have forged a new and precious key to the reconstitution of this poet's text.

§ 6. This personal statement would be incomplete without reference to the problem of notation. There is sufficient ancient evidence (see pp. 47–49) to establish the titles of the five books as the *Cynthia* and *Elegiarum Libri* I, II, III, IV. To these titles we should return. The reconstitution of *Ell. Libb.* I and II from the fragments incorporated into the traditional Book II of the MSS demands, if it is successful, a totally new notation for this part of the work. The numeration of the elegies in the other books is here altered, the numeration of verses is often far from the traditional. The editor was left with no choice but to offer throughout a new notation governed by the authority, yet to be established, of his reconstructed uncial MS. He has, however, printed the traditional Book II in the familiar notation (resting, be it said, upon no critical authority) as an Appendix for the purpose of reference, and noted in the margins the *folia* of the uncial as well as the proposed new numeration of poems and verses. It will be for the republic of scholars to decide whether so bold a decision was justified by the circumstances, and whether it can be confirmed and followed by posterity. They will at least perceive from these first paragraphs that the arguments which have led others in other directions have met with full consideration, and that the course here finally pursued was dictated by no hasty convictions.

§7. *The MSS.*

(1) *N and its congeners.*

N. *Neapolitanus (nunc Guelferbytanus, inter Gudianos* 224). Dr M. R. James (C.R. xvii (1903), pp. 462–3) has established that this MS was written late in the twelfth century in the neighbourhood of Metz, perhaps for the library of Épinal. It was in Italy in the fifteenth century, perhaps the property of Gianozzo Manetti of Florence, and probably was bought at Naples by Marquard Gude. No Italian copy of it exists, nor does it seem to have been quoted in the notes of the Humanists. The MS collated at Naples by Heinsius was not N. Lachmann first saw N's importance. It contains nine sheets of eight *folia* each, wanting the seventh *fol.* of sheet 9, which has been cut out. Three hands have written it; the first ends at *fol.* 32 *b*, the second at *fol.* 48 *b*. The number of lines on a page varies from 27 to 29. It has no titles, except that *Incipit Propertius* is added by a later hand above the first line.

Since this is the only complete MS extant which is earlier in date than the beginnings of the Italian Renaissance, its authority is very great. The present editor holds it more honest in error even than his predecessors have held it; see, for instance, *Ell. Lib.* iii, xvi, 9 and iv, iv, 11. But it is far from infallible, or criticism would resign its office. For instance, at *Ell. Lib.* ii, xxii, 55, *fertur* for *quamuis* is a deliberate alteration due to lack of intelligence; at *Ell. Lib.* iii, i, 29, *famae...uetustae* for *omnia...uetustus* is due to the incorporation of a gloss $\frac{famae}{uetustas}$ into the text. The scribes of N may be only copying their exemplar in such details; but at *Cynth.* xxiv, 31 N's own scribe is probably to be detected in an act of interpolation. After *scandentes* he left a gap, and later, with a newly filled pen, wrote *quisquis* into a space too long for it. The present editor attaches great importance to the omissions by N of words or verses found in the other MSS, and believes that in almost every case N represents the archetype. Even when it omits vv. 15, 16 of *Ell. Lib.* iii, ix by reason of the homoeoteleuton (*caput, caput*) and the other MSS preserve them, the archetype may well have omitted them in its text; for the couplets, vv. 15, 16, 17, 18, have changed places in the tradition, and vv. 15, 16 may have been written once in the margin. However, there is no reason to suspect e.g. the conclusion of *Ell. Lib.* iv, iv, 7, *Bactra per ortus*, which N omits, probably because its exemplar had the unintelligible *blactra*. And in every case criticism has some other weapon than the mere authority of N with which to attack the vulgate.

The critic must also weigh carefully any signs given by N of disagreement with the vulgate divisions of poems. Its illuminations, for instance, at *Ell. Lib.* III, xxv, 23 (*risus eram*) and I, iv, 35 (*seu mare per longum*) may mark rather points where the uncial ancestor began a new *page* than the supposed beginnings of elegies. The number of readings which are here quoted from N alone is markedly fewer than that in previous editions; yet the number is still considerable, and among them far more fragments of the truth than emerge from any one of our other sources.

μ, *Paris.* 8233, *siue Memmianus* (an. 1465): v, *Vatic. Vrbin.* 641; p, *Parmensis*, 140; l, *Lusaticus* [Goerlitz, A. iii (1, 20)]. μv and pl are the only extant MSS which may be said to support the tradition of N as against that of the F family. μv are corrected, pl occasionally interpolated, but each pair had a distinct exemplar which was not N nor a copy of it. It would therefore seem that there were two ancient MSS in Italy after 1460, one in Florence or Rome, one between Padua and Parma (?), which belonged to the kindred of N. It is seldom indeed, however, that these late copies contribute anything more than confirmation of N. N's text for the leaf now lost can be approximately divined from μv, as Hosius, who first noted v, and Postgate have pointed out. The reading of its exemplar at *Cynth.* xxiv, 31 (see above) can with some probability be inferred from μvpl.

At *Ell. Lib.* III, x, 17, after *Omphale* μv read *et* and omit *in*; the present editor regards this as evidence in favour of *Omphale et in tantum....* At *Ell. Lib.* IV, ii, 133 μv have *cum fixum* for *confixum*, and the critic is in doubt whether this is a correction or a fragment of true tradition preserved in their exemplar alone. He need attach no importance to the accident that v at *Ell. Lib.* III, iii, 63 began *ui-* and altered it to *gigantum*—even though *tormenta uirorum* is the reading of the MSS at *Ibis*, 189, and this is one of the omissions of N.

Though it would have been a plausible guess that the '*codex uetustissimus*' of Bernardino Valla lay behind μv or pl, Pucci's collation of it rules out the possibility. It is not necessary to repeat the account of this matter given in Journ. of Phil. XXXI, 62 (1910), pp. 170–2.

R, as copied from an exemplar of the fourteenth century at latest, has been admitted to the apparatus for the sake of completeness; but its palpable errors have in the main been suppressed after the *Cynthia*, and editors hereafter will not quote it at all except in the very few passages where it preserves a fragment of truth lost in the NFC families. One of these is *Ell. Lib.* I, v, 26, *ipsa* for *illa*; another at *Ell. Lib.* II, v, 19, *nil* for *mihi*. It shows occasional agreement with N in readings otherwise unsupported, more frequent agreement with Vo.

§ 8. (2) *F and its congeners.*

A (*Leidensis Voss.* 38: *circa ann.* 1300 *in Gallia scriptus*). See Dr M. R. James, C.R. XVII (1903), p. 463, also p. 13 below. The fragment ends at II, i, 63 of the vulgate. There are 24 lines to a page. The importance of A is that it carries back into the thirteenth century the authority of the readings of F which can be confidently attributed to its exemplar; A contributes of itself almost nothing to the text. AF were first published by Baehrens; they seem to have had a common exemplar.

F (*Laurentianus* 36. 49, *inter ann.* 1380–1400 *in Italia,* ? *Florentiae, scriptus*). The common exemplar of AF *may* have been in Petrarch's possession. Petrarch was, by tradition, the first Italian scholar of the Renaissance to possess a Propertius. Coluccio Salutato's letters and his name as a subscription in F connect F with Petrarch's circle. L, which comes nearest to AF, is bound up with the Latin Epistles of Petrarch, and is written, apparently, in a North Italian hand (Petrarch retired to Arquà, near Este). L however is not copied directly from the exemplar of F. Copies of Petrarch's unique exemplar were perhaps early multiplied, as were copies of the *Veronensis* of Catullus in the years immediately following its recovery.

A new collation of F contributes more new facts than the re-examination of N or A; for F has been extensively corrected in the fifteenth century and only its original text is of importance for the critic. But F, when weighed against N, is only seldom found to offer a suggestive error or a preferable reading; it is the chief extant representative of a text descending from a French source decidedly inferior in detail to the source of N and incorporating the not few interpolations of the vulgate. For an example of its occasional superiority *Ell. Lib.* III, xiii, 51 may be chosen.

L (*Holkamicus* 333: *ann.* 1421 *in Italia, fortasse septentrionali, scriptus*). This MS, first noticed by W. T. Lendrum, was published and accurately collated by Postgate ('On Certain Manuscripts of Propertius': Transactions of the Cambridge Philological Society,

IV, i). It is interesting rather than important, and helps in a number of passages to support, if not to establish, the reading of F. (See above, F.) Its scribe came from Campofregoso, near Genoa. To AFL are here added BH, as copied from a common exemplar of the F family—some other, probably, of the descendants of Petrarch's MS, belonging to the end of the fourteenth century.

B (*Bruxellensis Bibl. Reg.* 14638): H (*Hamburgensis* 139). That Baehrens' judgement upon H was not accurate will appear from the apparatus: '*fortasse eo nomine memorari meretur quod ex F iam correctorem passo neglegenter transcriptus est.*' BH are not copied from F, and in so far can be used to support F's readings. But they frequently offer a corrected text, and their scholarly spelling cannot be held authoritative. Perhaps their only important contribution in detail is at II, xxiv, 46 (*Ell. Lib.* I, xiv, 34), where they teach us what FL's ancestor must have offered, viz. *et modo esonio* (a reading confirmed by a debased F MS, *Bodl. Add. B.* 55, which has *et modo ab esonio*).

P (*Paris. Bibl. Lat. Nat.* 7989: *ann.* 1423 *scriptus*) is founded upon an F text and confirms certain readings of F. But it is deeply interpolated, and seldom quoted here. Its chief interest is to throw back to the early years of the fifteenth century certain of the emendations found in the later conflated books, e.g. *utere* for *ut te* at *Cynth.* viii, 21, and to connect them with Poggio's circle. Poggio tells in his letters of the loss and subsequent recovery of his Propertius. P is the actual MS containing the transcript of the *Cena Trimalchionis* found at Traù. See A. C. Clark, C.R. XXII, p. 178: and Poggio's letter of June 1st, 1427 (Tonelli, i, p. 211): '*Propertius rediit ad nos.*'

Vo. (*Leidensis Voss.* 117) is, or represents, the main source of the readings which Baehrens quoted from his DV, than which it is at least a generation earlier (? 1460). See Journ. of Phil. XXXI, 62 (1910), pp. 166–170. This MS, though of no importance except for the emendations it incorporates into an F text, is fully reported here, since DV have hitherto maintained the place accorded to them by Baehrens.

§ 9. Here may be inserted a brief note upon medieval references to Propertius. Most of these are collected by M. Manitius in Philologus, LI (1892), p. 532. One of the most interesting is the mention by John of Salisbury at the beginning of his *De Septem Septenis* of Propertius' 'letter' to Octavian, which can be no other than our *Ell. Lib.* IV, i

(= II, x, vulgate). Manitius in 'Philologisches aus alten Biblio-thekscatalogen,' 1892 (Rheinisches Museum), states that the only mention of a MS before the Renaissance occurs in the *Biblionomia* of Richard de Fournival, of Amiens, Chancellor of the Cathedral about the middle of the thirteenth century: '*tab.* x, *no.* 116: *Propertii Aurelii Naute liber monobiblos in uno uolumine.*' He may never have possessed such a book, since his catalogue is an ideal one; but the title is plausible. [Delisle, Cabinet des MSS, II, p. 536.] But Dr M. R. James adds the following from the catalogue of the Sorbonne, of date 1338. '§LII. 14. *Propicius de uirtutibus. incipit in* 2° *fol. surgat in penultimo nec maii. Precium v sol.*' [Delisle, *op. cit.* III, p. 62.] Now A has 24 lines to a page and begins its second folio with *surgat* (*Cynth.* ii, 11), and A is a French MS.

§ 10. (3) *The C family.*

c^1 (*Leidensis Voss. Lat.* 81); c^2 (*Laurentianus* 38. 37); c^3 (*Cantabrigiensis Add.* 3394). From a similar source descend many readings of the interpolated and later MS c^4 (*Berolinensis Diez B.* 53, *olim Askewianus no.* 408)—once the property of Santen—and of the still more debased *Berolin. Diez B.* 41 (c^5).

$c^1c^2c^3$ date from about the middle of the fifteenth century, were all written in Italy (c^2 on paper), and represent a text quite distinct from those of the N and the F families. If they descend from a common exemplar (C), c^3 was copied from it before it suffered Humanistic correction, c^1c^2 afterwards, and c^2 later than c^1.

Since each of the three gives signs throughout that its exemplar was ancient, and each preserves fragments of tradition overlooked by the others, it is fair to infer that C was being constantly worked over and that each copyist was prone to accept a correction for C's original text. Some of the corrections may have been ancient variants. There is evidence that C was glossed, and that this led to further confusion. But only one marginal gloss survives as such; and it is suggestive. It appears on the first page of c^1, opposite to *Cynth.* i, 15 (*ille etiam psilli percussus uulnere rami*; *arbore*, AFBH): '*psilus arbor: posuit arborē pro sagipta.*' It is an ignorant and foolish note; yet it seems to be the origin of the variant in AFBH, and, if so, descends from a far antiquity.

c^1 and c^3 show that C's leaves were loose and liable to disorder, c^1 that they contained 64 lines and allowed one line of space between certain poems. c^3 copies thus (I give the traditional notation): I, i, 1 to iii, 46; vi, 1 to vii, 26; iv, 1 to v, 32; ix, 25 to xi, 20; viii, 1 to ix, 24; xi, 21 to 11, ix, 52; 11, xiii, 1–58; 11, x, 1 to xii, 24; 11, xv, 29 to xvi, 30; 11, xiv, 1 to xv, 28; 11, xvi, 31, and then onwards as in the vulgate as far as IV, vii, 54. Then IV, vii, 83 to viii, 36; vii, 31–54 (repeated), 55–82; IV, viii, 37 and so onwards as in the vulgate; but IV, ix, 32 to x, 10 (inclusive) is wanting, owing to the cutting out of one folio with 53 lines and one title. c³ has leaves of 54 lines as a rule. The dislocations represent leaves of some 60 lines. Actually the number must have been 64. c¹ gives the vulgate order until it reaches 11, xiv, 7. Then it gives 11, xvi, 48 and continues to xviii, 35, thence returns to 11, xiv, 8. After 11, xvi, 47 comes xviii, 36. These inverted sections contain respectively 64 and 128 lines, one line being allowed, as in c³, between elegies. c¹ makes no sign to indicate an error; c³ guides the reader through chaos with marginal notes and signs. With these dislocations should be compared those found in the *Mentelianus* (*Leidensis Lat.* 133 A). Like c³ it is disordered in the *Cynthia*, and gives: 1, i to vi, 11, then viii, 12 to ix, 28; then vi, 12 to viii, 11; then xi, 27 to xiv, 2; then ix, 29 to xi, 26; then xiv, 3 and onwards as in the vulgate. These are sections of 192 (= 64 × 3), 64, 64, 64, 64 lines; and since it is hardly likely that *two* ancient MSS in Italy of the same number of lines to a leaf were dislocated in the same region, we must conclude that the *Mentelianus* owes its disorder to the same source as c¹c³, though its text has been transformed till it more nearly resembles the NF traditions. C, then, preserved the unit of 16 lines from the uncial ancestor, but had one page for two of the uncial's, and left the space of a line between elegies.

c¹c²c³ belong in date between 1440 and 1460, nor is there any hint of their peculiar readings in earlier conflated books such as P. The writer infers that C was discovered between 1440 and 1450, and was the cause of the legend which Scaliger knew from Alessandro Alessandri. '*Jouianus Pontanus uir multae eruditionis antiquissimo firmabat testimonio Propertii elegias patrum nostrorum aetate et* se adulescentulo *primum in lucem prodiisse cum antea inscitia temporum incompertae forent et incognitae, opusque obliteratum et longissimo aeuo absumptum corrosis et labentibus litteris in cella uinaria sub doliis inuentum apparuisse et, cum libelli uetustate uerbis et nominibus absumptis longo situ et senio quod in diuturna obscuritate latuerant ueram lectionem assequi nequirent, effectum ut mendosi inde codices prodirent:* paulatimque discuti errores et corrigi coepti sunt, *nec tamen effici quisse ut posteris omnino integri inoffensique darentur.*' [Alexander ab

Alexandro, *Dierum Genialium libri sex*, ed. Francofurti, 1591, p. 52.]
Pontano was 20 years old in 1446. $c^1c^2c^3$ would pass very well for
copies of an exemplar thus discovered about that time in a battered
and partly illegible condition and bidden to suffer gradual 'correction.'
Scaliger uses the legend for his own purpose. What was discovered
was the archetype, and the first scribe disarranged its pages. '*qui
autem illud descripsit primus, nae ille audax aut negligens homo fuit,
quisquis ille fuit. nam praeter innumera menda, quibus totum librum
praestantissimi poetae aspersit, magni sceleris se obligauit, quum in
secundo et tertio libro integras paginas, et magnum numerum uersuum
suo loco luxauerit, et infinitis locis magnas tenebras offuderit, adeo ut
neminem esse putem (libere enim quod sentio fatebor) qui hunc poetam in
secundo libro nisi per caliginem, quod dicitur, intelligat. nos primi eam
perturbationem uersuum odorati sumus, et bene nobis successit labor iste.*'
The legend in that form ignores Petrarch, Coluccio, Poggio,
Manetti, Bernardino Valla and the rest, who were well enough aware
of Propertius. And, if C was the book discovered, it was little copied,
though certain of its peculiar readings were widely disseminated
among the latest MSS.

§ 11. *The relation of $c^3c^1c^2$ to one another.*

Cynth. xvii, 27. c^1.

> sic *silice* et saxo patientior illa siccano
> sit licet et ferro durior et calibe.

c^2c^3 have *sit licet* with Ω. Yet *silice* is beyond doubt the true reading
in this carefully balanced couplet, and is otherwise unattested.

Cynth. xxi. 20. c^3. *egressum* lunge fasidos isse uiam.

c^1c^2 have *egressam* with Ω. Yet c^3 has the true reading, a masculine
agreeing with Argos *the mariner*, who in v. 22 *scopulis adplicuit ratem.*
Heinsius and Ellis emended Ω.

Ell. Lib. III, xii, 63. c^3.

> certa loquor, sed nulla fides: neque *uilia* quondam
> uerax Pergameis Maenas habenda malis.

c^1c^2 have *enim ilia* with Ω. c^4 writes ·N· *illia*. The reading of c^3 is
true and otherwise unattested; thus alone can a normal sense be
given to v. 64.

Ell. Lib. IV, ii, 114. c^2. et lacus extiuus *nunc opet* uber aquis.

c^4 has *inceptet*; c^1 and c^3 have *intepet* with Ω. (All however have
uber for the *umber* of Ω, rightly.)

Housman truly emended *intepet* to *non tepet*. c^2 blunderingly supports him.

These MSS, then, are independent, and occasionally only one of them preserves the original text of C against a correction, or a true correction against the original text.

§ 12. c^3 is an earlier and better witness than c^1c^2. [The faithfulness of c^3 to C is well seen in the passage of *Ell. Lib.* IV, viii (33 and following verses) which it copies out twice with very slight variation.]

Ell. Lib. I, ii, 35. c^3. olim mirabar quod pergama belli. The second hand supplies *tanti ad* in the margin.

$c^1c^2c^4$ read: olim mirabar quid pergama bella fuissent (*fuissent* taken from v. 36).

Evidently then C omitted *tanti ad* after $q\bar{d}$, or the letters were quite illegible; and $c^1c^2c^4$ copied it after 'correction.'

Ell. Lib. III, i, 58. c^3. non rigat martius antra liquor. The second hand supplies *operosa* in the margin.

c^1c^2 read: *non rigat umbrosa*. *umbrosa* was the guess of a corrector added above the line in C and here introduced *after rigat*. Was it a guess founded on the scarcely legible letters of *operosa*, or a mere interpolation?

The reader will discover in the apparatus several similar cases, where c^3's superiority is manifest. v. 64 of the same elegy may be added: nec Iouis Elei caelum imitata domus. For *elei* c^3_1 had *dei* (F_1, *olei*); c^1c^2 read *idei* to mend the metre. For *imitata* c^1c^3, like FL, give *mutata*; c^2 has *imitata* with the majority.

These instances confirm the former inference that C was in process of being corrected. c^3 was copied from it at an earlier stage than c^1c^2, and these will only be followed as against c^3 in very rare cases. One perhaps is at *Ell. Lib.* I, i, 5 (*uidi*). When at *Ell. Lib.* III, xxiii, 25, c^3_1 gives *albanus lanus* (this by attraction after the preceding word) *et socii memorenses ab unda*, we need not necessarily regard the *albanusque lacus* of $c^1c^2c^4$ (and Hertzberg) as an emendation made in the text of C in the fifteenth century; this is possible, but the *et* is retained in them after *lacus* and the metre breaks down. (*memorenses* is preserved also by c^1; but c^2c^4 give *nemorenses* with Vo., the word having been in part emended in C.)

Very hesitatingly, and fully admitting that they *may* both be fifteenth-century emendations, the present editor has accepted e.g.

two readings of c^1c^2 in *Ell. Lib.* III, iii, 32, 33: *ille parum* cauti *pectoris egit opus* (caute, c^3, *codd.*): *corpora disponens mentem non uidit* inertem (in arte, c^3, *codd.*: in arto, *Housman*); but he has no such hesitation about *Ell. Lib.* II, ix, 12: *et male desertos occupat herba deos*, where Heinsius' emendation is found to be the text of c^3_1 and of c^1, but c^2 has reverted to the *mala* of the vulgate. Without C before us, we cannot exclude the possibility that c^3 occasionally is ignoring an *ancient* correction or *varia lectio* preserved by $c^1c^2c^4$.

It will be seen from these quotations how slippery is the ground beneath a critic's feet, where the evidence for C is his quest. Its text before correction was, in general, much debased and full of ignorant errors; yet every word, every poem-division, in these copies must be watched, lest a fragment of the truth be lost. It was independent of the N and the F families, and will be found supporting now one, now the other; and the agreement of NFc^3 is usually the archetype's reading.

Note on Spelling.

No finality or consistent scheme can be attained where the MSS are of so late a date as those of Propertius. On the whole N points to *haut, ads-, inp-, conp-, inm-*, and these will, as a rule, be found in the text. *uo-* for *uu-* has been printed in five passages, where archaism is in place and the MSS favour it. (c^3 would suggest it in a few more passages.) *sepulchrum*, not *sepulcrum*, has been printed, on the ground that in nine out of eleven passages N gives the *h* and in seven c^3 gives it, though FL only give it twice. In both the passages where A has the word it gives the *h*, though F omits it. (In five out of eight passages where *pulcher* occurs N gives the *h*, in four c^3 gives it, whereas F never gives it and L once gives it where F omits.)

In two passages (*Ell. Lib.* III, v, 64, *effultum*, IV, xi, 21 *effrenis*) *eff-* has been printed rather than *ecf-*, where the MSS give *et f-*. There is no suggestion that *effingere, effugere, efficere, effundere* were spelt *ecf-*; but *et* is written for *e* by N, e.g. at *Ell. Lib.* I, i, 50; III, iv, 47; II, xxi, 11, where no *f* follows, and at IV, xi, 8 *nec uersum* does not indicate *in ecuersum*.

At *Ell. Lib.* I, i, 22 *Xerxis*, not *Xersis*, is printed, though the archetype gave the latter, at IV, vii, 93 *Sygambros*, not *Sycambros*; in each case the Greek form is preferred. Such spellings as *siquis, nequis, nescioquis, Suebo, Cytaeis, uaesana* are given in correction of the archetype; also *exsequiis, exstat, exstincto, exsuctis, exspectas*, in which Propertius' usage cannot be ascertained. For such spellings as *Vlixem, Philitea, Aganippaeae, Cnosia*, Professor Housman's articles should be studied, above all those in Vols. XXXI and XXXIII of the Journal of Philology and in C.Q. XXII.

INTRODUCTION

§ 13. The archetype is, of course, the latest common ancestor.

The archetype lying behind NFC gave the text in the order of the vulgate. The division of elegies was often obscured in it, even where no disturbance of the text is to be suspected. Behind our archetype lay that copy of the sixteen-lined uncial which attempted its partial restoration after loss and damage, and which actually introduced into the text most of the disturbance that Scaliger claims to have first detected; for Scaliger does not seem to have suspected the great *losses* which befell it before disturbance by editing and correction began.

§ 14. *The sixteen-lined uncial.* We have before us in c^1c^3 and the *Mentelianus* (pp. 13, 14 above) an instance of the effect upon the copies of dislocation among the leaves of an exemplar. c^1 preserves the disordered text of part of the exemplar without sign or alteration, and thereby provides direct evidence of the exemplar's pagination. c^3 on the other hand obscures the exact points at which the breaks in the exemplar occurred by beginning as many of the sections as possible *at the beginning of an elegy, viz.* at I, vi, 1; I, iv, 1; I, viii, 1; II, xiii, 1; II, x, 1; II, xiv, 1. That there are lacunas, as well as disorder, in the vulgate text[1] has long been perceived by critics. The texts of Lachmann, Baehrens and Postgate record a great number of such lacunas. One to which almost all critics agree occurs after II, xxii, 42 (vulgate) *anxia mater alit.* Fonteine perceived another, to which Baehrens agreed, after v. 10 of the same elegy (*gemma tenet*). The passage between is of 32 verses. After xxii, 42 the MSS give a fragment of eight verses, then an elegy of 24 verses, which ends unsatisfactorily (xxiii); then 16 lines of xxiv *a* (with a lacuna before v. 11); then xxiv *b*, with another lacuna before v. 17—for this cannot be the actual beginning of the poem. If we could account for the lacuna before xxiv, 11, these groups of verses would give the appearance of being two leaves of 32 lines and one page of 16, with pages or leaves lost where the lacunas fall.

There is a generally recognised lacuna after [*Ell. Lib.*] III, xviii, 8; for Marcellus is nowhere mentioned by name in the elegy, and must be the subject of v. 9; another was marked by Scaliger, and is generally recognised, after xx, 10—for the unities are far from being observed, if vv. 1–10 and 11–30 are parts of a single poem. The vulgate gives 26 + 28 + 10 verses between these lacunas, = 64. Lachmann, fol-

---

[1] The vulgate order of the traditional Second Book is given on pp. 397–426; *Ell. Lib.* signifies reference to the text here reconstructed.

lowed by most critics, marked a lacuna in IV, i before v. 39 and another after v. 54 [= *Ell. Lib.* IV, ii, 93–108]. The passage is of 16 lines; it seems to be interpolated between two connected couplets mentioning the wolf of Romulus, and has the appearance of a page copied too soon. Fonteine suggested that IV, vii, 55–70 should be transposed to follow v. 92. The passage is of 16 lines [= *Ell. Lib.* IV, viii, 75–62]. Kuinoel, followed by almost all critics, marked off II, xviii, 23–38 (vulgate) as alien to what preceded. This fragment too is of 16 lines. And it is at least curious that this book should contain so many other isolated groups of 16 lines: II, ii with a disturbed text; xiii, 1–16 (before a lacuna); xxvii, 1–16, with an abrupt beginning; xxviii, 47–62, after a lacuna marked by Lachmann and generally recognised; xxxi, 1–16 before a lacuna marked by Perreius and generally recognised; xxxiii, 25–40, a passage marked off as alien to its context by Baehrens.

§ 15. There are also a number of isolated groups of 32 lines each, marked off by the MSS or by the critics. Ribbeck and Heimreich, noticing the change of style and tone, divided II, i after v. 46. From 47, *laus in amore mori*, to the end is a passage of 32 lines (followed in the MSS by ii, 1–16). Guyet, defending the unities, divided II, xxix after v. 22; and there seems to be a lacuna before v. 23. A generally recognised lacuna occurs after xxx, 12. The verses between these points are 32 in number. II, iv begins, according to the MSS, at *Multa prius*, but according to Schrader and Lachmann at *his saltem ut tenear*, ten lines earlier. The MSS give the ten verses as part of iii, to which clearly they cannot belong. A lacuna should rather be marked before *his saltem* and the ten verses considered as the end of some other elegy now lost or mislaid. From *his saltem* to the apparent end of iv are 32 verses.

II, xiv, 1–28 and 29–32 are given by the MSS as a single elegy. But Gulielmus Fischer (and also Postgate) has perceived that vv. 29–32 cannot possibly belong to a poem of triumph, which leads up to the victor's dedication in vv. 27, 28. In vv. 1–28 the poet celebrates his success in love, in vv. 29–32 is in doubt and vows suicide if he fail in it. Fischer considered vv. 29–32 a fragment of a lost poem. How then was this part of it preserved? It reads as a conclusion. If the rest is lost, the loss will probably have occurred through the disappearance of a leaf or leaves; and this conclusion will have stood *at the top of a succeeding leaf* which was duly copied. If we had grounds for recognising vv. 1–32 as one leaf of a book, we should be forced to set vv. 29–32 *at the top of the recto, before* vv. 1–28, and suppose a lacuna before v. 29.

§ 16. II, x, xi, as the MSS give them, contain between them 32 verses. Lachmann recognised x as the proem of a new book, and so it seems to be; but not of the book which Lachmann caused to begin at this point in the vulgate. The verses are dated. The East is already subject, India bows down, Arabia trembles, Crassus is avenged, Euphrates is no more a barrier. We are in the period subsequent to 20 B.C., when the standards of Carrhae were recovered—the period which also saw the composition of *Ell. Lib.* IV, vii, 95–100. It is a period later than Elegies, Book III, dating from 23 B.C.; for there the poet speaks of these triumphs as in the future still: *finem imperii Bactra* futura *canent* (i, 22); *Crassos clademque piate! ite et Romanae consulite historiae; Crassi signa referte domum* (iii, 11, 12; 72); *arma deus Caesar dites* meditatur *ad Indos* (*ibid.* 1). The verses are dated also in relation to the poet's life by vv. 7, 8: *aetas prima canat Veneres, extrema tumultus: bella canam, quando scripta puella mea est.* These are not words fitting to the still youthful poet of the vulgate 'second book'; and they are completely belied by the poems celebrating Cynthia that follow xi. So inconsistent do they appear in their present surroundings that Heimreich proposed to delete them and Postgate *to join them to Ell. Lib.* IV, ii. The six verses which follow x, 26 in the MSS, in most of them as a separate elegy, are an *envoi*, a final farewell to Cynthia. They are equally out of place in these surroundings. Fonteine proposed to insert them *at the end of Ell. Lib.* III, xxv (but after v. 36). If we had grounds for recognising these 26 + 6 verses as one leaf of a book, we should be forced to set xi, 1–6 *at the top of the recto* as antecedent to *scripta puella mea est* (x, 8); and a position between Books III and IV of the Elegies would exactly suit the other conditions of the case. Here would be an *envoi* fitly carrying III, xxv to a climax, followed by a proem—the proem to a book written after 20 B.C. There is but one such book, and that the only one hitherto lacking a dedicatory elegy.

We have noted that from III, xviii, 9 (after a lacuna) to xx, 10 (before a lacuna) the vulgate gives 64 verses of text. If II, x, xi were a misplaced leaf of 32 lines in an ancestor of our archetype, we must infer that two of the same ancestor's leaves once contained those 64 verses. The vulgate gives from III, xx, 11 onwards 20 + 34 + 42 + 24 + (20 + 18) verses to the traditional end of the book—a sum of 158, or two short of 160 (32 × 5). But Livineius perceived that a couplet has been lost before xxii, 37, which has no construction (= *Ell. Lib.* III, xxiii, 37, 38); and all critical editions follow him. If this couplet was still present at the stage to be reconstituted, a MS with 16 lines to a page and 32 to a leaf—that is, *an uncial MS*[1]—which contained on two of its leaves *Ell. Lib.* III, xviii, 25 (= III, xviii, 9) to xx, 10, would have exactly completed five more leaves (after a lacuna) when it reached the traditional end of elegy xxv, *euentum formae disce timere tuae.* The 32 verses given in the vulgate as II, x and xi could therefore have once covered a leaf of the same MS at the junction of Books III and IV.

A *prima facie* case has been made out for supposing that most of the lacunas suspected by many scholars have a common cause, the loss of leaves or pages of an ancestor MS, and that the chaotic state which they have recognised in parts of the text is mainly due to dislocation of loose leaves or pages in this MS and to the lacunas caused by loss or dislocation. It would weary the reader to take him over every step in the process of discovery. He will find by experiment that, if all the passages cited above as of 16 or 32 lines be set aside, the sum of what remains in the vulgate between II, iii, 44 (*Hesperios*) and II, xxxi, 16 is a multiple of 16 verses. He will find by close scrutiny of the present edition that the reconstruction of this ancestor MS has proved a not impossible task. But it is necessary that the methods pursued be further explained. The *prima facie* case must, with all reserve at first, be treated as a working hypothesis.

§ 17. In the uncial MS II, xi and x, 1–26, must, on our theory, have filled a leaf in that order. In the vulgate the order of the passages is reversed. So in the uncial II, xiv, 29–32 must, on our theory, have preceded vv. 1–28. As has been pointed out, c^3 had in most respects a faithful scribe; yet, when faced with a dislocated exemplar, he *on six occasions* began to copy the new page from the beginning of a new elegy. It is presumable, in his case, that a corrector of the exemplar had indicated in the margin to which elegy each fragment should be attached. In the fifteenth century it was possible enough to correct one MS by another, as c^3_1 is corrected by c^3_2. The 'uncial' was perhaps in its own time the only MS of Propertius in existence. Certainly the scribe who copied it after its misfortune had nothing but his own wits whereby to attempt its reconstruction. The two instances quoted would suggest that *sometimes*, when faced with a

[1] But see p. 5, note.

leaf whose context was lost, he began, like c³, with the beginning of a poem, and postponed the fragment of a once preceding poem till he had finished that leaf. II, iii, 45 (vulgate)–iv, 22 [= II, iv of Schrader and Lachmann], on the contrary, has been accurately copied from the uncial leaf. The scribe did not postpone *his saltem . . . domo*, though an illuminated letter came at *Multa*, because he fancied that the *fines* of the first verse of the leaf could be East and West (iii, 44).

An instance of his method on a larger scale is to be found in the group of leaves extending from II, xvi, 1 to xviii, 22 (*ante fuit*). [A leaf ended at xv, 54 (*dies*), and after xviii, 22 the vulgate gives a page of 16 lines (23–38) and a leaf of 32 lines (xix).] The passage in question is of $56 + 18 + 22$ verses $= 96$ (32×3).

Though one couplet in each section is in need of transposition, there is but one point where a lacuna has been suspected—after xviii, 4. Postgate and Butler agree with Conrad Rossberg that vv. 1–4 are not part of the same elegy as vv. 5–22. But if the false junction of two fragments is a result of the accident to our uncial, we have the clue. Here were three consecutive leaves, treasure trove for the scribe among the chaos. Instead of beginning with a fragment which he found at the beginning of the series, he set off with the complete long elegy xvi, and continued to the end of the third leaf at xviii, 4. Then he inserted vv. 5–22, *with which the first leaf had begun.* (These verses in fact reflect a phase of the estrangement earlier than xvi, xvii the despair, xviii, 1–4 the resignation of the betrayed lover.)

§ 18. Let us take instances now upon the smallest scale, where a single *page* is concerned. After the lacuna in the vulgate at II, xxii, 42 comes a leaf of the uncial (v. 43–xxiii, 24) which has been left intact by the copyist, though an elegy begins at xxiii, 1; perhaps he did not notice the lacuna in the exemplar or perceive the impossibility of joining vv. 42 and 43. But the 16 lines following, though seemingly one page, are not of one piece: vv. 11–16 were seen by Scaliger not to belong to vv. 1–10 and Baehrens places a lacuna before v. 11. (Clearly the once preceding couplet contained a *modo* to balance that in v. 11.) Now *Tu loqueris* was the illuminated beginning of an elegy. It is suggested, by the analogy of the previous instances before us, that this page of the uncial *began* with vv. 11–16, to which *Tu loqueris* succeeded. (The passage aptly takes up the mood of a poem which could end with our vv. 11–16; *ne tibi sit mirum me quaerere uiles* well follows the *uilia dona,* and *ista dispendia* of vv. 14, 15.)

II, xxviii, 35–46 and II, ii need a more elaborate reconstruction; but the same key solves the puzzle. xxviii. 41–46 are a fitting conclusion to an elegy beginning with xxviii, 1–34. But some MSS (including N) begin a new elegy at v. 35 (*deficiunt*). If what the vulgate gives as only 12 verses represents a page of the uncial, four more must be discovered which once stood upon it; but the relative order of vv. 35–40 and 41–46 seems due to the copyist postponing a fragment and beginning with the illuminated letter.

In II, ii the first couplet does not belong to the poem of which vv. 3–16 are a fragment; but vv. 15, 16 read like a conclusion. Moreover, vv. 9–12, howsoever they be read, are ill assorted with the likening of Cynthia to the goddesses upon Ida. The page in the uncial began (after a lacuna) with *qualis et Ischomache* (v. 9) to *latus*; a new group of verses began then at *cur haec in terris* and contained vv. 3–8 (with a now lost couplet upon Venus), and the poem ended with vv. 13–16. At the bottom of the page was the couplet *Liber eram*, beginning a new poem with an illuminated letter; and the rest of that poem the copyist did not discover. So he did what he afterwards did, e.g. in II, xviii, 1–22; he created a body out of an odd head and tail.

This same key to the copyist's scheme of work when faced with a chaotic region of his text will guide us, if we go warily, through the chaos of II, vi–ix. The reader is referred to the text of the reconstructed uncial (*foll.* 64–75). But the worst chaos of all has been created by this scribe who copied from the uncial bringing together after II, viii, 8, the end of one of its leaves (indeed, apparently, the end of a quire), a mosaic of fragments from neighbouring elegies, which had each stood in the uncial at the top or at the bottom of some page or leaf. viii, 9–12 is a conclusion, vv. 13–16 a beginning; vv. 17–20 with 25–28 is the conclusion of an elegy whose beginning can be recognised in ix, 49–52. The scribe did not perceive any connexion, owing to the loss of a page between (probably illegible) and the dislocation of the quire. Nor did he perceive that by inserting 32 verses (a leaf of his own book) after viii. 8 he was separating viii, 1–8 from ix, 1–40, which complete the same elegy.

§ 19. The present editor's method in unravelling the puzzle should be illustrated in another regard. Having inferred that II, xvi, 1–xviii, 22 represent three leaves of the uncial (see above), followed by one page and one leaf (to xix, 32), he finds before xiii, 17, *quando-*

cumque igitur, an obvious and generally recognised lacuna. What has happened between that point and xv, 54? If our early inference was right, xiv represents a leaf of the uncial ending at v. 28 and beginning with vv. 29–32 (see above). Nothing now present in this context stood before that leaf. We should set it aside in imagination in the hope of finding the context. xiii, 17–58 and xv, 1–54 between them make up 96 verses (32 × 3), or another consecutive triad of leaves, like xvi, 1–xviii, 22. The leaf or page before xiii, 17 is lost; xv, 54 may prove not to have been the true end of its elegy.

Again, a leaf has been inferred beginning at II, xxiv, 17, *hoc erat*. From that point the vulgate gives 36 + 48 + 58 + 16 + 34 verses to xxviii, 34, a point where a lacuna occurs; the sum is 192 (32 × 6). But the elegy numbered xxvi, *uidi te in somnis*, should end at v. 20, *metus*; Burmann began a new elegy at v. 21, *nunc admirentur*, and the *Neapolitanus* actually illuminates the first letter of v. 29, *seu mare*. Many critics have perceived that vv. 1–20, 21–28, and 29–58 are in quite different moods. A lacuna is therefore to be postulated before v. 29; and at this point the vulgate has given 112 (= 16 × 7) verses from xxiv, 17. But the present editor cannot allow that xxv ends satisfactorily with vv. 47, 48, and holds that after *mala* no more than a comma can be placed—that, in fact, a lacuna is to be postulated at that point also. The poem has 16 × 3 verses; and if these be set aside as three pages, we have 64 verses, or two leaves, between xxiv, 17 and xxvi, 28.

N's illumination at xxvi, 29 cannot make the verse into the beginning of a poem; but if there was a lacuna before that point, it may record the beginning of a page of the uncial, as, in effect, does the illuminated letter at xxvii, 1, and at other places in the vulgate: II, ix, 1, xxix, 23; III, i, 1, xv, 11, xxv, 1; IV, ix, 1 (II, vii, 13 marks the beginning of a page in the *copy* of the uncial). If we set aside xxvii, 1–16, as an isolated page, the vulgate gives 30 + 34 verses (64 = two more leaves) between xxvi, 29 and xxviii, 34. The editor therefore infers that *three pairs* of leaves are to be detected in those 192 lines. One contained, after a lacuna, xxiv, 17–52; then xxvi, 1–20 and (a new elegy) 21–28, before a lacuna; a second, after a lacuna, xxvi, 29–58, and xxviii, 1–34 before another lacuna; a third, xxvii, 1–16, the *end* of an elegy covering the *recto* of the first leaf, and xxv, 1–48, before a lacuna, filling the other three pages. The copyist found this latter pair of leaves between the two leaves of the first pair (i.e. after xxiv, 48), but rightly finished xxiv before turning to them. He then began them at the illumination of xxv, 1, postponing xxvii, 1–16, which had no illumination (and is not marked in μυρlR as the beginning of an elegy). But the impossibility of attaching the fragment to xxv, 48 when he reached that point, caused him to postpone it further; and at xxvi, 58 a context more plausible appeared.

§ 20. In this case then, if the inference is true, the copyist who had before him the damaged uncial followed an editorial instinct most dangerous in a scribe. He sought out a context for one of his fragments and found it through a superficial similarity of terms. There are other examples of the instinct at work. The page given by the vulgate as II, xxxiii, 25–40 owes its position there to the phrase *mediae nequeunt te frangere noctes* (25), which the scribe inserted to follow vv. 22–24—confirmed in his guess by the juxtaposition of *Icare* (29) and *Icarii* (24). He attached II, xxx, 19–22 to the verses now preceding in the vulgate because of the superficial kinship of *non iure* with *non immerito*, and of *uado Maeandri* with *Phrygias undas*. He placed xxix, 1–22 before vv. 23–42 not only because of a slight similarity of subject or because xxix, 23, with which a leaf began, lacked a beginning, but because of *in lecto* occurring in vv. 21 and 24. In fact, he caught at straws. Nor were all his attempts at reconstruction as unreasonable as these. He picked out the loose leaf containing the dedicatory passage II, i, 47–78 and attached it to v. 46, though the style and tone are widely different—because Maecenas was a name he knew and occurs in vv. 17 and 73, but nowhere else in Book II of the vulgate. He attached II, xxxiv, 67–94 (67 began a leaf) to the only other passage concerning Virgil—which happened to fall at the bottom of a leaf. He must have searched long for a context for the six verses given by the vulgate as IV, i, 61–66. He found them at the top of the leaf on which his Book II began—marooned after a lacuna; and, as so often afterwards, began to copy from the illuminated letter of II, i, 1. But when he discovered a page ending with IV, i, 55–60 (*moenia, moenia...patriae meae*), he thought his quest rewarded (*patria, arces, muros*; 64, 65, 66). The later passage does in fact glance at the earlier and correct its provinciality and arrogance; his *patria* is now Rome, an *Aeneid* has appeared. We need not be ungrateful for our scribe's misdirected labour, or for the consistency of his unscientific methods. We can note one more instance of them in this very passage of the vulgate. The uncial's leaf ended, we found, with the traditional ending of Book III. We ventured to insert at that point a leaf given by the vulgate as II, x, xi; but we did not examine the region beyond, except that we isolated as a misplaced leaf the verses IV, i, 39–54. Isolating now also vv. 61–66 as altogether alien, we have vv. 1–38, 55–60, 67–70 (= 48 verses, or three pages) between IV, i, 1 and v. 70 of the vulgate. v. 55 follows v. 38; but can vv. 67–70 either follow v. 60 or precede v. 71? In vv. 55–60 the poet proposes to attempt patriotic verse, the growth of the city of Rome to its greatness, a veritable Amphion's task (57). And in 71 the Fata, in 73 the tragedies of epic tale, are the themes deprecated by the soothsayer. Yet in vv. 67–70 only a *Hesiodic* work is proposed (*sacra diesque*) with Callimachean subjects included (*cognomina prisca*). These phrases would suit a description of the last book taken as a whole, or the passage *just concluded*, IV, i, 1–38—but not the immediate context.

The solution lies in the leaf which we have ventured to introduce before IV, i, 1. In II, x (= *Ell. Lib.* IV, i, 1–26) we have the same pose of offering to attempt epic as in IV, i, 55–60 of the vulgate; but it is exchanged for a confession of present humility.

> sic nos, nunc inopes laudis conscendere in arcem,
>   pauperibus sacris uilia tura damus.
> nondum etiam Ascraeos norunt mea carmina fontes,
>   sed modo Permessi flumine lauit Amor.

The stanzas[1] of the elegy demand four more verses after those. The four verses which the context rejects after IV, i, 66 supply a conclusion apt in every point.

> Roma, faue; tibi surgit opus. date candida, ciues,
>   omina, et inceptis dextera cantet auis.
> sacra diesque canam et cognomina prisca locorum:
>   has meus ad metas sudet oportet equus.

Ascraeos fontes he will drink for a Hesiodic work. His Pegasus is no Haemonian steed (2), and will find even the lower heights a toilsome climb.

Our copyist found these four verses at the top of a leaf, after a lacuna. He began to copy once more from the illuminated letter of IV, i, 1 (*Hoc quodcumque*), and when he had reached the bottom of the third page added these to the passages about the poet's *patria* and his literary aspirations. The student of the present edition will find that the pages and leaves of the uncial can still be traced from point to point throughout the last book[2].

---

[1] See the following paragraphs.   [2] See especially App. adn. 10.

§ 21. *The stanza-schemes of composition.*

Of the germ of this idea enough has been written above (pp. 6, 7). Having noted certain elegies which were obviously built on symmetrical lines, the present editor was gradually drawn to the conclusion that numerically balanced stanzas were a constant feature of Propertius' composition. If this be so, the assistance afforded to the critic engaged in reconstructing the text is of the utmost value. The student of this edition must judge from the evidence set before him as a whole whether the conclusion was justified.

In C.Q. xii, 2 (1918), pp. 69 and following, a preliminary statement of the view was made, from which the passage concerning ii, xii of the vulgate, *Quicumque ille fuit* (= *Ell. Lib.* ii, xi), may now be repeated with slight modification.

'The probabilities are that this is a close adaptation of a well-known model, perhaps by that shadow of a man, Philetas (v. 20). The writer stands before a picture of the boy Cupid, winged, quivered, and with barbed arrows ready in his hand. He is in flight over a sea of troubles. Between vv. 1 and 12 the allegory is interpreted for lovers in general; from v. 13 to v. 24 the writer cites his own particular case. Thus from v. 1 to v. 12 we have *amantes* (3), *iactamur* (7), *nostra* (8), *cernimus* (11), *nec quisquam* (12); but after v. 12 *in me* (13), *meo sanguine* (16) [*nostro = meo,* 15], *ego, mea* (20), *mea* (22). The point of view then shifts at v. 13, which in the words *puerilis imago* refers back to *puerum Amorem* in v. 1; his boyhood is not elsewhere remarked. The poem divides itself unmistakably at v. 12 into two equal sections—one general, one intimate.

'There is further subdivision indicated. At vv. 7, 11, 15 the word *quoniam* is found next to the caesura. Our ear then tells us that the stanzas of four are separate combinations; 5–8, 9–12, 13–16 are quatrains. There is left a quatrain at the beginning; at the end are two quatrains. But it is clear that vv. 9–12 hang closely upon 5–8; there is an *et* between. Similarly 21–24 hang closely upon 17–20, for *quam* takes up *umbra mea.* We find a scheme 4, 4 + 4 : 4, 4 + 4. We can go further. There is an internal balance of these six quatrains. The four central quatrains are each built up so that the fourth line corresponds to the first, the third to the second. Thus: *uentosas alas* (5) : *non permanet aura* (8) :: *uacare*[1] (6) : *alterna* (7); the *incurable* wound (12) is inflicted by the *barb* (9); the reason why we are

---

[1] uolare Ω.

not on our guard (11) is that the quiver does not show from the front, but lies across *both* shoulders (10). *assiduus* and *bella* in 16 answer to *tela* and *manent, manet* in 13, while *pennas perdidit* (14) answers to *euolat nusquam* (15). So *siccis medullis* (17) = *tenuis umbra* (20); *intactos temptare ueneno* (19) confirms the correction *alio traice tela* (not *bella*) above.... But the first and last quatrains *balance against one another*, the first couplet against the last, the third against the second. Thus the childish thoughtlessness of Love (3) might destroy (21) the singer of such music as this, which, light fancy though it be (22), is Love's own greatest glory, and so (4) would perish a great good for a light fancy (*leuis* and *magnus* in each pentameter). But how exquisitely subtle is the contrast of the first and last couplets! For though *quicumque ille fuit, qui*, the nameless, immaterial painter, is answered not in 23 but in 21 by *quis erit, qui?*—ah, who but Philetas himself?—yet that intimate answer is carried on in *qui* of 23, and instead of the painted mute *boy* form of the generalised Hellenistic Eros which the first line conjures up, we end with the head and fingers and black eyes and twinkling ankles of the one *girl*, "whose beauty made him speak that else was dumb." Thus a second combination of quatrains is disclosed: *a, bbbb, a*. The rhythms of the sense and the assonances of certain key-words stir the bright surface into a little sea of billowy curves when once the imagination of the reader has breathed upon them.'

In the same article the hardly less obvious stanza-schemes of the elegies numbered in this edition as *Cynth.* xv and xxii, *Ell. Lib.* I, xiv, III, xi and IV, i were considered; the present edition will show that the last mentioned elegy (*Sed tempus*) can be also more simply arranged as 6·6, 6, 6·6. In C.Q. xx, 2 (1926), pp. 91 and following, the schemes of most of the *Cynthia* were analysed, and though there are a number of errors in the article which should have been corrected in proof—and two emendations claimed in which the writer had been by many years anticipated—what was there written about these schemes can stand, except in so far as concerns elegy iv, which in this edition is differently arranged. The schemes in the *Cynthia* are simple, since the poems are short and youthful work. They become more and more elaborate as the poet's scale and style of composition develop. But even in the early work they can only be recovered at once in elegies where the order of verses is sound in the vulgate. Ten elegies of the *Cynthia* (v, vi, viii *b*, x, xii, xiii, xiv, xvii, xviii, xix of the vulgate) —eleven, if we may add xxii of this edition—submit to analysis at once;

in three more (i, vii, xi of the vulgate), where Housman has pointed to the loss or transposition of one couplet, acceptance of the proposal allows the scheme to fall into its arrangement. In ix of the vulgate a couplet bracketed by Postgate as misplaced needs but an easy transposition to restore the scheme. It is submitted that the whole *Cynthia* is a work homogeneous in style and of one date, and that, if 15 out of 23 elegies (for xxiii, *tu qui consortem*, is an epigram) show balanced stanzas, it is probable that the other eight are built on similar lines.

In C.Q. xx, 2 (1926) a comparison was offered of Ovid, *Amores*, I, vi, Catullus, lxvii, and *Cynth.* xvi (xvii of this edition), three poems founded upon a common original by Callimachus. The important point is that Ovid marks the eight-lined stanzas of his own poem by a recurrent refrain. So Callimachus marks the beginning of his early stanzas in his εἰς Λοῦτρα τῆς Παλλάδος with the recurrent invocations: ἔξιτε, ἔξιτε of vv. 1, 2, ὦ ἴτ' Ἀχαιιάδες (13), ἔξιθ' Ἀθαναία (33 and 43), πότνι' Ἀθαναία τὺ μὲν ἔξιθι (55)—while the double stanza from v. 13 to v. 33 is clearly enough divided by the sense at v. 23 (ἁ δέ...). That the 48 verses of *Cynth.* xvi (xvii) may fall into stanzas of eight the editor proposed a transposition so tempting on other grounds and so easily accounted for by similarity of detail in the couplets that he may be excused for regarding it as necessary. Verses 25, 26 of the vulgate must be moved to follow vv. 35, 36, when the passage runs:

> sed *tu sola*, mei tu maxima causa *doloris*,
> uicta meis numquam, ianua, muneribus,
> *tu sola*, humanos *numquam* miserata *doloris*,
> respondes tacitis mutua cardinibus!

In elegies xv and viii *a* of the vulgate, as in i, the scheme is to be recovered by postulating the loss of one couplet *at a point where critics suspect the text.*

§ 22. The four elegies of the *Cynthia* not discussed in the article were nos. ii, iii, xxi and xxiv of this edition; to these iv must be added for fresh analysis.

Cynth. iv (vulgate). The stanzas begin 4 + 6 beyond doubt. A clear stanza of six lines is seen from v. 17 to v. 22 (*non impune feres* to *carus eris*); and though the article proposed to break up and alter the text of vv. 23–28, the editor recognises the errors of that proposal. Reading *squalet*, as there proposed, in v. 24, *decus* for *deus* in v. 26, *nostro* for *nostri* in v. 27—two necessary corrections long approved—

we have another stanza of six lines at the end. In the vulgate then the poem divides itself thus: 4, 6, 6, 6, 6; and, unless the vulgate wrongly presents it, the theory of a balanced stanza-scheme must break down. But the reader is begged to examine closely vv. 11–16, which run:

> haec sed forma mei pars est extrema furoris;
>   sunt maiora quibus, Basse, perire iuuat:
> ingenuus color et multis decus artibus, et quae
>   gaudia sub tacita ducere ueste libet.

15   quo magis et nostros contendis soluere amores,
>   hoc magis accepta fallit uterque fide.

The sense given is that the causes of infatuate Love which far outweigh Beauty are refined complexion, the grace that many accomplishments supply and the intimate delights of Venus. The comment of Baehrens is: '*sed gaudia uenerea hic, ubi post u.* 11 *de solis animi dotibus agitur, commemorare prorsus absonum.*' He therefore accepts from Markland, for *ueste*, *mente*, and quotes *Aeneid*, 1, 502. The present editor's comment is that v. 14 is less absurd in the context than v. 13; for how can *ingenuus color* and *multis decus artibus* be dissociated from *forma*, the parts from the whole? Moreover, a frequent theme of the poet is that he prefers *forma* for its own sake to any *artes* embellishing it (e.g. ii, *passim*). He has *not* here named as yet the '*animi dotes*' for which vv. 11, 12 certainly prepare us (see ii, 27–31, vulgate). A comma only falls at *libet*; and Propertius must have written a couplet after v. 14 somewhat to this effect:

> ⟨*illa leuis pretii uero numerantur amanti:*
>   *ingenii dotes si placuere, sat est.*⟩

And it follows upon this that the once succeeding couplet has perished also. The *et* of v. 15 could be attached, not without some awkwardness, to v. 12; but in the new context it hangs in a void. It was to meet this difficulty, already detected, that the article proposed to move vv. 25, 26 to precede v. 15; it is now contended that a couplet to which vv. 25, 26 once corresponded has disappeared. From vv. 1–4, 15, 16, 25, 26 we may roughly infer the sense it conveyed. The scheme of the elegy was 4, 6, 4 [+ 2; 2 +] 2, 6, 6.

§ 23. *Cynth.* xxi (= xx of the vulgate). The type of composition is seen again in *Ell. Lib.* III, x and xiv; a personal experience serves as prologue to a myth or history, which fills the greater part of the scheme —as the Teiresias myth fills vv. 55–136 of the εἰς Λοῦτρα τῆς Παλλάδος. The myth in this case evidently begins at *namque ferunt olim* (v. 17

in the vulgate), and is divided by successive incidents thus: 6 + 2 (vv. 17–24), 6 + 2 (vv. 25–32); 6 (vv. 33–38, the description) + 4 + 8 (vv. 39–50, the action). Then follows the couplet (51, 52):

> his, o Galle, tuos monitus seruabis amores,
> formosum Nymphis credere uisus Hylan.

And though v. 51 refers to vv. 1–3 in particular and the couplet seems to sum up the whole proem from v. 1 to v. 16, *credere uisus* is an unconvincing phrase with which to round off so poetical a tale. Those who have attempted its emendation, on insufficient MS evidence, have the editor's sympathy, but not his consent. Before v. 17 the text of the vulgate is so nearly continuous in sense that its stanzas, if they exist, cannot with certainty be determined of themselves. Do vv. 5, 6 belong with vv. 1–4, or with what follows? Are vv. 7–12 a set of six followed by four (vv. 13–16), or is the division rather after v. 14 (8 + 2)? If there is a balanced structure here, these questions ought to be answered by the arrangement of the myth, whose incidents admit of separation. This ends (from v. 33 to v. 50) with stanzas of 6 + 4 + 8, which find no correspondence to themselves in the *mutually balanced* stanzas preceding (17–24, and 25–32). If this elegy began 6 (vv. 1–6) + 8 (vv. 7–14) + 4, balance would be restored to the whole; and full stops can well be placed after vv. 6 and 14. But after v. 14 we have but a single couplet left before v. 17:

> quae miser ignotis error perpessus in oris
> Herculis, indomito fleuerat Ascanio.

The editor has ventured so to punctuate it. Unless there can be a comma after *Herculis*, so that Hercules may be understood as the subject of *fleuerat*, Propertius has carried his bold and affected construction (*error Herculis* for *Hercules errans*) even intolerably far. *flagrans amor Herculis...sensit...gaudia prima* (*Cynth.* xiv, 23, 24) is intelligible, but *error fleuerat* is not. With this punctuation the couplet is less closely connected with v. 14—and calls for a continuation.

For a balanced scheme, there must have been four and not two verses between vv. 14 and 17 of the vulgate. And after the myth we have two verses (51, 52), which, as we noted, sum up vv. 1–16, but do not fitly close the elegy. They would fitly follow vv. 15, 16, and make up with them a stanza of four lines. Ascanius is to be witness to the tale (4) on which the warning (1) is founded. Ascanius could have told Hercules the details, and heard from Hercules' lips (16) what he suffered in his turn. And *namque* of v. 17 follows better upon the *his monitus* of 51 than upon vv. 15, 16.

The couplet 51, 52, which now is found at the close of the elegy, stood there at the bottom of a leaf of the uncial. In this place it would be most probably inserted, if once omitted in the text. It would be omitted after vv. 15, 16, because of the homoeoteleuton (*-us in oris*, *-is amoris*) of the hexameters. With its removal from the close, that close becomes, to the editor's thinking, far more beautiful; with its insertion after v. 16 a feature of the composition becomes for the first time visible. *Hylae*, *Hylan* now close the first and third stanzas, as *ibat Hylas*, *ibat* closes the fifth, and the faint echo '*Hyla, Hyla*' haunts the close of the last. The address to Gallus is made once in each of the three introductory stanzas—in the first couplet of the first, in the last couplet of the others. That this repetition is not by chance is made probable by study of the arrangement of names, e.g. in *Ell. Lib.* III, xi (*Postumus, Galla*), and in *Cynth.* iv above, where *Basse* comes in the first line of the first and third stanzas and *Cynthia* in the central couplet of the second, fifth and sixth. It was not Propertius, but the state of the vulgate, which obscured at first sight the early stanzas of the Hylas elegy. Callimachus, as we noted, declares his stanza-arrangement in the *Bath of Pallas* by reiterated invocations.

§ 24. *Cynth.* iii is not less Alexandrian, or less beautiful, than xxi; but it contains a well-known *crux* at v. 16 (*osculaque admota sumere et arma manu*). And at that very point in the elegy the balanced structure fails us.

It begins with a clearly marked double stanza of 6 + 4 (vv. 1–6, 7–10). Another like it covers from v. 21 to v. 30 of the vulgate. And the third section, the third of the scenes depicted, vv. 31–46, gives us 4 + 6 + 6 (the words of Cynthia). For the balance, if balance there was, we require a stanza of six verses to close the first scene of the drunken entry after v. 10, and another stanza of six verses before v. 21 to introduce the second scene of the lover's waiting. Instead of these 6 + 6 verses which from study of the third section we should have expected to find between v. 10 and v. 21, there are but ten verses present, and these read as if they formed a continuous group—except that v. 16 is nonsense, and vv. 12–16 come perilously near it. Verse 16 cannot stand. Lachmann adequately defends the metaphorical use of *arma* in such a context; but he makes no reference to the intolerable strain which the words place upon *sumere*, here to be interpreted in two senses at once, the one metaphorical and the other not, with *oscula* and *arma*. To escape this difficulty *et arma* has been altered in many ways; but the only suggestion to gain credence except with its originator is Palmer's *rara*, which, with the *ma-* of *manu* following, is palaeographically acceptable enough. But what is the sense? The poet, 'rapt with a two-fold ardour,' is bidden by Amor and by Liber together, each a 'hard' taskmaster, to no fearless violent or ardent deed, but '*subiecto* leuiter temptare *lacerto*,' and to take kisses '*from time to time*' (cf. *raro motu*, 27). *Nox et Amor uinumque* nihil modera-bile suadent: *illa pudore uacat, Liber Amorque metu* (Ouid. *Am.* I, vi, 59). Ἄκρητος καὶ Ἔρως μ' ἠνάγκασαν, ὧν ὁ μὲν αὐτῶν | εἷλκεν, ὁ δ' οὐκ εἴα τὴν προπέτειαν ἐᾶν [A.P. σώφρονα θυμὸν ἔχειν], Calli-machus, *Epigr.* xliii, 3, 4. *subiecto leuiter lacerto* expresses a further stage in a cautious advance; *molliter inpresso toro* expressed an earlier. The bidding of Amor and Liber must have been contrasted with such caution. But, if from *quamuis* to *deus* there was a parenthesis, *temptare* needs a construction, and neither *conor* in v. 12, nor its variant *cogor* (c¹c⁴), will satisfactorily supply it. Verse 16, standing in like need, combines (in the MSS) two irreconcilable objects to the one in-finitive *sumere*. Yet the phrase *admota sumere et arma manu* as fitly precedes *non tamen ausus eram...turbare* as a reference to kissing. It is possible to preserve the reading of the MSS, and to meet each of the difficulties in turn; but only if the indication of the stanza-scheme of composition be allowed full weight. This, as we saw, is to the effect that a couplet has perished between v. 10 and v. 21, and most probably before v. 17 of the vulgate. The present editor therefore suggests a reconstruction of the passage somewhat as follows:

> hanc ego, nondum etiam sensus deperditus omnes,
> molliter inpresso conor adire toro;
> et, quamuis duplici correptum ardore iuberent
> hac Amor, hac Liber, durus uterque deus,
> subiecto leuiter positam temptare lacerto
> osculaque ⟨*admoneor lenia ferre comae*⟩.
>
> ⟨*a, quantum cupii tam caram inuadere praedam*
> *acrius*⟩ admota sumere et arma manu!
> non tamen ausus eram dominae turbare quietem....

For the 'telescoping' of two couplets compare e.g. *Ell. Lib.* III, xxiii, 37–40 (Sciron and Sinis).

A harder alternative would be to transpose vv. 13, 14 of the vulgate to precede v. 17, and to suppose a lacuna between vv. 12 and 15 to have been wrongly filled. In that case again the verb to govern *temptare* is lost; but *rara* must be read for *et arma*, unless the loss befell immediately before or after *osculaque*.

Those who do not feel the difficulty of leaving the vulgate verses 15 and 16 dependent on *iuberent* in v. 13 and can accept Palmer's emendation ascribe to this elegy a form without parallel (6·4; 6·4; 6·4 | 4·6·6). The editor feels this to be a greater improbability; but leaves a doubtful matter to the judgement or the bettering of posterity.

§ 25. *Cynth*. ii. The verse-groups in this somewhat stilted elegy— in all probability the earliest of the book—are clearly marked. The theme is stated in vv. 1–8, the illustration from Nature follows (vv. 9–14); the illustration from mythology, vv. 15–24, is divided by *non, non, nec* and *sed* into 6 + 4; and vv. 23, 24 suitably round off and sum up a continuous development of one theme. The nameless girl is treated, by Alexandrian convention, as a courtesan; *uulgo conquirere* returns to *te uendere* (4) and *procedere* (1). This clear arrangement of verses into groups of 8 + 6 + (6 + 4) is followed in the vulgate by only a group of eight; and, if Propertius wrote the elegy so, the theory of balanced structure must break down at the very outset of the book.

Now what has the poet said or done so far, save that he has called her '*vita*' in v. 1, to endear himself to the girl? She has listened to a continuous sermon in general terms, reflecting on her past conduct. He has offered nothing but upbraiding; and, if only indirectly, has implied that he cannot afford to buy her finery from abroad. (To this elegy (v. 2) the old *lena* refers in *Ell. Lib.* IV, vi, 59: *qui uersus, Coae dederit nec munera uestis....*) Yet after v. 24 he asserts: *non ego nunc uereor ne sim tibi uilior istis: uni siqua placet, culta puella sat est* (vv. 25, 26 of the vulgate). He will be for ever satisfied with her intellectual accomplishments (47); she will recognise that a single lover is worth all the expensive ornament in the world. He has no fear 'now' that her former lovers will overbid him. The editor repeats: what has the poet said or done to justify him in this simple faith? He has nowhere made her the offer of his heart or of his confidence— and this elegy is the beginning of the tale.

The point at which this question falls to be asked is at the end of the second leaf of the uncial MS. With the addition of the couplet since lost from i, there have been 40 + 24 verses, or two leaves of 32. The stanza-arrangement of ii, 1–24 could only be balanced by the addition before v. 25 of the vulgate of *sixteen* verses, arranged in two stanzas of 6 and one of 4 lines, like verses 9–24. That is to say that the evidence of pagination and of stanza-scheme here coincides with the hiatus in the argument of the elegy to suggest that one page of the uncial, 3 *a*, has been omitted in the copy of it. A great number of passages scattered among the elegiac poets indicate further what convention bade the poet say in this prelude, this invitation, to love. But our own poet's words carry special weight. *Cynthia*, ix, 7–14:

> illa uel angusto mecum requiescere lecto
> et quocumque modo maluit esse mea,
> quam sibi dotatae regnum uetus Hippodamiae
> et quas Elis opes ante pararat equis.
> Quamuis magna daret, quamuis maiora daturus,
> non tamen illa meos fugit auara sinus.
> hanc ego non auro, non Indis flectere conchis,
> sed potui blandi carminis obsequio.

This is balanced in the following book by a fragment written in similar mood (*Ell. Lib.* I, xvi, 1–8):

> nunc admirentur quod tam mihi pulchra puella
> seruiat et tota dicar in urbe potens!
> non, si gaza Midae redeant et flumina Croesi,
> dicat 'de nostro surge, poeta, toro.'
> nam mea cum recitat, dicit se odisse beatos;
> carmina tam sancte nulla puella colit.
> multum in amore fides, multum constantia prodest;
> qui dare multa potest, multa et amare potest.

Compare *Ell. Lib.* I, xxi, 25–27, xiv, 35–37; II, i, 11, 12, xxv, 33, 34; III, i, 55–62. The converse is given by the *lena* in *Ell. Lib.* IV, vi, 58–60 (above). The lady possesses those intellectual and artistic attributes, which enable her to value a poet's gifts above those of a vulgar lover, however rich; he enumerates these attributes at the end of our elegy. *non ego nunc uereor ne sim tibi uilior istis* can only be interpreted in the light of such passages as have been quoted; such a passage must have here preceded, and balanced the first 24 verses.

It would seem probable that the first two leaves of the uncial early became detached, so that *fol.* 3 *a* bore the brunt, as exterior page, of whatever catastrophe befell the *codex*, and became illegible. This is suggested because the only other serious loss which has befallen the *Cynthia* is that of *fol.* 24 *b*, the exterior page of the third quire of the uncial,—whose fourth to tenth quires were completely broken up. But there were many loose, and therefore accidentally reversible, leaves even in those quires which contained Books III and IV, e.g. *foll.* 116 and 142, *foll.* 139 and 97 *a*. The omission of *fol.* 3 *a* may have been due to mere carelessness.

By detecting the loss of a page in the uncial, we have been able ourselves to ascertain that *Cynth.* xxi, 52 ended a *verso*, not a *recto* page, a fact which greatly assists us in restoring also *Cynth.* xxii–xxiv. The reader will have perceived that in this treatment of *Cynth.* ii uncial page and stanza-scheme are, as it were, interlocked, and that a lacuna perceived by Housman in i must be recognised before this is so; the recognition of this same lacuna also enabled us to restore the stanza-scheme of i. This interlocking of the data offers throughout the present work the best safeguard for the editor in his attempted reconstruction, and the best evidence for the critic that neither set of inferences is false.

§ 26. *Cynth.* xx, 52 (of the vulgate) ended *fol.* 22 *b* of the uncial; the following elegy began a new leaf. Book II, iii, 44 (of the vulgate) gave evidence, on our preliminary survey of the Book, of being the end of a series of leaves. If we may so far anticipate later inferences as to set aside vv. 47–78 of II, i (*laus in amore mori* to *puella fuit*) as a loose *leaf*, and II, ii, 1–16 as a loose *page*, out of place, we are left with vv. 1–46 of II, i and II, iii, 1–44 between the *Cynthia* and that point, i.e. with 90 verses of the vulgate, or three leaves of the uncial *wanting six at the top of the first leaf*. These six verses the editor has recognised, following Housman, who first brought the last couplet of the group into relation with *Cynth.* xxii (= xxiv). They are the verses *Ennius hirsuta...* to *aestimet ille meo*, which the vulgate gives after IV, i, 60 (= *Ell. Lib.* IV, ii, 44), and whose inappropriateness in that context has been mentioned above [p. 25]. The last couplet, concerning the poet's birthplace—naming it, as the present editor believes—is a fitting answer to Tullus' question in *Cynth.* xxii, 1 (= xxiv, 1); the aspiration it conveys would be out of date as soon as the poet's fame was established. The verses stood isolated in the uncial at the head of a series of leaves; and the copyist pursued his own way with them and began his own leaf with the illuminated letter and the new book.

But between the end of *fol.* 22 *b* (the end of the Hylas elegy) and the six verses concluding the *Cynthia* at the top of a later leaf only whole leaves of the uncial can have fallen; and the vulgate gives us but 10 + 10 verses—a page and four lines. The ten verses of xxii

(= xxiv) can only be arranged as 2 + 8; after which Heinsius and others have seen that a lacuna must be recognised. And if a lacuna is there, probably a page or a leaf is lost; the stanza-scheme may decide which. If 16 lines are lost, the elegy will have been arranged as 2 + 8, [+ 6; 2 + 8] + 6, or 2 + 8 [+ 6; 6, + $\overparen{4 +}$] 4 + 2. But there are still only the 20 verses between *fol.* 22 *b* and the lacuna.

This is the final argument for the transposition hither of the 28 verses addressed to Virgil, which the vulgate gives after II, xxxiv, 66 [= *Ell. Lib.* III, i, 6]. The copyist did not merely remove from this region *Cynth.* xxiv, 27–32 and attach them to a later context concerning the *patria*; he attached to a later passage concerning Virgil a whole elegy bearing many marks of earlier date. 'If the verses II, xxxiv, 67–94 be dispassionately considered, it will be seen that they consist of ten on the ten *Eclogues* and four on the four *Georgics*, followed by 4 + 10 to complete the balanced scheme. Further, they contain the reference to the *recent* death of Gallus (91), the poet's claim to *enter* the band of poet-lovers, the signature of the book "*Cynthia...Properti*" (93), which Martial (xiv, 189) quotes in his couplet on the "*Cynthia, siue monobiblos*," and an aspiration to Fame (94) *in the future* (also referred to by Martial), which consorts ill with e.g. II, vii, 17, 18. According to my theory this is the poem which Propertius sent to the Master (*tu*), Virgil, with a copy of his *Cynthia*' [C.Q. XI, 2 (1917), p. 103]. The poem has a higher proportion of polysyllabic endings to the pentameters than any save the *Hylas* and *Cynth.* iii. The tendency to discard these as a worked-out effect is seen in Book II. But the other arguments are sufficient to bring the verses, as an elegy complete in itself, into the period of the *Cynthia*, before the poet's name is made. And when we come to examine the uncial's pagination between II, xxxii of the vulgate and the beginning of *Elegies*, Book III (p. 41), it will be seen that these verses cannot be there admitted.

Foll. 23 *ab* and 24 *ab* of the uncial, then, contained[1] *Tu canis* [= xxii], *Tu qui consortem* [= xxiii], *Qualis et unde genus* [= xxiv], vv. 1–10, and vv. 11–26 (lost), i.e. 28 + 10 + 26 (= 64) verses. And there ended the third quire. The last six verses of the *Cynthia* stood therefore in a different *quire* from their context, and the 16 lines lost before them on the outside page of a quire, where they would be particularly liable to be rubbed or otherwise rendered illegible in the event of the book breaking up.

---

[1] An alternative possibility is that xxii was at first omitted because xxiii also began with *Tu*.

§ 27. '*Book* II' *of the vulgate reviewed in terms of the uncial's pagination.*

The sixteen-lined uncial has by now become more than a working hypothesis; it can be reconstructed. But before we can attempt any rearrangement of the text[1] which the MSS give for their Book II, we must resolve it throughout into the constituent leaves and pages of the uncial parent. Where these have been already discussed on pp. 18–26, we shall only briefly recapitulate.

II, i, 47–78 offer us an address to Maecenas different in tone and style from vv. 1–46, and separated from them by a change of numerical scheme. This passage is one leaf of 32 lines, which has been inserted to follow the first poem of the book (II, i, 1–46). This leaf is followed by what the MSS give as an elegy in 16 lines (II, ii); but they are not a poem, nor rightly ordered among themselves. II, ii is a single page of the uncial, rearranged by the corrector, and inserted before II, iii as of similar content. Detach this leaf and page, and i, 1–46 with iii, 1–44 give 90 lines. Before i, 1 upon the 28th leaf there were six verses of the *envoi* to the *Cynthia*. 6 + 90 lines give three whole leaves of the uncial down to iii, 44, the end of that elegy. A detached leaf follows from II, iii, 45 (*his saltem*) to iv, 22, containing the conclusion of one elegy (iii, 44–54) and the bulk of another—but not the whole of it, as the scheme shows. From v, 1 to viii, 40 are 30 + 42 + 20 + 40 = 132 verses, which from vi, 23 onwards present a chaotic text; they might have covered eight pages of the uncial (= 128), if, with Housman, we found reason to detach from them viii, 21–24. From ix, 1 to 48 are three consecutive pages of 16. ix, 49–52 belong neither to what precedes nor to what follows; we hold them in reserve with viii, 21–24. x and xi we have recognised as a leaf of the uncial which should have stood between Books III and IV, xi preceding x. No. xii has 24 verses, and with our eight[2] verses held in reserve, would give the equivalent of another leaf. That is, from II, i, 1 to II, xii, 24, the actual number of verses preserved retains the uncial's unit of 16/32, and among them occur the following misplaced leaves from it: (*a*) II, i, 47–78, (*b*) II, iii, 45–iv, 22, (*c*) II, x, 1–xi, 6, together with one misplaced page, II, ii, 1–16. The region extending from II, v, 1 to xii, 24 will later need closer analysis. We are here dealing with broad outlines.

Continuing, we recognise in xiii, 1–16 a detached page, giving the

---

[1] See Appendix, pp. 397–426.   [2] But see p. 40.

beginning of a poem not concluded here; and in xiv, 1–32 a detached leaf, upon which vv. 29–32 once stood at the head, as the conclusion of a poem antecedent to vv. 1–28. Detaching these fragments from their places in the MSS, we find that xiii, 17–58 (= 42 verses) and xv, 1–54 give a group of 96 verses; xiii, 17 has clearly lost its introduction, and the numerical scheme should show whether xv has lost its conclusion. These 96 verses covered three consecutive leaves. The next signs of dislocation occur at II, xviii. Verses 23–38 are clearly another detached page; it happens that the equivalent of a leaf follows (xix, 1–32). xviii, 1–4 are the beginning of an elegy not here continued; xviii, 5–22 are apparently the end of some other elegy. From xvi, 1 to xviii, 22 are 56 + 18 + 22 verses of text = 96, or three leaves. The text should be reconstituted as in the case of II, x and xi, or of xiv, so that the four solitary verses beginning a new elegy (xviii, 1–4) may fall at the end of the third leaf; and the 18 verses of a headless conclusion (xviii, 5–22) should begin the first of these leaves. The order on them was: II, xviii, 5–18; xvi, 1–56; xvii, 1–18; xviii, 1–4.

The leaves of the uncial are again recoverable from xxii, 10 onwards. The lacuna at that point has been recognised. From xxii, 11–42 was a leaf of 32 verses, after which another lacuna has been recognised. From xxii, 43 to xxiii, 24 are again 32 verses or one leaf. xxiv, 1–16 is a detached page, disarranged in its verses as was the detached page II, ii, 1–16. In each a verse which once began an elegy has been brought to the head of the page by the copyist. These verses should be reconstituted so that II, xxiv, 11–16 may come before xxiv, 1–10, as the end of a once preceding elegy. Something has been lost before xxiv, 17, by which a new elegy was once begun. (The scheme will tell us that the loss is one of four verses.) xxiv, 17 stood at the top of a leaf, the leaf preceding which was lost. Elegy xxv is of 48 verses and is incomplete, as the scheme will show; if it stood on three pages of the uncial, the following page or leaf is now misplaced or lost.

Detaching xxv, 1–48, we find now following it a complete elegy, xxvi, 1–20, the beginning of another elegy, xxvi, 21–28, and a lacuna before xxvi, 29. (*Neapolitanus* illuminates the *S* of *seu* in xxvi, 29.) Now xxiv, 17–52 (= 36 verses), and xxvi, 1–20, and xxvi, 21–28, together make 64 verses, or two leaves. xxvi, 28 then apparently stood at the bottom of a leaf, and the following leaf or page is lost or misplaced. xxvii, 1–16 is a fragment of the length of one page; it reads as the conclusion of a longer elegy. Since xxv covers three pages and has lost its conclusion, we may provisionally join these fragments, in

INTRODUCTION

the order xxvii, 1–16, xxv, 1–48, to form two leaves. xxvii being thus detached, we find further gaps in our text after xxviii, 34, and xxviii, 46, and from xxviii, 47–62 a detached leaf of 16 verses ending an elegy that has lost its beginning. *Neapolitanus* illuminates xxvi, 29. Thence to v. 58 are 30 verses, which with xxviii, 1–34 make up 64, or two leaves. The pages or leaves preceding xxvi, 29 and following xxviii, 34 are lost or mislaid. The fragment xxviii, 35–46 contains, not 16, but 12 verses only; and these are disarranged. Verses 41–46 read as the conclusion (after a lacuna) of xxviii, 1–34, vv. 35–40 as the beginning of a new and later elegy—and *Neapolitanus* marks a new elegy at v. 35. Before v. 41 Housman proposed to place four verses now found at II, viii, 21–24 and there quite alien to the context (*quid? non Antigonae...ire domum*). With his help a page of 16 lines could be reconstituted here: II, viii, 21–24; xxviii, 41–46; 35–40. But such a transposition would invalidate the system of sixteens and thirty-twos between II, v and xii, unless four lines can be found which should belong to that region and are now elsewhere[1]. Four such lines are not far to seek, as we shall see. If xxviii, 35–46 can thus become the equivalent of one page, whose immediate context, preceding and following alike, is lost—if xxviii, 1–34 preceded at no great distance and xxviii, 47–62 concluded a third poem on the same theme of Cynthia's dangerous illness, we shall have succeeded in reducing to terms of our uncial's pagination the whole region from xxii, 11 to xxviii, 62.

xxix, 1–22 is an elegy distinct from xxix, 23–42, and certain MSS mark a new elegy at v. 23. The numerical scheme will show that vv. 23–42 are not a complete elegy; four verses are wanting at the beginning. xxx, 1–12 is the beginning of another elegy, quite unconnected with xxx, 13 and following verses. From xxix, 23 to xxx, 12 are 32 verses. This is a leaf of the uncial, the preceding and succeeding leaves being lost or misplaced. It has been copied out here because of the somewhat similar subjects of xxix, 23–42 and 1–22. xxxi, 1–16 is again a detached page, with the succeeding page or leaf lost. xxxiii, 25–40 is a similar page, offering us the conclusion of a poem whose beginning is lost. We may detach these as having formed one leaf, the *recto* of which contained xxxiii, 25–40 and the *verso* xxxi, 1–16. xxxii, 1 (*qui uidet, is peccat...*) is the first verse we possess now of the elegy which continues to v. 62. But the numerical scheme will make it clear that we have lost a whole section of the elegy before our v. 1. In xxxiii (consisting of vv. 1–24 and 41–44) the scheme will

[1] See p. 38.

40

detect a loss of four verses after v. 22. From xxxii, 1 (*qui uidet, is peccat...*) to the end of the book we have: 62 verses of xxxii, 32 verses (four lost, as the scheme will show) of xxxiii, and 60 verses to the true end of xxxiv *b* (*certus ad ossa deus*)—that is, 154 verses, or six less than would fill ten pages (five leaves). After xxxiv *b*, 60 the MSS give *Actia Vergilio* and the six verses which should begin Book iii. If a leaf of the uncial began at xxxii, 1, a leaf ended at *nascitur Iliade* (xxxiv *b*, 66). At this point a copyist has inserted 28 verses addressed to Virgil, which can be shown on several grounds to have belonged to the *Cynthia*. This will have been the same hand which inserted a fragmentary second address to Maecenas (ii, i, 47–78) after that found at the head of Book ii (i, 1–46), and a second reference to the poet's *patria* (really taken from the *envoi* to the *Cynthia*) into iv, i (vv. 60–66), though that elegy contains the same material in vv. 119–126 of the MSS. That our iii, i, 1 (*Callimachi manes*) stood at the head of a leaf is established by the evidence of that book as it unfolds. This inter-polated elegy to Virgil (ii, xxxiv, 67–94) divides two leaves which should be joined, and the first six verses of Book iii from the seventh.

We have now to return upon our tracks, and consider all for which we have not accounted. From ii, xx, 1 to xxii, 10 are 36 + 20 + 10 verses = 66, or two more than would fill four pages of 16. xxix, 1–22 and xxx, 13–40 give 50 verses, or two more than would fill three pages. This is all. We have 116 verses, or the equivalent of seven pages *and four lines over*. But *we needed four lines* to replace in the region of Elegy viii those four verses which we provisionally took thence (vv. 21–24) to add to xxviii, 35–46. And xxx, 19–22 (*non tamen immerito...Lares*) have been seen to have no connexion with their context in the MSS. If we can find a context, where they can stand, in the region of Elegy viii, that will restore the numeration by sixteens there, *and here also*. We are thus led to infer that xx, 1–xxii, 10 (after which point leaves and pages are easily recognisable) were preceded in the uncial by xxix, 1–22 and xxx, 13–40 (omitting vv. 19–22). xxx, 13–40 give the main body and the end of an elegy, whose beginning is lost; these verses must then have stood *at the head* of the series of pages *before* xxix, 1–22, as those before xx, 1. After xxii, 10 one *page*, not one leaf, is lost. The four leaves contained: xxx, 13–18; 23–40 (end of an elegy); xxix, 1–22; xx, 1–xxii, 10; xxii, 11–26 (lost). Except that we hold back for the present the detailed rearrangement of the region from v, 1 to xii, the whole of the second book in the MSS can thus be reduced to its constituent fragments, leaf by leaf and page by page as these were divided in the uncial.

We are now in a position to examine the fragments, untrammelled by the false contexts into which the copyist brought so many of them, and to start upon a rearrangement of them by more scientific principles than he had at his disposal. We will catalogue these fragments by letters for later reference.

§ 28. *Fragments of the uncial in 'Book* II' *of the vulgate.*

A.   3 leaves, containing: [*Cynthia, envoi* = IV, i, 61–66]; II, i, 1–46; iii, 1–44.

B.   1 leaf; II, i, 47–78.

C.   1 page; II, ii, 1–16 (but not in the order of verses given by the MSS).

D.   1 leaf; iii, 45–iv, 22.

E.   The equivalent of 13 pages (208 verses), between v, 1 and ix, 52, with xii. From these, viii, 21–24 are excluded; but they are replaced by xxx, 19–22. This is very far from being a consecutive series of pages as it stands.

F.   1 leaf; x and xi. xi should precede x; xi is the end of Book III, x the beginning of Book IV of the *Elegies*.

G.   1 page; xiii, 1–16.

H.   3 leaves; xiii, 17–58; xv, 1–54.

I.   1 leaf; xiv, 29–32 and xiv, 1–28.

K.   3 leaves; xviii, 5–22; xvi, 1–56; xvii, 1–18; xviii, 1–4.

L.   1 page; xviii, 23–38.

M.   1 leaf; xix, 1–32.

N.   7 pages; xxx, 13–18; 23–40; xxix, 1–22; xx, 1–36; xxi, 1–20; xxii, 1–10.

O.   1 leaf; xxii, 11–42.

P.   1 leaf; xxii, 43–xxiii, 24.

Q.   1 page; xxiv, 11–16; xxiv, 1–10.

R.   2 leaves; xxiv, 17–52; xxvi, 1–20; xxvi, 21–28.

S.   2 leaves; xxvii, 1–16; xxv, 1–48.

T.   2 leaves; xxvi, 29–58; xxviii, 1–34.

U.   1 page; [viii, 21–24]; xxviii, 41–46; xxviii, 35–40.

W.   1 page; xxviii, 47–62.

X.   1 leaf; xxix, 23–xxx, 12.

Y.   1 leaf; xxxiii, 25–40; xxxi, 1–16.

Z.   5 leaves; xxxii, 1–62; xxxiii, 1–24 (4 lost); 41–44; xxxiv, 1–60; [61–66].

§ 29. *Relative date and order of the fragments.*

We will now examine the internal evidence offered by these fragments as to their *relative* date or order, or as to the book to which they belong. [For the dates and book-division see § 30.]

A declares itself by position (it covers the point of juncture between the *Cynthia* and the following book) and by explicit statement (*iam liber alter erit*: iii, 4) as the beginning of *Elegies*, Book 1; iii is written a bare month after the publication of the *Cynthia* (v. 3). The date is therefore 26 B.C.

F. x is dated late in the poet's life and after the 'defeat' of Parthia (20 B.C.). xi says farewell to Cynthia and belongs to 23/22 B.C., with III, xxiv, xxv.

H belongs to *Elegies*, Book II; *si tres sint pompa libelli* (xiii, 25) refers to the *Cynthia* and *two* books of the *Elegies*, the second of which is at least in course of composition.

K. The return of the '*praetor*' from Illyria (xvi, 1) is an incident which recalls to the reader *Cynth.* viii. The '*praetor*' would seem ever after to be the rival in chief; the 'return' occurred before any of the passages on the rival were written; but later than the period of *T, U, W,* qq.v. This fragment should belong to *Elegies*, Book 1.

N is dated by xx, 21, 22 to the seventh month after the publication of the *Cynthia* (that is, the sixth month of composition of *Elegies*, Book 1, as iii, 4 tells us).

Q belongs to *Elegies*, Book 1; for xxiv, 1 shows that only one book has been published as yet and v. 2 tells us its name.

R seems to refer to the period of *K* as lately past. There has perhaps been talk again (see *Cynth.* viii (*a*) and (*b*)) of Cynthia crossing to Illyria (xxvi, 2); the connexion is not yet of very long standing (xxiv, 19–22), and Propertius is after a while restored (xxvi, 21–28).

T is dated to the summer of the year, after July 15th (rising of Canicula) (xxviii, 3, 4); with *T* belong *U* and *W*. *T, U* and *W* are all earlier than *E*; for ix, 25–28 refer to Cynthia's illness as some time past and to the vow which the poet took in xxviii, 39, 40. The same verses show *T, U* and *W* to be earlier than *K*, and the return of the '*praetor*.'

M is dated to August of the year by xix, 11, 12. Verses 13–15 seem to refer to the *Vinalia Rustica* of August 19th. Cynthia is in *villeggiatura*.

That *T*, *U*, *W* and *M* belong to *Elegies*, Book I, is made extremely probable by xxxii, 9, 10, which speak of Cynthia performing the rites of Diana at Nemi (August 13th). Verses 3–6 and 11–16 make it clear that she spent much of the summer of the year concerned in Rome. Cynthia was also in Rome at the time of xxxi, 1–16 (*Y*). The *Ludi Apollinares* were in early July (6th–13th); Augustus returned to Rome from Spain and opened the Palatine Portico in 24 B.C.—but whether at the time of the *Ludi Apollinares* or of the *Ludi Quin-quennales*[1] of that year could only be decided by dating our poem exactly.

Z gives us the last poems of *Elegies*, Book II and covers the point of juncture with *Elegies*, Book III. While xxxii speaks of the summer life of Rome, xxxiii seems to date from November (24 B.C.), when the great festival of Isis was held. xxxiii, 1 implies that the lovers have celebrated this also in the year preceding, perhaps oftener (cf. v. 5). There is no reference to her rites in the *Cynthia*; but in fragment *U* (which has been above referred to the summer of 25 B.C.) a special vow to her is mentioned.

B, with its dedication in a grander style to Maecenas and its sombre note, will have formed part of the introduction to Book II. There is but one dedication to Maecenas in Book III (ix; but it seems that this was designed to be the first elegy of the book and was displaced by III, i only after Propertius was admitted to the Palatine Library, vv. 37, 38). Each of the three books would thus have had one poem in honour of the patron.

C repeats, again in loftier style, the theme of II, iii, actually the second poem of *Elegies*, Book I. It will have occupied a corresponding place in *Elegies*, Book II.

D breathes throughout the disillusionment of a lover *of long standing*.

E contains a historical allusion in vii, 1, 2 which unfortunately cannot be dated. But it also contains a passage (viii, 13–16) which would be decidedly less natural in *Elegies*, Book I than in Book II. *iam*

---

[1] There seems to be no evidence exactly fixing the days on which these were held. From Dio LI, xix, 2 we may infer early September: ἔν τε τοῖς γενεθλίοις αὐτοῦ καὶ ἐν τῇ τῆς ἀγγελίας τῆς νίκης ἡμέρᾳ ἱερομηνίαν εἶναι.

multos annos can hardly refer to the second year of the connexion, or to the same period as that dated by *septima iam plenae deducitur orbita lunae* (xx, 21). We have already seen that *E* is later by some space of time than *T*, *U* and *W* (q.v.).

There is another consideration affecting the relative date of *E*. It carries the lover's experience through faithfulness (vii, 1–20), discovery of disloyalty (v), suspicion (vi), desperation (viii, 17, 25; ix, 49); rejection (viii, 1–8; ix, 1–40), resignation (ix, 41–48; viii, 29–40), expostulation (viii, 13–16)—though the original order of the various fragments included in *E* has yet to be established. But *K* with *R* shows a similar series of experiences, not so violent, when the '*praetor*' first returned from Illyria. Mere faithfulness eventually triumphed over wealth in that case. If the whole of *E* can be shown to be of one period, that period must be later than that of *K* and *R*, i.e. it must correspond to them in the *second* book of *Elegies*.

G is in the lofty style of *B*. It would make a suitable beginning to *Elegies*, Book II, with its references to famous poets of old. The last six verses of that book (now II, xxxiv, 55–60) seem to refer to xiii, 9–14, and xiii, 13, *populi confusa ualeto fabula*, suggests that something has been published since the *Cynthia* which has received less unqualified approval (see xxiv, 1, 2; xx, 22), and this could only have been *Elegies*, Book I. *G* stands in the MSS immediately before *H*, which (at xiii, 25) is clearly shown to have belonged to *Elegies*, Book II, and whose tone and style are similar to those of *B*.

S, like *D*, is full of disillusionment. xxv, 5–10, in particular, like iii, 47–50 suggest that the connexion has been long. But *meis libellis* (xxv, 3) cannot help us as between a second and a third book in Cynthia's honour. When *S*, *D* and *I* are put together in that order, it is found that we have four consecutive leaves of the uncial; the text leads up to a reconciliation 'after a long while' (*tam sero*: xiv, 15)—a reconciliation different in time from that recorded in *R*, and apparently later.

L, on examination, will be found to have immediately preceded *E*, and to have succeeded *H*, in Book II.

X offers no internal evidence of its relation to other fragments except the lightness of its style, which suggests, however uncertainly, the earlier of the two books.

45

This examination of the 24 fragments indicates that to *Elegies*, Book I, the following should be ascribed: $A K \overparen{M N O P Q} R \overparen{T U W} ? X.$ Their order among themselves should be: $A \overparen{T U W} M K R ? X \overparen{N O P Q}.$ To *Elegies*, Book II, should be ascribed: $B C D E G H I L S Y Z.$ Their order among themselves should be: $\overparen{G B C H L E S D I} Y Z.$ *F*, and II, xxxiv, 67–94, belong to neither of these books. Between the fragments, and between the parts of *E*, leaves and pages are lost.

§ 30. *Dates and the Book-division of Propertius*.

'*Monobyblos*' is the title given to our first book by most of the MSS (*monobiblos*). The MSS of Martial (xiv, 189) call it *Cynthia, siue monobiblos*. This title is confirmed by the poet himself at II, xxiv, 2 (vulgate) [= *Ell. Lib.* I, xxvii, 2]: *tua sit toto Cynthia lecta Foro*, after *iam noto libro* (1). (See also *Cynth.* xxii, 27 of this edition.) Ovid's '*tibi, cuius opus Cynthia sola fuit*' (*R.A.* 764) may contain a grudging allusion to the same title.

Nonius (II, p. 169, M) quotes *iam liquidum nautis aura secundat iter* as written by *Propertius elegiarum lib.* III. The verse is III, xxi, 14 of the vulgate [= *Ell. Lib.* III, xxii, 14]. *liber tertius* and *quartus* are the simple titles given by our MSS to the last two books. (*v* combines before *Cynth.* i, 1 *monobiblos* with *elegiarum liber primus*, and carries *monobiblos* into Book III. BH have *monobiblos* and *elegiarum* in their *explicit* at the end of Book IV.) There is no evidence to invalidate Nonius; we should entitle the vulgate Book III, *elegiarum liber tertius*. The inference would be that the vulgate Book II contains two books now combined into one, and that these were once entitled *elegiarum liber primus* and *secundus*. B. L. Ullman (in Class. Phil. IV, 1 (1909), p. 50) points out that Caesius Bassus, in quoting a typical pentameter from Propertius to set beside Tibullus I, i, 3, chooses *unde meus ueniat mollis in ora liber*, the first in the vulgate Book II; and would draw the inference that Bassus regarded the beginning of 'Book II' as the beginning of a new collection. It is possible. The internal evidence is conclusive for the presence within it of poems from two different books. It is nearly twice as long in the vulgate as the *Cynthia*, and has some 350 more lines than Book III. Lachmann attempted to divide it into two before II, x—which he first recognised for what it is, the proem and dedication of a book. (See p. 20.) The attempt breaks down, to be succeeded in this edition by another.

II, iii, 3, 4 [= *Ell. Lib.* I, ii, 3, 4] state that 'a second book' is beginning to be composed scarcely a month after the publication of the *Cynthia*; II, xx, 21, 22 [= *Ell. Lib.* I, *id.*] that the seventh month since that date is in progress; and II, xxiv, 1, 2 [= *Ell. Lib.* I, xxvi, *id.*] that a single 'famous book,' the '*Cynthia*,' is on every tongue.

Whereas II, xiii *b*, 25 [= *Ell. Lib.* II, iii, 27], *tres libelli*, is explicit that a third book is in composition; the poet is giving injunctions about his burial, and cannot intend to postpone his death till yet

47

another book shall have been written. [See C.Q. XII, 2 (1918), pp. 60, 61 for a discussion of this passage.] The occurrence of this passage in the vulgate *before* II, xx, 21, 22 and xxiv, 1, 2 is very strong evidence that two different books have here been combined and disordered.

At III, xxv, 3 [*Ell. Lib.* III, xxv, 25], *quinque tibi potui seruire fideliter annos*, Propertius dates for us himself the period of his amours. The *envoi*, in which this statement occurs, must have been written later than August, 731/23, because the book contains a lament for the death of Marcellus (xviii). The allusions in its earlier poems (i, iv, v of the vulgate) to Augustus' plans for the conquest of the East belong naturally to the same, or to the preceding, year.

Propertius therefore states that in 23/22 B.C. the amours had lasted five years; they had begun in 27 B.C. He also implies in the first poem of the *Cynthia* (v. 7), to which the *envoi* of Book III constantly refers, that this preface to his first work was written a whole year after he met Cynthia. The *Cynthia*, then, appeared in 26 B.C.—a date with which *Cynth.* xxii, 25 of this edition, *modo mortuus Gallus*, well agrees. The argument of Hertzberg (vol. I, pp. 23 foll.) as to the identity of the young Tullus who is addressed in *Cynth.* i, vi, xv and xxiv (also in *Ell. Lib.* III, xxiii), and who must be presumed to be the patron of that book, is convincing. He must have been the nephew of L. Volcatius Tullus, who was consul with Octavian in 33 B.C. From Propertius we learn that the uncle went as proconsul to Asia; and this he cannot legally have done before the year 27 B.C. But Tullus is told in the preface that the *amour* with Cynthia has lasted a year (i, 7); he would seem to have been still, or again, in Rome when the book was completed (xxiv, 1). It does not seem certain that young Tullus went to Asia in 27 B.C., or that vi, in spite of *nunc* in v. 1, is more than a prophecy; but probably he did go in that year and returned in 26 B.C., enriched by the spoils of office (xv throughout mentions eastern luxuries, and likens the grove of his villa to Caucasus). 'Book III' appeared in 23/22 B.C. and the *Cynthia* in 26 B.C., and each gives internal evidence that it was composed in about one year; there were *two* years, 25 and 24 B.C., for the composition of 'Book II' of the vulgate. The inference that two books are combined in it is strengthened.

II, xxxi, 1–16 records the dedication by Augustus in person of the 'golden portico of Phoebus.' *addidit porticus cum bibliotheca Latina Graecaque* are the words of Suetonius (*Aug.* 29); that is, the Danaid portico was not part of the original building dedicated in October 28 B.C. [See Journ. of Roman Studies (1914), pp. 200 foll.] Augustus was absent from Rome from 27 to 24 B.C., and in this latter year the *Ludi Quinquennales* of Actian Apollo fell to be solemnised, probably in early September (see above, p. 44). Since our fragment of a poem falls between 26 and 23 B.C., there can be little doubt that it dates from the summer or autumn of 24 B.C. [either the *Ludi Apollinares* of July 6th–13th, or the *Quinquennales*]. Evidence for the dating of poems within Book II to two successive summers, in the earlier of which Cynthia was seriously ill in July and went into *villeggiatura* in August, in the later of which she was in Rome both in July and in August, is collected on pp. 43, 44. There is thus ample evidence in the vulgate text to support the inference that 'Book II' is compounded of *Elegiarum liber primus* and *secundus*. Once it is perceived that some hundreds of lines have been lost in this region, the inference becomes a certainty. No ancient book contained anything approaching 2000 lines, few Latin books approach 1000.

Ell. Lib. III, xiv, 5–12 [= III, xv] cannot be pressed to provide evidence of date. Butler, thinking that *tertius—haut multo minus est— cum ducitur annus* must refer to what precedes, suggests that this is an early elegy written during the third year (rather, before the end of the second) after the poet took the *toga uirilis* (vv. 5–8). The suggestion has been very carefully weighed by the present editor. The uncial shows a lacuna after v. 46 of this elegy, and a page of it began at xiii, 1 [= xiv, 1: *Multa tuae*]; it is at first sight conceivable that xiii and xiv have been transposed to this point from *Elegies*, Book I. Against that idea is the impossibility of fitting these two elegies into three leaves; the stanza-scheme shows that 32, not 16, lines are lost after xiii, 16, and that extends them to cover three leaves *and one page*; more serious still is the objection to transplanting Elegy xiii into a book which sounds only a personal note and *never* treats of erotic subjects in the abstract, as is done here and constantly in *Elegies*, Book III.

The proposed interpretation of xiv, 9 must be rejected, and the common one accepted, which refers the *tertius annus* to what follows. We are in the third year from the publication of the *Cynthia* (cf. *Ell. Lib.* I, xxi, 21), and in the Third Book of the *Elegies*, and these facts may have led the poet to his phraseology—which suggests equivocation. But he has served Cynthia for *four* years and more already; his last conversation with Lycinna, he says, was nearly two years ago.

§ 31. The date of the Fourth Book of the *Elegies* seems to be fairly well established. The last elegy was composed not earlier than 16 B.C. [v. 50], and probably in 15 B.C. [*App. adn.* 17; v. 31]. The seventh (Actium, vi of the vulgate) was not written before 16 B.C., because it mentions the *émeute* of the Sygambri: *ille paludosos memoret seruire Sygambros* (93). It would seem to have been written for the *Ludi Quinquennales* (? early September, p. 44) of that year, when Agrippa celebrated them in the absence of Augustus; the terms of the phrase imply that good news had already been received from the North. Whereas the Preface to the book [*Ell. Lib.* IV, i] was written earlier; there is no mention of the important northern campaigns and settlements of the years 16–13 B.C., but Augustus has gone to Gaul (v. 4) to quell *tumultus* (v. 7). The conventional promise to sing the wars of Augustus here made is, to some extent at least, redeemed in Elegy vii; yet i was designed as preface to a *Hesiodic* collection (25–32). The poet could have sent with it to Gaul Elegies ii, iii, iv, v, x, xi, of which iv seems to date from 20/19 B.C. (see v. 26 and note at v. 2) and ii from 18 B.C. or later, after the publication of the *Aeneid*. Since Augustus had accepted this dedication, it would be preserved as preface of the completed book, in which Elegies vii and xii alone need date from a year as late as 16 B.C. That vi, viii, ix were composed before this dedication is made prob̈able by *scripta puella mea est* (v. 8).

The date 16/15 B.C. for the publication of *Elegies*, Book IV, is made more than probable by the passage in Horace [*Epp.* II, ii, 76–128] where he alludes to Propertius. It is commonly understood that vv. 90–101 refer to him, the 'Roman Callimachus' who wrote: *plus in amore ualet Mimnermi uersus Homero*. It is not so well understood that from v. 76 Propertius is already in Horace's mind. Propertius' next hexameter after that on Mimnermus (*Cynth.* x, 11) is: *i quaeso et tristis istos conpone libellos*. Compare *i nunc et uersus tecum meditare canoros*, and recall that Propertius once claimed to be no less *canorus* than the 'singer' of the *Eclogues* and *Georgics* (*Cynth.* xxii, 1, 11, 17, *canat*, 6, *caneret*, 24, *cantarunt*, 21, *carmen*, 13, *carmine*, 18).

Compare now *scriptorum chorus omnis amat nemus* with *Ell. Lib.* III, i, 8 and 18, *fugit urbem* with III, xxii, *rite cliens Bacchi somno gaudentis* with III, xvii, 16 and 44, and the title *uates* (Horace, vv. 80, 94, 102) with Propertius' claims to it made in *Elegies*, Book IV. [He uses the word four times in 'Book II' for a soothsayer or prophet; in Book IV it occurs seven times, in i, 19, vii, 1 and 10 of himself as 'the bard.'] But Horace's verses 81–83 are conclusive. *Ingenium* is

INTRODUCTION

the proud claim of Propertius in *Cynth.* xxiv, 32, *Ell. Lib.* ii, xxv, 34 and *Ell. Lib.* iii, i, 69, 70; and it is here put as first word of a description:

> ingenium sibi quod uacuas desumpsit Athenas,
> et studiis annos septem dedit insenuitque
> libris et curis, statua taciturnius exit
> plerumque et risu populum quatit....

Propertius went to Athens in 23/22 B.C.; see *Ell. Lib.* iii, xxii, and xxv, 10. There he was to steep himself *studiis Platonis* or in Epicurus' garden. Seven years will bring us to 16 B.C., when he is next in evidence as a Roman poet. Horace says *insenuit*; and he must have laughed at Propertius' words in *Ell. Lib.* iv, i, 7, *aetas prima canat Veneres, extrema tumultus*, though they are only intended to dedicate *the rest of his still youthful life* to a task.

While it has been seen that each word of *argutos uexat furor iste poëtas* belongs to the restricted vocabulary of our poet, the reference in '*mirabile* uisu *caelatumque nouem Musis opus*' has not been defined. Horace pokes fun at himself as well as at his victim, in his own inimitable way. This is an exaggeration of the compliments which each might offer to the other; Horace in *Odes*, iii, xxx has made claims as lofty: *exegi monumentum* aere *perennius*. Even Propertius, imitating him at *Ell. Lib.* iii, i, 62–70, stops short at *aere*. Yet *caelatum opus* is a figure from bronze or metal work, *mirabile uisu* intended to suggest a *monument*. Each marvels at the monument of the other; at the same time, if a new book by either of them has just appeared, *mirabile uisu* gains in point—especially if it was elaborately got up. Horace is not writing at the moment; but in 17 B.C. he had composed the *Carmen Saeculare* and *Odes*, iv, vi, and the idea of Book iv was perhaps tempting him. In 16 B.C. Propertius challenges the song of the *Ludi Saeculares* with an elegy for the *Ludi Quinquennales* (= *Ell. Lib.* iv, vii), and soon afterwards produces his Book iv. And in the would-be solemn elegy for the *Ludi* Horace found verses which tickled him very much (91, 92):

> ingenium potis inritet Musa poetis.
> Bacche, soles Phoebo fertilis esse tuo.

They were verses likely 'to shake the people's sides' on such an occasion. But Horace's delightfully adroit allusion, in v. 102, has escaped detection:

> multa fero, ut placem *genus inritabile uatum*....

51

4-2

It is in this elegy that Propertius twice claims to be 'a bard.' There are further allusions to Propertius in vv. 106–8, 126, 127; and in the intervening passage the *true* bard is described.

Incidentally we have perhaps contributed to the dating of Horace, *Epp.* II, ii. Tiberius, and Florus with him, were in the North in 16/15 B.C.; the epistle cannot be earlier than those campaigns.

§ 32. *Division of elegies.*

We have divided the vulgate text into five books and noted that
only the *Cynthia* and the First Book of the *Elegies* have preserved in
it their true beginning, and that neither of these has preserved its
true title.

The number of elegies whose beginning or ending has become
obscured in the vulgate is very great; critics have divined the state
of affairs in many cases, but incredulous conservatism has prevented
general acceptance of their inferences. The stanza-schemes of the
poet are the test by which the present editor has decided doubtful
points. In the *Cynthia* of the vulgate there are two elegies which the
MSS do not divide from the preceding context, nos. viii *b* and xii
(ix and xiii of this edition). But xii is marked off in N by a later hand;
and the Italian scholars even before Beroaldus recognised the division.
Each of these short elegies has a clear stanza-scheme, viii *b* (= ix) of
4 + 6; 4 + 6, and xii (= xiii) of 6 + 4; 4 + 6; and this, as differing,
in each case, from the stanza-arrangement of the preceding verses,
makes certainty more sure. This edition adds no. xxii to the book;
it is not divided by the MSS from the context where the vulgate
places it (after II, xxxiv, 66). But its stanza-scheme is again clear, and
incapable of combination with what there preceded. Indeed it contributes powerfully to the understanding of the verses; for '*non tamen
haec*' in v. 15 begins a balanced second half of the elegy and does
not continue the reference to the *Georgics* in vv. 11–14. The archetype did not clearly distinguish the last two poems of the book.
NvA (margin) alone divide our xxiii from our xxi; N fails to mark the
division of xxiv.

Even from the few mistakes in the *Cynthia* it would be fair to infer
that the archetype neither set a space for a running title between
elegies nor illuminated all the initial letters; but so far there is no
case of an elegy being marked where no new elegy began. The MSS,
however, or some of them, do this at seven points in Book II of the
vulgate: at vii, 13, ix, 1, xi, 1 (except for FBHc^2), xx, 21 (c^{1}c^{2}c^4 only),
xxvi, 29 (Nμ only), xxvii, 1 (except for μvplR), xxix, 23 (c^{1}c^2). Conversely we find in some or all no sign of the beginnings of elegies at
v, 1 (N$_1$F$_1$B$_1$p), vi, 1 (N$_1$), x, 1 (FBH), xxix, 1 (FVo.), xxxiii, 1 (N$_1$),
xxxiv, 1 (Ω), xxxiv, 25 (Ω). To this list the present edition adds
vi, 25, viii, 13, ix, 41, ix, 49, xxvi, 21; and (after the end of the book)
xxxiv, 61 and xxxiv, 67 (xxxiv, 61 is marked off only in c^{1}c^2).

In a number of these cases appeal must be made to the stanza-scheme. II, ix, 1–40, for instance (*iste quod est*), is arranged thus: 2, 6 + 8; 8 + 6, 6 + 4. Eight lines are wanting at the beginning; and these with their illuminated first letter are to be found 32 lines away (viii, 1–8). xi, 1 was the first line of a new *leaf* in the uncial; xi, 48 the last line of a page. The arrangement of xiii, 17–58 is equally clear and informs us of the number of verses lost before v. 17. xiv, 1–28 are divided clearly at v. 15 into two halves, so that vv. 29–32 are again shown not to belong to this elegy. No. xix is clearly divided into two halves at v. 17, after which Propertius' own plans are balanced against Cynthia's; and this balance reassures us as to the conclusion of the elegy at v. 32, where the fall of a leaf might suggest a lacuna. Whereas the arrangement of xxiii, 1–24 is 2.8.2, 8.4, thus indicating that this elegy has lost most probably 24 verses. xxiv, 17–52 divide at v. 33, *at me*, and we are left to infer that the loss before v. 17 is of *four* verses only. xxvi, 1–20 is divided after v. 10; the stanzas are 6 + 4, 4 + 6 (it makes no difference that vv. 11, 12 of the vulgate must be transposed to follow v. 16, the scribe's eye having dropped from *Leucothoe* to *Cymothoe*). The 16 verses of xxvii cannot be divided either into eights or fours; this, then, is not a complete elegy, as the MSS imply. xxix, 23–42 are divided 8, 8 + 4; we infer a loss of four lines at least at the beginning. In xxxiv there has been doubt as to the point where a second elegy begins; but the stanza-scheme of vv. 1–24 is 8, 4; 8, 4, and leaves no room for doubt that the new elegy begins at v. 25, *Lynceus ipse*. That elegy, in its turn, must end at v. 60; for the stanza-scheme divides between v. 42 (*desine, desine*) and v. 43, *incipe iam angusto uersus includere torno*.

§ 33. *The uncial again.*

A great part of the confusion in our archetype in this matter of poem-divisions is, of course, due to the dislocations and losses of the uncial. These so shortened many of those passages which began with an illumination that the scribes gave up marking them all. And pages or leaves, whose context had perished, were sometimes treated as elegies. (See e.g. II, ii and xxvii.) But the editor conjectures that the illumination of the first letter of these pages and leaves of the uncial was due in the first instance to the actual appearance of the uncial itself; and E. A. Lowe (C.Q. XIX (1925), pp. 197 and foll.) emboldens him, by a valuable array of facts about our early MSS, to offer the conjecture as a working hypothesis. We cannot fix a MS with one column of 16 lines on a page to any one century; for, as Lowe points out, the eighth-century glossary (St Gall, 912) has only 14 lines to its two-columned page. Yet the fourth to the sixth century is a likely period; and my presumption that it was in uncial script does not exclude the possibility of rustic capitals. The Naples fragment of Lucan, IV, A. 8 (Bobbio), has one column of 15 lines on a page, and is in rustic of the fourth century. But we can state that a MS of this sort was very likely to have *large capital letters at the head of each page.* The Vatican Virgil fragment (3256, St Denis) of the fifth century has even ornamental initials on every page. Complete copies of Propertius were still in existence in the early part of the sixth century, when Fulgentius (ch. 22) quotes from him the verse *diuidias mentis conficit omnis amor.* It is possible here and there to recognise the pagination even of the *copy* that was made from our uncial (see *Ell. Lib.* IV, viii, 68, *App. adn.* 10). One of its pages held II, viii, 9–40 of the vulgate; the preceding one began at vii, 13 (*Vnde mihi*). The illumination of the V of *unde* in our archetype, though the preceding verses are on a kindred subject and an illumination occurs only 12 lines before and only 8 lines later, will be due to this copyist's continued use of the capital letter at the head of a page. For this too was an uncial book.

§ 34. *Combination of fragments of the uncial.*

In the *Cynthia* only two passages introduced from elsewhere in the vulgate text have to justify their transposition, and these have been discussed (pp. 36, 37). The case of II, viii and ix, mentioned above (p. 23), is rather one of the interpolation of a group of fragments (vv. 9–40) between two successive pages of the uncial.

The Second Book of the *Elegies,* as reconstituted in this edition, owes certain of its consecutive leaves to the combination of threads of evidence—from page, from stanza-scheme, from the details of the text—which have enabled the editor to piece them together. The gloomy tone of II, i, 47–78, the elaborate but graceful style, would mark the passage as no fit conclusion for vv. 1–46, even if the stanza-schemes were not distinct and the number of verses (32) did not suggest an isolated leaf. But the copyist who placed them here saw that they were indeed the conclusion of an elegy addressed, as are II, i, 1–46, to Maecenas the patron; and perhaps he recognised in them the air of a dedication. The stanza-scheme resolves itself at once into 4 + 6; 8 + 6, 8. We did not need this evidence to know that the verses are only the concluding sections of an elegy; but *laus in amore mori* sounds like the beginning of an important new theme, and this theme is continuous and fitly rounded off at the end. Amid the fragments which certainly came from *Elegies*, Book II—and immediately before that one of them which describes the poet's wishes for his burial and mentions *tres libelli* as his gift to Persephone (II, xiii, 17 and foll.)—is a single page (xiii, 1–16) of the uncial, which the editor recognises as the beginning of a new book. The first couplet (*non tot...Amor*) is a more fanciful way of expressing *quaeritis, unde mihi totiens scribantur Amores* (*Ell. Lib.* I, i, 1). Verses 3–6 and 7 refer to Virgil's verses (*Buc.* vi, 64–71) upon Gallus' reception by the Muses; Linus, Ascra, and Hesiod's magical powers are all mentioned here. Propertius mentions Ascra and Permessus in a like context in *Ell. Lib.* IV, i, 25, 26—a proem. The *tam graciles Musae*, like the *mollis liber* of *Ell. Lib.* I, i, 2 or the *angusto pectore* of v. 40 there, are in the vein of conventional apology. Verses 7 and 9–12 of our fragment vary the conventions seen in *Ell. Lib.* I, i, 4 and foll., ii, 9–22; there the lady is the inspiration, and her art and intellect are more precious than her beauty, here the poet's aim is to make *her* marvel, and, *if he can*, to commend his own art to her intellectual and learned judgement.

> *haec ubi contigerint*, populi confusa ualeto
> fabula: *nam domina iudice tutus ero.*

What has dimmed his fame since he wrote: *cum sis iam noto fabula libro, et tua sit toto Cynthia lecta Foro*? The only other passage where he speaks of detractors occurs in the dedicatory elegy opening Book III (*Ell. Lib.* III, i, 27 and foll.). The inference from *populi confusa ualeto fabula* is that a book has appeared which has met with a less favourable reception than the *Cynthia*. He would naturally refer to it in his preface to the next. The poet's *inimicitiae* (16) are the theme of some part of the Second Book of the *Elegies*; this noun occurs again at *Ell. Lib.* II, xiii, 3, the adjective at viii, 40, xiv, 4, xxii, 47. The page following our fragment is assuredly lost; but the style is the same elaborate, yet gracefully fluent, style which marks II, i, 47–78 in particular. That leaf would be balanced by 32 lines arranged 8, 8 + 6, 6 + 4; and here we have clearly two introductory stanzas of 8—after which a page containing 6 + 6 + 4 verses has been lost. [Our verses 15, 16 led to a passage which lamented the frustration of his longing. He can never have another love, he can never cure this; so victory or death must be his lot.]

§ 35. Here a page and a leaf are brought together, with the bridge between them lost; but the archetype preserved the two surviving portions in their original form. In the next case four consecutive leaves will be assembled from their distant places in the vulgate; but the stanza-schemes will detect for us the loss of two couplets before the period of the uncial.

Let us examine the 32 verses of the vulgate from II, iii, 45, *his saltem ut tenear iam finibus!*, to iv, 22, *mollis erit*. iii, 45–54 are a couplet and a stanza of eight lines; and Scaliger and others have considered the couplet (45, 46) alien to what follows. iv is not a complete elegy. As it stands, the verses run: 4, 4, 2, 4, 2, 6. After accepting the necessary transposition of vv. 15, 16 to precede vv. 9, 10, we have still 4, 4, 4; 4, 6, and no stanza-scheme at all. Nor is the text of what we have satisfactory. Housman, followed by Postgate, would remove vv. 5, 6; and indeed their context does not account for them. But the conclusion, as it stands, has stranded us far from the first theme of the doubtful and thwarted lover—unless he means to slay himself (*ipso sanguine*), and cannot say so openly. By confronting this lame conclusion with the leaf of the uncial once containing II, xiv, 1–32 (in the order 29–32; 1–28; p. 19), we reconstruct the passage as follows:

> hostis siquis erit nobis, amet ille puellas: [iv, 17–22] (b)
>   gaudeat in puero, siquis amicus erit.
> tranquillo tuta descendis flumine cymba:
>   quid tibi tam parui litoris unda nocet?
> alter saepe uno mutat praecordia uerbo,
>   altera uix ipso sanguine mollis erit.
> nunc ad te, mea lux, ueniet mea litore nauis [xiv, 29–32] (a)
>   seruato? an mediis sidat honusta uadis?
> quod si forte aliqua nobis mutabere culpa,
>   uestibulum iaceam mortuus ante tuum.

The correspondence of the figures of the skiff and the ship, of *ipso sanguine* and *mortuus*, is too apt to be accidental. These must have been consecutive leaves; and Elegy II, iv must have ended with stanzas of 4 + 6 [+ 4]. Therefore one of the earlier stanzas of 4 must once have had six verses; since the context of vv. 5, 6 needs clarifying, the lacuna must be presumed to fall after v. 6.

II, xxv, 1–48 of the vulgate, like II, iv, finishes in the sand. The stanzas of which it is composed are arranged thus: 4 + 6, 4 + 6, 8; 6 + 4, 8 (vv. 39–46) + 2.... Before the last couplet, Housman, followed by Postgate, would place a lacuna. Certainly they are no fit conclusion as they stand.

We confront this couplet with the fragment preceding II, iv at the top of a leaf:

> cum satis una tuis insomnia portet ocellis,   [xxv, 47, 48] (a)
>   una sit et cuiuis femina multa mala,
> his saltem ut tenear iam finibus! ⟨h⟩aut mihi, siquis, [iii, 45]
>   acrius, ut moriar, uenerit alter amor.
>
> ac ueluti primo taurus detractat aratra,   (c)
>   post uenit adsueto mollis ad arua iugo,
> sic primo iuuenes trepidant in amore feroces,
>   dehinc domiti post haec aequa et iniqua ferunt.
> turpia perpessus uates est uincla Melampus,
>   cognitus Iphicli subripuisse boues:
> quem non lucra, magis Pero formosa coegit,
>   mox Amythaonia nupta futura domo.

The two couplets shorn of a context now fit too closely to be again separated. In iii, 47, 48 a return is made to the figure of xxv, 6, and iii, 49–50 refer to xxv, 5 and 8. The beauty of Pero constrained Melampus and supported him in chains and indignities; but in the end she married him (iii, 51–54). So the poet's *pulcherrima cura*, to whom he durst not at the moment say '*saepe ueni*,' will one day reward him nevertheless (xxv, 1, 2). The stanza-scheme is now: $4 + 6$, $4 + 6$, 8; $6 + 4$, $8 + [4, 8]$. The inference is that, if our combination is true, a couplet has been lost either in the second or the fourth stanza; for six we need eight verses *in one or the other*. The fourth stanza runs:

> sed tamen obsistam. teritur rubigine mucro   (15)
>   ferreus et paruo saepe liquore silex:
> at nullo dominae teritur sub limine amor qui
>   restat et inmerita sustinet aure minas.
> ultro contemptus rogat, et peccasse fatetur
>   laesus, et inuitis ipse redit pedibus.

Verse 17 offers a metrical irregularity nowhere else found in Propertius. Heinsius proposed, for *amor qui*, *amator*; but whence *qui*? There is not room in the verse for *qui* and *sub*; *sub limine* is not a proper phrase for *in limine*; *at nullo teritur*, as Postgate saw, is needed by the sense. Sense and metre would be restored by reading *at nullo teritur, dominae qui limine amator* | *restat....* But whence then *sub*, and the confusion of the vulgate's order? The stanza-scheme of the restored elegy is not to be denied. A couplet must be held to have dropped out before v. 18, and to have contained *sub*, perhaps *sub lumine* (cf. F). A verse like ⟨*frigoris hic patiens lunae sub lumine solus*⟩ would at least account for the scribe's eye falling from *dominae* (*dñę*) *qui limine*. The editor therefore holds that his proposed restoration of this region of the text solves by the way a number of problems, whose existence critics had already detected; and that in the last case the MSS offer some slight confirmation of what the stanza-scheme demands. The couplet was already lost in the uncial.

If II, xxv, 48 is to stand at the bottom of a leaf preceding iii, 45, we need 16 verses before xxv, 1 to fill the first page of a group of four consecutive leaves; and these must have been the *last* 16 verses of a preceding elegy. These the editor recognises in the isolated page which next follows xxv in the chaos, II, xxvii. It cannot be an elegy as it stands; for there is no balance in its three stanzas of 6 + 4 + 6. The preceding context being lost, we must remain in doubt whether yet another couplet has perished from these leaves before v. 9; but to the editor that seems at least probable.

§ 36. *The quires of the uncial.*

The *Cynthia* was contained in the first three quires of eight leaves each—all but the last six lines of the *envoi*, which were removed by the copyist to Book IV. These six lines became divided from their context because they stood at the head of the first leaf of the fourth quire, and because the last *page* of the third had been rubbed or otherwise rendered illegible; it was, of course, an exterior page directly the quires broke up. The considerations which have weighed in determining the extent of the loss after *fol.* 27, *fol.* 32 and *fol.* 35 are stated in the apparatus criticus. The 32nd leaf was probably loose and turned, so that it was its *recto*, not its *verso*, which became illegible, when this quire fell out. That *Ell. Lib.* I, v, vi, vii were three distinct poems is certain from the phases they record: serious illness (v), death's door (vi), recovery (vii). They cannot have been longer than the extent here allowed, if the surviving fragments have been rightly ordered beyond, because *foll.* 38 to 40 were clearly a continuous group of leaves when the copyist found them and must have formed part of *one quire*. To add *three* more leaves after *foll.* 32 or 35 would transfer *foll.* 38 to 40 into the following quire and so escape one difficulty; but that would add 96 lines to a book sufficiently long already, and would break up a number of suggestive coincidences

further on. The eighth quire, with *foll.* 58 to 60 loose and *fol.* 57
turned, so that its *verso*, not its *recto* became illegible, was mostly
put back after *fol.* 75 of the tenth quire, and the ninth and tenth
quires, thus swollen with wreckage, into the fourth. The vulgate
text, as a result, inserts portions of the *Second* Book of the *Elegies*
after II, iii, 44, which extend as far as xv, 54 before we again meet
with poems from the First Book. Portions of Book I then follow,
save for xviii, 23–38, to xxiv, 52, and only xxv, 1–48 and xxvii, 1–16
then interrupt. Poems from Book I are to be found as far as xxx, 40.

The ninth and tenth quires of the uncial from *fol.* 65 *a* to *fol.* 80 *b*,
as reconstituted in this edition, suffered the most grievous disturbance
of all. The vulgate text is before the reader; some interpretation of
the process whereby that text was evolved, on our theory, from the
uncial's leaves and pages may be helpful.

The copyist found these quires, in complete confusion, inserted
for the most part into the third quire after *fol.* 27 *b*. *Fol.* 79, from the
tenth quire, stood loose by itself after *fol.* 27, or rather was deliberately
moved thither to give it a context (*Eoos, Hesperios, Ell. Lib.* I, ii, 44:
his finibus, Ell. Lib. II, xvii, 51). Next stood *foll.* 66 and 67. The
copyist began with the illuminated letter of vii, 1, and left the twelve
preceding lines to be given a context later. He should have continued
with *fol.* 68 *b*, if 68 *a* was illegible; but 65 *a* began also with two verses
about ladies' thresholds. After writing out these, he actually turned
to *fol.* 68 *b*, and once more inverted the fragments because of the
initial letter at *Templa*. After which he completed *fol.* 65 *a*, and
arrived once more at the bottom of one of his own pages of 16 lines.
The first four verses of 66 *a*, having no preceding context and very
little construction, he marked for insertion after *quae non iure uado
Maeandri* on *fol.* 47 *a*; then he began the new page of his own book
with *unde mihi* from 66 *a*, and completed the leaf with xiii, 1–8 from
fol. 72 *b*. *Fol.* 71 had been inserted after *fol.* 74 or *fol.* 75. He then
took a new leaf of his own book (32 lines) and filled it with fragments
he found in this region, the beginnings and endings of various elegies
the body of which was lost. He would seem to have placed the four
lines from *fol.* 71 *a* in relation to the last verses of *fol.* 72 *b*, then to
have set *Ergo iam multos* from *fol.* 75 *a* before the lines (*sic igitur*)
from *fol.* 72 *b* because they began with an illuminated letter and
concerned insults (*uerba superba, insultet*). But before *Ell. Lib.* II, xii,
25, 26 he inserted four verses from a loose page of the third quire
which followed a lacuna—because they also related a case of suicide

(*fol.* 32 *b*, *Ell. Lib.* I, v, 51–54). After *foll.* 73 and 74 *a*, 74 *b* was illegible; 75 *a* he had already copied out, missing the connexion of the two fragments of *Ell. Lib.* II, xiv. There was but one *fragment* remaining in this region; he had missed its connexion with *fol.* 72 *b* (*fol.* 72 *a* being illegible) and wished to keep xi (*Quicumque ille fuit*) clear of the chaos. So he added it after *fol.* 74 *a*, though xi preceded it on the leaf (71). He did not actually omit any verse which he found on a legible page of the ninth and tenth quires; for this at least we must be grateful.

On the first page of the twelfth quire (*fol.* 89 *a*) the Third Book of the *Elegies* began. The passage on Virgil could not have chanced upon a more conspicuous position in the book—and there it attracted the copyist's eye and tempted him to insert the other reference to the great name, which began a leaf of the *Cynthia*. This twelfth quire ended at *Ell. Lib.* III, v, 10; the *next* leaf (97 *a b*) was loose and mis-copied. The *last* leaf of the fourteenth quire was loose (112 *a b*), the *first* of the fifteenth lost. The *first* page of the seventeenth quire was miscopied (129 *a*). A number of very small indications throughout the uncial as here reconstructed give the editor courage to hope that it is reconstructed truly, quire by quire. The number of lines which the various books once contained, if this is so, are as follows. *Cynthia*, 24 leaves and 6 lines = 774. Add 8 omitted in the uncial = 782. *Elegies*, Book I, 32 leaves, all but 6 lines = 1018. Add at least 8 omitted in the uncial = 1026. *Elegies*, Book II, 32 leaves and 10 lines = 1034. Add at least 10 omitted in the uncial = 1044. *Elegies*, Book III, 36 leaves, all but 4 lines = 1148. Add 14 lines omitted in the uncial, but subtract 4 wrongly interpolated = 1158. *Elegies*, Book IV, 31 leaves and 10 lines = 1002. Add 4 omitted in the uncial, but subtract 2 wrongly interpolated = 1004.

§ 37. *The references in Propertius to his craftsmanship.*

We have mentioned the words of Vertumnus in *Ell. Lib.* IV, iii, 57: *sex superant uersus.* Indeed they are one of the starting points of the theory that numerically balanced stanzas were part of the *ars* of the Roman Callimachus. If that theory should be established, new interest would attach to certain phrases, which the poet uses at points where the stanza-scheme is returning upon itself. When he writes to the rival craftsman, Ponticus (*Ell. Lib.* II, xxv, 17–20):

> *desine* et Aeschyleo conponere uerba coturno,
> *desine, et* ad molles *membra resolue* choros,

he is finishing the first half of his elegy, whose *membra* have been
8, 6 + 4. This couplet refers back to the last of the first stanza, that
which commended Philetas and Callimachus. He begins the second
half with:

incipe iam angusto uersus includere torno.

He thinks of his own art as narrowed by a *rotary* rhythm, and this
does not well describe a mere succession of hexameters and pentameters. Underlying the face-value of these words may lurk a reference to his stanza-schemes returning upon themselves. At *Ell.
Lib.* III, i, 45, *carminis interea nostri redeamus in orbem*, he is actually
returning upon the stanza-arrangement of vv. 1–26. The face-value
of the words may be the same as in the *praescriptos gyros* of ii, 21; yet
there too Apollo contrasts the free movement of epic with the confined
and measured race-course of the elegist. And the race-course is a
figure more apt to a whole poem than to an elegiac couplet; it is used
thus by Virgil, *Georg.* ii, 541, 542, iv, 147, and by Propertius in the
Vertumnus elegy at v. 58 (*sex superant uersus*)...*haec spatiis ultima
creta meis*.

Those who study the present edition closely may detect other
covert allusions here and there. For instance, when Propertius calls
the rune of the Fates *nulli reuolubile carmen* he has just begun the
'revolution' of his own song, whose thread *can* be unspun [*Ell. Lib.*
IV, viii, 49]. And he will often specially emphasise the points where
new sections begin, as e.g. at *Ell. Lib.* IV, vii, 85, ii, 109, 110.

Horace may allude to the same restricting craftsmanship in his
phrase *canere et contracta sequi uestigia uatum* (*Epp.* II, ii, 80), which
immediately precedes the exact reference to Propertius. And Theo-
critus may be bowing to a similar, if less strict, convention in his
first poem, where the refrains beginning ἄρχετε mark off 7 × 9 verses
from 64 to 126—at which point the song is equal in length to the
proem (1–63)—and λήγετε... marks the last 7 + 9 verses of the song
from 127 to 142. Compare *desine, desine, incipe* in *Ell. Lib.* II, xxv,
above.

§ 38. *Literary and Biographical.*

It would be an act of presumption indeed upon the editor's part to rewrite the life or to assess anew the character and qualities of his poet, founding himself upon a new text so different at many points from the vulgate, before the world at large has been enabled to weigh the new against the old. Much that would follow from the new text is clear to the least professional eye; it would remove almost all the abrupt transitions, which have been attributed hitherto to his method of composition; it would swing the pendulum rather the other way and cause this poet to appear as the most formal craftsman of his age. He would be found to have regarded the unities as other classical writers, to have expressed his moods as other lovers, to have ordered his diary of love by its calendar, the tale of its phases by their rotation or succession in the experience of life. In the *Cynthia* these features were always present; the elegies could not be disarranged without grievous hurt to their combined effect. The second, the earliest, elegy is on the theme of 'Come live with me and be my love'; the third plunges us to the heart of the lovers' world in three scenes, the two later of which only a Titian could have painted. When Tullus is due to start for Asia [vi], the 'praetor' of Illyria must also be leaving Rome [viii], and the first round in a contest long drawn out ends in the poet's favour. Cynthia goes to Baiae [xii, xiii, xiv] and he cannot follow and dare not trust; Boccaccio has a sonnet on the theme. xv [xiv of the vulgate] relieves the strain of continued railing, whether it reflect a mood of the same summer or of the next (see p. 48). In xvi [= xv] the poet is 'in danger,' 'his father's friends' perhaps would save him from himself; and in xviii [= xvii] he has actually taken ship across the Adriatic. Between the expressions of his mood in such plight he places the classic picture of the excluded lover on the beloved's threshold, xvii [= xvi], an elegy which for beauty of sound, however plaintive, must have challenged its Greek model. We are to infer that when Cynthia barred her door, he clutched even at his 'danger' as at a straw, and fled. He comes to himself in solitude, perhaps in the groves of Clitumnus; for compare xix [= xviii] at its close with *Ell. Lib.* I, viii, 25–31. And then he sounds that note of death foreseen [xx = xix], which later haunts the weary Second Book of the *Elegies*; and in the Preface [i] writes as one tormented but despairing of escape. At the end he places biographical matter, and his one other elegy which falls outside the *Cynthia* cycle [Hylas]. There is no reason to suppose that, after attaining world-wide fame with this book, he would within one month begin the next on a quite different pattern, though the subject was the same. Books III and IV of the *Elegies* introduce the personal story of Propertius and Cynthia only incidentally among matter of wider scope. Book IV is indeed far from being chronologically arranged; each elegy is there an un-related unit. But there is no evidence in it, to the present editor's eye, of posthumous publication, such as Postgate saw. Its elegies date from a number of years, and ix [= viii] was of course composed before viii [= vii]; but xii and vii were, with i, the latest of all. xii makes a monumental conclusion; vii, in honour of the new Rome born at Actium, is set to begin the second half of the book as the verses on old Rome began ii. Where then *should* the poet place the restless ghost of Cynthia (viii)? Both vi and ix are in far lighter vein, and xii concerns Hades also. So viii appears as far as may be from xii—his masterpiece in one *genre* contrasting with his most serious effort in homage to Augustan policy. Book III has an introduction in three kinds [i, ii, iii] and ends with a departure foretold [xxii] and an *envoi* [xxv]. A date early in 23 B.C., or even at the end of 24 B.C., is indicated for the early elegies by the allusions to current events; we have reached August, 23 B.C., with Elegy xviii. There is no reason to suppose a strict chronological order in this book either; there is no story to be told in detail. Yet such evidence as Elegies iii and xviii provide suggests that the body of the book was composed before August of that year. Readers must decide how far Books I and II of the *Elegies* tell a story of personal experience in the order of the events of two successive years.

§ 39. There is a side of Propertius' mind which has been little noticed by those who readily recognise in him 'the first appearance in literature of the neurotic young man,' or '*un jeune homme d'un bien beau passé.*' He has been accused of 'weakness of will,' because he tends to prefer the potential to the actual in expression (Postgate, Select Elegies, pp. xl and foll.); a certain laziness is rather to be detected in the constant preparation for an infinitive that will cheaply build a verse. Some good friends of Latin poetry cannot forget that he wrote: *ante fores dominae condar oportet iners*; and truly a poet must suffer in reputation among men of active habit, if he follows his convention of neurotic love to such an extreme. But the convention

64

was there, and modern taste must not overlook it. To the present writer it seems that Propertius was actually of sterner stuff than at first sight appears.

He had been brought up by his mother among women folk, but in an atmosphere of revolt; for his father's lands had suffered grievous curtailment from the confiscations of Octavian after the Perusine war. His kinsman Gallus had been killed in it by bandits and never found. This is related in the *Cynthia*, xxiii, xxiv [= xxi, xxii], in words which leave no doubt that their writer's strong local sympathy is with the beaten cause; the verses in *Elegies*, IV, ii which retell his biography help us to fill in details lost in *Cynth.* xxiv; here too assuredly he spoke out bluntly about the confiscations. This injustice, as well as his kinship with the Galli, Virgil of all men would note with sympathy. It is to be presumed from *Cynth.* xxii that Virgil was the friend who introduced Propertius to Maecenas.

A very young man from Umbria, without a patron among the powers of the day, without a word of homage or respect for Caesar— rather, reflecting upon him as the bane of his native region—publishes the *Cynthia* and claims the succession in the Roman line of elegists. It was the last book, of those we still possess, which stood outside the Caesarean orbit; for Messalla, Tibullus' patron, was by this time on the easier side of the fence. The tone and teaching of the book would be definitely displeasing to Augustus, bent already on the discouragement of irregular unions and the recruitment of the race. Two years before *Ell. Lib.* II, vi, he is writing:

> me sine, quem semper uoluit Fortuna iacere,
> hanc animam extremae reddere nequitiae.
> multi longinquo periere *in amore* libenter,
> in quorum numero me quoque terra tegat.
> non ego sum laudi, non natus idoneus armis:
> *hanc me militiam* fata subire uolunt.   [*Cynth.* vi, 25–30]

One should haidly accuse such a youth of weakness of will; he has the determined pose of the conscientious objector. Maecenas saw possibilities in his independence and immediately offered patronage. But in *Elegies*, I, I Propertius speaks of Mutina and Philippi as *ciuilia busta*, of the Perusine war again as the ' overthrow of the hearths of the ancient Etruscan race.' (Surely Maecenas felt this himself, sprung from Etruscan kings.) His duty is to Maecenas, to Caesar only as Maecenas' friend (vv. 25, 35). He will not imitate Virgil [*G.* iii, 46–48; 36] even in *promising* to sing of Caesar's pedigree

INTRODUCTION

(v. 48, = 42). In the whole remainder of his first book for Maecenas, after i, 27–34, he but twice glances at Caesar, each time in xi [= II, xvi, vulgate]. At a moment when Augustus' schemes of building on the Palatine are being pushed forward, he can write (vv. 19, 20):

> atque utinam Romae nemo esset diues, et ipse
> straminea posset dux habitare casa!

Riches such as these undermine the morals of lovers, he continues— as if to make a *riposte* to the official talk of a law forbidding just such a connexion as his own [*Ell. Lib.* II, vi, I; I, xviii]. He brings in Antony with contumely, but allows to Caesar the irrelevant praise: *illa qua uicit condidit arma manu.* The very irrelevance of this in a discussion of 'base love,' which caused Fonteine to condemn the couplet (Postgate and Housman following him), is the measure of the poet's desire to express his own feelings. He is a man of peace, and in Octavian's amnesty after Actium he sees his greatest act. [It may be noted that the irrelevance is greatly lessened by the transposition in the present text of the verses on Eriphyle and Creusa to precede those on Antony and Cleopatra; a terrible end was fated for such love, but Caesar held his hand and did not slay.]

In the Second Book of the *Elegies* he definitely takes a stand against the spirit of Caesar's legislation for marriage [vi]; *he* wishes to breed fodder for steel, but love is stronger than steel, and steel breeds rapine and civil bloodshed. Again in iv: 'If only mankind followed *my* philosophy:

> non ferrum crudele neque esset bellica nauis,
>   nec nostra Actiacum uerteret ossa mare,
> nec totiens propriis circum oppugnata triumphis
>   lassa foret crines soluere Roma suos.'

These expressions of feeling tell us more about Propertius than his description of the Palatine temple later in the book, especially as we do not know on what note that poem ended (*Ell. Lib.* II, xxi [= xxxi, 1–16, vulgate]). But he was evidently stirred by the beauty of the monument; and doubtless he knew of the purpose of the library to which the 'golden portico' was designed to lead. At this moment, when Augustus returns for the first time since the poet met Cynthia, he takes a step forward on the path which the republican Horace has for much longer followed.

But it is only a step. He cannot really stomach imperialism; he cannot really forget his family's experience of the rapine which follows a Caesarean war. He will do as Virgil and Horace, and recognise with

66

lip-service the divinity of Augustus (*Ell. Lib.* III, iii, 1, *arma deus Caesar*); he will side with him against the hated Parthian, against the despicable Cleopatra—but he will remain completely detached, pursuing his own path:

> inque sinu carae nixus spectare puellae
> incipiam et titulis oppida capta legam....
> *praeda* sit haec illis, quorum meruere labores:
> mi sat erit Sacra plaudere posse Via.   [iii, 17; 23, 24]

The poet is above senseless greed, which is inhumane and anti-philosophical:

> exitus hic uitae superet mihi: uos, quibus arma
> grata magis, Crassi signa referte domum.

He scorns the imperialism he set out to honour.

The same note is struck in viii to Maecenas himself:

> (cum liceat)
> tibi Medorum pugnaces ire per hastas
> atque *onerare* tuam fixa per arma domum;   [vv. 35, 36]

and in xi in the juxtaposition of 'Augustus' gallant standards' and 'the glory of despoiling the Parthian' (vv. 2 and 3). It is an *idée fixe*. Cleopatra debased love, and is therefore not to be defended; but into the heart of his elegy on her, III, x [= xi], he has dragged a reference to the death of Pompey, in hardly Caesarean terms:

> (tollet nulla dies hanc tibi, Roma, notam.)
> issent Phlegraeo melius tibi funera campo,
> uel tua si socero colla daturus eras.   [vv. 34–36]

The other reference to Julius grants him divinity indeed [xviii, 52], but does not distinguish his rank in heaven from that of Claudius Marcellus, conqueror of Syracuse[1]. But the praises of young Marcellus and of his family are fulsome enough to prove that the house upon the Esquiline (xxiv, 24) and three years of the patronage of Maecenas have almost tamed the poet's independence. They have not taught him to write to order, and when he fails with a national theme which had inspired Virgil to the heights his failure is instructive. To a lover of Italy, Elegy xxiii is one of the least interesting of his works; he has not felt or given feeling to a line of the passage concerning Rome's greatness and Italy's fair waters, and quickly turns it back to the dry channels of Greek mythology. He does not yet feel his feet away from his erotic conventions, one of which was the non-political attitude of scholars like Philetas: ὥσπερ οὖν ὁ Πρόδικον τὸν σοφιστὴν ἢ Φιλητᾶν

---

[1] But *cf.* IV, vii, 73, 74.

τὸν ποιητὴν ἀξιῶν πολιτεύεσθαι, νέους μέν, ἰσχνοὺς δὲ καὶ νοσώδεις
καὶ τὰ πολλὰ κλινοπετεῖς δι᾽ ἀρρωστίαν ὄντας, ἀβέλτερός ἐστιν
(Plutarch, *An seni sit gerenda res publica*, ch. 15, p. 791 E).

In the Fourth Book we perceive that lapse of time has brought him
with fewer reservations into the fold. He now dedicates his book to
Augustus with the conventional flattery and homage, though still as
ever self-conscious in the part he acts. He chooses Roman archaeology
for his main field and includes one elegy—uninspired enough save
for the verses upon Veii—on a dry subject specially interesting to the
antiquarian in his patron, the temple of Jupiter Feretrius. [See Livy,
IV, xx, 5–7.] The most Augustan elegy is, of course, that on Actium
[vii]; yet this too is highly self-conscious. That wherein he writes
his most notable passage on ancient Rome [ii, 1–38] shows the same
trait in an extreme form. He cannot bring himself even now to write
on the Augustan theme of the Fates of Aeneas, as Tibullus [II, v]
and Virgil had written, perhaps, in his view, *ad nauseam*; he breaks
off into what to us, as probably to Horace, seems bathos, but to him
seemed a veiled satire on such writing, and so leads up to his own
autobiography repeated on the soothsayer's lips. He is attempting
to account to an audience for his book with its mixture of the erotic
and the archaeological; the artist in his eyes is as important as his
art or his theme; he is obsessed by his own conception of himself.
We did not need Horace's vivid picture of him at this period [*Epp.*
II, ii, 76–128; see above, p. 51] to tell us this.

The present editor, then, sees little evidence in these works of
'weakness of will'—rather a pose assumed in accordance with erotic
convention and maintained with determination even to laughable
extremes. Amid a world which to his excessive sensibility seemed
Philistine, and with which he did not deign, like Horace, to make
terms, he began and long continued in revolt, practising 'art for art's
sake' with a solemnity which his main theme could ill support.

§ 40. But it is to be inferred that this spirit of revolt, which made
of him a romantic writer, was finally quelled. His non-moral, adolescent
attitude to love in the *Cynthia* yet admits the virtue of constancy.
When in *Elegies*, Book II, vi, he sets his face against a marriage en-
forced by law, constancy is still his support, though this must be
more and more tempered with resignation. When he breaks loose
in despair [Book I, xxii–xxvi], self-conscious as ever, while defending
himself he must admit the crime. Propertius, then, is not a cynic,

like Ovid, nor a dilettante, like Tibullus; serious and obsessed, he demands of his passion more than its environment can provide. He sees himself always as the great lover, with moral obligations implied on both sides. After a while Cynthia was not amused, but it was not in her altogether to reject such flattering importunity. Though nameless until the 22nd elegy, she still presides in spirit over Book III, the ninth elegy in which, on her birthday, is one of the most entirely successful of the poet's works. But his mind has moved forward in this book not only towards the Augustan policies. Not Cynthia now, but Woman, is the main theme—Woman as a tyrant [x], Woman avaricious and faithless [xii], Woman in need of social freedom and physical culture [xiii], Woman's typical jealousy [xiv], her lust [xix]. And there is an elegy on married constancy, written for his kinsmen [xi]. The Cynthia poems are more detached in this book. They reflect a relation rather than a passion; Cynthia is herself becoming a type. But in xxi, following upon the fragment of xx, we see the poet claiming for his fresh reconciliation the terms *of marriage*. In xxiii Tullus is adjured to return to Rome because '*hic ampla nepotum spes et uenturae coniugis aptus amor.*' A weariness of the flesh has come over the champion of Venus; he has observed life and is finding his bearings. That observation has made of him almost a satirist upon the morals of Rome. Even his elegy on the drowning of young Paetus is but a rhetorical attack upon the avarice of commerce.

The seven years pass over him, some of them spent in Athens, and he emerges with Book IV, as Horace says, 'more taciturn than a statue.' It is not easy to imagine the continuance of his relation with Cynthia after the *envoi* of Book III and his departure abroad, or the brilliant comedy of the ninth elegy of this last book wrung from a 'statue.' Yet the elegy purports (v. 1, *hac nocte*) to record an experience but one day old, and the manner is mature and masterly beyond any of his earlier *genre* scenes. And there is not a shadow of morality in it, or indeed of self-consciousness. The same can be said of Elegy vi· but this is satire, not comedy, and probably has a Greek prototype. Hercules and Vertumnus are treated in Elegies x and iii, without the slightest reverence, indeed as humorous subjects. The tale of Tarpeia is assimilated to the story of Scylla in the *Ciris*; but he has emphasised the moral which the Augustan age gave to it, though in his own *Cynthia* he had taken the contrary view that Tarpeia was a martyr to chastity [xvii, 2]. But the truest and tenderest feeling in the book is found in those two elegies which glorify the virtues of the

69

married state, Nos. iv and xii, and in xii we at last reach the *grauitas* and *pietas*, against which the poet's early writings so petulantly and obstinately revolted. Cynthia is dead, and, though she may for a time obsess him still and hope for him beyond the grave, we feel that no one could have written the elegy for Cornelia, or would indeed have been invited by the family to write it, who still preached contempt of the moral conventions of the day. We may see in its noble verses the Propertius who was to have children of his own—who perhaps had already married, whose wife was perhaps a connection of Paullus, Cornelia's husband. That this was the end of his literary career is hardly surprising; he had chosen his ground and had protested too much. The Leges Iuliae of 18 B.C. and the death of Cynthia played their part perhaps in deciding his course; but the family home near the 'lovely river' Clitumnus, the family name in danger of extinction, the local pride with which he set out as a youth—these things are likely to have stirred his heart in the fullness of manhood. We need not suppose that Pliny's acquaintance Passennus Paullus (*Epp.* vi, 15; ix, 22), the poet's descendant, owed his existence to any weak-willed truckling to imperial legislation.

§ 41. *Influences.*

Postgate and others have dealt fully with the influences which moulded the style of Propertius and with his influence upon later literature. Certain points may be amplified. The poet claims at the outset to be the Roman Callimachus, and such Horace calls him. Again in the proem of *Elegies*, Book I, he refers to Callimachus alone (I, i, 46) and his *narrowing* influence (*angusto pectore*; cf. *angusto torno*, II, xxv, 19 and Horace's *contracta uestigia uatum*). The seventeenth (vulgate, sixteenth) elegy of the *Cynthia* is founded on an original by Callimachus, as we may infer from Catullus' adaptation of the same theme among his *expressa carmina Battiadae*. We are bound to admit a probability that the most beautiful details in the *Cynthia*, for instance, the scenes of Elegy iii and the romantic appeal of xviii, xix, xx and xxi, are but thefts from his treasury; and, conversely, we may fairly conclude that Callimachus' love poems were personal, rather than detached, simple, rather than high-flown. There may be touches from Philetas here and there in the first two volumes. For instance, the first analogy which Propertius quotes for his love-sick quest (*Cynth.* i, 15) is Milanion and 'swift-foot' Atalanta, and this reminds us of Hermesianax' verse on Philetas, Βιττίδα μολπάζοντα θοήν; and thus early, like Philetas, he poses as the *wasted* lover (v, 21, 22). It is not until the close of *Elegies*, Book II, that Philetas is named as a model beside Callimachus (xxv, 7, 8); in that book occurs a beautiful elegy in his manner (xi)—if we have rightly reconstructed the book— and an introductory elegy in a more 'Castalian' style than we should expect from a Callimachus who was '*non inflatus*.' But it is in Book III that we encounter a heightened imagery quite alien to the early simplicity of experience. We begin with the claim to enter the groves of Helicon, as in II, i, 4—not, as in the *Cynthia* (xxii), the succession of Roman elegists—and to Philetas are assigned the *Sacra*. That this is not an accident in the arrangement of the words is made clear by the following elegy, which introduces the poet to Helicon and its deities and *orgia* (i, 10; ii, 29) in the full 'Castalian' style and then confesses its inspiration from Philetas alone in its last verse. So in Elegy viii, *meque deum clament et mihi sacra ferant* (56) follows upon the mention of Philetas after Callimachus; and in IV, vii, *sacra facit uates* is immediately followed by *cera Philiteis certet Romana corymbis et Cyrenaeas urna ministret aquas*. In all the rest of the last book the influence of Callimachus is predominant, unless Elegy vi be rather Coan; he is the aetiologist, the dreamer of dreams (viii), the writer of epitaphs (xii).

Propertius confesses to some of his reading in *Cynth*. xxii. It is probable that, next to Callimachus, Gallus has influenced him in that book; but the only point at which we can detect a verbal allusion occurs in *Elegies*, Book I, ii, 43, 44:

> siue illam Hesperiis siue illam ostendet Eois,
> uret et Eoos uret et Hesperios.

That this elaborate chiastic balance was a feature of Gallus' style is made probable by Ovid's use of the same words:

> Gallus et Hesperiis et Gallus notus Eois,
> et sua cum Gallo nota Lycoris erit: [*Am*. I, xv, 29, 30]

and

> Vesper et Eoae nouere Lycorida terrae. [*A.A.* III, 537]

But Quintilian says that Gallus was *durior*; Propertius, rejecting a shaggy crown, prays for the smooth ivy-wreath of Bacchus [*Cynth*.xxiv, 27, 28].

There is no sign of any knowledge of Tibullus, Book I, in the *Cynthia*, or in *Elegies*, Book I; for Cynthia's fever [I, v–vii] was not an infection from that of Delia [Tib. I, v, 9]. In *Elegies*, Book II, whether this is rightly reconstructed here or no, there seems to be no reference to Tibullus, Book I, as we have it. There are occasional similarities, of course; Tibullus v, 71–76 begins like Propertius, *Ell. Lib.* II, xvii, 17–22 and ends like xviii, 21, 22, 25, 26; but Propertius alludes to a Greek model; for *inuitis ipse redit pedibus* is from Meleager, *Anth.* XII, 85: αὐτομάτοις δ' ἄκων ποσσὶ ταχὺς φέρομαι.

Tibullus however, in the passage now found at the end of his works [III, xix, 3 = IV, xiii], and very evidently one page of a twenty-eight-lined MS which suffered damage, has a phrase identical with Propertius, *Ell. Lib.* II, vi, 39, *tu mihi sola places*, and all the first eight verses of this passage are close to verses in Propertius' same book. The theme, however, is such a commonplace, the phrase such a *cliché*, that no inference can be drawn. Ovid clearly assigns the rights to Tibullus, and incidentally establishes the genuineness of the passage, which Postgate would not accept:

> elige cui dicas 'tu mihi sola places.'
> haec tibi non tenues ueniet delapsa per auras:
> quaerenda est oculis apta puella tuis.   [*A.A.* I, 42–44]

The Tibullus fragment has:

> tu mihi sola places, nec iam te praeter in urbe
> formosa est oculis ulla puella meis.   [vv. 3, 4]

And at v. 13:

> nunc licet e caelo mittatur amica Tibullo....

The *cliché* may well be from an earlier poet than any of these three.

Ovid assigns priority to Tibullus over Propertius[1], and it is true that some of his elegies date from 27 B.C. and earlier. But Propertius' claim, *primus ego ingredior* (*Ell. Lib.* III, i, 9), reinforcing those made in *Cynth.* xxiv, xxii, holds good; for evidently Tibullus did not *publish* his first book till 24 B.C. [The movements of Messalla may have caused delay; in that year Augustus returned from the settlement of Gaul and Spain.]

The effect of the publication of Tibullus' work upon Propertius was immediate. *Ell. Lib.* III, iii, presumably the first or second elegy of the book in date of composition, is saturated with Tibullus I, i, ii, iii. Hear, for instance, the refrain:

> hic ego dux milesque bonus: uos, signa tubaeque,
> ite procul, cupidis uulnera ferte uiris
> ferte et opes....   [Tib. I, i, 75–77]

> ferreus ille fuit, qui te cum posset habere,
> maluerit praedas stultus et arma sequi.   [ii, 65, 66]

---

[1] *Tristia*, IV, x, 53, *al.*

Compare Propertius III, xvii, 17, 19:

> ipse seram uites...
> dum modo purpureo spument mihi dolia musto...

and 39, 40:

> ante fores templi...
> libatum fundens in tua sacra merum,

with Tibullus I, i, 7, 10:

> ipse seram teneras maturo tempore uites...
> ...et pleno pinguia musta lacu,

and 14, 16:

> libatum agricolae ponitur ante deo...
>   corona
> spicea, quae templi pendeat ante fores.

So we find Propertius writing a passage on the Golden Age [xii, 27] to rival that of Tibullus at iii, 35, and a birthday elegy, though of a very different kind from Messalla's; we find him taking up the verses

> o quantum est auri pereat potiusque smaragdi
> quam fleat ob nostras ulla puella uias!   [Tib. i, i, 51, 52]

in

> tantine, ut lacrimes, Africa tota fuit?   [III, xx, 4]

only to be outdone at the next step, when Tibullus lights on the perfect verse:

> non ego sum tanti ploret ut illa semel.   [Tib. II, vi, 42]

Propertius before his Fourth Book has studied Tibullus' Second. He will not imitate the passage on the *Fata Aeneae* in II, v (see p. 68), but in three passages of his sixth elegy he may have had in mind Tibullus II, iv (vv. 13, 14; 27–30; 58), and there is a verbal echo in xii of Tibullus II, i, 32, *nomen et absentis singula uerba sonent*. But his main subject in this book is no longer love as interpreted by Alexandria; his path has diverged, he is once more a pioneer. There are however three elegies which reveal close study of the *Appendix Vergiliana*. The *Copa* is echoed in Elegies iii and ix; for instance, Propertius' line *caeruleus cucumis tumidoque cucurbita uentre* [iii, 29] is a conflation of *Copa*, 22 with *Moretum*, 78, *hic autumnalia pruna cernis et aestiuo mora rubere die* [iii, 23, 24] from *Copa*, 18 and 21; and vv. 1–4 and 29 of the *Copa* are used for *Elegies*, IV, ix, 29–44. Echoes of the *Ciris* recur in the Tarpeia elegy [v]; the most notable are perhaps the references in vv. 29–38 to *Ciris*, 171–6 and in vv. 83–88 to *Ciris*, 163–7. A probable date for the publication of this collection

73

of minor poems by Virgil or members of his circle would be 18 B.C., after the appearance of the *Aeneid*; and the present editor conceives that at this date Propertius carefully re-read them all. But he had known them earlier, as himself one of the circle; it is difficult not to connect his verses *nunc uiolas tondere manu, nunc mixta referre | lilia uimineos* [MSS *uirgineos*] *lucida per calathos* [*Ell. Lib.* III, xii, 31, 32] with *Copa*, 13–16: *sunt etiam croceo uiolae de flore corollae | sertaque purpurea lutea mixta rosa, | et quae †uirgineo libata Achelois ab amne | lilia uimineis adtulit in calathis.* [*uirgineo* is due to a variant for *uimineis* in v. 16.] Indeed, were it not a common Alexandrian conceit thus to mix the hues of flowers, one might think that Propertius' *lilia ...candida purpureis mixta papaueribus* in *Cynth.* xxi owed something to *Copa*, 14 (above).

§ 42. *The earliest work of Propertius.*

(*a*) Postgate noted in his Tibullus, Select Elegies (1903), p. xxxvii, 'some curious agreements of language with Propertius' in the *Panegyric of Messalla*, an exercise in hexameter verse bound up with the Tibullus collection in the MSS [III, vii = IV, i]. Némethy in his edition of the poems of Lygdamus and the *Panegyric of Messalla* (Budapest, 1906) definitely attributed this work to Propertius. He conceived that the poet was born about 49 B.C. and wrote this in his 18th or 19th year; the date of it is fixed to 31 B.C., the year of Messalla's consulship, by vv. 121, 122:

> modo fulgentem Tyrio subtemine uestem
> indueras oriente die duce fertilis anni;

and to the months before September by the absence of any reference to Actium. Some great new campaign is in preparation, however: *maiora peractis instant* (118), *magnis insistere rebus incipe* (135); that it will tend to the East is suggested by the emphasis laid upon the eastern rivers (vv. 140–5). The date, then, of this work, was four years before Propertius met Cynthia in 27 B.C., five years before the publication of the *monobyblos*, his '*carmen iuuenale*,' as Martial calls it (XIV, 189). The epithet implies precocity in the poet, who himself twice indicates the same thing. In *Elegies*, Book III, xiv, 5–10, he says that his connection with Lycinna dated from his taking the *toga uirilis*, that is, from his 16th or 17th year, and ceased when Cynthia appeared on the scene. 'He has not even spoken to her for two years.' *illa rudes animos per noctes conscia primas inbuit* is so phrased as to suggest only a brief connexion, that is, only a short interval between the taking of the *toga* and the meeting with Cynthia. Cf. *aetas* prima *canat Veneres*: *Ell. Lib.* IV, i, 7. Again in *Elegies*, Book IV, ii, 119–126, he asserts that he began to write a little from the time of taking his *toga uirilis* and thereby turned away from his training for the law; and, in that context, it is fair to understand *castra* (123) and *militiam* (125) as referring to a refusal to pursue a military training either, *at the usual age*; cf. *Cynth.* vi, 29, 30. He 'had a call' to write his *Cynthia* on the very threshold of his life; and he writes it like a youth.

In judging of his precocity—and, after all, the 'learning' of the *Cynthia* does not go beyond the love-poems of Callimachus and a mythological lexicon—we may remember the southern temperament, and the fact that Leopardi at 19 years of age was the greatest scholar and lyric poet of his time. The *Cynthia* was not beyond the compass of a youth in his 19th year.

But Némethy would attribute the *Panegyric of Messalla* to our poet at this age. This would mean that he was in his 23rd year when he met Cynthia, and in his 28th year when he began his studies at Athens (p. 51): whereas Horace was studying in Athens in his 22nd and 23rd years, and the normal age would assuredly be less than 25. Not only are there improbabilities here, but the childish writing of the *Panegyric* itself suggests a mere boy as its author.

Two of the more striking points brought out by Némethy were the fact that its writer, like Propertius, suffered from the confiscations of Octavian (vv. 184–8), and the strong family likeness of the digressions on Ulysses in *Paneg.* 52–78 and Propertius, *Ell. Lib.* III, xi, 23–36 [= III, xii]. Neither point, of course, is conclusive; but the cumulative effect of details throughout the *Panegyric* is such as to make out a good case for one author. To Némethy's evidence, or as much of it as is acceptable, more can be added.

§43. The adjective *magnus* occurs eight times in these 211 verses; the comparative *maior* also eight times (in two places *maiores* means 'ancestors'). The adjective *paruus* occurs five times, *paruulus* once; *minor* thrice. The humility of the author is expressed in vv. 1–17 by a piling up of *terret* (2), *infirmae* (2), *deficiant* (4), *humilis* (4), *parua* (7), *parua* (14), *paruus* (16). The greatness of Messalla is expressed between v. 176 and v. 180 by *magnus* (176), *tantae* (177), *magnis* (179); and *magnis* follows in 183. In vv. 196–200 we find *paruum*, *paruula*, *quanta libet*, *magni*; each of these two passages ends with reference to Homer. Now we find the same instinct that the use of *magnus* in a verse makes it *great* in one of the latest extant poems of Propertius, the Introduction to *Elegies*, Book IV, now found for the most part at II, x, 1–26. There however the adjective is employed as a key-word to mark off the limbs of the scheme of composition. Here we have but crude repetition. That passage shows other startling similarities to phrases in the *Panegyric*. Némethy remarked the couplet (5, 6):

> quod si deficiant uires, audacia certe
> laus erit: in magnis et uoluisse sat est.

It is the essence of vv. 1–7 of the *Panegyric* made terse.

In the same way the verses of Propertius, *Ell. Lib.* IV, ii, 42–45:

> ei mihi, quod nostro est paruus in ore sonus!
> sed tamen, exiguo quodcumque e pectore riui
> fluxerit, hoc patriae seruiet omne meae...

might be a re-writing of *Paneg*. 16, and 24–27:

> hic quoque sit gratus paruus labor...
> at quodcumque meae poterunt audere Camenae,
> seu tibi par poterunt seu, quod spes abnuit, ultra
> siue minus (certeque canent minus), omne uouemus
> hoc tibi...

with which passage compare also *Cynth*. xxii, 15, 17.

The *Panegyric* is remarkable among Latin poems for the number of its verbal periphrases. We find the following verbs with the infinitive: *propero* (1), *uolo* (1), *contendo* (1), *malo* (1), *queo* (2), *nequeo* (2), *possum* (6), *audeo* (2), *incipio* (1), *deficio* (1), *paro* (1), *disco* (2), *ualeo* (1), *libet* (1), *decet* (1), *non deest* (1); also *cupidus* (1), *melius est* (1), *potior* (2), *satis est* (1), *aptus* (1), *fertur* (1).

No similar list could be compiled for 211 verses of any other Latin poet than Propertius. Postgate (Introduction to Select Elegies, pp. xli and following) has collected statistics for Propertius, which should be compared with the above. He would account for the 'preference of the potential to the actual' by 'weakness of will.' The explanation is rather (see p. 64) want of facility in versification—the thinly concealed art of manœuvring for the dactyl of an infinitive active (33 of these verses have an infinitive in the fifth foot). At least the writer of the *Panegyric* shows no weakness of will, but a deadly determination to pursue Messalla with exaggerations through several existences (vv. 201–212).

The digression on the five zones which follows upon the mention of the *mundus* in v. 150 recalls nothing so much as that on Nature in Propertius, *Ell. Lib.* III, iii, 50–62.

But perhaps the most curious similarity is to be found in the verses 67, 68 on Ulysses:

> uidit ut inferno Plutonis *subdita regno*
> *magna* deum proles *leuibus* † discurreret † umbris....
> [*curreret* in v. 66: read *discreuerit*.]

Propertius writes at *Cynth*. xii, 3, 4:

> et modo Thesproti mirantem *subdita regno*
> [et modo] Misenis aequora nobilibus....

At *Ell. Lib.* II, xi, 4 he writes:

> et *leuibus* curis *magna* perire bona;

and v. 22 is:

> haec mea Musa *leuis* gloria *magna* tua est.

Propertius is attracted by these juxtapositions.

Postgate remarks: 'Such a poem, it is important to observe, can scarcely have had much interest for more than two people—its subject and its author.' It appears in a collection from the circle of Messalla. No one but Propertius has paid it the slightest attention; and *he cannot leave it alone.* He must have had it by heart. But Propertius became a poet very young, and is no poet here. It would fit in with the evidence, if Propertius wrote the *Panegyric*, when he was a boy 14 or 15 years of age. He was not remarkable for modesty in later years, but this is a poem of quite extraordinary modesty. Let us consider whether there are signs in it of actual physical immaturity as well as of poverty of invention.

Would a man begin a poem, even to the consul of the year, with

tua cognita uirtus terret?

This is followed by:

ut infirmae nequeant subsistere uires,
incipiam tamen.

(But other poets have posed thus to patrons, and there is a precedent in the *Ciris*.)

The frequent use of *paruus* reaches a climax in v. 196, where the author says that for Messalla's sake he would

paruum Aetnaeae corpus committere flammae.

'*paruum*: libri, quod ineptum est,' comments Némethy, in accepting the conjecture *pronum*. Certainly the adjective is inept unless it is true; and no *man* would use it. But a boy, writing for readers who would know his age and stature, might possibly so use it; and the hypothesis of a boy-author would fit in with v. 2, already quoted, and with the excessive humility of the whole.

Another surprising allusion is that to 'great Gylippus' in v. 199. One did not expect his military fame to be on a par with Croesus's as a millionaire and Homer's as a poet. Alexander, yes: and *magni Philippi* has been proposed; but *magni* is awkward of another Macedonian than Alexander. On the other hand the great feat of Gylippus at Syracuse does strike the schoolboy imagination even now to a disproportionate degree—disproportionate only because Thucydides looms so large on his horizon.

This hypothesis would account for the want of criticism shown by such reduplications and repetitions as are seen in vv. 114, 160, 205:

ipse tamen *uelox celerem* super edere corpus,	[v. 114]
seu *celer* hibernas *properat decurrere* luces,	[v. 160]
seu *matura* dies *celerem properat* mihi mortem;	[v. 205]

in the double reference to Nestor's three generations at vv. 50 and 112; in the *tardus* and *celer* of vv. 89, 91, 92; in the 'left, right' of vv. 95 and 104; in the *rapidum mare* and *rapidas...maris ire per undas* of vv. 126 and 193.

We have a hint in vv. 35-38 of the occasion of the composition. A prize would seem to have been offered for the best essay or poem on the popular consul of the year; *quis potior, certamen erit: sim uictor in illis*. This work with its curious erudition and diffusiveness, its air of the Chinese examination in which one writes down all one knows, has no claim to be a poem; yet there are gleams in it:

quin etiam Alcides, deus ascensurus Olympum,	
laeta Molorcheis posuit uestigia tectis,	
paruaque caelestis placauit mica, nec illis	
semper inaurato taurus cadit hostia cornu.	[vv. 12–15]
illum inter geminae nantem confinia mortis.	[v. 70]

78

Several of the single verses in the passage from v. 118 to v. 134 are at least worthy of Cicero; and even Virgil might not have much altered the following imitation of his manner:

> quid moror? Oceanus ponto qua continet orbem,
> nulla tibi aduersis regio sese offeret armis.
> te manet inuictus Romano marte Britannus
> teque interiecto mundi pars altera sole.   [vv. 147–150]

It may be guessed however that Valgius (v. 180) had more to do with framing the writer's style than Virgil. Valgius was as near to Homer for this writer in 31 B.C. as Ponticus was in 27–26 B.C. in the eyes of the young Propertius (*Cynth.* vii, 3). Exaggeration and want of self-criticism are among the worst faults of Propertius. If the *Panegyric* is his *Culex*, we perceive that these were faults ingrained from boyhood and never overcome.

§44. There is one further possible test of the immaturity of this poet. The Panegyric was the Gaulish schoolmaster's summer sport in later centuries. In the *Progymnasmata* of Aphthonius, the sophist of Antioch (second half of fourth century)—and Aphthonius is only a compiler from earlier sources including Quintilian—we have a handbook for the rhetor's school exercises.

Let us compare the exercise there called ἐγκώμιον with the actual framework of our *Panegyric*. [T. Haarhoff, The Schools of Gaul, p. 76.]

An ἐγκώμιον should be constructed as follows, *in 6 parts*:

(1) Prooimion. Quality of subject to be praised.
> (Our proem is followed by the question of subject in vv. 18–23: *alter dicat...qualis, qualis*.)

(2) Class to which subject belongs: race, country, ancestors, parents.
> (Our ancestors and race appear from v. 28 to v. 32.)

(3) Education of subject: training, art and laws of his environment and education.
> (With us this is represented by the general qualifications of the subject as orator and as soldier—including the training of soldiers—, while his interest in literature is assumed in the résumé of the *Odyssey*, and his critical faculty in the question as to the historical truth of the *Odyssey* (vv. 79, 80).)

With the fourth part we reach the main division, *the achievements*.
> (In our poem the achievements begin exactly at the half-way point, v. 106.)

These are triply subdivided:
> (*a*) Qualities of soul; courage, prudence, etc.
> (v. 108 indicates the courage needed to conquer one tribe, and the prudence needed to conquer another.)
> (*b*) Qualities of body; beauty, strength, etc.
> (*c*) Qualities of fortune; rank, friends, etc.

(These in our poem are combined in the description of the inauguration of his consulship (vv. 118–134).

His beauty lay perhaps more in his clothes (121); but his rank is the highest attainable, and his fortune in the omens unsurpassable—also his friend is Jove himself (130–3).)

Part (5). Comparison—to the advantage of the subject.

(v. 136 says that his triumphs are not to be mere ordinary triumphs. We saw that in the following verses he is to outstrip all competition—either in generalship or in knowledge of geography and astronomy. This section ends at 176—*solus utroque idem diceris magnus in orbe*.)

Part (6) (The wheel has turned the full circle.) Epilogue, *in the nature of a prayer*.

(In our case the prayer is but dimly suggested—the prayer that Messalla will do for the poet what Virgil's patrons did for him, and restore his farms. The rest is *rather a vow than a prayer*. He vows an unceasing persecution of Messalla in verse; and ends on a note of Empedoclean eschatology—reincarnation according to him who actually threw his frame to Aetna's fires (196).)

In so far as our poem closely conforms to a school text-book for boys of 15, it may be the more readily accepted as a precocious boy's exercise.

§ 45. *The Text of the ' Panegyricus Messallae.'*

63. †aptaque, *codd.* apta *e u.* 62 *inlatum et supra* cantu *scriptum eiecit e primo loco fortasse* ⟨quamuis⟩, *quod ob repetitionem facile omitti poterat.* Cf. 116.

68. discreuerit, *ed.*: discurreret, *codd.*

116. terga domator, *codd.*, *e u.* 115, mod'ator: ⟨Salassus⟩, *Baehrensius.*

140–3. nec qua uel Nilus uel regia lympha Choaspes
profluit, aut rapidus, Cyri dementia, Gyndes,
unda Aretissaeis aut per Thospitida campis,
nec qua regna uago Tamyris finiuit Araxe.

142. (A) creteis ardet aut unda caristia campis: (F) ardet arectais aut unda perhospita campis.

illud perhospita *in codice uetusto seruatum arguit aliquid in A duplicatum esse: credo etiam triplicatum.* unda caristia = unda arectais; *etiam* ardet *ex* aret—*uel* arect—*ortum.* Plin. *N.H.* VI, 127: *Tigris oritur in regione Armeniae maioris…in planitie. unde concitatur, a celeritate Tigris incipit uocari: ita appellant Medi sagittam. influit* in lacum Aretissam…alterum deinde transit lacum, qui Thospites appellatur, *rursusque in cuniculos mergitur*. Cf. Strabo XVI, 746: Auienus, *Perie-gesis*, 1171: Priscianus I, 913, *atque lacu medio* Thonitidis *intrat et exit* [*sed* thosiges, A, tosies (?), B].

    201, 202. quod tibi si uersus noster, totusue minusue,

            uel bene sit notus sermo uel inerret in ore....

sermo, *ed.*: summo, *codd.*

Ciris, 356, 357: multus *inepte* | *uirginis insolitae* sermo nouus errat in ore.

§ 46. *Catalepton* ix.

(*b*) The present editor feels no doubt that Propertius was also the author of *Catalepton* ix. Birt has argued convincingly that this elegy dates from 29 B.C., that it was written indeed for August 13th in that year, when Messalla figured prominently, on the first of the three days of ceremony, in the triumph of Caesar over the Pannonians, Dalmatians and Iapydians, and the Galatians [Dio Cassius, LI, xxi]. Messalla triumphed himself over Aquitaine in September 27 B.C.; but there is no mention of Aquitaine here, nor is he called *triumphator*. The wars here celebrated were by land and sea (v. 4); even Gaul is not named, but the poet conceives it equally possible that Messalla may be sent to Africa or Spain or anywhere at the ends of the earth (vv. 51–54).

Propertius' words about his early work are as follows:

> mox ubi bulla rudi dimissa est aurea collo
> matris et ante deos libera sumpta toga,
> tum *tibi pauca suo de carmine dictat Apollo*
> et uetat insano uerba tonare Foro:
> 'at tu finge elegos....'   [*Ell. Lib.* IV, ii, 119–123]

The first verses of *Catalepton* ix are:

> pauca mihi, niueo sed non incognita Phoebo,
> pauca mihi doctae dicite Pegasides.

To which answers in v. 13

> pauca tua in nostras uenerunt carmina chartas....

The writer subscribes at the outset to the Callimachean doctrine of the short poem overlaid with learning, and closes on a similar note of mingled humility and pride. Cyrenae (61) means Callimachus; he would adapt him into Latin (62). The last words (64) are simply Callimachus' own: σικχαίνω πάντα τὰ δημόσια [*Ep.* xxx, 4]. If the elegy is by Propertius, he has pointed, in his autobiographical passage, to its mannered first lines, as Virgil in *Eclogue* vi, vv. 1, 2, has included in his reference to the earlier Eclogues a verbal allusion to the *Culex*, v. 1 (lusimus *Octaui, gracili modulante* Thalia...lusimus). If the *Catalepton*, like the *Appendix Vergiliana*, was published in 18 B.C. after Virgil's death, his readers would have then seen the poem, if hitherto unknown. But there is a reference to the same epigram of Callimachus in *Ell. Lib.* I, xxv, 1, 2: *cui fugienda fuit indocti semita uulgi, ipsa petita lacu nunc mihi dulcis aqua est.* In his self-conscious degradation he there looks back to the high ideals with which he set out; and he may well be recalling our elegy, if his it be.

§ 47. We have pointed to the reiterated use of *magnus* in the *Panegyric* (and in Propertius) as if it made a verse *great*. In vv. 1–13 of *Catalepton* ix, we have a part of *magnus* thrice and of *maximus* thrice; we also have *pauca* thrice, corresponding to the use of *paruus* in the *Panegyric*, and *minus* and *magis* once each.

At *Paneg.* 49 we have

> paruae magnum decus urbis Ulixem;

here at v. 3

> magni magnum decus ecce triumphi.

We have the repetitions so noticeable in the *Panegyric*, but here they are frequently used to give an appearance of balance or connexion—an advance on the *Panegyric*. Here and there the appearance is false, taste fails; e.g. *gentis* (v. 51), *gentem* (v. 53), *belli* (v. 50), *bellando* (v. 53); v. 48 adding nothing to v. 47. The repetition of *carmina* (vv. 13–16), absurdly over-emphasising the quality of Messalla's own composition, is recalled by (but is to be contrasted with) Propertius *Ell. Lib.* I, ii [= II, iii], 19–22:

> et quantum, Aeolio cum temptat *carmina plectro*,
> par Aganippeae ludere docta *lyrae*,
> et sua cum antiquae committit *scripta* Corinnae,
> *carmina*que Erinnes non putat aequa suis.

Compare also *Cynth.* xxii, *passim*.

We have *celeres Afros* (v. 51) and *rapidi Tagi* (v. 52) to remind us of *celer* and *rapidus* in the *Panegyric*; *saepe etiam densos immittere corpus in hostes* (v. 49) to recall *pro te uel densis solus subsistere turmis uel paruum Aetnaeae corpus committere flammae* (*Paneg.* 195, 196). The school-room rhetoric of the *Panegyric* is less noticeable here, but the writer has been reading the orators. Verses 11, 12—

> namque (fatebor enim) quae maxima deterrendi[1]
> debuit, hortandi maxima causa fuit—

introduce, with a tag from *Eclogue* i, 31, a reference to Cicero, *de oratore*, I, 258: *illud uero fuit horribile, quod mehercule uereor ne maiorem uim ad deterrendum habuerit quam ad cohortandum: uoluisti enim in suo genere unum quemque nostrum quasi quendam esse Roscium.* The *illud* was (257): *illa orationis suae cum scriptis alienis comparatio et de alieno scripto subita uel laudandi uel uituperandi...causa disputatio....* Messalla's poem is the *alienum scriptum* in this case; Messalla too will know his *de oratore*. Another transcription from oratory is:

> non nostrum est tantas, non, inquam, attingere laudes:
> quin ausim hoc etiam dicere, uix hominum est.   [vv. 55, 56]

[1] Compare *terret*, P.M. 2.

Compare:

> *non* ego sum satis ad tantae praeconia laudis,
> ipse mihi *non* si praescribat carmina Phoebus   [*Paneg.* 177, 178]

and Propertius, *Ell. Lib.* I, ii [= II, iii], 27:

> *non, non, humani* partus sunt talia dona.

Also Propertius, *Ell. Lib.* IV, i [= II, x], 23:

> sic nos, nunc inopes laudis conscendere in arcem...[carmen: MSS].
> [*tangere* occurs at v. 21.]

Of the prose conjunctions used here, *itaque* (v. 9) and *idcirco* (v. 7), the latter occurs once in Propertius [II, xviii, 32 = *Ell. Lib.* II, v, 18], and thrice in Virgil.

Such verses as those already quoted (to which we may add in particular vv. 9 and 10:

> hoc itaque insuetis iactor magis, optime, curis,
> quid de te possim scribere quidue tibi)

strongly suggest the author of the *Panegyric* in a new disguise, and after an interval (*insuetis curis*) of training at the law.

The student can collect for himself a number of parallel passages from the *Panegyric* or the works of Propertius; but there is more positive evidence of authorship. The passage from v. 23 to v. 34 is unmistakably in the manner of the *Cynthia*; compare the earliest of its elegies (ii, 15–20):

> non sic Leucippis succendit Castora Phoebe,
> Pollucem cultu non Hilaira soror,
> non Idae et cupido quondam discordia Phoebo
> Eueni patriis filia litoribus,
> nec Phrygium falso traxit candore maritum
> auecta externis Hippodamia rotis.

Then compare *felicem ante alias o te scriptore puellam* (v. 23) with *fortunata, meo siqua es celebrata libello* [*Ell. Lib.* III, i, 61], or with the *felix, felix* of *Cynth.* xxii, 5, 7, addressed to the author of more famous pastorals than Messalla's.

The proportion of polysyllabic pentameter-endings in this elegy is just over 50 per cent. in the text given below [50 per cent. in the vulgate]. *Cynth.* xxii has 50 per cent., xxi (Hylas) over 50 per cent., iii about 57 per cent. The balanced scheme of stanzas is present; but one-quarter of the whole is given to a proem of 8 + 8 verses, which stands apart from the rest in a manner which Propertius would not later have allowed.

84

§ 48. *Catalepton* ix. [*numeri elegiae*: 8 + 8; 6, 6·4·4, 4; 6·4·4, 4, 6.]

Pauca mihi, niueo sed non incognita Phoebo,   [A₁.
    pauca mihi doctae dicite Pegasides.
uictor adest, magni magnum decus ecce triumphi,
    uictor, qua terrae quaque patent maria,
5   horrida barbaricae portans insignia pugnae,
    magnus ut Oenides utque superbus Eryx,
nec minus idcirco uestros expromere cantus
    maximus et sanctos dignus inire choros.

hoc itaque insuetis iactor magis, optime, curis,   [A₂.
10   quid de te possim scribere quidue tibi.
namque (fatebor enim) quae maxima deterrendi
    debuit, hortandi maxima causa fuit.
pauca tua in nostras uenerunt carmina chartas,
    carmina cum lingua, tum sale Cecropio,
15   carmina, quae Phrygium saeclis accepta futuris,
    carmina, quae Pylium uincere digna senem.

Molliter hic uiridi patulae sub tegmine quercus   [B₁. (a)
    Moeris pastores et Meliboeus erant,
dulcia iactantes alterno carmina uersu,
20   qualia Trinacriae doctus amat iuuenis;
certatim ornabant omnes heroida diui,
    certatim diuae munere quaeque suo.

felicem ante alias o te scriptore puellam!   (a)
    altera non fama dixerit esse prior,
25   non illa, Hesperidum ni munere capta fuisset,
    quae uolucrem cursu uicerat Hippomenen,
candida cycneo non edita Tyndaris ouo,
    non supero fulgens Cassiopea polo:

non defensa diu multûm certamine equorum,   (b)
30   aurigae optabant quodque sibi Oenomaus,
saepe animam generi pro qua pater impius hausit,
    saepe rubro inlisi sanguine fluxit humus:

regia non Semele, non Inachis Acrisione,   (b)
    inmiti expertae fulmine et imbre Iouem:

---

30. optabant grauidae quod sibi quaeque manus, *codd.*: *hic tantum deerat proprium historiae nomen: permutatus est uerborum ordo ut in u.* 48, mare audendo (B), audendo mare (*cett.*), *litterarum ut in u.* 60, egiale (egile, M.), g *et* d *confusae ut in u.* 45, sidera (*codd.*) *pro* frigora.
32. inlisi] similis, *codd.*: Eleis, *uulgo.*

35   non cuius ob raptum pulsi liquere Penates
         Tarquinii patrios, filius atque pater.

      illo quo primum dominatus Roma superbos   (b)
         mutauit placidis tempore consulibus,
      multa neque inmeritis donauit praemia alumnis,
40   praemia Messallis maxima Publicolis.

      Nam quid ego inmensi memorem studia ista laboris?   [B₂. (a)
         horrida quid durae tempora militiae?
      castra foro, circis, urbi praeponere castra,
         tam procul hoc gnato, tam procul hac patria?
45   inmoderata pati iam frigora iamque calores?
         sternere uel dura posse super silice?

      saepe trucem aduerso perlabi sidere pontum?   (b)
         saepe mare audendo uincere, saepe hiemem?
      saepe etiam densos inmittere corpus in hostes,
50   communem belli non meminisse deum?

      nunc celeres Afros, periurae milia gentis,   (b)
         aurea nunc rapidi flumina adire Tagi?
      nunc aliam ex alia bellando quaerere gentem,
         uincere et Oceani finibus ulterius?

55   non nostrum est tantas, non, inquam attingere laudes: (b)
         quin ausim hoc etiam dicere, uix hominum est.
      ipsa haec, ipsa ferent rerum monimenta per orbem,
         ipsa sibi egregium facta decus parient.

      nos ea, quae tecum finxerunt carmina diui,   (a)
60   Cynthius et Musae, Bacchus et Aglaïe?
      si laudem adspirare, humilis si adire Cyrenas,
         si patrio Graios carmine adire sales
      possumus, optatis plus iam procedimus ipsis.
         hoc satis est: pingui nil mihi cum populo.

---

43. castra foro castra, B: castra foro solitos, *cett.*: c. f., rostris, *Birtius*: foro, circis,
urbi *reposui e Liuio* xxxix, 16, 8: *quotiens hoc patrum auorumque aetate negotium
est magistratibus datum, uti sacra externa fieri uetarent, sacrificulos uatesque* foro circo
urbe prohiberent. . . .
45. sidera, *codd.*: frigora, *uulgo.*
47. perlabens, *codd.*: corr. *Ald.* 1517.
60. egiale, *codd.*: egile, M.: *corr. Ald.* 1534.
61. si adire, B: sed, *cett.*: et, *Is. Vossius.* [sĭ, *ut an quĭ amant in Verg. Buc.* viii,
108: C̆ȳrenas, *ut in Catull.* vii, 4.]

This elegy shows literary dependence chiefly upon Virgil's *Eclogues*
and Cicero, upon the *Panegyric of Messalla,* and upon the *Ciris,* also

addressed to Messalla in his youth. For the latter compare *Ciris*, 358–9, *nunc tremere instantis* belli *certamina dicit* communemque timere deum, with our v. 50. Reference was made in the *Panegyric* (201–2) to the immediately preceding verse of the *Ciris* (see above, p. 81). Propertius' admiration for the *Eclogues* is professed in *Cynth.* xxii, 1–10.

Nothing can have obscured the authorship of Propertius but the confusion of dates caused by the mistake of all editors regarding *Ell. Lib.* II, xxi [= II, xxxi, 1–16]. We cannot fix the poet's birth to a year; but we shall not be more than one year out of the reckoning, if we assign his birth to 46 B.C., the *Panegyric of Messalla* to his 15th year (spring of 31 B.C.), *Catalepton* ix to his 17th or 18th year (August 29 B.C.) after taking his *toga uirilis*, the early poems of the *Cynthia* to his 19th year (spring of 27 B.C.), its publication to his 20th year. His youthful ambition to attach himself to Messalla's circle—to the Valerian *gens* which had saved the infant republic (*Catal.* ix, 37–40)—was frustrated by the development of Tibullus' more mature genius on service with Messalla's staff. But the *Cynthia* proved none the worse for its detachment from powerful patronage.

SEXTI PROPERTI
CYNTHIA ET ELEGIAE

N. 'Neapolitanus,' *siue* Guelferbytanus *inter Gudianos* 224   *anno circa* 1200 *scriptus*

{*μ*. Paris. 8233, *siue* 'Memmianus'   *anno* 1465 *scriptus*
{*v*. Vaticanus Vrbinas 641   *saec.* XV.

    p. Parmensis 140   „

    l. Lusaticus [*Goerlitz, Bibl. der Oberlausitzischer Gesellschaft für Wissenschaften*, A. iii (1, 20)]   *anno* 1469 *scriptus*

A. Leidensis Voss. Lat. 38 (*deficit post* II, i, 43)   *saec.* XIV *ineuntis*

F. Laurent. Lat. 36. 49   „   *exeuntis*

{B. Bruxellensis Bibl. Reg. 14638   *saec.* XV
{H. Hamburgensis 139   „

L. Holkhamicus 333 (*incipit a* II, xxi, 3)   *anno* 1421 *scriptus*

P. Paris. 7989   *anno* 1423 *scriptus*

Vo. Leidensis Voss. Lat. 117   *saec.* XV

R. Vaticanus Palatinus 910   „

{g. Gratianopolitanus 858   „
{d. Dresdensis D. 133   „

μvplR non ubique, Pgd *raro adferam.*

C. *Consensus codicum* c¹c²c³, *qui defluxerunt de exemplari interpolato quidem, sed admodum antiquo, in paginis* 32, *ut uidetur, uersuum scripto, et in saec.* XV *turbatum foliorum ordinem praebente.*

    c¹. Leidensis Voss. Lat. 81   *saec.* XV

    c². Laurent. 38. 37   „

    c³. Cantabrig. Bibl. Vniuers. Add. 3394   „

    c⁴. Askewianus *nunc* Berolin. Diez B. 53.   „

    [c⁵. Berolin. Diez B. 41.]   „

Siquos alios nominauero, compendiis carebunt.

ς. *Codd. recentissimi et interpolati.*

Ω. *Consensus omnium bonorum, h.e. archetypi lectio.*

X. *Codex uncialis (uel capitalis) in paginis sedecim uersuum scriptus, cuius textum restituere conatus sum.*

'*Ell. Lib.*' *huius editionis, nudi numeri priorum ordinem significant.*

incipit quaternio primus

i

Cynthia prima suis miserum me cepit ocellis,   [A. (a)
    contactum nullis ante cupidinibus.
    tum mihi constantis deiecit lumina fastus;
    et caput inpositis pressit Amor pedibus,
5   donec me docuit castas odisse puellas
    inprobus et nullo uiuere consilio.
    et mihi iam toto furor hic non deficit anno,
    cum tamen aduersos cogor habere deos.

    Milanion nullos fugiendo, Tulle, labores   (b)
10   saeuitiam durae contudit Iasidos;
    nam modo Partheniis amens errabat in antris

     .   .   .   .

   .   .   .   .

    ibat et hirsutas ille uidere feras.

15   ille etiam Hylaei percussus uulnere rami   (b)
    saucius Arcadiis rupibus ingemuit.

numeri elegiae i: 8, $\widehat{6\cdot6}$; | $\widehat{6\cdot6}$, 8.

---

i. *de titulis uide* App. *adn.* 1.
[*Titulis omnino carent* N_1plVo.Rc^1c^2: *hic solum titulus in* c^4.]
In 'Cynthia' adnotaui uel minimas uarietates codicum; in Elegiarum libris non nisi
utiles de recentioribus sumpsi.
  i. **1.** *in marg.* heroys prima, F *rubric.*, A_2 | cintia c^3 | miser c^1 | fecit AFB || **2.** *om.*
                                                 u
in marg. add. Vo.$_1$ | conctatum Hc^4 || **3.** tunc AFBH | costantis c^1 | limina H_1 |
faustus $c^1c^4_1$ (*cf.* iv, 25; vii, 25) || **4.** capud A: caput, t *in ras.* c^3_2 | imp. Ac^3 | praessit
Vo.: prexit c^2 || **5.** c. docuit odisse Vo. | adisse BH_1 || **6.** impr. Ω | conscilio c^1 ||
7. totis BHVo. | annis AF_1BHVo. (F_1 *corr.*) || **9.** Minalion Ω (*in* Mimal. *corr.* F_1)
corr. Volscus, ς, c^4 *marg.* || nullo A: nullo^s F_1 | labores s *ex* m *corr.* c^3 || **10.** seuit.
codd. | contudit *codd.*: contundit c^4_1: contulit μυ, H_1 *corr.*, $c^1c^2c^3_1$R | iasidos N_1 *corr.*:
yasidos N_1v_1, B_1 *corr.*, H: hyasidos c^1c^3Vo.: ţyasidos A: hysiados c^2_1: ysiados FB_1:
his. R | ·|· athlante c^3_2 *in marg.* || **11.** parteniis c^3: parch. c^1: partemus Vo. | er-
rabant p | ancris c^1 || *post* 11 *duos uersus* (*sc. ob repetitum modo*) *excidisse uidit*
Housmannus: quos et numeri et paginae requirunt || **14.** hyrs. N_1AB: irs. CFVo.:
irrs. H | uidere Ω; *cf.* Stat. *Achill.* ii, 103 | foeras c^1: fe≡ras Vo. || **15.** hylaei *corr.*
Franciscus Arretinus, quem secuntur Volscus et Politianus, c^4 *marg.*, ς (*coll.* Ouid.
Art. Am. ii, 191); *de Francisco Griffolinio de Aretio uide Voigtium*, ii, p. 197 (*ed.* 3):
psilli *codd.*: psili HR: [psilla *Puccius laudat*, psillei *alii*, e 'uetusto codice'] | uulnere
codd.: arbore AFBH; ab *supra* F_1 (*ut uid.*); *cf.* Ell. *Lib.* i, iv, 43 | c^1_1 *in marg. habet*
psilus arbor: posuit arborē pro sagipta, *quod pro glossemate antiquo habeo, unde*
orta sit lectio AFBH || **16.** sancius c^3: sautius FpVo. | arch. NABpRc^3 ||

91

ergo uelocem potuit domuisse puellam:
  tantum in amore preces et benefacta ualent.
in me tardus amor non ullas cogitat artes,
20   nec meminit notas ut prius ire uias.

At uos, deductae quibus est fallacia lunae   [B. (b)
  et labor in magicis sacra piare focis,
en agedum dominae mentem conuertite nostrae,
  et facite illa meo palleat ore magis!
25 tunc ego crediderim uobis et sidera et amnes
  posse Cytinaeis ducere carminibus.

et uos, qui sero lapsum reuocatis, amici,   (b)
  quaerite non sani pectoris auxilia.
fortiter et ferrum saeuos patiemur et ignes,
30   sit modo libertas quae uelit ira loqui.
ferte per extremas gentes et ferte per undas,
  qua non ulla meum femina norit iter.

---

18. preces *codd.*: p̄ces c³: praeces Vo. | fides *Fonteinius* (*at cf. Ouid. l.c.* 187, 188) | et] e c¹c²₁ | bene facta F (boenef. Vo.) | ualē c¹ ‖ **19.** non ullas c¹c⁴ (a *in ras.* c¹): non nullas *cett.*: nōnullas c³ ‖ **20.** memini AF: memiminit P ‖ **21, 22.** *om.* H ‖ **21.** fallatia NRc³ ‖ **22.** sacra Ω ‖ **23.** nostri c¹ ‖ **24.** facito c¹ | mea N₁: *om.* meo *post* ore *inserit* c¹ | paleat c³: placeat AFBH | ire H ‖ **25.** nobis c⁴₁ ‖ **26.** Cytinaeis *Hertzbergius* (*cf. Ell. Lib.* III, xxv, 12): [Cytaines *idem, quod aliis placet*]: Cytheinis *Politianus*: citheinis (*uel* -emis) c¹: cithainis c²: cythainis N₂: cythinis c⁴ *pro u. l.*: cythalinis N₁: cithal. ABH: cital. FμvR: cytal. plVo.: cytall. c⁴ *in ras.*: citall. c³ ‖ **27.** et Ω | seuo N | laxum c¹c⁴ ‖ **29.** ferret c¹ | pac. A ‖ **30.** ire Vo. ‖ **31.** forte…ferre AF₁ ‖ **32.** *om. in marg. add.* Vo. | non nulla F₁Vo. | semina AF₁: foem. c³ | nocuit c¹: nouit c²c³c⁴₁ (rit *supra add.* c³₁) ‖

uos remanete, quibus facili deus adnuit aure,   (a)
    sitis et in tuto semper amore pares.
35   in me nostra Venus noctes exercet amaras,
    et nullo uacuus tempore defit amor.
    hoc, moneo, uitate malum: sua quemque moretur
    cura neque adsueto mutet amore locum.
    quod siquis monitis tardas aduerterit aures,
40   heu referet quanto uerba dolore mea!

ii

Quid iuuat ornato procedere, uita, capillo   [A. (a)
    et tenues Coa ueste mouere sinus,
    aut quid Orontea crines perfundere murra,
    teque peregrinis uendere muneribus,
5   naturaeque decus mercato perdere cultu,
    nec sinere in propriis membra nitere bonis?
    crede mihi, non ulla tuae est medicina figurae:
    nudus Amor formae non amat artificem.

numeri elegiae ii: 8 (= $\widehat{6\cdot2}$): 6: $\widehat{6\cdot4}$; | ($\widehat{4\cdot6}$: 6:) 8 (= $\widehat{2\cdot6}$).

---

33. remanere AF₁ | facilis F: *om.* Vo. | adn. Vo.: ann. *codd.* | aure *codd.*: aurae
Vo.: aura *Puccius laudat, Housmannus* ‖ **34.** tuto *ex corr.* c³₂ (uito *ut uid. fuit*) ‖
35. nostra Ω (*h. e. exclusorum*) | uoces BH ‖ **36.** ut *cod. Mentelianus* | defit c³pRϛ: desit
N₁AF₁BHVo.c¹c²c⁴ ‖ **37.** uitare c¹F: uitatum l₁ ‖ **38.** nec c¹c³c⁴FR: ne c² | assueto
codd.: assuero A | mutet] curet c¹ [*cf.* iii, 46] ‖ **39.** quos p | monitus B ‖ **40.** refert
c¹p₁R | dolere c¹c⁴ ‖

ii. *noua elegia in* Ω. *titulus* ad cynthiam *in* AF (cin. F: cintiam c³), ad cynthiam
eius amantem *in* B, ad cyn. eius amatricem *in* H.
1. uita NBc²c⁴c³₁ (*in* uitta *corr.* c³₂): uiᵗta Vo.: uitta AlR: uicta F₁Hμυρ: uincta F₁
corr.: sepe c¹ ‖ **2.** tenues *codd.*: tenuis R | choa Ω (ḥ *suppugil.* N₁) | uestei Vo.₁ |
nouere c¹ | sinu F₁ *primo* ‖ **3.** quod N₁: qᵖ F₁ | oronthea *codd.*: aruntea c¹: arunthea
c²: oruntea c⁴₁: orunthea c³ | murra NBμυρ: mura c³: mirra AFc¹c²c⁴: mitra H:
mira R: myra Vo. ‖ **6.** menbra N ‖ **7.** michi N₁: *om.* c¹ | tu(a)e est c³Vo.R *Itali*:
est tue c¹c⁴: tue c²: tua est NμυlAFBH: tuaest *L. Muellerus* | figere c³ ‖ **8.** nullus F₁ ‖

aspice quos summittat humus formosa colores,   (b)
10   ut ueniant hederae sponte sua melius,
surgat et in solis formosius arbutus antris,
et sciat indociles currere lympha uias.
litora natiuis praefulgent picta lapillis,
et uolucres nulla dulcius arte canunt.

15   non sic Leucippis succendit Castora Phoebe,   (b)
Pollucem cultu non Hilaira soror,
non Idae et cupido quondam discordia Phoebo
Eueni patriis filia litoribus,
nec Phrygium falso traxit candore maritum
20   auecta externis Hippodamia rotis.

sed facies aderat nullis obnoxia gemmis,   (c)
qualis Apelleis est color in tabulis.
non illis studium uulgo conquirere amantes:
illis ampla satis forma pudicitia.

---

9. sūmitat F: sumĭtat c²: summictat c¹: submictat c⁴: *an* sibi mittat? ‖ **10.** et Ω, *corr. Itali* | edere c¹c² ‖ **11.** soliis c²₁ | formosis c¹: frondosior *Bentleius* | ancris c¹ ‖ **12.** indociles *codd.*: in dociles FB: indolices H: indocile Vo. | limpha c³ | uias *ex corr.* F₁ ‖ **13.** lict. c¹c⁴: litt. c³ | praefulgent *Baehrensius*: p fuďent (*sic*) c²: perfundent c⁴₁: psudent c¹: persuadent *cett.*: collucent P₁ *in marg.*, ꝟ | pacta H ‖ **15.** leucippus p₁: leucupis A: leucipis Vo. | sucendit c² | phaebae N: phębe F: phebe A ‖ **16.** pullucem c³ | telaira (*aut* thel-) *codd.*, *corr. Itali*: tela ira AFp₁: telaria N₁ ‖ **17.** (ide c⁴ *Itali*): ida *codd.*: yda AFBHc³ | discorcdia A ‖ **18.** (eueni ꝟ *Politianus*): euenit *codd.*: et uenit N₁: euenii c⁴ *pro u. l.* | [lict. c¹c⁴: litt. c³] ‖ **19.** non Vo. | frig. CAR: phrig. FBHc³: phrygioum Vo. ‖ **20.** aduecta c⁴Vo. | ippodamia N₁: yppoda. ABH: ipoda. c²: ypoda. Fc³: hippodomia Vo.R: ipodom. c¹ | rocis F₁ ‖ **21.** faties N ‖ **22.** apelleus c³₁: apellaeis N: appelleis pR | talibus B ‖ **23.** conquirere *codd.*: a꜀q̣rere F₁ *corr.*: aquirere A: acquirere BH | amictes F₁: amittes A ‖ **24.** forma satis ampla AFBH | satis] sartis c³₁ | puditia p: pudicicia c³Vo. ‖

[*desunt elegiae* ii *uu.* 25–40]

---

de lacuna uide praefat. pp. 34, 35

non ego nunc uereor ne sim tibi uilior istis:　　[B.*au.*25 (a)
　uni siqua placet, culta puella sat est.
cum tibi praesertim Phoebus sua carmina donet
　Aoniamque libens Calliopea lyram,
45　unica nec desit iucundis gratia uerbis,
　omnia quaeque Venus quaeque Minerua probat,
his tu semper eris nostrae gratissima uitae,
　taedia dum miserae sint tibi luxuriae.

iii

Qualis Thesea iacuit cedente carina　　　　　　[A. (a)
　languida desertis Cnosia litoribus,
qualis et accubuit primo Cepheia somno
　libera iam duris cotibus Andromede,
5　nec minus adsiduis Edonis fessa choreis
　qualis in herboso concidit Apidano,

talis uisa mihi mollem spirare quietem　　　　　(b)
　Cynthia, non certis nixa caput manibus,

numeri elegiae iii: $\widehat{6\cdot4}$, 6; ‖ 6, $\widehat{6\cdot4}$; ‖ 4, $\widehat{6\cdot6}$.

---

41. nunc *ex* non *corr.* N_1 | ne] nec $\mu\nu_1$ ‖ **42.** culta] una AFBH ‖ **43.** quin c^1: quom c^2 ‖ **44.** calliopeia BH: caliopeia c^1R: caliopea c^2: calyopea c^3: calioppea Vo. | lir. NAFc^1c^3R ‖ **45.** ne AF | ioc. Ω | uerbis *codd.*: rebus R_1: dictis Vo. ‖ **47.** hiis c^1c^2 | uita c^1_1 ‖ **48.** tedie c^1 | sunt p ‖

iii. *noua elegia in* Ω. *titulus* ad cynthiam *in* ABHFc^3 [cinth. F: cint. c^3].

1. krina c^1 ‖ **2.** gnosia *codd.*: gnoscia c^2: cyosia A_1 *primo*. *uide Housmannum* C.Q. XXII, *pp.* 6, 7 | [lict. c^1c^4: litt. c^3] ‖ **3.** cepheya c^2BH: cephia N_1: efeia c^1 | sompno c^1A ‖ **4.** cothibus c^2c^3: coctibus H | andromede NplHc^3c^4: andromade *codd.*: andromace c^2 ‖ **5.** ass. Ω | aedonis NBHVo.c^3 | fexa c^2: fessia Vo.$_1$ | coreis c^1c^3 ‖ **6.** erboso F | concidit AF: considit Vo. | appid. c^1c^3AFBVo.p: apidanio R ‖ **7.** michi AN_1 | spirare $c^1c^2c^3c^4$, N_2 (*man. aequalis in marg.*), H *corr.*, Vo.$_1$Rdg: sperare N_1AFBH_1Vo. *corr.* (*cf.* II, xv, 53 = *Ell. Lib.* II, iv, 53) ‖ **8.** cyntia c^3 | capud c^3_1A | manibus] icubus F_1 (*corr. man. aequalis in marg.*) ‖

ebria cum multo traherem uestigia Baccho

10 et quaterent sera nocte facem pueri.

hanc ego, nondum etiam sensus deperditus omnes, (a)

molliter inpresso conor adire toro;

et, quamuis duplici correptum ardore iuberent

hac Amor, hac Liber, durus uterque deus,

15 subiecto leuiter positam temptare lacerto

osculaque . . . . . .

. . . . [B. (a)

. ., admota sumere et arma manu:

non tamen ausus eram dominae turbare quietem,

20 expertae metuens iurgia saeuitiae,

sed sic intentis haerebam fixus ocellis

Argus ut ignotis cornibus Inachidos.

et modo soluebam nostra de fronte corollas (a)

ponebamque tuis, Cynthia, temporibus,

25 et modo gaudebam lapsos formare capillos;

nunc furtiua cauis poma dabam manibus;

---

9. aebria c³ | trahē̆ c² | bacco FVo.c¹: bacho NARc²c³ || 10. quateret Vo. | sẹra BH | noctem̲ facem H: noctem pacem c¹: n. facere Vo. *primo* || 11. han Vo. | non dum c¹c²c⁴: nundum NBH | omnis Vo.R || 12. inpresso NFc¹c³: inprexo c²: impresso *cett.* (-prae- Vo.) | cogor c¹c⁴ *ς* (*cf. Callimach. Epigr.* xliii, 3) | thoro Ω || 13. quam uix c¹ | arbore c¹ || 14. Amor] uenus c¹c⁴ | **15–18** *de loco incertissimo disserui in praefat. pp.* 32, 33 || **15.** cubiecto A: subieto c²: suposito c¹: supposito c⁴ |
leniter c¹c³c⁴R : u nitē̆ c² (= *ubi nitere*) | tentare BHVo.c² || 16. obsc. c³ | *non leuia temptauere uiri docti ut sanent qui exstat in codd. uersum:*
osculaque admota sumere et arma manu;
neque omnia memoria digna. et arma sic sane non ferendum, nec *sumere* uno uersu tam diuersis sensibus intelligendum. itaque rara *uoluit Palmerus; at* quid *rara* sumere oscula, quid *leuiter temptare* iubeant tam duri dei? docent *numeri inter* 12 *et* 19 *duos excidisse uersus; itaque lacunam inter* osculaque *et* admota statui, *huiusmodi fortasse in sensum supplendam:* osculaque ⟨*admoneor lenia ferre comae*⟩. ⟨*A, quantum cupii tam caram inuadere praedam* | *acrius*⟩ admota sumere et arma manu! || **18.** admodọta Vo.: amota c⁴ | sūmere FVo.Rc¹c³ | et arma] rara *Palmerus. quod si accipias, lacuna non post sed ante* osculaque *statuenda sit* | manum F || **19.** dominae] el̲ne c² || **20.** metuens] iuuenis R | iurgia u'giace c² | seuiciẹ N: seuitiee c² (iee *ex* ice *corr. ut uid.*) || **21.** intentus c²: impositis c¹ (*cf.* 15) | occellis H || **22.** ut] et c¹c²B | conibus H | inachidos Nc¹c³c⁴F₁ *corr.*, HR: hinach. c²: innach. AB: umach. F₁: machidos Vo. || **23.** nostra distī̆te corolos c² (*in* nostras d. corolas *corr.* c²₁): n. de frunte corolas c³ || **24.** -que *add. supra* c³₁ | *post* tuis *erasum aliquid in* N | cinthya BH | timporibus F₁A₂B || **25.** laxos c¹c⁴ || **26.** fortiua c²: fortuna c⁴₁ | canis H | in manibus c¹ ||

omnia quae ingrato largibar munera somno,
munera de prono saepe uoluta sinu.

et quotiens raro duxti suspiria motu,   (b)
30   obstupui uano credulus auspicio,
nequa tibi insolitos portarent uisa timores,
neue quis inuitam cogeret esse suam.

Donec diuersas praecurrens luna fenestras,   [C. (b)
luna moraturis sedula luminibus,
35   conpositos leuibus radiis patefecit ocellos.
sic ait, in molli fixa toro cubitum:

'tandem te nostro referens iniuria lecto   (a)
alterius clausis expulit e foribus?
namque ubi longa meae consumpsti tempora noctis,
40   languidus exactis, ei mihi, sideribus?
o utinam tales perducas, inprobe, noctes,
me miseram quales semper habere iubes!

---

27. omnia quae *Dousa*: omnia que NAc¹c²: omniaque *cett.* | largiebar c⁴lg (A₂ *in marg.* largibar ꝓ largiebar) | munere Vo. *primo* | sompno NA: sompo c⁴₁ ‖ **29.** quoc. NA | duxti *Itali, cod. Lipsianus*: dux̃ c²: duxit *codd.*: dixit BH₁ ‖ **30.** ọḅịcịṭụṛ obstupui Vo. | auspitio FBH c¹c²: hospicio R₁ ‖ **31.** sibi H₂Vo.R ‖ **32.** inuictam c³: in uitam R | cogeret *codd.*: cocgeret H: cogerit AF₁BVo. | **33.** percurrens c¹c²c³c⁴R: percurens Vo. ‖ **34.** moraturas c¹ ‖ **35.** compositis AF₁BH₁Vo. | radd. Vo. | pactefecit H | ocellis A₁F₁BH₁ ‖ **36.** nixa c⁴, *Heinsius* | toro FVo.: thoro *cett.* ‖ **37.** refferens c³ ‖ **38.** alternis B | a foribus c¹c⁴ ‖ **39.** nam c¹: nanque FB: nam q; R | lunga c³ | consumpsi BHR: compsumpsti c¹: consumpsisti p₁ (consumpsti ꝓ consumpsisti A₂ *marg.*) ‖ **40.** languibus c² | ex actis H | ei NA: hei *codd.* ‖ **41.** talles Vo. | perducat Vo.R₁ | inprobe NFc¹: imp. *cett.* ‖ **42.** qualis F ‖

nam modo purpureo fallebam stamine somnum,   (a)
   rursus et Orpheae carmine fessa lyrae;
45   interdum leuiter mecum deserta querebar
   externo longas saepe in amore moras—
dum me iucundis lapsam sopor inpulit alis.
  illa fuit lacrimis ultima cura meis.'

iv

Quid mihi tam multas laudando, Basse, puellas   [A. (a)
  mutatum domina cogis abire mea?
quid me non pateris uitae quodcumque sequetur
  hoc magis adsueto ducere seruitio?

5   tu licet Antiopae formam Nycteidos et tu   (b)
  Spartanae referas laudibus Hermionae,
et quascumque tulit formosi temporis aetas,
  Cynthia non illas nomen habere sinat;
nedum, si leuibus fuerit conlata figuris,
10   inferior duro iudice, turpis eat.

numeri elegiae iv: 4·6·4 [+ 2; | 2 +] 2·6·6.

---

43. purpereo B | flamine μυ | sompnum AF: sōnum c²: sotium c² || **44.** fexa c² | lir(a)e Fc¹c³c⁴R || **45.** leniter c¹: grauiter Vo.R | querabar c⁴: loquebar Vo.R || **46.** lungas c³ | saepe] esse c¹c⁴ || **47.** ioc. Ω | lassam c⁴: laxam c¹: lapsuam Vo. | sapor N₁ | inpulit Nc¹Vo.: imp. *codd.* || **48.** cura *codd.*: mora c¹: meta c⁴₁ *cod. Voss.* 82, *Heinsius*: creta *Scaliger* ||

iv. *noua elegia in* Ω. *titulus* ad bassum *in* AFBH [*in* c³₁ *cum* vii, 26 *cohaeret*, 'Q' *tum erasit*, ad Bassum *add. in marg. rubricator*].

1. laudando *codd.*: numerando c¹c⁴ (nãndo c¹) || **2.** utatum N₁ || **3.** patis Vo. | seq̄tur c³ (= -*quae*-) || **4.** ass. *codd.*: assuecto R: assuetto Vo. | consilio c²: seruicio Vo.R || **5.** tum c² | antōpe c²: anthiop(a)e c¹c³c⁴F: anthiopes R | formas c² | nieteidos Vo. (*fortasse* c⁴₁): niteidos R: nitheidos c²: nitendos (*in* niteydos *corr.*) c¹: nyteydos c³ || **6.** reff. c³ | hermonie c²R || **7.** tullit c³ | famosi *Baehrensius* || **8.** cinth. c³ | signat c¹ || **9.** nedum c³: ne dum *codd.*: nec dum Rc⁴₂ | fuerat AF₁ | coll. *codd.* (*sed cf.* v, 7): collacta HR || **10.** infoerior c¹ | erat A₁FH₁: erit R ||

haec sed forma mei pars est extrema furoris;　　　　　(b)
　　sunt maiora quibus, Basse, perire iuuat:
ingenuus color et multis decus artibus, et quae
　　gaudia sub tacita ducere ueste libet,

15　　·　　·　　·　　·　　·　　·　　·　　·　　·

　　　　·　　·　　·　　·　　·　　·　　·　　·　　·

　　·　　·　　·　　·　　·　　·　　·　　·　　·　　[B. (a)

　　·　　·　　·　　·　　·　　·　　·　　·　　·

quo magis et nostros contendis soluere amores,
20　　hoc magis accepta fallit uterque fide.

non inpune feres. sciet haec insana puella　　　　　(b)
　　et tibi non tacitis uocibus hostis erit,
nec tibi me post haec committet Cynthia nec te
　　quaeret; erit tanti criminis illa memor,
25　　et te circum omnes alias irata puellas
　　differet: heu nullo limine carus eris.

nullas illa suis contemnet fletibus aras,　　　　　(b)
　　nec quicumque sacer squalet ubique lapis.
non ullo grauius temptatur Cynthia damno
30　　quam sibi cum rapto cessat amore decus:

---

13. ingenus c$^3_1$ *primo*: ingenuusque F$_1$ *corr.* | et *om.* F$_1$ | deus c$^3_1$ | q̄ *ex* q; *corr.* N$_1$ ‖ **14.** ducere c^{2}c^3, *Itali, edd. fere omnes*: dicere *cett. et* c$^3_2$ | libe c^2 ‖
15–18. *ergo ingenuus color, multis artibus decus et furtiua gaudia corporis maiora sunt ipsa forma cuius sunt partes? immo uero requirit sensus:* '*omnia haec minoris sunt pretii quam Phoebi et Mineruae dona, quam ingenii et pectoris dotes*'; *cf.* ii, 43–47; *Ell. Lib.* I, ii, 9–22; II, i, 9–12 *al. nec non illud* et *in* u. 19 *aliquid requirit quod sequatur. rem explicant numeri, qui docent quattuor deesse uersus* [*de loco disserui in praefat. pp.* 29, 30].
19. magis *om.* c^2 ‖ **20.** fallis utrumque H$_1$ (*pro* u. *l.*) Vo.R ‖ **21.** non] hoc c^{1}c^2 (*e* u. 20) | inp. NFc^1: imp. *cett.* | haec] hoc R | in sua c$^4_1$ ‖ **22.** *om.* c$^4_1$, *in marg. addit* ‖ **23.** et tibi, et *in* nec *corr.* c^4 | 9mictet c^1: cōmictet c^4: commĭctet c^2: comictet F | cinthya BH | neḙte *corr.* c$^2_1$: posthec N$_1$ *primo* ‖ **25.** omnis c^{2}c^{3}Vo.: om̃s c^{1}R ‖
26. differet Nμvc^3: differret p: deferet c^{1}c^{2}c^{4}Vo.R: defferet H: differt AF$_1$B | lumine AFRc^{1}c^{2}c^{3}c$^4_1$ | clarus c^{2}R ‖ **27.** contemnet *codd.*: contempnet NAFc^2: contemne c$^3_1$ | flectibus H: flatibus c^1 | auras c^{1}c^{2}c$^3_1$c$^4_1$ (*cf.* i, 3) ‖ **28.** nec *Hoeufftius*: et Ω | quicumque *codd.*: quocunque c^{1}c^2 | squalet *ego*: qualis Ω: [quaeret *Housman-*
ᵗ
nus] |u3 (= *ubique*) c^2: ubique (q; *ex* s *corr.*) H$_1$ | sapis H$_1$ *primo* ‖ **29.** non nullo c^1 | temt. H: tent. BR | dampno c^{1}c^2 ‖ **30.** sibi] *ex* si *corr.* c$^4_1$ | cesset c^2 | deus Ω, *corr. Kraffertius* (*cf.* u. 13, *et Stat. Silu.* III, v, 69) ‖

praecipue nostro. maneat sic semper, adoro,
nec quicquam ex illa quod querar inueniam.

v

Inuide, tu tandem uoces conpesce molestas   (a)
et sine nos cursu, quo sumus, ire pares.
quid tibi uis, insane? meos sentire furores?
infelix, properas ultima nosse mala,
5   et miser ignotos uestigia ferre per ignes,
et bibere e tota toxica Thessalia.

non est illa uagis similis, conlata, puellis: (a)
molliter irasci non sciet illa tibi.
quod si forte tuis non est contraria uotis,
10   at tibi curarum milia quanta dabit!
non tibi iam somnos, non illa relinquet ocellos:
illa feros animis adligat una uiros.

a, mea contemptus quotiens ad limina curres,   (a)
cum tibi singultu fortia uerba cadent,

numeri elegiae v: 6·6·6·6·6, 2.

---

31. nostri Ω, *corr. Itali* | sic] si R ‖ **32.** quiquam A | ex] in c² | quaerar c³ | *huius uersus in loco c¹ habet* v, 32:
Quare (sic) non impune illa rogata uenit.
Vo. *u.* 28 *ante u.* 27 *habet: per signa tum correxit ordinem* ‖

v. *noua elegia in* Ω. *titulus* ad gallum.
1. cōpesce FVo.c³: comp. *codd.*| e molestas Vo. ‖ **2.** summus Vo. ‖ **3.** meros c³₁A₁ (*ex* tuos *corr.*): om. F₁, *qui in marg. add.* feros meos: os *Paris.* 7989, *man. prim.* | lentire c¹ ‖ **4.** nosce Vo.Rc¹c²c³: nosᶜe H₁ ‖ **6.** ebibere et bibere A: elibere et bibere F | e] ÷ N₁ [= *est*]: et H₁ | tossica c¹c⁴: tossicha c²: tosica c³ | tessal. H: thesal. c²c³Vo.R: tesal. c¹: tessalica A: texalica F₁ ‖ **7.** magis AFBH₁c¹ | conlata NB: coll. *codd.*: collacta R ‖ **8.** sciet *Itali*: solet Ω ‖ **9.** quid Vo. | tuis gdℲ *plerique*, N *corr.* (*man. saec.* xv): ruis *codd.*: ausis c²Ⅎ *Heinsius*: animis Ⅎ *Politianus* | uotis gdℲ: nostris *codd.* [*credo litteram* r *pro* t *bis lectam, h.e.* ruis...uris; uris *tum pro* nr̃is *habitum*]: uerbis *Housmannus* ‖ **10.** ac c¹c⁴ ‖ **11.** sompnos NAc⁴: som nos c¹ | relinquit c¹ ‖ **12.** ferox c²gd | calligat c¹: colligat c⁴ | uiris F₁ *primo* ‖ **13.** ah NBHc¹c⁴R: ha AFVo.: ad c²c³₁ | quoc. A | lumina c² | currens c¹ ‖ **14.** sungultu c² | forcia B ‖

15   et tremulus maestis orietur fletibus horror,
      et timor informem ducet in ore notam,
    et quaecumque uoles fugient tibi uerba querenti,
      nec poteris, qui sis aut ubi, nosse miser.

    tum graue seruitium nostrae cogere puellae   (a)
20   discere, et exclusum quid sit abire domum;
    nec iam pallorem totiens mirabere nostrum,
      aut cur sim toto corpore nullus ego;
    nec tibi nobilitas poterit succurrere amanti.
      nescit Amor priscis cedere imaginibus.

25   quod si parua tuae dederis uestigia culpae,   (a)
      quam cito de tanto nomine rumor eris!
    non ego tum potero solacia ferre roganti,
      cum mihi nulla mei sit medicina mali,
    sed pariter miseri socio cogemur amore
30   alter in alterius mutua flere sinu.

---

15. tremulus m(o)estis Ω (moestus $c^3{}_1$) | flectibus H | orror Hc^1c^2 ‖ **16.** informen
Vo.P | docet AFBHP ‖ **18.** quis $c^1c^2c^3c^4$B | nosce $c^2c^3c^4$Vo.R.: noscere BH_1
20. exclausum H_1: exclusam $c^1c^2c^3c^4$ [·\ excelsam $c^3{}_2$ *pro u. l.*] | quis c^1 | obire $c^1c^4{}_1$:
adire F_1 ‖ **21.** miserabere Vo. | nostram N_1 ‖ **22.** cursum c^1 | toto *add.* A_1 *posteai* $\overset{c}{n}$

spatio maiore ‖ **23.** poterrit N | succurres N_1: succurere Vo. ‖ **24.** nesit N_1 |
credere $c^2c^3{}_1$ | ymag. $ABHc^2$: inmag. c^1 ‖ **25.** quid Vo. ‖ **26.** tante $c^3{}_1$ ‖ **27.** tūpotero
F_1: tunc p. R | solac. Ac^3: solat. *codd.*: sollat. F_1 ‖ **28.** quom c^1 | moedec. c^1: medec.
c^3 | malę $c^3{}_1$ ‖ **29.** sotio $FHVo.c^2$ ‖ **30.** ferre c^1c^2 *primo*, $c^4{}_1$ ‖

quare, quid possit mea Cynthia, desine, Galle,   (b)
quaerere: non inpune illa rogata uenit.

vi

Non ego nunc Hadriae uereor mare noscere tecum, [A. (a)
Tulle, neque Aegaeo ducere uela salo,
cum quo Rhiphaeos possim conscendere montes
ulteriusque domos uadere Memnonias;
5   sed me conplexae remorantur uerba puellae,
mutátoque graues saepe colore preces.

illa mihi totis argutat noctibus ignes   (a)
et queritur nullos esse relicta deos;
illa meam mihi se iam denegat, illa minatur
10   quae solet ingrato tristis amica uiro;
his ego non horam possum durare querellis:
a, pereat, siquis lentus amare potest!

an mihi sit tanti doctas cognoscere Athenas   (a)
atque Asiae ueteres cernere diuitias,

numeri elegiae vi: 6·6·6; 6·6·6.

---

31. quare] querere c^1c^2 | quid *codd.*: quod N_1AFB: q̣d H | ṣcynth. A [*ante* cynthia s *ut uid. eras.* c^3, *i.e.* meas] | desine *om.* v_1 **32.** quaerere] quare c^1c^2 (*quod in exemplari stetisse docet* c^1 *ad iv*, 28) | imp. BVo.Rc³ ‖

vi. *noua elegia in* Ω. *titulus* ad tullum: ad Tullum, *totum in ras.* c^3.
1. nunc] tunc AF: tū Vo. | adri(a)e *codd.*: hadrie Vo. ‖ **2.** nec c^4 | egeo *codd.*: aegeo c^3HVo.: aẽgo N | uella Vo.: uerba c^2 | sallo c^3 ‖ **3.** cum] quom c^1 | quo ripheos gdꝛ: coripeos N_1μυplRc^1c^3: coripheos c^2: corripeos AFBVo.: corripeios H_1: o coripheos c^4_1 | passim H: possim (*bis*) Vo. | coscend. F ‖ **4.** domos Ω | memnonias NH$c^1c^2c^3c^4$: memon. AF$_1$: menon. BR: mennon. p: in ẹmon. Vo. | [domo Memnonia *coni. Lachmannus*] ‖ **5.** conplexe c^1c^3: cōpl. F: confexe c^2: compl. *codd.* | complexere memorantur B: complexe rememorantur H (memorantur AF$_1c^1$) ‖ **6.** colere c^4: dolore AF$_1$Vo. | praeces Vo. ‖ **7.** argutat (*bis*) Vo. ‖ **9.** se iam *Heinsius*: iam se *codd.*: iam *om.* c^1 ‖ **10.** ingrato *Itali* (*cf.* xvii, 38): irato Ω ‖ **11.** hiis c^1c^2 | querellis BVo.: querelis *codd.*: quaerelis c^3 ‖ **12.** ha AFVo.: ah *cett.* | amore NA, F$_1$ *primo* $c^1c^4_1$ | potes c^2 ‖ **14.** assiẹ c^3 | noscere $c^1c^2c^3c^4_1$ | diuicias NA ‖

15   ut mihi deducta faciat conuicia puppi
      Cynthia et insanis ora notet manibus,
    osculaque opposito dicat sibi debita uento
      et nihil infido durius esse uiro?

    Tu patrui meritas conare anteire secures   [B. (a)
20   et uetera oblitis iura refer sociis;
    nam tua non aetas umquam cessauit amori,
      semper at armatae cura fuit patriae;
    et tibi non umquam nostros puer iste labores
      adferat et lacrimis omnia nota meis.

25   me sine, quem semper uoluit Fortuna iacere,   (a)
      hanc animam extremae reddere nequitiae.
    multi longinquo periere in amore libenter,
      in quorum numero me quoque terra tegat.
    non ego sum laudi, non natus idoneus armis:
30   hanc me militiam fata subire uolunt.

---

15 *deest sine interuallo in* AFP (F *marg.* 'def.'): *in* H 15 *post* 16, *signis adpositis*: *in* B 15 *post* 18, *sign. adp.* | de ducta Vo. | fatiat N | cūuitia N: conuitia BμRc^3 | pupi Nμ ‖ **16.** hora c^2: ore R | note c^1 ‖ **17.** obsc. c^3 | ducat c$^4_1$ | sibi debita NAFBH$\mu\nu$Rc$^3_2$ *pro u. l.*: sibi dedita Vo.: contraria c^{1}c^{2}c$^3_1$c$^4_1$, *Leid. cod. lat. Voss.* 13 ‖ **18.** nich. F ‖ **19.** ante ire FH | securas AF ‖ **20.** oblitus c$^3_1$ | reffer Vo. | sotiis Fc^{1}Vo. ‖ **21.** etas *om.* H *in ordine* | nun(m)quam AFB: ṇunquam H$_1$ (*ante eraso* unquam): unquam c^3 ‖ **22.** at aṭ H: et Bc^{1}c^4 | amat(a)e c^{4}p | cura] dira c$^4_1$ ‖ **24.** adferat NpABH$_1$: aff. *cett.* | omnia Ω: ultima ς (*e.g. Mentelianus*): omina P: somnia *Passeratius* | nota *codd.*: uota F$_1$Vo.Rς ‖ **25.** quem] iam AF$_1$P | uoluit semper Vo. ‖ **26.** nequic. A: nequitee H$_1$ ‖ **27.** multū F$_1$: mult A | logninquo c^1: logni quo c$^2_1$: lunginquo c^3 | petiere c^2 ‖ **28.** numere c^3 ‖ **29.** natus] aptus B | ydoneus ABHRc^3 ‖ **30.** han Vo. | milic. A ‖

at tu seu mollis qua tendit Ionia seu qua   (a)
    Lydia Pactoli tinguit arata liquor,
seu pedibus terras seu pontum carpere remis
    ibis et accepti pars eris imperii,
35   tum tibi siqua mei ueniet non immemor hora,
    uiuere me duro sidere certus eris.

vii

Dum tibi Cadmeae dicuntur, Pontice, Thebae   (a)
    armaque fraternae tristia militiae,
atque, ita sim felix, primo contendis Homero,
    sint modo fata tuis mollia carminibus,
5   nos, ut consuemus, nostros agitamus amores
    atque aliquid duram quaerimus in dominam,
nec tantum ingenio, quantum seruire dolori
    cogor et aetatis tempora dura queri.

hic mihi conteritur uitae modus, haec mea fama est,   (a)
10   hinc cupio nomen carminis ire mei;

numeri elegiae vii: 8, 8, 8; 2.

---

31. tudit F_1: iacet c^1 | se$^u_\wedge$ H_1 ‖ 32. lid. *codd.* | passoli c^3_1 *in* patt- *corr.* | tinguit μυAFc³: tingit *codd.*: cingit HVo.: tignit c^4 ‖ 33. pūctum c^2_1: puntum c^3 ‖ 34. ibus c^3_1 | acepti F | etis N_1 *primo* (*cf.* v, 9): erit c^1 ‖ 35. tibi *om.* c^1 ‖ 36. syd. c^3 ‖

vii. *noua elegia in* Ω. *titulus ad* ponticum (*in* c^3 *in marg. add. rubricator, cum sit nullum interstitium*).

1. cum c^2c^3g: um c^1c^4 [RVo.₁ *ut semper*] | cadinee c^1: cadmere c^2 | ponthice c^2c^3 | tebe c^1c^4 ‖ 2. milici(a)e NA ‖ 3. sim feliẍ itä H (*sic*) [foel. c^3] ‖ 4. facta c^1c^3R | molia H: leuia $c^1c^4_1$ ‖ 5. hos B ‖ 6. aliquid] ad F_1 | dominan c^1 ‖ 7. nec tamen AF | seuire c^1 ‖ 8. quaeri c^3 ‖ 9. conterritur FR | haec] et F | fama] uita Vo.₁ (*corr. in marg.* famma) | est *om.* c^2 ‖ 10. hin BH ‖

nec poterunt iuuenes nostro reticere sepulchro,
  'ardoris nostri magne poeta iaces.'
me laudent doctae solum placuisse puellae,
  Pontice, et iniustas saepe tulisse minas:
15 me legat adsidue posthaec neglectus amator,
  et prosint illi cognita nostra mala.

te quoque si certo puer hic concusserit arcu,   (a)
  quod nulli nostros est uiolasse deos,
longe castra tibi, longe miser agmina septem
20 flebis in aeterno surda iacere situ,
et frustra cupies mollem conponere uersum,
  nec tibi subiciet carmina serus amor.
tum me non humilem mirabere saepe poetam;
  tunc ego Romanis praeferar ingeniis.

25 tu caue nostra tuo contemnas carmina fastu: (c)
  saepe uenit magno faenore tardus amor.

                                   explicit quaternio primus

———

11, 12 *huc traiecit Housmannus; post u.* 16 *G. Fischerus; in codd. post u.* 24 *exstant* ‖ **11.** sepulcro FVo.Rc¹c²c⁴ ‖ **13.** laudant AF₁BH | solum docte c² (soᵐ) | placuissę c³: docuisse N₁ *primo* ‖ **14.** in iustas c¹R: in *postea add.* c³₁ *ut uid.* | tullisse HVo. ‖ **15.** assiduae N: ass. *codd.* | post hac c¹c³c⁴ | neclectus F₁ (*ut uid.*): negletus H | amoto H *primo* ‖ **16.** prosunt BH | 9gnita A | malla Vo. ‖ **17.** percusserit *Guyetus* ‖ **18.** nulli *ego:* nollim N (*cf. Ell. Lib.* III, iv, 28): nolim *cett.* | est (ē) uiolasse *ego* (*cf.* v, 6; *Ell. Lib.* I, v, 8): euiolasse Ω (*in* c¹Vo.R *separata sunt* e uiol-): euoluisse *Puccius, Beroaldus:* te uiolasse *alii Itali* ‖ **19.** lunge (*bis*) c³ | sibi AF₁ ‖ **20.** flebilis c¹c⁴F₁ | ecterno F₁ | nuda R: surda (*bis*) AF₁ ‖ **21.** molem F₁ *primo,* H | 9ponere c¹: cōp. c³: comp. *codd.* ‖ **22.** hec c¹ | serus NμυVo.Rc³: ferus c¹c⁴ *pro u. l.* (*hoc in* serus *corr.*): cerus c²: uerus AFBH: seuus c⁴₁ꝭ | amor *om.* F₁ ‖ **23.** tu AF₁B ‖ **25.** cane A,F₁ *primo,* R | nostroa Vo. | contempnas NAFc² | faustu c¹ ‖ **26.** foenore c¹: foenere c³ ‖

incipit quaternio secundus

viii

Tune igitur demens, nec te mea cura moratur?   [A. (a)
   an tibi sum gelida uilior Illyria,
et tibi iam tanti, quicumque est, iste uidetur,
   ut sine me uento quolibet ire uelis?
5   tune audire potes uaesani murmura ponti
   fortis et in dura naue iacere potes?
tu pedibus teneris positas fulcire pruinas,
   tu potes insolitas, Cynthia, ferre niues?

o utinam hibernae duplicentur tempora brumae,   (b)
10   et sit iners tardis nauita Vergiliis,
nec tibi Tyrrhena soluatur funis harena,
   neue inimica meas eleuet aura preces;
atque ego non uideam tales subsidere uentos,
   cum tibi prouectas auferet unda rates!

15   .   .   .   .   [B. (a)

   .   .   .   .

et me defixum uacua patiatur in ora
   crudelem infesta saepe uocare manu?

numeri elegiae viii: 8·6: | 8·6.

---

viii. *noua elegia in* Ω. *titulus* ad cynthiam (cinth.) Ω (ad cintiam c³); *post* xii, 20
in c³ *inuenitur.*
  1. Tu ne *codd.*: Tunc B: Vnc Vo. | culpa AF₁ ‖ **2.** sim AB (*hic* -im gelid- *in ras.*
man. 1) | gellida Vo. | iliria c¹c³: ilirida c²: ilyria BH: illiria R ‖ **4.** me *om.* AF₁BH₁ |
quol₃ c² (= *quolicet*) ‖ **5.** tu ne NVo.C | ues. *codd.*: uex. c²: insani c¹ | munera
c¹c³ ‖ **6.** naue] mane AF₁ ‖ **7, 8.** *om.* c¹c²c³₁ϛ; c⁴ *sic ordinat uersus,* 9, 7, 8, 10, *signis*
tunc adpositis ‖ **7.** positas (*bis*) A | fulcire Ω (*uide Postgatium, et Housmannum*
ad Lucan. VIII, 757): fulcare Vo.: sulcare *Itali* | pruinas Vo.: ruinas *cett.* ‖ **8.** in
solitas B ‖ **9.** hyb. ABVo.Rc³: ib. c¹: hiberna c² | frigora R | lune Vo.₁ *primo* ‖
10. sit *om.* c¹ | inhers c¹c³: in ers B | uirg. c¹F₁ ‖ **11.** tyrrena NA: tyr. BHVo.:
tirr. c¹c²FR: tir. c³ | arena c³Vo. ‖ **12.** aula H | proces c¹ *primo*: praeces c³Vo. ‖
13. tali *Graeuius* | sub sidere *Itali*, ϛ, *e.g. Corsin., Mentelianus*: subdire F₁ ‖ **14.** quom
c¹c⁴ | productas c¹ | auferat c¹: auferret R ‖ **15, 16** *desunt; requirunt numeri et*
sequens distichon huiusmodi aliquid: ⟨*Quid precor? estne tibi tam durum pectus, ut*
horam | *te sinat hanc siccis mittere luminibus,*⟩ ‖ **17, 18** *post* 12 *traiecit Scaliger* ‖
                                                                              o
17. et] ut *Hemsterhuysius* | patiaris *Beroaldus*: patietur R | in aura N₁ *corr.*: [in ora
c⁴]: in hora AF₁BHc¹c²c³₁: harena R: arena Vo. ‖ **18.** crudelem Vo. | infoesta c¹ ‖

      sed quocumque modo de me, periura, mereris,
20   sit Galatea tuae non aliena uiae;
      utere felici praeuecta Ceraunia remo,
      accipiat placidis Oricos aequoribus.

      nam me non ullae poterunt corrumpere, de te   (b)
      quin ego, uita, tuo limine uera querar;
25   nec me deficiet nautas rogitare citatos:
      'dicite, quo portu clausa puella mea est?'
      et dicam: 'licet Atraciis considat in oris
      et licet Hylaeis, illa futura mea est!'

                     ix   [viii *b*]

Hic erat, hic iurata manet. rumpantur iniqui!   [A. (a)
      uicimus; adsiduas non tulit illa preces.
      falsa licet cupidus deponat gaudia liuor:
      destitit ire nouas Cynthia nostra uias.

5   illi carus ego et per me carissima Roma   (b)
      dicitur, et sine me dulcia regna negat;

numeri elegiae ix: 4·6: 4·6.

---

19. quodcumque NAFBHpdg | deperiura c²: me *om. etiam* Vo. [per iura Vo.] | moreris N₁μν ‖ **20.** sic BH | galathea *codd.*: galatea c³ ‖ **21.** utere Vo.P: ut te *codd.*: et te B | [foel. c¹c³] | prouecta c¹c³₁Vo.R: proiceta c⁴₁ | [ut te prouectam felice c. r. *legebat Politianus*] | ceruinia c⁴: cerraunia R ‖ **22.** placidos AF₁BH | [orichos c⁴: orycos Vo.: oricos dc³₂]: oriquos AFBp: oryquos Nμν: orciquos R (= *oriquos*)^c: oripos c³₁: orypos c¹: otypos c²: opriquos H (= *oriquos*)^p | equoreis c² ‖ **23.** ne me μ₁ | ullae] mille c²: uelle B: [ulle c³] | corump. HR | de te] dire c²: taedae *Puccius, Itali,* ᶴ ‖ **24.** uita NμνplgdCBHR: tuta AF₁Vo.: uicta c² | limine BHc⁴: lumine *cett.* | uerba Ω, *corr. Passeratius* | quaerar c³: queram c²: loquar Vo.R ‖ **25.** defitiet N: deficiat AF₁B | nauitas A ‖ **26.** mea *om.* Vo. | est *om.* c² ‖ **27, 28** *om.* c¹c²c³₁ᶴ (*multi*) ‖ **27.** et dicam Ω (*quod confirmat Ouid. Am.* II, xi, 44) | licet atraciis NBHc⁴: atratiis F: a traciis Aμ: atraciis licet H *corr.*: a traciis licet c³ *marg.*: atraciis licet h(a)ec Vo.R: Artaciis *Palmerus* | horis AFBH ‖ **26.** hyleis *codd.*: hyleys F: hileis N: ellẹis Vo. ‖

   ix. *cohaeret superiori in* Ω; *nouam fecit elegiam Lipsius, quod confirmant mutati numeri.*

   1. erat NμνpAFc³ *corr.*: errat R: erit c¹c²c³₁c⁴, BHVo.dgP *corr.* ‖ **2.** ass. Ω | tullit BHVo.R | ira Vo. | praeces Vo. ‖ **3.** cupidus *om.* F₁ *in ordine* (*in marg. add.*) ‖ **5.** caripsima F₁ ‖

illa uel angusto mecum requiescere lecto
 et quocumque modo maluit esse mea,
quam sibi dotatae regnum uetus Hippodamiae
10 et quas Elis opes ante pararat equis.

Quamuis magna daret, quamuis maiora daturus, [B. (a)
 non tamen illa meos fugit auara sinus.
hanc ego non auro, non Indis flectere conchis,
 sed potui blandi carminis obsequio.

15 sunt igitur Musae, neque amanti tardus Apollo, (b)
 quis ego fretus amo: Cynthia rara mea est.
nunc mihi summa licet contingere sidera plantis:
 siue dies seu nox uenerit, illa mea est,
nec mihi riualis certos subducit amores:
20 ista meam norit gloria canitiem.

       x   [ix]

D̲icebam tibi uenturos, inrisor, amores, [A. (a)
 nec tibi perpetuo libera uerba fore:

numeri elegiae x: 8·8: 8·8; 2.

---

7. quiescere F_1 ‖ **8.** malluit c^2_1Vo.: ualuit c^1 ‖ **9.** qua $c^1c^4_1$ | doctate $c^1c^3c^4_1$ |
hyppodami(a)e BH: hyppodomie R: hippodomie c^4: hyppodiame A: ippodame F_1:
ipp°dam^{i}ę (*sic*) Vo.: ipodamie $c^1c^2c^3$ ‖ **10.** quas] quicquid R | elisopes N (*sic*) |
aelis $c^1c^3c^4$: edis c^2: helis AFBHVo.: heleis R | opes *om.* R: equis F̄ | parare c^1 |
opes F ‖ **11.** *alterum* quamuis *bis* A | minora μv_1 ‖ **12.** amara AFμv_1p: amata R ‖
13. han c^3 | yndis AFBH | comchis c^1 ‖ **14.** bandi c^4 ‖ **15.** nec $c^1c^2c^3$ | appolo F:
appollo RVo.$_1$ (*in marg. add.*) ‖ **16.** fletus c^2 | mera mea est F_1: mea rara est Bc^1:
est *om.* c^2 ‖ **17, 18** *om.* $c^1c^2_1c^3_1$ ‖ **17.** non R: nū c^3 *marg.* | suma A | sydera AVo.R,
c^3 *marg.* | plante B ‖ **18.** seu nox CVo.R (nox *e* non *corr.*): siue nox NAFBH ‖
19. certos *codd.*: summos AF$_1$BH (*e u.* 17) ‖ **20.** Iasta Vo.$_1$: Iam H | caniciem
HVo.R ‖

x. *noua elegia in codd.; cohaeret cum priore in* $c^1c^3_1$; *in* c^2 *uersus unius (sed in ima
pagina) interuallum, nulla litterae primae distinctio. titulus* ad (a)emulum irrisorem:
ponticum *add.* BHF$_2$.

1. tibi] ne tibi R | irrisor *codd.* ‖ **2.** libra c^2 ‖

ecce iaces, supplexque uenis ad iura puellae,
   et tibi nunc quaeuis imperat, empta modo.
5 non me Chaoniae uincant in amore columbae
   dicere quos iuuenes quaeque puella domet;
   me dolor et lacrimae merito fecere peritum:
   atque utinam posito dicar amore rudis!

quid tibi nunc misero prodest graue dicere carmen   (a)
10   aut Amphioniae moenia flere lyrae?
   plus in amore ualet Mimnermi uersus Homero:
   carmina mansuetus leuia quaerit Amor.
   i quaeso et tristis istos conpone libellos,
   et cane quod quaeuis nosse puella uelit!
15 nullus Amor cuiquam faciles ita praebuit alas,
   ut non alterna presserit ille manu.

Quid si non esset facilis tibi copia? nunc tu   [B. (a)
   insanus medio flumine quaeris aquam,

---

3. supples F_1: suplex $AVo.c^2$ | uenus R ‖ 4. ecce tibi nunc $c^2c^3_1$: ecce tibi c^1 | qu(a)e uis RVo.: quamuis c^1: queuis c^3 | Iperat FVo. ‖ 5. cahonie Fc^2c^3: caonie c^1 | columbae] puelle F_1 (*ex* 3) ‖ 7. lacme N_1 ‖ 8. apposito A ‖ 9. graue prodest Vo. | carmen] c^3 -men *in ras.*‖ 10. amphione F: amphyonie c^2c^4: amphioniȩ H_1: amphionis c^1 | [atque utinam posito amphyonie c^4] | lir(a)e AFc^1c^3: licet c^2 ‖ 11. ualent $c^2Vo.R$: *om.* c^1 | minnermi N: inermi μv_1: munerini BH: munermi A (mun *litteris atrioribus*): numerini *cett.*: *om.* F_1 (*spatio relicto*): numerim c^3_1 | homeri RVo. ‖ 12. mansuetis c^3_1 | leuia *codd.*: lenia $c^4R\varsigma$ ‖ 13. compone Ω: depone R: cōp. c^3 ‖ 14. et] e N | caue c^1c^2: graue R | nosce $c^1c^2c^3$ | uellit Vo. ‖ 15, 16 *monentibus numeris huc traieci: in codd. post* 24 *exstant (sed iam Postgatius uncis incluserat). uide* 'homoeomeson,' faciles, facilis ‖ 15. cuiquam] cui- *ex corr.* A | facilis R | a[l]las Vo. ‖ 16. illa $c^1c^3_1$: ossa
                                                                                nec
c^2 (*cf. u.* 29) ‖ 17. quod $BHVo.Rc^1_1$ | copia *om.* F_1 | nunc] nȩc (*sic*) Vo. ‖ 18. insanis N_1 *primo*, R | medio] incedio c^1 (*sc.* moedio *habuit exemplar*) ‖

20
　　necdum etiam palles, uero nec tangeris igni:
　　　　haec est uenturi prima fauilla mali.
　　tum magis Armenias cupies accedere tigres
　　　　et magis infernae uincula nosse rotae,
　　quam pueri totiens arcum sentire medullis
　　　　et nihil iratae posse negare tuae.

25
　　nec te decipiat quod sit satis illa parata:　　　(a)
　　　　acrius illa subit, Pontice, siqua tua est.
　　quippe, ubi non liceat uacuos seducere ocellos
　　　　nec uigilare alio nomine, cedat Amor?
　　qui non ante patet, donec manus attigit ossa.

30
　　quisquis es, adsiduas a fuge blanditias!
　　illis et silices et possint cedere quercus;
　　　　nedum tu possis, spiritus iste leuis.

　　quare, si pudor est, quam primum errata fatere:　(b)
　　　　dicere quo pereas saepe in amore leuat.

---

19. nec dum c²c³BR: dum *om.* c¹ | pales c²c³H₁ | tagneris c¹ | igne c¹ ‖ 20. nec c¹c²R | pima c³ | malli Vo. ‖ 21. tunc F | armenias, n *in ras.* c³ | cuperes c²c³ | tigies F₁: tygres Vo. ‖ 22. uincula nosse *codd.*: uincula nosce c²c³ (*cf. u.* 14): noscere uincla Vo. | roth(a)e c²c³: curę rotę R (*sic*) ‖ 23. toc. NA | arch. c³ | medulis BH ‖
24. [nichil NF] | negre (*sic*) c³ ‖ 25 *et sequentes post* v, 32 *in* c³ ‖ 25. paratu B ‖ 26. actius c¹c²: accius c³₁: acceruis R | ponthice c² ‖ 27. ubi ubi c³ | uacuo *Fonteinius* | subducere c¹c²c³₁H₂Vo.R | occellos Vo.R ‖ 28. alios Vo. | nomine *bis* R | cedit A, F₁ *primo*, BH | amoris c³ | *signum interrogationis habet* N; *post* nomine *distinguit* A, *sic etiam Postgatius* ‖ 29. pater c¹ (pr̃): p₃ c² | attigᵗ c³: actigit c¹: attigat R ‖ 30. quis c¹ | ass. Ω: assiduis R: assiduus c³₁ | affuge c³: aufuge *codd., corr. Boltius* | blanditias] bla- *ex diu- corr.* F₁: blandic. B ‖ 31. salices AFVo. [scil. *Mentelianus*]: silices, -ic- *ex corr.* c³ | et possunt c²c³c⁴BHVo.R: possunt et c¹ ‖ 32. nedum μυ: ne dum Nc²c⁴BHR: necdum AF₁p: nec dum c³Vo.: dum *om.* c¹ [*nedum = multo magis: hic primum et apud Liuium* (IX, xviii, 4)] | par sis *Baehrensius* | ipse Vo. ‖ 33. est *om.* c³₁ | primum *om.* R | fateri BHRv₂c¹c³c⁴ ‖ 34. quo Ω | pareas F₁ *primo*: pareat c² | sępę c³₁ | leui c¹ ‖

xi　　　　　　　　　　　　　　　[x]

O iucunda quies, primo cum testis amori　　　　[A. (a)
　adfueram uestris conscius in lacrimis!
o noctem meminisse mihi iucunda uoluptas,　　　　(b)
　o quotiens uotis illa uocanda meis,
5　cum te conplexa morientem, Galle, puella
　uidimus et longa ducere uerba mora!

　quamuis labentes premeret mihi somnus ocellos　(b)
　et mediis caelo Luna ruberet equis,
　non tamen a uestro potui secedere lusu;
10　tantus in alternis uocibus ardor erat.

　Sed quoniam non es ueritus concredere nobis,　[B. (b)
　accipe commissae munera laetitiae.
　non solum uestros didici reticere dolores:
　est quiddam in nobis maius, amice, fide.

15　possum ego diuersos iterum coniungere amantes,　(b)
　et dominae tardas possum aperire fores,

numeri elegiae xi: 2⌢4, 4; 4, 4⌢2; 4, 4⌢2.

---

xi. *noua elegia in* Ω. *titulus* ad gallum.
1. ioc. Ω [iocumda c¹] | 9testis c² | amore c³ || **2.** affueram FR: aufferam Vo. |
conctius F₁ || **3.** ioc. Ω || **4.** notis R | uacanda c²: iocunda F || **5.** quom c¹c² | cōpl. c³:
9plexum c¹ *in* 9plexu *corr.*: compl. *codd.* | puellam c¹ *primo* (*ut uid.*) || **6.** uidimus]
ultimus R | et longa] de lunga c³ | dicere c⁴ || **7.** quantus R₁ | labentes NAFRc¹c²:
labentis BVo.c³c⁴: lambentis H | premere c¹ | mihi *om.* F₁ | sonnus c¹Vo. | occellos
Vo.R || **8.** moediis c¹: meis F₁ | rubere c¹ | aequis Vo. || **9.** auestro Nc²: a nostro H |
potui *om.* c³₁ | seccedere HR | luxu c¹c²c³c⁴ || **10.** alterius AF₁Bc³₁c⁴: motibus *Fonteinius* |
arbor c³₁ || **11.** uirtus c⁴₁: ueritis R | concedere Ω, *corr. Puccius, Itali* || **12.** comisse A |
letici(a)e NAVo.c³ || **13.** nostros BH | retiere H || **14.** et c¹c³₁ | quidam N₁, H₁ *primo*,
Vo.Rc¹c² | magis c² | amica c¹ || **15.** diuerssos Vo. || **16.** tartas N₁ *primo* ||

et possum alterius curas sanare recentes,
    nec leuis in uerbis est medicina meis.
Cynthia me docuit semper quae cuique petenda   (a)
20   quaeque cauenda forent: non nihil egit amor.

Tu caue ne tristi cupias pugnare puellae,   [C. (b)
    neue superba loqui neue tacere diu,
neu, siquid petiit, ingrata fronte negaris,
    neu tibi pro uano uerba benigna cadant.

25   inritata uenit, quando contemnitur illa,   (b)
    nec meminit iustas ponere laesa minas;
at quo sis humilis magis et subiectus amori,
    hoc magis effectu saepe fruare bono.
is poterit felix una remanere puella,   (a)
30   qui numquam uacuo pectore liber erit.

xii   [xi]

Ecquid te mediis cessantem, Cynthia, Bais,   [A. (a)
    qua iacet Herculeis semita litoribus,

numeri elegiae xii: 6·4; 6·4; 6·4.

---

19. cinthya c^3 | quaecum(n)que *codd., corr. L. Muellerus*: quacunque AF_1 | perenda c^1: porenda c^4_1 ‖ **20.** canenda BR | [nichil F]: nisi R | eger $c^1c^3_2c^4_1BH_1$: eget $c^2c^3_1F_1$ ‖ **21.** cane A | tristis c^2 | cupias] quicquam c^1 ‖ **22.** ne ue *codd. plerique (non* c^3) ‖ **23.** peciit BVo. | negareis Vo. *corr.* ‖ **24.** bnigna c^2: benigne c^3 ‖ **25.** irrit. *codd.*: irritatura AF: iritata Vo. | quoniam R | contempn. $HVo._1c^2$: comtenn. c^1 ‖ **27.** aut R | susceptus Vo. ‖ **28.** effecto Ω, *corr. Itali*: efecto c^2 ‖ **29.** his AF_1H | [foel. c^3] | unā c^2 ‖ **30.** nõq̃ c^3 ‖

xii. *noua elegia in* Ω, *nisi quod in* c^2 *uersum primum sine interuallo cum prioribus iunctum relicto tum uersus spatio iterum scripsit librarius. titulus* ad cynthiam (cintiam c^3).

1. ecquid $\mu\upsilon pc^2c^3$: C quid c^4: qVuicquid c^1: nEquid R: T quid Vo.: Et quid *cett.* | [moediis c^1] | bais *codd.*: bays c^1Vo. ‖ **2.** que R | semitta R | lict. c^1c^4: litt. c^3 ‖

et modo Thesproti mirantem subdita regno
⟨*et modo*⟩ Misenis aequora nobilibus,

5 nostri cura subit memores, a, ducere noctes?
ecquis in extremo restat amore locus?

an te nescioquis simulatis ignibus hostis (b)
sustulit e nostris, Cynthia, carminibus,
ut solet amoto labi custode puella
10 perfida, communes nec meminisse deos?

Atque utinam mage te remis confisa minutis [B. (a)
paruula Lucrina cumba moretur aqua,
aut teneat clausam tenui Teuthrantis in unda
alternae facilis cedere lympha manu,
15 quam uacet alterius blandos audire susurros
molliter in tacito litore conpositam!

non quia perspecta non es mihi cognita fama, (b)
sed quod in hac omnis parte timetur amor.

---

3. tesproti $c^1c^3_2$: te sporti c^2: tesporti c^3_1: trespoti c^4_1: thesporti H: tesponti Vo. ∥
4. ⟨et modo⟩ *Scaliger, cod. Perusinus*: proxima Ω | miscenis Ap: miseriis R: misteriis F_1 ∥ **5.** a(h) ducere *Scaliger* (*cf.* x, 30): adducere Ω (Vo. adducere *corr.*): [in litore…educite noctem *habet Val. Flacc.* 1, 250, 251] ∥ **6.** ecquis $\mu\upsilon pc^3$: ec quis $NBc^2c^4_1$: et quis $AFHc^1Vo.R$ | extremo] merito R | restat] monstrat F_1 ∥ **7.** ante $F_1pc^1c^2c^3_1c^4_1$: ante te R | stimulatis c^2: simulatus p_1 ∥ **8.** subst. $Fc^1c^2c^4$ | e *om.* c^2 | [cynthya A] ∥ **9, 10** *in codd. post u.* 16 *exstant: traiecit Housmannus, quod confirmant numeri* ∥ **9.** amoto H *corr.*, Vo.c^3_2 *pro u. l.*: amota $NAFH_1c^3_1$: a mota Bc^4: admota c^1c^2: amata R | custodi c^1 ∥ **10.** comunes c^1: conuiues B ∥ **11.** magne R: āge H_1 | teremis $c^1c^2c^3_1$: terrenis Vo.: te temis F_1 | confusa $c^1c^2c^3_1$ | munutis H_1 ∥ **12.** luctina c^2 | cimba c^1c^3 ∥ **13.** terreat F_1 | Teuthrantis *Scaliger* (*post* teutrantis �..): teutantis $NpVo.c^1c^2c^3$ (*r addit in marg.* N): tentantis BH: tuetantis AF_1: temperandis c^4: te tantis μ_1: me tantis R *marg.*: tentandus R ∥ **14.** alternes μ | facili AF: faciles c^1 | credere $c^1c^2c^3$ | limpha $c^1c^2c^3_1AF$: nympha R | manus c^1 ∥ **15.** alternis R | tenues $c^1c^2c^3_1$ (*e u.* 13) | susuros R ∥ **16.** moliter c^1 | lict. c^1c^4: litt. c^3 | comp. *codd.* ∥ **17.** qua c^2 | perfecta c^1R | nec c^2 | est $c^1c^2c^3_1Vo.$ | famma Vo. ∥ **18.** set c^1 | ueretur *Lachmannus* ∥

ignosces igitur, siquid tibi triste libelli
20   attulerint nostri: culpa timoris erit.

An mihi nunc maior carae custodia matris?   [C. (a)
aut sine te uitae cura sit ulla meae?
tu mihi sola domus, tu, Cynthia, sola parentes,
omnia tu nostrae tempora laetitiae;
25   seu tristis ueniam seu contra laetus amicis,
quicquid ero, dicam 'Cynthia causa fuit.'

tu modo quam primum corruptas desere Baias: (b)
multis ista dabunt litora discidium,
litora, quae fuerant castis inimica puellis.
30   a, pereant Baiae, crimen amoris, aquae!

xiii   [xii]

Quid mihi desidiae non cessas fingere crimen,   [A. (a)
quod faciat nobis conscia Roma moram?
tam multa illa meo diuisa est milia lecto,
quantum Hypanis Veneto dissidet Eridano,

numeri elegiae xiii: 6·4; 4·6.

---

19. tibi *om.* H ‖ **20.** attulerint. nostri NF *distinguunt*: attull. H: actul. c¹c²: atul. c⁴ ‖
21 *et sequentes post* x, 16 (= 24) *in* c³ ‖ **21.** at c²c⁴₂ Burmannus: nam *Keilius* | nunc
Beckius Lips. 1791: non Ω (*cf.* xiii, 9): sit *Puccius* ‖ **22.** an Vo. | [*signum interroga-*
tionis habet N *et in* 21 *et in* 22] ‖ **24.** omni…tempore *Fonteinius* | tua B | leticie A:
deliciae *Fonteinius* ‖ **25.** elatus *Baehrensius* | amici c² ‖ **26.** Quicquid *codd.*: Qq̃uid A |
oro c¹ | dicam] semper c¹ | causa] sola R *marg.* ‖ **27.** bayas c¹c²BHVo. (*cf. uu.* 1, 30) ‖
28. dabant R₁, Vo.₁ *primo, Itali*: babunt c¹ *primo* | lict. c¹c⁴ (*bis*): litt. *codd.* (*ut*
passim) | discidium NpAF: diss. c¹c³c⁴Vo.R: dess. H: des. B: desiduum c² ‖
29. fuerunt *Scaliger* ‖ **30** *omittit* (*in ima pagina* (b)) c³₁ | ha AFBHRVo.: ah NC |
bay(a)e BHVo.c¹ | crimen Ω (*cf. Ou. Trist.* IV, ix, 26): crimina F *primo* ‖

xiii. *nouam elegiam indicauit* N₂; *ceteri continuant.*

1. desidie ṃihi (*sic*) H: quid mihi desidiae *totum in ras.* c³₂ ‖ **2.** quid Vo. | fatiat N |
conscia roma Ω (*cf. u.* 11): cynthia *et* amore *coni. edd. sine ratione* ‖ **3.** deisa F₁:
diuisia R | est e BH: est *om.* c⁴ ‖ **4.** ypanis Fc¹c²c³: hip. Vo.: hipp. μυp₁ | uenero A |
desidet BH₁c³ | iridano c²: herid. R ‖

8-2

5　　　nec mihi consuetos amplexu nutrit amores
　　　　　Cynthia, nec nostra dulcis in aure sonat.

　　　olim gratus eram; non illo tempore cuiquam　　　　　　(b)
　　　　　contigit ut simili posset amare fide.
　　　inuidiae fuimus. nunc me deus obruit? an quae
10　　　　lecta Prometheis diuidit herba iugis?

　　　Non sum ego qui fueram: mutat uia longa puellas.　[B. (b)
　　　　　quantus in exiguo tempore fugit amor!
　　　nunc primum longas solus cognoscere noctes
　　　　　cogor et ipse meis auribus esse grauis.

15　　　felix, qui potuit praesenti flere puellae:　　　　　　(a)
　　　　　non nihil aspersis gaudet Amor lacrimis.
　　　aut si despectus potuit mutare calores,
　　　　　sunt quoque translato gaudia seruitio.
　　　mi neque amare aliam neque ab hac desciscere fas est:
20　　　　Cynthia prima fuit, Cynthia finis erit.

------

5. nec *in* hec *corr.* c^4 | amplexa B: complexa H: 9plexu c^1 | nutat R ‖ **6.** aurae Vo. ‖ **7.** eras Vo.$_1$ *primo* | illo] ullo c^{1}c^2: nullo c^3 ‖ **8.** contingit F$_1$c^1 | possit c^{1}Vo.R | amore ABH | fides BH ‖ **9.** inuide c^1 | sumus A | nunc R (*cf.* xii, 21): num c^{2}c$^3{}_2$c^4 (*ex* nū *corr.*): non Nμν$_1$pAFBHVo.c^{1}c$^3{}_1$ | orruit c^1 *primo* | an q; B: an quem AF$_1$Vo. *corr.*: an q̃ (quam) Vo.$_1$ *primo*: an q̃; H (*sic*) ‖ **10.** prometheus AF$_1$: promotheis c^2: pro moetheis c^1 | diuitis AF: [diuidis *Postgatius*] | erba F ‖ **11.** [lunga c^3] ‖ **12.** exhiguo A ‖ **13.** [lungas c^3] ‖ **14.** [grauis aur. e. meis R] ‖ **15.** [foel. c^3 | pres. c^3] ‖ **16.** nichil Fc^2 | aspersis *codd.*: apersis c^2 [a! sparsis *Heinsius*] ‖ **17.** despertus Vo.$_1$ *primo*: dispertus c^3 | calores AFc^{2}c^{3}N$_1$ *corr.*: caloros c^4: colores BHc^{1}Vo.R, N$_1$ *primo* ‖ **18.** translacto c^3 | seruicio A ‖ **19.** minimeq; F$_1$ (*at* me neque F$_1$ *marg.*): mi ne q; R: meq; c^2 | alia c^1 | n3 c^2 | hac *om.* c^3 (*add. man.* 1 *supra*) | desciscere *Heinsius*: discedere c^{1}c^{2}c^{3}c^{4}Vo.R: discere *Harl.* 2778: dissistere NμνA: desistere pFBH ‖

xiv   [xiii]

Tu, quod saepe soles, nostro laetabere casu,   [A. (a)
 Galle, quod abrepto solus amore uacem.
at non ipse tuas imitabor, perfide, uoces:
 fallere te numquam, Galle, puella uelit!

5 dum tibi deceptis augetur fama puellis,   (b)
 certus et in nullo quaeris amore moram,
perditus in quadam tardis pallescere curis
 incipis et primo lapsus abire gradu.
haec erit illarum contempti poena doloris,
10 multarum miseras exiget una uices.
haec tibi uulgares istos conpescet amores,
 nec noua quaerendo semper amicus eris.

Haec ego non rumore malo, non augure doctus;   [B. (c)
 uidi ego: me, quaeso, teste negare potes?
15 uidi ego te toto uinctum languescere collo
 et flere iniectis, Galle, diu manibus,

numeri elegiae xiv: 4·8, 6·6, 4·8.

---

xiv. *noua elegia in* Ω. *titulus* ad gallum.
1. tu *ex* Vt *corr.* c⁴₁ | quod] quoque Vo.₁ *primo* || **2.** arrepto c¹c² || **3.** immitabor N: mutabor F₁c³₁: mirabor c¹ || **4.** nõq̃ c³ || **5.** augetur] *om.* R | famma Vo.: faṛma H: forma AF | doloris c¹c²c³₁ (*sc. e u.* 9) || *ante u.* 6 c³₁ *u.* 10 *praebet* (*cf. u.* 5) || **6.** moram] uiam Vo.R || **7.** perditus] Queritis AF₁BH₁ | quandam c¹c⁴₁ | palesc. c³R || **8.** laxus c¹: lassus c⁴: lapsis AF₁: lapsys Vo. | adire Ω: abire R, *Itali, edd.* || **9.** nec c¹c²: non Vo. | illaris F₁ | contenti AF₁BHR: contepti c² || **10.** exige c¹: exhiget A: exigit c⁴ | uoces A₁ *primo*, F₁ || **11.** H(a)ec NRc¹c³c⁴: nec *cett.* | uolgares c³: uulg. *cett.* | istos *ex* certos *corr.* A | compescet *codd.* (cõp. c³): ɔpesce c¹: componet AF₁Vo. || **12.** amicus] amicis c³₁ *primo*: cunicus F₁: iniquus *Guyetus* (inicus *Housmannus*). *cf. Ell. Lib.* I, xi, 25, 26 | erit c³₁ *primo* || **13.** ego *om.* N₁F₁c² | no c¹ | augẽ AR: augere N₁FBH₁c⁴₁ || **14, 15** *inuerso ordine habet* v, *signis tunc adpositis* || **15.** uictum c¹: uintum F₁: iunctum A (*ut uid.*) || **16.** inlectis Nc¹: in lectis AFBHc³: in letis R₁: in lotis c²: iniectis c⁴Vo.ſ *edd.* ||

et cupere optatis animam deponere uerbis;
et quae deinde meus celat, amice, pudor.

non ego conplexus potui dimittere uestros: (c)
20   tantus erat demens inter utrosque furor.
non sic Haemonio Salmonida mixtus Enipeo
        Taenarius facili pressit amore deus;
nec sic caelestem flagrans amor Herculis Heben
        sensit ab Oetaeis gaudia prima iugis.

25   Vna dies omnes potuit praecurrere amantes;   [C. (a)
        nam tibi non tepidas subdidit illa faces,
nec tibi praeteritos passa est succedere fastus,
        nec sinet abduci: te tuus ardor aget.

nec mirum, cum sit Ioue digna et proxima Ledae   (b)
30   et Ledae partu gratior, una tribus,
illa sit Inachiis et blandior heroinis,
        illa suis uerbis cogat amare Iouem.

---

17. uerbis Ω: [labris *Passeratius*] ‖ **18.** de $\overline{\text{in}}$ F: de inde c^1 | calet $c^2c^3{}_1$: calle c^1 ‖
19. cōpl. c^3: compl. *codd.* | deducere F_1HVo.Rc^2c^4 ‖ **20.** pudor *in* furor *corr.* $c^2{}_1$ ‖
21. hic $c^1c^2c^3{}_1$ | hemonio NBHRc^3: emonio $c^1c^2c^4$AF: aemonio Vo.: hemonido P |
salmonida pVo.R: salam. NAc^1 (ni- *in ras.*) c^3c^4: salom. F: solam. BH | mistus c^2:
missus F | enipeo N$c^1c^2c^3c^4{}_1$: enipheo Rc^4 *corr.*: ęnipheo Vo.: enapeo BH *corr.*:
enapo H_1: en $\overline{\text{ipe}}$ (= *ipse*) AF$_1$ ‖ **22.** te neruis c^1: tenerius $c^3{}_1c^2$ (*ex* tenorius *corr.* (?)):
denarius F_1 | prexit c^2: praessit Vo.: possit F_1 | in ore c^1 ‖ **23.** si c^1 | heben herculis
H (*sic*): hebem c^3R ‖ **24.** in oethaeis $c^4{}_1$: in aethaeis Nc^3: in oetheis Vo.Rς: et in

oheis c^2 (*sc. in* oheis): in etheis $\mu\upsilon\pi c^1$A: me theis F_1: metheis B: inẹtheis H: in
ethereis P, *Rossbergius*: ab Oetaeis *Scaliger coni.* (*quo accepto rogis Schraderus*) ‖
25. omnis $c^2c^3c^4$Vo.: oms c^1F: omnes NABHR | poterit c^2c^3 | precurre R: prae-
curere Vo. | amores *Lachmannus* ‖ **26.** rapidas c^1 | faces *ex* paces *corr.* F_1 ‖ **27.** sub-
cedere c^2: subducere R ‖ **28.** sine c^1 | adduci *codd.*: abduci Vo.c^4 *edd.* (*cf. u.* 8) |
arbor c^3 ‖ **29.** ne c^2 | nurum B | quom c^2 | l(a)ed(a)e *codd.* ‖ **30.** l(a)ed(a)e *codd.*
(F *ex* leue *corr.*) | partu ut F_1 | gracior A | ima H ‖ **31.** *om. in marg. add.* c^4 ‖ **31.** in
hachiis F: hyrcanus c^1 | blandior et H | heroynis c^2: erohinis F: heromis c^1R ‖
32. ille Vo. | cogit R | amore AF$_1$R ‖

tu, uero quoniam semel es periturus amore,
    utere; non alio limine dignus eras.
35 quae tibi sit felix, quoniam nouus incidit error;
    et, quotcumque uoles, una sit ista tibi!

XV   [xiv]

Tu licet abiectus Tiberina molliter unda   [A. (a)
    Lesbia Mentoreo uina bibas opere,
et modo tam celeres mireris currere lintres,
    et modo tam tardas funibus ire rates,
5   et nemus omne satas intendat uertice siluas,
    urguetur quantis Caucasus arboribus,
non tamen ista meo ualeant contendere amori: (b)
    nescit Amor magnis cedere diuitiis.

Nam siue optatam mecum trahit illa quietem,   [B. (a)
10   seu facili totum ducit amore diem,
tum mihi Pactoli ueniunt sub tecta liquores,
    et legitur rubris gemma sub aequoribus;

numeri elegiae xv: 6·2; 6·2; 6·2.

---

33. tu Ω | *distinxi* | quē F₁ | peritus c¹ ‖ **34.** aliis R | lumine F₁c¹c²c³c⁴ ‖ **35.** Qu(a)e Ω: Qui *Palmerus* | felis c²: foel. c³ | error] orror c²: amor c¹c⁴ (*omnes* error *ex corr.*) ‖ **36.** quoc. *codd.*, *corr. Fruterius*: quec. Vo.: quam quoque R | noles R ‖

xv. *noua elegia in* Ω. *titulus* ad diuitem (mitem F).
1. tyb. NAFc⁴ | moliter R: mollior c¹: molliter in c² *primo* ‖ **2.** mentorio Hc³₂ *corr.* ‖ **3.** tan Vo.: iam AFc² | cẹleres c³ | lyntres NB ‖ **4.** iam AF | finibus AFH | rates, *e in ras.* c³ ‖ **5.** et *codd.*: ut BH, *Fonteinius* | omne Ω (onīe F) | siluias B ‖ **6.** uergetur c³ | quantus AFVo. | in arboribus R ‖ **7.** contendere c¹c²c³ ‖ **8.** credere c¹c²c³ ‖ **9.** sine R | optatatam Vo. ‖ **11.** tum pactoli ueniunt m̐ H (*sic*) | ueniant AF₁ | subiecta BH ‖ **12.** gemina B ‖

  tum mihi cessuros spondent mea gaudia reges;
   quae maneant, dum me fata perire uolent!
15 nam quis diuitiis aduerso gaudet Amore?   (b)
   nulla mihi tristi praemia sint Venere!

  Illa potest magnas heroum infringere uires,   [C. (a)
   illa etiam duris mentibus esse dolor;
  illa neque Arabium metuit transcendere limen
20 nec timet ostrino, Tulle, subire toro
  et miserum toto iuuenem uersare cubili.
   quid releuant uariis serica textilibus?
  quae mihi dum placata aderit, non ulla uerebor   (b)
   regna uel Alcinoi munera despicere.

       xvi   [xv]

  Saepe ego multa tuae leuitatis dura timebam,   [A. (a)
   hac tamen excepta, Cynthia, perfidia.
  aspice me quanto rapiat fortuna periclo:
   tu tamen in nostro lenta timore uenis,

numeri elegiae xvi: 8·6·8; 8·6·8.

---

13. tessuros R | splendent c^2c^3: splendet c^1: [spond. cess. H₁] || **14.** colent c^2: uolunt Vo. || **15.** diuic. A: diuitis c^1 || **16.** praemia] gaudia c^1 | sinit F₁: stunt c^4: sunt AVo.$c^1c^2c^3$ || **17.** potest] p' c^2 (= *post*) | herouū R *primo* | infingere Vo. || **18.** duribᵧnemtibus c^2 (= *duribusnemtibus*) | dolor] ^d̂orror c^2 *corr.*: doror c^3 || **19.** illa eciam c^4 | arabtum F | metunt AF | trancscendere Vo. | limen *om.* AF₁: limem c^3 || **20.** hostrino F | thoro *codd.*: [toro R] || **21.** iuuenem toto miserum c^2: miserum iuuenem toto c^3 | cubilli BHVo. || **22.** releuat R: releuent AF₁Vo.c^4 | textill. Vo.: testil. F$c^1c^2c^4$ || **23.** placita B | non nulla F || **24.** regna uel] regaᵖc² (*sic*): regna nec R | alcinoi NABc²c³: alcynoi c^1: alcinoy F: alcioni H₁Vo.: altionio R | munere R ||

xvi. *noua elegia in* Ω. *titulus* ad cy(i)nthiam (cintiam c^3).

1. saepe] sę R | dura] cura, *in* Jura *corr.* $c^4$₁ || **2.** Fac N (F *a rubricatore*) | cin. A || **3.** quante $c^3$₁ | rapiant c^1 || **4.** furore c^4R: timere c^3 | uelis c^1 ||

5　　et potes hesternos manibus conponere crines
　　　et longa faciem quaerere desidia,
　　nec minus Eois pectus uariare lapillis,
　　　ut formosa nouo quae parat ire uiro.

　　at non sic Ithaci digressu mota Calypso　　　　　(b)
10　　desertis olim fleuerat aequoribus:
　　multos illa dies incomptis maesta capillis
　　　sederat iniusto multa locuta salo,
　　et, quamuis numquam post haec uisura, dolebat
　　　illa tamen longae conscia laetitiae.

15　　nec sic Aesoniden rapientibus anxia uentis　　　　(a)
　　　Hypsipyle uacuo constitit in thalamo;
　　Hypsipyle nullos post illos sensit amores,
　　　ut semel Haemonio tabuit hospitio.
　　coniugis Euadne miseros delata per ignes
20　　occidit, Argiuae fama pudicitiae:

---

5. hesternos N$\mu\nu$pBH *et* A (h *ex* e *corr.*): externos FVo.Rc^{1}c^{2}c^3 (s *ex corr.*): extremos c^4 ‖ 6. [lunga c^3] | fatiem Nc^3 | quere c^{1}A: querere, que *in ras. a man.* 2, c^3 | desidiam A ‖ 7. eois BHVo.Rc^{1}c^{2}c^{3}c^4: et chois Np: hec chois A: hec choys F$_1$ | lapillis] figuris c^1 ‖ 8. et AF$_1$Hc$^3_1$ | noua c^2 ‖ 9. et AF$_1$BH | sit H | ithaci Rc$^3_2$ *corr.*: ythaci N: ithachi H: ythachi $\mu\nu$B: itachi c^{1}c^2: ytachi pAF: itaci c^{4}Vo.: ythacus c$^3_1$ | morte F$_1$: moto c$^3_1$ | calypso N: calipso *codd.*: chalipso A$_1$ *primo*, BH ‖ 10. fleuerat] *ex* fleuerarat *corr.* c$^3_2$ ‖ 11. multis F$_1$ *primo*, Vo.Rc^2 | ille R | in comptis c^2: im comptis c^1: incontis F | moesta c^3 ‖ 12. sed erat Vo. | iniusta c^{2}c$^3_1$: in iusto Vo. |

　　　　　　　　　　　　　　　　　　　　c
multis F *primo* | loquta c^{1}c^2: loquuta R: loquta Vo.$_1$ | psalo c^{2}c$^3_1$ ‖ 13. unquam c^1: n$\tilde{o}\tilde{q}$. c$^3_1$ | posthac R: post hac c^{1}c^{2}c^{3}c^4: haec *om.* Vo. ‖ 14. [lunge c$^3_1$] | leticie NA ‖ [*hic exstant in codd. uu.* 21, 22] ‖ 15. si c^1 | esoniden NAc^3: (a)esonidem BHRc$^3_1$c^4: exoniden F$\mu\nu$: exonidem c^{2}Vo. | asia c^{1}c^{2}c$^3_1$ (?) (āxia *in ras. corr.* c$^3_2$) ‖ 16. *om.* c$^3_1$

　　　　　　　　　　　　　　　　　　　　　　p
sine signo ‖ 16. hypsipile c$^4_1$: hy siphile A *corr.*: hysiphyle Vo. (*bis*): hysiphile N (*hic*); BH (*bis*): hisiphile R (*bis*): ysiphyle F: ysiphile c^1: oethis c^2, *quod ita nunc interpretor: huc in ordinem deerrauisse id quod in margine C adscripsisset corrector ad* xiv, 24. *uide enim quod ibi praebet* c^2 *et in hexametris homoearchon* nec sic | talamo c^{1}F ‖ 17. Hypsiphile NAc^3: Ysiphile F: Isiphile c^1: Hisiphiles c$^2_1$ *primo* (*cett. ut in u.* 16) ‖ 18. et R | (a)emon. c^{1}c^{3}c^4 | tribuit R | hospicio AVo. ‖ 19. euadere c^2: aeuadne c^{3}Vo.: euandrie B | delata R *Itali*: data H: ellata c^{1}c^{2}c$^3_1$: elata *codd.* ‖ 20. phama H: famma Vo. | pudicic. ABH ‖

Alphesiboea suos ulta est pro coniuge fratres;
sanguinis et cari uincula rupit amor.

Quarum nulla tuos potuit conuertere mores,   [B. (a)
   tu quoque uti fieres nobilis historia,
25   audax, a, nimium, nostro dolitura periclo
   siquid forte tibi durius inciderit!
multa prius! uasto labentur flumina ponto
   annus et inuersas duxerit ante uices,
quam tua sub nostro mutetur pectore cura.
30   sis quodcumque uoles, non aliena tamen.

.   .   .   .   (b)

   .   .   .   .

desine iam reuocare tuis periuria uerbis,
   Cynthia, et oblitos parce mouere deos.
35   tam tibi ne uiles isti uideantur ocelli,
   per quos saepe mihi credita perfidia est!

hos tu iurabas, siquid mentita fuisses,   (a)
   ut tibi suppositis exciderent manibus.

explicit quaternio secundus

───────

21, 22 *huc traiecit Lachmannus, post u.* 18 *Marklandus Schraderus, edd.* [*uide homoeoteleuton,* laetitiae, pudicitiae]: *in codd. post u.* 14 *exstant* ‖ **21.** alphesiboea Vo.:
alphisi boea BH: alphisiboea NAFc¹c³: alphisibea c²c⁴R | ulcta c⁴: uulta c²: ultṛa H ‖
                                        o
post u. 21 *distinxi; cf.* xx, 12 ‖ **23.** amores c¹R ‖ **24.** q A: quo BH₁ *primo*: quơ̌ F₁ |
nobis c³₁ | hyst. NAc¹c²c³: yst. F ‖ [*hic exstant in codd. uu.* 33, 34] ‖ **25.** ah NBc¹c²c³:
ha AFHVo.c⁴ | nostra B ‖ **26.** s quod A: si qʼ F ‖ **27.** *distinxit Rothsteinius* | prius]
simul c¹ ‖ **28.** ut R | inuersis AF₁ | uias A₁ (*ut uid.*) F ‖ **29.** imitetur mutetur A:
imitetur BH₁ (*corr.* H₁): miretur c² ‖
   post u. 30 *unum distichon iam ante uncialem excidisse censeo, in quo uerborum Cynthiae et blanditiarum fuerit mentio: cf. uu.* 33 *et* 44. *quod requirunt numeri. uu.* 33, 34 *in codd. post u.* 24 *exstant, qui tantam illic confusionem fecerunt ut Ribbeckius, Postgatius, Rothsteinius inde nouam incipere elegiam uoluerint. primus Housmannus cum u.* 35 *coniunxit, ibi* tam *pro* quam *legendo. e quattuor uersibus olim omissis* (31–34) *duos tantum neque rectum in locum reuocauit corrector: cf.* III, xvii, 3–6.
   33. tuis reuocare c² ‖ **34.** obliquos c¹c²c³₁ ‖ **35.** quam Ω: *corr. Maduigius (Housmannus)* | occelli HVo. ‖ **36.** est *om.* c² ‖ **37.** uitabas F (*corr.* F₁ *in marg.*) | quod AF ‖ **38.** suppositum R | exciderint Vo.: exiderem c¹ ‖

incipit quaternio tertius

      et contra magnum potes hos attollere solem,
40   nec tremis admissae conscia nequitiae?
      quis te cogebat multos pallere colores
        et fletum inuitis ducere luminibus?
      quis ego nunc pereo, similes moniturus amantes
        'o nullis tutum credere blanditiis.'

                  xvii   [xvi]

Quae fueram magnis olim patefacta triumphis,   [A. (a)
      ianua Tarpeiae nota pudicitiae,
      cuius inaurati celebrarunt limina currus
        captorum lacrimis umida supplicibus,
5   nunc ego, nocturnis potorum saucia rixis,
        pulsata indignis saepe queror manibus,
      nec possum infamis dominae defendere noctes,
        nobilis obscenis tradita carminibus.

      nec tamen illa suae reuocatur parcere famae,   (a)
10   turpior at saecli uiuere luxuria;

numeri elegiae xvii: 8·8; 8·8; 8·8; *siue accuratius,* 4̑·4, 4̑·4; 6̑·2, 6̑·2; 4̑·4, 4̑·4.

---

39. ç̃ (= *contra*) c^2: ẽẽ (= *esse*) c^1 | hoc c^2 | actoll. c^1c^4 ‖ **40.** tremis] cremus B: tenus R | amisse F_1 *primo* ‖ **41.** quid Vo. | palere c^3_1 | clores *in* cholores *corr.* c^2_1: collores Vo. ‖ **42.** in uitis c^2F: in uitiis c^1: inuictis R: imitis H | *ante* ducere *rasura in* N, *ubi* ducere *bis scriptum esse uidetur* ‖ **43.** ego *om.* c^1 | ñc *ex* nõ *corr.* F | moriturus $N_1Rc^4_1$ ‖ **44.** blandiciis AR: blanditiis c^2 [*ex* lacori…(*ut uid.*) *corr.*] ‖

xvii. *noua elegia in* Ω. *titulus* uerba ianuae conquerentis (*om.* F).

    1. trihumphis A ‖ **2.** tarpey(a)e FVo. | nata c^2 | pudicic. A: puditit. H: puditic. Vo. ‖ **3.** quouis c^1: quo uis c^2 | in aurati BH: maurati c^3_1 | celebrarunt c^4: celebrabant R | lumina AFc^2R: lanũa c^4_1 ‖ **4.** [humida Ω] | suplic. Vo.: simplic. c^4_1 ‖ **5.** nunc] huc ς c^4 | noturnis c^2: nocturnụ̀s R: nocturis c^4_1 | sautia FHVo.R | rixi c^2 ‖ **6.** pullata c^2 | indignis *om. post* manibus *add.* A | q̣uero c^3 | matribus B ‖ [*hic exstant in codd. uu.* 11, 12] ‖ **7.** possim AF_1 | in famis c^2: infammis Vo. ‖ **8.** nobis c^2c^3 | obsenis c^2c^3: obcenis B: obscoen. c^4 ‖ **9.** hec c^1 | ulla R | sua c^2 | reuocantur c^4_1 | fammae Vo.: forme c^1 ‖ **10.** turpior *codd.*: turpor c^1: purior *Fonteinius* | at *Herzbergius, q.u.*: et Ω | sedi Fc^3_1: seculi c^1c^2 | luxiria N ‖

et mihi non desunt turpes pendere corollae
　semper et exclusis signa iacere faces.
has inter grauibus cogor deflere querellis,
　supplicis a longis tristior excubiis;

15　ille meos numquam patitur requiescere postes,
　　arguta referens carmina blanditia.

'Ianua uel domina penitus crudelior ipsa,　　　　[B. (b)
　quid mihi tam duris clausa taces foribus?
cur numquam reserata meos admittis amores,
20　nescia furtiuas reddere mota preces?
nullane finis erit nostro concessa dolori,
　turpis et in tepido limine somnus erit?
me mediae noctis, me sidera prona iacentem,
　frigidaque Eoo me dolet aura gelu.

25　o utinam traiecta caua mea uocula rima　　　　(b)
　　percussas dominae uertat in auriculas!

11, 12 *huc traieci, in codd. post u.* 6 *exstant* ‖ **11.** pedere R | corol(a)e c²c³ ‖
12. exclusi c², *Lipsius* | signas c³₁ | tenere Vo.R ‖ **13.** has inter Ω (*h.e. inter corollas
et faces*) | deferre Vo. *primo* | grauius. . .querelas *Scaliger*: querellis Vo.: q̄relis c³:
querelis *codd.* ‖ **14.** suplicis c²: suppliciis c¹ | alongis Nc²: a longnis c¹: ah longas R: a
lungis c³ | tristis H₁ ‖ **15.** nōq̃ c³: nuquam N ‖ **16.** reffis c² | blandic. NAB: blancia p ‖
17. [poenitus H] | illa R ‖ **18.** tam BHVo.c¹c²c³c⁴: iam NAFR | taces] noces c²:
uoces c¹c³₁ ‖ **19.** quor c¹ | nōq̃ c³ | ãmictis c¹: admictis c⁴F | amoris BH₁ ‖ **20.** mora
c¹ ‖ **21.** nulla ne c³ | erat c¹ | nostro] nullo c¹ | labori R₁ ‖ **22.** turpis Ω | intepido
c⁴R | lumine R | solnus c¹: sonus c²c³: sompnus NAc⁴ ‖ **23.** medice AF₁ | noctis
Housmannus, coll. Ouid. Am. I, vi, 44: noctes Ω | sydera c³ | prona *Itali*: plena *codd.*:
[plana c⁴] ‖ **24.** eoe R₁ *primo* | dole c¹: dolat c⁴: uidet c² | geļlu Vo. ‖ [*hic exstant in
codd. uu.* 35, 36] ‖ **25.** cana R | uocabula c¹: iacula AF₁H₁ ‖ **26.** per cussas c²: per
cussus c¹ | uetat R ‖

sit silice et saxo patientior illa Sicano,
 sit licet et ferro durior et chalybe,
non tamen illa suos poterit conpescere ocellos,
30 surget et inuitis spiritus in lacrimis.
nunc iacet alterius felici nixa lacerto:
 at mea nocturno uerba cadunt Zephyro.

Sed tu sola, mei tu maxima causa doloris, [C. (a)
 uicta meis numquam, ianua, muneribus,
35 tu sola humanos numquam miserata dolores,
 respondes tacitis mutua cardinibus.
te non ulla meae laesit petulantia linguae;
 quae solet irato dicere tanta ioco,
ut me tam longa raucum patiare querella
40 sollicitas triuio peruigilare moras?

at tibi saepe nouo deduxi carmina uersu, (a)
 osculaque inpressis fixa dedi gradibus;

---

27. sic c^1 | silice et c^1: licet et *codd.* | sapientior c^2: pacient. R: patienter $c^3{}_1$ | siccano c^1: sycano ABH: sichano c^2 || **28.** chalybe N: calybe Vo.R: calibe AFBH$c^1c^2c^4$: clalibe c^3 || **29.** potuit A *primo* | cōpesc. c^3: 9pellere c^3: comp. *codd.* | honores c^1: occellos c^3 || **30.** inuictis R: in uitis c^3 | sp̄c N || **31.** Nuc B | altius Vo. | (foel. c^3) || **32.** et R | noturno c^2 | zephiro Ω || **33.** *distinxi* | *alterum* tu *om.* c^2 | causa maxima F || **34.** nōq̄ c^3 || **35, 36** *monentibus numeris huc traieci; in codd. post u. 24 exstant (uide homoearchon et homoeoteleuton et homoeomeson ob quae olim in ordine omissi erant)* || **35.** nōq̄ c^3 || **36.** respondens F_1B: respondeas Vo. | muta c^2: lictora c^1 | carminibus $c^1c^2c^3{}_1A_1$ *primo* || **37.** petulancia A: putul. p || **38.** irato Ω | tanta *ante me Hailerus*: tota *codd.*: uerba c^2c^4 *(pro u. l.)*: turba Ϛgd | loco Ω, *corr. Heinsius* || **39.** ot c^2 *(ut uid.)* | lunga c^3 | paciare A: piaciare Vo. | querela *codd.*: querella BHVo.: quęrella R: q̄rela c^3 *(ut passim)* || **40.** solic. BHVo. | triuo c^1: treuio c^2 | *signum interrogationis posui* || **42.** obsc. c^3 | impr. BHVo.Rc^3: imprexis c^2c^4 | fixa *Graeuius et Heinsius*: nixa Ω *(h. e.* uixa) ||

ante tuos quotiens uerti me, perfida, postes,
debitaque occultis uota tuli manibus!'
45   haec ille et siquae miseri nouistis amantes
et matutinis obstrepit alitibus.
sic ego nunc dominae uitiis et semper amantis
fletibus alterna differor inuidia.

xviii   [xvii]

Et merito, quoniam potui fugisse puellam,   [A. (a)
nunc ego desertas adloquor alcyonas,
nec mihi Cassiope saluo uisura carinam,
omniaque ingrato litore uota cadunt!

5   quin etiam absenti prosunt tibi, Cynthia, uenti;   (b)
aspice, quam saeuas increpat aura minas!
nullane placatae ueniet fortuna procellae?
haeccine parua meum funus harena teget?
tu tamen in melius saeuas conuerte querellas;
10   sat tibi sit poenae nox et iniqua uada.

numeri elegiae xviii: 4·6·4; 4·6·4.

------

43. quoc. A ‖ **44.** ocultis NFHR | tulli HVo.c³ ‖ **45.** nec c¹c⁴₁ | ille] uelle R | siq̃ c¹: sique c⁴: si g̅ c³ ‖ **46.** alic. c¹ ‖ **47.** nunc] et AF ‖ **48.** letibus c¹ | alterna *Marklandus*: (a)eterna *codd.*: ecterna F₁ | differor c⁴: diferor c²: dieferor c³: deferor *codd.*: deseror B ‖

xviii. *noua elegia in* Ω. *titulus* ad cynthiam.
1. At c³ (*errore rubricatoris*) ‖ **2.** adloquor c¹p: all. *cett.* | alcyonas NAp: alty· BHc³: aleynoas Vo.: alcinoas c¹R: altionas c²: haltyonas c⁴₁: alcinias F ‖ **3.** casiope NpAH₁Pc³R: casyope BH *corr.*: caliopę Vo.: caliope c¹F₁: calliope c²c⁴ | saluo *scripsi*: solito Ω: saluam *L. Muellerus*: sontem *Housmannus ad Manilium*, I, 344 | tusura R ‖ **4.** omnia que Ac³ | litt. ABHRc³: lict. c⁴ ‖ **5.** prosunt] post c⁴ *primo* | tibi *supra lin. add.* N ‖ **6.** sceuas H: senas c³ | increpet Vo. ‖ **7.** nulla ue H (ne c³)| placare c² | uenit c⁴₁: ueniat c² | puellę R ‖ **8.** Hec cine c²: Hoccine H | meum (*sic*) Vo. | funa BH₁ | harena c¹c³Vo.: hareā c²: arena *codd.* | tenet F *primo*: neget c²: tepet c⁴₁ ‖ **9.** tamen] tantum c² | suas R | querellas BHVo.R: querelas *codd.* (*in ras.* A) ‖ **10.** sit] sat R | nox et] et tibi R | uadat H₁ ‖

an poteris siccis mea fata reponere ocellis,   (a)
    ossaque nulla tuo nostra tenere sinu?
a, pereat quicumque rates et uela parauit
    primus, et inuito gurgite fecit iter!

15   Nonne fuit leuius dominae peruincere mores   [B. (a)
    (quamuis dura, tamen rara puella fuit),
quam sic ignotis circumdata litora siluis
    cernere et optatos quaerere Tyndaridas?

illic si qua meum sepelissent fata dolorem   (b)
20   ultimus et posito staret amore lapis,
illa meo caros donasset funere crines
    molliter et tenera poneret ossa rosa;
illa meum extremo clamasset puluere nomen,
    ut mihi non ullo pondere terra foret.

25   at uos, aequoreae formosa Doride natae,   (a)
    candida felici soluite uela choro;

---

11. poterit c^1 | mea fata siccis BH | facta R | repponere Vo. ‖ 12. nullo c^3_1 ‖
13. Ha AFVo.c^4: ah *cett.* | uates c^1 | uella BHVo.R: bella F ‖ 14. fecit iter] fc̄ē ires
(*sic*) c^2: f̄āc iter (*sic*) c^4 ‖ 15. Hon ne c^4 | melius c^2c^4 | amores R ‖ 16. rara] cara c^2:
rata Vo. | fuit] *om.* c^1 ‖ 17. circond. B: circumdare c^1 | lict. c^4: litt. c^3 ‖ 18. optatas
c^4Vo. | tind. c^1AF ‖ 19. sepell. c^1c^4Vo.: peperissent A_1 *primo*, F_1 | dolorēs c^2: dolores
R | [ille si quę meum fefelissent facta d. R] ‖ 20. ultius F_1 (*corr.* F_1 *marg.*) ‖ 21. mea
c^3_1 | domasset c^1 ‖ 22. mollr̄ F: milliter c^4 | ponderet c^1 (*ex* 24) ‖ 23. clamaset Vo. ‖
25. nos ęquoreos R | dorice c^2 ‖ 26. [foel. c^3] | uella Vo. | choro *codd.*: thoro c^1c^2R:
noto Vo. (*sc.* Cŏro *emendabat*) ‖

127

si quando uestras labens Amor attigit undas,
mansuetis socio parcite litoribus.

xix [xviii]

Haec certe deserta loca et taciturna querenti, [A. (a)
    et uacuum Zephyri possidet aura nemus;
hic licet occultos proferre inpune dolores,
    si modo sola queant saxa tenere fidem.

5   unde tuos primum repetam, mea Cynthia, fastus? (b)
    quod mihi das flendi, Cynthia, principium?

qui modo felices inter numerabar amantes, (a)
    nunc in amore tuo cogor habere notam.
quid tantum merui? quae te mihi carmina mutant?
10   an noua tristitiae causa puella tuae?

sic mihi te referas leuis, ut non altera nostro (b)
    limine formosos intulit ulla pedes.
quamuis multa tibi dolor hic meus aspera debet, (a)
    non ita saeua tamen uenerit ira mea,

numeri elegiae xix: 4·2, 4 (*3·1*), 2·4; 2·4, 4 (*1·3*), 4·2.

---

27. *om.* F_1 | uestra c^2: uestrasque libens R | actigit c^1 ‖ **28.** sotio FHc^2 | parcite]
-arci- *ex corr.* c^3_2 | thoribus F_1, *ex* choribus *corr.* ‖

xix. *noua elegia in* Ω. *titulus* ad cynthiam (cintiam c^3).

1. [q̄renti c^3] ‖ **2.** uaccum F | zephiri *codd.* | poxidet c^2 | arua BH_1 ‖ **3.** ocultos NR |
proferro c^1 | *imp.* ABHVo.c^3c^4 | duolores Vo. (*sic*) ‖ **4.** queunt BH | sexa c^2 | mouere
Vo. | [saxa queunt sola R] ‖ **5.** referam c^1 | me F_1 ‖ **6.** qud Vo. | mihi] mō R ‖
7. qui *ex* quid c^1 *corr.* | numerabar inter AFH: munerabar inter B: internumerabar
c^1P ‖ **8.** cogar v_1 ‖ **9.** merui] nerui $c^2c^3_1$ | quam te AF_1: qui te c^4_1 | crimina *Itali*:
carmine c^1 ‖ **10.** at R | tristie c^1: tristiciẹ H | puelle $Fc^1c^3_1$ *primo*: puellẹa Vo.:
puellae p_1 ‖ **11.** ut] et R: aut c^4 ‖ **12.** lumine R | firmosos Vo. | intullit BHVo.R |
illa N_1H_1 ‖ **13.** dolus c^3 | hic *om.* Rp_1 | debet] dȝ c^2: debes R ‖ **14.** sceua Vo. ‖

15   ut tibi sim merito semper furor et tua flendo
            lumina deiectis turpia sint lacrimis.

         An quia parua damus mutato signa calore,   [B. (b)
            et non ulla meo clamat in ore fides?
         uos eritis testes, siquos habet arbor amores,   (a)
20   fagus et Arcadio pinus amica deo,
         a, quotiens teneras resonant mea uerba sub umbras,
            scribitur et uestris 'Cynthia' corticibus!

         an tua quod peperit nobis iniuria curas?   (a)
            quae solum tacitis cognita sunt foribus;
25   omnia consueui timidus perferre superbae
            iussa, neque arguto facta dolore queri.

         pro quo dumeti fontes et frigida rupes   (a)
            et datur inculto tramite dura quies,
         et quodcumque meae possunt narrare querellae
30   cogor ad argutas dicere solus aues.

---

15. sum R ‖ **16.** deiectis pc^{1}c^{2}c^{3}c^4: delectis NBHR: dilectis AFVo.: delictis μv_1 |
sin F$_1$: sunt R ‖ **17.** qua c^3 | mut $\overset{\text{ta}}{\wedge}$ o Vo. | lingua F$_1$ | calore c^{1}c^{2}c^3$_1$, A$_1$ *primo*, P:
colore *cett.* (c^3 *primo, ut uid.*) ‖ **18.** nulla NBHVo.R: illa P ‖ **19.** arbor Nμvpc^{1}c^4:
ardor *cett.*: [ardor habet R] ‖ **20.** archad. NFVo.Rc^3: argad. ABH$_1$ | amica NAFRc^4:
amata BVo.c^{1}c^{2}c^3: amat H$_1$ ‖ **21.** ha AFVo.: ah *cett.* | teneras *codd.* (*quod pro*
'*molles*' *ut frondium tenerarum posuit*): uestras *Schraderus*: tenerans c^3 | me AF ‖
22. uestris NCVo.R: nostris AFBH: teneris *Schraderus, satis eleganti permutatione* ‖
23. an tua quod Ω: a, tua quot *Itali* | nostris c^{1}c^3$_1$c^4: uestris c^2 | in iuria c^3 | curis
c^{1}c^{2}c^3$_1$ ‖ **24.** Q^{w} c^1 | floribus c^4$_1$ ‖ **25.** timidis c^{2}R ‖ **26.** Iusa F$_1$ *corr.*: Issa H$_1$ *corr.*:
iubsa c^2: illa R | m$\underset{.}{e}$q; R | fassa F$_1$ | graui c^{1}c^3: grauis c^2 ‖ **27.** dumeti *Housmannus*:
diuini Ω (*cf.* quiu$\underset{..}{i}$s =q, erines, *Ell. Lib.* I, ii, 22): dumosi *Heinsius*: mi nudi, *Post-*
gatius post Marklandum aliosque | fontes Ω: sentes *Housmannus*: montes *Heinsius*,
alii: dumeti fontes *ut* flumina siluae (xxi. 7) | frigide c^2 | turpes R ‖ **28.** in culto
Bc^3 | trammite Vo. ‖ **29.** possum R: possuna N$_1$ *primo* [*i.e. possunarrare*] | querell.
BVo.: querel. *codd.*: dolores R$_1$ ‖ **30.** ducere c^{2}c^3 ‖

> sed qualiscumque es, resonent mihi 'Cynthia' siluae,   (b)
> nec deserta tuo nomine saxa uacent.

XX   [xix]

> Non ego nunc tristes uereor, mea Cynthia, Manes,   [A. (a)
> nec moror extremo debita fata rogo,
> sed ne forte tuo careat mihi funus amore,
> hic timor est ipsis durior exsequiis.

5
> non adeo leuiter noster puer haesit ocellis,   (b)
> ut meus oblito puluis amore uacet.

> illic Phylacides iucundae coniugis heros   (a)
> non potuit caecis immemor esse locis,
> sed cupidus falsis attingere gaudia palmis

10
> Thessalis antiquam uenerat umbra domum.
> illic, quicquid ero, semper tua dicar imago;   (b)
> traicit et fati litora magnus amor.

> Illic formosae ueniat chorus heroinae,   [B. (b)
> quas dedit Argiuis Dardana praeda uiris.

numeri elegiae xx: 4·2, 4·2; | 2·4, 2·4; | 2.

---

31. resonent Nc²c³R: resonet Vo.: resonant AF₁BHc¹c⁴ | tibi F₁*v* (*in marg.*), c⁴₁ ‖
32. iacent N₁c¹ (*fortasse* c³ *primo*): nocent R ‖

xx. *noua elegia in* Ω. *titulus* ad cynthiam (cintiam c³).

1. non tristos N₁: tristis Vo. *primo* | uerō H | cinthya Vo. ‖ **2.** extrema R | facta
R₁ ‖ **3.** tuę R | mihi careat F₁ : careat *om.* R | fumus BH₁ | honore c¹ ‖ **4.** exeq. *codd.*:
obsequiis F₁ ‖ **5.** leniter R | noster *codd.* (= n̄r̄): nunc c¹c³₁ (= n̄c̄): nunc ah c²:
nostris *Itali* | exit R | occellis H₁ ‖ **6.** mens F₁ *primo* | iacet R ‖ **7.** phil. Ω | ioc.
codd.: iuconde H | coniūgis F₁ ‖ **8, 9, 10, 11** *om.* F *sine signo: uide homoearchon*
illic, **7** *et* **11** ‖ **8.** imm. Ω ‖ **9.** se R | fallis c² ‖ **10.** thessalis Vo.: thelalis c¹:
thessalus NµvBH: tesalus c²R: tessalus A: thesalus c³c⁴₁ (*in* -lys *corr.* c⁴₂) | uerberat
Vo. ‖ **11.** quicquid *codd.*: quiquid A | dicat c¹ | ymago ABHc¹c² ‖ **12.** traiicit R:
trahicit c⁴ | lict. c⁴: litt. c³ ‖ **13, 14** *om.* g *in ordine* ‖ **13.** illinc R | formos(a)e Ω:
formosus *Housmannus, fortasse recte* | [ueniat Vo.dg *corr.*]: ueniant *codd.*| corus F |
heroni(a)e *v*₁Rc¹ | *cf. Ell. Lib.* III, iii, 7: Seres et Ausoniis ueniet prouincia uirgis ‖
14. qua c¹ | preda c³ ‖

15   quarum nulla tua fuerit mihi, Cynthia, forma   (a)
         gratior, et (Tellus hoc, ita iusta, sinat),
         quamuis te longae remorentur fata senectae,
         cara tamen lacrimis ossa futura meis.

         quae tu uiua, mea possim sentire fauilla!   (b)
20   tum mihi non ullo mors sit amara loco.

         quam uereor ne te contempto, Cynthia, busto,   (a)
         abstrahat, a, nostro puluere iniquus amor,
         cogat et inuitam lacrimas siccare cadentes!
         flectitur adsiduis certa puella minis.

25   Quare, dum licet, inter nos laetemur amantes: (b)
         non satis est ullo tempore longus amor.

                    xxi   [xx]

H oc pro continuo te, Galle, monemus amore   [A. (a)
         (id tibi ne uacuo defluat ex animo):
         saepe inprudenti fortuna occurrit amanti.
         crudelis Minyis dixerit Ascanius.

numeri elegiae xxi: 6, 8, 4: $\overset{\frown}{6\cdot2}$: $\overset{\frown}{6\cdot2}$: 6, 4, 8.

15, 16, 17 *om.* F$_1$ *sine signo* ‖ **15.** harum *Heinsius* | mẹa tua Vo. | fuerat Rc^2 |
formai B$_1$: formẹ R$_1$ ‖ **16.** grac. A | hec R | sonat H | *distinxit Leo* ‖ **17.** longe te
Nμ*u*A: te lungẹ c^3 | facta HR | sẹinectẹ Vo. ‖ **18.** rara c^1 | futtura c^3$_1$ ‖ [*post u.* 18
unum folium scriptura uacat in c^4] ‖ **19.** tua uitia R | *distinxi post* uiua | meo c^1 |
possis Ω; *post Caruttium aliosque correxi, conl. Ell. Lib.* II, iii, 42; IV, xii, 78, haec
cura et cineri spirat inusta meo; *Ouid. Trist.* III, iii, 84, sentiet officium maesta
fauilla pium; *Lucan.* VII, 471 | fauila R ‖ **20.** tu N$_1$R | auara B ‖ **21.** contemplo c^1:
contempta c^2: contenta F$_1$ | ṣcynthia A ‖ **22.** abstrahat μBHVo.c^{1}c^{3}c^4: abtrahat *u*c^2:
abstraat N: abstrat A : abstrate nostro F$_1$: attrahat R | a *Itali* c^4: e *codd.*: est c^3$_1$:
eñro c^2: *distinxi ut* a *pro exclamatione intelligatur* (e *ex* œ, *ex* á; *cf.* Ae veii ueteres,
Ell. Lib. IV, xi, 27, *al.*) | iniqus c^{2}R ‖ **23.** inuitas F$_1$Vo. | lacrimis B | madentes
c^2 *primo* ‖ **24.** ass. Ω | nimis c^3$_1$ *primo* ‖ **25.** dum] non Vo. (*in marg.* V$_1$ *corr.*) | uos
Vo. | letentur R ‖ **26.** lungus c^3 ‖

xxi. *noua elegia in* Ω. *titulus ad gallum.*

1. hoc] hec c^{4}ϛ: nec AF | mouemus R ‖ **2.** te R | profluat c^1 ‖ **3.** in prud. c^2:
impr. ABHVo.c^3 | occurrit μ*u*HRC: ocurrit N: occuit Vo.: decurrit B: currit AF$_1$ ‖
4. minuis c^2: *uel hoc uel* minius c^{1}c^3$_1$A: minius μ*u*plH *corr.* Vo.: minus BH$_1$: miniis
Ng$_1$d: nimius F$_1$R, c^3$_2$ *corr.*: myrsius c^4 | dixerit NBHRgd: dixerat μ*u*plAc^{2}c^{3}c^{4}Vo., F$_1$
ex dixrat *corr.*: duxerat c^1 | aschan. c^{2}c^3 ‖

5   est tibi non infra speciem, non nomine dispar,
         Theiodamanteo proximus ardor Hylae.

         huic tu, siue leges Vmbrae ⟨rate⟩ flumina siluae,   (b)
         siue Aniena tuos tinxerit unda pedes,
         siue Gigantea spatiabere litoris ora,
10   siue ubicumque uago fluminis hospitio,
         Nympharum semper cupidas defende rapinas
         (non minor Ausoniis est amor Hydriasin),
         ne tibi sit, durum, montes et frigida saxa,
         Galle, neque expertos semper adire lacus.

15   quae miser ignotis error perpessus in oris   (c)
         Herculis, indomito fleuerat Ascanio;
         his, o Galle, tuos monitus seruabis amores,
         formosum Nymphis credere uisus Hylan.

         Namque ferunt olim Pagasae naualibus Argon   [B. (a)
20   egressum longe Phasidos isse uiam,

5. infra] i c² | specimen R (spém NFc²) ‖ 6. theiodamanteo *scripsit Butlerus*:
[thio- *uel* thyo- *Itali*]: theodamantheo c³₁: thyodamanteo c⁴₁ (tero- *pro u. l.*): te
rodomantheo c¹g: therodamantheo N (od *suppugil.*) p: therodomantheo c²: therodamantheo BHVo.: thedrodamantheo l₁: teredomantheo R: thedoramanteo A:
tedoram antheo F₁ | proximas H₁ | hyl(a)e c¹c⁴RVo.: hylle *ex* ille *corr.* H: hil(a)e
Nc²c³B: yle A: ile F ‖ 7. hunc *codd., corr. Auratus*: nunc c¹c², c³ *corr.*, c⁴₁Vo. | tu] ni R |
sine *μυ*₁ | umbros(a)e *codd.*: [umbrosa c²]: Vmbrae *Hoefftius qui* ⟨sacra⟩ *suppleuit* |
⟨rate⟩ *suppleui, post* -rae *deperditum, coll. Plinio* (*Epist.* viii, 8, §§ 2–4); *cf. Tibull.* I,
iv, 46: '*inter remigandum aut lauandum aut spatiandum in litore uel in ripa...*' ‖
8. aniena Npc¹c³: amena *μυ*AF₁BVo.c²c⁴: amoena HR | cinxerit Vo.: traxerit FR ‖
9. gigh. c²: giganth. FBH | spac. pHVo.Rc⁴: spet. c¹, F₁ *primo* | lict. c¹c⁴: littoras
B₁ *primo* | hora A₁Vo.₁c¹c² ‖ 10. ubicunque c³ | uagi Vo. | hospic. c³R ‖ 11. nimph.
c³ | cupidas semper Vo.c¹ | semper (*bis*) Vo. ‖ 12. Nec c²BH | ausoniis] *in spatio
breuiore postea addidisse uid.* N: ausonias *Perreius* | est amor Hydriasin *Lachmannus*
(*quocum confer Platona, Anth. Pal.* ix, 823, 6: Ὑδριάδες Νύμφαι, Νύμφαι Ἀμα-
δρυάδες): est amor adriacis *codd.* (hadriacis c⁴): est amadriacis c³₁: est amaradricis c¹:
est amaradriacis c² (*ex* amaredriacis *corr.*): Adryasin, *Struuius*: est (= *edit*) amor
Adriadas *Perreius* (Hydriadas *Postgatius*) ‖ 13. nec c²R | sit durum *μυ*c⁴₁, *Francius*:
sint duri NAFBHc²c³Vo.: sint (*om.* duri) c¹: sim duri R | frigida] tribida F *primo*:
turbida ABH (*unde* torrida *Gronouius*, tabida *Lipsius*) ‖ 14. nec BH | expertos Ω:
experto *Liuineius* ‖ 15. error Ω | horis AFBH₁c¹c² ‖ 16. *distinxi ut* '*Hercules fleuerat*'
intelligatur; cf. Horat. C. IV, viii, 22–24 (Romuli) | in domito BVo.c³ | fleuarat c⁴ |
asonio F₁ ‖ 17, 18 *huc monentibus numeris traieci; in codd. post u.* 52 *exstant* (*i.e. in
ima uncialis pagina restituti*). *uide homoeoteleuton in* oris, amores, *et confer* xvii, 33,
35. [*de hoc loco disserui in praefat. pp.* 31, 32] ‖ 17. hiis c¹c² | gale R | tuis c¹ | monitis
c¹c²c⁴Vo.R ‖ 18. formosis R | nimphis c³ | uisus Ω: iussus *υ ex corr.*, ς, *Politianus*:
rursus *pro u. l. habent libri aliquot recentissimi, ut uidetur, ex Politiani citatione* (*Val.
Flacc.* III, 596, 597: rursus Hylan et rursus Hylan per longa reclamat/auia; responsant
siluae et uaga certat imago) | hy(i)lam *codd.*: ylam A: ilam F ‖ 19. nanque fertur
olim *μυ*: nanque olim ferunt B³: n. olim fuerunt H: [feñ. c²] | pagasse F (*suppuncta*

132

et iam praeteritis labentem Athamantidos undis
   Mysorum scopulis adplicuisse ratem.
hic manus heroum, placidis ut constitit oris,
   mollia conposita litora fronde tegit.
25   at comes inuicti iuuenis processerat ultra   (d)
   raram sepositi quaerere fontis aquam.

hunc duo sectati fratres, Aquilonia proles,   .   (a)
   hunc super et Zetes, hunc super et Calais,
oscula suspensis instabant carpere plantis,
30   oscula et alterna ferre supina fuga:
ille sub extrema pendens secluditur ala,
   et uolucres ramo submouet insidias.
iam Pandioniae cessit genus Orithyiae;   (d)
   a dolor, ibat Hylas, ibat Hamadryasin.

35   Hic erat Arganthi Pege sub uertice montis,   [C. (a)
   grata domus Nymphis umida Thyniasin:

---

altera s), c⁴: pegas(a)e NpABHVo.: pegasee c¹c²: pegaseę c³R: pesage l₁ | nauanibus
c²: nauibus R | argon Ω (*h.e. nautam non nauem; cf. u.* 22) || 20. egressum c³ *Heinsius*
Ellisius: egressam *codd.*; *cf. Ell. Lib.* I, i, 20 | longo N₁: lunge c³ | fasidos c¹c³: fassidos
F: phassidos H | esse B: ipse μ₁v₁c¹ ||

21. pretentis l₁ | lamb. Vo.: labente p: labenter R: (b *ex corr.* c³) | athamandidos H:
atamant c¹: athamantibus c⁴₁ || 22. missorum F (mis. N): misierum c²: misenum c¹:
miserum c³₁ | scapulis Vo. | adpl. Npl: appl. *cett.* || 23. hæroum B (*fortasse ex hor-*
corr.): hominum AF₁ | placidit v₁: placitis *Heinsius* | horis *codd. plerique* (*non* c³) ||
24. molia Vo. | lict. c⁴: litt. c³: littore B | regit ABH: teget Vo. || 25. inmitti BH:
ut Iuicti c⁴ (ut *deleto*) | iuenis R: iuuenes c³₁ | precesserat c²c⁴: processera R ||
26. raram Ω | se positi *codd. plerique* (*non* c³) | frontis NH₁ || 27. nunc c²R | septati
μ₁v₁ || 28. nunc R | super] s'r c² | zethes c³: zethres BH₁: zetus Nc¹R: zethus μvpA:
retus c²: zetis c⁴₁ (zetus c⁴₁ *marg.*): rethes Vo.: zecus F | calois c¹: caleis c³c⁴:
chalais R: calahis A || 29. [obsc. c²c³] | carpaere (*ex corpore corr.*) N₁ | plantis *Itali*:
palmis Ω: pelnis c²₁: plumis *Liuineius* || 30. [obsc. c³] | suppina c¹c³HR: suspina F:
supprema B || 31. illa BH | secluditur NAFBR, c³₂ *corr.*: se cluditur HVo.: sub-
cluditur c¹c²c³₁: subclucitur c⁴₁ | ali AF₁ || 32. uolucris c¹: uolucre R | rammo Vo.:
armo *Housmannus* | submoue c¹: sumouet v₁c³: summ. μpAFBHVo.c⁴ || 33. pan-
diome c³₁: pandiomee c²: pandione c¹: paud. B | cesset *codd.*: *corr.* ϛ: cessat Rϛ|
orithy(a)e μvpc³c⁴: orithi(a)e Nc²R: oriothie ABH: orionthie F: orinthie Vo.:
orthigie c¹ || 34. A N: ha AFBH: ah *cett.*| hilas NBHc¹: ilas Fc⁴: hillas c³: illas Vo.
primo: ylas A: hyllas c³ | ibat Hamadryasin *Itali* (*cf. ad u.* 12): ibat amadrias hinc
codd.: amandrias Vo.: amadryas c⁴: hinc ibat amadrias c¹c²: [ibat·am. hinc (*sic*) c³] ||
35. arganthi R: arganthiphege N: argantḥýphege p: argantḥýphebe μ₁v: arganty A:
argauty B: arganti FHVo., c³₂ *corr.*: argenti c¹c²c³₁c⁴ | pege *Turnebus*: phege
ABHVo.c³c⁴: fege F: fige c²: phleg(a)e c¹: plege R | subuertice c¹: subuertite N ||
36. nymphas R: nimphis c³ | hum. Ω | thyniasin μv: thinyasin c³: thiniasin(m)
NABH, c⁴ *corr.*: tiniasim Fc¹: thinasim c²: timasim Vo.R: thimasm c⁴₁ (*ut uid.*) ||

quam supra nullae pendebant debita curae
roscida desertis poma sub arboribus,
et circum inriguo surgebant lilia prato
40   candida purpureis mixta papaueribus.

quae modo decerpens tenero pueriliter ungui   (c)
proposito florem praetulit officio,
et modo formosis incumbens nescius undis
errorem blandis tardat imaginibus.

45   tandem haurire parat demissis flumina palmis   (b)
innixus dextro plena trahens umero:
cuius ut accensae Dryades candore puellae
miratae solitos destituere choros,
prolapsum leuiter facili traxere liquore.
50   tum sonitum rapto corpore fecit Hylas;
cui procul Alcides iterat responsa: sed illi
nomen ab extremis fontibus aura refert.

---

37. super c^1: su$\bar{p}$ c^3 | mille NFc^{1}c^{2}R | pendebat FVo.: reddebant c^2 | turę c^4_1 ||
38. rosida Vo.c^{1}c^{2}c^{3}gd$_2$: roscola R || **39.** irrig. Ω | lylia BH: ilia AF || **40.** purpuris
c^4_1: purpureas F | mista c^{2}c^3 | pauperibus c^1 || **41.** descerpens AF$_1$: de certis R |
puerilliter Vo. | umgui c^1: ungu$\text{i}$ A (*sic*) || **42.** prepos. c^1 | pertulit p | offitio NFBpc^1 ||
44. et r̥ororem R | ymag. c^{2}BH: unguinibus μv_1: imaginbus Vo. || **45.** aurire c^{1}c^2 |
flumine AF || **46.** inixus R | phena c^2 | hum. Ω || **47.** quo uis c^{1}c^{2}Vo. (= quoius ⟨s⟩) |
ut] in F | accesse c^{1}c^{2}c^3 | driades *codd.* (*cf. Anth. Pal.* IX, 823, 1, *et supra uu.* 12 *et* 34):
(dryades Vo.: dyades c^4_1): Hydriades *Ungerus* (*at huiusmodi caesuram nusquam in hoc*
libro inuenias) || **48.** mirare c$^4_1$ | deseruere R | coros F || **49.** prolaxum c^{2}c^4: prelaxum
c^1 | leniter c^{1}R || **50.** solitus R | lapso c^2 || **51.** qui c^2: quoi c^1 | responsa] r̃n̄sa c^2
(= r̃n̄s̄a) || **52.** e̥ixtremis Vo. | reffert Vo. || *iteratum nomen Hylae,* 'Hyla, Hyla'
(*Verg. Buc.* vi, 44), *ad Herculem per echo refertur; cf. ad u.* 18 ||

xxii   [= II, xxxiv, 67–94]

Tu canis umbrosi subter pineta Galaesi   [A. (a)
  Thyrsin et adtritis Daphnin harundinibus,
  utque decem possint corrumpere mala puellas
  missus et inpressis haedus ab uberibus.
5   felix, qui uiles pomis mercaris amores!   (b)
  huic licet ingratae Tityrus ipse canat.
  felix intactum Corydon qui temptat Alexin
  agricolae domini carpere delicias!
  quamuis ille sua lassus requiescat auena,
10   laudatur facilis inter Hamadryadas.

  tu canis Ascraei ueteris praecepta poetae,   (a)
  quo seges in campo, quo uiret uua iugo;
  tale facis carmen docta testudine, quale
  Cynthius inpositis temperat articulis.

15   Non tamen haec ulli uenient ingrata legenti,   [B. (a)
  siue in amore rudis siue peritus erit;

numeri elegiae xxii: 10 (*4*, *6*), 4; 4, 10 (*6*, *4*); *respondent numeris poematum Bucolicorum et Georgicorum Vergilii.*

---

xxii. **1–28.** *elegiam numerorum rationem propriam habentem huc traieci. In codd. hi* 28 *uersus post* [II, xxxiv, 66 =] *Ell. Lib.* III, i, 6 *exstant; quos ibi cum praecedentibus non cohaerere primus docuit Lachmannus. Ell. Lib.* III, i, 6 *in ima uncialis stetit pagina; ibi inseruit redactor priores Vergilii laudes, quas cum ille nondum Aeneida elaborasset, fortasse ne Georgicorum quidem libros* III *et* IV *publici iuris fecisset, 'Cynthiae' subiunxerat noster. uide praefat. p.* 37.
  1. umbrosis N | spineta $c^1c^2c^3{}_1c^5$ (t *ex* s *in* c^1 *corr.*) || **2.** thirsin L: tyrsin Nc^4Vo.: tirsin c^1H: tyrsim R: tirsim FBc^2c^3 | adtr. NFLp: ad tritis BH: attr. $Vo.c^3c^4$: actr. R: actrictis c^1: atritis c^2 | dapnin F: dapnim c^1: dampnî c^2: daphnim c^3: daphinn p_1: dalphuin L_1 | har. NB, H *corr.*, $Vo.Rc^4$: ar. *codd.*: harunin. H_1 *primo* ||
3. docem R | corrupere c^3B || **4.** missis c^2: ausus R | inp̄sis N: impraessis H: impr. c^2c^3BLVo.R | h(a)edus *codd.*: (a)edus c^1Vo.: equs c^2 || **5.** [foel. c^3] | mertaris c^2 ||
6. hinc FLR | tityrus c^1: tytirus BHL: tititus $NVo.Rc^3$: tititus F_1: titulus c^2 | ipse $c^1c^2c^4$ *Itali* (*e.g.* H_2): ipsa *cett.* || **7.** [foel. c^3] | in tactum FB: intanctum c^4 [corydon c^4]: coridon *codd.*: coriolon c^3 | temptat Lc^1: tentat *codd.*: t̅ (*sic*) c^2 | alexin NBHL: alexim *cett.* || **8.** domui BH_1: [*om. Corsinianus*] | delit. $FHLVo.c^1c^2c^3$ ||
9. arena F_1: harena $c_1{}^2$ || **10.** amadriadas *codd.*: amadridas H: amadry. Vo. || **11.** astrei c^2c^4: asserei F_1: asscrei L | uiret H | una $c^1c^2c^3$: herba Vo. | uigo c^3 || *in anno* 728/26 *nihil dicit noster de Georgicorum libris* III, IV. *quarti sane editio altera nondum promulgata erat: Gallus 'modo mortuus' est* (*uu.* 25, 26). *solumne anno* 729/25 *edidit Vergilius* III *cum prooemio nouo,* IV *cum fine mutato?* || **13.** tale crimen facis c^2: carnem c^3 | testitudine N | testudine: quale (*sic*) $NpVo.c^3{}_1\digamma$ ||
14. [cinth. *plerique*] | imp. c^2c^3BHL | teperat N || **15.** tamen] *om.* BH_1 | haec] *de suo opere loquitur poeta, h.e. de elegia amatoria; cf. uu.* 19, 21, 23, *et Verg. Buc.* vi, 9, 10: siquis tamen haec quoque, siquis/captus amore leget | illi BH_1 | nigrata c^1 | iuuenti N_1 *primo* || **16.** periturus N: paruus Vo.: pitus L_1 ||

135

nec minor hic animis aut sim minus ore canorus:
   anseris indocto carmine cessit olor.

haec quoque perfecto ludebat Iasone Varro,   (b)
20   Varro Leucadiae maxima flamma suae;
haec quoque lasciui cantarunt scripta Catulli,
   Lesbia quis ipsa notior est Helena;
haec etiam docti confessa est pagina Calui,
   cum caneret miserae funera Quintiliae.
25   et modo formosa quam multa Lycoride Gallus   (a)
   mortuus inferna uulnera lauit aqua!
Cynthia quin etiam uersu laudata Properti,
   hos inter si me ponere Fama uolet.

xxiii   [xxi]

'Tu qui consortem properas euadere casum,
   miles, ab Etruscis saucius aggeribus,
quid nostro gemitu turgentia lumina torques?
   pars ego sum uestrae proxima militiae.

---

17. hic *Lachmannus (ed. Berolin.)*: his *codd.*: hiis Fc² | animi FL | si R: ut sit *Housmannus*: *post* sim *cett. omittit* N; *cf. Ell. Lib.* IV, iv, 7 | minus c¹c², *ex antiqua, ut puto, correctione codicis* C: minõs c³₁ (s *fortasse postea addita*), *i.e.* minores: minor *codd.* | *post* minor *alii, post* ore *alii distinguunt* | *Catalepton* xiv a: uate Syracosio qui dulcior, Hesiodoque/maior, Homereo *non minor ore* fuit,/illius *haec quoque* sunt diuini elementa poetae. *at* ' *minor* ore *canorus' uel nimis canorum sonat. minor ore certe elegiacus est illo qui hexametro utitur, sed animis et canoro uersu se certaturum sperat neque tam argutum olorem strepitu suo repulsurum. Paneg. Messall.* xvi, 24–27: hic quoque sit gratus paruus labor . . . at quodcumque meae poterunt audere Camenae,/seu tibi par poterunt seu, quod spes abnuit, ultra/siue minus (certe- que canent minus), omne uouemus/hoc tibi || **18.** auseris N: ausero (*in* -is *corr.*) F | in docto B: intacto c² | cessat c¹c² | holor c⁴ || **19, 20** *om.* c⁴ || **19.** nec c² | laudabat Vo. | yasone c¹ || **20.** leuchadię R: lauchadię Vo.: locadie N: laocadi(a)e BHLc²: laoch. pc³: laochodie F: loachadie c¹ | fama c² *Marklandus* || **21.** nec c²c⁴ | cantat⁹ c² : cant⁷ c¹ | catuli FB || **22.** quin Vo. | hell. BH: el. F || **23.** Hoc B₁ | confecta ē c¹c² || **24.** quom c¹ | misera Vo. | quintillę H || **25.** quam] qui *Itali* | [lycoride c⁴] : liquoride *codd.*: licoride Vo. : liequericta R | formosa Lycoride Gallus, *ut* prole mea Paullum, *Ell. Lib.* IV, xii, 100, *ablat. descript. sine pronomine aut adiectiuo:* 'Gallus, ⟨ille⟩ Lycoride formosa' || **26, 27** *inter se locum mutauere in* c² || **27.** uers. laud. Prop.] *om.* R: laudati c³ *primo* | propercii c⁴ || **28.** sime B₁: sinee R₁ | phama Vo. ||

xxiii. *noua elegia in* Nv (A *marg.*), *in cett. cum* xxi *sine signo cohaeret. titulus in* v, ad militem.

1. cunsortem H | taxum R || **2.** hetr. c⁴ | sautius c⁹R: saucius sautius Vo. | ageribus Vo. : aggen., *in* agger. *corr.* c⁴₂ || **3.** qui BH₁ | torgentia c³₁: [turgencia c⁴] | luminas c³ | torg̅s c³: torquens Vo. || **4.** par Vo. | nostrae RVo. (*ex* rostro *corr.*) | letitie B: milicie A ||

5   sic te seruato ut possint gaudere parentes;
     mi soror acta tuis sentiat e lacrimis,
     Gallum per medios ereptum Caesaris enses
     effugere ignotas non potuisse manus,
     et quaecumque super dispersa inuenerit ossa
10   montibus Etruscis, haec sciat esse mea.'

                         xxiv   [xxii]

     Qualis et unde genus, qui sint mihi, Tulle, Penates,   [A. (a)
     quaeris pro nostra semper amicitia.

     si Perusina tibi patriae sunt nota sepulchra,   (b)
     Italiae duris funera temporibus,
5   cum Romana suos egit discordia ciues,
     (sic mihi praecipue, puluis Etrusca, dolor,
     tu proiecta mei perpessa es membra propinqui,
     tu nullo miseri contegis ossa solo),
     proxima subposito contingens Vmbria campo
10   me genuit terris fertilis uberibus.

numeri elegiae xxiv: 2, 8 (*6; 2, 8*) 6: *uel*, 2, 8 (*6; 6, 4 +*) 4, 2.

---

5. ut] *deleuit Passeratius* | pareñtes gaüdere H ‖ **6.** mi *ego*: ne *codd*: nec c⁴R: ut *Postgatius* (*ex u.* 5), *tum* sentiet | apta R | ruis AF₁ ‖ **7.** erreptum c³: erectum c¹ | ‚pcesaris F₁ ‖ **8.** efugere c²: effugure p ‖ **9.** quicunque Vo.c⁴₂ H₂ *corr*.: quacunque c³₁ (*ut uid.*) | disparsa c⁴ ‖ **10.** mentibus c² | [hetr. c⁴] | haec] *docet Callimachus Epigr.* xiv, 4, '*haec*' *uelle* '*quae hic uides*' | sciet B ‖

xxiv. *noua elegia in codd.* (*non in* N); *R nullo interstitio elegiam tamen distinguit. titulus ad* Tullum *in* AFBHc³.
1. poenates HVo.: nepotes R ‖ **3.** penisina c⁴₁ | sint c² | noșta Vo. | sepulcra NFc¹c²Vo.R ‖ **5.** quom c¹ ‖ **6.** sic BH₁ʃ: sit *codd.*| tibi R | praecipuae N ‖ **7.** tu] et AF₁Vo. | propessa BH: perpexa c² | es] est Rc³₁: *om.* c² ‖ *in* Vo. *ordinantur uersus* 8, 7, 9 [Ṭu ṇụl Proxima], *signis tunc adpos.* ‖ **8.** contigis B | dolo c²: solo (*altera* o *in ras.*) c³ ‖ **9.** subp. NA: supp. *cett.*| contigens c¹Vo. | umbra c¹R ‖ **10.** ferulis AF₁ ‖ *post u.* 10 *deesse finem elegiae iam statuerant Heinsius aliique: pagina quaternionis ultima aut casu omissa aut oblitterata est. uide praefat. pp.* 36, 37 ‖

[*desunt elegiae* xxiv *uu.* 11–26]

explicit quaternio tertius

27–32 *huc traieci.* iam 31, 32 *post* 10 *reuocare uoluit Housmannus* : *in codd. post*
Ell. Lib. IV, ii, 44 *exstant* [= IV, i, 60], *in aliam uitae narrationem a redactore semoti.*
uide praefat. pp. 25, 36 || **27.** Ennius F: Eminus R | irs. FVo.: hyrs. c² | gingat N:
euigat B: cingit c² | corona, a *ex corr.* c³₁ || **28.** ex] et c¹ | edera c¹c²c⁴Vo. | bacce F:
bache Npc³: phoeᶜbe R || **29.** umbra R || **30.** challi. H: cali. Rc²c³: chali. c¹: colli.
Vo. || **31, 32** *pro interpolatis (in* IV, ii) *primus habuit Luetiohannus* || **31.** qui Asis]
asis μυ, F *man.* 2 *in marg.*, ϛ; *ego*: quasuis FL, P₁ (*ut uid.*): asuis *Laur.* 33, 14: asis
si quis l₁c²ϛ: si quis BHVo.Rc¹c³c⁴P₂ (si q- *in ras. aliquot litterarum*): alusi quis p₁,
corr. älis ¨qui [= *qui alis*]: quisquis N (*sed in spatium longius postea additum*), ϛ:
qui *ante* Asis *Butlerus* (*cf.* p₂) | cernet F *Laur.* 33, 14: cernit *codd.*: cernis R: canit
c² | ares c⁴ || **32.** mures c² | (a)estimet NμυplVo.R: extimet *cett.*

incipit quaternio quartus

[27]   Ennius hirsuta cingat sua dicta corona;   [= iv, i, 61–66]
    mi folia ex hedera porrige, Bacche, tua,
    ut nostris tumefacta superbiat Vmbria libris,
30   Vmbria Romani patria Callimachi.
    scandentes qui Asis cernet de uallibus arces,
    ingenio muros aestimet ille meo.

explicit 'Cynthia,'

ELEGIARVM LIBER PRIMVS

incipit

i   [ii. i]

Quaeritis, unde mihi totiens scribantur amores,   [A. (a)
unde meus ueniat mollis in ora liber.
non haec Calliope, non haec mihi cantat Apollo:
ingenium nobis ipsa puella facit.

5   siue illam Cois fulgentem incedere uidi,   (b)
    hac totum e Coa ueste uolumen erit;
seu uidi ad frontem sparsos errare capillos,
    gaudet laudatis ire superba comis;
siue lyrae carmen digitis percussit eburnis,
10   miramur, facilis ut premat arte manus.

numeri elegiae i: 4: $\overset{\frown}{6}$, 6: $\overset{\frown}{8}$, 2; | $\overset{\frown}{8}$, 2: 2 (+ *4*, *2* +) 4: 4.
u. 2 adfert Caesius Bassus, GLK. vi, p. 264, 10. *uide B. L. Ullmannum, Class. Philol.*
vol. iv, No. 1, p. 50.

---

1. $N_1c^1c^2c^4R_1$ *libri initium omnino non distinguunt. tituli:* Incipit liber secundus ad
mecenatem, A: Liber primus explicit. Incipit secundus ad mecenatem, F: Prop.
aur. naut. lib. prim. expl. | sec. inc. feliciter, BH: Prop. aur. naut. lib. prim. expl.
inc. sec. ad m(o)ecenatem, μc^3: Prop. aur. poet. clar. naut. elegiarum monoblibos
liber explicit primus: incipit eiusdem secundus ad mecenatem, *v*.
    *iam hinc ab Elegiarum initio recentiorum codicum non nisi notabiles adferam
uarietates.*
    i. 1. quaeritis] Puerilis c^2 | mihi *om.* c^2 | toc. NA || 2. mollis] dulcis c^2: indis R:
moris H | ore N_1c^1: hora F_1c^2 || 3. haec *om.* F_1: hoc (*bis*) BH | callope A_1 *primo*:
cali. FBHVo.RC | appollo FHR || 5. chois *codd.*: coys F: choys c^3: cohis c^2: nobis R |
fulgente c^3 | uidi $c^1c^2c^4$, *Itali, Schraderus, Palmerus*: cogis *codd. et* c^3 (*sc. ex u. l. pro
cois, coys*): togis $gH_2\varsigma$: coccis *Lachmannus; at de plurali dubito. cur aliquis in
saec.* xv *hoc* uidi *finxerit non intellego: credo sic esse C antiquitus correctum: cf. Ell.
Lib.* iii, xxiii, 25 || 6. hoc *codd., corr. Kuinoelius, Baehrensius: fortasse* hac ortum |
echoa Fc^2: decoia c^4_1: [totum de Coa *Schraderus*] || *in uu.* 5–10 *ad Cynth.* ii, 1–4,
43–44, *adludit poeta; cf. Ell. Lib.* i, ii, 9–22 || 7. uidi] mihi N_1; *corr. man. aequalis* ||
10. facilis NAFR: faciles BHC: [facilles Vo.] | premit Hc^1c^3 ||

seu tum poscentes somnum declinat ocellos,   (b)
     inuenio causas mille poeta nouas;
seu nuda erepto mecum luctatur amictu,
     tum uero longas condimus Iliadas;

15   seu quicquid fecit, siue est quodcumque locuta,
       maxima de nihilo nascitur historia.

quod mihi si tantum, Maecenas, fata dedissent,   (c)
     ut possem heroas ducere in arma manus,
non ego Titanas canerem, non Ossan Olympo

20   inpositam, ut caeli Pelion esset iter,
nec ueteres Thebas nec Pergama nomen Homeri,
     Xerxis et imperio bina coisse uada,
regnaue prima Remi aut animos Carthaginis altae,
     Cimbrorumque minas et benefacta Mari;

25   bellaque resque tui memorarem Caesaris, et tu   (d)
       Caesare sub magno cura secunda fores.

---

11. tum *Housmannus*: cum Ω | possc. c^3 | sompnum NAH: somnus c^1: sonus $c^2c^3_1$ || **12.** poetae Vo. || **11, 12** *post u.* 14 *traicit Housmannus* || **13.** micum c^2 | erpto c^1 | a motu c^1 || **14.** tunc AF | yliad. AFc^3 || **15, 16** *om.* c^1 || **15.** quiquid A | fecit *supra lin. add.* c^3 | loquta c^2 || **16.** hyst. NAc^3 || **18.** meroas $c^2c^3_1$ || **19.** tyt. A: thit. F | $\overset{o}{a}$ssam Vo.: tytan A: thitan F | olimpo AFBHRc^1c^3 || **20.** imp. *codd.*: inpositum c^1: impositam Vo.Rc^3, *fortasse recte; cf. Cynth.* xxi, 20, *Ouid. Met.* I, 155 | peleon BH || **21.** nec NVo.Rc^1c^3: non AFBHc^2c^4 | pergã N | n^n (= *nomen*) c^2 || **22.** Xersis NAFBHc^2c^3p | inp. c^1 | coysse F: choisse BH || **23.** regna ne BHR | rhemi c^3 | aut] a^9 c^3 | cartag. AFVo.$_1$Rc^1c^2: chart. H || **24.** cymbr. BH: cimborum Fc^1: cymborum A | iminas A *ex* manus *corr.*: nimas H$_1$: manus R | bene facta *codd.* || **25.** memorare Vo.R: mẽntem c^2: cantare c^1 || **26.** z^a (= *secunda*) c^2 ||

Nam quotiens Mutinam aut ciuilia busta Philippos   [B. (c)
   aut canerem Siculae classica bella fugae,
euersosque focos antiquae gentis Etruscae
30   et Ptolemaeei litora capta Phari,
aut canerem Aegyptum et Nilum, cum atratus in urbem
   septem captiuis debilis ibat aquis,
aut regum auratis circumdata colla catenis,
   Actiaque in Sacra currere rostra Via,
35 te mea Musa illis semper contexeret armis,   (d)
   et sumpta et posita pace fidele caput.

Theseus infernis, superis testatur Achilles,   (b)
   hic Ixioniden, ille Menoetiaden;

          .   .   .   .   .   .
40   .   .   .   .

          .   .   .   .

          .   .   .   .   (b)

          .   .   .   .
45 sed neque Phlegraeos Iouis Enceladique tumultus
   intonet angusto pectore Callimachus,
nec mea conueniunt duro praecordia uersu
   Caesaris in Phrygios condere nomen auos.

---

27. quoc. A | mutina C | cīlia c² | philippis C ‖ **28**. canerem r *ex* s *corr.* c³ | situle
F₁: seculę c³: *om.* c¹ | fugat c³₁ ‖ **30**. aut *Schraderus* | ptolomenei Nc¹c³p: ptholo-
menei BHμυ: ptholomęę Vo.: tholomenei AF: ptolomei c²: *de quo nomine scribendo
uide Housmannum ad Lucan.* v, 59; *et cf.* Bellerophontei, *Ell. Lib.* III, ii, 2,
Penolopen, IV, vi, 7, Lethogoni, II, xxii, 28 | fari FRc²c³ ‖ **31**. et *Schraderus* |
cauerni F₁ | aegyptum gυ, *corr.* ς, *Volscus, Beroaldus*: cyptum NμυAc³p: ciptum
F₁: cyprum BVo.: ciprum Hc²c⁴R: [nilum et ciprum c¹] | nillum c³ | atratus
Baehrensius (*cf. codd. ad Ell. Lib.* III, iii, 58): attraetus, *in* attractus *corr.* N:
attractus A: atractactus F₁: tractus μυpBHC: [contractus Vo.] ‖ **33**. aurat AF₁:
auratas c³₁ | cola B | cath. ABc³: chat. H: ktenis c² ‖ **34**. actaque in sacris c. r. uie
c³₁ ‖ **35**. te] et C | contexerit *codd., corr.* ς: contexeris BH: cum texeris c³₁ ‖ **36**. pacem
N₁: face R₁c³ *corr.* | capud A ‖ **37**. Teseus Fc¹p: Thesalus c² | inferius F | achiles
BH ‖ **38**. hyx. A: hys. BH (-en *in* -em *corr.*): exionidem F₁: ysionidem c¹, c³ (-den):
phisionedm c² | meneciaden NA, F *marg.*, Bc¹c³p: meneaciden F (-em Vo. R):
meneat. H: menaciadem c² ‖ **39–44** *deesse docent numeri. iam ante uncialem peri-
erant. uu.* 37, 38 *aut aliunde inlatos aut spurios habuerunt multi; alii ante* 37 *excidisse distichon putauerunt. uu.* 39, 40 *Orestem et Pyladen memorabant: cf. e.g. Bion.
Fragmenta,* ix (*Flor.* 63, 28 = IV, 20, 28) ‖ **45**. neque] illeque F | flegreos *codd.*:
                                                                       h
phl. c¹: flegieos F | eucel. F: enceladis c³ ‖ **46**. augusto Vo.R | calimacus F: kal. c¹:
calimachus BHRc³: callinichus Vo. | c² *u.* 38 *repetit* (hisiondem) ‖ **47**. praeueniunt
F, A₁ *ex* con- *corr.*, p ‖ **48**. phrig. BHVo.c¹c³R: frig. AF | anos F₁ ‖

141

nauita de uentis, de tauris narrat arator,　　　　　　　　(a)

50　　　enumerat miles uulnera, pastor oues,

nos contra angusto uersantis proelia lecto.

qua pote quisque, in ea conterat arte diem.

ii　　　　　　　[II. iii]

'Qui nullam tibi dicebas iam posse nocere,　　　　　[A. (a)

haesisti? cecidit spiritus ille tuus?

uix unum potes, infelix, requiescere mensem,

et turpis de te iam liber alter erit?'

5　　　quaerebam, sicca si posset piscis harena

nec solitus ponto uiuere toruus aper,

aut ego si possem studiis uigilare seueris:

differtur, numquam tollitur ullus amor.

nec me tam facies, quamuis sit candida, cepit　　　　　(a)

10　　　(lilia non domina sint magis alba mea),

nec de more comae per leuia colla fluentes,

non oculi (geminae sidera nostra faces),

numeri elegiae ii: 8, $\widehat{8\cdot6}$; 8, $\widehat{8\cdot6}$; *siue accuratius,* $\widehat{4\cdot4}$, $\widehat{4\cdot4}$, 6; $\widehat{4\cdot4}$, $\widehat{4\cdot4}$, 6.

---

49. deuentis Fc^2 | thauris F_1c^2: bouis Vo. ‖ **50.** et numerat N: emunerat H *primo* | pastos aues c^2 ‖ **51.** augusto c^1 (F_2 *corr.*) | uersantes Ω, *corr.* L. Muellerus ‖ **52.** quisque] quis Vo. | mea F_1Vo.Rc^1c^3 | concreat F | arce μυR ‖

inter primam et secundam elegiam huius libri inueniuntur in codd. uersus 32 + 16, *quos continebant uncialis folium* 58 *a b et pagina* 60 *a.*

ii. *noua elegia in* Ω. *titulus* ad irrisorem.

1. nullum Ω, *corr.* Heinsius ‖ **2.** *hic et in u.* 4 *signa interrogationis posui* ‖ **3.** cognoscere F_1 ‖ **5.** arena F ‖ **7.** serenis F_1Vo. ‖ **8.** nonquam c^3 | uulus H_1 : nullus p ‖ **9.** tam, m *ex corr.* c^3 | quauis N | sis F_1 | cępit NHVo.: coepit c^1 ‖ **10.** sint NFp: sunt BHCVo.R ‖ **11.** leuia per colla H | deuia c^2 | fluentis BHc^3_1 ‖ **12.** gemin(a)eque μυ: gemmae C | *distinxi* ‖

nec siqua Arabio lucet bombyce puella
(non sum de nihilo blandus amator ego),
15   ut Maeotica nix minio si certet Hibero,
utque rosae puro lacte natant folia,

quantum cum posito formose saltat Iaccho,   (b)
egit ut euhantes dux Ariadna choros,
et quantum, Aeolio cum temptat carmina plectro,
20   par Aganippaeae ludere docta lyrae,
et sua cum antiquae committit scripta Corinnae,
carminaque Erinnes non putat aequa suis.

Non tibi nascenti primis, mea uita, diebus   [B. (a)
candidus argutum sternuit omen Amor?
25   haec tibi contulerint caelestia munera diui,
haec tibi ne matrem forte dedisse putes.
non, non humani partus sunt talia dona;
ista decem menses non peperere bona:

---

u. 24. *Macrobius GLK.* v, p. 626, 15 (= p. 651, 29): '*sternuto frequentatiuum est a principali sternuo; Propertius: Candidus angustae sternuit omen amor.*'

---

13. licet B | bombice *codd.*: bonbyce N: bonbice c^3 || **14.** nichilo N_1FVo.c^2 | blandis H_1 || **15, 16** *huc transposuit Housmannus; in codd. post u.* 10 *exstant. nota* nec, nec, nec (9, 11, 13) || **15.** et F | meoticanix $N\mu v pc^3$: nicoticanix B: meo titanix H_1: meo·/· *cett. om.* F: ·/. ticarax F *man. aequalis in marg.*: moetica nix c^1: meticha nix c^2 | nimio F_1 (*ut uid.*), Rc^{1}c^{2}c^4 | certe c^1: crescit H_1 || **16.** lacta F_1 | natent N_1 *primo*, Vo.P: notent c^2 || **17.** quom *Lachmannus*: quod Ω | iactat FP | iachco p: iacheo N_1v_1BH$_1$c^3: racheo F_1: iacho c^1Vo. *corr.* R: yacho c^2: iato Vo. *primo*: acheo P || **18.** egitur F_1 | euhantes Np: eubantes $vc^2c^3{}_1$: cubantes μ: eubanthes R: euantis c^1: eu^{h}entes H: eufautes F: eufantes P | adriagna $N_1\mu vc^1c^3$: dadriagna H: adrianna FP: adriadna p: adriana c^2Vo.RB$_1$ (*in* adriaga *corr.*) | coros Fc^{1}c$^3{}_1$ || **19.** quantum] q̃m c^2: q̃ c^1 | temptant c^2, c^3 *ex corr.*: tentant BH: tentat Vo. | pletro F || **20.** aganippaeẹ Vo.: aganippe(a)e *codd.*: aganipe(a)e F (*an* agau-?), c^2R: paraganippee c^3 | lire F || **21.** antiq; F: anq̄ c^1 | comictit F: commictit $c^1c^2c^4$ | carin(a)e BH: krine c^1 || **22.** carmina qu(a)e Ω, *corr. Itali* | Erinnes *Volscus, Beroaldus*: lyrines μv: lyrinos c^3: lirinos c^2 (*sc. ex* hirines): liricis c^1: lyricis c^4: quiuis *cett.* $c^3{}_2$ *in marg. pro u. l.* (*cf. Cynth.* xxiv, 31) || **23.** non NR: num $\mu v p$FBHC: nunc Vo. || **24.** candidus *Macrobius* (*G.L.K.* v, p. 626, 15): ardidus NFμv: ardridus p_1: arduus C: aridus BH: arridus Vo.R | argutum Ω: [angustae *Macrobius*] | strepuit c^1c^2: stertuit Vo. || **25.** tibi *om.* N | contulerint *codd.* (*cf. Catull.* lxvii, 20, attigerit): cum tullerint Vo.: contulerunt *Itali, edd.*| şcelestia F | numina C || **26.** haec tibi me Vo.: nec tibi me F: hec ne $c^1c^3{}_1$: nec ne c^2| uirem F_1 | *post* forte, stulta *add.* c^1c^2 || **27.** non nen B *primo*: non ego c^1: non [   ] c^4 | sunt partus FBH || **28.** peperire H_1: pepere pc^1: pars peexere F_1, *in* pererexere (*ut uid.*) *corr.* ||

nec semper nobiscum humana cubilia uises;
30　　　Romana accumbes prima puella Ioui.

　　gloria Romanis una es tu nata puellis:　　　　　　　　　(a)
　　　post Helenam haec terris forma secunda redit.
　　hac ego nunc mirer si flagrat nostra iuuentus?
　　　pulchrius hac fuerat, Troia, perire tibi.
35　olim mirabar, quod tanti ad Pergama belli
　　　Europae atque Asiae causa puella fuit:
　　nunc, Pari, tu sapiens et tu, Menelae, fuisti,
　　　tu quia poscebas, tu quia lentus eras.

　　digna quidem facies, pro qua uel obiret Achilles　　　　(b)
40　　uel Priamus, belli causa probanda fuit.
　　siquis uult fama tabulas anteire uetustas,
　　　hic dominam exemplo ponat in arte meam;
　　siue illam Hesperiis siue illam ostendet Eois,
　　　uret et Eoos uret et Hesperios.

29, 31 *inuerso ordine in codd. exstant; et sensum et numeros corr. Lachmannus* ‖
30. accumbens *codd., corr. Itali*: occumbens C ‖ **31.** tu nata] lunata B: limata F_1 ‖
32. reddit H | *ante* redit, ε c³ ‖ **33.** Ac Vo.: At F_1 | n° *ex* ñ *corr.* N_1: nunç H |
flagret Ω (flaget c³), *corr. Fonteinius* ‖ **34.** pulchr. BHVo.R: pulcr. *cett.* | at F_1
troya CVo. | perirere c³ ‖ **35.** quod pergama belli c³₁ (*in marg. corr. man.* 2) | quid
pergama bella fuissent c¹c²c⁴ (fuissent *ex u.* 36) ‖ **36.** assię c³ ‖ **37.** pari, a *ex corr.*
F ‖ **37–40** *om.* R ‖ **39.** digna] pulcra C | achiles Hc³ ‖ **40.** *distinxit Hemsterhuysius:
sed punctum post* priamus *habent* c³, *alii* | priamo N *primo* ‖ **41.** añ ire F: an ire c¹ ‖
42. ponet Vo. | arte Vo.c¹: ante *codd.* ‖ **43.** experiis Fc²Vo. | ostendes BH: ostendit
c³ ‖ **44.** experios F: exsperios c²: hesperidos c¹ ‖

iii

[*desunt elegiae* iii *uu.* 1–16]

fol. 28*b*

[*desunt elegiae* iii *uu.* 17–30]

iv

[*desunt elegiae* iv *uu.* 1, 2]

---

de foliorum ordine uide praef. pp. 42–46.

ante iv, 35 *deesse non minus duo folia docent numeri qui supersunt. habemus quartae elegiae partem alteram, uno disticho, ut puto, ante u.* 35 *deperdito; desunt aut* 32 + 2 *uersus, aut saltem* 30 (= 6, 8, 8, 8). *itaque inter finem el.* ii *et initium el.* iv *desunt etiam alterius elegiae aut* 30 *aut* 34 *uersus. uix ueri simile cum sit hanc unam in hoc libro elegiam disticho extra numeros posito, ut in Cynthia quater factum est, clausisse Propertium, credo hanc tertiam* 30, *quartam autem* 34 + 30 *habuisse uersus.*

non plus duo folia ante iv, 35 *periisse indicant foll.* 38–40, *procul dubio intra unum quaternionem retinenda; cf. ad foll.* 33 *a b*, 34 *a*; 36 *a b*, 37 *a b*.

[*desunt elegiae* iv *uu.* 3–18]

fol. 29*b*

[*desunt elegiae* iv *uu.* 19–34]

[II, xxvi, 29]

35   seu mare per longum mea cogitet ire puella,   [B. *a u.* 33. (a)
      hanc sequar et fidos una aget aura duos.
      unum litus erit sopitis unaque tecto
      arbor et ex una saepe bibemus aqua;
      et tabula una duos poterit componere amantes,
40   prora cubile mihi seu mihi puppis erit.

      omnia perpetiar; saeuus licet urgueat Eurus,   (a)
      uelaque in incertum frigidus Auster agat,
      quicumque et uenti miserum uexastis Vlixem
      et Danaum Euboico litore mille rates,
45   et qui mouistis duo litora, cum ratis Argo
      dux erat ignoto missa columba mari.
      illa meis tantum non umquam desit ocellis,   (b)
      incendat nauem Iuppiter ipse licet.

      certe isdem nudi pariter iactabimur oris;   (b)
50   me licet unda ferat, te modo terra tegat—

numeri elegiae iv: (?) [$\overline{6\cdot2}$, $\overline{2\cdot6}$; $\overline{6\cdot2}$, $\overline{2\cdot6}$; | 2]· 6, $\overline{6\cdot2}$; $\overline{2\cdot6}$, $\overline{6\cdot2}$.

---

iv, **35.** *in codd. folii* 30 *uersus sine interstitio post folii* 43 b *exstant, i.e. post Ell.
Lib.* I, xvi, 8; *hic signum nouae elegiae in* Nμ. *lacunam statuit Housmannus, sed ante u.*
37: *uu.* 37, 38 *ante* 35 *traiecit.* || **37.** sopitis Ω: positis torus *Housmannus* || **39.** duos *ex*
dies *corr.* Vo. || **40.** seu mihi] mihi seu c³₁ | pupis NFVo.₁c³₁ || **41.** ęurus N:
eurrus H₁ || **42.** uella B: uella uel H | que *codd.*: quod L | in incertum c²Vo.d, c³₁ *ex*
corr.: in certum H: incertum *codd.* | hauster FVo. | aget c¹c² || **43.** ulixen N:
ulisem c³: ulixem *cett.* || **44.** ēboico F₁: enboico B: eboyco L: eubocio H: cubico c¹:
cuboico c⁴ | mile Vo.₁R: multe c² || **45.** mouistis *codd.*: nouistis Lc³₁: uoluistis c¹c²:
uouistis c⁴ | duo litora Ω: [litt. Nc³: lict. c¹c⁴Vo.]: ⟨*montis*⟩ duo *Palmerus* | ratis
codd.: satis c¹c²c³: rudis *Itali (Colucius in* F) c⁴; *ex Ell. Lib.* III, xxiii, 15 | argo *codd.*(*cf.*
Argea columba, *Ell. Lib.* III, xxiii, 15: Argon egressum, *Cynth.* xxi, 19, 20): ergo F₁L:
argus *Itali* c⁴ || **46.** duxerat F₁LBH || **47.** umquam NLVo.c⁴: unquam c³: numquam
FBHc¹c²R | desit] spectat F₁LBH (*ex glossemate; cf. Cynth.* i, 15) || **48.** intendat
Bc⁴ | nauim c¹c² | iupiter NFBHc³ || **49.** isdem N: hisdem F *corr.*, BHVo. (*? ex*
corr.): iisdem c¹c³c⁴d: hiisdem c²: his'am F₁: hys'am L | horis NFBH₁ || **50.** modo]
quoque FLBHVo. ||

sed non Neptunus tanto crudelis amori,　　　　　(a)
　　Neptunus fratri par in amore Ioui.
testis Amymone, latices dum ferret, in aruis
　　conpressa, et Lernae pulsa tridente palus:
55　iam deus amplexu uotum persoluit, at illi
　　aurea diuinas urna profudit aquas.

crudelem et Borean rapta Orithyia negauit:　　　　　(a)
　　hic deus et terras et maria alta domat.
crede mihi, nobis mitescet Scylla nec umquam
60　alternante uacans uasta Charybdis aqua;
ipsaque sidera erunt nullis obscura tenebris,
　　purus et Orion, purus et Haedus erit.
quod mihi si ponenda tuo sit corpore uita,　　　　　(b)
　　exitus hic nobis non inhonestus erit.

　　　　　　　　　　v　　　　　　　　　[ii, xxviii]

Iuppiter, adfectae tandem miserere puellae!　　　　　[A. (a)
　　tam formosa tuum mortua crimen erit;

numeri elegiae v: 8, 8·8, 6; | 4̑ [+ 4, 8·4 +] 4, 6.

---

51. neptunnus (*et* 48) BHc¹c² | crudellis Vo. || **52.** ferri L *ex corr.*: fr̃ R || **53.** ami-
mone LBHVo.c¹c²c³: ammimone N: aminione μdc⁴: a minione Fυ | [lacies c¹] |
dum N (*cf. Verg. G.* iv, 457): cum *codd.*: quom c¹c²: quam R || aruis *codd.* (*cf. Ouid.
Am.* i, x, 5): armis BHR₁: [Argis *Itali male*] || **54.** compr. Ω | lertie c¹: le̦erne H |
tʳdente F₁ || **55.** [amplexae *Postgatius*] | uocum F₁ | percussit F₁ | ille N₁ || **56.** per-
fudit F₁υ₁: refudit υ₁ *corr.*, F₂ || **57.** boream *codd.*: borream B | [orithyia d *corr.*]:
orithya N: orithia *codd.* || **59.** mutescet LVo.c⁴ | scylla Rc³c⁴: scilla *codd.*: sylla
BHVo. | nec Ω | unq. c³ || **60.** alternate L | uacans *Ayrmannus*: uorans *codd.* |
[charybdis d]: caribdis *codd.*: caribidis H: caribris N || **61.** nulla B: nullus c¹ ||
62. hedus NBLc⁴: e̦dus Vo.: edus υFHRc³: tedus c¹: odus c² [C oedus *habuit?*] ||
63, 64 *om.* υR || **63.** quid NHVo. | sic c¹c² | uĩta c² || **64.** in honestus FVo. ||
inter iv, 64 *et* v, 1 *in codd. exstant uersus* 16 *paginae* 77 *a* (= *Ell. Lib.* ii, xvi, 23–40).

v. *noua elegia in* Ω. *titulus* de amica aegrotante, *sed in* BH ad iouem pro amica
(a)egrotante.
1. iupiter NFBHc²c³ | affect(a)e Ω: [afecte c²] || **2.** Iam N (*rubricator*): tan Vo. |
crĩa Vo. ||

uenit enim tempus quo torridus aestuat aer,
    incipit et sicco feruere terra Cane.
5   sed non tam ardoris culpa est neque crimina caeli,
    quam totiens sanctos non habuisse deos.
hoc perdit miseras, hoc perdidit ante, puellas:
    quicquid iurarunt, uentus et unda rapit.

num sibi conlatam doluit Venus? illa peraeque   (a)
10   prae se formosis inuidiosa dea est.
an contempta tibi Iunonis menda Pelasgae,
    Palladis aut oculos ausa negare bonos?
semper, formosae, non nostis parcere uerbis:
    hoc tibi lingua nocens, hoc tibi forma dedit.
15   sed tibi uexatae per multa pericula uitae
    extremo ueniet mollior hora die.

Io uersa caput primos mugiuerat annos: (a)
    nunc dea, quae Nili flumina uacca bibit.

---

3. toridus $c^1c^2c^3$: toribus Vo. | extuat $FRc^1c^2c^4$: estuat c^3 ‖ **5.** non] nec c^3R: neque c^1c^2: *om.* p_1 | tan Vo. | crimine BR ‖ **7.** perdidit] perdit F_1R ‖ **8.** iurarunt $FLVo.\mu\upsilon\text{plc}^4$: iurarem N: iuratur $BHc^1c^2c^3$: uitatur R_1 ‖ **9.** Num $FLc^3{}_2c^4d$: Nam $c^2c^3{}_1$: Ham c^1: Non NBH_1R: Nun H *corr.*: Nunc Vo. | collatam Ω | domuit c^1c^2: donuit c^3 | *post* Venus *signum interrogationis ponit* N | illa Ω | pereque c^2Ll: perequae N: per aeque $\mu\upsilon\text{pc}^1c^3$: per aequae H: per eque B: paraeque Vo.d: par aeque g_1: paremque Fc^4: [per aequor R] ‖ **10.** Per se H ‖ **11.** an] ante c^1 | menda *ego*: templa Ω: [membra *Waardenburgius*: forma *Stampius*: fama *Palmerus*]. *iure* templa *his et Postgatio post* con-templa *et ante* pela-sgae *in suspicionem uenit, praesertim cum deae tres formae in contentionem adferantur* (cf. *Ell. Lib.* II, ii, 39–44), *defuerit Iunonis uitium quod oculis Palladis caesiis opponatur. neque hic de perfidia res est, sed de lingua mala formosarum.*

    luce deas caeloque Paris spectauit aperto,
        cum dixit Veneri 'uincis utramque, Venus.'
    nocte latent mendae uitioque ignoscitur omni,
        horaque formosam quamlibet illa facit

(*Ouid. A. A.* I, 247–250). rara tamen mendo facies caret. occule mendas (*id. ib.* III, 261). [menda =metpla] | Pelasgae] *sc. quia Argis statua praeclara Polycliti* ‖ **12.** Pallidis N: palladit c^1: paladis c^3 | aut *ex* ut *corr.* H ‖ **15.** permulta H ‖ **16.** [ueniet p]: uenit *codd.* ‖ **17.** yo c^1c^2: hic R | mugierat H: mugiueras c^1 ‖ **18.** nili] mali $c^3{}_1$ | uaccha c^1c^2: uacha F ‖

Ino etiam prima terris aetate uagata est:
20　　　hanc miser inplorat nauita Leucothoen.
Andromede monstris fuerat deuota marinis:
　　　haec eadem Persei nobilis uxor erat.
Callisto Arcadios errauerat ursa per agros:
　　　haec nocturna suo sidere uela regit.

25　　　quodsi forte tibi properarint fata quietem,　　　(b)
　　　ipsa, sepultura facta beata tua,
narrabis Semelae quo sit formosa periclo,
　　　credet et illa, suo docta puella malo:
et tibi Maeonias omnis heroidas inter
30　　　primus erit nulla non tribuente locus.

Nunc, utcumque potes, fato gere saucia morem:　　　[B. (a)
　　　et deus et durus uertitur ipse dies.
hoc tibi uel poterit coniunx ignoscere Iuno:
　　　frangitur et Iuno, siqua puella perit.

---

19. Imo F_1: Iuno $LBH_1Vo.$: Irio c^4: Io c^1c^3: Yo c^2 | terris prima c^3 | negata est R: uagauit $c^1c^2c^3_1$ ‖ **20.** impl. $BHVo.c^1c^2$ | leucothoen $Nplc^4$: leuchothoen F, c^3 (-em): leuchatoe3 c^2: lenchotheon c^1: leucotoen BHL: leucothoem $Vo.$: *om.* R ‖ **21.** andromade $Vo.Rc^1c^2$: andromedae H | monstrata $FLVo.$ ‖ **23.** Callisto $NLBHVo.$: Calisto Fc^3: Kalisto c^2: Klisto c^1 | arch. Ω: [archadiis V_1] | agris H_1 ‖ **24.** noctura H_1: nocturno c^3 | sidera $FBHL$ | uella BH ‖ **25.** properarent c^1c^2: properauit p: properãiut F_1 | fata *codd.*: facta c^1 ‖ **26.** Ipsa R: Illa *codd.* | sepulturae...tuae Ω, *corr. Marklandus* | facta $c^1c^2c^3$: fata *cett.* ‖ **27.** sis c^1c^2gd *Fruterius, Lachmannus*: fit F_1BLp | pericho c^1 ‖ **28.** suo Ω ‖ **29.** meonidas FL | inter heroidas omnis *codd.* (*sc.* omnis *post* -onias *omisso*): omnis herodias inter $Vo.$: omnis heroidas inter *primus Baehrensius ex* ς (*cf. Ouid. Trist.* I, vi, 33) ‖ **31.** utrumque $Vo.R$ | poꞃ $FVo.$ | sautia FL ‖ **33.** poterat $FBHLVo.$ | uino $NF_1Vo.c^2$ ‖ **34.** uino Nc^2 ‖ **33, 34** *post u.* 2 *traiecit Passeratius. uu.* 31, 32 *elegiae partem alteram incipiunt, itaque uu.* 1, 2 *reuocant:* deus Iuppiter est, *apte sequitur* Iuno coniunx. *neque ante u.* 11 *uu.* 33, 34 *ponere licet, neque omnino elegiae numeros turbare* ‖

[*desunt elegiae* v *uu.* 35–50]

[II, viii, 21]

[51]   quid? non Antigonae tumulo Boeotius Haemon   (a)
        corruit ipse suo saucius ense latus,
    et sua cum miserae permiscuit ossa puellae,
        qua sine Thebanam noluit ire domum?

[II, xxviii]

55   si non unius, quaeso, miserere duorum.   (b)
        uiuam, si uiuet: si cadet illa, cadam.
    pro quibus optatis sacro me carmine damno;
        scribam ego 'per magnum est salua puella Iouem':
    ante tuosque pedes illa ipsa operata sedebit
60   narrabitque sedens longa pericla sua.

vi

Deficiunt magico torti sub carmine rhombi,   (a)
    et tacet exstincto laurus adusta foco,
et iam Luna negat totiens descendere caelo,
    nigraque funestum concinit omen auis.
5   una ratis fati nostros portabit amores
    caerula ad infernos uelificata lacus.

explicit quaternio quartus

51–54 *huc traiecit Housmannus, cui consentit pagina: in codd. exstant inter uu.* 24 *et* 25, *Ell. Lib.* II, xii (*fol.* 72 *b*); *uide ad Ell. Lib.* II, xiii, 8 ‖ **51.** quid non? NBp ǀ antigone Ω ǀ boecius Np: boetius c²c³ ǀ emon c¹ ‖ **52.** corûit c² ǀ sautius pBRc¹c³: santius H₁ ‖ **53.** cum] cura *pro u. l.* F *man. aequalis* ǀ comisscuit c¹ ‖ **54.** Quam F₁ ‖ **55–60** *post* vi, 6 *in codd. exstant* ‖ **55.** si] S; N ǀ misere F *primo* ‖ **56.** ullam c¹: uiuam B ǀ ille c² ‖ **57.** pro quibus optatis] uiuam si uiuet c¹c²c³ ǀ dampno c²c³p ‖ **58.** est *codd.*: et R ǀ salua est c³ ‖ **59.** operata *Heinsius*: ad operata B: adopạta H: adoperta c¹c² (*quod possis legere*): adopta c³: operta *codd.* ‖

vi, **1–6** *in codd. post* v, 34 (*h.e. post fol.* 31 *b*) *exstant, nullo interstitio* ‖ **1.** *hinc incipit noua elegia in* Nμυ (*in* υ *titulus* ad iouem pro amica oratio) ‖ deff. Vo. ǀ carmine *codd.*: margine c²: imagine FVo. ǀ rhombi μυpl: rombi BHLF *corr.*: bombi N: rhumbi c¹: rumbi Vo.c²c³: et humbi R₁: nibi F *primo*: nymbi c⁴ ‖ **2.** iacet Ω, *corr. Canterus* ǀ ext. Ω ǀ focco Vo. ‖ **4.** concinit *Itali* (*cf. Ouid. Am.* III, xii, 2): condidit Ω ǀ omeri Vo.: om.. R ‖ **6.** Gerula c¹c²c³R: Garrula FBH₁L ‖ *nunc credit poeta non posse sanari Cynthiam* ‖

incipit quaternio quintus

[*desunt elegiae* vi *uu.* 7–22]

fol. 33*b*

[*desunt elegiae* vi *uu.* 23–38]

fol. 34*a*

[*desunt elegiae* vi *uu.* 39–42]

vii

[*desunt elegiae* vii *uu.* 1–12]

numeri elegiae vii: [4·6·2̂ +] 2; 4·6·4.

---

inter vi, 6 *et* vii, 13 *deesse non minus uersus* 48 *docent numeri qui supersunt. non plus quam folium et paginam periisse indicant foll.* 38–40; *cf. ad foll.* 28 *a b,* 29 *a b,* 36 *a b,* 37 *a b.*

[13]   nec forma aeternum aut cuiquam est fortuna perennis:
           longius aut propius mors sua quemque manet.

15   Haec tua, Persephone, maneat clementia, nec tu,   [B. (a)
           Persephonae coniunx, saeuior esse uelis.
           sunt apud infernos tot milia formosarum;
           pulchra sit in superis, si licet, una locis.

           uobiscum est Iope, uobiscum candida Tyro,   (b)
20   uobiscum Europe nec proba Pasiphae,
           et quot Troia tulit, uetus et quot Achaïa formas,
           et Pelei et Priami diruta regna senis;
           et quaecumque erat in numero Romana puella
           occidit; has omnis ignis auarus habet.

25   tu quoniam es, mea lux, magno dimissa periclo,   (a)
           munera Dianae debita redde choros;
           redde etiam excubias diuae nunc, ante iuuencae,
           uotiuas, noctes et mihi solue decem.

---

vii, **13-28** *in codd. post* v, 60 *exstant: separauit Lachmannus. iam sanata est Cynthia (uu.* 25–28*).* (?) **13, 14** *in codd. post u.* 24 *exstant; ibi alienos esse censuit Housmannus et ante* III, xviii, 43 *ponendos; uncis inclusit Postgatius; spurios habuit Fonteinius. confer autem Ouid. Met.* x, 17–47: *Orpheus deos inferos reposcit Eurydicen,*
                 . . .nec regia coniunx
      sustinet oranti nec qui regit ima negare (46, 47).
      'omnia debentur uobis, paulumque morati
      serius aut citius sedem properamus ad unam (33).
      tendimus huc omnes, haec est domus ultima. . .
      haec quoque. . .
      iuris erit uestri; pro munere poscimus usum.'
distichon intra paginam plane retinendum huc traieci, ut ob nec, hec *olim omissum* ‖ **13.** ȩternum F | quoiquam c^1c^2 | peremnis F: perhennis BLc^2 ‖ **14.** longus c^3 | proprius NF$_1$Hc^{3}R ‖ **15.** nec FHVo.c^2 | maneat] mouet Vo. ‖ **16.** persophone c^3 | senior BR: scaeuior Vo. ‖ **17.** aput H$_1$Vo.R ‖ **18.** pulchra BHRc^3: pulcra *cett.* | si licet N: silicet Vo.p: scilicet *cett.* | di̧ȩs locis F ‖ **19.** uobiscum (*alterum*)] nobiscum BHLVo. | tiro F ‖ **20.** europȩ Vo. | fasiphae F$_1$: phasiphae BHLF *corr.*: pasiphone Vo.R ‖ **19, 20** *in* c^{1}c^{2}c^3$_1$ *sic leguntur* (*uersu uno utitur* c^3): uobiscum est iope (ethiope c^2) thalamis (*add.* c^{1}c^2, *non* c^3) nec proba pasiphe (c^3): pasyphe (c^1), phasife (c^2): uobiscum europe (*om. cett.*) c^{1}c^2 *in uersu altero*: iope *post in* europe corr. c^3$_2$, *quae u.* 19 *in margine totum adscribit* ‖ **21.** quotq; H | troya Lc^{1}c^{2}c^3 | uelit H$_1$ | uerus c^1: ueras c^2 | achaya BHc^1 ‖ **22.** Pelei *Baehrensius*: ph(o)ebi *codd.*: poebi H$_1$: phoebei R: Thebae *Scaliger* | primi F$_1$ | dirupta BHc^{2}R$_1$ ‖ **24.** omnes LVo. | ignis auarus Ω; *cf. Verg. G.* ii, 492, Acheron auarus; *Aen.* iv, 633, suam. . .cinis ater habebat; *Prop. Ell. Lib.* IV, vii, 32, auidis rogis, III, xviii, 42, ignibus ista dabis; *Ouid. Am.* III, ix, 28; *Consol. ad Liuiam,* 431 ‖ **25.** demissa *codd.* (*cf.* xvii, 11), *corr. Itali* c^4; *Guyetus, Schraderus:* demisso Vo.c^1 ‖ **26.** thoros c^1: tholo *Itali, Heinsius* ‖ **27.** iuuent(a)e BHVo.R ‖ **28.** michi F ‖

viii

[II, xix]

Etsi me inuito discedis, Cynthia, Roma,   [A. (a)
     laetor quod sine me deuia rura coles.
nullus erit castis iuuenis corruptor in agris,
     qui te blanditiis non sinat esse probam.
5   nulla neque ante tuas orietur rixa fenestras,
     nec tibi clamatae somnus amarus erit.

sola eris et solos spectabis, Cynthia, montes   (a)
     et pecus et fines pauperis agricolae.
illic te nulli poterunt corrumpere ludi
10   fanaque peccatis plurima causa tuis;
illic adsidue tauros spectabis arantes
     et uitem docta ponere falce comas;
atque ibi rara feres inculto tura sacello,   (b)
     haedus ubi agrestis corruet ante focos,
15   protinus et nuda choreas imitabere sura.
     omnia ab externo sint modo tuta uiro.

numeri elegiae viii: 6·6·4; 4·6·6.

---

viii. *noua elegia in* Ω. *titulus* ad cynthiam. [*in* c² *spatium unius uersus ima in pagina; post in summa deest signum nouae elegiae.*] hi xxxii *uersus in* codd. *post eos* xvi *exstant quos ad Ell. Lib.* II, v, *traieci* (= *fol.* 64 *b*), *ei post* xcvi *uersus quos continent foll.* 38–40 *huius quaternionis. folium elegiam omnibus numeris absolutam continens hic posui ut uersus A.V.C.* 729/25 *mense Sextili scripti mense Iulio scriptos sequantur. uide enim* v, 3–5 *et nostros* 11–15. *uinearum frondatio Sextili fiebat mense et Vinalia Rustica celebrabantur: praefat. pp.* 43, 44.

1. etsi c¹c⁴R: et si *codd.*: et sine Vo.: Atsi c³ (*rubricator*) ‖ **2.** colis *codd., corr.* *Itali*: collis Vo. ‖ **3.** eris c³₁ | castus c³₁R ‖ **4.** tibi c¹c²c³ | blandic. Vo. | sinet Vo. | probam] meam Vo. ‖ **5.** tuas, -as *in ras.* c² ‖ **6.** clam a te μυ | sompnus Fc⁴: sonus c¹c²c³R ‖ **7.** erit c³₁ | et solo c¹ | expectabis N | cintia F₁ ‖ **8.** peccus Vo.R ‖ **9.** nudi F₁BH | potere c¹ ‖ **10, 11** *om.* c² ‖ **10.** famaque c¹c³: phanaque Vo.d ‖ **11.** ass. Ω: assadue H₁ | spectaris H₁ ‖ **12.** false c³ ‖ **13.** ferres Vo. | tura N *corr.*, H *corr.*: thura *codd.* (t *ex* r *corr.* Vo.): rara N₁: rura Bc²: rure H₁ ‖ **14.** edus c¹c²d |
                                  &
ibi Vo. | agrestos F₁: agristis H₁ | corruĕ̟ *sic corr.* N₁: [corru& Vo.Hd] ‖ **15.** inuda (*ut uid.*) c¹: nulda V₁ | coreas Fc² | mutabere F₁: imittabere Vo.R | *distinxi* ‖ **16.** extremo υ₁ | sine c² ‖

Ipse ego uenabor. iam nunc me sacra Dianae　　　　[B. (b)
　　suscipere, et Veneris ponere uota iuuat;
incipiam captare feras et reddere pinu
20　　cornua et audaces ipse monere canes.
non tamen ut uastos ausim temptare leones　　　　(a)
　　aut celer agrestis comminus ire sues;
haec igitur mihi sit lepores audacia molles
　　excipere, et stricto figere auem calamo,
25　　qua formosa suo Clitumnus flumina luco
　　integit et niueos abluit unda boues.

tu quotiens aliquid conabere, uita, memento　　　　(a)
　　uenturum paucis me tibi Luciferis.
sic me nec solae poterunt auertere siluae
30　　nec uaga muscosis flumina fusa iugis,
quin ego in adsidua mussem tua nomina lingua.
　　absenti nemo non nocuisse uelit.

---

17. uenebor c$^3_1$ (? *ex* ueneri 18) ‖ **18.** ueneris c^{1}c$^2_1$ *Housmannus*: ueneri *cett.* | nota v_1 ‖ **19.** ferras Vo. | pinu NμυplB: pinui c^{1}c^{2}c^3: pumi F: pūmi Vo.: pini H: pinni gd: primi R ‖ **20.** monere Nμυplc^{1}c^2: mouere FBHVo.R$_1$c^{3}gd ‖ **21.** ausita R: ausam c$^3_1$ | temt. Vo.c^1: tent. BH ‖ **22.** agrestes Ω | comminus Nd: cominus *codd.*: quominus BH ‖ **23.** haec igitur mihi sit *codd.; quod languet. fortasse* sit, Tegeaee, mihi *[tigi aee* =(h)aec *igit^1]; cf. Ell. Lib.* III, xii, 45–48; ii, 30 | sit] si H: sic B | audatia c^3 | moles H ‖ **24.** sticto c^3 | figent c^1 ‖ **25.** clitumnus (*uel* -unnus) *codd.*: clituntus Npl$_1$B: clitundus R: dirunnus c^1 | luco] boco F$_1$: borco BH$_1$ ‖ **26.** integir c^1: inteĝ c^2 | albuit F$_1$: abluid Vo. | pedes Vo.c^2 ‖ **27.** uita] tuta Vo.: uicta R ‖
　　　　　　　　　　　　　　　　　　　　　　　　　　me
28. uenturum] uehuntur F$_1$ (*corr. man. aequalis*) ‖ **29.** me nec] nec te B: ne te H: me *om.* F$_1$ | aduert. F$_1$c^{1}c^2 ‖ **30.** haec Vo.: non c^1 | fuscosis F$_1$BHc^2 *Laur.* 33, 14 ‖ **31.** ass. Ω | mussem *Palmerus*: mutem Ω; *cf. Ell. Lib.* III, x, 23. *et cum aues sequetur* (29) *et cum lepores* (30), *murmurantis tantum uoce poterit uti; neque aliter seruandum in* | lingua, li- *ex corr.* F$_1$ ‖ **32.** non Ω: [noti R: me gd: ne ⸆] ‖

ix

[*deest elegia* ix]

fol. 36*b*

[*deest elegia* ix]

---

ix, x, (?) 1–22.

    ante x, (?) 23 *non minus duo desunt folia; qui enim supersunt numeri prohibent ne in* 32 + 18 *uersus redigatur elegia. ueri simile facit etiam illud* 'saepe malus Cupido' (x, 39, 40) *alteram de infeliciore amatoris statu post* i–viii *hanc decimam antecessisse. non plus duo folia periisse indicant foll.* 38–40, *procul dubio intra unum quaternionem retinenda; cf. ad foll.* 28 *a b,* 33 *a b.*

[*deest elegia* ix]

X

[*desunt elegiae* x (?) *uu.* 1–6]

numeri elegiae x: (?) [*8·4·8;* $\overarc{2\ +}$] 2·8·8.

fol. 37*b*

[*desunt elegiae* x *uu.* 7–22]

[II, xviii]

[? 23]   quid mea si canis aetas candesceret annis,   [B. (b) *a u.* 21
        et faceret scissas languida ruga genas?

25   at non Tithoni spernens Aurora senectam   (a)
        desertum Eoa passa iacere domo est:
        illa deos currum conscendens dixit iniquos
        inuitum et terris praestitit officium.
        illum saepe suis decedens fouit in ulnis
30   quam prius abiunctos sedula lauit equos;
        illum ad uicinos cum amplexa quiesceret Indos,
        maturos iterum est questa redire dies.

        cui maiora senis Tithoni gaudia uiui   (a)
        quam grauis amisso Memnone luctus erat.
35   cum sene non puduit talem dormire puellam
        et canae totiens oscula ferre comae.
        at tu etiam iuuenem odisti me, perfida, cum sis
        ipsa anus haut longa curua futura die.

---

de foliis 38–40 ordinandis uide praefat. p. 21.

x, (?) **23–40** *in codd. post xii, 4 exstant, unde iam separauerunt C.* Rossbergius *et* Butlerus. *initio mancam elegiam cum illa initium solum seruante coniunxit librarius, cum tria folia continua inuenisset* || **23.** quid mea si *cf.* N: quid si iam *cett.* | canesceret N, *corr.* Heinsius (*cf.* Tibull. I, x, 43; Ciris 320): mea caneret *cett.* [caneat c⁴ϛ] || **24.** sissus c³ | riga gennas Vo.: gena rugas c²: ruga genus c³₁ || **25.** at c¹c³₁ϛ: an *cett.* | nuc H | tythoni NBc³: titoni FR: thitonii c²: chironi c¹ | serpens H₁ || **27, 28** *in codd. post u.* 32 *exstant; huc primus traiecit* Burmannus. iterum questa (32) *post* deos dixit iniquos (27), decedens *sc.* curru (29) *post* currum conscendens (27) *ponas*
                        i
oportet || **27.** conscandens F₁: consendens Vo. | inequos N || **28.** inuitam H₁ | perstitit c² || **29.** decedent c¹ | ulnis c¹c², Beroaldus: undis *cett. et* c³: budis aľ undis F || **30.** quam prius Ω: [primum c²]: nec prius Postgatius. *defendit e.g.* Copa, 6: quid iuuat aestiuo defessum puluere abesse, quam potius bibulo decubuisse toro | adiunctos *codd.*: (adiuctos c¹: aduictos c³): *corr.* Scaliger: *om.* F₁: *post* sedula *ponit* H₁ || **29, 30** *ad Callimachi* εἰς λουτρα τῆς Παλλάδος *spectant (uu.* 5–12). *uide etiam* Eleg. *in* Maecenatem, *uu.* 119–128 || **31.** illa Vo. | quom c¹c² | [amplexu c² | quies cerer c¹] || **32.** [maturum c²] | iterum] uerum F₁BH || **33.** quoi c¹: qui c²: que Vo. | tyth. NFc²c³: thit. B | uini F₁c² || **34.** memnone NBHR: memione F₁: mēn. Vo.c¹: menn. c³₂ *ex corr.* (?meminere *fuit*): men. c² || **35.** [potuit c²] | tallem BVo. || **37.** quom c¹c² || **38.** annus H₁ | haud Rc⁴₁ϛ: aut *codd.* | longa curua] curua lega Vo. ||

159

quin ego deminuo curam, quod saepe Cupido
40   huic malus esse solet cui bonus ante fuit.

xi   [ii, xvi]

Praetor ab Illyricis uenit modo, Cynthia, terris,   [A. (a)
  maxima praeda tibi, maxima cura mihi.
non potuit saxo uitam posuisse Cerauno?
  a, Neptune, tibi qualia dona darem!
5   nunc sine me plena fiunt conuiuia mensa,
  nunc sine me tota ianua nocte patet.
quare, si sapis, oblatas ne desere messes   (b)
  et stolidum pleno uellere carpe pecus;
deinde, ubi consumpto restabit munere pauper,
10 dic alias iterum nauiget Illyrias.

Cynthia non sequitur fasces nec curat honores;   (b)
  semper amatorum ponderat una sinus.
at tu nunc nostro, Venus, o succurre dolori,
  rumpat ut adsiduis membra libidinibus!

numeri elegiae xi: 6·4·4; | 4·6·4; ‖ 4·4·6; | 4·6·4.

---

39. deminuo NμυpBHC: de nimio R: diminuo FVo. | cur an Vo. ‖ **40.** huic]
nunc F₁Vo. | [mallus Vo.] | quoi c¹ (*cf. u.* 33): qui c²Vo.R ‖

xi. *noua elegia in* Ω. *titulus* ad cynthiam de (a)emulo. *de ordine in* c³ *turbato uide
praefat. p.* 14.
1. Precor F | illir. NFc¹: yllir. BH: ilir. c² ‖ **3.** ceranno Bc³: cerahuno c¹c² ‖
4. ah NRc³: ha FBHVo.: et c¹c² (*cf. Ell. Lib.* iv, iv, 11) | neptunne c¹c² ‖ **7.** quare]
spolia c¹c² (*i.e. glossema ad* messes *scriptum*): quare, -re *in ras.* c³₂ | oblitas c² |
messtes N *primo* ‖ **8.** est *v*: [stoll. Vo.] ‖ **9.** ubi] cui F₁ | [consumptio c¹] | restabat
BH₁ ‖ **10.** alias *codd.*: dites c¹c² (*quod possis legere*) | mauicet c³ | illir. NF: yllir.
BHc³: ylir. c¹c² ‖ **11.** curat] quaerit C ‖ **12.** anidrorum c¹ | una *codd.*: unda c¹:
illa *v*R: illẹa Vo. ‖ **13.** tu] ni R | sucurre N: succure Vo. ‖ **14.** et H | menbra Nc¹c⁴ ‖
numeri docent et strophae nihil hic de ordine uersuum mutandum. uu. 13, 14 *ad
uu.* 1–6 *spectant, uu.* 11, 12 *ad uu.* 7–10; *uersibus* 13, 14 *respondent antistrophae uu.*
27, 28, *ibi ad uu.* 15, 23, 24 *spectantes.*

15   Ergo muneribus quiuis mercatur amorem?   [B. (b)
           Iuppiter, indigna merce puella perit.
        semper in Oceanum mittit me quaerere gemmas
           et iubet ex ipsa tollere dona Tyro.
        atque utinam Romae nemo esset diues, et ipse   (a)
20   straminea posset dux habitare casa!
        numquam uenales essent ad munus amicae,
           atque una fieret cana puella domo;
        numquam septenas noctes seiuncta cubares,
           candida tam foedo bracchia fusa uiro.

25   non quia peccarim (testor te), sed quia uulgo   (b)
           formosis leuitas semper amica fuit,
        barbarus excussis agitat uestigia lumbis
           et subito felix nunc mea regna tenet.

        Nullane sedabit nostros iniuria fletus?   [C. (b)
30   an dolor hic uitiis nescit abesse suis?

---

15. qui uis N*v*Hc¹ | mereatur c³ | amicam FBH || **16.** Iupiter NFBHVo.c³ |
marce *v*₁: indignam circe R: [indignum *Itali, Palmerius*] | puela N *primo* || **17.** *uocis
accentus in* me *ponatur* | occeanum *codd.*: occeano C | mitt (*sic*) N: [mictit c²: micti
c¹] | gemas BH: genīas F || **18.** ipso Ω, *corr. Itali* | [tiro c¹: thiro c²] || **20.** posset
om. BH₁ || **21.** adminus F₁: admunus H || **22.** aeque c³ | caua F | domo] uiro F *in
ras.* || **23.** numquam *Palmerus*: non quia (*ex u.* 25) Ω | seuincta NB: semucta F₁:
se iuncta C: se uincta HVo.R | cubares c³₁ *Itali* ⌐: cubaris *codd.*: curabis F₁ ||
24. fedo N: fero F₁: pheɓdo Vo. | brach. c³ || **25.** peccarim Ω || **26.** formosas c³ ||
27. barbaris c³ | excussis *Itali*: exclusis *codd.*: exclusit N: ex clusis Vo. | limbis
c¹c³₁ *Laur.* 33, 14, ⌐: lembis *Voss.* 13 || **29.** nulla ue F₁ | se dabit NFc¹ || **30.** an *codd.*:
& H: a *Lachmannus* | auitiis c²: aūciis c¹ | ab esse F ||

tot iam abiere dies, cum me nec cura theatri
　　nec tetigit campi, nec mea mensa iuuat.

at pudeat certe, pudeat! nisi forte, quod aiunt,　　　　(b)
　　turpis amor surdis auribus esse solet.
35　aspice quid donis Eriphyla inuenit amaris,
　　arserit et quantis nupta Creusa malis.
cerne ducem, modo qui fremitu conpleuit inani　　　　(a)
　　Actia damnatis aequora militibus:
hunc infamis amor uersis dare terga carinis
40　　iussit et extremo quaerere in orbe fugam.
Caesaris haec uirtus et gloria Caesaris haec est:
　　illa qua uicit condidit arma manu.

Sed quascumque tibi uestes, quoscumque smaragdos,　[D. (b)
　　quosue dedit flauo lumine chrysolithos,
45　haec uideam rapidas in uanum ferre procellas;
　　quae tibi terra, uelim, quae tibi fiat aqua!

———

31. abire c³ | quom c¹c² | me *om.* c¹c² | teatri Fc³ ‖ **32.** campi *supra lineam* N₁ ‖
33. at] ha Vo. | ni R: *om.* Vo. | quid B | ament F₁ ‖ **34.** sordis c¹ | solet, s *ex* d
corr. Vo. ‖ **35, 36,** *qui in codd. post u. 28 exstant, post u. 46 traiecit Caruttius,
etiam Postgatius; huc adiuuantibus numeris ego* ‖ **35.** eriphile Vo.: eriphia c¹ ‖
36. asserit Vo.: arseris c¹ | cinusa F₁ ‖ **37.** flemitu H₁ | ꝯpleuit Fc¹c²: cō. Vo.c³:
comp. *codd.* ‖ **38.** [dampn. c²c⁴pR] ‖ **39.** nunc *v*₁c²Vo.R | insanus F₁ *primo* | terra c¹ ‖
40. iubsit c² ‖ **41.** et gloria *om.* c¹ *relicto spatio*: cesaris gloria F₁ ‖ **42.** uic̄ (*sic*) c¹c² ‖
44. quo sue dedit flauos H₁: quos flauos dedit Vo. | flauos F₁ | chrisolithos Nμνρ:
chrisolitos Rc²c³: crisolitos F₁BH: chrisolidos c¹: herysolitos Vo. ‖ **45.** inuanum Vo.:
muanus c¹ | fere Vo. ‖ **46.** terra] tecta c¹ | fiat Vo.: fiet *cett.* ‖

non semper placidus periuros ridet amantes　　　　　(a)
　　Iuppiter et surda neglegit aure preces.
uidistis toto sonitus percurrere caelo
50　　fulminaque aetherea desiluisse domo;
non haec Pleiades faciunt neque aquosus Orion
　　nec sic de nihilo fulminis ira cadit;—
periuras tunc ille solet punire puellas,　　　　　　(b)
　　deceptus quoniam fleuit et ipse deus;
55　quare ne tibi sit tanti Sidonia uestis
　　ut timeas quotiens nubilus Auster erit.

　　　　　　　　　xii　　　　　　　　　　[II, xvii]

Mentiri noctem, promissis ducere amantem,　　　　(a)
　　hoc erit infectas sanguine habere manus!
nunc iacere e duro corpus iuuat, impia, saxo,
　　sumere et in nostras trita uenena manus;
5　horum ego sum uates, quotiens desertus amaras
　　expleui noctes fractus utroque toro.

numeri elegiae xii: 6.6.6.

---

47. ridet] iret C ‖ 48. iupp. c¹R: iup. NFBHc²c³Vo. | neglit F *primo* | pręces Vo. ‖
50. (a)etherea *codd.*: eterea c³: eterna c¹c² | diss. CR ‖ 51. peliades BHR: pleieades
Vo.: pheides c¹: pliades c³ | fatiunt Nc³ | aquosius Vo. | onon Vo. ‖ 52. nichilo F:
denichilo H | fluminis c³ ‖ 53. ille] esse F₁ ‖ 54. et *om.* c¹ ‖ 55. Qǫuare Vo. | tibi ne
c¹c² | syd. BHc¹c³ ‖ 56. nubillus Vo.: nubibus C | hauster Vo. ‖

xii. *noua elegia in* Ω. *titulus* de exclusione.
1. Mentiris Vo.: Mentitis c¹: Lentius c² | ducere Ω | amantes c² ‖ 2. in fectas B ‖
3, 4 *in codd. post u.* 14 *exstant; traiecit Housmannus* ‖ 3. eduo c¹: eduro c²: e *om.* H:
induro R | imp. *codd.*: ɪpia FVo. ‖ 4. summere Vo.c² | tetra BH: tricta c¹: tuta R:
trista c³₁ | minus H₁ ‖ 6. explicui c¹ | fractas B | thoro Ω ‖

     uel tu Tantalea moueare ad flumina sorte,   (a)
        ut liquor arenti fallat ab ore sitim,
     uel tu Sisyphios licet admirere labores,
10   difficile ut toto monte uolutet onus,
     durius in terris nihil est quod uiuat amante
       nec, modo si sapias, quod minus esse uelis.

     quem modo felicem inuidia lacrimante ferebant,   (a)
       nunc decimo admittor uix ego quoque die;
15   nec licet in triuiis sicca requiescere luna
       aut per rimosas mittere uerba fores.
     quod quamuis ita sit, dominam mutare cauebo:
       tum flebit, cum in me senserit esse fidem.

xiii   [ii, xviii]

   Adsiduae multis odium peperere querellae;
     frangitur in tacito femina saepe uiro.
   siquid uidisti, semper uidisse negato;
     aut siquid doluit forte, dolere nega.

explicit quaternio quintus

---

8. ut] uel Vo. ‖ 9. uel] ut c^1 | sisiph. FC: si siph. BH ‖ 10. tuto F *primo* | uelut et c^2 | honus c^2 ‖ 11. nichil F | uiat F_1R_1: iuuet c^2 ‖ 12. hec c^2 ‖ 13. quem modo si sapies quod minus esse uelis c^1 (*ex u.* 12) | infelicem c^2 | admirante inuidia F_1 | lacrimante *Housmannus, coll. Ouid. Met.* ii, 796: admirante Ω (*ex u.* 9) ‖ 14. āmictor c^1: admictor c^2: admitor Vo.: admiror R ‖ 15. luna] gena c^1c^2 ‖ 16. perimosas N: perrimosas Vo. | rimosos c^1: rimossos c^2 | mictere c^1c^2 ‖ 18. Cum flebit tum BH | cum] quom c^1c^2 ‖

xiii. *noua elegia in* Ω. *titulus* ad cynthiam.

1. ass. Ω: assiduū ẹ F_1: iss. c^3 (*rubricator*) | perere N_1 *primo* | querel(a)e NFCR: querell(a)e BHVo. ‖ 2. [frangitus c^1: frangit' c^2] | uiuo c^3 ‖ 3. quod BH | uidistis N ‖ 4. dolore c^1c^2 ‖ *post hunc u. lacunam indicauit* C. Rossbergius, *in codd. sequuntur* x, 23–40 ‖

incipit quaternio sextus

[*desunt elegiae* xiii *uu.* 5–20]

[desunt elegiae xiii *uu.* 21–32]

xiv

[desunt elegiae xiv *uu.* 1–4]

[A. (a)

numeri elegiae xiv: [4] ·6, 6·4; | 6·4, 4·6.

5   hoc erat in primis quod me gaudere iubebas?   (b)
       tam te formosam non pudet esse leuem?
    una aut altera nox nondum est in amore peracta,
       et dicor lecto iam grauis esse tuo.
    me modo laudabas et carmina nostra legebas;
10   ille tuus pennas tam cito uertit amor?

    contendat mecum ingenio, contendat et arte,   (b)
       in primis una discat amare domo;
    si libitum tibi erit, Lernaeas pugnet ad hydras
       et tibi ab Hesperio mala dracone ferat,
15   taetra uenena libens et naufragus ebibat undas
       et numquam pro te deneget esse miser.

    quos utinam in nobis, uita, experiare labores!   (a)
       iam tibi de timidis iste proteruus erit,
    qui nunc se in tumidum iactando uenit honorem.
20   discidium uobis proximus annus erit.

---

xiv. **5.** *initio manca elegia in codd. post Ell. Lib.* I, xxvi, 30 *folii* 55 *b* [= II, xxiv, 16]
nullo interstitio exstat; separauit Scaliger | erit N: [hocerat imprimis c^1 | inprimis
c^2Vo.] || **6.** tan Vo. | formosa BHL || **7.** aut] nec H | nundum Vo.: non dum R:
non c^1c^2 || **10.** poennas H | iam c^1c^2 || *ante u.* 11 *lacunam indicauerunt L. Muellerus et
Postgatius; at riualis mentionem olim praebebant uu.* 1–4 || **12.** imprimis FBHR:
inpr. Lc^1c^2 || **13.** pugner B: pugnat F, L *primo* | ad ydras FHLc^3: ad idras c^1:
adidras c^2 || **14.** esper. L: exper. $F_1c^1c^2c^3$ || **15.** terra F_1BH$_1$L: tetri c^1 *primo*: tertia R:
trita *Heinsius* | bibens BH | edibat Vo. || **16.** nunquam N || **17.** quis c^3_1: quo B |
ui^{c}ta F | esper. Vo. || **18.** tam c^1R | proternus H$_1$ || **19.** se *om.* $c^1c^2c^3$H | tumide F:
timidum c^3 | [se in tumidum *om.* R] || **20.** diss. Vo.c^2 | nobis F_1BHLR ||

At me non aetas mutabit tota Sibyllae,   [B. (b)]
   non labor Alcidae, non niger ille dies.
tu mea conpones et dices 'ossa, Properti,
   haec tua sunt: eheu, tu mihi certus eras,
25 certus eras, eheu, quamuis nec sanguine auito
   nobilis et quamuis non ita diues eras.'

nil ego non patiar, numquam me iniuria mutat;   (a)
   ferre ego formosam nullum onus esse puto.
credo ego non paucos ista periisse figura,
30   credo ego sed multos non habuisse fidem.

paruo dilexit spatio Minoida Theseus,   (a)
   Phyllida Demophoon, hospes uterque malus;
⟨*et modo*⟩ Iasonia uecta est Medea carina,
   et modo seruato sola relicta uiro.

35 dura est quae multis simulatum fingit amorem,   (b)
   et se plus uni siqua parare potest.

---

21. at] aut c¹ | sibill. NFBHLC: sybill. Vo.R ‖ **22.** arcide c³ ‖ **23.** tum R₁ *Baehrensius* | me *Porsonus* | cūpones c³ ‖ **24, 25.** eheu NµυpF₁BL: e heu H₁: heu heu C, Vo.RH₂ *corr.*: (**24**) heu F (*man. aequalis pro u. l.*) | mi c³ | carus c¹ ‖ **26.** nauita Ω, *corr. Pontanus*: haut ita *Heinsius* | eras, -as *ex corr.* c³ ‖ **27.** [Nichil c²: Hihil c¹: Niḥil c³ *corr.*] | patior Vo. | numquam] nᵗ c² ‖ **28.** nullus c¹ | honus c² ‖ **29.** perisse N₁R: peperisse FBH₁L (*in* F pp *ante deletis*) ‖ **31.** paruuo N | spac. BR | minoyda Vo.c¹c²: mynoida BH: minorda F₁ *primo*: minodoia R ‖ **32.** phill. *codd.*: fill. F: phil. c³ | demophon FBHLVo.c¹c²c³ | ospes c³ ‖ **33.** ⟨et modo⟩ *ob repetitionem*

                               ia

deperditum suppleui; uide Cynth. xii, 4 *et codd. ad u.* 34: iam tibi Ω | sonia H: nasonia R | nota *codd.*: nata c¹c²: uecta *Heinsius*: '*iam tibi nota est*' *ut Lydia,* 49:

    haec quoque praetereo: notum Minoidos astrum,
    quaeque uirum uirgo, sicut captiua, secuta est |

sed non deprecatur noster nequid de Medea dicatur; immo praeclarissimum adducit exemplum ‖ **34.** seruato NµυplCRgd, *Laur.* 33, 14 (*cf. Ouid. Her.* xii, 173): esonio BH (*ex u.* 33, et modo Iasonia): *om.* F₁L, *nullo spatio relicto*: fallaci Vo.₁F *corr. man. aequalis*: ab infido Pƒ ‖ **35, 36** *hic alienos esse crediderunt Scaliger, C, Rossbergius, Postgatius, alii; ut opinor, uersibus* 1–4 *respondebant* (*cf.* 11) ‖ **35.** multum simulatis figit H ‖ **36.** et] e F *primo* ‖

noli nobilibus, noli conferre beatis;
　　uix uenit, extremo qui legat ossa die.
hi tibi nos erimus; sed tu potius precor ut me
40　　demissis plangas pectora nuda comis.

　　　　　　　　　XV　　　　　　　　[II, xxvi]

Vidi te in somnis fracta, mea uita, carina　　　　[A. (a)
　　Ionio lassas ducere rore manus,
et quaecumque in me fueras mentita fateri,
　　nec iam umore graues tollere posse comas,
5　　qualem purpureis agitatam fluctibus Hellen,
　　aurea quam molli tergore uexit ouis.

quam timui, ne forte tuum mare nomen haberet　　(b)
　　atque tua labens nauita fleret aqua!
quae tum ego Neptuno, quae tum cum Castore fratri,
10　　quaeque tibi excepi, iam dea, Leucothoe!

quod si forte tuos uidisset Glaucus ocellos,　　[B. (b)
　　esses Ionii facta puella maris,

numeri elegiae xv: 6·4; 4·6.

---

37. confere Vo.: conferre *bis* H ‖ **38.** ligat c² ‖ **39.** Hi NμυpBHLR: Hii F: li Vo.: Hic c¹c²c³₁: ii c⁴ | erimus *om.* c¹ | tu *om.* c¹c² | prece B ‖ **40.** demissis, d *in ras.* N₁ (*uersum totum in ras.* c³₂) ‖

　xv. (*inter* xiv *et* xv *in codd. exstant* II, xxv, 1–48 [= *Ell. Lib.* II, xvii, 1–48].) *noua elegia in* Ω. *titulus* som(p)nium de amica.

1. uidi te Ω: uidi ego et p, *et* 1F *corr. man. recentiores* | insomnis c¹: insompnis NF: in somniis c³ | me c² ‖ **2.** onio N: yonio BH | lassa c¹ ‖ **3.** fueris F₁LVo. ‖ **4.** Hec c¹c²c³ | humore Ω ‖ **5.** agitaui F₁ : agitauit L: agitaram (*ut uid.*) Vo. | helen HR: hellem c²: hellam c¹: helem c³ ‖ **6.** area c² | quam] tam *Postgatius*: cum *Heinsius* | tergere nescit R | ouis] honus c² ‖ **7.** timui] tuum F₁ | hrēt c³ ‖ **8.** atque] teque *Heinsius* ‖ **9.** quem F₁LVo. | cum Lc²: tfi R | quem FVo.: quam H | cum c²: *om.* R *primo* | quae tum] q̄tum c¹c³: quantum L | fr̄ (= *frater*) R: ferri FH₁L ‖ **10.** quemque Vo.: que *om.* c¹c²c³ | excoepi c¹ | diua c¹c²c³ | euchothoe N: leuchotoe c³: leucotoe BH: leuchatoe c²: *om.* R ‖ **11.** tuuos H ‖ **12.** esset c² | iɳonii c³ *corr.* | fracta c³ *corr.* ‖

et tibi ob inuidiam Nereides increpitarent,
    candida Nesaee, caerula Cymothoe.

15   at tu uix primas extollens gurgite palmas   (a)
    saepe meum nomen iam peritura uocas.
sed tibi subsidio delphinum currere uidi,
    qui, puto, Arioniam uexerat ante lyram;
iamque ego conabar summo me mittere saxo,
20   cum mihi discussit talia uisa metus.

xvi

Nunc admirentur quod tam mihi pulchra puella   [A. (a)
    seruiat et tota dicar in urbe potens!
non, si gaza Midae redeant et flumina Croesi,
    dicat 'de nostro surge, poeta, toro.'
5   nam mea cum recitat, dicit se odisse beatos;
    carmina tam sancte nulla puella colit.

multum in amore fides, multum constantia prodest;   (b)
    qui dare multa potest, multa et amare potest.

---

13. pre inuidia Vo.: ob *om.* c^4 | nereydes FBH: nerreides c^2: nereidos c^1 | increpitaret c^1c^2 || **14.** nisee *codd.*: niseae NHVo.Rc^3: rasce c^1 *primo: corr. Itali, Fruterius* | cim. Vo.: crom. c^2: cimmothoe c^1 || **15, 16** *in codd. post u.* 10 [Leucothoe] *exstant; huc (post* Cymothoe) *traieci, post u.* 18 *Heimreichius, Baehrensius* || **15.** ac BH | tui c^3_1 | **17.** delf. $c^1c^2c^3$ | currere Vo. || **18.** quam N: quod L | arrion. L: irion. H: orion. c^1c^2 | uexarat c^2: uexeiat c^1 | lir. Fc^1c^2 || **19.** conabor $c^1c^2c^3_1$ | summo me *om.* L: sumo c^2 | mictere $F_1c^1c^2$ || **20.** quom c^1 | uissa N | [moetus c^3] ||

xvi. *cum praecedenti in codd. cohaeret; separauit Burmannus.*

1. Hunc c^1c^4 | pulchra BH || **2.** dicaṭur H || **3.** gaza Midae, *Palmerus et Housmannus, coll. Statio, Silu.* v, i, 60, I, iii, 105, *digne Midae Croesique bonis et Perside gaza*: cambis(a)e Ω | redeat Vo. | et flumina] influmina c^1c^2 | croesi Fc^1: cresi c^2R: chroesi NBHLc^3: creosi Vo. || **4.** surgat F *primo* | peta c^3_1 | thoro *codd.*: toro Vo. || **5.** me cum c^2: mecum c^1 | recitat *om.* c^3_1 | dicit *om.* c^2 | audisse F_1 | beatas c^1c^3: puellaȝ c^2 (*ex u.* 6) || **6.** tan Vo. | sanctae NR | coḷlit Vo. || **7, 8** *hic alienos censuit Postgatius; at desunt cetera* ||

[*desunt* xvi *uu.* 9–24]

[*desunt* xvi *uu.* 25–36]

xvii

[A. (a)

[*desunt* xvii *uu.* 1–4]

numeri elegiae xvii: (4)·8; 8·4.

[II, xxix]
(b)

5 mane erat, et uolui si sola quiesceret illa
      uisere; at in lecto Cynthia sola fuit.
   obstupui: non illa mihi formosior umquam
      uisa, neque ostrina cum fuit in tunica
   ibat et hinc castae narratum somnia Vestae,
10   neu sibi neue mihi quae nocitura forent.
   talis uisa mihi somno dimissa recenti.
      heu, quantum per se candida forma ualet!

   'Quo tu matutinus,' ait, 'speculator amicae?   [B. (b)
      me similem uestris moribus esse putas?
15 non ego tam facilis; sat erit mihi cognitus unus,
      uel tu uel siquis uerior esse potest.
   adparent non ulla toro uestigia presso,
      signa uolutantis nec iacuisse duos.
   aspice ut in toto nullus mihi corpore surgat
20   spiritus admisso notus adulterio.'

---

xvii. **5.** *hinc incipit noua elegia in* c²; *in* c¹ *spatium miniaturae relictum; in cett.*
codd. xvii, 5–xviii, 12 *cohaerent et cum praecedentibus* (xx, 24) *et cum sequentibus* (xix, 13).
hinc incipere elegiam uoluit Guyetus, quem secutus est Butlerus (*in ed. Loeb.*). *docent*
numeri deesse uersus iv || **5.** et *om.* BH || **6.** at *codd.* (*quod uu. olim* 1–4 *respondebat*):
aut L || **7.** ostipui F₁ || **8.** nec C | obstr. c²c³ | quom c¹ | fuit Ω || **9.** huic LVo.p₁ |
narrabat F || **10.** neu c¹R: non Vo. | neuq; c¹c²c³: neu ne R || **11.** dimissa *Itali* c⁴
Lipsianus; Guyetus, Schraderus: demissa Ω (*cf.* vii, 25) || **12.** heu] *cf. Ell. Lib.* IV, ii, 94.
en L. *Muellerus*: o *Schraderus* || **13.** quo C; *Beroaldus, Broukhusius*: quod NμυpFBHL:
quid Vo.: quam (Q̃) R | matutinis HVo.: matutimis L | amicae Np: amice *cett.* ||
15. tan Vo. | erat c³ || **17.** app. Ω | thoro *codd.*: toro Vo. | presso Vo.: p̂sso R: p̂xo c²:
pressa F || **18.** uolutantis μυplL: uoluntatis NFBH₁: uoluptatis CVo.R: uoluntantis
F (*man. aequalis pro u. l.*) | nec] non FVo. || **19.** asp. Ω || **20.** ad misso F | motus *Mar-*
cilius; Heinsius, Marklandus: natus *Dousa pater* | (*signum interrogationis ponit* F) ||

dixit, et opposita propellens sauia dextra   (a)
   prosilit, in laxa nixa pedem solea.
sic ego tam sancti custos deludor amoris;
   ex illo felix nox mihi nulla fuit.

xviii   [II, xxx]

Quo fugis, a, demens? nulla est fuga; tu licet usque   [A. (a)
   ad Tanain fugias, usque sequetur Amor.
non si Pegaseo uecteris in aere dorso,
   nec tibi si Persei mouerit ala pedes;
5 uel si te sectae rapiant talaribus aurae,
   nil tibi Mercurii proderit alta uia.

instat semper Amor supra caput, instat, amanti   (a)
   et grauis ipse super libera colla sedet;
excubat ille acer custos et tollere numquam
10   te patietur humo lumina capta semel.
   et iam si pecces, deus exorabilis ille est,
   si modo praesentes uiderit esse preces.

numeri elegiae xviii: (?) 6·6·(4; | 6·4·6).

---

21. sania C : suauia Vo.R | dextra *Itali*, gdc^4 : nostra Ω : ueste *Corsinianus, Lipsianus* ‖
22. proxilit c^1 : prosi$\underset{1}{x}$it Vo. | inlaxa c^1 : in lassa c^2 : in saxa *codd.* : in laxa *Itali* |
nissa c^2 ‖ 23. saucti F | custos Vo.c^{4}ϛ : custode *codd.* : custodis Fg *corr.* : custodes
Lipsianus | deludor *Palmerus (olim)* : reludor N : recludor *codd.* : rector FLpl$_1$ |
[custo^s deludor *in* custode' ludor *corruptum erat*] ‖ 24. nox *Itali*, c^{4}ϛ : non *codd.* ‖

xviii. *noua elegia in* NμυlCRdg. *titulus* ad Cynt(h)iam *in* μυc^{3}d. *cohaeret cum
praecedentibus in* FBHLVo.p.

1. ah *codd.* : ha FBHLVo. | usque] u$_3$ c^1 : us$_3$ c^2 : q̅$\overset{us}{;}$ H ‖ 2. at c^3 | tanain Npl :
thanain *v* : thanay̅ R : tanaim c^{2}c^4 : canaim c^1 : tantam FBHLVo.c^3 | sequatur c^1 ‖
3. necteris L : ueteris H$_1$R | acre c^1 ‖ 5. septe c^{1}c^2 ‖ 6. mercuri Npl : mecurii c^3 |
alia F *primo* ‖ 8. [ipsa *Beroaldus*] ‖ 9. escubat F$_1$ | pellere c^3$_1$ ‖ 11. preces c^{1}c^2 ‖
12. esse] ille Vo. ‖

[*desunt* xviii *uu.* 13–28]

[*desunt elegiae* xviii *uu.* 29–32]

xix

[*desunt elegiae* xix *uu.* 1–12]

numeri elegiae xix: (8, $\widehat{4\cdot)6}$; | $\widehat{4\cdot6}$, 8.

[II, xxx]
(c)

　　　ista senes licet accusent conuiuia duri;
　　　　nos modo propositum, uita, teramus iter.
15　illorum antiquis onerantur legibus aures:
　　　　hic locus est in quo, tibia docta, sones,
　　　quae non iure uado Maeandri iacta natasti,
　　　　turpia cum faceret Palladis ora tumor.

　　　Vna contentum pudeat me uiuere amica?　　　　[B. (b)
20　　　hoc si crimen erit, crimen Amoris erit.
　　　mi nemo obiciat. libeat tibi, Cynthia, mecum
　　　　rorida muscosis antra tenere iugis.

　　　illic aspicies scopulis haerere Sorores　　　　(c)
　　　　et canere antiqui dulcia furta Iouis,
25　ut Semela est conbustus, ut est deperditus Io,
　　　　denique ut ad Troiae tecta uolarit auis.
　　　quod si nemo exstat qui uicerit Alitis arma,
　　　　communis culpae cur reus unus agor?

---

de xix *et* xx *ante* xxi–xxiii *ponendis uide praefat. pp.* 40, 41.

xix. 13 *seqq. in codd. post* xviii, 12 *nullo interstitio exstant; separauit Heimreichius.*
deesse non minus 8 + 4 *uersus docent numeri* ‖ **13.** senes] semel c²R: senex BH₁ |
[acus. c²: accuss. H] ‖ **14.** terramus c³ ‖ **15.** onerantur NμυρlFL: onerentur BHVo.c¹c³,
fortasse recte: honerentur c²c⁴: orientur R ‖ **16.** tybia N: tibi iam BH: tibi Lp |
senes Lc⁴: senet F₁: sonet Vo. ‖ **17.** menandri *codd.*: meandri plVo.gdϛ: meneandri
H | natasti, *fortasse ex not- corr.* c³₁ ‖ **18.** quom c¹ | palladis Nc²₁gd: pallidis c¹c⁴:
palidis c³: pallidus *cett.*| hora H | tumor *codd.*: timor FVo.R. ‖ *Hic sequuntur in*
codd. uersus quattuor [II, xxx, 19–22] *quos alienos esse censuerunt edd. multi. ad*
Ell. Lib. II, vi, 29–32 (*fol.* 66 a) *traieci* ‖ **19.** amicha F ‖ **21.** memo N *primo* | deiciat
c¹c² ‖ **22.** rorida *codd.*: lorida L: rusida c¹: roscida Vo.c⁴ϛ | antria H | detenere N₁:
de rege μυ: tedere Lp: subire R *Mentelianus* ‖ **23.** asp. Ω | erere F *primo* ‖ **25.** et
F₁c⁴ | semela NVo.c³g₁d: semel a BH₁: semel FLc¹: semele c²c⁴ϛ: semelē R |
comb. Ω | ut dependitus yo (*sic*) c² ‖ **26.** troye BLc¹: Trois *Ruhnkenius* | uolarit
c²Vo.Rgd: uolari N₁: uolaris c¹c³: uolaret FBHpc⁴: uolares L ‖ **27.** exstat] obstat Vo.:
ē c²: ext. *codd.* | alitus c³₁ ‖ **28.** comunis Hc³: cominus B | quor c¹: cū R | rebus c³ ‖

nec tu Virginibus reuerentia moueris ora :   (a)

30   hic quoque non nescit quid sit amare chorus,
si tamen Oeagri quaedam conpressa figura
Bistoniis olim rupibus accubuit.
hic ubi me prima statuent in parte choreae
et medius docta cuspide Bacchus erit,

35   tum capiti sacros patiar pendere corymbos :
nam sine te nostrum non ualet ingenium.

XX   [II, xxix]

Hesterna, mea lux, cum potus nocte uagarer   [A. (a)
nec me seruorum duceret ulla manus,
obuia nescioquot pueri mihi turba minuta
uenerat : hos uetuit me numerare timor.

5   quorum alii faculas, alii retinere sagittas,   (b)
pars etiam uisa est uincla parare mihi ;
sed nudi fuerunt. quorum lasciuior unus
' arripite hunc ' inquit ; ' iam bene nostis eum ;

numeri elegiae xx : 4, $\widehat{6 \cdot [2]}$; | 4, $\widehat{6 \cdot 2}$

---

29. hec c¹ | hora c¹ ‖ **30.** noscit c¹c³Vo. | [qd c³] | scit F ‖ **31.** s ; N (= *sed*) | oea g N (= *oea igitur*) : agni μv_1 | comp. Ω | figurae *Housmannus* ‖ **32.** Bisc. c¹B *primo* : Bisch. B *corr.* : Bibch. L | rapibus L : rubibus c² *primo* | occub. c¹ : acc. *codd.* ‖ **33.** coree c¹ : cotreę R ‖ **34.** et] te H | bachus NBLc²R : baccus F : bacus c³ ‖ **35.** capiti] campi FBHL | corimb. Fc³ : corunb. H : cornubes *in os corr.* B₁ : chor. c² ‖

xx *in codd. post Ell. Lib.* I, vii, 28 (= *fol.* 34 *b*), *ante* I, xvii, 5 (= *fol.* 45 *a*), *exstat. noua elegia in* NμυplBHLgdCR ; *titulus ad cynthiam in* μυd, *somnium in* c³. *in* FVo. *cohaeret cum praecedentibus.*

1. hesterna *codd.* : hext. Vo. : esterna c¹ : externa c² : esc. c⁴ | mea *codd.* : modo FLVo. | quom c¹c² | portus c² : pontus R | uagaret F : uagares c² : uagare̅ R ‖ **2.** mea c¹ | ducet c¹ : [duc̅et c²] ‖ **3.** mihi *et post* obuia *et post* pueri c¹c²c³ | puri BHL₁ ‖ **4.** hoc *codd.* : hos Vo.Rc⁴gdꞇ | munerare B ‖ **5.** sagipt. c¹c² : sagict. c⁴ ‖ **6.** paro c¹ ‖ **7.** fuerant Ω, *corr. Heinsius* | laciuior F *in ordine* | unus] iniquus c³ ‖ **8.** arr. *codd.* : accipite c¹c²c³ | iam N : nam *cett.* | notis c² | eum Ω ‖

hic erat, hunc mulier nobis irata locauit.'
10   dixit, et in collo iam mihi nodus erat.

.   .   .   .   (c)

.   .   .   .

Hic alter iubet in medium propellere, at alter: [B. (a)
'intereat qui nos non putat esse deos!
15   haec te non meritum totas exspectat in horas,
at tu nescioquas quaeris, inepte, fores.

quae cum Sidoniae nocturna ligamina mitrae   (b)
soluerit atque oculos mouerit illa graues,
adflabunt tibi non Arabum de gramine odores,
20   sed quos ipse suis fecit Amor manibus.
parcite iam, fratres,—iam certos spondet amores;
et iam ad mandatam uenimus, ecce, domum.'
atque ita mi iniecto dixerunt rursus amictu: (c)
'i nunc et noctes disce manere domi.'

xxi   [II, xx]

Quid fles abducta grauius Briseide? quid fles   [A. (a)
anxia captiua tristius Andromacha?

numeri elegiae xxi: 8·4, 6; | 6, 8·4.

---

9. errat c^1c^2 ‖ **10.** dixerat Vo. | colo Vo.: cęlo H_1 | nudus BHL: *om.* R ‖
11, 12 *excidisse iam ex u.* 23 *suspicatus est Butlerus; quod confirmant numeri et u.* 13.
in hunc modum sensum possis refingere et homoeoteleuton. ⟨*tunc alius 'spoliemus' ait;*
'*fugitiue, latebas?' nec mora, detracto tegmine nudus eram*⟩. *qui enim sunt* alter,
alter (13), *nisi duo e pueris iam indicati? cur iniciunt rursus amictum* (23), *nisi prius*
spoliauerunt? ‖ **13.** at NBL: aut H_1: et *cett.* ‖ **14.** interea c^1: intrat $\mu\upsilon_1$ | puta c^3 ‖
15. hoc Vo. | espect. c^2: exp. *codd.* ‖ **16.** inempte N ‖ **17.** quom c^1 | syd. N | [noturna
sidonia c^2] ‖ **18.** occulos Vo. | nouerit c^1 ‖ **19.** adfl. N$\mu\upsilon$plFLc^1: affl. BHVo.Rc^2:
adfab. c^3 | gramine] flamine c^2 ‖ **20.** quod F ‖ **21.** spondit F_1 ‖ **23.** mi *Heinsius:*
me Ω | iniecto *Italî*, c^4gdς: inlecto c^1: in lecto *cett.* | dixerunt F_1R; *Heinsius:*
duxerunt *cett.*| amictu *codd.*: amictum c^1c^2 | [in tectum duxerunt rursus amicae
Gul. Fischerus] ‖

xxi–xxvii *in codd. post* I, viii, 32 (*fol.* 35 *b*) *exstant.* xxi *cohaeret cum prae-*
cedentibus in FHc^4_1; *in cett. noua elegia. titulus ad* cynt(h)iam *in* B_1c^4 *corr.*, c^3; *sed*
hic uersum uacuum non reliquit.
1. quod FBH$_1$ | adducta c^2 | grauis N_1 *primo*, R ‖ **2.** tristius] grauius $c^1c^2c^3$ |
andromaca F ‖

quidue mea de fraude deos, insana, fatigas?
quid quereris nostram sic cecidisse fidem?
5   non tam nocturna uolucris funesta querella
Attica Cecropiis obstrepit in foliis,
nec tantum Niobae bis sex ad busta superbae
lacrima sollicito defluit a Sipylo.

mi licet aeratis astringant bracchia nodis,   (b)
10   sint tua uel Danaes condita membra domo,
in te ego et aeratas rumpam, mea uita, catenas,
ferratam Danaes transiliamque domum.

de te quodcumque, ad surdas mihi dicitur aures;   (c)
tu modo ne dubita de grauitate mea.
15   ossa tibi iuro per matris et ossa parentis
(si fallo, cinis heu sit mihi uterque grauis!)
me tibi ad extremas mansurum, uita, tenebras;
ambos una fides auferet, una dies.

explicit quaternio sextus

---

3. -ue] ne c¹ | defraude c² | insane c¹: uexane c² ‖ 4. quereris c³ ‖ 5. noturna c² | querella BHVo.₁: querel. *codd.*: quer. c³ ‖ 6. actica *v*₁BHVo: articha c¹: anticha c² | cicrop. Fc²: cycr. BH ‖ 7. non Vo. | tautum N | niobe *codd.*: niobę c³ϛ: uiole F *primo* | bissex c¹: brises R | superbe *codd.*: superbę c³gd: superba *Itali* ‖ 8. sollicito lacrimas Nc¹c²c³R: sollicito (solicito Bc⁴: solitio H₁) lacrimans μυpFB(?)HVo.Pc⁴; *Housmannus*: (lachrimans l) | lacrima sollicito *ego*: *quod post Phillimorium ausus sum scribere* (lacrima *Horat.* C. IV, i, 34; lacrimulis, *Catull.* lxvi, 16; *sic quindecies* sacra, *semel* sacra *adhibet poeta. singularis pro plurali, ut* facilis spargi rosa, *Ell. Lib.* IV, ix, 42, gutta quoque ex oculis non nisi iussa cadet, IV, ii, 132; *Tibull.* I, iii, 71, serpentum Cerberus ore | defuit c²Vo.: depluit *Scaliger* | a Sipylo *Itali*: asyphilo NBHVo.c³: asyphylo c¹: asiphilo Fc²p: a siphilo R: os Sipylo *Housmannus* ‖ 9. me Ω: *corr. Itali, Baehrensius* | erratis F₁BH₁: aetatis c² | astr. *codd.*: abstringant BH: astringat Vo.: [abstr. err. (*hoc ordine*) H] | brachia Ω ‖ 10. sic c¹c², et c³₁ (*ut uid.*) | mea Ω: *corr.Santenus* | uel *codd.*: nec F: ued d₁: *om.* c¹c² | danaes BHc⁴c³₂, *in marg.*: danes N: damnes plP₁Vo.Rc¹c²c³₁: demes F₁ | ϙdita c²: odita c¹ | domo *codd.*: modo CVo.R ‖ 11. inte c³ | et (a)eratas NFC: et aeratis p: et erratas R: ferratas BHVo. | tua R | [uira c¹: iura R] | cath. BH₁c³: chat. c² ‖ 12. ferrata F | danaes NpFBH *corr.* Vo.c³c⁴: dannes P: damnes c¹c²R: damnaes H₁ | stasiliamque NVo.c³: scas. R: stas iliamque μυpFP: stasi liamque B₁H₁c¹: falsiliamque c²: *corr. Itali*, gdc⁴ϛ ‖ 13. assurdas c²: ad, surdas (d, *ex corr.*) c³ ‖ 15. uiro vc² ‖ 16. fallo μυpFHVo.c³: falso N₁Bc¹₁c²R | cinis heu heu B: heu cinis gd | mihi sit BH | utrunque μυ₁ ‖ 18. aufere c¹₁: aufert R | [fides, dies *inter se locum mutarunt in* c²] ‖

incipit quaternio septimus

Quod si nec nomen nec me tua forma teneret,   [B. (c)
20   posset seruitium mite tenere tuum.
septima iam plenae deducitur orbita lunae,
      cum de me et de te compita nulla tacent;
interea nobis non numquam ianua mollis,
      non numquam lecti copia facta tui.

25   nec mihi muneribus nox ulla est empta beatis: (a)
      quicquid eram, hoc animi gratia magna tui.
cum te tam multi peterent, tu me una petisti:
      possum ego naturae non meminisse tuae?
tum me uel tragicae uexetis Erinyes, et me
30   inferno damnes, Aeace, iudicio,
adque iecur Tityi uolucris, mea poena, uagetur,
      tumque ego Sisypheo saxa labore geram!

nec tu supplicibus me sis uenerata tabellis: (b)
      ultima talis erit quae mea prima fides.

---

19. quid c^2Vo.R: Qṓ́ c^1 ‖ **20** possem c^1c^2Vo. | mitte F$_1c^2$R | mitre c^1 ‖ *ad u.* 21 *in* c^1 *signum interstitii et spatium miniaturae relictum, in* c^2 *unius uersus spatium* (*cf.* xvii, 5): c^4 *in marg. habet titulum* ' ad cynthiam.' c^3 *continuat sine signo* ‖ **21.** deduč c^2 ‖ **22.** quom c^1 | deme c^3 ‖ **23, 24.** numquam (*uel* nunquam) Fc$^1c^2c^4$RgdP : unquam NBHVo.c^3 (*quod legentes, Keilius spurios uu.* 23, 24, *Baehrensius* ' alienissimos' *uu.* 21–24, *putabant*) ‖ **24.** fata H$_1$ ‖ **25.** noxula c^2: noxilla H | epta N ‖ **27.** quom c^1c^2 | te tam] te me tam F: metam BH$_1$: te iam $c^1c^2c^3$: tam te p | poterent c^1 | tu me] me *om.* c^2: tu *om.* R ‖ **29.** erinies Nc^{3}Bp *corr.*: herinies c^1c^2: erines H: erunes p$_1$: herynides Vo.: eriniens (*uel* erun.) F$_1$: erīnyles c^4 | *post* uel *omnia omittit* R | et] ne H ‖ **30.** [dampnes c^2c^4 | aeate c^1 | iuditio c^2Vo.] ‖ **31.** adque *Postgatius*: atque Ω | iecur *Darbishirius*: inter Ω | titii $c^1c^2c^3$BHR: ticii FVo.: cityi c^4: tycii N | volucres Ω: *corr. idem* | poena *om.* F$_1$ ‖ **32.** sysipheo Np: sisipheo $c^1_1c^2c^3$R: ysipheo F$_1$: hysipheo BH: sisyphio Vo. | sassa c^2: saxo c^3_1 ‖ **33.** supl. c^2: simpl. F$_1$ ‖ **34.** tallis Vo. | mea] me *in* mi *corr.* c^2 ‖

35   hoc mihi perpetuo ius est, quod solus amator
            nec cito desisto nec temere incipio.

                        xxii   [ii, xxi]

        A, quantum de me Panthi tibi pagina finxit,   [A. (a)
            tantum illi Pantho ne sit amica Venus!
        sed tibi iam uideor Dodona uerior augur?
        uxorem ille tuus pulcher amator habet.

5   tot noctes periere. nihil pudet? aspice, cantat   (b)
            liber; tu, nimium credula, sola iaces;
        et nunc inter eos tu sermo es: te ille superbus
            dicit se inuito saepe fuisse domi.
        dispeream, si quicquam aliud quam gloria de te
10   quaeritur: has laudes ille maritus habet.

        Colchida sic hospes quondam decepit Iason: [B. (a)
            eiecta est (tenuit namque Creusa) domo.
        sic a Dulichio iuuene est elusa Calypso:
            uidit amatorem pandere uela suum.

numeri elegiae xxii: 4·6; 4·6.

────────

35. haec...laus *Housmannus, post Baehrensii* laudes; *at non hic laudari curat poeta* ‖

xxii. *noua elegia in* Ω: *titulus* ad cynthiam de pantho (panthio BH).

1. A F: ah NCR: ha BHVo. | deme c^1c^2: dë panthi m̂e (*sic*) H | panti F_1c^3 ‖
2. panto F_1: panthone sit Vo. | auricha c^2 ‖ **3.** [iam u. d. iam uerior c^2] ‖ **4.** pulcer
FLC ‖ **5.** nectes c^3 | nihil] mihi C: nichit F_1L | pudet *om.* F_1L | cantat] cubat c^1c^2 ‖
6. nimium tu F_1 ‖ **7.** [en R | inter eos *om.* R] | te *om.* FBHL ‖ **8.** dicet Vo.: dici c^1c^2 |
se inuito *codd.*: se iuncto c^2c^3 : seiũcto c^1: se ũnto R | [domo Rc^4_1] ‖ **10.** ille] uĕ c^2 |
martitus N | habet] h- *solum a man. prima* c^3 ‖ **11.** cholch. Fc^2 | sit c^2 | condam FR:
quando N$_1$ *in ordine* (*in marg. corr.*) | yason c^1c^2: iasur̸ Vo. ‖ **12.** euecta Rc$^1c^2$: eiecit
(= *eicit*) *Housmannus* | est tenuis Ω, *corr. Itali*: Aesonia *Heinsius* (*Housmannus*) |
na͏q̃; *sic corr.* F *man. aequalis* | domo Ω ‖ **13.** adulichio NBHVo.c$^1c^2$: a d·uluchio L |
iuene F_1 | elusa NFBHLc$^1c^3$: delusa Vo.c^2: exclusa R | calypso FVo.: calipso *codd.*:
calipse R ‖ **14.** uidit] prodit F_1 | uella BHR ‖

15   a, nimium faciles aurem praebere puellae,   (b)
         discite desertae non temere esse bonae.
         huic quoque, cui restat, iam pridem quaeritur alter.
         experta in primo, stulta, cauere potes.
         nos quocumque loco, nos omni tempore tecum
20   siue aegra pariter siue ualente sumus.

xxiii   [II, xxii]

     Scis here mi multas pariter placuisse puellas: [A. (a)
         scis mihi, Demophoon, multa uenire mala.
         nulla meis frustra lustrantur compita plantis.
         o nimis exitio nata theatra meo,
5   siue aliquis molli diducit candida gestu
         bracchia seu uarios incinit ore modos!

     interea nostri quaerunt sibi uulnus ocelli,   (b)
         candida non tecto pectore siqua sedet,
         siue uagi crines puris in frontibus errant,
10   Indica quos medio uertice gemma tenet,

numeri elegiae xxiii: 6·8·8; 6·8·8; 8·6·8. *ita sunt:* 6·4 (+ 4·8; 4) + 2·8·8; 8·6·(8).

---

15. ah NRc³: ac c¹: ha FBHLVo. ‖ **17.** huic NBHLC: hinc R: *aut hoc aut illud* F |
qui restat Ω (*cf.* xxv, 1): *correxi* | iampridem B ‖ **18.** expecta c³ *in ordine* ‖ **19.** Nos c¹:
Hos c² (*sed in utroque* H *et* N *simillimae*) ‖ **20.** egra *ex* erga *corr.* H | sūmus Vo. ‖

xxiii. *noua elegia in* Ω : *titulus* ad Heremium Hc³ [Heremnium B: Herenium L:
Heremum F]: Demophontem FHL [Demophoontem Bc³].
Demophoon Tuscus est, ut uidit Kiesslingius conl. Ouid. ex Pont. IV, xvi, 20: *quique
sua nomen Phyllide Tuscus habet.*
1. Acis c³ (*rubricator*) | heremi *codd.*: hereni c¹c²: herenni c³₁ ‖ **2.** demophon
pFBHLRc¹c³c⁴: demofon c²: demoph°um Vo. ‖ **3.** *u. om.* c² | mihi FBHL | palmis
c¹c³₁: plãntis Vo. ‖ **4.** o nimis NμυρFH *corr.* Vo., c³₂ *ex* ommis (?) *corr.*: o minis R:
omnis BH₁l: omnis in L: omniaque c¹c² | [exicio c¹Vo.R] | teatra L: puella R ‖
5. aliquid c² | deducit Ω : *corr. Passeratius* ‖ **6.** bracchia F: brach. *codd.* | uanos L | incinit
NμυρlBHLC: inuenit R: inicit Vo.: iucũt F₁ ‖ **7.** nostri] q̄m F₁: quoniam L, *sc. ex*
quaerunt *ortum* | quere c¹ ‖ **8, 9, 10** *om.* c¹c²c³₁ (*ob homoearchon,* int'ea, indica) ‖

183

[*desunt elegiae* xxiii *uu.* 11–26]

---

xxiii, 11–26 *desunt. post u.* 10 *lacunam indicauerat Fonteinius; probauit Baehrensius.*

[27]   quae si forte aliquid uultu mihi dura negarat,   [B. (a) *a u.* 23
        frigida de tota fronte cadebat aqua.

       quaeris, Demophoon, cur sim tam mollis in omnes?   (b)
30   quod quaeris, 'quare?' non habet ullus amor.
       cur aliquis sacris laniat sua bracchia cultris
        et Phrygis insanos caeditur ad numeros?
       unicuique dedit uitium natura creato:
        mi fortuna aliquid semper amare dedit.
35   me licet et Thamyrae cantoris fata sequantur,
        numquam ad formosas, inuide, caecus ero.

       aspice, uti caelo modo sol modo luna ministret;   (b)
        sic etiam nobis una puella parum est.
       altera me cupidis teneat foueatque lacertis,
40   altera si quando non sinit esse locum,
       aut si forte irata meo sit facta ministro,
        ut sciat esse aliam, quae uelit esse mea.

---

27. aliquis L | dura] illa Vo. | negarĕt F_1L || **28.** de *om.* F_1 *primo* || **29.** demophoon NBLR: demophon FHVo.C | cur] quot c^1: cum R | smitam c^1 | in] et $c^1c^2c^3_1$| omnis BHc^3: oм̄s *codd.*: omne c^1c^2 | *signum interrogationis in* N || **30.** quot c^1: quid c^4 | quere c^1 | *distinxit Lachmannus* || **31.** lamat $H_1c^3_1$ | sira c^1 | brachia Ω | cultis Vo. || **32.** phrigis NHVo.: frigis FBLC: stygis R | queritur F_1c^2 | muneros H_1: uủos F_1 || **33.** uniquoique c^1: unicumque R: uimcuique H_1 | natura: creato *distinxit Postgatius* || **34.** mi] an R || **35.** et *om.* c^1c^2 | thamyre BH: thamir(a)e *codd.*: thamarẹ R | seq̄ntur Vo. || **36.** nōquam L_1: namque H | adform. c^1: formosos H: *post* formos-*omnia in ras.* c^3_2 | secus BH$_1$ | cho H_1 || **37–44** *in codd. post u.* 58 *exstant* (*h.e. in ima uncialis pagina*)*; quos, collato Ouid. Amor.* II, x, 23 *al., ante u.* 45 *censeo collocandos. et quid cum Achille ante Troiam, quid cum Hectore* (58), *quod duas uno tempore puellas cupiat poeta? haud alium finem requirit elegia quam illum Ouidianum* (*l.c.*) || **37.** cello H | ministros BH$_1$L || **39.** cupidis] *om.* c^3_1 || **40.** sinat Vo. || **41.** irata meo facta sit c^1: meo facta sit irata c^2 | sit] sic B: si H || **42.** ut] uel C ||

nam melius duo defendunt retinacula nauim,
    tutius et geminos anxia mater alit.

45   Sed tibi si exiles uideor tenuatus in artus,   [C. (b)
    falleris; haut umquam est culta labore Venus.
percontere licet: saepe est experta puella
    officium tota nocte ualere meum.
Iuppiter Alcmenae geminas requieuerat Arctos,
50   et caelum noctu bis sine rege fuit,
nec tamen idcirco languens ad fulmina uenit;
    nullus amor uires eripit ipse suas.

quid? cum e conplexu Briseidos iret Achilles,   (a)
    num fugere minus Thessala tela Phryges?
55   quid? ferus Andromachae lecto cum surgeret Hector,
    bella Mycenaeae non timuere rates?
ille uel hic classes poterant uel perdere muros;
    hic ego Pelides, hic ferus Hector ego.

---

43. nauem F ‖ **44.** gēmos F_1 ‖ **45.** exilles BH | tennatus H | *post* tenu- *omnia in ras.* c_2^3 (*cf. u.* 36) | arcus F_1 ‖ **46.** haut N: aut $Rc^2c_2^3$ *corr.*: haud $BHLVo.c^1c_1^3$: hoc F_1 | unquam NBH *corr.*, $LVo.c^1c^3$: nunquam $F_1H_1c^2R$ | culta] fexa c^1c^2: [fessa *Itali*] ‖ **47.** percunctere $N\mu\upsilon pB$: percunctare L: percuntere H: percuntare F: percontare Vo.gd: percutere R | est *om.* c^2 ‖ **48.** offit. BRc^3: hospitium F_1L ‖ **49.** Iupiter $NFBHLc^2c^3$ | alcmen(a)e NRc^1c^3: alemene c^2c^4: almene F_1: alcimene HL: alchi. Vo.: alchu. B | geminat B | requieuerit Vo. | artos $Fc^2c_2^3$ *corr.*: arthos BHLR ‖ **50.** nocti bis μ: noctibus υ ‖ **51.** id circo $Vo.Rc^1c^3c^4$: id circho c^2 | flumina $c_1^3c^4R$ ‖ **52.** nullos c^1 | erripit HVo: cripit υ ‖ **53.** quom c^1 | ecompl. c^2: e cumpl. H: e *om.* FL: compl. *plerique* | achiles BHVo. *primo* c^3 ‖ *post u.* 53 *et u.* 55 *signum interrogationis in* N ‖ **54.** num FLCgd: nunc R: non $N\mu\upsilon pBHVo.$ | minus *ex* minis *corr.* F_1 | thesala F *primo* CR | tella BVo. | phriges BR: friges $NpFLH_2$ *corr.* C: fruges H_1: fingens c_1^3 ‖ **55.** andromace F | quom c^1c^2: consurg. N | hetos c^2 ‖ **56.** micenae c^1: micennęę $Vo._1$: micenace c^4 | num $c^1c^2c^3$ | timure H ‖ **57.** calses $\mu\upsilon_1$pl: calces FL | poterant Nd: poterat *cett.* | uel *om.* c^1c^2 ‖ **58.** pell. $Vo.c^1c^2c^3$ | ecthor c^2 ‖ *uide ad u.* 37 ‖

(b)

[*desunt elegiae* xxiii *uu.* 59–66]

xxiv

[*desunt elegiae* xxiv *uu.* 1–8]

(a)

numeri elegiae xxiv: (*8, 8; 8*), 8.

187

[desunt elegiae xxiv *uu.* 9–24; (*a*) (*a*)]

---

xxiv. **25–32** *in codd. cohaerent cum* xxiii (*fol.* 51 *b*), *cüius ultimi ibi uersus sunt nostri* 37–44; *segregauere Itali, Marklandus* ‖ **25.** [si non es non c³₂ *ex corr.*] ‖ **26.** quod μυpFLRc³₂ *corr.* | a *cum L. Muellero scripsi*: et *codd.*: e c¹ (*cf. Cynth.* xx, 22): *om.* c²: in ᵴ: at *Baehrensius*: en *Heinsius* ‖ **28.** sperati c¹c² ‖ **29.** illi tanto F₁ | supiria c³ ‖ **30.** cum *Itali, Mentelianus*: [et R: cui c⁴] | recipi Ω; *correxi* | quae *codd. et* c³: quam c¹c²: [quem c⁴ᵴ: quasi *Marklandus*; ceu *Heinsius* (*uerba non Propertiana*)] |

188

25 aut, si es dura, nega; sin es non dura, uenito. (a)
    quid iuuat, a, nullo ponere uerba loco?
    hic unus dolor est ex omnibus acer amanti,
    speranti subito siqua uenire negat.
    quanta illum toto uersant suspiria lecto!
30 'cur recipit quae non nouerit? ille uetat?'
    et rursus puerum quaerendo audita fatigat,
    quem, quae scire timet, ⟨*dic*⟩ere plura iubet.

XXV

Cui fugienda fuit indocti semita uulgi, [A. (a)
ipsa petita lacu nunc mihi dulcis aqua est.

ingenuus quisquam alterius dat munera seruo, (b)
ut promissa suae uerba ferat dominae?
5 et quaerit totiens 'quaenam nunc porticus illam
integit?' et 'campo quo mouet illa pedes?'
deinde, ubi pertuleris quos dicit fama labores
Herculis, ut scribat 'muneris ecquid habes?'

numeri elegiae xxv: 2, 8·2, 8·4; | (8·4, 2·8·2).

---

nouerit Ω. *distinxi* | illa $c^1c^2c^4$Vo. RH *corr*. | uetat Ω: [*putat Itali*: necat *Heynius*] |
'*cur recipit pacta quae postea non noscere constituit?' e uerbis* (26) .*nescit amans*
inuitane sit an a riuali aut uiro (xxv, 20) *uetita. Lachmannus, Palmerus, Postgatius*
cum Italis legerunt: cum recipi quem non nouerit ille putat. (ille *et* illum *ad eundem*
rettulerunt) ‖ **31.** rursum Fc^4 ‖ **32.** uersum *om.* N *nullo interstitio* | quem qu(a)e
$\mu\nu$pFc^3: quemque BH: cumque R: quae quoque LVo.P: quemquam c^1c^2 (*cf. u.* 30) |
dicere c^1c^2, *Itali, Beroaldus*: quaerere *codd.* | plura] fata FBHL: furta *Palmerus* |
iubet *codd.* ‖ *exstabat uersus in unciali; eiecit Rothsteinius. credo in archetypo post*
timet *scriptum esse e u.* 31 quaerendo audita fatigat, *ob* q̃re-ndo, dr̃e, *uagato*
librarii oculo; inde quaerere *et* fata *ex corr. facta, ex exemplari alio inlatum plura*
iubet. *non hic ut de Ell. Lib.* III, viii, 45, x, 60 (*uu. in unciali iam deperditis*) *cum*
Neapolitano consensi, cuius lacunam ut Palmerus interpretor; de u. toto dubitari tamen
potest ‖

xxv. *noua elegia in* Ω: *titulus* de seruitute amoris. *cf. Hor. Sat.* I, ii *passim.*
   1. cui FBHLp: [ ]ui Vo.: qui NR (*cf.* xxii, 17): quoi c^2c^3: quot c^1 | fuit indocti
fugienda Ω, *corr. Housmannus* (*cf. Ell. Lib.* IV, ii, 17) | et *ante* semita *inserunt codd.*
praeter Vo., *unde haec Itali* | [uulgi *codd*.: uolgi c^3] ‖ **2.** [ ]psa N: tempora c^1
(*i.e.* tp̃a *pro* ip̃a *lectum*) | μισῶ καὶ περίφοιτον ἐρώμενον, οὐδ' ἀπὸ κρήνης | πίνω·
σικχαίνω πάντα τὰ δημόσια. *Callim. Epigr.* xxx, 3 [semita = κέλευθος, *u.* 1]: *etiam*
ad Catalepton ix, 64 *respicit poeta* ‖ **3.** quãquã Vo. | aterius F_1: alternis B |
mina c^1 | suo L ‖ **5.** et] ut Vo.c^3_1 | qu(a)e nam LVo.Rc^3: q̃ nam c^1 (*cf.* xxiv, 30, 32):
quae iam F | illam *ex* idem *corr.* N_1 ‖ **7.** de inde F | [pertull. Vo.] | ducit c^2 ‖
8. scribas Vo.R: scribunt c^1c^2 | ecquid N: et quid FBHLC: eqd R: hec quid Vo.:
ecquis p ‖

cernere uti possis uultum custodis amari,

10　　　captus et inmunda saepe latere casa?

quam care semel in toto nox uertitur anno!　　　　　(a)

a, pereant, si quos ianua clausa iuuat!

contra, reiecto quae libera uadit amictu　　　　　(b)

custodum et nullo saepta timore, placet;

15　　cui saepe inmundo Sacra conteritur Via socco,

nec sinit esse moram, siquis adire uelit.

differet haec numquam, nec poscet garrula, quod te

astrictus ploret saepe dedisse pater,

nec dicet 'timeo; propera iam surgere, quaeso:

20　　infelix hodie uir mihi rure uenit.'

et quas Euphrates et quas mihi misit Orontes,　　　(c)

me iuerint: nolim furta cupita tori.

libertas quoniam nulli iam restat amanti,

nullas, liber erit siquis, amare uolet.

———

9. custodit F_1 | amari Ω ‖ **10.** captas c^1 | inmunda NpH : Im. F : imm. B : in munda LR : in nuda Vo. : in multa C ‖ **11.** carę Vo. ‖ **12.** ha FBHLVo. | iuuant N_1 *primo* ‖ **13.** reiecto] qr lecto F ‖ **14.** secta c^2 | timore] custode c^2 ‖ **15.** cui *codd.* : qui c^2 (*cf. u.* 1) : quoi c^1c^2 | inmundo NH : Im. B : in mundo Fc^1c^2 : imm. c^3 : inmondo Vo. *primo*, g : in mondo R | sacra] *in ras.* c^3_2 | interitur c^3 : teritur gd_1 | soceo B : sicco R ‖ **17.** hoc F | posset Bc^2R : possit c^3 : pascet c^1 | garula CVo.Rp_1, *fortasse* F_1 : grraula H | q̄te F : q̆uod *ante* g̅rraula H ‖ **18.** astr. Ω ‖ **19.** hec c^1R ‖ **21.** euphr. NpR : enphr. c^3 : eufr. *cett.* ‖ **22.** iuuerint Ngd : capiant *cett.* | cupita *ego* (*cf.* amare uolet, 24) : pudica Ω : [pigenda *Postgatius*] | thori NpFBLCR ‖ **23.** amari R ‖ **24.** nullus Ω ; *correxi, et distinxi.* 'emenda qualibet contentus amandam non iam desiderabo'; *cf. uu.* I, 2, xxvii, 1–10 ‖

[*desunt elegiae* xxv *uu.* 25–40]

fol. 54*b*

[*desunt elegiae* xxv *uu.* 41–48]

xxvi

[*desunt elegiae* xxvi *uu.* 1–8]

numeri elegiae xxvi: *aut* (8·2; 8·2; 4 +) 4·2, *aut* (4·6; 6·4; 4)·6.

fol. 55*a*

[*desunt elegiae* xxvi *uu.* 9–24]

191

25   et modo pauonis caudae flabella superbae
        et manibus dura frigus habere pila,
        et cupit iratum talos me poscere eburnos,
        quaeque nitent Sacra uilia dona Via.

        a, peream, si me ista mouent dispendia! sed me
30   fallaci dominae iam pudet esse iocum.

                    xxvii   [II, xxiv]

        'Tu loqueris, cum sis iam noto fabula libro   [A. (a)
        et tua sit toto Cynthia lecta Foro?
        cui non his uerbis aspergat tempora sudor?
        aut pudor ingenuis aut reticendus amor.'
5   quod si tam facilis spiraret Cynthia nobis,
        non ego nequitiae dicerer esse caput,
        nec sic per totam infamis traducerer urbem:
        uterer et quamuis nomine, uerba darem.

        quare ne tibi sit mirum me quaerere uiles.   (b)
10   parcius infamant: num tibi causa leuis?

numeri elegiae xxvii (?): 8·2 [+ *4*; *6·8*; *8*, *6*].

———

xxvi. **25–30** *in codd. post* xxvii, 10 *exstant: illic alienos esse uidit Scaliger, lacunam posuit Baehrensius.* (*paginam a titulo inscribere coepit librarius*) ‖ **25.** pauorū c²: pauoni c³: panoni c¹ | flabela BH: fabella N₁Rc¹ ‖ **26.** duri B *primo* | frigus] fingis c¹c² | pilla BH ‖ **27.** cupis c¹c²: capit c³: capis c⁴: caput B | tales N ‖ **28.** uilia] mila H₁ ‖ **29.** Ah NCVo.R: Ha FBHL | isto H | [mouent *om.* c²] | si me *codd.*: sed me *Itali* c⁴ ‖ **30.** locum F₁ ‖

xxvii. *noua elegia in* Ω; *sed in* HL *nullum interstitium: in* L *rubricator elegiam indicat, in* H *lineis manus prima. cohaerere hos uersus cum* xxv, 24 (*qui in codd. praecedit*) *credebat Scaliger. titulus* ad cynt(h)iam *in* FBH₁ *marg.* c³.

1. quom c¹c² | sit Ω: *corr. Itali* | nato p₁c¹c²: toto R ‖ **2.** sic L | thoro c¹: fero R ‖ **3.** cui NFBHLc³: cur R: qui c³ (*cf.* xxv, 1): quoi c¹Vo. | hiis FR | his uerbis *om.* c³₁ | asp. *codd.* ‖ **4.** ingenuus Ω; *corr. Hauptius. an* ingenui est? | cum Rothsteinio *uu.* 1–4 *amico dedi* ‖ **5.** iam c¹c² | spirarer c¹ ‖ **6.** [nequine c¹ | dicererer c¹] | capud c³₁ ‖ **7.** traducere c³₁ *primo* ‖ **8.** urerer c³: uererer c¹c²: ureret *codd.*: iuueret B: *correxi* | nomine] non bene *Housmannus* | dare c²R ‖ **9.** mitum B ‖ **10.** partius FBHVo.C | num Nc¹c³c⁴: nunc Vo.: non BHc²R: mira F₁ | lenis c¹c² ‖

[desunt elegiae xxvii *uu.* 11–26]

[*desunt elegiae* xxvii *uu. 27–42*]

explicit ell. lib. primus et quaternio septimus;

incipiunt quaternio octauus et elegiarum liber secundus

i

                                       [II, xiii]

Non tot Achaemeniis armatus Eruthra sagittis,   [A. (a)
    spicula quot nostro pectore fixit Amor.
hic me tam graciles uetuit contemnere Musas,
    iussit et Ascraeum sic habitare nemus,
5   non ut Pieriae quercus mea uerba sequantur,
    aut possim Ismaria ducere ualle feras,
sed magis ut nostro stupefiat Cynthia uersu:
    tunc ego sim Inachio notior arte Lino.

non ego sum formae tantum mirator honestae,   (a)
10   nec siqua inlustres femina iactat auos:
me iuuet in gremio doctae legisse puellae,
    auribus et puris scripta probasse mea.
haec ubi contigerint, populi confusa ualeto
    fabula: nam domina iudice tutus ero.
15   quae si forte bonas ad pacem uerterit aures,
    possum inimicitias tunc ego ferre Iouis.

numeri elegiae i: 8·8 (+ 6; 6·4); | 4·6; 8·6, 8.

II, i. *uu.* **1–16** *in codd. ante* iii, 19 *exstant (post* xi, 24: *sed non in* c³). *noua elegia in codd. praeter* R: *titulus* de amore, *in* BHc³ de amore suo. *hinc coeptum esse nouum librum censeo: uide praefat. p.* 45.
    1. tota BH | achim. *codd.*: acham. c²: achem. c⁴ | armatur *codd.* (-ur *per compendium plerique*): *corr. Housmannus*: armantur FVo.gc⁴ | etrusca *codd., corr. Housmannus*: ẹtrusca Vo.: etruscha c²c³: [hetrusca c⁴d: ethrusca g] | sagiptis c¹c²R: sagictis c⁴: sagittis *corr. in ras.* F₂ | **2.** quod c² || **3.** gratiles H | comt. c¹: contempn. pFc²R || *uu.* **3–8** *referunt Verg. Buc.* VI, 64–71; *cf. Ell. Lib.* IV, i, 25, 26 || **4.** iubsit c² | et *om.* F₁ | asscr. *v*: astreum c²c³R: ascre cum H₁: astracum B || **5.** pieries F₁: pyer. BH | seq̄ntur c²: sequentur c¹ || **6.** posim c¹ | hismaria *codd.* (hismariạs N): his maria c¹: ism. c⁴: hysm. Vo.c³ | uale BH: uella c² | ferras Vo.: foeras c¹ || **8.** tum c¹c⁴ | sum c¹ | siminachio H₁ | machio Vo.c³₁: inathio c² || **10.** [illustres Ω] || **11.** iuuat BHc¹c²c³ | [ingremio c²: ingenio R] || **12.** puris BHVo.,d *primo*: pueris *codd.*: līis (= *liberis*) c² | scrpta H | [brobasse c¹ *primo*] || **13.** contigerit Vo.: contingnerit c¹: confugerint F₁c² | cofusa c³ | ualete c¹ | *uerba* 'populi confusa fabula' *testantur Ell. Lib.* I *in ora uirum iam uenisse, nec tantam poetae famam dedisse quam dederit monobiblos* || **15.** quod F₁ || **16.** inimicicias Vo. | nunc c¹ | ferre] *om.* c³₁: forte c⁴ ||

195

[*desunt elegiae* i *uu.* 17–32]

[II, i]

[33]   Laus in amore mori: laus altera, si datur uno   [B. (c)
         posse frui; fruar, o, solus amore meo!
35   si memini, solet illa leues culpare puellas,
         et totam ex Helena non probat Iliada.

         seu mihi sunt tangenda nouercae pocula Phaedrae,   (b)
         pocula priuigno non nocitura suo,
         seu mihi Circaeo pereundum est gramine, siue
40   Colchis Iolciacis urat ahena focis,
         una meos quoniam praedata est femina sensus,
         ex hac ducentur funera nostra domo.

         Omnes humanos sanat medicina dolores: (a)
         solus amor morbi non habet artificem.
45   tarda Philoctetae sanauit crura Machaon,
         Phoenicis Chiron lumina Phillyrides,
         et deus exstinctum Cressis Epidaurius herbis
         restituit patriis Androgeona focis,

33–64 *in codd. post Ell. Lib.* I, i, 52 *nullo interstitio exstant: separauere Rib-beckius et Heimreichius* || **33.** *hic nouam elegiam statuere uoluit Ribbeckius (et Heimreichius); incipit elegiae pars altera. (uu.* 33–49 *exstant in* A) | una c²R *Heinsius:* uuo F₁: uni *Hoefftius, alii* || **34.** fruor c¹c²c³ | o *om.* Vo.c² || **35.** se c¹ | ille Vo. | leuis F, *Mentelianus (non* A) || **36.** exelena F | yliada Bc¹c³: ylida H₁: hyliada c² || **37.** sint Vo.c¹c²c³₁ | [phede A: phoedre c³] || **39.** cureo F₁: cyrceo c³: cireƈo H: cireo R | pereumdum F | gramine] sanguine Vo.: [grauiter c⁴]: carmine *Burmannus* | siue] seu c¹: seu mi *Postgatius uoluit*: siluẹ R || **40.** colchis FBHc¹c³c⁴R: cholchis NVo.c²: cḥolchis A | colchiacis FBH: cḥolciacis A: *corr. Scaliger:* cholchiacis NVo.c⁴: colchiadis Rc¹c³: cholciadis c² | aena NpFBHCA (*ex aene corr.*): habena Vo.: harena R || **41.** predara c²: [proedata c¹] | [foem. c¹c³] || **42.** funera *bis* A₁F₁ || **43.** *hinc nouam elegiam incipere uoluit Ribbeckius (et Heimreichius); cf. u.* 33. *pars altera elegiae se findit* | omnis Vo.: ōms FR | sonat Vo.c⁴ || **44.** habet *cod. Voss. Leidensis* 82 *(h.e. ex emendatione Itali nesciocuius); Schraderus :* amat Ω. *adnotauerat librarius uersum quem reuocat poeta, Cynth.* ii, 8; '*sola humanos dolores*' *in Cynth.* xvii, 35 || **45.** philotet(a)e *codd.:* philotece BF₁: philothece A: phylotece H | cura N₁Vo.Rc³ | machon Vo. || **46.** phoenicis NVo.c¹c⁴: phonicis c²: phen. ABHRc³: fen. F | phillirides N: philir. BHVo.c¹c²c³R: philliridos A: -rydos F || **47.** et] e AF₁H | ext. Ω | cressis c¹c⁴: cresis *codd.:* crẹsis NB | epidarius Fc⁴₁ | erbis F₁ || **48.** patruis ABH₁Vo. | androgena Rc¹c³₁ *primo:* androgeana F ||

Mysus et Haemonia iuuenis qua cuspide uulnus
50   senserat, hac ipsa cuspide sensit opem.

hoc siquis uitium poterit mihi demere, solus   (b)
    Tantaleae poterit tradere poma manu;
dolia uirgineis idem ille repleuerit urnis,
    ne tenera adsidua colla grauentur aqua;
55 idem Caucasea soluet de rupe Promethei
    bracchia et a medio pectore pellet auem.

quandocumque igitur uitam mea fata reposcent   (a)
    et breue in exiguo marmore nomen ero,
Maecenas, nostrae spes inuidiosa iuuentae,
60   et uitae et morti gloria iusta meae,
si te forte meo ducet uia proxima busto,
    esseda caelatis siste Britanna iugis,
taliaque inlacrimans mutae iace uerba fauillae:
    'huic misero fatum dura puella fuit.'

---

49. Mysus ABH: Misus F₁Vo.c³c⁴: Missus Nc¹R: Misis c² | hem. *codd.*: em. Ac¹:
emenia c² | uiuens A, F *primo* | [uulnus *codd.*: ulnus c¹] | *post hunc u. deficit* A ‖
51. uicium NpR ‖ **52.** Tantalea *codd., corr. Beroaldus*: Tantelea N: Tanthalea BH ‖
53. dulia F₁ | uirginibus c³ ‖ **54.** assid. Ω ‖ **55.** ide F | caucasea c¹c³c⁴Vo.R: chaucasea
c²: caucasia NFHB (*ex* caus- *corr.*): [*in Ell. Lib.* ii, xvii, 14 F *solus* caucasias *praebet,
non* N] | promothei c²c³: promethi c¹ ‖ **56.** brachia *codd.*: bracchia Vo.: brachide
plFR | emedio c² | pelles F: soluet c² (*e u.* 55) | aquam c² *primo*: aures R ‖ **57.** me Vo.,
Heinsius: meam F₁ | facta Vo. ‖ **58.** mamore c³ ‖ **59.** spes Ω ‖ **60.** gloria *bis* Vo. |
iuxta c¹ ‖ **61.** ducit Vo. | uia *om.* F₁ ‖ **62.** essedi μυ₁: exeda c² | britana B: britauria F ‖
63. talia que F | inlacrimans c¹: in lacrimans c²: illacr. *codd.*: lacrimans F | mute
uel nuſte F₁ ‖ **64.** hinc F₁ | *ab hoc uersu* N₁ *nouam elegiam incipit; corr. manus secunda* ‖

[*desunt elegiae* ii *uu.* 1–16]

numeri elegiae ii (?): (8·4, 4·8 ; | 4·$\widehat{4}$ +) 4·8·4.

[*desunt elegiae* ii *uu.* 17–32]

---

ii. **33**–iii. **2** *in codd. post* i, 64 *hoc ordine exstant:* iii, 1, 2 (*a u.* 1 *incipit noua elegia in* Ω); ii, 37–40; 43, 44; 33–36; 45–48. iii, 1, 2 *illic alienos esse uidit Scaliger,* 33–36 *Housmannus; uterque frustra traicere conatus est. ut alibi, librarius a miniatura coepit, initio mancam similitudinem post sequentes exscripsit.* 33–36 *huc traieci. de rapinis loquitur poeta, quas ob pulchritudinem sint passae et heroinae et dea uirgo; Hippodamiam inter dapes nuptiales a Centauris, Brimo denique inter uenationem a Mercurio coactam, neque omnino inuitam cessisse; cf.* Tzetzem *ad* Lycophron. 1176: Ἑρμοῦ ἐν κυνηγεσίῳ βιάζοντος αὐτὴν ἐνεβριμήσατο καὶ οὕτως ἐπαύθη; *et* 680: ἐπεισελθὼν τῇ Ἑκάτῃ τρεῖς ἔσχεν ἐξ αὐτῆς θυγατέρας. *uide* Butlerum *ad hunc locum* ‖ **33.** ischomachę c³: hischomache H: istomace F: ysomache c¹ | lapithę c³: lapithe N: laphite BHVo.Rc¹: lapite F | eroinę c³ (*qui* pectus aperta *ante* lapithę

[ii, ii]

[33]   qualis et Ischomache, Lapithae genus, heroine [B. (a) *a u. 29*]
                Centauris, medio grata rapina mero,
35   Mercurio ⟨Os⟩saeis fertur Boebeidos undis
                uirgineum Brimo conposuisse latus.

            cur haec in terris facies humana moratur?   (a)
                Iuppiter, ignosco pristina furta tua.
            fulua coma est longaeque manus; et maxima toto
40   corpore et incedit uel Ioue digna soror,

            .   .   .   .
               .   .   .   .

            aut cum Dulichias Pallas spatiatur ad aras,
                Gorgonis anguiferae pectus operta comis.

45   cedite iam, diuae, quas pastor uiderat olim   (b)
                Idaeis tunicas ponere uerticibus!
            hanc utinam faciem nolit mutare senectus,
                etsi Cumaeae saecula uatis aget!

iii

            Liber eram et uacuo meditabar uiuere lecto;   [A. (a)
                at me conposita pace fefellit Amor.

numeri elegiae iii: 2 (+ 6·8·2 +) 2; 8·4·8; 4·8·8.

---

e u. praecedenti repetit) ‖ **34.** cent(h)aurus c³c⁴ ‖ **35.** mercurioque Vo. | Ossaeis
Burmannus, coll. Lucan. VII, 176: satis Ω (-os *inter* o *et* s *deperdito*): qualis P: sacris
ς, *Passeratius*: sanctis *ς*c⁴: talis *Hauptius* | furtis c¹: fertis c³₁ | bobeidos N₁BVo.c³:
bobeidas F₁H: bebeios c¹ ‖ **36.** primo Ω, *corr. Turnebus* | comp. uel cōp. *codd.* ‖
37. quor c¹ | interris c¹: interis Vo. ‖ **38.** iupiter FBHVo.c³ | ignosco N₁ *pro u. l.*,
P₁ *pro u. l.*: ignoro *codd. et* N, r *in ras.*: ingnoro Vo. | fata N | *signum interrogationis
in* c³ ‖ **39.** fulua q; F₁H: fulua, ua *in ras.* B₁ | tota *in* toto *corr.* F₁ ‖ **40.** corporeq;
F₁BH ‖ **41, 42** *iam ante uncialem deperditos esse censeo. quos quidem ab* aut *coeptos esse
credo; deest Veneris mentio, et aut* ut aut qualis (*e.g.* ⟨aut ut ad Idalios cum prodiit
aequore montes / crinibus excusso candida rore Venus⟩) ‖ **43.** aut Ω: ut *Liuineius* |
tum c¹ | dulchias c¹: bullichias Vo. | palas c³ | haras Vo.₁ ‖ **44.** anguiferre H |
aperta c³₁R: apera c¹ ‖ **45.** cedite̜ Vo. | iam R, *Italis*: etiam *codd.* | diues H₁ ‖
46. Lideis F₁ | uictricibus F ‖ **47.** han c¹ | noluit H₁ ‖ **48.** et sic c¹: et si c³: et sicumee
(*i.e.* sicumene) F₁ | tempora c¹c⁴₁ | natis F | agam c¹: agat v₁Rc⁴ ‖
iii. *noua elegia in* Ω. *titulus ad* cynthiam *codd., at* Sinchiam *F. uu.* 1, 2 *cum titulo
in codd. ante* ii, 37 *exstant, i.e. post* i, 64 (*uide supra*): *quod distichon indicia satis
exigua praebet eorum quae sequi debebant. cum tamen quaternionum seriem diligentius
considerarem et deesse paginam et distichon unum elegiae* iii *ante u. nostrum* 19 *monerent
numeri, initium hoc eius elegiae statuere ausus sum* ‖ **2.** mea H₁ ‖

[*desunt elegiae* iii *uu.* 3–18]

[19]   quandocumque igitur nostros mors claudet ocellos, [A. (*b*) *a u.* 17

20   accipe quae serues funeris acta mei.

Nec mihi tunc fulcro sternatur lectus eburno,   [B. (a)

         nec sit in Attalico mors mea nixa toro;

nec mea tunc longa spatietur imagine pompa

         nec tuba sit fati uana querella mei.

25   desit odoriferis ordo mihi lancibus, adsint

         plebei paruae funeris exsequiae.

sat mea, sic manda, si tres sint pompa libelli,

         quos ego Persephonae maxima dona feram.

tu uero nudum pectus lacerata sequeris,   (b)

30   nec fueris nomen lassa uocare meum,

osculaque in gelidis pones suprema labellis,

         cum dabitur Syrio munere plenus onyx.

deinde ubi subpositus cinerem me fecerit ardor,   (a)

         accipiat Manes paruula testa meos,

---

iii. **19**–iv, **54** (*tria uncialis folia*) *in codd. post* ii, i, *1–16 nullo interstitio exstant;
separauerant Hemsterhuysius et Schraderus* ‖ **19**. quadoc. c³ ‖ **20**. apta c¹ ‖ **21, 22** *in
codd. post u.* 24 *exstant; traiecit Otto* ‖ **21**. nec mea tunc longa *repetit* H₁ *primo* |
fulcro] feretro c¹c²: [pheretro *cod. Voss. Leid.* 13]: sulco R ‖ **22**. in actal. BHc¹c⁴:
mattal. F₁: in atal. Vo. | uixa Hc⁴: iuxta F₁ | thoro c¹c²c³R: choro BH ‖ **23**. nunc c² |
ymag. Fc²R ‖ **24**. querella Vo.: querel. *codd.* ‖ **25**. desit] dixit F₁: texit R | adorif. R |
laucibus F | assint c¹c³ ‖ **26**. obsequiae N₁ *primo*, F: exeq. *codd.* ‖ **27**. sat mea Ω |
sic *Baehrensius*: sit *codd.*: sat R, *Itali*. distinxi | manda *ego*: magna Ω: magna est
Itali: magno *Phillimorius*: at sequitur maxima dona. *de hoc loco disserui* C.Q. xii, 2
(1918), pp. 60, 61; *uide etiam praefat. p.* 47. *nunc melius emendaui* ‖ **28**. persephone
Nc³: persephonē F₁: per sephone B: persiph. c² ‖ **29**. tum Vo. | nudum (d *longa*) F₁:
nondum R | pectas c¹ | seq̄ris c²: sequaris pc¹c³ ‖ **31**. obsc. c²c³ | -que] quae N |
ingel. c² | supprema FBHRc¹c³ | labellis *ex lib- corr.* N₁ ‖ **32**. quo̅n c¹c² | syrio NR:
scyrio Vo.: sirio FBHc¹c²c³ | onix *codd.*: ouix F₁H₁ ‖ **33**. dei̅n c²: de me c¹ | ubi]
om. F₁R: ut Bc¹c²c³: & H₁ (ubi *suprascripto*) | subp. N: supp. *codd.*: suppositis
c¹c³: supositis c² | ardos c² ‖ **34**. tecta F₁ ‖

35   et sit in exiguo laurus super addita busto,
            quae tegat exstincti funeris umbra locum;
        et duo sint uersus: 'qui nunc iacet horrida puluis,
            unius hic quondam seruus amoris erat.'
        nec minus haec nostri notescet fama sepulchri,
40   quam flerunt Phthii busta cruenta uiri.

        Tu quoque si quando uenies ad fata, memento,   [C. (b)
            non nihil ad uerum conscia terra sapit;
        interea caue sis nos aspernata sepultos,
            hoc iter ad lapides cana ueni memores.

45   atque utinam primis animam me ponere cunis   (a)
            iussisset quaeuis de Tribus una Soror!
        nam quo tam dubiae seruetur spiritus horae?
            Nestoris est uisus post tria saecla cinis;
        qui si longaeuae minuisset fata senectae,
50   callidus Iliacis miles in aggeribus,

37. *Charisius GLK.* I, p. 89, 22: '*puluis masculini generis est, quamuis Propertius dixerit: qui nunc iacet horrida puluis*'; *cf. auctor de dub. nom. GLK.* v, p. 588, 5, '*horrida puluis.*'

---

35. si B | inexig. c² | laus c¹c²c³ | s'r addita c²: abdita H₁ ‖ **36.** tetigit N₁ | ext. Ω | funebris *coni. Baehrensius* ‖ **37.** sunt c¹c³ | horrida *codd.* (*et Charisii*): orrida c¹c²: orida c³ (o *in ras. a man.* 2): horida Vo. ‖ **38.** unus Nl₁c¹: huius BH | quondam] s̄ F ‖ **39.** nec NF: hec R: hoc BH₁c¹c²c³: non Vo. H *corr.* | haec] hoc c¹c²c³ | notes et c¹ | sepulchri BHc³: sepulcri *codd.* ‖ **40.** flerunt *ego*: fuerant Ω: funere quam *Housmannus* (*sed iam* funeris 20, 26, 36) | pythii Nc³: pytii BH: phitii c¹: fitii Fc²: phithii Vo. | busta] fama F₁ | cruenta] suprema c² ‖ **41.** quando] quoniam Vo. | uenies *bis* F₁ | ad fata *codd.*: adfata Fc¹, *Housmannus* (*sensu passiuo*): ad facta HR ‖ **42, 44** *in codd. inuerso ordine exstantes inter se locum mutare iussi:* (*uide homoearchon* non, hoc) ‖ **42.** aduerum c² ‖ **43.** cauesis *v* | aspernato c¹: asp. *codd.* ‖ **44.** haec F | caua F₁ | *uersum uarie uexauerunt edd.* ‖ **45.** animem c¹c² | cunis] *ex* cuius *ut uid. corr.* c³₂: curis N *primo*: cauis F₁ ‖ **46.** [iubsisset c²] | quamuis F₁B | det 'b, c²: de *om.* c¹ ‖ **47.** nam] non c¹ | seruentur F₁ ‖ **48.** iussus Vo. | saecla] tela H₁ *primo* | ciuis F₁c³ (*ut uid.*) ‖ **49.** qui si *ego*: cui si *Liuineius*: quis tam *codd.* (tam *e u.* 47): qui tam pl | long(a)eu(a)e *codd.*: tam longae *Itali* | minuisset NµvplBHgd: minuisse R: iurauisset F₁: meminisset Vo.c¹c²c³: mimūsset c⁴ | facta l₁BR ‖ **50.** callidus *Eldikius, Fonteinius*: gallicus Ω: [*uide Homer. Iliad.* η, 325–343, *et* θ, 80–90] | yli. c¹: ily. c²: illi. c³Vo.R | milles H | ageribus c²Vo.R ‖

non ⟨*aut*⟩ Antilochi uidisset corpus humari,
    diceret aut 'o mors, cur mihi sera uenis?'

tu tamen amisso non numquam flebis amico;   (a)
    fas est praeteritos semper amare uiros.
55   testis, cui niueum quondam percussit Adonem
    uenantem Idalio uertice durus aper;
illis formosus iacuisse paludibus, illuc
    diceris effusa tu, Venus, isse coma.
sed frustra mutos reuocabis, Cynthia, Manes;
60   nam mea qui poterunt ossa minuta loqui?

             iv   [ii, xv]

O me felicem! nox o mihi candida! et o tu   [A. (a)
    lectule deliciis facte beate meis!
quam uario amplexu mutamus bracchia! quantum
    oscula sunt labris nostra morata tuis!
5   quam multa adposita narramus uerba lucerna,
    quantaque sublato lumine rixa fuit!

numeri elegiae iv: 6‿4; 6‿8; 6 | 6; 4‿6; 8·(6).

---

51. non ⟨*aut*⟩ Antilochi *L. Muellerus*: non antilochi N: non ille antilochi *cett.*|
anth. BHVo.c¹: antiloci c² ‖ **52.** aut *om.* c² | quor c¹: quot c³ ‖ **53.** āmisso c³ |
numquam non c¹c²c³ ‖ **55.** qui Ω: *corr. Huschkius* | iuueū F₁ *in* iuueñ *corr.*: iuuenem
Vo. | quondam] numquam c²: quŏda c³ | ad ouem F₁ ‖ **56.** uenamtem N: [uen- *ex
corr.* F₁ *ut uid.*] | ydal. BHc¹c²: id alio Vo. | uer tice B | apor c¹ ‖ **57.** formosum *codd.*,
corr. Postgatius: [formosam R] | plaudibus Fp₁R: pall. Vo. ‖ **58.** esse FBHR |
comaʒ Vo. | muros c¹ | cintia Vo. ‖ **59.** muros c¹ | cintia Vo. ‖ **60.** qui NR: quid *cett.* | poterit F₁: poterint
c² | mina H *primo* ‖

    iv. *haec elegia in codd. a* iii *separatur, interiecto uno uncialis folio* (80 *a b*), *uersuum* 32.
incipit in Ω (*i.e. post Ell. Lib.* ii, xviii, 28) *noua elegia: titulus* intimatio animi (*de
potito amore in* c³). *de ordine in* c³ *turbato uide praefat.* p. 14.
    1. o *codd.*: [ ] H Vo. | o nox Ω, *corr. Itali* | et *om.* F ‖ **2.** lectulẹ HVo. | delịctiis
F: delit. pc¹c²c³HR ‖ **3, 4** *in codd. post u.* 10 *exstant; traiecit Otto* (*cf. Cynth.* xiv,
15–18). *ob* quam, quam, *omissi, ita postea inserti sunt, ut uu.* 11–24 *separarint ab
illis* (7–9) *unde omnino pendent. eam ob causam lacunam ante u.* 11 *statuere uoluit
Hetzelius* ‖ **3.** bracchia F: brach. *cett.*| quanto c² ‖ **4.** labiis Fc² | mẹịs tuis B *corr.* ‖
5. adposita Np: app. *cett.*‖ **6.** risa c³ ‖

       nam modo nudatis mecum est luctata papillis,   (b)
          interdum tunica duxit operta moram;
       illa meos somno lapsos patefecit ocellos
10   ore suo et dixit 'sicine, lente, iaces?'

       Non iuuat in caeco Venerem corrumpere motu: (a)
          si nescis, oculi sunt in amore duces.
       ipse Paris nuda fertur periisse Lacaena,
          cum Menelaeo surgeret e thalamo;
15   nudus et Endymion Phoebi cepisse sororem
          dicitur et nudae concubuisse deae.

       quod si pertendens animo uestita cubaris,   (c)
          scissa ueste meas experiere manus;
       quin etiam, si me ulterius prouexerit ira,
20   ostendes matri bracchia laesa tuae.
       necdum inclinatae prohibent te ludere mammae:
          uiderit haec, siquam iam peperisse pudet.

---

7. uiclatis F_1 | est *om.* c^2 | lustata F_1 || **8.** [dixit c^2 | aperta c^1] || **9.** [sompno F_1: sonno c^2] | lapsos c^1R: lassos *codd.*: laxos c^2c^4 || **10.** ore *ex* oro *corr.* c^1 | siccine Ω: [sic cine H] | lente BHVo.$c^1c^2c^3{}_2$gd: lecte NμplFR$c^3{}_1$: lacte *v* || **11.** [inceco c^1c^2: cęcco Vo.] | motū F_1 || **13.** perisse F_1R: paruisse c^1: placuisse c^2: [periisse c^3, *sed in ras.*] | lacena *codd.*: laceua F *primo*: lucerna Vo. *primo* || **14.** menelae B: menelao NFH$_1$R$c^2c^3{}_1$ | [ethalamo c^1: etal. c^2: e tal. c^3] || **15.** nudne c^1 | endĩm. *codd.*: eudim. F: edim. B: indim. μυ | cępisse Vo. || **16.** ducitur c^1 | nud(a)e *codd.*: unde c^3: nitidae *Palmerus* | cuncub. Vo. || **17–22** *alienos esse censuit Fonteinius; sed haec etiam de satiandis oculis, et a uu.* 7, 8 *pendent* || **17.** perdendens F_1 | cubares Ω, *corr. Muretus* || **18.** sissa Vo.c^3 | esperiere F: experire $c^3{}_1$ || **19.** quin etiam] Q'uis F_1 | ira] hora c^2 || **20.** ostendens N$_1c^2c^3{}_1c^4$: ostendam c^1 | bracchia F: brach. *cett.* || **21.** nec dum Ω (*non* c^3) | prohibente F_1BH$_1$ | ledere c^2 || **22.** hec NFc^4: hoc pBHVo.R$c^1c^2c^3$ | iam] hoc c^2: te R | perperisse F | p̄t c^2: putet R ||

dum nos fata sinunt, oculos satiemus amore:
nox tibi longa uenit, nec reditura dies.

25   Atque utinam haerentes sic nos uincire catenam   (a)
uelles, ut numquam solueret ulla dies!
exemplo uinctae tibi sint in amore columbae,
masculus et totum femina coniugium.
errat, qui finem uaesani quaerit amoris:
30   uerus amor nullum nouit habere modum.

Terra prius falso partu deludet arantes   [B. (a)
et citius nigros Sol agitabit equos
fluminaque ad caput incipient reuocare liquores
aridus et sicco gurgite piscis erit,
35   quam possim nostros alio transferre dolores:
huius ero uiuus, mortuus huius ero.

Quod mihi si secum tales concedere noctes   (b)
illa uelit, uitae longus et annus erit.

---

23. facta Vo. | satiemus c^2: saciemus *codd.*: faciemus Vo.c^3_1 (*ut uid.*) || **24.** [longa
uenit nox tibi non r. d. c^2] | dies] uenit N *primo* || *uersuum* **25–54** *uexauere ordinem
uiri docti; uide Postgatium. credo numeris receptum ordinem confirmari, sensum satis
explicari* || **25.** hentes F: h'entes B: hyentes H_1 | uincire] humore c^1 | catena *codd.*:
cath. BHc^2c^3: *correxi* || **26.** uellet F_1, *unde* uellet uti *Baehrensius; sed cf. u.* 38. *fidem
ut illa teneat hic optat, in B* (a) *suam testatur* (*uu.* 35,36). *imitatur nostrum Tibullus* iii,
xi, 13–16:
> nec tu sis iniusta, Venus: uel seruiat aeque
> uinctus uterque tibi uel mea uincla leua.
> sed potius ualida teneamur uterque catena,
> nulla queat posthac quam soluisse dies |

illa F_1 || **27.** uinctae NBHVo.c^3_1: uicte R: iunctae *cett.* | sunt FBHVo. || **28.** [mas-
culis H | feomina H: foem. c^3] || **29.** erat N_1 | uẹs. BH: ues. *codd.*: uex. c^2 ||
30. nullus F *primo* | nouit] uenit c^1 || **31.** falsso Vo.,$_1$R: *om.* c^3_1 | deducet c^1c^2 |
amantes F_1Vo.$_1$ Rc^1c^2 || **32.** cicius Vo. || **33.** capud c^3_1 | incipiant Vo. || **34.** arridus
HR || **35.** possit N: possum c^3_1 | transfere Vo.: transire c^3_1 | calores *Beroaldus* ||
36. uiuus] minis F_1 || **37.** Qud Vo. | secum $c^1c^2c^4$: tecum *codd.*: interdum *Hous-
mannus* || **38.** uelut R | uitae] in te F_1gd_1 ||

si dabit haec multas, fiam inmortalis in illis:

40   nocte una quiuis uel deus esse potest.

qualem si cuncti cuperent decurrere uitam   (a)
      et pressi multo membra iacere mero,
non ferrum crudele neque esset bellica nauis,
      nec nostra Actiacum uerteret ossa mare,

45   nec totiens propriis circum oppugnata triumphis
      lassa foret crines soluere Roma suos.

Haec certe merito poterunt laudare minores: (c)
      laeserunt nullos pocula nostra deos.
tu modo, dum lucet, fructum ne desere uitae!

50   omnia si dederis oscula, pauca dabis.
ac ueluti folia arentes liquere corollas,
      quae passim calathis strata natare uides,
sic nobis, qui nunc magnum spiramus amantes,
      forsitan includet crastina fata dies.

---

39. imm. Ω ‖ **40.** qui uis FH ‖ **41.** concti c^2c^3: conti c^1 ǀ cuperent] uellem F_1: uellent c^4 ǀ decurrerre H_1: deducere c^1c^2: deludere $c^3{}_1$ ‖ **42.** nec *Fonteinius* ǀ pessi c^1 ‖ **43.** [ferum crudelle Vo.] ‖ **44.** [actiatum H: atiacum B: acciacum Vo., *fortasse* F_1: attiacum c^2R] ‖ **45.** opugn. N ǀ [triun. c^3] ‖ **46.** laxa c^1 ‖ **47.** Hec $c^1c^3{}_2$: Nec *codd.* (c^2 *uel hoc uel illud*) ‖ **48.** lesere c^1 ǀ lumina Vo. (*qui totum u. in marg. add.*) ‖ **49.** lucet NμuplF$_1$ *corr.* (*ut uid.*): ludet c^3: licet FBHVo.Rc^{1}c^{2}gd: liceat c^4 ǀ ue F_1: non R ‖ **50.** obscula $c^1c^2c^3$ ‖ **51.** ac NBHc^{1}c^{2}c^3 (? *ex corr.*): at FVo.Rc^4 ǀ arentes FBH, N (a *ex* u *corr.*): arentis Vo.Rc^{1}c^{2}c^3 ‖ **52.** callatis Vo.: calatis c^3: collatis c^2: cultis c^1 ‖ **53.** magnum nobis nunc qui N ǀ speramus Ω, *corr. Scaliger* ‖ **54.** [inducet c^3d: includent c^4] ‖ *elegiae post hunc uersum sex deesse docent numeri* ‖

[*desunt elegiae* iv *uu.* 55–60]

V

[*desunt elegiae* v *uu.* 1–10]

numeri elegiae v: (6·4); 6·4; 6·4.

[II, xviii, 23]

[11] Nunc etiam infectos demens imitare Britannos, [B. (a)
        ludis et externo tincta nitore caput?
     ut natura dedit, sic omnis recta figura est;
        turpis Romano Belgicus ore color.
15   illi sub terris fiant mala multa puellae,
        quae mentita suas uertit inepta comas!

     an si caeruleo quaedam sua tempora fuco (b)
        tinxerit, idcirco caerula forma bona est?
     deme nihil; per te poteris formosa uideri:
20   mi formosa sat es, si modo saepe uenis.

     Cum tibi nec frater nec sit tibi filius ullus, [C. (a)
        frater ego et tibi sim filius unus ego.
     ipse tuus semper tibi sit custodia lectus,
        nec nimis ornata fronte sedere uelis.
25   credam ego narranti (noli committere) famae:
        et terras rumor transilit et maria.

explicit quaternio octauus

―――――

11-26 *in codd. ante Ell. Lib.* I, viii, I, *post* I, x, 40 [*=fol.* 40 *b*] *exstant, sed tribus tantum interiectis foliis* (38-40) *a fol.* 63 *diuisi. inde primus separauit Kuinoelius. in hac pagina finitus quaternio ab elegiae fine disiunctus est. uu.* 11-20 *adhibet Ouid. Am.* I, xiv ‖ **11**. demens fectos c³₁ *primo:* demens tinctos c¹: tinctos demens c² [*i.e.* demens ɪfectos C] | mutare FH₁Vo.: imitere B *ex corr.* | brithannos F: britanos c³Vo.R ‖ **12**. ludit c⁴ | et] in c¹ | hesterno H: extremo c³₂ *corr.,* R | uictore c³₁: colore c¹c² [*i.e. nictore* C] ‖ **13**. *om. supra add.* Vo. | recta *om.* p | est *om.* FR ‖ **14**. bellicus B: belligicus H | colorę H ‖ **15**. fient c⁴ | multa *om.* F₁ ‖ **16**. in nepta c² ‖ **17, 18** *in codd. post* 20 *exstant. cum Baehrensio traieci ut ob* -a comas, -a bona est, *loco omissos* ‖ **17** fucco RP: succo Vo. ‖ **18**. tincxerit c¹: tinxerat c³₁: tinxit c⁴: traxerit R | id circo c¹c³c⁴BVo.R: id circho c² ‖ **19**. deme Nc²c³B₁H₁Vo.₁: de me μυρ₁lc¹c⁴FR | nihil *scripsi, monente* R: mihi μυρlF: michi N: mi CBHVo.: nil R | certe Ω, *corr. Hoefftius* ‖ **20**. sat es *Heinsius* (*cf. Cynth.* ii, 42): satis Ω | uerus BH₁ ‖ **21**. quom c¹c²: quin R ‖ **22**. sum H ‖ **23**. ipse *codd.*: iste c¹c²c³BHR | lectes H₁ ‖ **24**. minus c¹c²c³F₁R | fornte H: frunte c³ | sidere c⁴ ‖ **25**. naranti c³ | conmictere c¹c²c⁴ ‖ **26**. terram Ω, *corr. Guyetus* ‖ **21, 22** *et* **25, 26** *post praecedentes hic alienos censuit Housmannus; nunc cum sequentibus arte cohaerentes uides* ‖

incipit quaternio nonus

[27]   felix Admeti coniunx et lectus Vlixis,   (b)
        et quaecumque uiri femina limen amat!
      nos uxor numquam, numquam seducet amica:
30   semper amica mihi, semper et uxor eris.

vi

Gauisa es certe sublatam, Cynthia, legem,   [A. (a)
      qua quondam edicta flemus uterque diu,
    ni nos diuideret; quamuis diducere amantes
      non queat inuitos Iuppiter ipse duos.

5   'at magnus Caesar.' sed magnus Caesar in armis: (b)
      deuictae gentes nil in amore ualent.
    nam citius paterer caput hoc discedere collo
      quam possem nuptae perdere more faces,
    aut ego transirem tua limina clausa maritus,
10   respiciens udis prodita luminibus.
    a, mea tum quales caneret tibi tibia somnos,
      tibia funesta tristior illa tuba!

numeri elegiae vi: 4·8 (·8; | 4·4 +) 4·8.

27, 28 *in codd. post* viii, 40, *ante* ix, 1, *exstant; a sequentibus separauit Lach-mannus; cum uu.* 29, 30 *primus uoluit coniungere Heydenreichius. interiecta erat una uncialis pagina* (*fol.* 68 *b*) ‖ **27.** ameti *codd.*: admoeti c¹: admeti PRc⁴⛧ | 9iu͞cx c¹ | letus BVo.c¹ | ulisis c³ ‖ **28.** feri *codd.*: uiri c¹c², F₁ (*pro u. l.*), Pc⁴⛧ | nomen c¹ ‖ **29, 30** *in codd. ante* vi, 1 *exstant, sed post* viii, 42 (*cf. ad uu.* 27, 28) ‖ **29.** uxor] igʳ (= *igitur*) c¹ | unquam nunquam B: umq. n. H | me ducet *codd., corr. Birtius*: diducet *Lachmannus*: ducet *om.* R; *cf. Tibull.* IV, xiii, 1 ‖ **30.** et amica c¹: amicha (*bis*) c² ‖

vi. *noua elegia in* Ω. *titulus* de cynthia (cinthiam) F (*non in* c³₁).

1. est Ω: *corr. Schraderus* | per te R | [süb certe lätam H] ‖ **2.** qua] q *ex* g *corr.* c² | condam Fc² | edita BR: educta c² | stemus Ω: *corr. Itali* ‖ **3.** ni NvRC: qui BHp₁: quis FVo. | et quamuis c¹ | deducere c² ‖ **4.** inuictos F: innitos R | iupiter NFVo. BHc²c³ ‖ **5.** an Fp₁: aut c¹c² | set c¹: an F₁P₁ ‖ **6.** nil] *in ras.* c³₂ ‖ **7.** debiscere BH₁ ‖ **8.** in more c⁴: amore Vo. ‖ **9.** transire c¹: transierem H₁ | numina c¹: lumina RH₁B ‖ **10.** respit. c³ | humidis R: undis F₁: ūdis B | perdita F₁ ‖ **11.** ha BH: ah c¹c²c³Vo.R | dum F₁P: tñ R | qualis c²c³c⁴Vo. | caueret F | tibi] *om.* Fc¹ | tibia tyb. N: cynthia c⁴P₂ *in ras.* | sompnos F: sonos c¹c²c³ ‖ **12.** ulla c¹ ‖

[*desunt elegiae* vi *uu.* 13–28]

29–32 *in codd. post Ell. Lib.* I, xix, 18 *exstant: separauere Caruttius, Heimreichius, alii. eo ob illud*

> quo fugis, a, demens? nulla est fuga: tu licet usque
>   ad Tanain fugias, etc.

(I, xviii, 1) *inlati, tum post*

> non iure uado Maeandri iacta natasti

locum nacti, uerbo egent quod olim praecedebat. de militibus ciuilium bellorum longe uagatis loquitur; cf. Ell. Lib. III, iii, 23; 35, 36 (*et totum locum*), *Ell. Lib.* II, iv, 41–46, *Verg. G.* II, 503, 505–6, 510. *initio mancum fragmentum suae, ut spero, paginae restitui: deleuit Weberus* ‖

29. non tamen inmerito N: nunc iam dura paras BHLVo.RC: nunc dura paras F_1v_1: nunc tu dura paras PF_2 | frigias F: phrig. *codd.*‖ **30.** hyrcaui H: hirc. c³ | nota Ω (*h.e. sub Augusto non iam, ut Argonautis, ignota*) ‖ **31.** spargereque FBH | comun. BRc³ ‖ **32.** digna Vo. | dares c³ | *signum interrogationis habet* B ‖ **33–40** *in*

[II, xxx]

[29]   non tamen inmerito Phrygias nunc ire per undas [B. (b) *a u.* 25
30   et petere Hyrcani litora nota maris,
            spargere et alterna communes caede Penates,
            et ferre ad patrios praemia dira Lares.

            unde mihi patriis gnatos praebere triumphis?   (b)
            nullus de nostro sanguine miles erit.   [II, vii]
35   quod si uera meae comitarent castra puellae,
            non mihi sat magnus Castoris iret equus.
            hinc etenim tantum meruit mea gloria nomen,
            gloria ad hibernos lata Borysthenidas.
            tu mihi sola places; placeam tibi, Cynthia, solus:
40   hic erit et patrio sanguine pluris amor.

                              vii   [II, v]

            Hoc uerum est, tota te ferri, Cynthia, Roma,   [A. (a)
            et non ignota uiuere nequitia?
            haec merui sperare? dabis mi, perfida, poenas,
            et nobis Aquilo, Cynthia, uentus erit.

numeri elegiae vii: 8, 8; 8, 8.

---

codd. post u. 12 *exstant. iam uiderat Lachmannus lacunam esse inter u.* 12 *et u.* 33.
hinc incipit noua elegia in codd. (*cf.* xiv, 9). *titulus ad* cynt(h)iam. (F *in marg.* ad
cinth.) c³ *nec miniaturae plenae nec titulo spatium relinquit, titulum habet in marg.* ||
33. Nnde c² *rubric.* | gnatos *codd.*: natos F: *Catalepton,* xvi, 44, tam procul hoc gnato,
tam procul hac patria | [triun. c³: trih. c²] || **34.** milleserit Vo₁ | erit *om.* R || **35.** quod]
et F₁ (*sensus est:* 'si cum ueris militum castris irent puellae quarum militiam gero,
Castoris equo bellatore maiorem equum pro leui Pegaso caperem'; *cf.* pulsanda est
magnis area maior equis, *Ouid. Am.* III, xv, 18;

            Romanis utinam patuissent castra puellis!
            essem militiae sarcina fida tuae.
Ell. Lib. IV, iv, 29, 30) || **36.** equs c² || **38.** hyb. BP: hibernas c¹ | leta c¹ |
buresteuīdas F₁: boryst. Nc³: boristen. BHVo.Pc²: boriston. c¹ || **39.** michi c² |
placeam] placem c³: placerem c² || **40.** hīc F₁ | patrio Ω | sanguine] nomine *Post-*
gatius ||

vii *in codd. post* xix, 22 (*fol.* 80 *b*) *cum* viii *et* ix *exstat, sed omnia haec ante*
v *et* vi. *noua elegia in codd., sed in* N₁F₁B₁P *cohaeret cum praecedentibus.* c³ *facit*
quod in vi, 33, *sed miniaturam hic praebet.* (*ut uidetur, a u.* 33 *olim elegiam incipere*
uoluit librarius, remotis quae praecedebant. postea uu. 33–40 *finem, uu.* 1–12 *initium,*
esse eiusdem elegiae uidit corrector.)

1. hoc] H c² | ferri te c¹ | feri Vo. | cinth. c². || **2.** l(a)etitia c¹c²c³₁ || **3.** spectare Hc²:
separe F₁ | mi NFBHc²c³: mihi *cett.* | pen. c² || **4.** aquilo Ω: aliquo *Bosscha* | cintia
F₁: cinth. c² || *de rate amoris loquitur; cf.* nostraque non ullis permanet aura locis,
xi, 8; traiectae Syrtes *etc. Ell. Lib.* III, xxv, 18; una ratis fati nostros portabit
amores, *Ell. Lib.* I, vi, 5; *etiam* (*sed hoc non figurate dictum*), sine me uento quolibet
ire, *Cynth.* viii, 4. *Horat. Epp.* II, ii, 201, 202; heu quotiens fidem | mutatosque
deos flebit et aspera | nigris aequora uentis | emirabitur insolens, *id. C.* I, v, 5–8 ||

5   inueniam tamen e multis fallacibus unam,
             quae fieri nostro carmine nota uelit,
         nec mihi tam duris insultet moribus et te
             uellicet: heu sero flebis amata diu.

         nunc est ira recens, nunc est discedere tempus: (a)
10   si dolor afuerit, crede, redibit amor.
         non ita Carpathiae uariant Aquilonibus undae,
             nec dubio nubes uertitur atra Noto,
         quam facile irati uerbo mutantur amantes:
             dum licet, iniusto subtrahe colla iugo.
15   nec tu non aliquid, sed prima nocte, dolebis;
             omne in amore malum, si patiare, leue est.

         At tu, per dominae Iunonis dulcia iura,   [B. (a)
             parce tuis animis, uita, nocere tibi.
         non solum taurus ferit uncis cornibus hostem,
20   uerum etiam instanti laesa repugnat ouis.

uu. 9, 10: *Inscriptio Pompeiana CIL.* iv, 4491 = *carm. epigr.* 1785 *Buecheler:*
nunc...amor.

———

5. é B: emultis c^2 | falcibus c^2 ǁ **6.** fieri] fî c^2 | ueit c^2 ǁ **7.** h̄ F_1: hec B | iam c^3_1
(*ut uid.*) ǁ **8.** uel licet BRP₁: uendicet Vo. | eu F_1: en c^4 | flebilis c^1 | amara c^2 ǁ
9–16 *se adloquitur poeta* ǁ **9.** nuc Vo. | ruens R: decens c^1 ǁ **10.** affuerit
NvF₁BHc¹c²c³: abfuerit Vo.c^4: aufuerit R | credere c^1 | redibis v: rebdibis H_1 ǁ
11. charp. c^2 ǁ **12.** acta R | notho *codd.*: noto Vo.Rc⁴ ǁ **13.** facili BHPc³₁ (?) ǁ
14. in iusto c¹c²c³ | subtrae F ǁ **17.** at] ut c^1: aut c²c³ | iura] dona c¹c²c³₁ ǁ **18.** ita
FP₁ ǁ **19.** thaur. FVo.c^2 | nuccis F_1 ǁ **20.** etiam et R: et c^1 | inflanti H: inᵗtanti Vo. ǁ

nec tibi periuro scindam de corpore uestes,
   nec mea praeclusas fregerit ira fores,
nec tibi conexos iratus carpere crines
   nec duris ausim laedere pollicibus.

25   rusticus haec aliquis tam turpia proelia quaerat,   (a)
   cuius non hederae circumiere caput.

.   .   .   .

   .   .   .   .

scribam igitur, quod non umquam tua deleat aetas,
30   'Cynthia forma potens, Cynthia uerba leuis.'
crede mihi, quamuis contemnas murmura famae,
   hic tibi pallori, Cynthia, uersus erit.

viii   [II, vi]

Non ita complebant Ephyraeae Laidos aedes,   [A. (a)
   ad cuius iacuit Graecia tota fores,
turba Menandreae fuerat nec Thaidos olim
   tanta, in qua populus lusit Erichthonius,
5   nec, quae deletas potuit conponere Thebas,
   Phryne tam multis facta beata uiris,

numeri elegiae viii: 6·(4̑; 8·4;) | 6̑·4; 8·4.

---

21. tibi] ter R | periuro *codd.* (p iuro c¹): periur(a)e Vo.Pc² | decorp. c² || **22.** p
clusas Rc¹c² || **23.** conexos NVo.: ꝯnexos c¹c²: conn. *cett.* || **25.** hoc BH₁ | quaerant c² ||
26. quo uis c¹: quouis c² | edere c² | circumiere NBHVo.c²c³: circuiere F₁: circuire
c¹c⁴: *om.* R || **27, 28** *deesse docent numeri, in unciali non exstitisse paginae. sic fere
suppleri possit sensus:* ⟨scribere qui uersus, aeternam et condere laudem | nouit et
aeternam ferre per ora notam⟩ || **29.** scribamigitur F | non umquam] numquam c²:
nunquam N₁: non nunquam BH | doleat N₁c¹ | etas (s *ex* t *corr.*) F₁ || **30.** uerbo c² ||
31. contempnas FN: contennas c¹: comtempnas c² | fanę c³₁ || **32.** tibi] *om.* c³ ||

viii. *noua elegia in codd.; diuisit* N *rubricatoris manu. titulus* ad cynt(h)iam (cin. F).
    1. ephere(a)e NFBH₁c²c³: ephiręae Vo.: ephyr. c⁴ | laidos Fc⁴: laydos NBHVo.*v*:
lapidos c¹c²c³₁: loidois R | edos c¹ *primo* || **2.** quo uis c² | gretia c²: gratia B | pedes Vo. ||
3. nec thaidos N: nec thaydos FVo.c²: nec taydos BH: necthaidos c³: nectaidos c¹:
nec taidos c⁴: [nechaidos R: nec achaydos P] || **4.** tanta] turba Vo. | erichthonius
NVo.c³c⁴: eritonius FB₁H: eritonius c¹P: erith. Rc² || **5.** deletas N₁ *corr.*, c², P₁
Itali: delectas *codd.*: disiectas *Schraderus* | tebas F || **6.** phyrne N: phirne BVo.R
c¹c²c⁴: phirnę H *corr.* c³: phimeram F₁: phymeram P: phyrnetam *v*₁ | tam] causa R ||

[*desunt elegiae* viii *uu.* 7–22]

post uu. 1–6 *deest* quanta *uel* quot; *de sententiae forma cf. Cynth.* iii, 1–7, *Ell. Lib.* II, xix, 1–9.

Quin etiam falsos fingis tibi saepe propinquos,   [B. (a)
        oscula nec desunt qui tibi iure ferant.
25   me iuuenum pictae facies, me nomina laedunt,
        me tener in cunis et sine uoce puer;
        me laedet, si multa tibi dabit oscula mater,
        me soror et cum quae dormit amica simul.

        omnia me laedent: timidus sum (ignosce timori)   (b)
30   et miser in tunica suspicor esse uirum.

        .   .   .   .

            .   .   .   .

        his olim, ut fama est, uitiis ad proelia uentum est,   (c)
        his Troiana uides funera principiis;
35   aspera Centauros eadem dementia iussit
        frangere in aduersum pocula Perithoum.
        cur exempla petam Graium? tu criminis auctor,
        nutritus duro, Romule, lacte lupae;
        tu rapere intactas docuisti inpune Sabinas:
40   per te nunc Romae quidlibet audet amor.

23–40 *in codd. nullo interstitio post u. 6 exstant; cum sequente potius pagina coniunxi* ‖ **23.** saepe] sibi B: posse c^1 ‖ **24.** obsc. c^2c^3 | nec] ue F: ne PF_1 *in marg.* | desint PF_1 *in marg.* | que c^1 | iura vF_1BHc^3: rara R | ferunt $c^1c^2c^3$: ferat c^4 ‖ **25.** facies picte $FHRPc^4$: [faties Nc^3] ‖ **26.** cunus F_1 *primo* ‖ **27.** ledes F_1c^4 | simulata $BH_1Rc^1c^3$: simulata *ante* ledet c^2 | dedit $c^1c^2c^3_1$ | obsc. c^2 ‖ **28.** quae *Dousa filius*: qua Ω | dormis Fc^4R | amita R ‖ **29.** ledet c^1: ledant v_1: ledunt c^2 | timidus] titaidus R ‖ **31, 32** *desunt; lacunam statuit Ribbeckius.* haec uitia (33) *nec suspicio nec timor nec propinquorum numerus, sed* dementia (35) *et libido quae ad rapinas sexum uirilem impellunt* ‖ **33 (34).** hiis c^1c^2 | uiciis c^3 | deprelia H | est *om.* Vo., *Lachmannus* ‖ **34.** troy. c^2c^3 ‖ **35.** clementia BH_1 | iubsit F_1c^2 ‖ **36.** perithoum $NVo.Rc^2c^3$: peritoum c^1: peryth. P: pirith. c^4: pyrith. FH: pyrit. B ‖ **37.** quor c^1: cui H | grauium HRc^2 | autor c^1 ‖ **38.** duro Ω (*et* F) ‖ **39.** capere ractas (*uel* racras) F_1 | inp. Nc^1c^2: ip. Fc^3: imp. *codd.* ‖ **40.** parce F_1 | ronę c^3_1 | quilibet $BRc^2c^3_1P$ ‖

217

quos igitur tibi custodes, quae limina ponam,   (b)
    quae numquam supra pes inimicus eat?
nam nihil inuitae tristis custodia prodest;
    quam peccare pudet, Cynthia, tuta sat est.

ix   [II, vi]

Templa Pudicitiae quid opus statuisse puellis,   [A. (a)
    si cuiuis nuptae quidlibet esse licet?
quae manus obscenas depinxit prima tabellas
    et posuit casta turpia uisa domo,
5   illa puellarum ingenuos corrupit ocellos
    nequitiaeque suae noluit esse rudes.

a, gemat, in terris ista qui protulit arte   (a)
    iurgia sub tacita condita laetitia!
non istis olim uariabant tecta figuris:
10   tum paries nullo crimine pictus erat.
sed non inmerito uelauit aranea fanum,
    et male desertos occupat herba deos.

numeri elegiae ix (??): $\widehat{6\cdot6}$; (*4·8*; | *4·8*; *6·6*).

41–44 *iam Baehrensius ad* viii *pertinuisse censuit; in codd. post* ix, 12 *exstant,
unde separauit Lachmannus. initio mancum fragmentum, ut alibi, post coeptum
carmen exscripsit librarius; uncialem paginam restitui, inter uu. 28 et 29 el.* v *olim
interiectam* || **41.** lumina FP_1 || **42.** Quod F | supra numquam c^1 || **43.** nan F |
tristris c^1 | prodet Vo. ||

ix, **1–12** *in codd. nullo interstitio post* v, 27, 28, *illi post* viii, 40, *exstant; separauit
Lachmannus (qui autem etiam inter uu. 2 et 3 et inter uu. 10 et 11 lacunae signa posuit).
hinc nouam elegiam statui* || **2.** cuiuis Nc^4P: cuius $vFRc^3_1$: quouis BH: quo uis
Vo.: qui ius c^2: sicuius c^1 | nuptie BH_1 | quidlibet $NBHRc^1c^3$: cuilibet FVo.:
quidlicet(l3) c^2 | decet c^1: lites F_1 || **3.** quam c^1 | obsen. c^3: osc. c^2 | depinsit c^2 ||
4. potuit Vo. | uisa] uia c^3: uina c^1c^2: iussa Vo.R (*uel* uissa) || **5.** corrumpit BH:
corumpit c^2 | occell. Vo.c^3 || **6.** uoluit F_1BH, Vo.*primo*, c^3_1 || **7.** ah NC: ha FBHVo. |
gemmat Vo. | interris c^1c^2R | iste N | protullit HVo. || **8.** sub] sed FP || **10.** cum Bc^4:
quum d | tectus F | erit c^4R_1 || **11.** inmerito NVo.: imm. *cett.* | uariauit $c^1c^2c^3$ | arenea
P: harena c^1 || **12.** male $c^1c^3_1$ *Heinsius*: mala *cett.* | ocupat erba F_1 || **11, 12**, *ante quos
lacunam statuit Lachmannus, post u. 2 ponere uoluerunt Heydenreichius (si pro* sed
legens), Birtius, alii. deperditis quae sequebantur nihil mutaui; numeri aut 6 + 6 *aut*
4 + 8 *fuerunt* ||

[*desunt elegiae* ix *uu.* 13–28]

[*desunt elegiae* ix *uu.* 29–   ]

X

[*desunt elegiae* x *uu.* 1–   ]

[*desunt elegiae* x *uu.*   –   ]

[*desunt elegiae* x *uu.*   –   ]

[II, viii]

[29?]   magni saepe duces, magni cecidere tyranni,
30 (?)   et Thebae steterunt altaque Troia fuit.
        munera quanta dedi uel qualia carmina feci!
        illa tamen numquam ferrea dixit 'amo.'

xi

[II, xii]

Quicumque ille fuit puerum qui pinxit Amorem,   [A. (a)
    nonne putas miras hunc habuisse manus?
is primum uidit sine sensu uiuere amantes
    et leuibus curis magna perire bona.

5   idem non frustra uentosas addidit alas   (a)
    fecit et humano corde uacare deum,
scilicet alterna quoniam iactamur in unda
    nostraque non ullis permanet aura locis.

      et merito hamatis manus est armata sagittis   (a)
10   et pharetra ex umero Cnosia utroque iacet,
ante ferit quoniam tuti quam cernimus hostem,
    nec quisquam ex illo uulnere sanus abit.

numeri elegiae xi: 4·4·4; | 4·4·4.

---

x. **29** (?)–**32** (?) *in codd. post* xiii, 8 (*fol.* 72 *b*) *exstant (ante* xv, 1). *ibi parum apte positos uidit Scaliger, qui uu.* 29, 30 *ante* xiv, 7 *traiecit; quo facto tamen alienos esse uu.* 31, 32 *perspexit Housmannus. uide quae ad* xiii, 8 *adnotaui. ultimos elegiae uersus, deperditis qui praecedebant, summae paginae restitui* || **29.** tir. c²: tiramni FBP: tyramni H || **30.** phebe c¹ | steterant Ω: *corr. Scaliger* | troya c²c³ || **31.** quali c³₁ || **32.** [nonquam c³] | ferea c² | dicit FBP: duxit c³ | ama c¹ ||

xi *in codd. post* xii, 4 *exstat, sed interiecto folio uncialis uno (fol.* 125), *quod continebat Ell. Lib.* IV, i, 1–26, III, xxv, 39–44: *post* xi, 24, i, 1–16 (*fol.* 57 *a*). *noua elegia in* Ω. *titulus* de amore. *Philitan, ut credo, expressit noster. ignoti in tabula puer Amor incerta aura supra fluctus uolitat liber: uide praefat. pp.* 27, 28, 71: *Ouid. Am.* II, ix, *passim.*

1. puerum] primus F₁ || **2.** non ne Bc²c⁴: nunne c³ | hic B: h^{Ωc} H || **3.** Is *codd.*: Hic FBH₁P | uiuere *om.* F₁: iuu- P₁ (*cett. erasis a* P₂, *qui* -ere *corr.*) || **5.** uentosos H, *fortasse* F₁ | adidit c³R | uentosasque addidit alas, *Verg. Aen.* XII, 848, *de nostro, ut uidetur, furtum* || **6.** humano corde *frustra uexauerunt multi* | uacare *ego*: uolare Ω (*cf. Ell. Lib.* I, iv, 60; IV, xii, 98). *alas habet deus ut identidem euolet* (14–16) *habitatione humana: ita* alterna iactamur in unda *etc.; cf. Ell. Lib.* I, xviii, 9; *Cynth.* i, 36; *Ouid. l.c.* 2, 52; *al.* || **7.** s₃ c²: silicet c¹ | quoniam] quotiens c² || **8.** non ullis Nμuc²c³c⁴P: nullis c¹: non illis R: non nullis FBH *corr.*, Vo.: non nullas H₁ || **9.** amatis c¹H₁: hamantis N | et F₁ | sagiptis c¹c²F₁ || **10.** faretra Fc¹ | exumero c²: ex humero *codd.* | gnosia Ω: *cf. Cynth.* iii, 2; *Housmannum C.Q.* XXII, *pp.* 6, 7 | uterque N | latet *Postgatius* || **11.** quam] non c² | credimus c¹ || **12.** ne c¹ | quicquam F₁BH₁c¹ | abit *codd.*: erit FBHVo. ||

In me tela manent, manet et puerilis imago;   [B. (a)
    sed certe pennas perdidit ille suas,
15 euolat, a, nostro quoniam de pectore nusquam
    adsiduusque meo sanguine bella gerit.

quid tibi iucundum est siccis habitare medullis?   (a)
    si pudor est, alio traice tela tua!
intactos isto satius temptare ueneno:
20   non ego, sed tenuis uapulat umbra mea.

quam si perdideris, quis erit qui talia cantet   (a)
    (haec mea Musa leuis gloria magna tua est),
qui caput et digitos et lumina nigra puellae
    et canat ut soleant molliter ire pedes?

xii   [II, ix]

N on ob regna magis diris cecidere sub armis   [A. (a)
    Thebani media non sine matre duces,
quam, mihi si media liceat pugnare puella,
    mortem ego non fugiam morte subire tua!

numeri elegiae xii (?): 4· (6·4; | 4·2 +) 4·4.

---

13. tella B₁Vo. | puerillis Vo. | ymago Fc¹c²R ǁ **14.** poennas HVo. ǁ **15.** e *codd.*;
corr. Baehrensius (*cf. Cynth.* xx, 22): é NBH: enro c¹: heu *Muretus*: en *Passeratius* ǁ
16. assid. *codd.*: essid. F₁ *primo* ǁ **17.** ioc. Ω | est] et N₁R: (st N₁ *supra*) | medulis
BHR ǁ **18.** sed μυ | pudor *Politianus, Puccius*; c⁴⟂ *Voss. Leid.* 82: puer *codd.* |
aluo c¹c²c³₁ (?) | traice *codd.* (c³₂ *in ras.*): trahe c²: *om.* R | tela *Itali*, c⁴⟂ *Voss. Leid.* 82:
puella *codd.*: bella *Puccius* | tua *Puccius*, c⁴⟂: tuo *codd.*: (loco dg₁⟂): puer *Politianus,
Voss. Leid.* 82 ǁ **19.** in tantos c¹ | istos Vo. | sacius R: saucius c²H: potius Vo. |
tentare Vo.c³c⁴: temperare F₁ ǁ **20.** uapulet F₁BH: λεπτότερος δ' ἦν Φιλητᾶς ὁ Κῷος
ποιητής, ὃς καὶ διὰ τὴν τοῦ σώματος ἰσχνότητα σφαίρας ἐκ μολύβδου πεποιημένας
εἶχε περὶ τὼ πόδε, ὡς μὴ ὑπ' ἀνέμου ἀνατραπείη: *Athenaeus*, XII, 77, p. 552 B ǁ
21. prodideris c² | erit] est c¹c²c³ ǁ **22.** hec musa mea c¹: hec mihi musa c²: nec me
musa R | leuis] lauit c² ǁ **23.** indigitos c¹ | puelle e *in ras.* (?) F ǁ **24.** cant c²: canit c⁴ |
solent c¹c²c³₁ ǁ

xii, **1–4,** *in codd. post* xiv, 8 (= *fol.* 74 *a*) *nullo interstitio exstant* (*cf. ad* xi, 1):
seiunxit Wakkerus, ad uu. 21–28 *attinere uidit Burmannus. initium elegiae ante
lacunam statui* ǁ **1.** duris c¹c²: diris d *in ras.* F ǁ **2.** tebani Fc¹c²: thebam H₁ | matre]
tr *in ras.* c³₂, ? marte *fuit* ǁ **3.** simedia c² | licet c² ǁ

[*desunt elegiae* xii *uu.* 5–20]

[II, viii]

[21]   sic igitur prima moriere aetate, Properti?
        sed morere: interitu gaudeat illa tuo!
        exagitet nostros Manes, sectetur et umbras,
        insultetque rogis calcet et ossa mea!

25   sed non effugies; mecum moriaris oportet: (a)
        hoc eodem ferro stillet uterque cruor.
        quamuis ista mihi mors est inhonesta futura,
        mors inhonesta quidem, tu moriere tamen.

xiii

Eripitur nobis iam pridem cara puella;   [A. (a)
        et tu me lacrimas fundere, amice, uetas?
        nullae sunt inimicitiae nisi amoris acerbae:
        ipsum me iugula, lenior hostis ero.

5   possum ego in alterius positam spectare lacerto?   (b)
        nec mea dicetur quae modo dicta mea est?
        omnia uertuntur; certe uertuntur amores:
        uinceris aut uincis, haec in amore rota est.

explicit quaternio nonus

numeri elegiae xiii: $\widehat{4\cdot6}$; $\widehat{6\cdot8}$; | $\widehat{8\cdot6}$; $\widehat{6\cdot4}$.

---

xii, **21–24** *in codd. post* xv, 1–4 *exstant (hi post* x, 29 (?)–32 (?), *illi post* xiii, 8, *ad quem locum uide quae adnotaui). post* xii, 1–4, *ponendos uidit Otto; initium nouae elegiae esse contendit Lachmannus* || **21.** ętęte H || **22.** tua c$^3_1$ || **23.** et] in H || **24.** mea] *ex manu corr.* c$^2_1$ || **25–28** *in codd. post u.* 24 *exstant, sed interiectis uersibus quattuor (Ell. Lib.* I, v, 51–54), *quos hinc omnino alienos primus segregauit Housmannus* ||
$\bar{n}$ u
25. s; effigies N$_1$ *corr.*: efficies *codd.* (efic. H) || **26.** ferro eodem N | stillet] et *in ras.* F (*fortasse* -at m^1) || **27.** ista] hec c^1: hec *uel* hac c$^3_1$ (ista *in ras. a man.* 2): illa c^2 | in honesta (*bis*) c^2 | futuram c^1 || *post u.* 28 *in codd. exstant sine interstitio* xiv, 25–36 (*fol.* 75 *a*), *quos segregauit Baehrensius* ||
xiii. *noua elegia in* Ω. *titulus* ad amicum.
1–8 *in codd. post* vi, 40 (*fol.* 66 *a*) *exstant. quos initium fuisse elegiae quam continuant uu. nostri* 9–48 *arguit sensus conexio, confirmant numeri hic octo uersus requirentes. uu.* 3, 4, *quos hic alienos putauit, cum* xii, 1–4 *coniungere uoluit Housmannus; non coniunctos, sed satis apte sequentes ac numerorum reuerso orbe uersibus* 46–48 *opponendos uides* || **1.** | [ ]ripitur c^{1}c^4: Arr. c^3 (*rubricator*) || **2.** negas c^1 || **4.** eiugula c^2 | leuior F$_1$BHRP: segnior Vo. | ostis F *primo* || **5.** lacto c^1 || **6.** quomodo F$_1$ (quom^o), P: quom B (quō): modo *supra add.* c^2 | mea dicta c^3 || **7.** amantes c^1 ||
8, 9. *inter uu.* 8 *et* 9 *in codd. interiecti sunt uersus* xxxii, *quos ut relicta frustula credo unum in folium codicis sui ex unciali iam pessima passo exscripti hinc illinc e paginis proximis collegisse librarium. trium elegiarum exitus, quartae initium agnoui: accesserunt quattuor e libro praecedente uersus, qui, cum prior ibi periisset pagina, sua incerti loci esse uideretur, huc ad alios mortem poetae uoluntariam (sed alio modo) tractantes migrare sunt iussi. iudicio meo et doctissimorum si tandem has uncialis paginas restitui, non nisi multorum annorum perseuerantia perfectum munus te moneo, lector, ne temere denuo diripias. hi* xxxii *uersus ita exstant: Ell. Lib.* II, x, 29 (?)–32 (?); xv, 1–4; xii, 21–24; *Ell. Lib.* I, v, 51–54; *Ell. Lib.* II, xii, 25–28; xiv, 25–36. *cf. App. adn.* 10.

incipit quaternio decimus

     iste quod est ego saepe fui; sed fors et in hora
10   hoc ipso eiecto carior alter erit.

     Penelope poterat bis denos salua per annos   (b)
        uiuere, tam multis femina digna procis;
     coniugium falsa poterat differre Minerua,
        nocturno soluens texta diurna dolo;
15   uisura et quamuis numquam speraret Vlixem,
        illum exspectando facta remansit anus.

     nec non exanimem amplectens Briseis Achillem   (c)
        candida uaesana uerberat ora manu,
     et dominum lauit maerens captiua cruentum
20   appositum fuluis in Simoente uadis,
     foedauitque comas, et tanti corpus Achiui
        maximaque in parua sustulit ossa manu,
     cum tibi nec Peleus aderat nec caerula mater
        Scyria nec uiduo Deidamia toro.

---

9. *hinc incipit in* Ω *elegia noua. titulus* ad amicam de riuali. *noua profecto pagina incipit; ante hunc requiri octo uersus docent numeri* | (i)ste quod fui sepe f.e.i.h. c^1: Siste c^2 *rubric*. || **10.** hocispo c^1 | electo *codd.*: ellecto c^3: eiecto Vo. ς | cariora Vo. || **11.** penolope $FHP_1Rc^2c^3c^4_1$: penelopoe Vo. *primo* | bisdenos $F_1c^2c^3$ | dēnos B || **12.** tam] cum c^1 || **13.** poterat falsa $c^1c^2c^3$ | diferre c^2: disterre c^1 || **14.** nocturna F: noturna c^2 | testa F_1 *primo*, c^2 || **15.** uisura] -is- *ex corr.* c^3_2 | sperares c^2 | ulixem *uel* ulixe₃ *codd.*: ulisem c^3: ulixen N [*uide Housmannum Journ. of Phil.* XXXI, pp. 259, 260] || **16.** expect. Ω || **17.** exanimen HVo.: [exanime₃ F] | ꝑplectens c^1 | achillĕ NF: achillem *uel* achille₃ *codd.* || **18.** uesana *codd.*: uexana c^2 || **19, 20** *post* 22 *traiecit Vahlenus; sed ante lauit Briseis corpus quam cineres de rogo legit* (22) || **19.** iacuit c^1 | uirens F_1: merens BHc^2: morens c^3_1 || **20.** appositum $c^1c^3_1c^4$Vo.: apos. c^2: propositum *cett.* | fluuiis Ω: [fluuius c^4]: fuluis *Itali* (*h.e. sanguine turbidis*): flauis *Heinsius* (*quod Xanthi est epitheton*) | in simoenta *codd., corr. Guyetus, Housmannus*: [*nisi moneta* Vo.: insi moenta c^4]: in simoenta BHc^3: insimeonta c^2 | uagis *Ungerus* || **21.** achilli $N\mu\nu pBHc^2c^3_1c^4$: [hachilli P_1]; *corr. ante me L. Muellerus; cf. ad Ell. Lib.* IV, xii, 43, 44: achillis *cett.* || **22.** in *om.* c^1: inparua c^2 | *subst.* Fc^1c^2 || **23.** quom c^1Vo.: tunc P | tibi Ω [*quod defendunt Ell. Lib.* III, x, 35, 37, 38: *Lucan.* VII, 23, I, 114: *Aeneid.* VII, 757, 759, *etc.*] | pelleus B_1Vo. *corr.*, c^2 || **24.** sciria F: siria Vo.c^1: schiria R: syria c^3: seria c^2 | deyd. BH | uiro Ω, *corr. Itali* ||

25   Tunc igitur ueris gaudebat Graecia natis: [B. (c)
        otia tunc felix inter et arma pudor.
    at tu non una potuisti nocte uacare,
        inpia, non unum sola manere diem.
    quin etiam multo duxistis pocula risu:
30   forsitan et de me uerba fuere mala.
    hic etiam petitur qui te prius ipse reliquit.
        di faciant, isto capta fruare uiro!

    haec mihi uota tuam propter suscepta salutem,   (b)
        cum capite hoc Stygiae iam poterentur aquae
35   et lectum flentes circum staremus amici?
        hic ubi tum, pro di, perfida, quisue fuit?
    quid si longinquos retinerer miles ad Indos,
        aut mea si staret nauis in Oceano?

    sed uobis facile est uerba et conponere fraudes: (b)
40   hoc unum didicit femina semper opus.

---

25. [tum c⁴] | uiris N$\mu\nu$pBHF$_1$ (*ex iuris corr.*), c¹c²c³$_1$ (*ut uid.*), P$_1$: castis Vo.R (c³$_2$ *in ras.*): ueris c⁴ς | gretia Hc²: graetia Vo. | nautis v_1: nuptis *Baehrensius* ‖ **26.** tunc etiam Ω (etiam *uix defendit Verg. Georg.* III, 189): otia tunc *Housmannus*: (*nec facile ferendum illud* etiam; *uide enim uu.* 29, 31) | Interet vp ‖ **27.** et c¹ ‖ **28.** inpia F$_1$ *primo*: impia *codd.* | manere] in amore c¹ ‖ **29.** quī (uī *in corr.*) F$_1$ | duxistis N$\mu\nu$: duxisti *codd.*: [dix. c³$_1$] | rixu c² ‖ **30.** forsitam Vo.R | deme c² ‖ **31.** hoc c² | petit c¹ | relinquit c¹F$_1$ (*primo*) ‖ **32.** dii *codd.*: di Vo. | fruare] a *ex corr.* c³$_2$ ‖ **33.** nec FP ‖ **34.** capit hic F$_1$ | stig. *codd.* | poterentur NBHPp: potirentur v: potarentur F$_1$ (a *in ras.*) R: peterentur Vo.C ‖ **35.** flentes] flectens c³$_1$ ‖ **36.** hi c² | mịhị ubi Vo.: mihi c⁴ *primo* | tum] nunc c¹ | proh dii NBHc¹c²c³: pro dii Fc⁴: prodii Vo.R | pettida c² | quisue *codd.*: quis ue c¹c³c⁴BR: quisne F: qui sua c² ‖ **37.** longninquos c¹ | retinerūt B: retineret c⁴: retinere R ‖ **38.** occeano *codd.* (*non* c³) ‖ **39.** nobis F$_1$H$_1$ | facille Vo. ‖

non sic incerto mutantur flamine Syrtes,
    nec folia hiberno tam tremefacta Noto,
quam cito feminea non constat foedus in ira,
    siue ea causa grauis, siue ea causa leuis.

45   nunc, quoniam ista tibi placuit sententia, cedam.   (a)
    tela, precor, pueri, promite acuta magis,
figite certantes atque hanc mihi soluite uitam:
    sanguis erit uobis maxima palma meus.

xiv

Sidera sunt testes et matutina pruina   [A. (a)
    et furtim misero ianua aperta mihi,
· te nihil in uita nobis acceptius umquam;
    nunc quoque erit, quamuis sis inimica, nihil,
5   nec domina ulla meo ponet uestigia lecto;
    solus ero, quoniam non licet esse tuum.

atque utinam, si forte pios eduximus annos,   (b)
    ille uir in medio fiat amore lapis!

numeri elegiae xiv (?): 6, $\overparen{2 (+ 2\cdot 8; 6)}$, $\overparen{8\cdot 4}$.

---

41. si H *primo* | incerte R | syrt. Nc⁴: sirt. *codd.* ‖ **42.** hyb. Vo.: in hyb. P₁:
in yb. F | tremefactas c² | notho NFBHc¹c²: noto Vo.Rc³c⁴ ‖ **43.** foemina c³₁:
femina c² | constaret c² | in ira] harena c² ‖ **45.** tunc c¹ | quoniam] quam F₁B *in ordine* |
ipsa c¹c²c³ | tibi *om.* c¹c²c³₁ | sententia] et snīa c² | cedam] *ex* q̄dam *corr.* F₁ ‖
46. precor] quidem F₁BH | promite NVo.: promicte c¹: pincte F₁: prompte BH₁ |
acute c³₁ ‖ **47.** atque *om.* c¹ | hanc *om.* c² | soluite] figite c¹c²c³₁ ‖

xiv. *nullum interstitium in* Ω. *uu.* 1–8 *ad superiores non pertinere uidit Wakkerus.*
nonne liquet alteram elegiam in iis uersibus 45–48 *desiisse, alteram hinc incipere?*
2. furtum c³₁ ‖ **3.** nihil in uita] mihi in una B (una H₁P): nich' nimia F₁ | uobis
Fc⁴: nobis, -obis *in ras.*, c³₂: nihil est c¹c²: magis est Vo. | acept. FVo.c² ‖ **4.** quo c¹ |
eris Ω, *corr. Postgatius* | sis c¹c⁴₁BHVo.P: sic Nc²c³: sit F₁ | nihil *Postgatius*: mihi Ω
(*cf.* c¹c² *supra u.* 3) ‖ **5.** mea c¹c³ ‖ **6.** tuum] tecum c¹c²c³₁ ‖ **8.** inmedio c² ‖ *post u.* 8
in codd. el. xii *uu.* 1–4 *nullo interstitio exstant; lacunam posuere multi* ‖

[*desunt elegiae* xiv *uu.* 9–24]

25　ille etiam abrepta desertus coniuge Achilles
　　　cessare in tectis pertulit arma sua.
　　uiderat ille fuga stratos in litore Achiuos,
　　　feruere et Hectorea Dorica castra face;
　　uiderat informem multa Patroclon harena
30　　porrectum et sparsas caede iacere comas,
　　omnia formosam propter Briseida passus:
　　　tantus in erepto saeuit amore dolor.

　　at postquam sera captiua est reddita poena,　　　　　(b)
　　　fortem illum Haemoniis Hectora traxit equis.
35　inferior multo cum sim uel matre uel armis,
　　　mirum, si de me iure triumphat Amor?

xv

Ergo iam multos nimium temerarius annos,
　　improba, qui tulerim teque tuamque domum,
　　ecquandone tibi liber sum uisus? an usque
　　in nostrum iacies uerba superba caput?

25–36 *in codd. post* xii, 28 *nullo interstitio exstant; lacunam statuit Baehrensius* ‖
　　　　　　　　　　　　　　　　　　　　　　　　　　　　　　ᵃ
25. aberepta BH_1 : erepta c^1 : abiecta c^2 | desertuȝ c^1 ‖ **26.** cesare N | intectis $Rc^1c^2c^4$ ‖
27. fuga stratos *Passeratius* : fugas · tractos NB : fugas tractos *codd.* : fuga tractos
$c^1c^2c^4P_1$ | littore *codd.* : inlictora c^1 : lit. c^2 | archiuos B ‖ **28.** hectorea] ethora *in*
ethorica (?) *corr.* c^2_1 | doricha c^2 ‖ **29.** informen Vo.P | petocron, r *in* l *corr.*, Vo. |
arena Vo.P_1c^3 ‖ **32.** in erepito H_1 : increpito B | errepto c^3 : erecto c^2 | seuit Bc^1c^2 :
scaeuit Vo. ‖ **33.** sera *codd.* : seni H_1 : sacra Vo. : *om.* F_1 | redita c^1R : rectoita H_1 |
poeña Vo. ‖ **34.** ille *Kootenius* | (a)emon. Vo.c^1c^4 : hemonis H_1 | transit c^1 | aequis c^2 ‖
35. sim uel] siml' F_1 | marte *codd.* : amore c^2 : *corr. Itali*, ς ‖ **36.** deme c^2 : me *om.* c^1 |
trih. c^2 | *post hunc u. in* Ω xiii, 9 *cum titulo nouae elegiae* ‖

xv, **1–4**, *in codd. post* x, 32 (?) *et ante* xii, 21 *exstant: utrinque separauit Lachmannus.*

1. erga c^3_1 | iam Ω : tam *Itali*, P ‖ **2.** quin N_1 | domum] fidem c^1 | *signum interrogationis in* N ‖ **3.** ec quando ne Nμυp : et quando ne *codd.* (ue FH : q̄nȝ c^2) : et
quoniam ne Vo. | liber tibi c^1 | anusque Nc^3 : auusque FH : au usque Vo. : ha nusquam c^1 : an usquam c^1 ‖ **4.** superbum iacies in nostra uerba caput c^1 : *idem* c^2, *sed*
superba : *aut illud aut hoc* c^3_1 *dedit, sed omnia praeter* iacies...caput *erasit man.* 2 ‖

[*desunt elegiae* xv *uu.* 5–20]

fol. 76*a*

[*desunt elegiae* xv *uu.* 21–30]

xvi

[*desunt elegiae* xvi *uu.* 1–6]

numeri elegiae xvi (?): (6, $\widehat{8\cdot 6}$; | $\widehat{2+}$) 6·6, 6.

fol. 76*b*

[*desunt elegiae* xvi *uu.* 7–22]

[ii, xxvii]

[23]   at uos incertam, mortales, funeris horam   [B. (b) *a u.* 21
          quaeritis et qua sit mors aditura uia;
25   quaeritis et caelo, Phoenicum inuenta, sereno,
          quae sit stella homini commoda quaeque mala,
     seu pedibus Parthos sequimur seu classe Britannos,
          et maris et terrae caeca pericla uiae.

     rursus et obiectum fles tu caput esse tumultu,   (a)
30   cum Mauors dubias miscet utrimque manus,
          .   .   .   .
               .   .   .   .
     praeterea domibus flammam domibusque ruinas,
          neu subeant labris pocula nigra tuis.

35   solus amans nouit quando periturus et a qua   (a)
          morte, neque hic Boreae flabra neque arma timet;
     iam licet et Stygia sedeat sub harundine remex
          cernat et infernae tristia uela ratis,
     si modo clamantis reuocauerit aura puellae,
40   concessum nulla lege redibit iter.

---

xvi, **23–40** *in codd. inter Ell. Lib.* i, iv, 60 *et* v, 1 *exstant: in* μυplR (*ut in Puccii*
'*uetusto codice*') *cohaerent cum praecedentibus; in cett. incipit a u.* 23 *elegia noua.*
titulus de incerta hora mortis ‖ **23.** at Ω ‖ **24.** qua] quae c³₁ ‖ **25, 26** *in* BHL
inuerso ordine exstant ‖ **25.** et] in c³₁ | fenicum FBL: foen. H: phon. c² | inuecta c¹c²:
iuuenta F₁: [in uenta c³] ‖ **26.** [comoda c¹: quomoda c²] ‖ **27.** sequitur c¹c²c³ |
brittannos N: britanos LVo.R ‖ **28.** caec̦a Vo. ‖ **29.** et obictum F: iobicetum c¹ |
fletus NμυBc¹c²c³R (*in* N s *postea a manu prima addita, ut uid.*): *corr. Housmannus*:
fluctus H₁: flemus plFLVo.c⁴ | caput NF: capiti *cett.* (*et* F *in marg.*) | tumultum Ω,
corr. L. Muellerus (*et cod. Mus. Brit.* 23766) ‖ **30.** quom c¹c² ‖ *post hunc u. excidisse*
distichon censeo, unde supplendum fuerit metuendi uerbum ‖ **33.** domibusque *codd.*:
metuisque *L. Muellerus* (*quod legendum sit, nisi lacunam statuas*) | ruinam FH₁Vo.₁c⁴ ‖
34. Heu c²R: Non BH | labris] sacris c¹c² ‖ **35.** amat c³ | nouis c³₁ | quando] q̄m Vo.
(= *quoniam*) | aqua c³ ‖ **36.** boraeae N | nec Vo.R ‖ **37.** liquet F₁ | stig. *codd.* |
[arund. c³] ‖ **38.** cernat Ω | uella BHR ‖ **39.** clamantis Ω ‖

xvii [II, xxv]

Vnica nata meo pulcherrima cura dolori,—   [A. (a)
 excludit quoniam sors mea 'saepe ueni'—
ista meis fiet notissima forma libellis,
 Calue, tua uenia, pace, Catulle, tua.

5   miles depositis annosus secubat armis,   (b)
        grandaeuique negant ducere aratra boues,
       putris et in uacua requiescit nauis harena,
        et uetus in templo bellica parma uacat:
       at me ab amore tuo deducet nulla senectus,
10   siue ego Tithonus siue ego Nestor ero.

       Nonne fuit satius duro seruire tyranno   (a)
        et gemere in tauro, saeue Perille, tuo,
       Gorgonis et satius fuit obdurescere uultu,
        Caucaseas etiam si pateremur aues?

15   sed tamen obsistam. teritur rubigine mucro   (c)
        ferreus et paruo saepe liquore silex:

numeri elegiae xvii: 4·6, 4·8, 8; | 6·4, 8·4, 8.

---

xvii. *hinc incipit noua elegia in* Ω. *titulus* ad amicam iratam (ir. *om.* F). c³ *nullum uersum uacuum relinquit, titulum in marg. habet.*

1–48 *in codd. inter* I, xiv, 40 *et* xv, 1 *exstant, foliis* 77 *et* 78 *una inter illius libri disiecta folia admissis* || **1–3** '*scribendo me consolabor*' || **1.** pulcherima CR: pulcerrima L: pulcerima FVo. | cara c¹ || **2.** quoniani H: spumam c² | *post* saepe *distinguit* μ (*et* v *man. corr.*) | uenit N₁: *cum Baehrensio distinxi; cf.*

mi formosa sat es, si modo saepe uenis,

Ell. Lib. II, v, 20. '*quod excludor, excludit solitam inuitationem.*' *et uide nunc uu. nostros* 53–60. *ut uu.* 53, 54 *ad u.* 6, *ut uu.* 55, 56 *ad uu.* 9–22 *respiciunt, ita uu.* 57–60 *uu.* I, 2 *reuocant.* '*Pero pulcherrima domum tandem ad Melampum uenit*': τοῦτ' ἐκεῖνο || **4.** catule BH || **5.** annosis N₁Vo.: annosiis c¹ || **6.** grandemque BH₁ || **7.** requiescet c¹c² | nauit B | harena BLC: ar. *cett.* || **8.** uerus c²: uentus B: uenus R₁ | palma FVo. | uocat c¹ || **9.** nulla] nᵃ c² || **10.** thitonus NpBHVo.: titonus FLc²R || **11.** non me c³ | tiranno *codd.*: tiramno BH || **12.** genere Vo. | tauro] thalamo c² | s(a)epe Ω, *corr. Itali* | perile C || **13.** indurescere C || **14.** caucaseas BHVo.c³₁ *corr.*: cancaseas L: cautaseas C: caukaseas N: caucasias F | pateremur BH: paueremur c²: peteremur *ex* -emus *corr.* c¹₁ || **15.** sed non obsita (no c¹) C | tegitur CBH || **16.** fereus c³ | liquore NpBHCR: licore F (*in ordine*) LVo. ||

at nullo teritur, dominae qui limine am⟨*at*⟩or

    .   .   .   .

   .   .   .   .

20   restat et inmerita sustinet aure minas.
       ultro contemptus rogat, et peccasse fatetur
       laesus, et inuitis ipse redit pedibus.

       tu quoque, qui pleno fastus adsumis amore,   (c)
       credule, nulla diu femina pondus habet.
25   an quisquam in mediis persoluit uota procellis,
       cum saepe in portu fracta carina natet?
       aut prius infecto deposcit praemia cursu,
       septima quam metam triuerit arte rota?
       mendaces ludunt flatus in amore secundi:
30   siqua uenit sero, magna ruina uenit.

       Tu tamen interea, quamuis te diligat illa,   [B. (b)
       in tacito cohibe gaudia clausa sinu:
       namque in amore suo semper sua maxima cuique
       nescioquo pacto uerba nocere solent.

17–19. *unum uersum praebent codd. quem e duobus conflatum censeo. ita legitur:*
at nullo dominae teritur sub limine amor qui | dominae] de me Vo.: demę c$^3_1$ |
territur c^3 | sublimine Nc^1: sublumine Vo.: sub lumine F: sub lemine R | at nullo
teritur *Postgatius, Rothsteinius* | amator *Heinsius* | *omissa praepositione posses ita
emendare:*

         at nullo teritur, dominae qui limine amator
         restat, *etc.*

at, si recte elegiam restitui, docent numeri hic duos uersus deesse: itaque credo in u. 19
fuisse uerba sub lumine, *per quae errauerit librarii oculus, uersum huius fere sensus
fuisse:*

         ⟨*frigoris hic patiens lunae*⟩ sub lumine ⟨*solus*⟩
         restat, *etc.*

necnon eiusmodi aliquid in Ell. Lib. III, xi, 23–26; *q.u.; et cf.* III, xxiii, 37–40, Cynth.
iii, 16–18 ||

20. in merita *codd.*: ïmer. FL: immer. BH | subst. FC || **21.** cōptēptus N || **22.** in
uitis B: inuictis F || **23.** plenos N$_1$ *primo* | absumis N$_1$: assummis FLVo.c^{1}c^3:
assumis *cett.* || **24.** credule NVo.H *corr.*, c^{1}c^{3}c^4: credula FBH$_1$LRc^2 || **26.** quom c^{1}c^2 |
frasta c^3 || **27.** infesto c$^3_1$ || **28.** terruerit L | ante Ω: arte *Itali*: axe *Burmannus* | tota c^2 ||
29. merdaces c^3 | ludunt] nuũt *uel* niuĩt c^2 || **31.** dill. H | ille c^1 || **32.** coibe c^2 |
grandia c^1 || **33.** cuique est c^3: quoiq; est c^1: quiq; c^2 ||

35   quamuis te persaepe uocet, semel ire memento:
        inuidiam quod habet, non solet esse diu.

        at si saecla forent antiquis grata puellis,   (a)
        essem ego quod nunc tu: tempore uincor ego.
        non tamen ista meos mutabunt saecula mores:
40   unus quisque sua nouerit ire uia.

        At uos qui officia in multos reuocatis amores,   (c)
        quantum sic cruciat lumina uestra dolor!
        uidistis pleno teneram candore puellam,
        uidistis fusco; ducit uterque color:
45   uidistis quandam Argiuam prodente figura,
        uidistis nostras; utraque forma rapit:
        ⟨p⟩ullaque plebeio uel sit sandicis amictu:
        haec atque illa mali uulneris una uia est.

        cum satis una tuis insomnia portet ocellis,   (a)
50   una sit et cuiuis femina multa mala,

---

35. nocet F_1B *primo*, LVo. | senił c^1: semel tamen c^2 ‖ **37.** et F_1 | gratia N *primo* ($\overline{gta}$): *unde* Graiia *ego olim. adludit Ouid. A. A.* III, 121, 122:

  prisca iuuent alios: ego me nunc denique natum
   gratulor... ‖

39. meos...mores] mores...meos c^2 | mutabant N ‖ **40, 41** *om.* L (*ob homoeo-*
                      i
teleuton) ‖ **41.** offitia pBC | in *om.* F_1Vo. | reuocatos c^3 | amoręs (*sic*) c^3 ‖ **42.** si Ω,
corr. Itali | crutiat Lc^3 | nostra NpFL ‖ **43.** pleno Ω: niueo *Housmannus:fortasse* puro
(*cf.* F) | tenerem c^1 | púa3 F (= *pueram*) ‖ **44.** fusco Ω: fuscas *Marklandus*; *cf. Stat.
Silu.* III, iv, 65, 66 (*sed de puero*):

  ne prima genas lanugo nitentes
  carperet et pulchrae fuscaret gratia formae |

ducit *codd.*: ducis l: lucus L: dulcis FVo.$c^4 ς$ ‖ **45.** quadam N | argiua Ω, *corr.
Baehrensius* | patriam Argiuas *Housmannus, coll. Moret.* 32. *at cf. Ell. Lib.* II, v, 17,
18 | prodente F_1LVo.: prodire *cett.* ‖ **46.** nostra c^1c^2 | ueraque $c^1c^2c^3_1$ ‖
47. ⟨p⟩ullaque *ego*: illaque Ω, *quod primus Baehrensius suspexit. de amissa littera
prima cf. Ell. Lib.* I, ii, 24; IV, xi, 43 (illi); II, xxv, 5 ⟨p⟩. illaque *nec post uu.*
41–46 *neque ante* haec atque illa *ferendum* | prebeio c^1: plebeo c^2 | sic F_1Vo.: sit
post sandicis H_1 | candicis F_1: sandycis Vo.$_1c^4$ ‖ **48.** ulneris Vo. | est *om.* BH$c^1c^2c^3$R ‖
49. quom c^1c^2 | in somnia BL: insomtpnia pFR: in sompnia c^2 ‖ **50.** cui uis FL:
quoi uis c^1: quouis c^2 ‖ *desinente uncialis pagina deesse aliquid docent numeri: ut enim

dant codd., uersus ita dispositi sunt,* 4·6, 4·6, 8, 6·4, 8·2. *idem docet sensus uerborum,
quem ut sanaret lacunam ante u.* 49 *statuere uoluit Housmannus* ‖

[ii, iii, iv]

    his saltem ut tenear iam finibus! haut mihi, siquis,
      acrius, ut moriar, uenerit alter amor.

    ac ueluti primo taurus detractat aratra,   (c)
      post uenit adsueto mollis ad arua iugo,
55   sic primo iuuenes trepidant in amore feroces,
      dehinc domiti post haec aequa et iniqua ferunt.
    turpia perpessus uates est uincla Melampus,
      cognitus Iphicli subripuisse boues;
    quem non lucra, magis Pero formosa coegit,
60   mox Amythaonia nupta futura domo.

xviii

Multa prius dominae delicta queraris oportet,   [A. (a)
    saepe roges aliquid, saepe repulsus eas,
et saepe inmeritos corrumpas dentibus ungues,
    et crepitum dubio suscitet ira pede.
5   nequiquam perfusa meis unguenta capillis,   (b)
    ibat et expenso planta morata gradu;

numeri elegiae xviii: 4·6·4; 4·6·4.

---

xvii **51**–xviii, **24** (*fol.* 79) *in codd. post Ell. Lib.* i, ii, 44 (*fol.* 27 *b*) *et ante* ii, vii, 1
(= *fol.* 66 *a*) *exstant. cum* i, ii, 44 *nullo interstitio cohaerentes ita seiunxere Schraderus,*
Lachmannus, edd. fere omnes qui secuti sunt, ut a u. 51 *inciperet noua elegia; nouam*
autem post 60 *indicant* Ω. *adiuuantibus numeris et orbe carminis redintegrato* (*uide*
quae ad uu. 2 *et* 17 *adnotaui*) *folium in locum suum restitui* (*praefat. pp.* 57, 58).

51, 52 *ne cum sequentibus quidem satis clare cohaerentes seiunxit Scaliger, Post-*
gatius uncis inclusit: callidam cum olim praecedentibus iuncturam uides. malis inuictus
est poeta neque alterum amorem, ut alii, optare potuit ‖ **51.** hiis c¹c²: hic c³ | saltem]
aūt c¹ (= *autem*): tñ c² (= *tamen*): teneaȝ c¹: teneat c²c⁴ | [funibus c⁴] | aut *codd.*:
correxi; cf. haut (aut *codd.*) ego uates nescius… (*Ell. Lib.* iv, ii, 51): ā F ‖ **52.** *post*
acrius *distinxi* | moriar] a *in ras.* c³ ‖ **53.** at Fc⁴: hac p | thaurus Fc²Vo. | detractat μυρ:
detractet F | arator c¹: aratrom F₁ ‖ **54.** uenit…mollis] mollis…uenit c¹ | ass. Ω ‖
56. de hinc FBRc¹ | IIȃ F | fert c¹: feȓ c² ‖ **57.** perpexus c² | et Fgd | melampus
Vo.plg₂d₂, *Laur.* 33. 14: melanpus c¹: menalpus c⁴: nilampus c²Rg₁d₁: nylampus
NμυBHc³: uilampus F₁ ‖ **58.** iphicli Vo.C: yphicli N, μυ *corr.*, pBH: hiph. F | surr.
                e
BHVo.c¹c³ ‖ **59.** que c¹ | nunc F: tunc Vo. | phero *codd.* (phero *corr.* c³₂): pheǫro
H: fero c¹c²: *om.* c⁴₁ | cogit c³₁, *ex go. corr.* c¹: coegis B ‖ **60.** [amythaonia c⁴]: amith-
aonia NFBHVo. Rc³: amithonia c²: amitaonia c¹ | nuta Vo. ‖

xviii. *noua elegia in* Ω. *titulus* ad amantem.

    1. oportet] opȝ c² ‖ **2.** aliquis c³₁ ‖ **3.** inmer. Nc¹c²c⁴: ꟾmer. R: ꟾmer. B: imm. *cett.* |
corrumpis BH₁: corrumpes R: corumpes Vo. | dentebus F₁ ‖ **4.** crepitura F₁:
strepitum Vo.: erepitum c³ | ora F₁: ire c³₁ ‖ **5.** nequiquam N: nec quicquam c¹R:
ne quicquam BHVo.c³ | (unguenta *et* perfusa *locum inter se mutarunt in* c²) | perfussa
H ‖ **6.** extenso c¹: expensoɀ Vo. ‖ **5, 6** *hic alienos esse censuere Housmannus et Post-*
gatius: docent numeri cum his olim coniunctum distichon excidisse. quod a ⟨nequi-
quam⟩ *coeptum esse credo; cf.* non hic, non hic (9). *iam ante uncialem exciderat* ‖

.   .   .   .

.   .   .   .

non hic herba ualet, non hic nocturna Cytaeis,
10   non Perimedaeae gramina cocta manu.

nam cui non ego sum fallaci praemia uati?   (a)
quae mea non decies somnia uersat anus?
quippe ubi nec causas nec apertos cernimus ictus,
unde tamen ueniant tot mala caeca uia est.

15   Non eget hic medicis, non lectis mollibus aeger,   [B. (a)
huic nullum caeli tempus et aura nocet:
ambulat, et subito mirantur funus amici:
sic est incautum quicquid habetur amor.

hostis siquis erit nobis, amet ille puellas: (b)
20   gaudeat in puero, siquis amicus erit.
tranquillo tuta descendis flumine cymba:
quid tibi tam parui litoris unda nocet?
alter saepe uno mutat praecordia uerbo,
altera uix ipso sanguine mollis erit.

---

xviii, **9.** erba F | noctua F₁: nocitura Vo.: noturna c² | cytheis NBHc³c⁴: citheis
FVo.c¹c² ‖ **10.** nec c¹ | per mede(a)e *codd.*: permede(a)e Vo.c⁴: per mediẹ c³, *corr.
Itali*: Perimedea *Muretus* | manus Ω, *corr. Muretus (sed* manu *datiuus est; cf. Ell. Lib.*
II, i, 52) ‖ **11, 12** *in codd. post u.* 18 *exstant: ob homoearchon et homoeoteleuton* (non,
nam; manu(s), anus) *loco delapsos traiecit Birtius* ‖ nam] non c³₁ | qui c² | fallacia c¹:
falacia c³ | nati Vo.₁R ‖ **12.** deties H ‖ **13.** cerminis Vo.₁: carminis H₁ ‖ **14.** cẹcca Vo. |
est *om.* c² ‖ **16.** cẹlli Vo. | aura *om.* c¹ ‖ **17.** ambulant c¹c²c³ | murantur F₁ | simus
B: sinus H ‖ **18.** in cantum H ‖ **19.** si quis est c²c³₁: et si quis est c¹: [quid Vo.] |
ille Nc¹c³R: ipse FBHVo.c²c⁴ ‖ **20.** candeat BH | impuero Vo.: in primo c³₁ (in
puero c³₂ *in ras.*): inprimo c¹c²: inpuero c⁴ ‖ **21.** descendes c¹: descendit F₁ *ex corr.*
(*Laur.* 33. 14 c⁴ϛ) | flumina c¹c²c³ | cimba NFRc¹c²c³: cymba BHVo.c⁴: cunba p₁ ‖
22. quod c¹ | lit. c²: lict. c¹c⁴: litt. *codd.* | uocet c¹ ‖ **23.** altera c¹c² ‖ *desinente uncialis
pagina post u.* 24 *non minus quattuor deesse elegiae uersus docent numeri* ‖ *uide praefat.
p.* 57 ‖

25   nunc ad te, mea lux, ueniet mea litore nauis   (a)
        seruato? an mediis sidat honusta uadis?
        quod si forte aliqua nobis mutabere culpa,
        uestibulum iaceam mortuus ante tuum.

xix   [II, xiv]

N on ita Dardanio gauisus Atrida triumpho est,   [A. (a)
        cum caderent magni Laomedontis opes,
        nec sic errore exacto laetatus Vlixes,
        cum tetigit carae litora Dulichiae,
5   nec sic Electra, saluum cum aspexit Oresten,
        cuius falsa tenens fleuerat ossa soror,
        nec sic, ⟨*cum*⟩ incolumem Minois Thesea uidit,
        Daedalium lino cui duce rexit iter,

        quanta ego praeterita collegi gaudia nocte: (b)
10   inmortalis ero, si altera talis erit!

        nec mihi iam fastus opponere quaerit iniquos,   (c)
        nec mihi ploranti lenta sedere potest.

numeri elegiae xix: 8·2, 4; 4·2, 8.

1. *Charisius GLK.* I, p. 67, 11: '*nam masculina modo* "*es*" *modo* "*a*" *nominatiuo casu ueteres terminauerunt uelut*. . . *Atrides, Atrida, ut Propertius:* "*Non*. . . *triumpho.*'"

25–28, *quos partem carminis deperditi esse censuerat Gulielmus Fischerus, uncis incluserat Postgatius, ad summam paginam traiecti folii reuocaui: in codd. post* xix, 28 *nullo interstitio exstant. hi* xxxii *uersus in codd. inter* II, iii, 60 *et* iv, 1 *exscripti sunt, ut credo quia* II, iv *noctem beatam, ut* xix, *memorat.* [*de ordine in* c³ *turbato uide praefat. p.* 14] ‖ 25, 26 *ad uu.* 21, 22 *respiciunt. dubitat poeta num audacius tandem sit periclitandum: uide* xix, 13–19 ‖ 25. Hunc c¹c² | lux mea c¹ | ueniat BVo. | litt. codd.: lict. c¹c⁴: litora F₁ ‖ 26. seruata Ω: *correxi* (*coll.* III, ii, 23, 24; III, viii, 45, 46; *Verg. G.* II, 44 *al.*) | in Vo.d | si dat FRdc³ | onusta pVo.Rd ‖ 27. que F ‖ 28. tuum -um *ex corr.* c³₂ ‖

xix. *noua elegia in* Ω (*i.e. post Ell. Lib.* II, iv, 60). *titulus de receptione in nocte. librarius, ut alibi, a miniatura incepit folium exscribere, fragmentum initio mancum post finitum carmen addidit. praefat. pp.* 19, 57.
1. triumpho *Charisius*, c¹c²: triumpho est *cett.* (*et* c³) ‖ 2. quom c¹ | magnę *ex* o *corr.* H | laomedontis Npc⁴d: laumedontis FB, H *corr.*, Vo.Rc²c³: laumeedontis c¹: laumen. H₁ | *uersum om.* F₁: *in marg. addit man. aequalis* ‖ 3. Hec si c¹ | letatus exacto F₁ ‖ 4. quom c¹: quam R | lit. c²: lict. c¹c⁴: litt. *codd.* ‖ 5. electra *codd.*: eletra Fc¹c²c³ | suum saluum c¹c²Vo.gd | quom c¹: *om.* Vo. | uidit c²c³: uidet c¹ [*ex u.* 7] | oresten Np: oreste3 c¹: horestem *codd.*: horeste3 c² ‖ 6. quouis c¹: quo uis c² | falssa Vo. | flexerat c¹c²c³ ‖ 7. si c¹ | ⟨*cum*⟩ *addidit Housmannus* | incolumen p₁HRc³ | minoistea c² | thęsea N: teseia c³ ‖ 8. dadalium c¹ | cum Ω, *corr. Housmannus* | cum duce (*bis*) F₁ ‖ 9. preteritas c¹: praetęrita c³ | colligi c⁴: cellegii c¹ | noctę Vo. ‖ 10. inmort. NplFc¹: in mort. c²: imm. *cett.* | erat Vo. *primo* ‖ 11, 12 *in codd. post u.* 14 *exstant: ante me traiecerat Fonteinius* ‖ 11. fastus] *om.* c³₁ | apponere c¹ ‖ 12. leta c⁴ ‖ [*u.* 12 *habet* c⁴ *et ante et post u.* 11] ‖

237

  at, dum demissis supplex ceruicibus ibam,
   dicebar sicco uilior esse lacu.

15 Atque utinam non tam sero mihi nota fuisset   [B. (c)
   condicio! cineri nunc medicina datur.
  ante pedes caecis lucebat semita nobis:
   scilicet insano nemo in amore uidet.

  hoc sensi prodesse magis: contemnite, amantes!   (b)
20   sic hodie ueniet, siqua negauit heri.

  pulsabant alii frustra dominamque uocabant: (a)
   mecum habuit positum lenta puella caput.
  haec mihi deuictis potior uictoria Parthis,
   haec spolia, haec reges, haec mihi currus erunt.
25 magna ego dona tua figam, Cytherea, columna,
   taleque sub nostro nomine carmen erit:
  'has pono ante tuas tibi, diua, Propertius aedes
   exuuias, tota nocte receptus amans.'

            explicit quaternio decimus

———

  13. aut N_1 | tum F_1 | supples Vo.: suplex c^2c^3 || **14.** sicho c^2 || **15.** tan Vo.: eam c^3 | fuissent c^2 || **16.** condicio Vo.: conditio HRc^3: condito NF: conditi B, H *primo* (*ut uid.*): condictio c^2 | cūu (= *cueru*) F_1 | dat' c^2: datus c^1 || *quae condicio erat ut contemnentem dominam ipse contemneret* (19) || **17.** semiṭta F | uobis Vo.₁ || **18.** silicet Bc^2: si licet Vo. || **19.** contempn. pFc^1c^2R || **20.** uenient c^1 || **23.** uictoria c^2Vo. | partis Fc^2c^3: parcis c^1: palmis Vo. *primo* || **24.** spoglia Vo. | curus Vo. || **25.** dona] damna BH_1 | citharea $FVo.c^1c^2$: cytharea R | columpna c^2p || **26.** talle Vo. | carmina F_1 (*ut uid.*) || **27.** tuam...aedem *Scaliger; at cf. Ouid. Fast.* v, 949–954: *stet* domus: *aeternos tres habet una* deos. *conuerse Horatius C.* i, xxx, 4 | [Propercius Vo.] || **28.** eximias F *primo*: exuuies V_1 | nocte] uocce (*uel* uocte) F_1, *tum* uoccere (*uel* uoctere) *corr. man.* 1 | amans] amnis v_1 ||

incipit quaternio undecimus

XX

[*desunt elegiae* xx *uu.* 1–16]

numeri elegiae xx (?): $\overset{\frown}{6 \cdot 4}$; $\overset{\frown}{8 \cdot 6}$; | $\overset{\frown}{6 \cdot 2}$ +) 2; 8·6.

[desunt elegiae xx *uu.* 17–32]

[33]   lenta bibis: mediae nequeunt te frangere noctes?   [II, xxxiii]
      an nondum est talos mittere lassa manus?   [B. *a u.* 25 :
                                       (b) *a u.* 31

35   'A, pereat, quicumque meracas repperit uuas   (c)
      corrupitque bonas nectare primus aquas!
      Icare, Cecropiis merito iugulate colonis,
      pampineus nosti quam sit amarus odor;
      tuque, o Eurytion, uino, Centaure, peristi,
40   nec non Ismario tu, Polypheme, mero.
      uino forma perit, uino corrumpitur aetas,
      uino saepe suum nescit amica uirum.'

      me miserum, ut multo nihil est mutata Lyaeo!   (a)
      iam bibe: formosa es—nil tibi uina nocent,
45   cum tua praependent demissae in pocula sertae,
      et mea deducta carmina uoce legis.
      largius effuso madeat tibi mensa Falerno,
      spumet et aurato mollius in calice!

45. *Charisius GLK.* I, p. 107, 25: *serta neutro genere dicuntur...sed Propertius feminine extulit sic:* '*tua...sertae*'; *cf. auctor de dub. nom. GLK.* v, p. 590, 24: '*cum tua...sertae.*'

---

xx, **33–48** *in codd. post* xxiii, 28 *nullis interstitiis exstant; quos sedecim paginae uersus, ut aliunde inuectos* iam pro *panno acceperat Baehrensius. eo ob* Icarii boues (xxiii, 28) *et* Icare (xx, 37), *ob mediae noctis in utroque loco mentionem, ob sententiam similem, fragmentum initio mancum suo more traiecit librarius* ||
33. lentabis c¹ | [fraguere c¹: fragere c⁴] | *signum interrogationis in* H || **34.** at c² | nundum FR | es F | mict. c¹c² | mamus c³ || **35.** ha FBHL: ah *cett.* | merachas Fc⁴: meratas c¹c²: meraeas B | reperit NBHc¹c² | uuas *in ras.* F₂ || **37.** Ycare FR | cecr. c¹Vo.: cicr. NμνFLRc²c³: cycr. BH | merite c¹ | iugulare c¹c²F₁: uigilare BH₁R: uigilate L || **38.** nosci BL || **39.** tuque o] Tu F₁: Tu quoque BHL: Tuque c¹c²c³: Tu cur R (*sc.* o *in* œuritio *deperditum; cf.* Hc³) | eurytion Vo.: euritio c¹c²B: ęuritio Hc³: euricio NLR: eurititio F₁ | uino] iuno B: uicio c¹: uitio c² | centh. c¹c² || **40.** nenon c²: neuon H₁ | hism. Rc²c³: hysm. c¹: ysm. F | poliph. *codd.*: polif. c¹c²R: pholiph. L || **41.** Ymo f.p. c¹ || **42.** Imo c¹ || **43.** nichil FL: non Vo. | es F | [lyaeo Vo.]: lieo *codd.* || **44.** Tam c¹ || **45.** quom c¹Vo. | pr(a)ependent NFLμνplC, *Charisius*: perp. BHVo.R | demissae...sertae N, *Charisius*: demissa...serta *cett.* || **46.** carmine c²₁ | legit F || **47.** largus F₁ | effuso, e *ex* c, F | medeat c¹: madet F | phal. FBH: phalusno L || **48.** spumat c³₁ | call. H ||

xxi   [II, xxxi]

Quaeris cur ueniam tibi tardior? aurea Phoebi   [A. (a)
    porticus a magno Caesare aperta fuit.
tanta erat, in speciem Poenis digesta columnis,
    inter quas Danai femina turba senis.
5   hic ⟨*Phoebus*⟩ Phoebo uisus mihi pulchrior ipso
    marmoreus tacita carmen hiare lyra;
atque aram circum steterant armenta Myronis,
    quattuor, artificis uiuida signa, boues.

tum medium claro surgebat marmore templum,   (b)
10   et patria Phoebo carius Ortygia;
e quo Solis erat supra fastigia currus,
    et ualuae Libyci nobile dentis opus:
altera deiectos Parnasi uertice Gallos,
    altera maerebat funera Tantalidos.

15   Deinde inter matrem deus ipse interque sororem   [B. (b)
    Pythius in longa carmina ueste sonat;

numeri elegiae xxi: (?) 8·6; 2 ($\overparen{+\ 4},\ 8;\ 8,\ 6$).

---

xxi, **1–16** *in codd. ante* xxii, 23 *neque ullo in multis interstitio post* I, xviii, 36 *exstant. noua elegia a u.* 1 *in* μνCVo.R: *titulus in* μν *ad cynthiam. elegiam absolutam putauere edd. nonnulli, quod elegia non est sed initium elegiae, ut uidit Perreius.*

1. *signum interrogationis in* N | aura c² | phebo c² ‖ **3.** erit c¹c²c³₁R: eras p | spetiem Fc¹c³: spatium *Heinsius* | poenis CVo.: pęn. H: pen. NpB: penn. R: *om.* F₁L | columnis c¹c²c⁴pVo.: columbis *cett.* ‖ **4.** sennis Vo. ‖ **5.** hic equidem ph(o)ebo *codd.* (febo F): hic equidem phebus c²: *corr. Hoefftius* | pulcrior FHLc¹c² ‖ *credo in porticu stetisse, dum aedificaretur bibliotheca, statuam illam Augusti quam refert Seruius ad Verg. Buc.* IV, 10: *simulacrum factum est cum Apollinis cunctis insignibus* ‖ **6.** cacita Vo. | hyare NBH: iare F₁: h͞re c¹c²: habere c³₁ ‖ **7.** steterant *pro* stabant, *more poetarum*: steterunt F₁: [circumsteterant c²p] ‖ **8.** quatuor Ω | artificis Ω | I uida R: inuida BH: uiuia c¹ | boues *codd.*: currus c² (*ex u.* 11, -astigia, -a signa): carus c¹: boues *in ras.* c³₂ ‖ **9.** medio L | teplum c³ ‖ **10.** phocho c¹ | carior c¹c²: clarior FL: clarus BH₁ | ortig. Nc¹c³: orthig. FBHR ‖ **11.** e quo c³₁ (*sc. marmore Lunensi*): et quo *codd.*: in quo *Itali*: auro c¹c²: et auro quo Vo. | erant H ‖ *Hertzbergio (et Postgatio et Butlero)* duo Solis erant...currus, *Horatio unus:* alme Sol curru nitido (*Carm. Saec.* 9). *quem supra fastigium uides in Caligulae moneta,* A.D. 37 (*Cohen,* 9–11): *Essays and Studies presented to William Ridgeway,* p. 199 ‖ **12.** libici NFRc³: libiti B₁H: libia c¹: lib c² ‖ **13.** pernasi BHL ‖ **14.** merebar c¹: manebat B₁ ‖ **16.** pithius Nc¹c²c³: phitius BH: phithius FL | carmine c² ‖

[*desunt elegiae* xxi *uu.* 17–32]

fol. 83*b*

[*desunt elegiae* xxi *uu.* 33–42]

xxii

[*desunt elegiae* xxii *uu.* 1–6]

numeri elegiae xxii: (8·6·8); 4·6, 6·4; | 4·6, 6·4; 8·8·6.

fol. 84*a*

[*desunt elegiae* xxii *uu.* 7–22]

[23]   Hoc utinam spatiere loco, quodcumque uacabis,   [A₂. (c)
          Cynthia! sed tibi me credere turba uetat.

25   qui uidet, is peccat; qui te non uiderit, ergo
          non cupiet: facti lumina crimen habent.

       nam quid Praenesti dubias, o Cynthia, sortes,   (b)
          quid petis Aeaei moenia Telegoni?
       cur ita te Herculeum deportant esseda Tibur?
30   Appia cur totiens te uia Lanuuium?
       cur uidet accensis deuotam currere taedis
          in Nemus et Triuiae lumina ferre deae?

       scilicet umbrosis sordet Pompeia columnis   (b)
          porticus aulaeis nobilis Attalicis,
35   et creber platanis pariter surgentibus ordo,
          flumina sopito quaeque Marone cadunt
       et leuiter Nymphis toto crepitantibus orbe,
          cum subito Triton ore recondit aquam.

---

xxii, **23, 24** *in codd. post u.* 30 *exstant: huc reuocauit Housmannus, quod plane confirmant numeri.* [*ob homoearchon* Pythius, Cȳthia s- *locum perdidere.*] *sed hic nihil de Apollinis templo Palatino.* '*hic locus*' *aut Roma uniuersa est* (*cf. u.* 40) *aut Campus Martius* (*cf. uu.* 33 *et seqq.*). *ante u.* 25 *deesse aliquid uidit Perreius; docent numeri non minus uersus* 8 + 6 + 8 *deesse. quae restant elegiae partes tres in codd.* (*a u.* 25) *post* xxi, 16 *nullo interstitio leguntur; nouam a u.* 25 *elegiam statuebant Itali* ||
23. spaciere NpR | quocumque FL₁ (?), c⁴ | uocabis c²: uagaris F *primo*, c⁴ ||
24. sed cinthia c² | tibi me] time N: timeo FL | uocat Nμυ || **25.** uides c¹: ualet Vo. | his F: ispectat c¹ | non te Fc⁴ || **26.** crimina lumen *codd.*: carmina l. Bc¹c²c³₁: *corr. Itali ante Heinsium* | habent *codd.*: habet Vo.Rc³ || **27.** nam *ad* hoc…loco *refertur* (*u.* 23) | qui F₁ | pr(a)enestis c¹Vo., *fortasse recte*: pernesti c³: prenosti c⁴ | dubias *om.* c² | ochinthia μυ: chint. c³ || **28.** aeaei Vo.: aeei N: ȩei BHp: eei Lc³₂: e ei F₁: ȩ ei μ: aerei c¹c²c³₁: ȩti c⁴: *om.* R, *Laur.* 33. 14 | lethogoni *codd.*: leto. c²: loth. L: [telegoni c⁴ſ] || **29.** curua te N, *correxi*: cur uatem *cett.* (u- *in ras.* c³₂): [cur tua te *Baehrensius*] | herculem c³ | deportant *codd.*: deportat c¹c²c³₁ (?) | escida c²: essieda c¹: essedra p₁: essida BHc³: aeseda Vo.: eseda R | tybur F: tyber L | deportantes sed abitur N || **30.** Appya BH: Apya L | deuia H | Lanuuium *Jortinus*: dicit NμυpF₁ *corr.*: ducit *cett.* (et F) | anum *codd.*: anus Vo. || *sed quomodo anilior uel facta uel uisa est Cynthia cum mannis egressa? nomen Lanuuium ad librariorum genus confundendum natum—uide quod in Ell. Lib.* IV, ix, 5 *effecerunt; hic* (a)*luuianum in* ducitanum *deuenit* || **31.** cur c², *Baehrensius*: cum *codd.*: quom c¹ | uidet *om.* H₁ | acrensis c² | currere ȩdis c³₁ (*tum* currer): curreret edis μυBRc¹: curreret hȩdis F₁ | thedis c² || **33.** scilicet] sȝ c² | pompeia] umbrosa c² | columpnis F || **34.** attalicis Vo.: atal. c²: athal. c¹: attaȳlicis F₁: actal. c⁴: attaicis Nυ: accayicis L: athaicis pc³: actaicis μ: ataicis B: aiacis H₁ || **35.** creber platanis pariter F (*hic* placanis, *man.* 1), BHLμυp: platanis creber pariter N: creber pariter platanis Vo.R (platenis), C | urgentibus *codd.*: surgentibus Vo., *Calphurnius* || **36.** flumine c¹c²c³ | maiora c¹c²c³₁ || **37.** breviter c² | lymphis *Itali; sed de fonte statuis ornato agitur, cuius machinatione quadam aqua per os Tritonis identidem delapsa Nymphas circum positas aspersit* | tota…urbe Ω [urbȩ N; *cf. u.* 75]; *corr. Heinsius: crepitus enim uix leuis per urbem totam diffusus esset* (*uide Statium, Silu.* I, i, 63–65) *nec talis fuisset ut placeret spatiantibus* || **38.** Quom c¹c²: quam *Housmannus* | recundit HR ||

falleris; ista tui furtum uia monstrat amoris: (c)
40   non urbem, demens, lumina nostra fugis.
nil agis; insidias in me conponis inanes:
tendis iners docto retia nota mihi.

Sed de me minus est. famae iactura pudicae   [B₂. (c)
tanta tibi miserae, quanta meretur, erit.
45   nuper enim de te nostras me laedit ad aures
rumor, et in tota non bonus urbe fuit.

'sed tu non debes inimicae credere linguae: (b)
semper formosis fabula poena fuit.'
non tua deprenso damnata est fama ueneno
50   (testis eris puras, Phoebe, uidere manus);
sin autem longo nox una aut altera lusu
consumpta est, non me crimina parua mouent.

Tyndaris externo patriam mutauit amore;   (b)
et sine decreto uiua reducta domum est.

---

39. furtim H₁ ‖ **40.** uestra F₁ ‖ **41.** agit H₁ | inanis c³₁ ‖ **42.** inhers FLBc³: in hers
H | nota] tota F ‖ **43.** fama N: fama et c¹c²c³BH: phama et R | pudicitiae N ‖
44. tibi] mihi c² | meretur N: mereris *codd.*: mireris C | eris F₁ ‖ **45.** nostras F₁Vo.C:
nostra NμυρBHLR (*cf. u.* 50) | me l(a)edit Ω: *quod defendit Ouid. Ibis,* 5: *nec
quemquam* nostri nisi me laesere *libelli. rumor de te ad aures nostras sc. dictus* (*cf. Ell.
Lib.* I, xxi, 13) | aures *codd.*: aure F₁ ‖ **47.** set c¹ | debes] dēs c² ‖ **48.** fuit] tuis N ‖
49. deprehenso BHRc³: defenso c¹ | [phama HVo.R] ‖ **50.** pura N₁ ‖ **51.** aut] uel L |
luxu CVo.: (luxo c¹₁ *primo*) ‖ **52.** crimina] carmina F: scrinia N₁: erumna B ‖
53. [Timdaris F: Tinderis c¹] ‖ **54.** et sine decreto *codd.* (*h.e. non iudicata causa; cf.
u.* 84) [de certo R: est *add.* c⁴] ‖ *Eurip. Troad.* 899 (*loquitur Menelao Helene*)

ὅμως δ᾽ ἐρέσθαι βούλομαι γνῶμαι τίνες
"Ελλησι καὶ σοὶ τῆς ἐμῆς ψυχῆς πέρι.
Men. οὐκ εἰς ἀκριβὲς ἦλθες, ἀλλ᾽ ἅπας στρατὸς
κτανεῖν ἐμοί σ᾽ ἔδωκεν, ὅνπερ ἠδίκεις.

*mortem Helenae non decreuere Graeci, sed uiro tradiderunt siue necandam siue
asportandam. ibid.* 874:

κτανεῖν ἐμοί νιν ἔδοσαν εἴτε μὴ κτανὼν
θέλοιμ᾽ ἄγεσθαι πάλιν ἐς Ἀργείαν χθόνα.
ἐμοὶ δ᾽ ἔδοξε τὸν μὲν ἐν Τροίᾳ μόρον
Ἑλένης ἐᾶσαι, ναυπόρῳ δ᾽ ἄγειν πλάτῃ
Ἑλληνίδ᾽ ἐς γῆν, κᾆτ᾽ ἐκεῖ δοῦναι κτανεῖν,
ποινὰς ὅσων τεθνᾶσ᾽ ἐν Ἰλίῳ φίλοι.

sed femineis suis illecebris (*u.* 51) *uicit uictorem nec damnata est* ‖

55   ipsa Venus, quamuis corrupta libidine Martis,
        nec minus in caelo semper honesta fuit,
      quamuis Ida palam pastorem dicat amasse
        atque inter pecudes accubuisse deam.

      hoc et Hamadryadum spectauit turba sororum   (c)
60   Silenique senes et pater ipse chori,
      cum quibus Idaeo legisti poma sub antro,
        subposita excipiens, Nai, caduca manu.

      An quisquam in tanto stuprorum examine quaerit   [B$_1$. (a)
        'cur haec tam diues? quis dedit? unde dedit?'
65   o nimium nostro felicem tempore Romam,
        si contra mores una puella facit!
      haec eadem ante illam ⟨*iam*⟩ inpune et Lesbia fecit:
        quae sequitur, certe est inuidiosa minus.
      qui quaerit Tatios ueteres durosque Sabinos,
70   hic posuit nostra nuper in urbe pedem.

---

55. quamuis *codd.*: fertur N | matris c^1: uixit L ‖ **56.** nec *codd.*: ne F$_1$: non BH ‖
57. ida parim NμυpVo.R: idaparim F: yda parim HL: ydaparim B: uł parim c^{1}c^2
(= *uel parim*): id parum c$^3_1$: Ida palam, *Hauptius* (Phrygem, *Schraderus*). *pastor
Anchises est; cf. Theocr.* i, 105, xx, 34, *Iliad.* β, 820; *uide Housmannum C.R.* 1895,
p. 351 | postorem c^1 ‖ **58.** acub. c^2 ‖ **59.** Hoc *codd.*: Non F$_1$BHL | et c^{2}Vo.: etiam
cett. | hamadry. FVo.: amadry. LR: amadri. NBHc^{1}c^3: matriadum c^2 ‖ **60.** Silleniq;
ex Sileniq; F$_1$: [Sillemq; R] | senes Vo.: senis *codd.* | pariter H ‖ **61.** legisti Ω ‖
62. subp. N: supp. *cett.* | naica dona Ω, *corr. Scaliger* ‖ **63.** stuporem C ‖ **64.** Quor
c^{1}c^2 | hoc c^{1}c^{2}c^3 | quid c^1 ‖ **65.** tempora c^1 ‖ **67.** iam Vo. *Itali*: (*uersus Catullianus
est*): *om. codd.* ‖ **69.** queritur c^{1}c^{2}c$^3_1$ | tatios c^{1}c^{2}c$^3_1$BVo.: tacios F (t *in ras.*) HL:
tacitos NRc^4 | drusosque c^{1}c^2: duosque H$_1$ ‖ **70.** Hec L: Hac Vo. ‖

tu prius et fluctus poteris siccare marinos   (a)
  altaque mortali deligere astra manu,
quam facere ut nostrae nolint peccare puellae:
  hic mos Saturno regna tenente fuit.
75 et cum Deucalionis aquae fluxere per orbem,
  et post antiquas Deucalionis aquas,
dic mihi, quis potuit lectum seruare pudicum,
  quae dea cum solo uiuere sola deo?

uxorem quondam magni Minois, ut aiunt,   (b)
80 corrupit torui candida forma bouis;
nec minus aerato Danae circumdata muro
  non potuit magno casta negare Ioui.
quod si tu Graias es tuque imitata Latinas,
  semper uiue meo libera iudicio.

xxiii   [II, xxxiii]

Tristia iam redeunt iterum sollemnia nobis: [A. (a)
  Cynthia iam noctes est operata decem.

numeri elegiae xxiii: 6·6·4 | 4·2 (+ 4)·6.

---

72. deligere Ω (*h.e. ut olea bacas*): [diligere c¹]: deicere *Ellisius*: deripere *Burmannus* ||
73. ut] & H: ut F *litteris minutioribus* | uostre F₁ | noluit NμυB: uoluit F₁ || **74.** Hic
codd.: Is Rc⁴: His *in* Is *corr.* F₁ || **75.** At *Beroaldus* | quom c¹ | deuch. H | orbem,
o *ex* u *corr.* N₁ || **76.** antiqui *Marklandus* || **79.** [quomd. c²] | minoris H: mnois c³₁?:
[minoys c²] || **80.** corrūpit Vo.: corripuit c⁴ | bonis Lc³ || **81.** errato H₁L | dane
NBc³: danne *uel* damne HLRc¹: dampne c² || **83.** qui Vo. | tu] *om.* Rc³₁ | grayas c²:
gnuas Vo. | tuque es *codd., corr.* Baehrensius: tu *om.* μυ [quae υpH] | mirata CVo.:
mutata pL | latinos N || **84.** uiue] uidit H | iudit. c³ ||

xxiii. *noua elegia in codd. praeter* N (*hic distinxit rubricator*). *titulus* ad cynthiam
(cint. c³), FBHμυ, de cynthia L. c³₁ *nec spatium miniaturae nec uersum tituli causa
reliquit: distinxit tamen.*
1. sollepnia N: sollĕpnia L: solempnia c²: solemnia *codd.*: (soll. R) || **2.** nocte c¹ |
porata c³₁ ||

atque utinam pereant, Nilo quae sacra tepente
     misit matronis Inachis Ausoniis!

5   quae dea tam cupidos totiens diuisit amantes,
     quaecumque illa fuit, semper amara fuit.

tu certe Iouis occultis in amoribus, Io,   (a)
     sensisti, multas quid sit inire uias,
cum te iussit habere puellam cornua Iuno
10   et pecoris duro perdere uerba sono.
a, quotiens quernis laesisti frondibus ora,
     mandisti ⟨*et*⟩ stabulis arbuta pasta tuis!

an, quoniam agrestem detraxit ab ore figuram   (b)
     Iuppiter, idcirco facta superba dea es?
15   an tibi non satis est fuscis Aegyptus alumnis?
     cur tibi tam longa Roma petita uia?

Quidue tibi prodest uiduas dormire puellas?   [B. (b)
     sed tibi, crede mihi, cornua rursus erunt,

---

3. pereant N: pereat *cett.* | (n)iloquę *in ras.* c³₂ | repente c¹c²: tempente H ||
4. matronus H | inachis μυlc¹c⁴Vo.: in achis pc³: ynachis c²: inacis N: inachus R:
ynachus F₁BHL || **6.** amata c¹B || **7.** ocultis NFL | yo c²: *om.* c³₁ || **8.** [sic c² | iñire c²:
mire c³₁] || *cf. u.* 22: *itinera Ius imitantur Isiaci pompam noctibus sollemnibus facientes,*
qua
         grege linigero circumdatus et grege caluo
     plangentis populi currit derisor Anubis.   (*Juvenal.* VI, 534.) ||
9. quom c¹Vo. | [habere iubsit c²] | inno B: humo N: yuno c² || **10.** [pecc. R: pect. c²] |
somno H || **11.** ah *codd.*: ha FBHL | quotiens] et c¹c² | queruis B: querius c³ ||
12. mansisti Ω, *corr. Palmerus* | ⟨et⟩ *addidit Heinsius* | stabulas H | abdita Ω:
arbuta (*uel* arbita) *corr. Palmerus* || **13.** (at *ex* an *corr.* c³₁, n *tum supra add.*) | de
traxit F₁ || **14.** Iupiter NFBHVo.c²c³ | [id circho F₁c²: id circo c¹c³] | superba]
puella c¹c² | dea *ex* deae (?) *corr.* F | est c¹c² || **15.** non *om.* B | alumpnis LRc¹c² ||
16. uia] est *add.* BHVo.RC || **17.** que ue c¹: [quidue *in ras.* L] | prodest] non satis
est H || *satis arte cohaerent uu.* 13–16 *et uu.* 17–20, *sed disiungi tamen possunt, et*
inter se respondent (idem fere inuenies in Ell. Lib. III, xi, *uu.* 15–22). *nostri uu.* 1–16 *uias*
Ius antiquas, nouam illam ex Aegypto Romam tractant; u. 17 *incipit de uacuo puellae*
toro, et sic concluditur poema ||

aut nos e nostra te, saeua, fugabimus urbe:
20   cum Tiberi Nilo gratia nulla fuit.

at tu, quae nostro nimium placata dolore es,   (a)
noctibus his uacui ter faciamus iter:

. . . .
. . . .
25   . . . .
. . . .

non audis et uerba sinis mea ludere, cum iam   (a)
flectant Icarii sidera tarda boues.
nulla tamen lecto recipit se sola libenter:
30   est quiddam, quod uos quaerere cogat Amor.
semper in absentes felicior aestus amantes:
eleuat adsiduos copia longa uiros.

xxiv   [ii, xxxiv]

Cur quisquam faciem dominae iam credat Amori?   [A. (a)
sic erepta mihi paene puella mea est.

numeri elegiae xxiv: 8·4; 8·4.

---

19. sceua c²c³ | fugabimus NVo.c¹c²c⁴: fugauimus *cett.* ‖ **20.** nullo *in* nilo *corr.* c²₁: uillo c³ ‖ **21.** *dea decem noctium secubiis* (*u.* 2) *iam nimium placata est: tres similis abstinentiae supersunt noctes et summae caerimoniae* (*u.* 1), *ut mensis lunaris dimidia pars expleatur. itaque ter faciendum sacricolis iter Ius; cf. u.* 8. *quae in hac elegia inuenerit Rothsteinius credet qui perlegerit eius commentarium: sed* iter *et* uias *non recte me iudice interpretati sunt Passeratius et Lachmannus* ‖ **22.** hiis Fc² ‖ *inter* uu. *22 et 27 lacunam quattuor uersuum statuo, in quibus uertit ad Cynthiam allocutio: deam alloquitur poeta in u.* 21, *in u.* 27 *amicam. deesse inter* xxii, *22 et libri finem uersus quattuor docent paginae; hic solum interrumpitur sensus; numeri denique non nisi quattuor hic supplendis uersibus sanari possunt* ‖ **27.** quom c¹ ‖ **28.** ycarii FBH: hyc. c¹c² | tarda] turba c¹: parua R ‖ *post u.* 28 *in codd. insertos habes* xx, 33–48; *q.u.* ‖ **29.** sola] spuma c³ (*ex* xx, 48) ‖ **30.** quidam c¹c² | nos FLR ‖ **31.** absentis Vo. | foelit. c³ | amantis c³₁ ‖ **32.** Elleuat Rc¹c²c³ | ass. Ω | copopia c³ ‖

xxiv. *noua elegia in* c¹c²Vo.: *adhaeret superiori in cett.*
1. quor c¹ | quidquam F₁ | fatiem N | iam credat Nμυρc¹c²c³Vo.: iam credit BHc⁴: non credit F₁LR | amori Ω ‖ **2.** Sit L | erecta F₁: errepta c³ | est mea est c³ ‖

expertus dico; nemo est in amore fidelis:
    formosam raro non sibi quisque petit.
5   polluit ille deus cognatos, soluit amicos,
    et bene concordes tristia ad arma uocat:
hospes in hospitium Menelao uenit adulter;
    Colchis et ignotum nonne secuta uirum est?

Lynceu, tune meam potuisti, perfide, curam   (b)
10   tangere? nonne tuae tum cecidere manus?
quid si non constans illa et tam certa fuisset?
    posses in tanto uiuere flagitio?

Ṭu mihi uel ferro pectus uel perde ueneno: [B. (a)
    a domina tantum te modo tolle mea.
15   te dominum uitae, te corporis esse licebit;
    te socium admitto rebus, amice, meis:
lecto te solum, lecto te deprecor uno;
    riualem possum non ego ferre Iouem.

---

4. formam L: formaui BH$_1$: et formam F, H$_2$ *corr.* | rato BL ‖ **5.** poluit B | saluit c$^3_1$ ‖ **7.** [*i.e.* ξενὸς ξενῷ] ‖ **8.** cholch. c^2 | nūne c^{1}c^{2}c^3 (nun) | sequta c^2: sequuta Nc^{4}R: secura c^1 ‖ **9.** linc. *codd.*: tincen F$_1$ | tu me LR | meum c^{1}c^2 | perfide] tangere FLBHc^4 | c'a F$_1$: cura L ‖ **10.** tangere] perfide FLBHc^4 | non ne *codd.*: nū ne c^{1}c^{2}c^3 (nun): non et ue N | tue *codd.* (-ę c^3); (-e *ex* a (?) *corr.* F) ‖ **11.** constat H$_1$: costans c^1 ‖ **12.** possesne *Heinsius*: posses et L: posset et Fc^4 ‖ **13.** pertus c^1 | perdo c$^3_1$ ‖ **14.** ah Rc$^3_1$ ‖ **15.** te socium *codd.*: [sotium FHVo.c^3]: te dominum (*e u.* 16) *Housmannus* | corpus B ‖ **16.** te dominum Ω: te socium (*e u.* 15) *Housmannus* | [amico F$_1$: amitto Lp: admicto c^{2}c^4: ammicto c^1] ‖ **17.** lecte L | uno] *cf. Ell. Lib.* ii, i, 33 ‖

20
    ipse meas solus, quod nil est, aemulor umbras,
    stultus, quod nullo saepe timore tremo.

    una tamen causa est, qua crimina tanta remitto,   (b)
    errabant multo quod tua uerba mero.
    sed numquam uitae me fallet ruga seuerae:
    omnes iam norunt quam sit amare bonum.

XXV   [II, xxxiv *b*]

Lynceus ipse meus seros insanit amores!   [A. (a)
    solum te nostros laetor adire deos.
    quid tua Socraticis tibi nunc sapientia libris
    proderit aut rerum dicere posse uias?
5
    aut quid Erechthei tibi prosunt carmina plectri?
    nil iuuat in magno uester amore senex.
    tu satius memorem Musis imitere Philitan
    et non inflati somnia Callimachi.

    nam rursus licet Aetoli referas Acheloi   (b)
10
    fluxerit ut magno fractus amore liquor,

numeri elegiae xxv: 8; 6·4 | 8; 4·6.

---

19. quod] q; F_1 | nichil c^2: nihil *v et* c^1 (*ex* nihili *corr.*): uille BHL || **20.** nullo
Heinsius: stulto Ω. *an* ficto? | tremore CR || **21.** qua] cur N (*ubi ordo est:* tanta rem.
crim. causa ÷ c̄: *per litteras tum restitutus*) | remicto $F_1c^1c^2c^4$ || **22.** errabunt B ||
23. uitae] in te L | me fallet FLBHc⁴: fallet me NμνpVo.Rc²c³: fallet c^1: (me *post*
uite *facile excidere poterat*) || in u. **24** *finem esse elegiae docent numeri* ||
    xxv. *in codd. cum* xxiv *cohaeret: diuisit Casp. Barthius, quod confirmant numeri.*
    1. Lyn. Vo.: Lin. *codd.*: Lincrus c^1: Lic. c^3 | meos $c^1c^2c^3_1$ | seros *codd.*: senis c^1c^2:
sacros FL | meos insanit serus *Broukhusius, fortasse recte* (*cf.* c^1c^2) | amoris c^1 |
amore sero insanientem Lyncea Ponticum esse credo, quem in Cynth. x *tactum sed
nondum uero igni legimus. iam non solum Thebaida sed fabulam quoque Aeschyleam
scripsit* || **2.** lector F_1 || **3.** socraticus c^3 || **4.** dijcere c^3 || **5.** erechth(a)ei μνVo.: erechti
Nl: crechti p_1: crechtei c^3: crethei FBLc²: cretei c^1c^4: creter R | possunt c^1 *primo* |
plectri *Palmerus*: lecta *codd.*: lecto c^2 || **6.** iuat F_1 | noster F | *senex Aeschylus est*
(*u.* 17) || **7.** sacius LVo.c¹: sautius F: fatuis c^3_1 | memorem musis Nc⁴: musis me-
morem *codd.*: m. meropem l: Meropem Musis *Jacobus* (*h.e. Coum; cf. Quint.* VIII,
6, 71): musam leuiorem *Santenius* (*qui Philetae*) | *illud* memorem *optime opponitur
Callimachi non inflati somniis et Philetae doctum ingenium describit:*
        et meministis enim, diuae, et memorare potestis (*Aen.* VII, 645):
inde alios aliosque memor *conponere uersus* (*Paneg. Messallae,* 17): Βιττίδα μολπάζοντα
θοὴν περὶ πάντα Φιλητᾶν / ῥήματα καὶ πᾶσαν ῥυόμενον λαλιήν; *Hermesianax, fr.* 5,
75 | imittere L: imictere c^1: mittere F_1: [immittere R: mirere Vo.] | philitam *codd.*:
filitam F_1: philitem $c^2c^3_1$: filitem c^4: filicem c^1 || **8.** inflatis omnia NμνpFBLR₁c³:
corr. Itali: inflantis o. HVo.c¹c²: [inflat sompnia c^4] | calim. Fc³: chalim. c^2: chali-
niachi c^1: callam. H *primo*: callum. R || **9.** non c^3 | rur L: -sus *in ras.* H | (a)eth.
FBHLR: att. c^4 | reff. c^3 || **10.** luxerit *Heinsius* | factus *codd., corr. Itali*: facto c^3:
tactus *Heinsius* ||

atque etiam ut Phrygio fallax Maeandria campo
errat et ipsa suas decipit unda uias,
qualis et Adrasti fuerit uocalis Arion,
    tristis ad Archemori funera uictor equos,

15 Amphiaraëae prosint tibi fata quadrigae   (c)
aut Capanei magno grata ruina Ioui:
desine et Aeschyleo conponere uerba coturno,
    desine, et ad molles membra resolue choros.

Incipe iam angusto uersus includere torno   [B. (a)
20   inque tuos ignes, dure poeta, ueni:
tu non Antimacho, non tutior ibis Homero:
    despicit et magnos recta puella deos.
harum nulla solet rationem quaerere mundi
    nec cur fraternis Luna laboret equis,
25 nec si post Stygias aliquid restabit echidnas,
    nec si consulto fulmina missa tonent.

explicit quaternio undecimus

---

11. et iam c¹c² | phrig. *codd.*: [phryg. Vo.: frig. c³] | falax BH | menadria c¹:
menādria c²: mendaria R || **12.** ipse LR | sua B | decidit c¹c²c³ || **13.** adastri FBH: ad
rastri c⁴ | arion c¹c⁴Vo.: orion *cett.* || **14.** tristia *Heinsius* | ad] et c¹c²c³ | aderchemori
F | funere c¹c²: funero F *primo* | equos NFBLc⁸: equus HVo.Rc¹c⁴: equs c²: eras R ||
15. Amphiaraëae *Itali, Munrouius*: Non amphiareᵣae N : non amphiare BLH (*hic* nom):
non amphiaree F₁c⁴: non amphiarae R: non amphiari(a)e Vo.c²c³: non amphyarie c¹ |
prosunt F: presint c⁴ | quatrige c¹ || **16.** magno] *om.* FHLRc¹c²c³; *del.* p | graia R:
gratia B || **17.** aeschyleo Vo.: eschileo c¹c²: (a)echileo NμυBHFLc³: escileo R |
uerbo c³ | [cothurno Vo.c⁴]: coturno NFBHc¹: cocurno L: coterno c³: cot'no c² ||
18. ad] a F₁ | membra resolue Ω | thoros F: deos c¹c²c³₁ || **19.** *desinit pars prima
numerorum in* desine, desine; *incipit reuolui pars altera ab* incipe | augusto NμυpC
Vo.: coagusto BH: augusto FL | in cludere c²R: me ludere c¹: componere F | toruo
c¹HB (*ut uid.*): t'no F₁: tᶦno L || **21.** anthimacho B: anthymaco (h *in ras.*) L: anthi-
matho Vo. | tucior N | omero N || **22.** tecta Vo.R: resta c³₁: certa *Baehrensius* ||
23–26 *in codd. post u.* 30 *exstant: traiecit* L. *Muellerus. ibi habet* harum nihil unde
pendeat. *loco delapsi sunt ob homoeoteleuton* equis (24), laqueis (28), *et homoearchon*
nec, nec (25, 29) || **24.** cum R: quor c¹c³: quare Vo. | laboret (t *ex corr.*) B ||
25. Hec c¹ | stig. *codd.*: [styg. R] | restabit NμυplFBHL: restabat Rc³₂ (*in marg.*):
restauerit CVo. | echidnas *scripsi*: erumnas NμυplBRc³₂ (*in marg.*): erumpnas FL:
erẹumnas H: undas CVo. | restauerit undas *ex* restabit erundas (*uel* erinidas),
erumnas *ex* erinnuas *natum credo* (*h.e.* Erinyas), echidnas *a poeta pro* Erinyas
positum; cf. Tisiphones atro si furit angue caput (24), echidnas c (*Ell. Lib.* III, iii, 66); *Verg. G.* IV,
482; *Juvenal.* VI, 29, *etc.*; *Stat. S.* V, 1, 28; *id. Theb.* IV, 53–55; *Ouid. Met.* X, 313:
stipite te *Stygio* tumidisque adflauit *echidnis*/e tribus una soror; *Ouid. Ibis*, 133–5:
hic tibi de Furiis scindet latus una flagello... / altera *Tartareis* sectos dabit *anguibus*
artus, / tertia fumantes incoquet igne genas || **26.** Hec c¹ | consulta F₁ *primo* |
flumina NμυplR | tenent Vo.R ||

incipit quaternio duodecimus

    sed non ante grauis taurus succumbit aratro,   (c)

    cornua quam ualidis haeserit in laqueis,

    nec tu tam duros per te patieris amores:

30   trux, tamen a nobis ante domandus eris.

    aspice me, cui parua domi fortuna relicta est   (b)

    nullus et antiquo Marte triumphus aui,

    ut regnem mixtas inter conuiua puellas

    hoc ego, quo tibi nunc eleuor, ingenio.

35   me iuuet hesternis positum languere corollis,

    quem tetigit iactu certus ad ossa deus.

                 explicit Ell. Lib. II,

incipit tertius.   III, i   [II, xxxiv, 61]

Actia Vergilio custodis litora Phoebi   [A. (a)

    Caesaris et fortes dicere posse rates,

    qui nunc Aeneae Troiani suscitat arma

    iactaque Lauinis moenia litoribus.

5   cedite Romani scriptores, cedite Grai!   (b)

    nescioquid maius nascitur Iliade.

uu. 5, 6. *Donatus in uita Vergilii:* 'Aeneidos uixdum coeptae tanta extitit fama, ut *Sextus Propertius non dubitauerit sic praedicare: cedite...Iliade.'* exstant uersus in *codicis Salmasiani anthologia lat.* I, 264, *R.*

numeri elegiae i: 4·2·4; 8, 8; | 4; 4·4·2; 4; | 2·4·4; 8, 8.

27. si FL | graui *Itali* | subc. L || **28.** Hořnua c² *primo* | lacrimis FL: laqueus c³₁ || **29.** iam NR || **30.** trux] tu c¹ | dominandus N || **31.** cuï mē H: quoi c¹c² | est *om.* FLc⁴ || **32.** antiqui c¹c² | matre c¹ | [trihumphum c²] || **33.** regerem c¹ | mistas Fc¹c²c³: mixstas Vo. | conuiuia c¹: *om.* R || **34.** quo] q, F₁ | nunc *om.* c¹c²c³ | elleuor c¹c³: leuor Vo. || **35.** hesternis Bc³H (is *ex us corr.*): esternis c²: histernis Vo.: externis Nμυρc¹R: extremis c⁴: ecternis F₁ *primo (ut uid.)*: eternis L | corolis c³ ||

III, i, **1–6** *in codd. post Ell. Lib.* II, xxv, 36 *nullo interstitio exstant; in u.* 1 *soli* c¹ *et* c² *spatium miniaturae relinquunt:* c³ *in margine titulum habet* LAVDES VIRGILII, H (*ad u.* 5) *laus Virgilii. numeri elegiae docent sex uersus ante Callimachi manes* (7) *requiri; hos cum* II, xxv, 36 *non potuerunt coniungere editores nisi mutato aut* Vergilio *in* 'Vergilium' *aut* me iuuet (II, xxv, 35) *in* 'mi lubet' (*sic Housmannus*). *nunc confer Ell. Lib.* III, viii, 45–56; ii, 39–52; *Ell. Lib.* II, xxv, 7–21; *Ell. Lib.* I, i, 45–48; *Cynth.* xxiv, 27–30; *necnon u. nostrum* 13. *in uncialis ima stabant pagina uersus poetae omnium notissimi, quibuscum coniunxit redactor elegiam Cynthiae* xxii, *eiusdem Vergilii laudes referentem cum non nisi bucolica et georgicorum libros* I *et* II *edidisset: uide quae ibi adnotaui et in praefatione, p.* 37. *quae omnia cum Ell. Lib.* II, xxv, 35, 36 (*uide supra*) *a superioribus seiuncta trium librorum particulas unam facere elegiam uoluit Housmannus, consentiente Postgatio; tres elegias seruauerunt numeri.*

1. Actul c² | uirgilio Ω: uirgilium *Itali* (*uide supra*) | custodis, s *ex corr.* B | litt. BHc³: lict. FLc¹c⁴ || **3.** quid c¹ | ęnea c³ | troyani c²: troiam c¹ || **4.** tacta c¹ | -que *om.* c² | lauiniis c²R | [men. c³] | litt. FBc³: lict. c¹ || **5.** cędite c³ | ᶜ⸢eddite gray L: graii Vo.: grui c³₁ || **6.** quod NBH₁L | yliade c¹c²c³ || *post hunc u. in codd. exstat sine interstitio Cynthiae elegia* xxii ||

Callimachi manes et Coi sacra Philitae,　　　　　(a)
　　in uestrum, quaeso, me sinite ire nemus.
primus ego ingredior puro de fonte sacerdos
10　　Itala per Graios orgia ferre choros.

dicite, quo pariter carmen tenuastis in antro?　　(c)
　　quoue pede ingressi? quamue bibistis aquam?
a, ualeat, Phoebum quicumque moratur in armis!
　　exactus tenui pumice uersus eat,
15　　quo me Fama leuat terra sublimis, et a me
　　nata coronatis Musa triumphat equis,
et mecum in curru parui uectantur Amores
　　scriptorumque meas turba secuta rotas.

quid frustra missis in me certatis habenis?　　(c)
20　　non datur ad Musas currere lata uia.
multi, Roma, tuas laudes annalibus addent,
　　qui finem imperii Bactra futura canent;

---

7. *hinc incipit liber in codd. praeter* c^{1}c^2, *qui ambo elegiam nouam non librum notant* (*uide u.* 1). *deest, ut semper, titulus in* NpVo.R. *tituli*—Liber secundus explicit incipit liber tertius F : incipit liber tertius L : Propertii Aurelii nautae liber secundus explicit tertius (terc. H) incipit : lege f(o)eliciter BH : *sic* μ, *sed* incipit tertius *omissis cett., et* c^3 (incipit terc. foeliciter): P. A. n. poetae clarissimi monobiblos elegiarum liber explicit secundus incipit eiusdem tertius *v* | calunachi c^1: chalim. c^2: Alim. Vo. | coi *codd.*: choi FLVo.: quot st₃ c^1: q̃s c^2: choisacra R | philite *codd.*: philete NB: philites c^2 ‖ **8.** domus ᛁ nemus H₁ ‖ **9.** puto F₁ ‖ **10.** ferre] forte c^{1}c^{2}c^3 | coros F ‖ **11.** quo *om.* F₁ | tenuastis Npc³₂ *corr.*: tenastis BH: renouastis μ*v*₁: tenuistis FLVo. RC ‖ **12.** quamue] qua ue LVo. ‖ *inter uu.* 12 *et* 13 '*haud pauca intercidisse uidentur*' *Baehrensio: quae de rebus bellicis exemplisque grauioribus deerant, iam supra suo loco restituta respice* ‖ **13.** ha FBHVo.: ah *cett.* ‖ **14.** exatus c^{1}c^3 | puraice Vo.: punice c^{3}₁c^4 | erat Rc^{1}c^{2}c^3 ‖ **15.** ame c^2: ame̅ c^1: arme R ‖ **16.** nota c^4 | choron. c^2 | trihumphat c^2 ‖ **17.** curru CFVo.: currum NBHLμ*v*pR | nectantur BLp: nactantur H₁ ‖ **18.** sequta c^2: sequuta Vo.R: secura c^1 | rotas] moras H ‖ **19.** inmissis *Auratus* | certatur c^1 | abenis p₁c^2: auenis *ex* amores *corr.* c^1 ‖ **21.** multa B *primo* | laudes tuas c^2 | annualibus L ‖ **22.** ı̅perii F | battra F: batra c^{2}R ‖

sed, quod pace legas, opus hoc de monte sororum
　　detulit intacta pagina nostra uia.
25　mollia, Pegasides, date uestro serta poetae:
　　non faciet capiti dura corona meo.

At mihi quod uiuo detraxerit inuida turba,　　　　　[B. (a)
　　post obitum duplici faenore reddet Honos.
omnia post obitum fingit maiora uetustas:
30　maius ab exsequiis nomen in ora uenit.

nam quis equo pulsas abiegno nosceret arces,　　　　(a)
　　fluminaque Haemonio comminus isse uiro,
Idaeum Simoenta Iouis cu⟨*m prole Scamandro*⟩,
　　Hectora per campos ter maculasse rotas?
35　Deiphobumque Helenumque et Polydamanta et in armis　(a)
　　qualemcumque Parim uix sua nosset humus;
exiguo sermone fores nunc, Ilion, et tu,
　　Troia, bis Oetaei numine capta dei.

---

23. morte c¹c² ‖ 25. date nostro FL: nostro date c²: n. data c³: n. dare c¹ | secta c¹ ‖
27. qďΩ*in* F *corr. man. aequalis* | detraxit F: detraxerat Vo. | inuidaa N ‖ 28. duplicei
N | foenore HVo.c¹c³R | reddet *μυplBHVo.C*: reddit NFLR | honos *Itali*: onus
codd.: opus H ‖ 29. omnia *codd.*: fame N | maora BH₁ | uetustae N ‖ 30. malus R:
mauis B | exequiis Ω | in ora] mora c¹: hora F | uenit] meum F ‖ 31. nas c¹ | ęquo Hc³ |
pulsas Ω: pressas *Postgatius* | abiegno Npμυl BHc⁴c³₂ (*in marg.*): ab iegno L: abieguo
F: ab regno Vo.R: ob regno c³: ob regnum c²: obregnum c¹ | noscere c¹ | arces c²:
artes *codd.*: carces c¹ ‖ 32. flumineaq; FBHL | (a)emon. Vo.c¹c² | comminus
Vo.: cominus *codd.*: comunis H₁: quo minus Bc¹c³: quominus c² | isse *codd.*:
esse NR: ille F₁: ipse υ₁μ₁: *om.* c³₁ | uiro] raro F ‖ 33. simeonta c²c³R: symeonta Vo.:
symo. BH | *post* Iouis *lacuna in* N | cu⟨m prole Scamandro⟩ G. *Wolffius* (*cf. Hom. Il.*
xxi, 2, 307): cunabula parui *cett.*: [canabula L: conabula H]. *auulsum in archetypo*
uersus finem inepte suppleuit aliquis sciolus; cf. iii, 63 ‖ 34. per] pro c¹: ter *Passeratius* ‖
35. [Deiphobum R]: Deiphoebum Vo.: Deiphebum *codd.*: Dehiphebum c²: dey. H |
lenumq; Vo. | Polydamanta et *Lachmannus*: polydamantes p: poli ledamantes N:
puly ledamantes υ₁Bc³: puli ledamantes μFLHVo. (*hic* -lẹd-): et pol. in armis *om.* R:
suis ledamantes c¹c²: polydamantē c⁴ ‖ 36. parim *codd.*: parī N: pari R | noscet
BHLVo.Rc¹c²c³ ‖ 37. non cilion N: nunc &ylion H: [ylion FBc¹c³Vo.] ‖ 38. Troya
c²c³B | [oetei pc⁴ᴄ]: oetem υ₁B: oetein μ: oet(a)e in NH₁c¹c²c³: oete F₁LVo.: uecti R |
numina F₁ | dey c² ‖

necnon ille tui casus memorator Homerus (b)
40   posteritate suum crescere sensit opus.

ne mea contempto lapis indicet ossa sepulchro (a)
    prouisum est Lycio uota probante deo;
meque inter seros laudabit Roma nepotes:
illum post cineres auguror ipse diem.

45   Carminis interea nostri redeamus in orbem: [C. (= A.). (b)
    gaudeat in solito tacta puella sono.
Orphea delenisse feras et concita dicunt (a)
    flumina Threicia sustinuisse lyra:
saxa Cithaeronis Thebas agitata per artem
50   sponte sua in muri membra coisse ferunt.
quin etiam, Polypheme, fera Galatea sub Aetna (a)
    ad tua rorantes carmina flexit equos:
miremur, nobis et Baccho et Apolline dextro,
    turba puellarum si mea uerba colit?

---

39. Hec c^1 | memoratur N$\mu\nu$BVo.Rc^3 || **41, 42** *in codd. post u. 44 exstant; sed* meque (43) *pro* me quoque *non ferendum est, et* auguror ipse *melius sequitur dei auguris mentionem. ab eisdem litteris incipiunt uu.* 39, 40 *et* 41, 42 || **41.** He c^1: Nec c$^3_2$R | contento Vo. | lapṣis N | [c^2 *habet* ne mea sepulcro lapis inducet ora contempto || **42.** promissum Vo.Rc$^3_2$ | est *om.* FL | licio NBHLc^3: litio FVo.: latio R: lič̄io c^1: liceo c^2 || **43.** me quoque per seros *Baehrensius* || **44.** cinerē F | augur...ipse deae N (*sic*) || **45.** *hinc incipit noua elegia in* Ω. *titulus* ad librum suum *in* BHLc^3, ad librum secundum *in* F; *cum praecedentibus coniunxerunt Muretus, Scaliger, Lachmannus, Baehrensius aliique; quod confirmant carminis numeri in orbem suum redeuntes* | in terra Vo.H$_1$ | nostris c^2 | redeamus N (*sed altera* e *ex corr. a manu recentiore*) || **46.** in solito FBc^{2}c^4: insolito N$\mu\nu$pHLRc^{1}c^2: ut solito Vo., *Itali* | tecta H: rapta c^1 | puella *ex poeta corr.* H$_1$ || **47.** orfea H | delenisse *Ayrmannus* (delin-): detenuisse c^{2}c^{3}F$_1$HR: detenuusse c^1: detinuisse NpμνlLBVo. | dic't c^2 || **48.** treicia NpVo.Rc^1: treitia c^{2}c^3: treyc. B: trait. F: trayc. H | detenuisse C: detinuisse Vo. || **49.** cither. Vo.R: citer. pBHLc^1: cicer. NF: cicor. c^3 | tebas F || **50.** in muri μνRc^4: in numeri NH$_1$LVo.c^{1}c^3: innumeri plBc^2: ı̄mineri F | mebra F | choisse c^1: coihisse R: cohisse Vo.c^3 | fere c^1 || **51.** quin] cuȝ c^2 | poliph. *codd. plerique*: polif. c^{1}c^3 | galathea *codd.*: [galathia c^1: galat. Rc^3: galet. c^4] | [ętna R]: (a)ethna *codd.*: *om.* c^4: etha NF || **52.** At p | sua Vo. | aequos H || **53.** nostro FBH | bacco F: bacho pBRc^{2}c^3 | apoline c^3: appoline F: apollini c^1: appolline H | destro c^1: nostro H || **54.** collit HR ||

55　　quod non Taenareis domus est mihi fulta columnis　　　(c)
　　　　　nec camera auratas inter eburna trabes,
　　　nec mea Phaeacas aequant pomaria siluas,
　　　　　non operosa rigat Marcius antra liquor,
　　　at Musae comites et carmina cara legenti
60　　　　et defessa choris Calliopea meis,
　　　fortunata, meo siqua es celebrata libello!
　　　　　carmina erunt formae tot monumenta tuae.

　　　nam neque Pyramidum sumptus ad sidera ducti　　　(c)
　　　　　nec Iouis Elei caelum imitata domus
65　　nec Mausolei diues fortuna sepulchri
　　　　　mortis ab extrema condicione uacant.
　　　aut illis flamma aut imber subducet honores,
　　　　　annorum aut ictu pondera uicta ruent;
　　　at non ingenio quaesitum nomen ab aeuo
70　　　　excidet: ingenio stat sine morte decus.

---

55. Que F_1 | tenareis *codd.*: tenariis c^3: tenaceis R: teñariis pF_2: terraneis l_1 | columpn. pc^2: colo̦umn. H ‖ **57.** phaeacas *edd.*: ph(a)eacias NµνpBLRc⁴: pheatias H: featias F_1: feacias c^1c^3: facias c^2: phoeacaidas Vo. ‖ **58.** operosa *om.* c^3_1 | igat Vo. | non rigat umbrosa c^1c^2 [*cf. Ell. Lib.* I, ii, 35] | martius Ω, *corr. Itali* | antra] ante N: ora c^2 ‖ **59.** comites c^1c^2: comitis *codd.*: comiti F | **60.** et *codd.* (*cf. Statium, Silu.* I, v, 2): *om.* N | defexa c^2 | coris F: chois R: meis c^1 | calliopeia H: calliopia BL: chaliopea c^2: caliopta c^1: caliopea c^3 | meis] chorus c^1 ‖ **61.** furtunata c^1: fortuna F | est Ω, *corr. Itali* | cantata Vo. ‖ **62.** fortunae Vo. | monumenta *codd.*: numerata CVo. ‖ **63.** Nanq; *v* | [pir. FBHCR] ‖ **64.** olei F_1: dei c^3_1: idei c^1c^2 (*cf. u.* 58): [hel. Vo.: eley R: e̦lei H] | mutata $F_1Lc^1c^3$ ‖ **65.** Hec c^1 | mansolei F_1HVo.R: mausoloei L | sepulchri NBH: sepulcri *codd.*: sepultri c^2 ‖ **66.** condit. FBHVo.c^1c^3 | uacat BHLVo. ‖ **67.** ullis c^2 | flama c^1 | ymber BHc^2: himb. c^3 | subducit N ‖ **68.** amorum F_1: armorum H: aruorum Vo.: anorum c^2 | ictu Ω: ictus ϛ, *Housmannus* | pondera F: pondere *cett.* | uicta] rupta c^2 ‖ **69.** at, t *ex* c *corr.* L ‖ **70.** excitet F *primo*: excidet ingenio *totum in ras.* c^3_2 ‖ **69, 70** *sic* c^1: At non ingenio stat sine morte decus ‖

ii   [iii]

Visus eram molli recubans Heliconis in umbra,   [A₁ . (a)]
  Bellerophontei qua fluit umor equi,
reges, Alba, tuos et regum facta tuorum,
  tantum operis, neruis hiscere posse meis,

5   paruaque tam magnis admoram fontibus ora,   (b)
  unde pater sitiens Ennius ante bibit
et cecinit Curios fratres et Horatia pila
  regiaque Aemilia uecta tropaea rate
uictricesque moras Fabii pugnamque sinistram
10   Cannensem et uersos ad pia uota deos
Hannibalemque Lares Romana sede fugantes
  anseris et tutum uoce fuisse Iouem:—

cum me Castalia speculans ex arbore Phoebus   (c)
  sic ait, aurata nixus ad antra lyra.

15   'quid tibi cum tali, demens, est flumine? quis te   [B₁ . (d)]
  carminis heroi tangere iussit opus?

numeri elegiae ii: 4·8·2; 6·4·2; | 4·6·2; 8·4·2.

---

ii, *noua elegia in* Ω. *titulus* somnium propertii *in* BHLc³ (*marg.*), tertium somnium propertii *in* F. *interstitium non reliquit* c³.

1. Nisus c² | elic. c¹c² | in *om.* υ || **2.** Bellorofontei pBHLc²c³: [ ]ellorofontei N: Bello rofontei c¹Vo.: Bello rophontei F: Bellerophontri c⁴ | qua] cui c³₁ | humor Ω || **3.** albatuos Vo. | regnum c²c⁴ || **4.** tamtum c³₁ | opus H | posce BHL: possce R || **5.** iam *Guyetus et Heinsius* | ad moram BVo.: admota c¹c² | hora c¹ || **6.** unde] unus c¹ | sciens NR: siciens Lc³ | emnius F₁: ennuis Vo.: unus (*iterum*) c¹ | ibit N || **7.** cernit c² | corios N | fres c¹ | horatia c³c⁴: oratia *codd.*: orac. L | pyla Vo. || **8.** milia N: enil. Vo. | tropęa N: tropya B: trophea *cett.*: trophęa c³ || *uu.* 8 *et* 12 *inter se locum mutare iussit* Polsterus, *quem sequitur* Postgatius. *sed neque annalium scriptor poeta noster neque disiungenda seruatae Vrbis miracula* (*uu.* 11, 12) || **9.** uictores Vo.R: uitrices c³ | -que *om.* FL | pugna c¹ || **10.** cannesem c²H: canens. R | uersos *ex* pios *corr.* c²₁ | ad pia] apia N | uota] ueta c² || **11.** Hani. FLRC: Hamni. H | lares Fc¹c²c⁴: lacres μυplBH₁Lc³R: lacies N: alacres Vo. H *corr.* || **13.** Quom c¹Vo. | febus F || **14.** aurata] aut ata c² | uixus F₁ | ad antria c¹: ab antra c²c⁴ || **15.** cum] quom c¹ | est] cum c² | qui te c¹ || **16.** heroyci L: herori R | [uisit R: iubsit c²] ||

258

non hic ulla tibi speranda est fama, Properti;
   mollia sunt paruis prata terenda rotis,
ut tuus in scamno iactetur saepe libellus,
20   quem legat exspectans sola puella uirum.

cur tua praescriptos euecta est pagina gyros?   (a)
   non est ingenii cumba grauanda tui.
alter remus aquas, alter tibi radat harenas;
   tutus eris: medio maxima turba mari est.'

25 dixerat, et plectro sedem mihi monstrat eburno,   (c)
   qua noua muscoso semita facta solo est.

Hic erat adfixis uiridis spelunca lapillis   [B₂. (a)
   pendebantque cauis tympana pumicibus,
orgia Musarum, et Sileni patris imago,
30   fictilis et calami, Pan Tegeaee, tui;

et Veneris dominae uolucres, mea turba, columbae   (d)
   tingunt Gorgoneo punica rostra lacu,

---

17. ulla *ex* illa *corr.* N_1 | phama HVo.R | properci c³ || **18.** patruis c²: formis R || **19.** scaiunio F: stanno c²: scampo *ex corr.* B || **20.** quem] qum c³₁: quom c¹: cum c² | exp. *codd.*: esp. c² || **21.** praescriptos euecta est p. gyros *cod. Vat. Barb. Lat.* 34; *Lipsius, Scaliger*: pr(a)escripto seuecta est p. giro *codd.*: perscripto NR | senecta μυR: se uecta L: se uetta F_1 | est *om.* FBL | uiro *in giro corr.* $N_1c^2_1$ || **22.** cumba F_1: canba c¹: cimba *codd.*: turba L || **23.** renius L_1 | tradat c² | harenas *codd.*: arenas FL: habenas c³ || **24.** est *om.* Fc² || **25.** et] *ex* c² | plettro c²: pletro c³ | heberno c³ || **26.** quo N: quā c³ | mus caso Vo.| est *om.* Fc² || **27.** aff. υFBHVo.| speluncha Fc¹c²: speluncla c⁴ || **28.** canis FHR | tymp. NBHVo.: typ. p: timp. C: timpa F | punicibus BH: punitibus L: pianicibus F_1 || **29.** orgia *Heinsius*: ergo Ω [*sed* Vo. *pro* imago origo *habet*] | mystarum *Ungerus*: sed ὄργια Μουσῶν, *Aristoph. Ran.* 357 (ὄργια Μούσης *de arcanis Apuleii dicit Christodorus, Anth. Pal.* II, 303) | cylleni Vo.: syleri L | imago *codd.*: ym. c¹c²R: origo Vo. || **30.** futilis R: fitilis c² | Pan Tegeaee *Itali*: panetegee F: pategeae NpVo.: pathegeae H: pategee μυlLR (L. -eg- *in ras.*): pathegee B: patagee c³: patagea c²: partagree c¹: penitegere c⁴ || **31.** turba, a *a man.* 2 *in ras.* c³ || **32.** cingunt L: fingunt R | gorgoneo *codd.*: gorgonio L: gorgonieo H: gorgonico F_1: gorgonea c² | pumica NH_2L: numica c¹c²c³ | rostra μυplVo.RC: nostra $NFBH_1L$ | punica rostra (*psittaci*) *habet Ouid. Am.* II, vi, 22. *pictas caelestibus coloribus columbas describit noster, an, ut os purpureum, χείλεα πορφύρεα, alii, licentius ille* punica *pro* nitida *posuit?* | latu LR ||

---

diuersaeque nouem sortitae rura puellae
exercent teneras in sua dona manus:
35   haec hederas legit in thyrsos, haec carmina neruis
aptat, at illa manu texit utraque rosam.

e quarum numero me contigit una dearum   (c)
(ut reor a facie, Calliopea fuit).

'contentus niueis semper uectabere cygnis,   [A₂. (b)
40   nec te fortis equi ducet ad arma sonus.
nil tibi sit rauco praeconia classica cornu
flare nec Aonium tinguere Marte nemus,
aut quibus in campis Mariano proelia signo
stent, et Teutonicas Roma refringat opes,
45   barbarus aut Suebo perfusus sanguine Rhenus
saucia maerenti corpora uectet aqua.

quippe coronatos alienum ad limen amantes   (a)
nocturnaeque canes ebria signa fugae,

---

33. diuersae Npc³Vo.: diuerse *cett.* | iouem F₁ | iura *Itali* ‖ **35.** intirsos c¹c² | tirs. Vo.: thirs. c³: tyrs. F: chyrs. L₁ | uernis F₁L: uermis R: miris BH ‖ **36.** apta N₁: aprat c¹ | et F | texat c³ | utramque Vo.c³₂ ‖ **37.** me numero H (*sic*) | contigit, -it *in ras.* L ‖ **38.** afacie c²R: afatie N: affacie F₁ | caliopea c¹c²c³R ‖ **39.** contemptus c² | super c¹c² | nectabere F₁BL: nactabere H | cignis *codd.*: cingis Hc¹ ‖ **40.** ducat adama c² ‖ **41.** sic c² | pr(a)econia NμυpBLc¹c⁴R: praeconica FHVo.c²c³ ‖ **42.** flere Ω, *corr. Fruterius* | aonium, o *ex corr.* F | tinguere NμυpBL: tingure H₁: tingere Fc²c³c⁴: cingere Vo.Rc¹: tinguere *de nemore audacius dictum: sed cf. Stat. Achill.* I, 10: neque enim Aonium nemus aduena pulso ‖ **44.** stetit et c²: sent et H: stentur B | teuc. c¹: theut. B | restigat F₁: restringit c¹: [refrangat c⁴] | opus c³₁ ‖ **45.** garbarus c¹ | ut c² | Sueuo *Itali*: seuo *codd.*: seno c²: saeuo Vo.R: sceuo H | [Rhenus c⁴]: renus *codd.*: rhemus R: thenus Vo.: remis BH₁: remus c²: renuis c¹ ‖ **46.** sautia FLVo.: santia R | nectet BL: nectat H₁ ‖ **47.** coronatas F₁L | ad *om.* Vo. ‖ **48.** ebrie signe F₁ ‖

ut per te clausas sciat excantare puellas,
50   qui uolet austeros arte ferire uiros.'

talia Calliope, lymphisque a fonte petitis   (c)
ora Philitea nostra rigauit aqua.

iii   [iv, v]

Arma deus Caesar dites meditatur ad Indos   [A. (a)
et freta gemmiferi findere classe maris.
ipsa tuam serua prolem, Venus: hoc sit in aeuum,
cernis ab Aenea quod superesse, caput!
5   magna Tyri merces; parat ultima terra triumphos:
Tigris et Euphrates sub tua iura fluent,
Seres et Ausoniis ueniet prouincia uirgis:
adsuescent Latio Partha tropaea Ioui.

ite, agite, expertae bello date lintea prorae   (b)
10   et solitum armigeri ducite munus equi!
omina fausta cano. Crassos clademque piate!
ite et Romanae consulite historiae!

numeri elegiae iii: 8, 4·4·8; 2 |; 4·6; 6·4 |; 4·4·8, 8; 2.

----

49. at c¹c²c³: et Vo. | [perte c¹: pte c²: parte c⁴] | causas BHR | ex cantare HVo.:
extaurare F₁ ‖ **51.** caliope BHRc¹c²c³ | a] ad Vo.: om. R | petiṣtis N: peritis pR₁ ‖
52. ora philitea *in* c³ *fortasse a man.* 2 | philetea LR: phyleth. Vo.: phylit. p:
philith. Bc¹ | uꞃa F₁ ‖

iii. *noua elegia in* Ω. *titulus* de triumpho C(a)esaris *in* BHL, *in* F de triumpho
quartum capitulum (triumphum Caesaris c³ *in marg*.); *interstitium non relinquit* c³.
uu. 1–22 *imitatur Ouidius A. A.* I, 177–228. *Horat. C.* I, xxxv, 29–32, *al., imitatur
noster?*

1. ynd. BH ‖ **2.** gemiferi B: gemmifius L | fendere Vo.: fingere c²R: scindere H ‖
uu. 3, 4 *in codd. post u.* 22 *exstant; quos ibi alienos ante u.* 13 *posuit Postgatius. docent
numeri non sex sed octo uersus ante* ite, agite (9) *requiri; sic cum deo Caesare coniungitur
Venus Genetrix, sic tandem illud* sub tua iura (6) *uocatiuum inuenit.* (*ob homoeoteta*
classe, superesse *locum perdiderant.*) ‖ **3.** prolem serua FBHLc⁴ | hic c² | in oeuum c¹:
iniquum H ‖ **4.** super esse c²: superasse H ‖ **5.** Tyri *ego, coll. Ell. Lib.* I, xi, 17, 18;
III, xii, 5–8; *Tibull.* II, iii, 50–58; *id.* (*Sulpicia*), III, viii, 15–20: uiri *codd.*: diri c²:
uiae *Heinsius* | (*Tyron cepit Alexander, quocum certabit Augustus*) | ulnera Vo. ‖
6. Tygris N | euphr. BH: eufr. *codd.* | flue L ‖ **7.** Seres et *Ian. Gulielmius*: sera s₃
NFc²: seia s₃ c¹: sera sed BHLVo.Rc³ (ṣera c³) | uenient Vo. [*Heinsius*]; *sed cf.
Liuium* II, 58, 4: Quinctio Aequi prouincia euenit | prouintia BVo.C | nugis F₁:
iurgis H ‖ **8.** adsuescent NpLc³: ass. *cett.*: [assuescet c¹] | lacio c¹c³ | partha Vo.:
parthia c¹c²: parta *codd.* | tropea N: trophea *cett.* ‖ **9.** date bello F | [dare c¹] |
linth. Fpc²: lynt. H ‖ **10.** ẹqui H ‖ *uu.* **11** *et* **12** *om.* c¹c²c³₁ ‖ **11.** omnia *codd.*: o iꜳ R |
crasso c³₂R: classes Vo. | classemque R ‖ **12.** Alte Vo. | hyst. Nc³₂: yst. FB ‖

Mars pater et sanctae fatalia lumina Vestae,   (b)
    ante meos obitus sit, precor, illa dies,

15   qua uideam spoliis oneratos Caesaris axes,
    ad uulgi plausus saepe resistere equos;

inque sinu carae nixus spectare puellae   (a)
    incipiam et titulis oppida capta legam,

    .   .   .   .

20   .   .   .   .

tela fugacis equi et bracati militis arcus:
    haec subter captos arma sedere duces.
praeda sit haec illis, quorum meruere labores:
    mi sat erit Sacra plaudere posse Via.

25   pacis Amor deus est: pacem ueneramur amantes.   (c)
    stant mihi cum domina proelia dura mea.

Nec mihi mille iugis Campania pinguis aratur   [B. (b)
    nec bibit e gemma diuite nostra sitis;

---

13. sanctae *Postgatius*: sacr(a)e *codd.*: sacie c^2: satię Vo.: sacra *ex* fata F_1 *corr.*: sacra BR | tatalia c^1 | numina $c^1c^2c^3$H ‖ **14.** i meos c^3 ‖ **15.** honeratos c^2: onerato c^3_1, *Muretus* | axes *om.* c^3_1: axe *Muretus* ‖ **16.** ac uulgi plausu *G. F. Barthius* (*cf. Ouid. Trist.* IV, ii, 53, 54) | uolgi Vo. | resistet c^1: resisteret Vo. ‖ **18.** titulus F_1L | opida N ‖ *uu.* **19, 20** *post uncialem excidisse censeo: quos et paginae et numeri carminis requirunt et u.* **21.** *uu.* **21, 22** *frustra Ķeilius ante u.* 17 *traiecit* ‖ **21.** tella B | fugatis HVo.c^4 | braccati *codd.*: bracati R: brachati c^2c^4: bacch. c^1: braccari L ‖ **22.** haec *ego* (*cf.* vi, 12, *etc.*): et Ω: *non Latine dictum* subter captos arma *pro* subter arma captos | arme c^1c^2 ‖ **23.** praedia H | quos c^3_1 | mei uere c^1 ‖ **24.** me Ω, *corr. Itali* | eris *v* | sacra] *om.* H_1L: media F | pandere $c^2c^3_1$: pondore c^1 ‖ **25.** *hic noua elegia incipit in* Ω. *titulus* ad amicam iratam (ad cintiam c^3). *quam cum priore Muretus et Scaliger coniunxerant; id collata Tibulli prima elegia probauit Baehrensius. docent numeri unam hanc esse elegiam* | est *om.* F_1 | ueneremur c^1c^2: ueneramus F_1 ‖ **26.** stant Ω: stare proelia *dicit ex usu postea Liuiano*: sat *Liuineius* | dira c^1c^2 ‖ *uu.* 27 *et* 29 *inuerso ordine in codd. exstant: inter se locum mutare iussit Housmannus* ‖ **27.** Hec c^1 | pingis c^3 | arata BHc^3 ‖ **28.** uiuit c^1c^3, c^2 *ex* iuuit *corr.* | gemina NL ‖

      nec tamen inuiso pectus mihi carpitur auro,
30   nec, misera, aera paro clade, Corinthe, tua.

      o prima infelix fingenti terra Prometheo!   (d)
      ille parum cauti pectoris egit opus.
      corpora disponens mentem non uidit inertem:
      recta animi primum debuit esse uia.
35   nunc maris in tantum uento iactamur, et hostem
      quaerimus, atque armis nectimus arma noua.

      haut ullas portabis opes Acherontis ad undas,   (d)
      nudus at inferna, stulte, uehere rate.
      uictor cum uictis pariter miscebitur umbris;
40   consule cum Mario, capte Iugurtha, sedes:
      Lydus Dulichio non distat Croesus ab Iro;
      optima mors, carpta quae uenit apta die.

      me iuuat in prima coluisse Helicona iuuenta   (b)
      Musarumque choris inplicuisse manus;

---

29. tamen] m̄ c¹ | capitur F: rapitur Vo. ‖ **30.** miser Ω, *corr. Broukhusius et Heinsius* | (a)era μυplRc³₂ *marg., Itali*: aere N: ire FBHLVo.C | clade Nμυplc⁴c³₂ (*marg.*): classe BHLVo.c¹c²c³₁: pace F¹ | corinte NBc¹c³: chorinte HVo.c²: chorinthe FL ‖ **31.** frangenti N: frugenti F₁: fingitte H₁ | promoetheo c¹: promotheo BHVo. c²c³c⁴ ‖ **32.** cauti c¹c²c⁴ *Itali; fortasse sic antiquitus correctus erat* C (*cf. u.* 33; *Ell. Lib.* I, i, 5, III, xxiii, 25): caute *codd. et* c³: catum H₁ ‖ **33.** inertem c¹c² (*cf. ad* 32): in arte *codd. et* c³: in arto *Housmannus* ‖ **35.** in tantum] incautum c²: intactum R | 'e terra aquaque finxit Prometheus pectus ἀπρόμηθες; uitae spiritum motumque dedit uentus, sed nec artem nec uiam rectam. nunc in tantum aquae quantum terrae eo uento iactamur elementis nostris obnoxii.' *Empedoclem quoque tangit et Discordiae et Amoris saecula, fr.* 17, 115 (*Diels*), *et Tibullum* I, iii, 50 | iactatur F₁ | ehostem c¹ ‖ **36.** arínís c¹ | nectimus] quaerimus F₁L | ora F₁L ‖ **37.** haut N: aut *in* haud *corr.* F₁: [aut c⁴]: haud *cett.* | nullas c³₁ | acheruntis H ‖ **38.** ad infernas…rates Ω, *corr. Schraderus* ‖ **39.** miscebimur c¹c²c³: miscebimur umbrae *Palmerus* | omnes c¹c² ‖ **40.** iugurta FHVo.c¹: uigurta c²: iugarta c³₁ ‖ **41.** Lid. *codd.* | discat Vo. | cresus *codd.*: chresus BH: craesus pVo.c³: resus c¹c² | abiro NυH: abire Vo.: ab ero c²: ad heio c¹ ‖ **42.** carpta *Baehrensius*: parca *codd.*: parcha c¹c²c³: parta R, *ex parte corr.* F₁ | apta F₁ *in ras.*, Vo.c²: acta NμυBHLc¹c³R: ạbacta p | die Ω (di- F₁ *in ras.*) ‖ **43.** helyc. N: elic. c¹c²c³Vo.R: elyc. L | iuuente c¹ ‖ **44.** coris F | impl. BHVo.Rc² ‖

45 me iuuat et multo mentem uincire Lyaeo
    et caput in uerna semper habere rosa.

Atque ubi iam Venerem grauis interceperit aetas [C. (=A.).(b)
    sparserit et nigras alba senecta comas,
tum mihi naturae libeat perdiscere mores,
50   quis deus hanc mundi temperet arte domum:

qua uenit exoriens, qua deficit, unde coactis (b)
    cornibus in plenum menstrua luna redit;
unde salo superant uenti, quid flamine captet
Eurus, et in nubes unde perennis aqua;

55 sit uentura dies, mundi quae subruat arces, (a)
    purpureus pluuias cur bibit arcus aquas,
aut cur Perrhaebi tremuere cacumina Pindi,
    solis et atratis luxerit orbis equis,
cur serus uersare boues et plaustra Bootes,
60   Pleiadum spisso cur coit igne chorus,

---

45. iuuat CVo.R: iuuet NFBHL | uincere N *primo*, H_1R: uincile c_1^3: fulcire *Fonteinius* | lyeo c^1c^3BH: lyeco c^2: lieo *codd.* || 47. ubi] tibi c^2 | uenere c^1 || 48. sparserit NμυplVo.R$c^1c^2c^3$: sparsit FBHLc^4 | et NμυplFBHLc^4: *om.* $c^1c^2c^3$Vo.R | nigras *Itali* (*cf. Ouid. Trist.* iv, viii, 2): integras *codd.*: ingratas c^1c^2 [*sc. ex* nigras] | alba, lb *in corr.* c^1 || 49. tu c^1c^2 | pr(a)ediscere $c^1c^2c^3$ (*cf. Verg. G.* i, 51) || 50. deus *om.* Vo. | mondi c^1 || 51. *nota quibus modis particulas carminis secernat poeta*: 51–54, qua, qua; quid; unde, unde, unde; 55–62, cur (*quinquies*); 63–70, num (*quater*); aut, aut, si. *uu.* 55 *et* 63 *sine interrogatiuo particulas incipiunt* | unda c^1R | coactus c_1^3: choactus c^2: cohactus c^1: [cohactis Vo.] || 52. luna] plena N | dedit H || 53. uenti] cuncti Vo. || 54. perennis CVo.R: peremnis B: perhennis NμυpH: perhemnis F: perhēms L || 55. mundiq; H: mondi c^3 | arces NBHVo.R$c^2c^3c^4$: artes c^1L: areȝ F_1 || 56. quor c^1: cū R | bibat C || 57. perrhebi BpVo.R: per rhebi μυc^3: perhebi N: perthebi H: perihebi L: per herebi F: pirrei c^4: perthei c^1 || 58. atratis Nμυ$_1$plBHL Vo.: atractis c^2R: attractis c^3: actractis $c^1c^4F_1$ | luserit $c^1c^2c^3$ | equus Vo. || 59. quor c^1 | seros N: senis Vo.: ferus c^1c^2 | [plaustra Bootes R]: plaustra boetes HVo.$c^2c^3c^4$: palustra boetes plc^1: palustra boete B: plaustra boones μυ: flamma boon N: flamma palustra FL || 60. pleyadum BH: peleyadum c^1: pelliadum F_1c^2 | quor c^1 | choit FVo.: cohit c^2R: cogit c^1 | ige c^1c^3 ||

curue suos fines altum non exeat aequor,
plenus et in partis quattuor annus eat;

sub terris sint iura deum et tormenta ⟨*reorum*⟩,　　　(a)
num rota, num scopuli, num sitis inter aquas,
65　　aut Alcmaeoniae furiae aut ieiunia Phinei;
Tisiphones atro si furit angue caput,
num tribus infernum custodit faucibus antrum
Cerberus et Tityo iugera pauca nouem;
an ficta in miseras descendit fabula gentis
70　　et timor haut ultra quam rogus esse potest.

exitus hic uitae superet mihi: uos, quibus arma　　　(c)
grata magis, Crassi signa referte domum.

　　　　　　iv　　　　　　[vi]

Dic mihi de nostra quae sentis uera puella:　　　[A. (a)
sic tibi sint dominae, Lygdame, dempta iuga.
non me laetitia tumefactum fallis inani,
haec referens quae me credere uelle putas?

numeri elegiae iv: 4 [+ *2, 4 +*] 2; 8·4; | 6, 6; 4; 8.

---

61. cur ne F ‖ **62.** in partis BHVo.Rc³: inpartis c²: impartis c¹: in partes *cett.* |
quattuor Vo.: quatuor *cett.* ‖ **63.** sunt Vo.: sin Hc⁴ ‖ *post* tormenta *omittit uerbum* N.
hic fortasse, ut in i. 33, *finis uersus in archetypo abscisus erat: cett.* gigantum *supplent*
(*e* uigantum *corr.* v₁). *de gigante loquitur poeta u.* 68, *hic de reis hominibus; itaque*
Lobeckius probante Hauptio nocentum, *Housmannus* reorum *supplere uoluit; cf.*
Ouid. Ib. 189:

　　in te transcribet ueterum tormenta reorum:
　　sontibus antiquis causa quietis eris.

(*sequuntur Sisyphus, Ixion, Tantalus, Tityos.*) reorum, *Heinsius coll. Senec. H. F.*
580, *Claudian. in Rufin.* II, 495; uirorum *codd.* | sontibus *Heinsius*: omnibus *codd,*
eadem manus quae finxit uersus spurios a Neapolitano omissos (viii, 45; x, 60) *hunc*
etiam et i, 33 *inepte emendare conata est* ‖ **64** *et* **66** *inuerso ordine in codd. exstantes*
inter se locum mutare iussit Housmannus ‖ **64.** Num (*ter*) μυρFVo.C: Non (*ter*) NR:
non, *ex* num *corr.*, non, non L: nun, nun, non H: num, num, nun B | quas c³ ‖
65. alcm(a)eoni(a)e NpH: alcineonie B: alcineome L₁: alemeoniae Vo.: alm(a)eo-
ni(a)e *cett.* | furte F₁BL | ieiuna H₁R | finei FL: finey B: finem H₁: phinti R ‖
66. tesiph. FVo.c²c³c⁴: tesyph. N: thesiph. BHLc¹ | fuẹrit H ‖ **67.** Num] Non
NHLR: [nuṁ c²] | fancibus H₁ ‖ **68.** Cerbarus BHR | titilo HVo.Rc¹c²: tity B:
tyto L: tintō F₁ ‖ **69.** gentes L ‖ **70.** haut N: haud BH: aut *codd.* ‖ **71.** hic] huius L |
superest *codd.*, *corr. Itali* (*cf. u.* 49): [super est c³] ‖ **72.** crassi H₁ *corr.* | referre c¹ ‖

iv. **1.** *noua elegia in* Ω. *titulus ad* ligdamum (*uel* lygd.), *in* L, *Lygdamum* ‖ **2.** sic]
si c¹c²c³₁L *corr.* | sint] sit c¹c² | ruga c¹c²c³₁ ‖ **3.** non N: num *v*: dum *cett.* | tu me
factum c¹R | in ani Fc³: iam R ‖ **4.** nec c¹c² | reff. c³ ‖ **3, 4** *post u.* 14 *traiecit Hous-*
mannus, probante Postgatio ‖

[desunt uu. sex]

[11]   omnis enim debet sine uano nuntius esse   (a) *e u.* 7
      maioremque timens seruus habere fidem.

      nunc mihi, siqua tenes, ab origine dicere prima   (b)
      incipe: suspensis auribus ista bibam.

15   sicin eam incomptis uidisti flere capillis?
      illius ex oculis multa cadebat aqua?
      nec speculum strato uidisti, Lygdame, lecto
      scriniaque ad lecti clausa iacere pedes
      ac maestam teneris uestem pendere lacertis?
20   ornabat niueas nullane gemma manus?

      tristis erat domus, et tristes sua pensa ministrae   (c)
      carpebant, medio nebat et ipsa loco,
      umidaque inpressa siccabat lumina lana,
      rettulit et querulo iurgia nostra sono?

25   'Haec te teste mihi promissa est, Lygdame, merces? [B. (a)
      est poenae seruo rumpere teste fidem.

5–10 *periisse censeo, sed ante uncialem. docent numeri priori elegiae parti sex uersus deesse, aliquid inter uu. 4 et 11 sensus. uu.* 11, 12 *damnauit Lachmannus: cum u.* 2 *coniungit Housmannus (uide supra). cur* timeat seruus Cynthiae *(u.* 12*) non explicant quae supersunt* || **11.** sine uanus F_1: sine uanis, s *in ras.* L | nuntius] *om.* F_1: nunctius c^1: nũls c^2 [= *numeris*]: nuncius HR | [*post* esse L_2 relator *addit*] || **12.** serus N || **13.** nunc] *non* N: hunc c^2: nam R *primo* | orrigine F | rima c^1c^2 || **15.** sicut eam *codd.* (sic ut, p): *corr. Itali*: sicut ĉã [= *causa*] R: si ĉã [= *causa*] N | [flere (15)— uidisti (17) *om.* R] || **17.** stracto c^3 || **18** *et* **20** *in codd. inuerso ordine exstant, corr.* G. T. *Suringarius. ut in codd. legitur*, penderein *u.* 19 *non habet unde pendeat; cf.* iii, 21 || **18.** scrinia] sirmia c^1: scripnia H || **19.** moestam c^1H: mestam c^3: mestem F_1c^2: uestam N: uestem R | uestem] moestam R: estem c^3_1 || **20.** nullas niueas ue F_1 | nulla ue Vo.R: uineas B (*cf.* F) || **21.** tristes] tristis $c^1c^2c^3$R | ministrat $c^2c^3_1$: ministra c^4 || **22.** loco] lecto $c^1c^2c^3_1$ || **23.** humida *codd.*: numida c^2 | *impr.* BHLc^2c^3: ipsa R | lumina] *ex* numina *corr.* c^2 || **24.** rettulit FLVo.: rectulit c^1: retulit NpBHR $c^2c^3c^4$ | q̄rulo Vo. | soṃno H ||

   ille potest nullo miseram me linquere facto,
    et qualem nolo dicere habere domi.
   gaudet me uacuo solam tabescere lecto.
30   si placet, insultet, Lygdame, morte mea!

   non me moribus illa, sed herbis inproba uicit;   (a)
    staminea rhombi ducitur ille rota:
   illum turgentis ranae portenta rubetae
    et lecta exsuctis anguibus ossa trahunt,
35   et strigis inuentae per busta iacentia plumae,
    cinctaque funesto lanea uitta toro.

   si non uana canunt mea somnia, Lygdame, testor, (c)
    poena erit ante meos sera, sed ampla, pedes;
   putris et in uacuo texetur aranea lecto:
40   noctibus illorum dormiet ipsa Venus.'

   quae tibi si ueris animis est questa puella,   (b)
    hac eadem rursus, Lygdame, curre uia,

---

27. illa BHVo.Rc | miserum BHVo.C | façto c^3 ‖ **28.** et qualem N: equalem *codd.*: [aeq. FVo.c^1]: equale c^2 | nolo *Palmerus*: nullo N: nulla *cett.* | domi R, *Heinsius*: domo *codd.* ‖ **29.** gaudeat c^3 | solum BHRC | turbescere H ‖ **30.** tua $c^1c^3c^4$ ‖ **31.** illa moribus Vo.: moribüs illä H (*sic*) | [improba BHc^1] | uincit c^1c^2 ‖ **32.** stañea Vo.: scaminea B: stam mea F *primo* | rhombi pBHVo.Rc^4: bombi N: rumbi FLc$^1c^2c^3$ ‖ **33.** t'gentis F$_1$ | rauę B | turbenta $c^1c^2c^3{}_1c^4$: protenta Vo. ‖ **34.** et lecta] electa R: ex loeta Vo.: et lectis F$_1$ | ex(s)uctis *Burmannus*: exsectis c^1: ex sectis c^2c^4: exectis *codd.*: exactis F$_1$ ‖ **35.** e stigis $c^3{}_1$ | iuuente L ‖ **36.** cinctaq;] -q; N *postea add.*: cintaq; Lc^3: cinthaq; c^2: cunctaq; BH$_1c^4$ | uitta B: uicta FVo.Rc^2: uita NHLc$^1c^3$ | uiro Ω, *corr. Heinsius* (*cf. Ell. Lib.* II, xiii, 24) ‖ **37.** cadunt Vo.c^2 | somnia] carmina c^1c^2: sompn. c^3 ‖ **39.** arenea c^1c^4 ‖ **41.** puellis c^1 ‖ **42.** cure H | uiam N ‖

et mea cum multis lacrimis mandata reporta,
    iram, non fraudes, esse in amore meo,

45   me quoque consimili inpositum torquerier igni:
    iurabo bis sex integer esse dies.
quod mihi si e tanto felix concordia bello
    exstiterit, per me, Lygdame, liber eris.

V   [vii]

Ergo sollicitae tu causa, pecunia, uitae!   [A_1. (a)
    per te inmaturum mortis adimus iter.
tu uitiis hominum crudelia pabula praebes:
    semina curarum de capite orta tuo.

5   tu Paetum ad Pharios tendentem lintea portus   (b)
    obruis insano terque quaterque mari.
nam, dum te sequitur, primo miser excidit aeuo
    et noua longinquis piscibus esca natat;
et mater non iusta piae dare debita terrae
10   nec pote cognatos inter humare rogos.

explicit quaternio duodecimus

numeri elegiae v: 4·6·4; 8·4; 8; | 8; 4·6·4; 4·8; | 2.

---

44. non] nunc c¹ ‖ **45.** consimili FBHLμυplVo.R *et* c² (cõsi i): cum simili c¹c³c⁴: consuli N | imp. BLc²c³ | torquarier c⁴: torq̇rer c³ ‖ **46.** iurato c¹ ‖ **47.** quod NpBHVo.C: quid FLR | mihi si *codd.*: nisi N | e *Lachmannus*: et N: *om. cett.* ‖ **48.** ext. *codd.* ‖

v. *noua elegia in codd. plerisque. titulus* de morte p(a)eti (petii μν) et malo avaritiae (et auaritia c³). *cum priore coniungunt* FL₁.

1. solic. BHVo.Rc³ | tu] in BL: tu in F | peccunia Vo.: pecunie c²R: pecuniae p₁ | uita υ | es *addunt* μυpBHVo.Rc¹c²c⁴, c³₂ (*ex* ẽ *corr.*), *non* NF₁L ‖ **2.** inmatureum H: in mat. c³ ‖ **3.** uitium c³₁ | hominum *om.* B: hõím (*sic*) F | praebes] pales H₁ ‖ **4.** curṛarum H ‖ **5.** petum *codd.*: petii μ: (poetum Vo.) | farios FBHL | linthea FHLc² ‖ **6.** manu (*uel* mare) *in* mary *corr.* F₂ ‖ **7.** excidit] extit H₁: exidit F₁ ‖ **8.** longninquis c¹: lung. c³ | escha c³ ‖ **9** *om.* c³₁ (*ob* et... et) ‖ **10.** cugn. Vo. | inter] mater c⁴ | cogos c¹: pedes c² ‖

incipit quaternio tertius decimus

> huic fluctus uiuo radicitus abstulit ungues   (a)
> et miser inuisam traxit hiatus aquam :
> hunc paruo ferri uidit nox inproba ligno ;
> peius ut occideret, tot coiere mala.

15   Flens tamen extremis dedit haec mandata querellis, [B₁. (c)
> cum moribunda niger clauderet ora liquor :
> ' di maris Aegaei, quos sunt penes aequora, uenti,
> et quaecumque meum degrauat unda caput,
> quo rapitis miseros primae lanuginis annos?

20   attulimus longas in freta uestra manus.
> a miser, alcyonum scopulis adfligar acutis !
> in me caeruleo fuscina sumpta deo est.

> at saltem Italiae regionibus euehat aestus :   (a)
> hoc de me sat erit si modo matris erit.'

25   subtrahit haec fantem torta uertigine fluctus :
> ultima quae Paeto uoxque diesque fuit.

11–26 *in codd. inter u.* 64 *et u.* 65 *exstant; totam paginam quaternionis primam non aliter mutato ordine huc reuocaui: cuius uersus, sed uu.* 57–64 *ante additis, iam post u.* 10 *Baehrensius, post u.* 8 *Postgatius posuit. haud ineleganter uu.* 11 *et* 13 *inter se locum mutare iussit G. Fischerus: sed* terrae (9) *et* humando (10) *opposuit poeta* fluctum (11) *et* aquam (12); nox (13) *pessimum malorum est (cf. Cynth.* xviii, 10).
11. hinc F₁ | uino c¹ *corr.*: iuno B: humo F₁ | radiatus F₁Vo. ‖ **12.** inuitam F: inuiuam R | hiatus c³ (*bis*): hyat. *codd.*: yat. F ‖ **13.** uox c²: mox F₁: impr. *plerique*: imbr. c³ ‖ **14.** peius *e Menteliano sumpsi*: petus *codd.*: [pecus c⁴: pectus R] | cohiere FVo.Rc³: cohyere c¹: coire c² ‖ **15.** tamen] tū F₁ | extremens F₁: extramis Vo. | detit F₁ | querelis *codd.*: (q̄relis c³) ‖ **16.** Quom c¹ | 'niger' *quod noctu* | canderet c³₁ | liquor] color c² ‖ **17.** di Np: dii *cett.* | (ęg- c³): egri c¹ | poenes H ‖ **18.** degrauat unda] clauderet ora c² ‖ **19.** capitis c² | lanugenis BH: (lan *ex* lag *corr.* c³) | ann̹s c³ *corr.* ‖ **20.** attulimus *codd.*: act. c¹c²c⁴ | longas Ω: *more amatorio matrem Paeti consolari cupiens, mollem et matris similem depingit iuuenem poeta, qui longas rettulit manus Cynthiae suae (Ell. Lib.* II, ii, 39): *sic illud* primae lanuginis annos *matris magis auribus dicit quam iuuenis linguae aptum, similia in uu.* 61–68. *confer Sulpiciam (Tibull.* III, ix, 7–10) *de Cerintho cogitantem:*
> quis furor est, quae mens densos indagine colles
> claudentem *teneras laedere* uelle *manus? (imitatur u. nostrum* 62)
> quidue iuuat furtim latebras intrare ferarum
> *candidaque* hamatis *crura* notare rubis?

et Ell. Lib. IV, iv, 49, 50. *siquid fuisset mutandum,* largas *temptarem coll. codd. ad Cirin* 526, *Stat. Theb.* II, 296, *al.; cf. Ell. Lib.* IV, x, 31. nocuas *uoluit Housmannus, signum interrogationis ponens* | in freta uestra *codd.*: in freta uasta c¹c²c³c⁴: in uestra freta F₁: in uestra longa Vo. ‖ **21.** ah *codd.*: ha FBHLVo. | alcyon. N: alcion. *codd.*: alcinoum F: alcyn. L: alcioum B: alcinum H₁ | adfligar NL: affl. FBHVo.: adfligat c³₁: affligat c²c⁴: affigat c¹ ‖ **23.** ytalie c¹ | eueat NplF₁Lc²c³c⁴: eueheat B: aduehat *Postgatius* (*at* euehat *significat* 'e profundo ad summam aquam proiciat' ‖ **24.** hoc *om.* c¹c²: nos R ‖ **25.** subtrait F | uectigine c¹ ‖ **26.** uttima c³₁ | uoxq; Nμυpl (x *ex* s *corr.*), Vo., c³₁ *corr.*: noxq; *cett.* ‖

Paete, quid aetatem numeras? quid cara natanti   [C_1. (c)
    mater in ore tibi est? non habet unda deos:
nam tibi nocturnis ad saxa ligata procellis
30   omnia detrito uincula fune cadunt.
sunt Agamemnonias testantia litora curas,
    qua notat Argynni poena Mimantis aquas;
sed tua nunc uolucres adstant super ossa marinae,
    nunc tibi pro tumulo Carpathium omne mare est.

35   Infelix Aquilo, raptae timor Orithyiae,   [C_2. (c)
    quae spolia ex illo tanta fuere tibi?
aut quidnam fracta gaudes, Neptune, carina?
    portabat sanctos alueus ille uiros.
reddite corpus humo (posita est in gurgite uita):
40   Paetum sponte tua, uilis harena, tegas:

27–40. *totum hoc uncialis folium* 97 *loco semotum est: tum, pagina (a) post u.* 64 *inserta (uide ad u.* 11), *uersus paginae (b) reuocatos ante u.* 41 *in marginibus exscripsit librarius. uu.* 39, 40 *cum u.* 41 *coniungendos notauit; sed uu.* 33–38 *et uu.* 27–32 *imis in paginis positos inuerso ordine sumpsit qui secutus est. iam aderat in uncialis ordine grammatici nesciocuius de Argynno scriptum distichon quod post u.* 32 *praebent codd. nostri. itaque dant codd. hunc ordinem: uu.* 1–10, *uu.* 33–38, *uu.* 27–32 (*cum spurio disticho,* 32 *a,* 32 *b*), *uu.* 39, 40, *uu.* 41–64, *uu.* 11–26, *uu.* 65–70. *uerum esse tandem recuperatum docent numeri cum paginis consentientes. similis uersuum perturbatio in Ell. Lib.* IV, iv, *uu.* 17–62 *simile aliquid accidisse admonet (q.u.).*

[*de uiris doctis hic nihil sumpsi; sed uide quae antehac inuenerunt. iam Scaliger uu.* 27, 28 *post u.* 26 *posuit; uu.* 35–38 *post u.* 32 *b Otto, ante* 39 *Postgatius; cf. ad uu.* 11 *et* 32 *b.*]

27. cana c^1c^2: clara R | notanti c^2 ‖ **28.** mater] mare $c^3{}_1$: maria c^1c^2 | tibi in ore est Nc^3: [more c^1] ‖ **29.** noturnis c^2 ‖ **30.** de trito BL (ri *ex corr.*) c^2: de tricto c^3 | luncula FL ‖ **31.** agamenonias FBHR$c^1c^2c^3$ | [restantia R$c^3{}_2$] | litt. *plerique*: lict. c^1 | curras c^3 ‖ **32.** que F | notant $c^3{}_1$: (natat *solus meorum* c^4 *et* F$_2$) | argynni $\mu\nu$HVo.: argyuni B: arginni plLc^3: argiuni F: agynni N: argiuum c^1c^2: argim̄ni c^4: argiui R | minantis *codd.,* corr. R. Ellisius, *de promuntorio Argenno interpretatus:* minatis L: natantis Vo. | aqu(a)e Ω, corr. R. Ellisius (*sed dubitanter, quippe qui nescierit* notat praebere codd. omnes bonos) ‖ **32** *a b. post u.* 32 *exstat in* Ω *distichon non Propertianum:*

    hoc iuuene amisso classem non soluit Atrides,
        pro qua mactata est Iphigenia mora.

32 *a.* nec FBL: noe H$_1$ | amm. c^1c^3Vo. | dassem H ‖ **32** *b.* iphigenea N: hypigenea FL: iphygenia B: yphi. c^1c^3; *etc., quod nec sensus nec numeri admittunt, Ellisius et Palmerus pro spurio habuerunt, Postgatius in edit. minore uncis seclusit, in maiore cum uu.* 31, 32 *alienum censuit. spectat ad aliam de Argynno fabulam, sed satis antiquis uersibus; in uncialis ordine iam stetisse docent paginae sequentes: uide ad foll.* 100, 101, *et Ell. Lib.* III, xxii, 26 *a b;* IV, ii, 114 *a b* ‖ **33.** astant Nc^4 | marinę, -inę *in ras.* c^3 (? '*mare ē' fuit*) ‖ **34.** tibi *om.* R | pro] primo c^2 | carpanum c^1 | est *om.* $c^1c^2c^4$F$_1$ | *huc ad uersum mirabilem ascendit orbis elegiae; hinc uertitur. uersum imitatur Ouidius Her.* x, 123, *cuius uu.* 119–124 *uu. nostros* 9, 10, 24, 39 *reuocant* ‖ **35.** orithie *codd.*: orithię NH: orythiae Vo.: orythyę c^3 ‖ **37.** quid nam HLVo.Rc^1 | neptuñe c^1c^2Vo. | carine $c^3{}_1$ ‖ **38.** alvens c^3 ‖ **39.** posita est N: positaq; *cett.* | uita *ex* uite *corr.* B$_1$ ‖ **40.** arena F: aranea R | tegat c^2R: taegas N ‖

et, quotiens Paeti transibit nauta sepulchrum,
dicat 'et audaci tu timor esse potes.'

Ite, rates curuas et leti texite causas: [A₂.(a)
   ista per humanas mors uenit acta manus.
45 terra parum fuerat fatis; adiecimus undas:
   fortunae miseras auximus arte uias.

ancora te teneat, quem non tenuere Penates?   (b)
   quid meritum dicas, cui sua terra parum est?
   uentorum est, quodcumque paras: haut ulla carina
50   consenuit, fallit portus et ipse fidem.
   natura insidians pontum substrauit auaris:
   ut tibi succedat, uix semel esse potest.

saxa triumphales fregere Capharea puppes,   (a)
   naufraga cum uasto Graecia tracta salo est:
55 paulatim socium iacturam fleuit Vlixes,
   in mare cui solum non ualuere doli.

---

41. sepulchr. NBH: sepulcr. *plerique* || 43. Ire N: Inte c¹ | curu(a)e Ω, *corr.*
Passeratius (*cf. Aen.* XI, 326; *Ennium apud Cic. de Diu.* I, 31, classis cita texitur) |
lenti c¹ | contexite c¹c²c⁴: terite N | curas C || 44. umanas c² | acta *om.* L || 45. *cum*
Lachmanno (*Baehrensio, Postgatio*) *distinxi; cf. Senecam nat. quaest.* v, 18: quid
maria inquietamus? parum uidelicet ad mortes nostras terra late patet (*locum*
laudat Broukhusius) | undas] itridas c¹ || 47. anch. BH | quam BHLc³: qua *ex* quē
corr. F₁ || 48. cui] qui c²: quoi c¹Vo. || 49. haut N: aut c¹c²c³: haud *cett.* | nulla L:
illa c³₁ || 50. consennit c³ | fidem] sedem c¹c²c³ || 51. insidias c³c⁴: insidiis c¹c² |
puntum c²c³: punctum c¹: portum R: ponto *Fonteinius* (*et* insidias) | subtrauit c¹c²:
sustrauit c³R: substernit B: subteruit H | auarɥ́s c²: amaris c³: aratris H₁ || 52. sub-
cedat c² | simul c¹ || 53. triuphales c¹: trihumph. c² | fragere c² | capharea *codd.*:
caphanea F₁: carpharea N: caphalea c² (*primo*): caphatra R | pupes FNc³ ||
54. Nau‸ gra c² (*sic*) | cum] quin c² | solo FVo.Rc¹c²c³ || 55. sotium FHLc³ | iactura
c¹R || 56. cui] qui c²: quoi c¹ | soli Ω, *corr. Itali* (*qui etiam* soliti *temptauere*) ||

Quod si contentus patrio boue uerteret agros   [B$_2$. (a)
     uerbaque duxisset pondus habere mea,
uiueret ante suos dulcis conuiua Penates,
60   pauper, at in terra nil nisi fleret opes.

non tulit haec Paetus, stridorem audire procellae   (c)
     et duro teneras laedere fune manus;
sed Thyio thalamo aut Oricia terebintho
     effultum pluma uersicolore caput.

65   o centum aequoreae Nereo genitore puellae
     et tu materno tacta dolore Theti,
uos decuit lasso subponere bracchia mento:
     non poterat uestras ille grauare manus.

at tu, saeue Aquilo, numquam mea uela uidebis: [D.
70   ante fores dominae condar oportet iners.

vi   [viii]

Dulcis ad hesternas fuerat mihi rixa lucernas   [A. (a)
uocis et insanae tot maledicta tuae.

numeri elegiae vi: 4͡·6, 8; | 6͡·4, 6 (+ *2*).

---

57. contentos FL | bene F$_1$: bue c^1 ‖ **58.** dixisset F$_1$BHL ‖ **59.** [poenates H] ‖ **60.** pauper at NμυplFLR (et Vo.c^{2}c^{3}c^4: ac H: hac B): pauperes c^1 | interra c^2: interea F$_1$R: mira c^1 | nil nisi *Itali* (*i.e.* n): nil ubi *codd. plerique* (*i.e.* u): ni ubi c^{1}c^2: in ubi c$^3_1$: ninbi c^4: nil ṵ F$_1$ *sic* (*inter* u *et* n): nil ṵ F$_1$ *corr. sic* (*et* n *et* u) | flere potest Ω, *corr. Baehrensius* ‖ **61.** h(a)ec NR: hoc Fp: hunc BHLVo.: hic C *fortasse recte* | pectus Vo. ‖ **63.** thyio *Santenius*: chio Ω: [chyo L]: [Thyiae *iam Itali*: thiȩ *primus Dom. Calderinus*] | thalamo Npc^1: chalamo BH: calamo FLVo.Rc^{2}c^{3}c^4 *ex corr.* | [oricia *Itali*]: orichia c^1: orithia c^{2}c^{3}c^{4}R: orythia NpVo.: corinthia F: corythia BH: corithya L | terebinto c^{1}F: aterebitho L ‖ **64.** et fultum *codd.* (*corr. Postgatius, post Puccii* effultus): furtum F *primo*: et sultum c^2 | prima F$_1$: p'luma c^2 | uersicolere F$_1$BHL: uersi colore c^2 | *post hunc uersum codd. habent fol.* 97 *a* | **65.** tentum B | neῖeo c^3: uereor R ‖ **66.** tacta Vo.: tracta *cett.* | Thetis *codd.*, *corr. Itali*: thethis Vo.: theus R: petis L: pedis F$_1$ (Theti *non* Thetis *legendum: uide Housmannum ad Lucan.* VIII, 251) ‖ **67.** lapso Vo. | subp. NFL: supp. *plerique* | brach. *codd.* ‖ **68.** nos c$^3_1$ | ueras Vo. ‖ **69.** uela] uerba c^2 *primo*: uale c^4 ‖ **70.** ante fores dominae] c$^3_2$ *in ras.* | condat Fc^{1}c^4 | inhers c^{2}c^{3}R | *respicit ad initium partis secundae* (*u.* 35, infelix Aquilo), *sed de se, non de Paeto, distichon quod elegiam claudat extra numeros posuit poeta; cf.* x, 37, 38 *al.* ‖

vi. *noua elegia in* Nμυ, l (*rubricator tantum*), Vo.RC. *cum priore cohaeret in* FBHLp; *in* c^3 *nullum tituli causa interstitium. titulus* ad amicam iratam: de rissa *in marg.* c^3.

1. dulci L *primo* | hexternas L: externas BHR: extremas Vo.c^4: hes-. c$^3_2$ *in ras.* | uixa H$_1$ ‖

     cur furibunda mero mensam propellis, et in me
       proicis insana cymbia plena manu?

5   tu uero nostros audax inuade capillos   (b)
       et mea formosis unguibus ora nota:
     tu minitare oculos subiecta exurere flamma,
       fac mea rescisso pectora nuda sinu.
     nimirum ueri dantur mihi signa caloris:
10   nam sine amore graui femina nulla dolet.

     quae mulier rabida iactat conuicia lingua,   (c)
       haec Veneris magnae uoluitur ante pedes.
     custodum gregibus circa se stipat euntem;
       seu sequitur medias, Maenas ut icta, uias,
15   seu timidam crebro dementia somnia terrent,
       seu miseram in tabula picta puella mouet,
     his ego tormentis animi sum uerus aruspex:
       has didici certo saepe in amore notas.

3, 4 *inuerso ordine* in L ‖ 3. quor Vo.c¹: cui R: cum *Itali* | mensam] meus c² |
propillis c¹: propelis H: procelis R ‖ 4. proiocis c¹ | infensa *Postgatius* | cimb.
FVo.R: cymba c³₁ ‖ 5. in aude H₁ ‖ 7. tum H | mutare F₁: in mitare L₁: imittare R |
exuiē c¹: excurrere F₁ | flama c¹R ‖ 8. recisso L: recisṣo F: reciso BHVo. | pectore
F ‖ 9. Ni mirum FBc²: Hi mirum H | ueri N | coloris pc¹ ‖ 10. fena c² ‖ 11. rabida
Scaliger: grauida Ω (*post* graui (10); *nec defendit Plaut. Amphitr.* 719) | iacta B |
conuitia FBHVo.c¹c²c³ ‖ 12. haec] et Ω, *corr. Liuineius* (*cf.* iii, 22 *supra*) ‖ 13. custo-
dem BHL | gregibus *codd.*: grege seu *Postgatius* (*post Baehrensii* grege non): gregi P:
gregis μυ | circha c²c³: cura R | se] seu *Lachmannus* | stirpat c² ‖ 14. maenas] metus c¹:
miros R | icta] ante c² (*e u.* 12): iacta H₁p₁ϛ ‖ 15. timidum c²: tumidum R | somnia]
pectora c² ‖ 16. miserum Vo. ‖ 17. Hiis c² | ergo F ‖ 18. has] nam F₁BHL | ego
dedici c³₁: ego didici c³₂c⁴: ego dedidici c¹c²: [*i.e.* ego C *e u.* 17] | certo] *om.* C (*add.*
c³₂ *supra*] ‖

Non est certa fides quam non in iurgia uertas: [B. (b)]
20   hostibus eueniat lenta puella meis.
in morso aequales uideant mea uulnera collo,
          me doceat liuor mecum habuisse meam,
tecta superciliis si quando uerba remittis,
          aut tua cum digitis scripta silenda notas.

25   aut in amore dolere uolo aut audire dolentem,   (a)
          siue meas lacrimas siue uidere tuas.
odi ego quae numquam pungunt suspiria somnos:
          semper in irata pallidus esse uelim.

dulcior ignis erat Paridi, cum Graia per arma   (c)
30   Tyndaridi poterat gaudia ferre suae:
dum uincunt Danai, dum restat barbarus Hector,
          ille Helenae in gremio maxima bella gerit.
aut tecum aut pro te mihi cum riualibus arma
          semper erunt: in te pax mihi nulla placet.

---

19. iniurgia N: in iuria c³: iuria F₁: iniuria *cett.* | uertas *Vahlenus*: uersat *codd.*: vertat F ‖ **21.** in m. aequales] His (hiis c²) ego tormentis c¹c²c⁴c³₁ (*corr.* c³₂ *in ras.*) [*sic* C e *u.* 17] | uideam c¹c² | colo BH ‖ **22.** merum c³₁ ‖ **23, 24** *huc traieci: in codd. post u.* 26 *exstant. quos Guyetus aliique aliunde inlatos putauerunt: lacunam ante eos posuit L. Muellerus* ‖ **23.** sup̲ ciliis c¹c² | remictis F₁c¹c²c⁴ ‖ **24.** at *v₁* | silenta c¹: scilenda H ‖ **25.** dolere] dolore c¹H₁Vo.R: *om.* c² | adire c¹c²c³₁ | dolentem] uolentem p₁R ‖ **26.** meas] ineas L | *hic ut sequerentur uu.* 23, 24, *nec zeugmati consulens,* meas *et* tuas *inter se locum mutare uoluit Sandstroemius. sed lacrimas uidere meas non potui* ‖ **27.** Audi F₁: odi ego q̄ c³ *in ras.* (tecta sup̲ ciliis *fuit*) | qu(a)e Ω: quos F *in marg.* (*adfert Postgatius Stat. Theb.* II, 336 *sq.*) ‖ **28.** in irata N: in iratam *codd.*: miratam F₁c¹ | palidus c¹c²c³ ‖ **29.** cum Graia *Fruterius*: cum grata *codd.*: congrata c² ‖ **30.** Tind. *codd.*: Tynd. BH: Tid. c¹ | siue *in* suę *corr.* c³ ‖ **31.** resta c³₁ | hestor c³₁ ‖ **32.** in] *om.* Vo. | regit c² ‖ **33.** riualibus] ruribus c¹ | arua L ‖ **34.** inte c²R | pax] par *v₁* ‖ **33, 34** *ante u.* 29 *traicere uoluit Housmannus: credo autem distichon cum hoc arte cohaerens elegiam clausisse* ‖

[*desunt elegiae* vi *uu.* 35, 36]

vii

[*desunt elegiae* vii *uu.* 1–14]

35, 36. *docent numeri duos tantum huius elegiae deesse uersus.*

vii. *parem sed alia numerorum distributione elegiam de riuali scripsisse poetam censeo, de qua non amplius sex ultimos superesse uersus: qq. u.*

[*desunt elegiae* vii *uu.* 15–30]

31, 32 *nequaquam cum el.* vi *coniungendos perspexit Housmannus; uu.* 31–36 *inde separauerunt Postgatius et Butlerus, elegiam ille quidem, sed breuissimam, statuens. fragmentum elegiae ultimum de summa pagina non traiecit,ut alibi,librarius (cf.fol.* 79*a*), *quia iuncturam cum fol.* 99 *b aptam credidit* (gaudia: Helenae: cum riualibus) ∥ **31.** gauda c^2 | formosę H | dolores $LH_1Vo.c^1c^2c^4$ ∥ **32.** iure] inte c^1c^2 ∥ **33.** ac L: aut c^2 | que $c^1c^2c^3_1$ *corr.* (*tum* q *supra add.*) | nexisti *Priscianus et Diomedes*: tendisti Ω | rectia F_1c^1 ∥ **34.** sic c^1R | socer *bis* c^3_1 | ecternum F | non BH ∥ **35.** quoi Vo. *et* c^3_1 *e* qui *corr.*: q́uin c^2: qum c^1: Q c^4 | nunc *e* non *corr.* N_1 ∥ **36.** offensam *codd., corr. Itali*: offensam illa *in* c^3 *a man.* 2. *hic et saepe scripsit iterum rubricator litteras supra miniaturam a se partim deletas* | mihi *om.* F_1 ∥

276

[31]   gaude, quod nulla est aeque formosa; doleres,
         siqua foret: nunc sis iure superba licet.

         at tibi, qui nostro nexisti retia lecto,   (a)
         sit socer aeternum nec sine matre domus!
35   cui nunc siqua data est furandae copia noctis,
         offensa illa mihi, non tibi amica, dedit.

                              viii   [ix]

         Maecenas, eques Etrusco de sanguine regum,   [A₁. (a₁)
         intra fortunam qui cupis esse tuam,
         quid me scribendi tam uastum mittis in aequor?
         non sunt apta meae grandia uela rati.
5   turpe est quod nequeas capiti committere pondus
         et pressum inflexo mox dare terga genu.
         omnia non pariter rerum sunt omnibus apta,
         palma nec ex aequo ducitur una iugo.

         gloria Lysippo est animosa effingere signa,   (a₂)
10   exactis Calamis se mihi iactat equis:

vii, 33. Priscianus *GLK*. ii, p. 536, 8: *similiter necto nexui et nexi...Propertius:* 'at tibi...lecto.' Diomedes *GLK*. i, p. 369, 21: *(Propertius): nexisti retia lecto.*

numeri elegiae viii: 8 $(\widehat{4\cdot 4})$, 8, 4; | $\widehat{2\cdot 8}$ $(\widehat{4\cdot 4})$; $\widehat{2\cdot 8}$; | 4, 8, 8 $(\widehat{4\cdot 4})$.

---

viii. *noua elegia in* Ω. *titulus ad* m(a)ecenatem (moec. c³): *in* c³ *nullum uersus interstitium. prooemium fuit libri: tum in bibliotecam Palatinam tribus libris elegiarum acceptis, Maecenate autem gratiis A.V.C.* 732 *minus florente, a Vergilio potius coepit poeta, patroni uela subtraxit.*

1. moec. c¹ | eques c³ | [est trusco R]: etr. c³; *cf. Horat.* i, i, 1; i, xx, 5; iii, xvi, 18–20 || **2.** inter F₁ | tua L; *cf. Ouid. Trist.* iii, iv, 25, 26: *etiam* 16 *et* 32 (= *uu.* 41, 46, 40 *nostri*) || **3.** scribendi] st' bendi (*i.e. sunt b.*) c² | uastum] a *ex corr.* c³₂ | mictis F₁c¹c²c⁴: mitis L (*fortasse in ras.*) | in *om.* H || **4.** acta c² | uella H || **5.** ue *ante* nequeas *add.* F₁ | capti F₁L | conmictere c¹c²c⁴: comitt. LR || **6.** pressa c¹c² | inflesso c² | mos Vo. || **8.** flama c¹c⁴: flamma *codd.*: flamina H₁L, *corr. Itali* (etiam fama *Lipsius*) | nec Ω | exequo NFH | ulla Ω, *corr. Itali* | iugo *codd.*: rogo c¹ et F *in marg. man. aequal.* || *quem uersum recte ab Italis emendatum censeo et illud* iugum *sequentibus distichis satis explanatum. Calamis Lysippo minor in arte aeris excudendi habet tamen laudes proprias, iugum pariter* (7) *trahunt ceteri artifices antiqua fama coniuncti. sic Propertius se cum Horatio (c*ᶠ*. u.* 1) *iri coniunctum posteritatis iudicio sperat, sic cum Vergilio, dum primam huius libri elegiam scribit. accurate confer Ciceronem de Oratore* iii, 6, § 22–9, § 36, *et praesertim* §§ 25, 26, 27, 34, 36: *etiam Ell. Lib.* iv, xii, 31 || **9.** lisippo FBHc¹ | effingere NμυplRc¹c⁴: efingere c²c³: fingere FBHLVo. || **10.** calamis c² *Itali*: calam' c¹: calamus *codd.* | equs c²: equus c¹ | *cf. Ouid. ex Ponto* iv, i, 29 *sq.: prooemium libri et ille scribit* ||

in Veneris tabula summam sibi poscit Apelles,
    Parrhasius parua uindicat arte locum.
argumenta magis sunt Mentoris addita formae,
    at Myos exiguum flectit acanthus iter.

15 Phidiacus signo se Iuppiter ornat eburno: .
    Praxitelen propria uindicat urbe lapis.

est quibus Eleae concurrit palma quadrigae,   (b)
    est quibus in celeres gloria nata pedes;
hic satus ad pacem, hic castrensibus utilis armis:
20   naturae sequitur semina quisque suae.

Te duce uel Iouis arma canam caeloque minantem [B₁. (c)
    Coeum et Phlegraeis Eurymedonta iugis;

celsaque Romanis decerpta Palatia tauris   (a₁)
    ordiar et caeso moenia firma Remo
25 eductosque pares siluestri ex ubere reges:
    crescet et ingenium sub tua iussa meum.

---

11. inueneris L₁c¹c²c³ | tabulam Vo.: tabulas *v* | suma L | poscit Nμυ (*cf. Varron. apud Non.* 374, 9: *in argumentis Caecilius poscit palmam, in ethesin Terentius, in sermonibus Plautus*): posita F₁L: pôit c²Vo.: ponit BHRc¹c³c⁴: ponat p | appelles pFBH: pelles L: apelle Vo. ‖ **12.** parrhasius N: parrasius *codd.*: parthasius c²R: parċhasius c³: parra suis Vo. | parua Ω | uendicat c²R | iocum *Lachmannus* (*cf. Plin. N. H.* xxxv, 72) ‖ **13.** magis] magne Vo. ‖ **14.** at c¹c²c⁴ *Itali*: ad *cett.*: admiros HL | Myos *Volscus, Itali*: [mios c⁴]: muros NR: miros pBc¹c²c³: nuros FVo. | achantus NVo.c⁴: a cantus H₁: a cautus F₁: acantus BL (n *in ras.*): anchantus c³: achantis c² (*cf. u.* 10): achanc' c¹: [achatas R] ‖ **15.** fidiac. Fc⁴: phyd. c³ | signo *om.* c² | iupiter NFBc³ (*uide Quintil. Inst. Or.* xII, 10, 9) ‖ **16.** Praxitelen Np: Praxithelen B: Praxitelon FL: Praxithelem H: Praxitelem Vo.: Prasitelem c³R: Prasithelem c²: Prosithelem c¹ | propria *codd.*: proprio c³c⁴: proprius c¹: prorius c² | uendicat c²R: uenditat *Broukhusius* | orbe c⁴ ‖

15, 16. *Phidias quaesito ex ebore fecit Iouem Olympium,* cuius pulchritudo adiecisse aliquid etiam receptae religioni uidetur (*Quintil. I. O.* xII, 10, 9). *ita se ornet enormis Iupiter: lapis natiuus Athenarum satis fuit Praxiteli nequo artifice inferior habeatur. ab hoc* propria urbe *pendent uu.* 17–20. *poeta suam artem exactam* (10), *paruam* (12), *exiguum iter flectentem* (14), *sibi denique naturalem neque grandiora temptantem uindicat. quod cum nondum penitus intellexissem, uolui e* C Triopos *pro* propria *legere* (*Triops Cnidi conditor fuit, a Callimacho nominatur*): *sed* proprio *facili errore scripserat* C, proprius (lapis) c¹c², (proprio) orbe c⁴, *correxerunt. de ablatiuo uide Robeium,* § 1264: *Cic. Rosc. Am.* 27 (Ameria sicarios), *Plaut. Merc.* 940 (hospitem Zacyntho). *alia Praxitelis opera Pario, alia Pentelico marmore sunt facta, inter quae Venerem fuisse Cnidiam testatur Lucianus ipse sculptor* (*Iupp. Tragoed.* 10: Overbeck, 1235).

17. [*u. om.* c⁴] | elee FRc¹: elere c²: aeleae c³Vo.: aelaeae N: ale(a)e BHL | concurrit *codd.* (*cf. u.* 43): concuřut c²: concurrunt Vo. | quatrige c³ ‖ **18** *om.* c¹c²c³₁; *in* c¹ *unius uersus interstitium* ‖ **19.** satis F₁L ‖ **20.** sequitur *ex* seminẹ *corr.* N₁ | queque N ‖

prosequar et currus utroque ab litore ouantes,
    Parthorum astutae tela remissa fugae,
castraque Pelusi Romano subruta ferro
30   Antonique graues in sua fata manus.

At tua, Maecenas, uitae praecepta recepi,   [B₂. (c)
    cogor et exemplis te superare tuis.

cum tibi Romano dominas in honore secures   (a₂)
    et liceat medio ponere iura foro,
35   uel tibi Medorum pugnaces ire per hastas
    atque onerare tuam fixa per arma domum,
et tibi ad effectum uires det Caesar et omni
    tempore tam faciles insinuentur opes,
parcis, et in tenues humilem te colligis umbras:
40   uelorum plenos subtrahis ipse sinus.

Crede mihi, magnos aequabunt ista Camillos   [A₂. (b)
    iudicia, et uenies tu quoque in ora uirum,

21–30 *in codd. post u.* 56 *exstant: sensu ac numeris iubentibus huc traieci. iam mendum paene inuenerat Lachmannus; traiecit enim uu.* 59, 60 *ut post u.* 56 *legerentur:* ' *iam porro uide quam male ista cohaereant:*

             meque deum clament, et mihi sacra ferant.
          Te duce uel Iouis arma canam.

tam abrupta sunt, ut uix intelligas.' *refert Postgatius* '*nescio quem*' *ibi alienos uu.* 21–30 *et* 57, 58 *censuisse* ‖ **21.** celique F ‖ **22.** C̣eum Nc³Vo.: Ceum FBHLc¹: celum c²: [coeum c⁴] | et] de c²c³₁: defrigreis c¹ | flegreis c³ (*cf.* c¹) | oromodonta BLVo.Rc² (horo-), *corr.* Huschkius: oromodunta NHc¹c³c⁴ (-mad-): orodomonta F ‖ **23.** decerpta] decelsa c² | thauris c¹c² ‖ **24.** ordias c³₁: ordia c² | celso c² ‖ **25.** ex] et c² ‖ **26.** et *om.* BHL: in L₁ *add. supra lin.* | iura c² | *ordinem uersuum* 23–26 *frustra turbare uoluerunt* Baehrensius Peiperus Postgatius. *non annalium scriptor poeta noster* (*cf.* ii, 11, 12); *sed tauri Romani ante Aenean erant* (IV, ii, 4): *ingenium urbis principia orsum* (24) *crescet* (26), *ut Augusti* (27) *currus prosequatur* ‖

27. utrinq; c²: uirq; c¹ | ablictore c¹c⁴: alitore c²: ablattore Vo. | amantes F₁ ‖ **28.** Partorum F: Pastorum c² | tella BH ‖ **29.** claustraque *Palmerius et Lipsius* |
              1
pelusii *codd.*: p̣usii *in* pusii *corr.* c²: [pelusi c⁴ϛ]: peŕitii F₁ (*sic*): pelitii L | subrota F₁: sub ruta c³: sub ritia (*uel* ricia) v₁ ‖ **30.** antoni Vo.Rc¹c³c⁴: antonii *cett.* | *in Antoni mentionem surgit orbis elegiae: a Maecenate descendit in alteram partem; cf.* x, 36, 37, *al.* ‖ **31.** Et F₁ | tue c² | micenas B *primo* | uitre c¹: inte F₁: uita c³₁ | praecaepta Vo. | recepti Nc⁴ ‖ **32.** tuis] meis *suprascripsit* N (*manus tertia*) ‖ **33.** quom Vo.: quum c¹ | dominas] dampnas c¹c²: danais c⁴ | sequentes F₁ ‖ **35.** hastas *Marklandus* (*quod contos cataphractarum significare credit Postgatius*): hostes Ω ‖ **36.** atque] At c³₁: Et c¹c²: Aut c⁴ | onerare μvc³c⁴Vo.: onaerare N: honerare F₁c¹c²: honorare BHL ‖ **37.** efectum Vo.: efcũm c²: [uiribus effectum *Auianus*, XXXI, 9] | dat Vo. ‖ **38.** insinuetur Vo. ‖ **39.** paucis c¹ | intenues c² | humilem te] humilem et R: humilem et te c¹: humiles te c² ‖ **40.** Vell. BH | sbtr. c² ‖ **41.** cede c¹ ‖ **42.** iudit. BHc³: indic. c¹R | in hora c²: inhora c¹ ‖

Caesaris et famae uestigia iuncta tenebis:
Maecenatis erunt uera tropaea fides.

45   .   .   .   .   (a₂)

tota sub exiguo flumine nostra mora est.
non flebo in cineres arcem sedisse paternos
Cadmi nec semper proelia clade pari;
nec referam Scaeas et Pergama Apollinis arces,
50   et Danaum decimo uere redisse rates,
moenia cum Graio Neptunia pressit aratro
uictor Palladiae ligneus artis equus.

inter Callimachi sat erit placuisse libellos   (a₁)
et cecinisse modis, Dore poeta, tuis:
55   haec urant pueros, haec urant scripta puellas,
meque deum clament et mihi sacra ferant!
mollis tu coeptae fautor cape lora iuuentae
dexteraque inmissis da mihi signa rotis;
hoc mihi, Maecenas, laudis concedis, et a te est,

---

43. iuncta] *in* uíncta *corr.* H: uicta N: iūta c² | tenebas *v₁* ‖ **44.** Moecen. c¹c⁴: Meren. c³ | trophea Ω ‖ **45.** *deest sine signo in* N (*cf.* x, 60), *cett. u. spurium praebent:* non ego uelifera tumidum mare findo carina.
uell. BH: uelistra c¹ | timidum Vo. | fido Vo.R: fundo c²: scindo BH | *quem spurium esse uersum suspicatus est Palmerus, eiecit Rothsteinius. nusquam uero ne in quarto quidem libro poeta noster illam o finalem trochaice corripuit; neque hic de mari neque de carina loqui debebat, sed de fontibus Heliconis. sub flumine enim, non in flumine, moratur: neque exiguum flumen timidae nauigationi aptum; cf. Ell. Lib. IV, i, 25, 26:* nondum etiam Ascraeos norunt mea carmina fontes, sed modo Permessi flumine lauit Amor; III, ii, 1, 2, 5, 6, 15, 16; III, i, 12, 13, quamue *bibistis* aquam? a, ualeat, Phoebum quicumque *moratur* in armis! *etiam* IV, ii, 43, 44. *ueri simile est manum eandem duos finxisse spurios uersus et uerba* cunabula parui *in* i, 33, gigantum *in* iii, 63 ‖ **46.** tuta *Itali* | ɛ flumine (= *est*) L: ẹflumine F: flumina c³₁ | mora n̄r̄a est H: nostra ratis est c³₁: nostra ratis c¹c²c⁴₁Ʂ [mora *post* n̄r̄a *excidit,* ratis *suppleuit* C] ‖ **47.** flebo] phebo Nc³₁: ph(o)ebi c¹c²c⁴: fido H | incineres c¹c⁴: in *om.* c² | circem c¹c² | sedisse] s₃ īp̄e c¹c² (= *set ipse*): sidisse *Heinsius* | paternos Ω. *de Thebis Epigonorum bello deletis id dicit poeta, ut uidit Palmerus; confer etiam Housmannum, C. R.* 1895, p. 352 ‖ **48.** nec semper] *i.e.* 'non, ut in priore bello' *Palmerus* ‖ **49.** sceas *codd.* | et pergama et c² | appollinis FLVo.: appólinis H: apolinis BR | artes c² *Broukhusius* ‖ **51.** qum c¹,c² (*hic in* quín *corr.*) | grayo c¹: grato R | neptumni;a c²: neptūnia Vo.: neptuna H₁ | prexit c³: praessit Vo.: p̄sit R ‖ **52.** apalladie c²: palla die p: paladie Bc⁴ | lingeus c¹ | arcis R | equs c¹c²: opus Vo. ‖ **53.** calimachi Vo.Rc²c³: chali. c¹: cally. B: challi. H | **54.** dore *Scriuerius* (*h.e. Coe*): dure *codd.* (*cf. Ell. Lib.* II, xxv, 20): dura c³: durẹ H: [d *ex* c *corr.* c²] : coe *Beroaldus* | poeta] Phileta *Itali* ‖ **55.** curant...curant Ω, *corr. Itali* | puros H₁ ‖ **56.** Neque c³₁ | clamē c¹ | sacra] dona c¹c²c³c⁴ ‖ **57.** mollia *Brookhusius* | coeptae c¹Vo.: cẹptẹ c³: cept(a)e *codd.* | fauctor c³: factor N: faustor F₁H₁L | inuentae c³: iuuetae Vo. ‖ **58.** dextra c²c⁴: destera c³ | in missis c¹c⁴: imm. c³ ‖ **59.** hec *v₁* | contendis c¹ | ate c²c⁴: ante c¹: arte R | est *om.* c¹c²c⁴ ‖

60　　　　quod ferar in partes ipse fuisse tuas.

ix　　　　　　　　　　　　[x]

.Mirabar quidnam misissent mane Camenae　　　[A. (a)
　　ante meum stantes sole rubente torum.
natalis nostrae signum misere puellae
　　et manibus faustos ter crepuere sonos.

5　　transeat hic sine nube dies, stent aere uenti,　　(b)
　　ponat et in sicco molliter unda minas.
aspiciam nullos hodierna luce dolentes,
　　et Niobae lacrimas supprimat ipse lapis:
Alcyonum positis requiescant ora querellis,
10　　increpet absumptum nec sua mater Itym.

tuque, o cara mihi, felicibus edita pennis,　　(b)
　　surge, et poscentes iusta precare deos;
ac primum pura somnum tibi discute lympha
　　et nitidas presso pollice finge comas,
15　　et pete, qua polles, ut sit tibi forma perennis,

numeri elegiae ix: 4·6·6; | 6·6·4.

---

60. quo c^{1}c^2: quod ferar in c^3 *a man.* 2; *cf.* vii, 36 ||

x. *noua elegia in* Ω. *titulus* de ni(y)obe.
1. quid nam Vo.c^{1}c^{3}c^4 | uisissent *Heinsius; at cf.* insanae, insana, vi, 2, 4 | mane]
in acie μυ || **2.** thorum *codd.*: [torum Rc^4] || **3.** miserere FH$_1$ || **4.** ter] tum v_1 | somnos
H || **5.** nube] urbe c$^3_1$ | stant Vo. || **6.** ponet *codd.: corr.* Itali, c^4 | insiccho c^2 | unde c$^3_1$ |
minas B$_1$H$_2$Vo.Rc^{1}c^{2}c^4: minax NμυplFB *corr.*, H$_1$Lc^3 || **7.** asp. Ω | in luce c^2 ||
8. niobe *codd.*: in obe c^1: niobes Vo. | subpr. c^2 | ipse suas Vo. || *post hunc uersum
desunt sine lacunae signo uersus* liv *in* c^3; *habet codex paginas uersuum* 27, *unde conicere
licet exemplar etiam huius formae fuisse* || **9.** alcion. *codd.*: altion. FB | querellis B:
querel. *codd.* || **10.** asūptum Vo.: assumpt. Rc^2 | itim *codd.*: ytim BHL: irim c^2:
hythim R || **12.** praesentes *Passeratius* | [p̄care Vo.] || **13.** sompn. Fc^2 | descute F$_1$,
in dysc. *corr.* | limpha *codd.*: limphya c^4: lingua c^1 || **14.** p̄sso Vo. || **15, 16** *in codd.*
(*praeter* N) *post u.* 18 *exstant*: N *omittit sine signo. monentibus numeris disticha inter
se locum mutare iussi. uu.* 15, 16 *ob homoearchon* (inque, indue) *et homoeoteleuton*
(caput, caput) *in ordine archetypi omissos restituit corrector, sed in locum falsum: in ordine
uncialis habuit* || **15.** quas F | poles HR: pelles FLc$^4_1$ | perhēmis FL: peremnis H ||

inque meum semper stent tua regna caput.

Dein, qua primum oculos cepisti ueste Properti,   [B. (b)
  indue, nec uacuum flore relinque caput:
inde coronatas ubi ture piaueris aras
20   luxerit et tota flamma secunda domo,
sit mensae ratio noxque inter pocula currat
  et crocino naris murreus unguat onyx.

tibia nocturnis succumbat rauca choreis,   (b)
  et sint nequitiae libera uerba tuae,
25 dulciaque ingratos adimant conuiuia somnos:
  publica uicinae perstrepat aura uiae.
sit sors et nobis talorum interprete iactu
  quem grauibus pennis uerberet ille puer.

cum fuerit multis exacta trientibus hora   (a)
30   noctis et instituet sacra ministra Venus,
annua soluamus thalamo sollemnia nostro,

---

17. dein qua N$v$pl: de in qua Vo.: deĩ [= *deinde*] quãprimum v_1: de hinc qua
c⁴: derħqua c¹, *ex* deinqua *corr.*: deniq; Fc² [q; *in ras.*]: te qua BHL: *om.* R |
oculos *om.* c¹c²c⁴ | [coep. c¹]: cępesti N₁: cęp. H | Propertii H | *sic poetae nomen
alteram elegiae partem incipit, coronatum caput sequuntur coronatae arae* || **19.** ubi]
tibi FBHL | thure BHRc¹c² || **20.** luserit Vo.c²c⁴: Auserit F₁ | seda c¹: [s7a c²] ||
21. sic L | moxque Vo.: uoxque *Itali*, ϛ | [currat *h.e. ad nos properet*] || **22.** crocino
naris 1: crocinonaris HVo.c⁴: crocynonaris NpB: crocinon aris μv: crocinouaris R:
croci nonaris L: crocinariis c¹: crocinatis c²: crotim nonaris F | murreus NμvplB:
mureus LHVo.c¹c² | [unguat HRc⁴]: ungat *codd.* | onix *codd.*: ouix F₁BH₁ ||
23. tybia FN | noturnis c²: continuis *Housmannus, sed* nox (21), nocturnis (23),
noctis (30), *ut* mane (1), hic dies (5), hodierna luce (7), *et cf. Ell. Lib.* IV, iv, 31, 55 |
subc. c¹c² | pauca F₁L | coreis Fc¹c² || **24.** sint] sine c¹c² | nequitie, e *ex a corr.* c¹₁ ||
25. -que *om.* N | [convicia *Broukhusius; sed cf. Quintil. Inst. Or.* I, 2, 8: omne
conuiuium obscenis canticis strepit] | sompn. F || **26.** puplica c²₁ | perstrepet *codd.*
(*cf. u.* 6): prestrepet H: *corr. Itali*, F₂c⁴ || **27.** uobis F | tallorum BH: telorum R:
thaurorum c² | interpetre c²F | tactu F₁BH₁p₁L || **28.** Que in BH₁ (*in* quem *in corr.*) |
grauius *Beroaldus* | penis B: poennis H || **29.** quom c¹Vo. | terentibus R: terenctibus
F | ora H₁c⁴ || **30.** instituit F || **31.** saluamus p | et *post* thalamo *add.* FL | solemnia
codd.: solēmnia F: solempn. c²p: sollempn. L: [sollemn. c⁴] ||

natalisque tui sic peragamus iter.

X [xi]

Quid mirare meam si uersat femina uitam [A₁. (a)]
    et trahit addictum sub sua iura uirum,
criminaque ignaui capitis mihi turpia fingis,
    quod nequeam fracto rumpere uincla iugo?
5 uenturam melius praesagit nauita mortem,
    uulneribus didicit miles habere metum.
ista ego praeterita iactaui uerba iuuenta:
    tu nunc exemplo disce timere meo.

Colchis flagrantis adamantina sub iuga tauros (b)
10 egit et armigera proelia seuit humo,
custodisque feros clausit serpentis hiatus,
    iret ut Aesonias aurea lana domos.

ausa ferox ab equo quondam obpugnare sagittis (a)
    Maeotis Danaum Penthesilea rates,
15 aurea cui postquam nudauit cassida frontem,

numeri elegiae x: 8, 4·8·6; | 4·6; 4·6; | 4·6·8, 8.

---

32. sic] ter Vo. (*cf. Ell. Lib.* II, xxiii, 22) | pergamus c¹ ‖

x. *noua elegia in* Ω. *titulus* de imperiis feminarum [contra *add.* F]. *deficit* c³ *usque ad u.* 31.

2. trhahit c² | ad dictum *v*FBHc¹c² | iussa c¹c⁴: iubsa c² ‖ **4.** que F₁: qui c¹ | uincla] iūncla L: [colla c⁴] ‖ **5.** persagit H | mortem] fortem c²: noctem Vo.ʃ: *cf. Ouid. Am.* II, xi, 25, 26; *Cic. de Diuin.* II, 5, 12: num igitur quae tempestas impendeat uates melius coniciet quam gubernator? ‖ **7.** egro F | p'terita Vo. ‖ **8.** meo] nico c¹ ‖ **9.** cholchis H₁c² | flagrantes L | [ad amantina c¹: ad amantia R] | thauros c¹c² ‖ **10.** anugero H₁ | saeuit Vo. ‖ **11.** custoditq; F *primo* | fexos F₁ (fessos *man. aequalis in marg.*) | hyatus c¹R: yatus FL ‖ **12.** ire c¹ | eson. *codd.*: aeson. Vo. | ꝉaurea c² ‖ **13.** ferax F | abeq N: abeo c¹ | ꝗ F, quondam *man. aequalis* | obp. NL: opp. FBHc⁴: app. c¹Vo.: ap. c² | sagiptis F₁c²: sagictis c⁴₁ ‖ **14.** Meotis NBHl (M *ex* H *corr.*) R: Heotis p (*cf.* l): Concotis μ*v*: Nectis L: Inicetis c¹: Iniectis F₁Vo.c²c⁴ | penthes. BH: pentes. NFLpc⁴: pentas. c²: pantal. c¹: panthas. Vo.R ‖ **15.** cui NBHVo.Rc⁴: qui FLc²: quoi c¹ | casida c¹c² ‖

uicit uictorem candida forma uirum;
Omphale et in tantum formae processit honorem,
    Lydia Gygaeo tincta puella lacu,
ut qui pacato statuisset in orbe columnas
20   tam dura traheret mollia pensa manu.

Persarum statuit Babylona Semiramis urbem,   (c)
    ut solidum cocto tolleret aggere opus,
et duo in aduersum mitti per moenia currus
    nec possent tacto stringere ab axe latus:
25   duxit et Euphraten medium, quam condidit, arcis,
    iussit et imperio subdere Bactra caput.

Nam quid ego heroas, quid raptem in crimina diuos? [B₁. (b)
    Iuppiter infamat seque suamque domum.
quid modo quae nostris obprobria uexerit armis
30   ima Philippeo sanguine adusta nota?

noxia Alexandria, dolis aptissima tellus,   (c)

---

explicit quaternio tertius decimus

ante **17** *interstitium unius uersus in* μυFB, *in* FB *titulum* de Oniphale, *in* μυ *de* Michale *continens: in* H *titulum* de omphale *in marg.* ‖ **17.** *noua elegia in* μυFB ‖ Omphale et in *scripsi cum Italis*: Omphale *codd.*: Oniphale FBc²: O miphale υ₁: O michale μ: [Maeonis *Housmannus*: Iardanis *Palmerus*] | *Penthesilea et Omphale inuictos uicerunt illa uirum, haec deum: quattuor cum quattuor uersibus artius per et coniuncti numeri indicant* 4 + 8 + 6 | *et* μυ₁: *om. cett.* | in *om.* μυ₁ | intantum c² | p̃cessit c² ‖ **18.** Lidia *codd.*: Lidea R: Idea F₁ | gygeo N: gigeo *codd.*: gigea F₁: gigro c¹ | tinta c²: cincta c⁴ ‖ **19.** qui] ibi μυ₁ | pecato B: pach. c² | urbe μυ₁R | columpnas NFLc²R: colundas c¹ ‖ **20.** dira N *primo* ‖ *ante* **21** *interstitium unius uersus in* μυplFBHL (*non in* NCVo.R), *in* υlBHL *titulum* de Semirami, *in* F de' Semiramy, *in* μ *de* Semyrami *continens* ‖ **21.** *noua elegia in* μυplFBHL | babil. FBRVo.: babill. c¹c²: babilonia H ‖ **22.** agger Hc²c⁴: ager c¹: agere F₁ ‖ **23.** dno N | missi Ω, *corr. Tyrrellus* | permenia Nc²c⁴ ‖ **24.** axe] esse c² | latus *ex* caput *corr.* F₁ ‖ **25.** ducit F | euphratê N: eufraten Bp: eufratem *codd.; cf. Ell. Lib.* IV, vii, 100 | quam FBHL: qua NVo.Rc¹c²: quo c⁴ | odidit c¹ | arces Ω, *corr. Baehrensius* ‖ **26.** tussit c¹: tuxit c²: iubsit F₁ | surgere Ω, *corr. Burmannus sen.* | batra c¹c²: battra F: bacca L: lama R ‖ **27.** eroas c²R | in crimine *codd., corr. Itali* (*cf.* c⁴); *criminatur enim poeta neminem*: incrimine c¹: [incrimina c⁴] ‖ **28.** Iup. NFBHL | inphamat Vo. ‖ **29.** obprobria NpFLVo.: oppr. BH: obrobria R: ob probria c⁴: ab probria c²: et probria c¹ | vecxerit c¹: uexerat *Itali* ‖

30 *in codd. post u.* 37 *exstat: ibi alienum fuisse perspexit Lachmannus, qui locum mutare iussit cum u. nostro* 34. *sed ne sic quidem sanatus locus, neque omnino mutandi uu.* 31–36. Philippeo sanguine adusta nota *significat* 'per domum Philippi' *; requiritur datiuus (cf.* IV, viii, 10). nec potuit Cleopatra dici Ioui nostro etc. (41) adusta una nota, cum eiusdem domus Ptolemaeus Romae iam notam intulisset (33, 34), nec Ptolemaeus post illud totiens. nunc uu. 27–29 respice: 'quid raptem,' dicit, 'in crimina heroas uel deos, cum Iuppiter feminis seruierit? quid hominum arma? [uexit modo nobis opprobria sanguis Philippeus, sed diu deprauatus et omnia deprauare solitus; neque, ut mors Pompei quam ulcisci poterit nemo, haec quoque opprobria fuerunt inulta].'*
itaque iam locum inter se mutare iusseram uersus nostros 38–40, *qui in codd. post u.* 29 *exstant, et u.* 30 *nostrum, antequam numeros etiam hoc requirere uideram. sic adusta*

incipit quaternio quartus decimus

> et totiens nostro Memphi cruenta malo,
> tres ubi Pompeio detraxit harena triumphos!
> (tollet nulla dies hanc tibi, Roma, notam.)
> 35   issent Phlegraeo melius tibi funera campo,
> uel tua si socero colla daturus eras.

> Scilicet incesti meretrix regina Canopi,   [B₂. (b)
> et famulos inter femina trita suos,
> coniugis obsceni pretium Romana poposcit
> 40   moenia et addictos in sua regna patres.

> ausa Ioui nostro latrantem opponere Anubin   (c)
> et Tiberim Nili cogere ferre minas,
> Romanamque tubam crepitanti pellere sistro
> baridos et contis rostra Liburna sequi,
> 45   foedaque Tarpeio conopia tendere saxo,
> iura dares statuas inter et arma Mari!

> Quid nunc Tarquinii fractas iuuat esse secures,   [A₂. (b)

---

datiuum armis *inuenit; sic e u.* 30 *nati uu.* 31, 32, *qui cum Cleopatra nihil habent* (Philippeo: Alexandria).
     ima *ego*: una Ω; *cf.* iv, ix, 10 | philipeo Vo. | adhusta c²: ad usta c³: inusta ς, *Scaliger* ‖ **31.** alesand. c¹ | delis c¹ | actissima c² ‖

32. toturis c¹ | memphy BHc³: menphi c² ‖ **33.** Tres tibi μυ₁p: Res tibi L: Hec tibi F | pompeyo L | [trih. c²: triunphos c¹] ‖ **34.** Tollēt c¹ | ulla c¹c²c³₁ ‖ **35.** flegreo *codd.*: flegeo F | tibi *sc. Pompei, post* tibi, Roma, *ut* tuos, tibi, tu, *sc. Cynthia, post* tibi, Leucothoe, *in Ell. Lib.* I, xv, 10 ‖ **36.** Nec tua sic *Housmannus* | croceo *v* | cola BH | erat c³₁ ‖ **37.** *ante hunc u. interstitium unius uersus in* μυplFBHL, *titulus* de Cleopatra. *tum noua incipit elegia* | silicet c² ‖ **38–40** *in codd. post u.* 29 *exstant: uide ad u.* 30 (*u.* 39 *post* ix, 9 *exstat in* c³: *uide supra*) ‖ **38.** tricta c¹c⁴: uicta c²: tecta R ‖ **39.** coniugii *Passeratius; at cf. Ell. Lib.* IV, iv, 23 | obscenis N *primo* | prec. BLVo.R: prēt. H ‖ **40.** ad dictos B: abductos c¹c²R: adductos c³c⁴: aditos F *primo* | *spero me locum notabilem restituisse; sic enim Romanis moenibus opponitur Canopus, famuli patribus, meretrix regina coniugis obsceni pretio, sic femina et addicti in regna patres ab initio partis secundae reuocant prooemium elegiae (uu.* 1, 2); *cf. Sen. Epigr.* 72 (*PLM.* IV, p. 85), 3: dotalemque petens Romam Cleopatra Canopo ‖ **41.** latrante c¹ | anubin HL: anubim *codd.* ‖ **42.** tyb. H | nili] nisi c²: nilli c³ ‖ **43.** pel̃e (*sic*) c² ‖ **44.** bandos F₁ | contis, t *ex corr.* c³: cunctis Vo.c⁴: rostris c² | conta c² ‖ **45.** fodaq; c¹ | trapeio H₁ | conopea *Beroaldus*: canopeia Ω ‖ **46.** Iure F₁c²R: Tura c¹ | dare *codd.*, *corr. Palmerus*: dari c² | et *add. Itali* | inter et] niteret F₁ | mori C ‖ **47.** tarquini *codd.*, *corr. Itali*: torquini BH: torquimini L: tarquinis *v* | *praecedentibus cur uu.* 47–50 *separare uelint editores non intelligo. regna* (37, 40) *reiecerat Augustus, ut Brutus, sed Capitolium* (45) *Tarquiniorum* (47) *a regina uindicauerat; cf. ad u.* 30 ‖

nomine quem simili uita superba notat,
si mulier patienda fuit? cape, Roma, triumphum,
50   et longum Augusto salua precare diem!

Curtius expletis statuit monimenta lacunis,   (c)
at Decius misso proelia rupit equo,
Coclitis abscissos testatur semita pontes;
est cui cognomen coruus habere dedit.
55   haec di condiderunt, haec di quoque moenia seruant:
uix timeat saluo Caesare Roma Iouem.

non hoc Roma fuit tanto tibi ciue uerenda?   (a)
dixit et adsiduo lingua sepulta mero
'Septem urbs alta iugis, toto quae praesidet orbi,
60   .   .   .   .'?
nunc ubi Scipiadae classes, ubi signa Camilli,
aut modo Pompeia Bosphore capta manu,
Hannibalis spolia, et uicti monimenta Syphacis,
et Pyrrhi ad nostros gloria fracta pedes?

---

48. nemine $c^1c^2c^3{}_1c^4$ | que BNH: q$\overline{\text{m}}$ (= *quoniam*) F *primo* ‖ **49.** si] sed Vo. | trih. c^2: try. H: triun. c^3 ‖ **50.** lungum c^1c^3 |

post u. 50 *lacunae signa posuit Baehrensius. hic sequuntur in codd. uu. hoc ordine:* 65–68: 57–60: 63, 64: 51–56: 61, 62: 69–72; *quem minima, ut spero, permutatione emendaui. post Passeratium edd. fere omnes praeter Lachmannum uu. nostros* 61, 62, 63, 64 *coniunxerunt, neque aliter conformationem uerborum habent uu.* 63, 64. *quo accepto, praebentur in codd. inter u.* 50 *et u.* 69 *tres particulae carminis, uersuum* 4 + 8 + 6. *hos sex et illos quattuor locum mutare iussi. ita, ut uoluit Housmannus, post Augusti nomen* (50) *sequuntur Curtius, Decius, Horatius, Coruinus; uersui* 50 *respondet u.* 56. *ita solum plenam ostendit sententiam u.* 57: *hoc tanto ciue* honoris *causa post* saluo Caesare *positum Curtium ceterosque potest comprehendere, singulare pro plurali. ita solum Actium et de Cleopatra triumphus continuis uersibus* (65–72) *celebrantur. ita denique per elegiam totam seruantur numerorum responsiones. quid acciderit, sic explicauerim. librarius aut post u.* 50 *coepit paginam nouam* (106 *a*) *exscribere omissis uu.* 51–62 *aut ob fracta* (64), *fractas* (47), *totam paginam* 105 *b omisit, ut omiserat fol.* 97 (*q.u.*). *post corrector in marginibus addidit hic* 51–56, *illic* 57–59 (? *post* 47 *uu.* 48–60, *quos eo pertinere indicauerit hexameter disiunctus), alibi fortasse separata disticha* 61, 62, 63, 64; *uu.* 51–64 *ante ultimos uersus* (69–72) *et ordine perturbato recepit qui secutus est. similiter egerunt eaedem manus, quae fol.* 97 *a ante ultimos elegiae uersus inseruere, fol.* 97 *b in marginibus ad proprium locum particulatim exscripsere nec recte in ordinem recepere* ‖ **51–56** *in codd. post u.* 64 *exstant* ‖

51. curius *codd.*: curtius p_1: curcius F *man. aequalis in marg.*: durius FL | explectis H_1R | monum. FHc^2R | laciuus F_1 ‖ **52.** ac Lc$^1c^2c^3{}_1$: et c^4 | docius c^2 | riepit c^1 | equo H ‖ **53.** coclitis $\mu\nu$pVo.Rc$^3c^4$, c^2 (*uel* cod-), F *man. aequalis in marg.*: colclitis N: ceditis c^1: colitis H_1L: collitis F: celitis B | abscissos Vo.c$^2c^4$: abscisos pFc$^1c^3$: adscisos N: abcisos BHL ‖ **54.** et Ω, *corr.* Puccius | qui $c^2c^3{}_1$: quoi Vo.c$^1c^3{}_1$ *corr.* | seruus c^2 ‖ **55.** dii…dii Ω | condiderant *codd.*, *corr.* Liuineius: [consid. R] | quoque *om.* F: q, *in* q, *corr.* H_1 ‖ **57.** signum interrogationis posui; uide ad u. 50 ‖ **58.** ass. Ω ‖ **59, 60** *uerba Cleopatrae ebriae dabant* ‖ **59.** urbis c^3 | toto]

65   fugisti tamen in timidi uaga flumina Nili: (a)
         accepere tuae Romula uincla manus.
      bracchia spectaui sacris admorsa colubris,
         et trahere occultum membra soporis iter.
      Leucadius uersas acies memorabit Apollo:
70   tantum operis belli sustulit una dies.
      at tu, siue petes portus seu, nauita, linques,
         Caesaris in toto sis memor Ionio.

                          xi   [xii]

      Postume, plorantem potuisti linquere Gallam   [A. (a)
         miles et Augusti fortia signa sequi?
      tantine ulla fuit spoliati gloria Parthi,
         ne faceres Galla multa rogante tua?
5   si fas est, omnes pariter pereatis auari,
         et quisquis fido praetulit arma toro!

      tu tamen intexta tectus, uaesane, lacerna   (b)
         potabis galea fessus Araxis aquam.

numeri elegiae xi: 6·8; 4·4; 6·8; | 2.

---

toti F₁ *corr.* | p̂ssidet Vo. || **60** *deest sine signo in* N, *neque admittunt uncialis paginae;
cf.* viii, 45, *et quae ibi adnotaui. ceteri codd. u. spurium praebent neque Propertio
dignum*: [60 *a*]   femineas timuit territa Marte minas.

femineo *Postgatius* | timuit *om.* FL | territe F₁ | in arte c³ || *post u.* 60 *ut post u.* 57
signum interrogationis fuit || **61, 62** *in codd. post u.* 68 *exstant* || **61.** scipiate B |
cāmilli F *primo* || **62.** modo] ubi F | [pompeya c²] | bosphore NpR: bospore BH₁L:
                                                              e
hospore F₁: bosphora c¹: bosfora c²c⁴: bosohora c³₁ *corr.*: bos fora Vo. || **63, 64** *in
codd. post* 60 *a exstant* || **63.** Hanib. FRc¹c³c⁴: Anib. c² | monum. FHRc² | syphacis
NBHc³: siph. *cett.* || **64.** pyrri N: pirrhi H: pirri Bc¹c²c³: pirthi F₁L || *post u.* 64
lacunae signa posuerunt L. Muellerus *et* Baehrensius, *ut indicarent haec cum uu.* 51–56
(*in codd. sequentibus*) *non cohaerere* ||

65–68 *in codd. post u.* 50 *exstant; post u.* 46 *posuit Housmannus; uide ad u.* 50 ||
65. tamen] taĩn N | in timidi NBHc³₂ *corr.*: intimidi L: nitimidi R: intimida F₁:
in tumidi Vo.c¹c³₁c⁴: intumidi c² | uaga Vo.c⁴, *Itali*: uada *codd.* | flamina c¹ | nilli c³;
cf. Vergilium: trepida ostia Nili, *Aen.* vi, 801; latebrosaque flumina, *ib.* viii, 713 ||
66. c² *post u.* 59 *habet, sign. appos.* | romule B: romulę H₁: uincula roma C |
67. bracchia F: brach. *codd.* | ad morsa Bc¹ || **68.** ocultum NLRc³ | menbra N ||
69. Leuch. B: Lauch. H | appolo B || **70.** substulit FC || **71.** potes c¹c²c³₁ | pontus c² |
siue c²c⁴ || **72.** yonio c¹c² | *uide ut particulae carminis a u.* 47 *usque ad finem per
nomina Romae et Caesaris discretae sint:* Roma (49), Augusto (50), Caesare Roma
(56), Roma (57), Romula (66), nostros (64), Caesaris (72). *sic* Lygdame *in* iv,
Postumus *et* Galla *in* xi ||
      xi. *noua elegia in* Ω. *titulus* ad postumum de galla: ad postumum c³.
      1. Postu me N (u *ex corr.* c³) | gallum c² || **2.** [forcia H] || **3.** Tanti ne *codd.*: ue
F *primo*: et c¹ | parti F *primo* || **4.** facere BH₁: facias FL || **5.** pereantur F₁ || **6.** pert.
c³₁ | thoro Ω || **7.** intecxta c¹: intexta c⁴ (*cf. Ell. Lib.* iv, iv, 26: texitur haec castris
quarta lacerna tuis): intecta *codd.*: in tecta BHVo.: iniecta *Itali, edd.* | uesane *codd.*:
uex. c²: uexare R | lacerta c² || **8.** gallea H | fexus Fc¹c² ||

illa quidem interea fama tabescet inani,
10　　　haec tua ne uirtus fiat amara tibi,
　　neue tua Medae laetentur caede sagittae,
　　　ferreus aurato neu cataphractus equo,
　　neue aliquid de te flendum referatur in urna;
　　　sic redeunt, illis qui cecidere locis.

15　　ter quater in casta felix, o Postume, Galla,　　　　　(c)
　　　moribus his alia coniuge dignus eras.
　　quid faciet nullo munita puella timore,
　　　cum sit luxuriae Roma magistra suae?

　　Sed securus eas: Gallam non munera uincent,　　[B. (c)]
20　　　duritiaeque tuae non erit illa memor:
　　nam, quocumque die saluum te fata remittent,
　　　pendebit collo Galla pudica tuo.

　　Postumus alter erit miranda coniuge Vlixes:　　　　(a)
　　　non illi longae tot nocuere morae,—

---

9. quiddam F_1 | phama Vo. | in ani Hc³ || **10.** Nec H_1 : He c² | tua ne] utinam Vo.: tua ue B || **11.** neue c³ | mede N: mede *codd.*: medeę c³₁: medee c¹c²: in edę H_1 | me delectentur F_1 | sagipte F_1c¹c²c⁴ || **12.** airato Vo. | neue c¹c² | cataphractus *Itali*, p₁c⁴: catophratus *codd.*: cantophratus BH: (neucato. (*sic*) F): caphatus c¹c²c³₁ ||
i
13. aliquid] ad c² | inurna B || **14.** sic redeunt CVo.R: si credunt N: si credent μυ₁plFBHL | que B: q̃ H (*i.e.* que *et* qui) || **15.** castra F || **16.** hiis c³ || **17.** fatiet N | inuinta H_1 || **18.** quom c¹Vo.: cui *Palmerus* | sis *Palmerus* | Roma *pro uocat. habuit Palmerus* | tu(a)e Ω, *corr. Itali* || *a* sed securus eas *incipit pars altera; sed ante et post mediam elegiam inter se respondent uu.* 15–18 *et* 19–22 *historiam* (1–14) *cum mytho* (23–36) *uelut uincientes* (*cf. Ell. Lib.* II, xxiii) || **19.** uincunt c¹ || **20.** duric. B || **21.** sanum F_1 | tenerent c²: remict. F_1c⁴ || **22.** pendebat H_1 | [pudicha c²] || **24.** ille H_1 | lunge c¹ ||

---

25. muns c³: manus *Fonteinius, fortasse recte* (*cf. Paneg. Mess.* 54: Ciconumque manus) | *distinxi* | hismara c¹c²c³R: ismare B | calpe *codd.*: talpe R | *ideo fortasse praeruptus ille mons Ismarus* (*Hom. Od.* IX, 198) *uel Ismara* (*Verg. G.* II, 37), *non oppidum, nominatur, quod uult poeta indicare non ad Calpen Herculeam peruenisse Ulixem sed ad Calpae similem locum, unde sit orta fabula a Strabone* (I, 25) *refutata; cf. Pan. Mess.* 80 || **26.** poliphemę H | gemnę H || **27.** cyrce BVo.c³: cure F_1L | lothosque Vo.R: locosque F_1c³₁: lucusque c¹c²: letosque c⁴ | herbę *om.* -que c³ || **28.** silla c¹c²c³ | -que] *om.* c³ | et] ex c² | sisa c³ | caribdis *codd.*: cariddis c¹: caribidis H || **29.** lampati(a)e c¹c³: lampathi(a)e NpBHVo.R (*hic addit* -que): lamphati(a)e Fc⁴: lampane c²: lamphathye L | sithicis Np: siticis BHLc⁴: syticis F *ex corr.* (? sci- *fuit*): sciticis

25　　castra decem annorum, et Ciconum mons, Ismara Calpe,
　　　　exustaeque tuae mox, Polypheme, genae,
　　　et Circae fraudes, lotosque herbaeque tenaces,
　　　　Scyllaque et alternas scissa Charybdis aquas;

　　　Lampeties Ithacis ueribus mugisse iuuencos　　　　　　　　(b)
30　　．　．　．　．　．　．　．　．

　　　et thalamum Aeaeae flentis fugisse puellae,
　　　　totque hiemis noctes totque natasse dies,
　　　nigrantisque domos animarum intrasse silentum,
　　　　Sirenum surdo remige adisse lacus,
35　　et ueteres arcus leto renouasse procorum,
　　　　errorisque sui sic statuisse modum.

　　　nec frustra: quia casta domi persederat uxor.　　　　　　(d)
　　　uincit Penelopes Aelia Galla fidem.

　　　　　　　　　　　xii　　　　　　　　　　　　[xiii]

　　Quaeritis, unde auidis nox sit pretiosa puellis,　　　　　[A. (a)
　　　et Venere exhaustae damna querantur opes.

numeri elegiae xii: $\widehat{8\cdot6}$, $\widehat{8\cdot4}$, 8: $\widehat{6\cdot8}$, $\widehat{4\cdot8}$, 8.

---

c¹c³Vo.: sititis c² (*post* iuuencos): scithis R | uerubus c¹c⁴, c² (ue *ex* m *corr.*): uerbis
Rc³₂ *pro u. l.* || **30.** *hic exstat in* Ω *uersus spurius, qui tamen iam in ordine uncialis
stabat:*
[30 *a*]　　　　　　　　pauerat hos Phoebo filia Lampetie.
lanpath. N: lampathi̧e c³: lamphath. FL: lampaet. c¹: *cett. ut in u.* 29 | *quem u.
primus uoluit eicere Palmerus ut Propertio indignum et ex glossemate confictum;
Aeoli mentionem desiderauit. est alia etiam causa cur eicias. omnia scilicet hic usque
ad u.* 36 *e u.* 24 *pendent* (non illi nocuit); *quid ergo illud* nec frustra (*u.* 37)? *desideratur
uerbum narrationis, nec non, ut opinor, infinitiuum perfectum loco paene ultimo,
quale habent septem ceteri huius particulae uersus. sic fere suppleuerim:* ⟨fabula, et
Aeolios hunc tenuisse Notos⟩: *quod post* mu(g)isse iuuēcos *aut ob* mugisse, fugisse
(31) *potuisset excidere* || **31.** talam. CR | (a)e(a)e(a)e BHc²c³: aeoe c¹: aeae NυplVo.:
eae FL: aecȩe R: cȩe c⁴ || **32.** -que *om.* c¹c²c³c⁴ | yemis F₁c²: hyemis Lc¹R | notasse
FH₁L: votasse B || **33.** nigrantes F | domus c¹ | lilentum c¹: ferarum c² (*cf.* 35) ||
34. Sicanium *Postgatius* | adiisse FBHL | latus R *Postgatius*: latreus Lp: latur' (*ut
uid.*) F₁: [*nunc* latˊus (s *in ras.*)] || **35.** artus c¹c²c⁴, *fortasse recte* | leto c¹c²c⁴: lecto *cett.* |
renouasse NFLp: reuouasse BH: reuocasse CVo.R | precorum H₁c⁴: ferarum c² ||
36. sit L || **37.** Haec c³Vo. || **38.** penolopes Vo.c¹c²: penelopen c⁴: penelope NBHR:
penolope υFLc³: [uincit penolope *rescripsit* c³₂] | aelia *Passeratius*: lelia *codd.*:
delia μυ: laellia Vo. | galla] graya c² ||

　xii. *noua elegia in* Ω. *titulus* de auaritia et luxu [luxuria μυ (?)] matronarum.
[R. *ante* matronarum *add.* c³]
　2. uenerem Ω, *corr. Itali* | exaust(a)e F₁c¹c³c⁴: exhaste H₁: exhausto N: et auste c² ||

certa quidem tantis causa et manifesta ruinis:
luxuriae nimium libera facta uia est.

5   Inda cauis aurum mittit formica metallis
et uenit e rubro concha Erythraea salo,
et Tyros ostrinos praebet Cadmea colores,
cinnamon et multi coston odoris Arabs.

haec etiam clausas expugnant arma pudicas,   (b)
10   quaeque gerunt fastus, Icarioti, tuos.
matrona incedit census induta nepotum
et spolia obprobrii nostra per ora trahit:
nulla est poscendi, nulla est reuerentia dandi;
aut, siqua est, pretio tollitur ipsa mora.

15   felix Eois lex funeris una maritis,   (a)
quos Aurora suis rubra colorat equis:
namque, ubi mortifero iacta est fax ultima lecto,
uxorum fusis stat pia turba comis,

---

3. quidam F | et] est FL | rapinis *Palmerus* ‖ **4.** libere c¹ | uia est] uie c¹: uia c²c³c⁴ ‖
5. iuda B: ind'a L *corr.*: inde c¹ | canis F₁HR | mictit F₁c¹c²c⁴: nutrit μυpl | metallum
C ‖ **6.** erubro *v*c²c⁴R₁: et rubro c¹ | conca c²c³c⁴: comca F *primo* | ericina *codd.*:
(erit. Vo.): thura R: hyra *et* erienia *referunt e codd. Itali*: erythraea *corr. Itali, e.g.*
cod. Corsinianus (an. 1460) ‖ **7.** tiros *v*c¹c²: tros c³₁: tires N: pyros R | astr. *v*: estr. c³ |
probet *v*₁ | cammea F₁ ‖ **8.** cinamon c²R: cimnanem c¹: cynnamon FBHL: cynamon
N | multi] in ulti F₁ | coston *Guyetus; cf. Ouid. Met.* x, 308: *pastor codd.: at Arabs ille*
qui cultor sit ac messor odoratae segetis (Tibull. IV, ii, 17, 18) *non idem ac pastor* ‖
9. etiam F₁ *per compendium, sed lineam rectam addidit* | clausas] cās [= *causas*] c²ς:
nifeas *supra man. aequalis in* N, *unde* nymphas *L. Muellerus. credi potest hoc*
nifeas *e u.* 25 *aut* 24 *migrasse, ibi in ordine* inferias (*infeas*) *ante Euadnae mentionem*
stetisse | pudicas Ω: puellas *Marklandus* ‖ **10.** terunt *codd., corr. Scioppius et*
Guyetus: tenent c¹c²: ferunt c⁴: iterant *Heinsius* | faustus c²: fastos BH₁L | icariote
codd.: [ycar. BH]: *corr. Dom. Calderinus*: icariore F₁: [ycar. Lc¹c²] ‖ **11.** motrana
F₁ | inducta F₁R ‖ **12.** opprobr. c³: oprobr. H: obrobrii R: obrobrū Vo. | hora
FB: horta H ‖ **13.** referentia Vo. ‖ **14.** at *v*₁: et *Liuineius* | prec. BHLR | colr c²:
collitur Vo. ‖ **15.** cois c⁴ ‖ **16.** rubrat p | calorat c¹ | aquis c¹c²; *cf. Ell. Lib.* IV, iv, 10 ‖
17. nanq; c³ | monstrifero c¹c² ‖

et certamen habent leti, quae uiua sequatur
20   coniugium: pudor est non licuisse mori.
ardent uictrices et flammae pectora praebent,
inponuntque suis ora perusta uiris.

hoc genus infidum nuptarum: innupta .   .   (c)

.   .   .   .
25   .   .   .   .   .   . hic nulla puella
nec fida Euhadne nec pia Penelope.

felix agrestum quondam pacata iuuentus,   (a)
diuitiae quorum messis et arbor erant!
illis munus erat decussa Cydonia ramo
30   et dare puniceis plena canistra rubis,
nunc uiolas tondere manu, nunc mixta referre
lilia uimineos lucida per calathos,
et portare suis uestitas frondibus uuas,
aut uariam plumae uersicoloris auem.

35   His tum blanditiis furtiua per antra puellae   [B. (b)
oscula siluicolis empta dedere uiris;

---

19. habent] hūc F_1 | lẹti Nc^3: laeti V | letum q. u. s. coniugii *Housmannus* ||
21. ardent] gaudent *H. Stephanus; cf. Ell. Lib.* i, ii, 24 | uitrices c^2c^3Vo.: ultrices c^4 |
est H_1 | flame Bc^4: palme c^1: flamine N || **22.** inp. Nc^1: imp. *cett.* | sitis BH_1L ||
23–26. *docent numeri duos hic uersus deesse, codicum uarietas eos ob similia* innupta
et hic nulla *periisse. simile aliquid euenit ad Ell. Lib.* II, xvii, 17; *uide etiam quod
ad u.* 9 *adnotaui. et quid illo* nec fida *frigidius post* infidum *posito?* || **23, 25.** hoc
codd.: i *add. supra* F_1v_2: hic c^4 | innupta H: in nupta BL: nupta F: hic nulla *cett.*|
puella *codd.*: pacta gd_1: pudica *Burmannus* | puella *fortasse in u.* 23 *legendum* ||
26. Hec c^2R | fida] pia c^1c^2 | euhadne Np; *cf. codd. Vergili Aen.* VI, 447: enhadne v_1:
euhandne Vo.c^3: euadne FL$Lc^1c^2c^4$: euadue H_1: euandrie B | ipsa F | penelope
FLVo.$c^3c^4_1$ || **27.** paccata BHVo.R: pathata c^2: pagana *Janus Gulielmus* || **28.** quorum
Nμvp: quarum *cett.* | missis c^3_1 || **29.** munus erat Vo.c^4F_2 *pro u. l.*: munus erant
Nμplc$^1c^2c^3$BHR: mu$_\wedge$ s erant v *corr.*: munus [*om.* erat] L: *totum om.* F_1 (*lac.* 5 *litt.*) |
discussa N | cidon. Ω || **30.** puniccis c^1: et pun. dare c^2 | rubris FHVo.C || **31.** molas
B | tendere c^2c^4R | mista c^1 || **32.** uimineos *Fruterius*: uirgineos Ω: uirgatos *Pas-
seratius* | chalatos H: calatos FC: chalathos L | *eadem menda corrupit Copae u.* 15;
distichon nostrum Copae uu. 13–16 *reuocat* || **33.** uetustas F_1 || **34.** pluuiẹ p | uersi-
coloris l *Itali, edd.*: uiricoloris Nμvpc^4FBHL (*sed hic* u *postea additum*): uaricoloris
c^1c^2Vo.: Inncolonis R: uitricoloris R. *Ellisius* | *Ausonius Epist.* III, 15:

             iricolor uario quos pinxit pluma colore

             collum columbis aemulum.

cf. L || **35.** Hiis Fc^3 | cum c^1L | blandic. H | fortiua c^4: fortuna c^1 | antra] rara N ||
36. obsc. c^2c^3 | siluiculis $F_1c^3_1$ ||

hinnulei pellis fotos operibat amantes
　　altaque natiuo creuerat herba toro,
pinus et incumbens laetas circumdabat umbras:
40　　　nec fuerat nudas poena uidere deas.

corniger Idaei uacuam pastoris in aulam　　　　　　(a)
　　dux aries saturas ipse reduxit oues;
dique deaeque omnes, quibus est tutela per agros,
　　praebebant uestris uerba benigna focis:—
45　　　ut 'leporem, quicumque uenis, uenaberis, hospes,
　　et si forte meo tramite quaeris auem;
et me Pana tibi comitem de rupe uocato,
　　siue petes calamo praemia siue cane.'

at nunc desertis cessant sacraria lucis:　　　　　　(c)
50　　　aurum omnes uicta iam pietate colunt.
auro pulsa fides, auro uenalia iura:
　　aurum lex sequitur, mox sine lege pudor.

---

37. hinulei *Scaliger*: atque hinuli NμυplVo. (*cf.* 41): atque humili FBHLc¹c²c³: (humilis c⁴: humilius R). atque *hic ante* -que, et, *non ferendum; itaque* hinuli *scripsisse poetam Whatmoughio nego* (*C.R.* XLI, p. 175) | pelis B | totos Ω, *correxi*: tutos *Hoefftius*: positos *Heinsius*: stratos *Baehrensius* || **38.** thoro *codd.* (*non* c⁴) || **39.** incombens N: incumbes Vo. | letas Fc¹c²: lentas *codd.*: latas c³c⁴: lenta p | circund. Hc² || **40, 41.** *cf. Ell. Lib.* II, ii, 45, 46:
　　cedite iam, diuae, quas pastor uiderat olim
　　Idaeis tunicas ponere uerticibus!
41, 43. *cf.* habitarunt di quoque siluas | Dardaniusque Paris (*Verg. Buc.* ii, 60, 61) || **40.** undas B || **41.** Idaei *Volscus*: atque dei Ω (*cf.* 37): atque *non ferendum, ut uidit Palmerus*: atque die uacuam *Housmannus* || **43.** *cf. Verg. G.* I, 21 | dique Nc³: diique *codd.*: dii Vo.c⁴ | tutella BHR || **44.** uestris Ω; *cf.* x, 35 (tibi): *Ell. Lib.* IV, xii, 46, uestros...focos || *ante u.* 45 *lacunam statuit Heinsius.* **45–48** *hic alienos esse censet Housmannus; nec certe* dique deaeque omnes *Panis uoce* (*u.* 47) *sunt locuti. at remouendos negant numeri; itaque* F₁L *secutus litteram emendaui et distinxi. ex Leonida sunt expressi* (*A.P.* IX, 337) || **45.** ut F₁L: et *cett.* | ueneraberis FBHLc⁴ || **46.** auem] opem c² || **47.** penna F: pena Rc⁴ | ruppe H: rure c² || **48.** potes BHc⁴ | prema c³: premio c² | canes c³₁c⁴: caue v₁ || **49.** et FBHL || **50.** uīta H || **51.** rura Vo. || **52.** mox F₁ˢ ||

torrida sacrilegum testantur limina Brennum,   (a)
   dum petit intonsi Pythia regna dei;
55 at mons laurigero concussus uertice diras
   Gallica Parnasus sparsit in arma niues.
   te scelus accepto Thracis Polymestoris auro
   nutrit in hospitio non, Polydore, pio.
   tu quoque ut auratos gereres, Eriphyla, lacertos,
60 delapsis nusquam est Amphiaraus equis.

   proloquar (atque utinam patriae sim uerus aruspex!):   (a)
   frangitur ipsa suis Roma superba bonis.
   certa loquor, sed nulla fides: neque uilia quondam
   uerax Pergameis Maenas habenda malis.
65 sola Parim Phrygiae fatum conponere, sola
   fallacem patriae serpere dixit equum.
   ille furor patriae fuit utilis, ille parenti;
   experta est ueros irrita lingua deos.

---

53. Torida $c^1c^2c^3$: tarida R | limina NpBHVo.: lumina FLRc^{1}c^{3}c^4: munera c^2: culmina *Heinsius* | bremum c^2 || **54.** in tonsi B | pithia c^3: phitia BHRc^{1}c^2: phithia FL || **55.** aut F$_1$Vo.c^{1}c^2 | mox F$_1$L: modo H$_1$ | laurigero c^{1}c^{2}c^4: aurigero *codd.*: árigero (*sic*) H$_1$ | duras FL || **56.** parnasus NpμυlVo.C: parnasis BH$_1$R: prnasis L: parnasi F | sparsis B | marma c^{1}c^4: in arva c^{2}R | niues] uires Hc^4: niues, ni *in ras.* P || **57.** et *codd., corr. Itali*: e R | thracis Nμl (?): tracis FBHLVo.C: trahicis R: thrasis p: thoracis *v* | polim. Nc^{1}c^2: polin. FVo.c^{4}R: pollim. BH: plimestoris c^3 || **58.** nutris c$^3_1$: nuctris c^1: nut's c^2: mitis c^4 | polidore Ω | pio *codd.*: tuo FBHLc^4 || **59.** eriphila Ω || **60.** dilapsis *codd., corr. Itali, e.g. cod. Bernensis*: dilapsus LC | nusquam NBHF$_2$ (*man. aequalis*) Vo.: nunquam F$_1$LRC | est] *om.* BHVo. | amphyar. N: amphiarus Lc^{2}c^3: amphiaoraus Vo. | ab equis BHL || **61.** sum H$_1$ | uerus Ω, F *man. aequalis in marg.* imo falsus: uanus *Itali; cf. Iuuenal.* vi, 638: nos utinam uani. uerus aruspex *etiam in* vi, 17 *supra* | '*patria iudice sim uerus, ne sero post eius exitium mea utilitas* (67), *ut Cassandrae, adpareat*' | auruspex F: *om.* R || **62.** fingitur c^2 | sitis N || **63.** cita c^1 | sed nulla] neque enim ulla c^2 | neque] n3 c^{1}c^{2}R | uilia c^3, *quod et ipse conieci*: enim ilia *codd. cett., hoc est* ·N· ILIA: (ylia FBH): ·N· illia c^4: hi illiā R | quondam] corda R || **64.** V ax F$_1$: uorax c^{1}c^2 | pergameis, is *ex ni corr.* F$_1$ || **65.** parum Fc^{3}c^4 | frigie Fc^{2}R: phrigium Vo. | fatum] factum Vo.Rc^3: parim c^2 | conponere c^1: cōp. Fc^3: comp. *cett.* || **66.** falac. B$_1$Rc^3 | sepe reduxit c^{1}c^{2}c^4: fuit utilis ille parenti (*e u.* 67) c$^3_1$H *primo* | equm NLc^2: euum c$^3_2$ || **68.** uerax F: deos c^2 | deos] ueros c^2 ||

xiii [xiv]

Multa tuae, Sparte, miramur iura palaestrae,   [A. (a)
   sed mage uirginei tot bona gymnasii,
quod non infames exercet corpore ludos
   inter luctantes nuda puella uiros,
5   cum pila uelocis fallit per bracchia iactus
   increpat et uersi clauis adunca trochi.

puluerulentaque ad extremas stat femina metas   (b)
   et patitur duro uulnera pancratio:
nunc ligat ad caestum gaudentia bracchia loris,
10   missile nunc disci pondus in orbe rotat;
gyrum pulsat equis, niueum latus ense reuincit,
   uirgineumque cauo protegit aere caput:
qualis Amazonidum nudatis bellica mammis
   Thermodontiacis turba lauatur aquis.

15   et modo Taygeti, crines adspersa pruina,   (b)
   sectatur patrios per iuga longa canes,

numeri elegiae xiii: $\widehat{6 \cdot 8}$, 2 (+ 6 |; *8·6·8* |; *4* +) *4*, $\widehat{8 \cdot 6}$.

---

xiii. *noua elegia in codd., non in* N_1. *titulus* ad spartum F; ad sparthum L; ad
spartam BH; ad spartas c^3.
1. multe c^1 | sparte̩ H: sparthae Vo.: expte c^2 | miramur *codd.* (*cf. Xenophon.
Lac. Polit.* I, I, 2: ἐθαύμασα: οὐκέτι ἐθαύμαζον): mirabar C: mirantur F: intramus
R ‖ **2.** gimn. NHRc¹c³: gunn. c^4: ginn. F: gign. c^2: [gymn. B: gȳn. Vo.: gîn. L] ‖
3. excercet N | laudes Ω, *corr. Auratus* ‖ **4.** uires L ‖ **5.** quom Vo.c¹c² | pilla B |
uelodis F_1: uolocis H_1 | bracchia Fc¹: brach. *codd.* | iactus] latus H_1 | *i.e. cum pila
fallit uelociter manibus iacientes* ‖ **6.** et uersi] et uera F_1: [aduersi c^4: ac uersi R] |
ad unca B: aduncha Fc²R: ad uncha c³: adhunca L: adoncha Vo.: adunca, -un-
ex corr. H | crochi Vo.: fochi c^2 *primo* ‖ **7.** extrema F_1 | femina] focinina c^1 ‖ **8.** pan-
chratio c^2: panthratio c^1: pantratio Vo.: paucratio c^1: *om.* R ‖ **9.** nun Vo. | legat F |
adcestum Vo.: accestum F_1 | candentia *Gruterus* | brachia *codd.* | locis L ‖ **10.** mis-
sille Rc³ | pundus c¹c³ ‖ **11.** girum Ω | esse FBH: ē e L (*sic*) | reuicit N ‖ **12.** cauo] o
ex a (*ut uid.*) *corr.* c^3_2 ‖ **13.** amazonicum FBH₁L: amaronidum c^1 | mamnus N:

marmis c^2: mamis R ‖ **14.** thermodoontiacis Np: thermodontiaci̤a̤c̤i̤s̤ v_1: termodo-

ontiacis B: ter modoontiacis Vo.: termodonteis FL: terḙmodonteis H: termodun-
ciatis c^2: termodunciacis c¹c³: termodont iachis c^4: ac heremodunciacis R | lauatur
codd.: leuatur c^4 *Caruttius* (*qui* agris): lauantur BHL: uagatur *Heinsius*: *an* laborat?
uide enim c^2 *ad u.* 50 | *i.e. femina post exercitationes nudatis mammis lauatur qualis
Amazonidum bellica turba* ‖ **15.** tayg. NBH: taig. Vo.C: tag. FL | cernes L | asp. Ω ‖
16. secta̅tur F *corr.* (*man. aequalis*) ‖
15, 16. *uirgo Spartana gymnasio* (2–6), *stadio* (7–10), *campo Martio ad Eurotam*
(11–14) *utitur: etiam procul se exercet cum uiris. post u.* 16 *lacunam esse docet sensus.
uu.* 15, 16 *post u.* 12 *posuit Scaliger, melius post u.* 10 *Housmannus (et Otto):* 'sed
locus ne sic quidem sanus est,' *Postgatius. finito uncialis folio, consentientibus numeris
neque aliter sanandis, folium unum* 110 *a b periisse censeo.*

294

[*desunt elegiae* xiii *uu.* 17–32]

[*desunt elegiae* xiii *uu.* 33–48

[49]   qualis et Eurotae Pollux et Castor harenis,   [C. (b) *a u.* 45
50   hic uictor pugnis, ille futurus equis,
       inter quos Helene nudis armata papillis
          fertur nec fratres erubuisse deos.

       lex igitur Spartana uetat secedere amantes,   (b)
          et licet in triuiis ad latus esse suae,
55   nec timor aut ulla est clausae tutela puellae,
          nec grauis austeri poena cauenda uiri.
       nullo praemisso de rebus tute loquaris
          ipse tuis: longae nulla repulsa morae.
       nec Tyriae uestes errantia lumina fallunt,
60   est neque odoratae cura molesta comae.

       at nostra ingenti uadit circumdata turba,   (a)
          nec digitum angusta est inseruisse uia;
       nec quae sit facies nec quae sint uerba rogandi
          inuenias: caecum uersat amator iter.

---

ante uu. 49, 50 *lacunam esse docet sensus: Pollux et Castor hic adulescentuli sunt* ('*uictor futurus*'), *neque hic lauantur* (14) *nec uenantur* (16). **49.** euortae BH: eurore c¹: euroę (*ut uid.*) c³₁ | polux c³: pulux c¹ | habenis NpBHVo.c¹c², *corr. Volscus* (?): h$\overline{\text{enis}}$ c⁴ (*sic*): abenis c³: haberis R: athenis FL ‖ **50.** futuris H₁: fucturus c³: laborat c² [*quae mira lectio potest fieri ut*
                            at futurus
e u. 14 (lauatur) *orta sit, huc ob* aquis, equis, *inlata*] ‖ **51.** helenę H: helene F *corr.* (*man. aequalis*) | nud' c¹ | capere *codd.* (*et* H₂F₂) *ob* arma *inseruerunt:* est F₁: & H₁: *om.* BL | armata F: *uindicauit Housmannus:* arma *codd.* | capillis FL: papillus c¹: pupillis c³ *primo* ‖ **52.** nec] et in c¹c²: ut R | errub. c³ ‖ **53.** sparth. Vo.: spartanęa c³₁ | se cedere c³₁: se thedere F: seccedere BH ‖ **54.** adlatus c¹ | sui F₁ ‖ **55.** non FL | tumor B | ad L: haud R | calusae H: clausa F₁R | tutella BLVo.R: puella tutellae H₁ ‖ **56.** hausteri N ‖ **57.** nollo c² | premisso, o *ex e corr.* c² ‖ **59.** non FBHL | tyr. BHVo.: tir. *cett.* | erantia Hc² ‖ **60.** adorat(a)e Nlc¹c²c³: odorare R | comae *Canterus:* domi Ω ‖ **61.** aut c³₁ | ingenii N: nigenti c¹ ‖ **62.** augusta c² | anseruisse c² | uia] 111a F *primo:* tria L ‖ **63.** nec quae] neque (*bis*) c² | sit] sint Ω: (sunt c³₁), *corr. Itali* ‖ **64.** tecum L | amotor v₁ ‖

65   quod si iura fores pugnasque imitata Laconum,
       carior hoc esses tu mihi, Roma, bono.

                        xiv   [xv]

       Sic ego non ullos iam norim in amore tumultus,   [A. (a)
          nec ueniat sine te nox uigilanda mihi,
       fabula nulla tuas de nobis concitet aures,
          te solam et lignis funeris ustus amem.

5   ut mihi praetexti pudor est uiolatus amictus   (b)
          et data libertas noscere amoris iter,
       illa rudes animos per noctes conscia primas
          inbuit, heu, nullis capta Lycinna datis.
       tertius, haut multo minus est, cum ducitur annus,
10   uix memini nobis uerba coisse decem:
       cuncta tuus sepeliuit amor, nec femina post te
          ulla dedit collo dulcia uincla meo.

       At tu non meritam parcas uexare Lycinnam: (a)
          nescit uestra ruens ira referre pedem.

numeri elegiae xiv: 4·8, 4·6·4; 8·4, 4·4 (+ 2·4).

———————

65. iure c¹ | feres NBH: feras c¹c² | pugnasque Ω: (-que *om.* Vo.) | inimica BHVo.Rc¹c²c³: mutata FL | leonum N: latonum L | *ut* iura *ad u.* 1, *ita* pugnas *ad uu.* 8–14 *spectat; neque mutabit qui sensum uersuum* 17–48 *reciperare non potest* ||

xiv. *noua elegia in* Ω. *titulus* ad cynthiam de lycinna [lic. H, licimia F: ad cinthiam L].

1. Hic N (*per rubricatorem*), c²c³ (*per rubricatorem*): Ic Vo.Rc⁴ | non ullos iam NμυρlBH₁L: non nullos iam FR (*hic* nulos): non ullos Vo.H₂: iam ullos c¹: iam nullos c²c³c⁴ | nolim c¹c³c⁴: uolim c² || **2.** uentat c¹: ueniant υR || **3, 4** *in codd. post u.* 14 *exstant; scilicet uncialis librarius inter* sic (1) *et* ut (5) *omissos in ima hac pagina reposuerat. qui secutus est, uu.* 13, 14, 3, 4 *eo loco omisit, post u.* 12 *folium totum* 112 *exscripsit, quattuor omissos denique post* 46 *addidit, ubi nunc in codd. exstant. illinc iam Vulpius et Burmannus uu.* 13, 14 *post* 12 *traiecerunt; non enim aliter rem habeat Dirce quam in u.* 15 *testetur. tunc etiam uu.* 3, 4 *traiecit Gul. Fischerus, ut ante u.* 13 *starent, Otto denique post u.* 2 *reposuit. testes erunt et paginae et numeri doctorum audaciam bene euenisse* || **3.** conscitet F₁L | aures *om.* N₁ *abscisso margine* || **4.** linguis F₁ | a̅m̅ F₁R: amen c¹c³₁ (*sc. in fine elegiae*) || **5.** praetexti N: pr(a)etexta μυρlFBHLVo.R: pretesta c³: preteste c¹c²: pretexte c⁴ | uiolatus *ego, coll. Statio Achill.* II, 35, callida femineo genetrix uiolauit amictu: (uiolauit P: uelauit *cett.*): uelatus Ω (uell. BH): sublatus *Itali* | amictus LR: amicus NμυρlFBHVo.c³: amictu c¹c²c⁴ || **6.** dare F₁ || **7.** coscia N || **8.** inbuit N: imb. *cett.* | lycinna NVo.Rc³: licinna FH: licina c¹c²c⁴: lucina B || **9.** haut] aut NVo.Rc¹c³c⁴: haud μυρlBHL: hanc F₁: heu c² | munus c³ | est] *om.* B | qum c¹c²: iam *Postgatius* | dicitur Vo.: duciur F₁ || **10.** cohisse BLR:

15   testis erit Dirce tam uero crimine saeua,
       Nycteos Antiopen accubuisse Lyco.

       a quotiens pulchros uulsit regina capillos   (c)
       molliaque inmites fixit in ora manus!
       a quotiens famulam pensis onerauit iniquis
20   et caput in dura ponere iussit humo!
       saepe illam inmundis passa est habitare tenebris;
       uilem ieiunae saepe negauit aquam.

       Iuppiter, Antiopae nusquam succurris habenti   (a)
       tot mala? corrumpit dura catena manus.
25   si deus es, tibi turpe tuam seruire puellam:
       inuocet Antiope quem nisi uincta Iouem?

       Sola tamen, quaecumque aderant in corpore uires,   [B. (b)
       regales manicas rupit utraque manu;
       inde Cithaeronis timido pede currit in arces.
30   nox erat, et sparso triste cubile gelu.

---

choisse H || *uu.* 9–12: '*paene duo anni sunt ex quo colloquium habuimus, neque his quattuor annis eam amaui.*' *uide praefat. p.* 49 || **11.** sepelliuit Fc¹c⁴: spepelunt c³ | [foem. c³] || **12.** uella H | colo BH | uincla] uneda c¹: [humela *Voss. Lat.* 13] || **13, 14** *in codd. post u.* 46 *exstant; traiecere Vulpius et Burmannus; uide ad uu.* 3, 4 || **13.** parchas c²: propax c³₁ (*supra lin. pro u. l.*): procax R | licinam Bc¹: lacinam c¹: lachinam c²: lacinnam H: licinna R: lyennam F₁: *om.* N *abscisso margine* || **14.** nostra H: uestra *bis* c³₁ | ire N | pe... N *abscisso margine* ||

15. *hinc incipit noua elegia in* NFBHL. *titulus* fabula anthiop(a)e [ant. L]. *coeptum est profecto in unciali cum fabula folium; cf.* N *ad Ell. Lib.* I, iv, 35 | dure F₁c³₁c⁴: duce BR: duro c¹c² | uero] seuo c⁴: uano *R. Franzius, sed* tam uero *illi·* non meritam (13) *respondet* Vo.: seuus c¹c²c⁴ || **16.** Nicteos NVo.Rc³: Hicteos c¹: Nictios F₁: Niteos c²: Nicceos L: Niceos BH | antepeu F₁: antiobem c² | lico B: lieo H₁: loco *in* lyco *corr.* F₁: ioui c¹c²c⁴ || **17.** ha FBHL: ah *cett.* | pulcros FLc³ | uulsit R. *Titius*: iussit Rc³ (*aut* uissit): ussit NplFBHLVo.: uxit μυ: traxit c¹c⁴: taxit c² || **18.** inmites c¹c²: imnutes c⁴: inmittens NL: immittens μυplBH (*hic* -ns *ex* -nis *corr. man.* I *ut uid.*) c³: Imittens Vo.R: immictens F₁ || **19.** ha FBHL: ah *cett.* | I pensis F: Ipensis L | honerauit c² || **20.** duro F *primo* | iubsit c² || **21.** I mundis Vo.R: imm. H || **22.** uelim c¹c² || **23.** Iupiter FBHLc²c³ | anthiope Vo. |
                    s
nūquam c¹: nunquam c³ | succuris FR: sucurris H: succurrus c¹ || **24.** mala] tua
BHL | corrupit c¹c³: corumpit c² | dira Fc¹c²c³₁ | cathena FBLVo.Rc³: chatena c²H || **25.** *post* deus *distinguunt* FBH | es *Itali* c⁴: est *codd.* | turpe tibi tuam c³c⁴: tibi perpetuam c²: tibi *om.* Vo.: tuam *om.* B | seruare BHRc¹c²c³ || **26.** innocet F₁L |
                                                                                                    t
anthiope F.Vo.: antiopę c³ | quem nisi] cū m R | uincta c¹: iuncta c²c⁴: uicta *cett.* || **28.** manichas c¹c²c³: machinas F || **29.** cyther. NBHVo.: citer. c¹c³: cicer. F₁Lc²c⁴ | artes L || **30.** nox] non υ₁ | inparso *in* et parso *corr.* c¹₁ | cubille BH | gellu B ||

saepe uago Asopi sonitu permota fluentis
   credebat dominae pone uenire pedes;
et durum Zethum et lacrimis Amphiona mollem
   experta est stabulis mater abacta suis.

35   ac ueluti, magnos cum ponunt aequora motus,   (a)
   Eurus ubi aduerso desinit ire Noto,
litore sic tacito sonitus rarescit harenae,—
   sic cadit inflexo lapsa puella genu.

Sera, tamen pietas: natis est cognitus error.   (a)
40   digne Iouis natos qui tueare senex,
tu reddis pueris matrem, puerique trahendam
   uinxerunt Dircen sub trucis ora bouis.

Antiope, cognosce Iouem: tibi gloria Dirce   (c)
   ducitur in multis mortem habitura locis.
45   prata cruentantur Zethi, uictorque canebat
   paeana Amphion rupe, Aracynthe, tua:

explicit quaternio quartus decimus

---

31. vago BHVo.RC: uaga NμυplFL | asopi *Itali*: aesopi Vo.: ẹsopi Nc³: esopi *codd.*: isopi c²: ysopi c¹ | per mota BR: per mora c²: p̄ mota H (*sic*) || **32.** pene c²: posse R || **33.** zethum Bc³: cethum L: zẹtum N: zetum c⁴: cetum H: tecum c¹: ɀetuta (*sic*) c²: letum Vo.: ze..... R | amphione c³₁ || **34.** expte ê c² | tabulis Ω, *corr. Itali* | ab acta Hc³₁ || **35.** Ac *codd.*: At FL | conponunt c¹: componunt c²dg: cōponunt c³: ponunt cum H | motus *codd.*: fluctus c¹c³₁ || **36.** Eerus μ | ubi aduerso *Lachmannus*: sub aduerso N: inaduerso υ: in aduerso R: inaduersos c¹: in aduersos *cett.* | *si Neapolitani* sub *ad u.* 37 *pertinere putes, possis* et aduerso *legere* | notho N: nothonos c³: nothos υBH₁Lc²c⁴: notos FVo.Rc¹ || **37.** litore F₁Vo.: litt. *codd.*: lict. c¹c²c⁴ | sic Ω: sub *Liuineius; cf.* N *in u.* 36 | rarescere p | haren(a)e *codd.*: aren. F || **38.** sic] si FBHL: ut c¹c²c⁴ || **39.** sola c¹c²c⁴ (*e u.* 27) | t͞m c¹ | uatis F: *an* notis? | est *codd.*: est et c¹c²: [est natis et c⁴]: et *Itali, edd. nonnulli* || **40.** dige c³: dignae H | nitos c¹c² || **41.** redis c¹R | pueris matrem *codd.*: pueris mater Vo.: puris m. B: prius m. H₁: pueris matri c³₁: pueros matri c¹c²c⁴ || **42.** Vincerunt FRc²: Vincxerunt c¹: Vixerunt N | duren F₁: dircem Vo.RC: dricem H₁ | bonis H₁Vo. || **43.** Anthiope FB *corr.* Vo.c³ | conṣịgnosce H | dure F₁: drice H₁: dice c⁴ | [gloria iouem tibi c²] || **45.** prata c¹c²c⁴: parta *codd.*: parca Vo. | zethi NBHLR: zeti Fc²c³c⁴: teti c¹: laeti Vo. | can... N₁ *abscisso margine* || **46.** peana c³: pena c²: [p manet R] | arachinte *codd.*: arachante c¹: arachinde B: archinte H₁ || *hic exstant in codd. uu.* 13, 14, 3, 4 ||

incipit quaternio quintus decimus

[*desunt elegiae* xiv *uu.* 47–52]

xv

[*desunt elegiae* xv *uu.* 1–10]

numeri elegiae xv: (?) (6·4·8 | 8) 4·6.

[*desunt elegiae* xv *uu.* 11–26]

[27]   quod si certa meos sequerentur funera casus,   (b)
       talis mors pretio uel sit emenda mihi.
     adferet huc unguenta mihi sertisque sepulchrum
30   ornabit custos ad mea busta sedens.

     di faciant, mea ne terra locet ossa frequenti,   (a)
       qua facit adsiduo tramite uulgus iter!
     post mortem tumuli sic infamantur amantum.
       me tegat arborea deuia terra coma
35   aut humer ignotae cumulis uallatus harenae:
       non iuuat in media nomen habere uia.

xvi

Nox media, et dominae mihi uenit epistula nostrae: [A.(a)
       Tibure me missa iussit adesse mora,
     candida qua geminas ostendunt culmina turres
       et cadit in patulos lympha Aniena lacus.

5   quid faciam? obductis committam mene tenebris,   (b)
       ut timeam audaces in mea membra manus?

numeri elegiae xvi: 4·6; 6·4.

27–36 *in codd. post* xvi, 20 *nullo interstitio exstant; unde iam segregarat Heimreichius ut interpolatos, ut post* xvi, 10 *traiciendos Gul. Fischerus. in elegia* xvi *de futuris poeta cogitat periculis, de praeteritis in* xv, 27: *illic salutem, hic mortem optat. deperdito folio* 113 *elegiam integram* (xvi), *ut saepius, fragmento praeposuit librarius* || 27. *casus in cursus mutauit Marklandus ut u. cum* xvi *coniungeretur* || 28. tali *Itali* | more c¹ | pr̨etio H: prec. BVo.c³ | fit F: sic c³₂ *ex corr.* || 29. adferet NpLVo.: aff. *cett.* | hoc c¹c²: haec *Guyetus: ubi locorum fuerit poeta uersus deperditos roga* | ungenta NpF: ingenta F *primo* L | sepulchum N: sepulcru2₊ c¹ || 31. dii FBHLVo.R c¹c² | fatiant c³ | nec Ω, *corr. Itali* | licet c¹ || 32. ass. Ω | uolgus c³: uulgis H: uultus R || 33. infantur *v*₁: inpham. Vo. | amantes LF *primo* || 34. aborea BHL *corr.* | et uia c² || 35. aut] hanc F₁ | humet *vc*¹: humor FL: humeri NR | tumulis L: cumulus pFR: tumulus Vo. | arene F || 36. non] me FBH₁L | uia] uisa c² ||

xvi. *noua elegia in* Ω. *titulus* de imperio amic(a)e. *in codd. post* xiv, 4 *exstat* (*uide ad* 46).
1. et *om.* c³ | epͭa BHLVo.c¹c²c⁴: epistula c⁹: epistusta R: epistola NF | [et nostrae dom. mihi ep. venit (*sic*) c²] || 2. tibure c : tybure BH: tiburê R: tiburi NL: tyburi F₁: tibur *v*₁: tybur *μ* | missa] nulla F | [iubsit c²] || 3. tures c³ || 4. cadet FBHL | limpha *Itali*, c⁴: nimpha (*uel* nympha) Ω | alnena c³₁: aliena c¹: amena BH₁L *corr.*: amoena R || 5. co̅imittam B: comittam L: comictam F₁: commictam c¹c²c⁴ | meue F₁: ne me *v*₁: (me ne *codd. plerique*) | [te̅bris c³] ||

303

at, si haec distulero nostro mandata timore,
  nocturno fletus saeuior hoste mihi.

peccaram semel, et totum sum tortus in annum:
10   in me mansuetas non habet illa manus.

Nec tamen est quisquam sacros qui laedat amantes: [B.(b)
  Scironis media sic licet ire uia.

luna ministrat iter, demonstrant astra salebras;
  ipse Amor accensas praecutit ante faces;

15 saeua canum rabies morsus auertit hiantis.
  huic generi quouis tempore tuta uia est.

sanguine tam paruo quis enim spargatur amantis   (a)
  inprobus? exclusis fit comes ipsa Venus:

quisquis amator erit, Scythicis licet ambulet oris,
20   nemo adeo ut noceat barbarus esse uolet.

xvii

Nunc, o Bacche, tuis humiles aduoluimur aris: [A. (a)
  da mihi pacato uela secunda, pater.

xvi, 19, 20. *CIL.* IV, 1950 (= *carm. epigr.* 1785, *Buecheler*): '*quisquis...uolet.*'
numeri elegiae xvii: 8·6·8; | 8·8·6.

---

7. ac L: aut c¹ | si *om.* F₁: si ≡ c¹ | distulero haec N, *quod seruat Postgatius* || **8.** serior
F₁: leuior c² || **9.** peccharam c²: peccarem F₁: peccata c¹ | totum] tum c¹c²c³₁c⁴,
corr. c³₁ (*ut uid.*) | tortus *ego*: portus N: pulsus *codd.*: passus Rϛ || **10.** ille c³ ||
11. sacros *bis* F₁ | l(a)edit F₁Lc³₁ || **12.** scilicet NHVo.Rc¹c³c⁴, *corr. Itali*: si licet
μυπlFBL: silicet c² || *hic exstant in codd. uu.* 19, 20 || **13.** ministrat] demonstrat
FRc²: [mistrat c³] | demonstrat c¹: demostrant Vo. c⁴ || **14.** acensas H | percutit Ω,
corr. Guyetus || **15.** aduertit Fc² | hiantis *codd.*: (hy- L): iantis F: hiantes c²c³:
hyantes c¹ || **16.** hinc B: haud L | quoius c¹: quamuis F₁ | tuta] tua H₁: data Vo.C ||
17. tam] tamen υ₁: tam *in ras.* c³₂ | puro *G. Fischerus* || **18.** [inpr. c¹]: impr. *cett.*:
improbis F *primo* | exclusis *codd.*: exclusus R: et cuius *Palmerus* | fit *codd.*: sit c²,
Palmerus | *cf. Ell. Lib.* IV, iv, 24: hanc Venus, ut uiuat, uentilat ipsa facem (*sc.
absente amato*) || **17, 18** *ante u.* 13 *traiecit Struchtmeyerus, ut ibi u. nostrum* 20
sequerentur: ita Postgatius, Palmeri emendationibus acceptis. **19, 20** *in codd. post u.* 12
exstant; huc traieci. ita seruatur a u. 11 *ad u.* 16 *tempus praesens, ita tantum codicum
lectio* exclusis (*u.* 18). '*uel exclusus sacer est: quanto magis quisquis ad dominam
iussus* (*uu.* 1, 2) *amator ibit!*' *sc. errauit librarii oculus ab* amantes (11) *et* manus
(10) *et* uia (12) *ad* amantis (17) *et* uenus (18) *et* uia est (16) || **19.** erit] *om.* F₁ | scyticis
NBHVo.: sciticis c¹c⁴: scitius c³: siticis LF (si- *ex* li- *corr.*): syth. R: sith. c²:
scythiae *Inscr. Pompeiana* | ambulet *Inscr. Pomp.*, μυπlBHVo.RC: ambulat NFL |
horis Npc¹ || **20.** adeo *Inscr. Pomp., Itali* (dgυ₂ϛ): deo Ω | ut] et c¹ | noceat] feriat
Inscr. Pomp. ||

xvii. *noua elegia in* Ω (*sc. post* xv, 36). *titulus* ad bacchum B, bachum HLc³,
baccum F.
1. Hunc L: O hunc c² | bache *scribunt semper* NpRCL (*non in u.* 10): *hic solum* H:
bacce *semper* F | humiles] *om.* c² | aduolumur H₁: admouimur c¹c² | haris c¹c² |
scito elegiae particulas usque ad dimidium distinxisse poetam in primo cuiusque

tu potes insanae Veneris conpescere fastus
curarumque tuo fit medicina mero.

5 . . . .

 . . . .

te quoque enim non esse rudem testatur in astris
lyncibus ad caelum uecta Ariadna tuis.

per te iunguntur, per te soluuntur amantes: (b)
10 tu uitium ex animo dilue, Bacche, meo.
hoc mihi, quod ueteres custodit in ossibus ignes,
funera sanabunt aut tua uina malum;
semper enim uacuos nox sobria torquet amantes,
spesque timorque animos uersat utroque modo.

15 quod si, Bacche, tuis per feruida tempora donis (a)
accersitus erit somnus in ossa mea,
ipse seram uites pangamque ex ordine colles,
quos carpant nullae me uigilante ferae.
dum modo purpureo spument mihi dolia musto
20 et noua pressantis inquinet uua pedes,

---

disticho nomen Bacchi inuocando; cf. iv, xi *al.* ‖ **2.** paccato Vo.Rc¹c³: bacchato *Itali*: placatus *Postgatius ex Ouidi imitatione, Fast.* III, 789, 790: mite caput, pater, huc placataque cornua uertas / et des ingenio uela secunda meo. /
3. comp. *codd.*: conponere c¹: cõponere c³: componere c⁴ ‖ **4.** sit L | medicino c³ ‖ **5, 6** *deesse censeo, testantibus numeris prima elegiae parte excidisse distichon; cf. uu.* 7, 8. *hunc fere in sensum ob uu.* 7, 8 *suppleuerim*: ⟨*tu potes ingenio succurrere, pectora tu scis / seruitio quali uinciat unus amor*⟩ ‖ **7, 8** *in codd. post u.* 10 *exstant; huc traieci. Ariadne quidem uitiosum et soluendum amorem* (9, 10) *testari non debuit; cf.* xxi, 19, 20: haec Amor ipse suo constringet pignera signo. / testis sidereae torta corona deae; / *Ouid. A. A.* I, 525, 527: ecce, suum uatem Liber uocat. hic quoque amantis / adiuuat et flammae, qua calet ipse, fauet. / Gnosis in ignotis amens errabat harenis.... *itaque distichon* (7, 8) *ante* per te iunguntur (9), *non post u.* 10 (dilue), *locum habuisse credo, et aut omissis olim* 5–8 *aut ob* te, tu, astris, fastus *post* 3, 4 *perdidisse* ‖ **7.** tu c¹ | atris H ‖ **8.** linc. FVo.Rc²: lyuc. c¹ | ad coelune c¹: incelum c² | adriana FBHLVo.Rc²: adriagna Nc¹c³: ariachia μ₁υ *corr.* ‖ **9.** soluuntur *in ras.* c³₂ ‖ **10.** te uinum Vo. | dulue c¹: dillue Vo. | pache L | meo] *om.* B ‖ **11.** custodis c¹ | [mossibus c¹] ‖ **12.** aut] ut F ‖ **13.** semper *ex* sepe *corr.* F₁ | uox L: nos c³₁ | torq̂ c³ ‖ **14.** animos *iam Beroaldus*: animo Ω: animae *Housmannus* | utroque Ω | modo *codd.*: meo Rc³₂ *corr.* ‖ **16.** accessitus c¹c² | sonnus c²: summus c¹: somnis H₁ ‖ **17.** feram c² | uitem c¹R: uires c²: uitos F₁ | paugam F ‖ **18.** quos, o *in ras.* c³₂ | caprant c¹: capiant c²c³c⁴ | mille LF (?): nulẹ c³ | uigilare H₁ ‖ **19.** modo *om.* c³₁ | spument *Itali* [*cf.* flamma *ex* plaustra (iii, 59), stulto *ex* nullo (*Ell. Lib.* II, xxiv, 20)]: numem *Par.* 7989: numen *codd.* (*et* c³): numerem c² (*per compendium*), c⁴, L *ex corr.* (*man. uet.*): rumerem c¹: niũe F₁: cumulem *Postgatius, coll. Ouid. Trist.* III, x, 72: tu-
meant *Phillimorius, coll. Aetn.* 271 ‖ **20.** p̄santis N: p̸santis c²R: presanctis c¹: presantis c³ | inquiet F | una FBH₁Vo.Rc¹c²c³ ‖

quod superest uitae, per te et tua cornua uiuam,
     uirtutisque tuae, Bacche, poeta ferar.

Dicam ego maternos Aetnaeo fulmine partus,   [B. (a)
     Indica Nysaeis arma fugata choris,
25   uaesanumque noua nequiquam in uite Lycurgum,
     Pentheos in triplices funera grata greges,
     curuaque Tyrrhenos delphinum corpora nautas
     in uada pampinea desiluisse rate,
     et tibi per mediam bene olentia flumina Naxon,
30   unde tuum potant nescia turba merum.

candida laxatis onerato colla corymbis   (a)
     cinget Bassaricas Lydia mitra comas;
     leuis odorato ceruix manabit oliuo,
     et feries nudos ueste fluente pedes.
35   mollia Dircaeae pulsabunt tympana Thebae,
     capripedes calamo Panes hiante canent,

---

21. quo Vo. | [super est c³] | inte F₁ | parte Vo.: partem R | et *deleuit Lachmannus* | uiua Vo. ‖ **22.** -que *om.* c³ | bachę c³ ‖ **23.** [etneo R: aethneo Vo.]: ethneo NBH *corr.* Lc⁴: hethneo c¹: ethneoʂ c²: sętneo c³ *primo*: het'neo F | ethn. mater. c⁴ | flumine *v*FBL *primo* | parthus Vo.: panthus R ‖ **24.** niseis *codd.*: nys. NF | figurata *v* | coris Fc¹ ‖ **25.** ues. Ω | nona c¹ | nequiqũam N: nequicquam *codd.* F₁ *corr.*: ne quicquam c¹Vo.: neq̂;q; R: neq̃q̃ c³ *pro u. l.*: nequisquam F₁ | inuite BHc⁴ | lygurgum Np: lig. *codd.*: [lyc. Vo.: lic. R] ‖ **26.** uersum *om.* C (*in margine habet* c³₂) | in] *om.* HR | grata] rapta *Passeratius*: tracta *Itali* ‖ **27.** tyrrhenos Nc⁴: tyrren. FBc³: tirr. HLc¹: thyr. Vo.: tir. c²R | delf. c²c⁴ ‖ **28.** [inuada c³] | panpinea pc¹ | dissil. FR ‖ **29.** bentolentia c¹ | Naxon] uaron F₁: nason c²c⁴: Diam *Palmerus* ‖ **30.** potant] portat c¹c³c⁴: putat c²: poetam R | nescia *scripsi*: naxia *codd. e u.* 29: uaxia F₁: nasia R: noxia Cs. *uide App. adn.* **22.** ‖ **31.** lassatis c¹c³ | oneratis c³₁: onerata BH: honerato c² | corymbis NVo.: corimbis FBRc¹c²c⁴: corumbis H₁: corimbys c³ ‖ **32.** cingit Ω, *corr. Itali* | bassaracas NBLl: basaric. c¹c³: barsaric. c⁴ | lidia Fc¹c³c⁴: lidria c²: lidya L ‖ **33.** leuix c²: cuiọ c⁴: lenis L: laeuis Vo.B | adorato c³ | cervix, c *ex* s *corr.*, *v* | manabat c²c³₁R: manebat c⁴ ‖ **35.** dirtee c¹: dyrc. c³₁ (*sed* t *pro* c *coeperat*) | timp. FVo.c¹c³c⁴: typ. R: cymbala *Burmannus; cf. u.* 38 | tebe c⁴₁, B *primo* ‖ **36.** paues H₁ | yante FL₁ (?): hyante c¹ | caneret c¹ ‖

uertice turrigero iuxta dea magna Cybebe
tundet ad Idaeos cymbala rauca choros.

ante fores templi, cratere antistes et auro   (b)
40   libatum fundens in tua sacra merum,
haec ego non humili referam memoranda cothurno
qualis Pindarico spiritus ore tonat.
tu modo seruitio uacuum me siste superbo,
atque hoc sollicitum uince sopore caput.

xviii

Clausus ab umbroso qua adludit pontus Auerno   [A. (a)
fumida Baiarum stagna tepentis aquae,
qua iacet et Troiae tubicen Misenus harena
et sonat Herculeo structa labore uia,
5   hic ubi, mortales dexter cum quaereret urbes,
cymbala Thebano concrepuere deo—
at nunc inuisae magno cum crimine Baiae,
quis deus in uestra constitit hostis aqua?

numeri elegiae xviii: 8, $\overbrace{(6{\cdot}6, 4}$ +) 2; | 8, $\overbrace{6{\cdot}6}$, $\overbrace{2 (+ 2 +)}$ 2.

---

37. turigero F: currig. Vo. | iusta FBHR₁c¹c² | cybebe *Itali*: cibele *codd.*: cxbele
c³₁: cibelę H: cybele FVo.: cibelle c¹ ‖ **38.** Fundet Ω, *corr. Scaliger* | adideos Nc¹c⁴:
ad yd. FVo.| cimbala Fc²c⁴: cimpala c¹: cunabula R: tympana *Burmannus* (*cf.*
u. 35) | [raucha c²] | coros Fc⁴: deos c²₁ ‖ **39.** foros L | crater *codd.*: crather F, *corr.*
Heinsius | antistes et *Heinsius*: antistitis *codd.*: antistis F₁; *cf.* pateris libamus et
auro, *Verg. G.* II, 192. *sacra faciet uates*: ' *antistes merum fundens haec referam* ' ‖
40. *ut tempus futurum fieret,* libabit *uoluit Fosterus* | fundet c⁴ | merum] meo₂₊ c² |
distinxi ‖ **41.** [reff. c³] | memorata B | coturno Ω (coturna c¹) ‖ **43** *om.* F₁ *sine signo:*
add. F₂ *supra* ‖ **44.** solic. BHVo.Rc³ ‖

xviii. *noua elegia in* Ω. *titulus* quod mors sit (*om.* F) ineuitabilis.

1. Lausus Vo.: pLaudus R: claudus *ex corr.* c³₂ | ad c² | imbroso F₁ (*et fortasse* c³₁) |
alludit *Lambinus*: ludit Ω: tundit *Baehrensius* ‖ **2.** Fumida *Scaliger*: Humida *codd.*:
Numida c¹: Hm̄ida H | bayarum c² | [signa R: stangna c¹] | tēpentis F ‖ **3.** iacet]
latet L: licet H₁ | troye c¹c² | tubicem c³ | misenus c¹c³c⁴: missenus NμυplBLVo.R:
misseuus c²: misseuis F: missemis H | harenę Vo. ‖ **4.** structa] frustra c¹c²: straçta l ‖
5. mortalis FBHL | dexter NplF: dex¹ c²: dextra μυBHL₁Vo.Rc³c⁴: destra c¹ |
cum qu(a)ereret *codd.*: quom quer. c¹: quin quer. c²: čquęreret N: conquereret R ‖
6. cimbala FRc¹c⁴: cybala BH₁L *corr.*: cimbalo Lc³₁ | thebana c¹: tebano c⁴ | non
crep. c²: increp. R ‖ **7.** at Ω | cūcrimine F | criminae H: [numine c⁴] | bate F₁:
bacę N₁: baye Lc¹c² ‖ **8.** quid υ₁ | n̄ra FL | consistit F₁ ‖

[*desunt elegiae* xviii *uu.* 9–24]

9–24 *desunt. hic primus Guyetus lacunam statuit: laudationi Marcelli deest omnino laudati nomen.*

25   hic olim ignaros luctus populauit Achiuos,   [A.(b) *a u.* 21
            Atridae magno cum stetit alter amor.

            His pressus Stygias uultum demisit in undas,   [B. (a)
            errat et in uestro spiritus ille lacu.
            quid genus aut uirtus aut optima profuit illi
30   mater, et amplexum Caesaris esse focos,
            aut modo tam pleno fluitantia uela theatro,
            et per maternas omnia gesta manus?
            occidit, et misero steterat uicesimus annus:
            tot bona tam paruo clausit in orbe dies.

35   i nunc, tolle animos et tecum finge triumphos,   (b)
            stantiaque in plausum tota theatra iuuent.
            sed tamen huc omnes, huc primus et ultimus ordo:
            est mala, sed cunctis ista terenda uia est.
            exoranda canis tria sunt latrantia colla;
40   scandenda est torui publica cumba senis.

25, 26 *in codd. post u.* 48 *exstant, quo in loco alienos esse uiderunt post Scaligerum multi: ante me Baehrensius huc traicere uoluit, sed ut uno deperdito disticho uersum* 8 *sequerentur. ante u.* 25 *deest morborum enumeratio epidemorum, qualem deus Apollo Achiuis ante Troiam inmisit; cf. Manilium*, I, 884: qualis Erectheos pestis populata colonos / extulit…Athenas ‖ **25.** ignauos c²c³ | luctus *pro* 'peste' *positus est* (= λοιγός); *cf. Horat. C.* III, viii, 19: Lucan. VII, 2, luctificus Titan ‖ **26.** attride c² | quom c¹ | amor] humor F *primo* ‖ *distichon ad u.* 8 *respicit; ob* hic, his (27) *aut* cum stetit, constitit (8) *locum perdidit* ‖ 27, 28. *et* his *et* uestro *olim antecedentia requirunt* ‖ **27.** his NμυplL: hiis F: bis BHVo.RC *fortasse recte:* hic *Guyetus* | stig. BVo.c¹c³ | multum F₁R | demissit Hc³: demersit Rc¹: deuexit c² | *uultum demisit formosus iuuenis in undas et, ut Hylas suas, incolit* ‖ **28.** n͞r͞o F: inferno *Housmannus, cum* uestro *post* uestra (8) *non ferendum esset:* [uestro *et* lacu *locum inter se mutauere in* c²] ‖ **29.** illa N₁ ‖ **30.** amplexu c²: amplex[ ] R ‖ **31.** fluctuancia F: fluuitantia R | teatro Fc⁴; *cf. Plin. N.H.* XIX, 1, 6, § 24 ‖ **33.** obscit c² | stetera F₁ | uicesimus NBH₁Lc³: uiges. μυFVo.: uigess. c¹c⁴: uigex. c²: uissimus R ‖ **34.** ore υ₁ ‖ **35.** i nunc tolle] nunc colle Vo.: Hunc tolle R | [trih. c²] ‖ **36.** santia H₁ | plausu Vo. | tot H₁: tota te c⁴ | teatra Fc¹: [tota th… *in ras.* L₁] | uiuent Vo.c²c³ ‖ [*hic exstant in codd. uu.* 41, 42] ‖ **37.** tamen] manet (hoc) *Keilius* | huc, huc c¹c², ꜱ, *Beroaldus*: hoc, huc *codd.*: hec, hic R: hoc, hoc (*sc. facimus*), *Lachmannus* (*et Baehrensius*): hoc primus huc et u. o. H₁; *cf.* tendimus huc omnes, metam properamus ad unam, *Consol. ad Liuiam*, 359 ‖ **38.** cunctis] multis c¹c²c³₁c⁴: (cunctis *in ras.* c³₂) | tenenda F₁R: terrenda c²c³ ‖ **39.** cola H ‖ **40.** torui pl, F *corr.* (*man. aequalis*), Vo.C: corui R: torti BHL: torci μυ₁F₁: troci N | [pu͞c͞ᵃ c²] | cimba FBHLRc¹c³: cymba *cett.*; *cf.* ii, 22 ‖ *inter uu.* 40 *et* 43 *excidisse aliquid uidere Housmannus et Postgatius: ille enim in u.* 43 *nullum habuit cui opponeretur. uu.* 41, 42 *qui in codd. post u.* 36 *exstant, huc traieci. pessime post* ignibus ista dabis *sequebatur* sed tamen huc omnes…; *optime nunc omnia in uu.* 37–40 *a uu.* 35, 36 *pendent. ob homoearchon* (stantia, scandenda) *errauit oculus librarii.*

Attalicas supera uestes, atque omnia magnis　　　　(b)
　　gemmea sint ludis: ignibus ista dabis.
ille licet ferro cautus se condat et aere,
　　mors tamen inclusum protrahit inde caput.
45　　Nirea non facies, non uis exemit Achillem,
　　Croesum aut Pactoli quas parit umor opes.

at tibi, nauta, pias hominum qui traicis umbras,　　　　(b)
　　hoc animae portent corpus inane suae.

　　　　·　·　·　·　·　·　·　·　·

50　　　·　·　·　·　·　·　·　·　,

qua Siculae uictor telluris Claudius et qua
　　Caesar ab humana cessit in astra uia.

xix

Obicitur totiens a te mihi nostra libido:　　　　[A. (a)
　　crede mihi, uobis imperat ista magis.
uos, ubi contempti rupistis frena pudoris,
　　nescitis coeptae mentis habere modum.
5　　flamma per incensas citius sedetur aristas　　　　(b)
　　fluminaque ad fontis sint reditura caput,

numeri elegiae xix: $\widehat{4\cdot6}$, 4; | 4, $\widehat{4\cdot6}$.

41, 42 *in codd. post u.* 36 *exstant: huc traieci (uide supra).* 'siue ob ambitionem
te ditissimum ostentes, siue in ferratam uel aeneam turrem e conspectu fugias, una sit res.' ||
41. accalicas F_1: atralicas c^1 | uestens c^3 | atque] at B: & H || **42.** geminea p_1BL_1 (*ut
uid.*): gemina L *corr.*, c^1c^2 | sunt FL: sinit c^1: sin c^2 | nudis Vo.H_2 | [sunt·ludis *sic* F] |
dabit F_1 || **43.** cautus] *om.* c^3_1: seuus c^1c^2: castus c^3_2 *supra*: tastus R: multo c^4 | se
tondat Vo.: se3 condat c^1: st condat c^2 *primo*: [secunda R] | here F || **45.** nerea Ω:
[nirea d: nitria g] | ius Vo. | achilem H || **46.** cresum *codd.*: chres. BHR: chres. c^3:
cress. L | haut p_1: haud μvVo. | pattoli FL: paccoli BH | parit] premit F: fluit c^4 ||

47. hoim F | trahicis Hc^1c^2: trahitis L || **48.** hoc c^1c^2; *Lachmannus* (*cf. u.* 37): huc
cett. | suae *Heinsius, Marklandus, Lachmannus*: tuae Ω || 'ad rogum, tibi praedam,
Charon, portent corpus, quod umbram factam nec iam corpus traicere debebis: ⟨at,
cum moribus caelum pateat et uirtuti, anima caeli uiam ibit⟩, qua'...; *cf. Ouid. Met.*
XV, 844 *seqq.*:
　　(*Venus sui*) Caesaris eripuit membris neque in aera solui
　　　　passa recentem animam caelestibus intulit astris.
docent numeri deesse distichon, neque aliter sanabilis locus; qui enim traicis (47) *cum
Paleyo in* traicit *mutant et* tibi *ad Marcellum referunt, tum* portent *etiam in* portet
mutando Charonta iubent corpus humanum traicere (Aeneid. VI, 413, 414); *qui autem
post* suae *plene distinguunt,* cessit (52) *sine nomine relinquunt; qui minus, uiam caeli
non per mores et uirtutem adfectandam sed inter mortem et rogum per manus portantium
peragendam confingunt. excidisse distichon, sed post u.* 47, *credidit Baehrensius: iam
ante uncialem perierat* || **51.** quas c^3 | tellauris BL_1 (*ut uid.*): telluaris H | clausus c^2 |
et aqua pR || **52.** Caesaris v_1 | cesit L | in] & H_1 | uice *Baehrensius* ||

et placidum Syrtes portum et bona litora nautis
praebeat hospitio saeua Malea suo,
quam possit uestros quisquam reprehendere cursus
10   et rabidae stimulos frangere nequitiae.

testis, Cretaei fastus quae passa iuuenci   (a)
induit abiegnae cornua falsa bouis:
testis Thessalico flagrans Salmonis Enipeo,
quae uoluit liquido tota subire deo.

15   Nam quid Medeae referam quo tempore matris   [B. (a)
iram natorum caede piauit amor?
quidue Clytaemestrae, propter quam tota Mycenis
infamis stupro stat Pelopea domus?

crimen et illa fuit patria succensa senecta   (a)
20   arboris in frondes condita Myrrha nouae,
tuque, o Minoa uenundata Scylla figura,
tondens purpurea regna paterna coma.

---

xix. *noua elegia in* Ω. *titulus* de incontinentia mulierum [mulieris L].
1. obcitur c³ | [a′ te NB] ‖ **2.** nobis F_1Vo.R | illa Vo. ‖ **3.** contenti c¹: cotempti c³: cōptenti F_1 (*ut uid.*) ‖ **4.** capt(a)e *codd., correxi*: libere FBHL: cupidae *C. Ross-bergius* ‖ **5.** flamina N: flumina (?) F_1: flama c¹c⁴ | incesas c²R: [imcensas Vo.] ‖ **6.** -que *om.* c² | ad fontes BHL: ad montes F: [adfontis c¹] | sunt R, *Postgatius*: *om.* p_1 ‖

7. [sirtes NFBVo.c¹c³] | partum c¹ | lict. c¹c⁴: litt. R | nartis Vo. ‖ **8.** prebea BH_1 | maleua Vo.: maleo c²: melea c⁴ ‖ **9.** Q♂ c¹: ♐ c⁴ | nostros FB | reprendere c²₁c³: rependere c¹: [respondere R] | currus c² *primo* ‖ **10.** rapid(a)e Ω, *corr. Itali* | cumulos c² ‖ **11.** crethei FRc¹c²: cretẹi Nc³ | fastus, a *ex corr. v* | q̄; F_1 | iuuenti c² ‖ **12.** abiegno Vo.H², *corr. Itali*: ab iegno P_1: aiegno N: abtigno c¹c²: ab tigno c³₁: ab regno R: abyegne L (*sed a solum a man.* 1) | boui Ω, *corr. Itali*: [boni H_1] ‖ **13.** thesal. BHVo.Rc¹: tesal. c²c³: tess. L | fragrans c²₁: fragans c⁴: flegrans c³ | salmonis NVo.: salomonis F_1BH_1L: salam. c⁴: sabmonis c³: sapmonis c¹: sampmonis c²: *om.* R | enipeo NBHc²c³c⁴, c¹ *corr.*: empeo L: erupeo Vo.: epireo c¹₁: erapro F_1: *om.* R ‖ **14.** uoluit] ueluti c¹ ‖ [*hic exstant in codd. uu.* 19, 20] ‖ **15.** [reff. c³] | tempore] pectore *Palmerus* ‖ **16.** piauir c¹ ‖ **17.** qui due c² | clitemestr(a)e N, F *corr.*, LVo.: clitemn. HR: clitimestre B: clitmestrẹ c¹: ditmestẹre c⁴: ditemestre c²F_1 (*ut uid.*): clite-niestre c¹ | micenis Ω ‖ **18.** infantis F_1BL | stripto c¹: strupo c³ | stat N | pepelopea c¹c³: penelopea c²: pelopeia c⁴ | [*turbatus ordo uersuum in* c²] ‖ **19, 20** *in codd. post u.* 14 *exstant: traiecit Postgatius. nequẹ aliam conformationem habent uu.* 21, 22 *aut responsionem numeri* ‖ **19.** crimen *codd.*: cinarea c¹c²: crimeo c³: cremeo c⁴. *quae si e glossemate* Cinyrea *orta sunt*, ⟨testis⟩ *possis supplere e uu.* 11, 13 | at Vo. | sub-censa c² ‖ **20.** myrra N: mirra FBHLVo.c¹c³: mira Rc²: mura c⁴ ‖ **21.** o minoa] ominoa c¹c²: eminoa R: o minooa Vo.𝄐: o mynoa, a *in ras.* L_1 | scylla NVo.: scilla FBHLR: sylla c¹c³: silla c²c⁴ | figuram c¹c² | **22.** purpuream...comam *Mark-landus*: purpuẹrea H ‖

311

hanc igitur dotem uirgo desponderat hosti;   (b)
    Nise, tuas portas fraude reclusit amor.
25   non tamen inmerito Minos sedet arbiter Orci:
    uictor erat quamuis, aequus in hoste fuit.
    at (uos, innuptae, felicius urite taedas)
    pendet Cretaea tracta puella rate.

XX

Credis eum iam posse tuae meminisse figurae,   [A. (a)
    uidisti a lecto quem dare uela tuo?
    durus, qui lucro potuit mutare puellam!
    tantine, ut lacrimes, Africa tota fuit?
5   at tu stulta adeo's? tu fingis inania uerba?
    forsitan ille alio pectus amore terat.

est tibi forma potens, sunt castae Palladis artes,   (b)
    splendidaque a docto fama refulget auo,
    fortunata domus, modo sit tibi fidus amicus.
10   fidus ero: in nostros curre, puella, toros.

numeri elegiae xx (?): 6·4· (6; | 6·4·6).

---

24. hamor c^2 *primo* ‖ **25, 26** *in codd. post u.* 28 *exstant: traiecit Housmannus.
iam monuerat Baehrensius 'fortasse finem elegiae deesse.'* [*uide homoearchon* Nise,
Vict-.] | imm. H | sedit F | aribeter H | orchi c^{1}c^2 ‖ **26.** Victor *ex* Hetor *corr.* c^1 |
aequus] uictor c^2 ‖ **27.** at] ut BH$_1$L: aut c^2 | nos BR | *distinxit Leo* ‖ **28.** prendet
Vo.| tecta c^3$_1$c^4: (tra- c^3$_2$ *in ras.*) ‖

xx. *noua elegia in* Ω. *titulus* de contemptore amic(a)e. [cōptentore F, amiciciae
H]

1. credit H | eū *ex* eī *corr.* F: enim H: cum R | fu̧gurae H ‖ **2.** vella B$_1$ ‖ **3.** dirus
H$_1$ | imittare H ‖ **4.** tantine ut lacrimes *Heinsius*: tantisne in lacrimis *codd.*: tantine
his lacrimis *Paldamus*: lachrymis Vo.: -ne *om.* FBHL | affr. NF$_1$BHLVo.c^{2}c^{3}c^4 ‖
5. adeo's *C. Rossbergius*: deos Ω | fingia Vo. | uera *Lachmannus, fortasse recte* ‖
6. allio c^2$_1$ | tegat c^2: terit F$_2$ *corr.* c^4, *Postgatius*: creat L: terrat R ‖ **7.** ast N |
ubi Vo.: [forma tibi H$_1$] | palladis] palla- *in ras.* c^3$_2$ | arces c^{1}c^{2}c^3$_1$ ‖ **8.** a toto H |
phama Vo. ‖ **10.** nostro c^3$_1$ | puelle c^3$_1$ | thoros Ω: [toros c^4] | *hos decem uersus cum
sequentibus non cohaerere uidit Scaliger: folium esse deperditum censeo* ‖

[*desunt elegiae* xx *uu.* 11–26]

[*desunt elegiae* xx *uu.* 27–32]

xxi

[*desunt elegiae* xxi *uu.* 1–10]

numeri elegiae xxi: (6·4); 4·6; 4·6.

[11]   Nox mihi prima uenit. primae date tempora nocti;   [B. (b)
           longius in primo, Luna, morare toro:
           tu quoque qui aestiuos spatiosius exigis ignes,
           Phoebe, moraturae contrahe lucis iter.

15   quam multae ante meis cedent sermonibus horae,   (a)
           dulcia quam nobis concitet arma Venus!
           foedera sunt ponenda prius signandaque iura
           et scribenda mihi lex in amore nouo:
           haec Amor ipse suo constringet pignera signo.
20   testis sidereae torta corona deae.

           Namque ubi non certo uincitur foedere lectus,   [C. (b)
           non habet ultores nox uigilanda deos,
           et quibus inposuit, soluit mox uincla libido:
           contineant nobis omina prima fidem.

25   ergo, qui pactas in foedera ruperit aras,   (a)
           pollueritque nouo sacra marita toro,

---

xxi. **11, 12** in codd. post. u. 14 exstant: traiecit Scaliger. ob homoeoteleuton toros,
toro, errauit librarius || **11.** mihi] tibi c¹ | data c³, Itali | tempore Vo. | noctis Ω,
corr. Palmerus || **12.** morare ex morate corr. N₁ | thoro codd.: choro c² || **13.** qui
supra lin. add. c³₁ | extiuos F₁: extiuus c² | spatiosius Bc¹c³: spaciosius Nc⁴: spatiosus
FHL: spaciosus Vo.R: spatiosos c² | exigit H₁ || **15, 16** in codd. post u. 20 exstant:
huc Lachmannus, post u. 18 traiecit Scaliger || **15.** cẹdent N: cedant FBL: cadent c⁴ |
ore c¹ || **16.** dultia L | conscitet BL: conscit H₁ | nemus H₁ || **17.** iura] una F ||
18. lex in] lexen c² || **19.** constringit codd., corr. Beroaldus: constringnit c¹: con-
                                                                              e
strignt c²: confringit FL | pignera NF₂BHL: pignita F₁: pigta R: pignora cett. |
signo] suo H₁ || **20.** torta Ω; confer cum Rothsteinio Apoll. Rhod. III, 1001–3 ||
21. Nanque c³: Nam quod B: Nam q̄d H: Nam qd' L: Nam q' F₁ | uincetur Nc¹ |
letus c² || **22.** nox] nos c² | uigila N: uigilando c² || **23.** imp. BHLVo.Rc²c³ | nox
codd.: nos c²: [mox c⁴ꝭ] || **24.** contēnant c²: continuent Burmannus | omnia codd.:
omina p, Itali || **25.** cum Lachmanno codicum lectionem seruo. 'nempe Propertius
propria sibi audacia "aras" dicit iura iuranda per sacrum.' nempe non inusitata
uehementia ruperit pro uiolauerit ponit | tactas Passeratius: tactis haec f. r. aris
Burmannus: tacta sic f. r. ara Housmannus, aliquanto elegantius || **26.** polu. c³ |
maritḥa c³ | thoro codd. ||

illi sint quicumque solent in amore dolores,
  et caput argutae praebeat historiae;
nec flenti dominae patefiant nocte fenestrae:
30   semper amet, fructu semper amoris egens.

xxii   [xxi]

Magnum iter ad doctas proficisci cogor Athenas,   [A. (a)
  ut me longa graui soluat amore uia.
crescit enim adsidue spectando cura puellae:
  ipse alimenta sibi maxima praebet amor.
5   omnia sunt temptata mihi, quacumque fugari
  possit: at ex omni me premit ipse deus.
uix tamen aut semel admittit, cum saepe negarit:
  seu uenit, extremo dormit amicta toro.

unum erit auxilium: mutatis Cynthia terris   (a)
10   quantum oculis, animo tam procul ibit amor.
nunc agite, o socii, propellite in aequora nauem,
  remorumque pares ducite sorte uices,

explicit quaternio quintus decimus

numeri elegiae xxii: 8, 8; 8, 8.

---

27. sunt FBH$_1$L | [quicun. c^3] || **28.** argiue R | prebreat c^3 | hyst. L: yst. F: hystorę c^3 || **29, 30** *inuerso ordine habet* p$_1$ || **29.** domin(a)e Ω | pete fient hora c^2 || **30.** fructus c^{2}c^3: fructum R | ęgent H$_1$: egens *ex* agens *corr.* F$_1$: *om.* R ||

xxii. *noua elegia in* Ω. *titulus* ad cynthiam.
  1. addoctas Vo. | proficissci N: profiscisci H || **2.** [lunga c^1] | grauis Vo.c^3 || **3.** cressit Vo. | ass. *codd.*: assiduae NH | spectandi N: spectanti *coni. nescioquis* || **4.** maxima sibi c^2 | probet c^1 | amor *om.* c^2 || **5.** temptata NBHLc^{1}c^{3}c^4: tentata c^{2}Vo.R: tenta F$_1$ | michi F || **6.** ad F$_1$: et c^{1}c^{3}c^4: hac R | ex *om.* c^{1}R | omni] ouû F$_1$ || **5, 6** *post* u. **8** *posuit Postgatius* || **7.** admittit Vo.c^3: admictit c^{2}c^4: amittit NvBH$_1$LR: amictit c^1: amictat F$_1$ | negauit c^{2}c^{3}R || **8.** amica Ω, *corr. Scaliger* | thoro *codd.* || **10.** oculus c^{1}c^{2}c^3 | ibit] abiit H || **11.** socii NHLVo.Rc^{1}c^{3}c^4: sotii FBc^2 | equora Fc^{4}gd: (a)equore *cett.* || **12.** romanorumque v$_1$ | parem *in* pares *corr.* B$_1$ | forte F, B *primo* | uites H ||

incipit quaternio sextus decimus

    iungiteque extremo felicia lintea malo:
    iam liquidum nautis aura secundat iter.
15   Romanae turres et uos ualeatis amici,
    qualiscumque mihi tuque puella uale.

    Ergo ego nunc rudis Hadriaci uehar aequoris hospes,   [B. (a)
    cogar et undisonos nunc prece adire deos.
    deinde per Ionium uectus cum fessa Lechaeo
20   sedarit placida uela phaselus aqua,
    quod superest, sufferre pedes properate laborem,
    Isthmos qua terris arcet utrumque mare;
    inde, ubi Piraei capient me litora portus,
    scandam ego Theseae bracchia longa uiae.

25   illic uel studiis animum emendare Platonis   (a)
    incipiam aut hortis, docte Epicure, tuis;

u. 14. *Nonius* II, p. 169 *M*: '*secundare prosperare…Propertius elegiarum lib.* III: *Iam …iter.*'

---

13. exermos F: extremos BH₁L: externo R | linthea BLc¹ ‖ **14.** nam Fgd₁: tam c¹ | nantis F₁ | secundet c¹R: fecundet c² ‖ **15.** [ualleatis H] ‖ **16.** qualescumque B₁HL₁ (*ut uid.*): qualisque F₁ ‖ **17.** adriaci Ω ‖ **18.** andisonos c¹c² | prete Vo. ‖ **19.** yon. c¹ | uestus R: uethus c² | confessa F₁BHL: c̆fessa (*sic*) N | quom c¹ | licheo BLC: lycheo NVo.: liceo H₁: liteo F: litheo R: Lechaea *Postgatius*: Lechaei *Guyetus* ‖ **20.** uera F: uella BHRc⁴ | phaselus NLVo.R: phasellus BC: phasselus H: fasellus F₁ | aquę v₁ ‖ **21.** su**ff**erre c²: suffere R | properare Vo.c²c³₂ *pro u. l.* ‖ **22.** isthmos Vo.: istmos Nc³: ismos BH₁L: histhmos R: hythsmos c⁴: nistinos c¹c²: ismos F, *sed* s *prima in ras. a man. post.* [a (?) *fuit*]: ionios F₂ (*man. aequalis*) *pro u.l.* | utq̃; F₁: utrinque R: [utrun. c³] ‖ **23.** unde c¹c² | pirei *codd.*: pyrei Vo.: pirrei c²: pieri R | [litt. Bc²c³: lict. c¹c⁴] ‖ **24.** scandem F₁ | brachia *codd. plerique* ‖ **25, 26** *delere uoluit Lachmannus* ‖ **25.** uel] studiis *emphasin praebet*; '*non iam uia sed ueris studiis, Platonis aut Epicuri, qualibus uigilare numquam potui*' (*Ell. Lib.* I, ii, 7): aut *Muellerus* | stadiis *Broukhusius* (*sc. ob studium in 26 a*): studiis *defendit Horat. Epp.* II, ii, 82: *uide praefat. p.* 51 | plōis F₁: plŏnis (*sic*) c² ‖ **26.** Iicipiam N | ortis FLVo.c¹c² | docet c¹: docta c² | epiture c¹: epicuῆ c² ‖ **26 a, b.** *hic exstant in* Ω, *exstabant iam in unciali, uersus spurii duo:*

    ⟨persequar aut studium linguae, Demosthenis arma,
    librorumque tuos, docte Menandre, sales.⟩

26 a. demostenis NFLRc³c⁴: demostinis c¹c² ‖ **26 b.** ludorumque *Heinsius* | docte] culte *Heinsius, alia alii* | meandre Vo.Rc⁴ | hos reiciunt numeri, si mira enallage (tuos), si uerba repetita a uu. 25, 26, studium, docte, reiciendos non clamant et Menander Athenis legendus, non spectandus, atque in curam scilicet amoris adhibendus (uide Manilium, V, 471–477). fictos censeo a grammatico nescioquo, eodem illo fortasse qui satis antiquum de Argynni distichon (III, v, 32 a, b) finxerit, et Ell. Lib. IV, ii, 114 a, b. librorum scripsit ut Quintilianus, I, x, 18, Aristophanes quoque non uno libro, Persius, i, 76, uenosus liber Atti ‖

aut certe tabulae capient mea lumina pictae,
siue ebore exactae seu magis aere manus;
aut spatia annorum aut longa interualla profundi
30   lenibunt tacito uulnera nostra sinu.
seu moriar, fato, non turpi fractus amore:
atque erit illa mihi mortis honesta dies.

xxiii   [xxii]

Frigida tam multos placuit tibi Cyzicus annos,   [A. (a)
Tulle, Propontiaca qua fluit Isthmos aqua,
Dindymis et sacra fabricata in caute Cybebe,
raptorisque tulit qua uia Ditis equos?

5   si te forte iuuant Helles Athamantidos urbes,   (a)
nec desiderio, Tulle, mouere meo,
et si qua Ortygii uisenda est ora Caystri,
et qua septenas temperat unda uias—

tu licet aspicias caelum omne Atlanta gerentem   (b)
10   sectaque Persea Phorcidos ora manu,

numeri elegiae xxiii: 4; 4·8·2; 4; | 4; 2·8·4; 4.

_____

27. me Vo. ‖ **29.** spartia B: spacia c³ | domorum F₁ | lunga c¹ | interuala HR | profundy c¹: profundį c² (*sic*) ‖ **31.** seu Ω: sic *J. H. Vossius* ‖

xxiii. *noua elegia in* Ω. *titulus* ad tullum.

1. frigidam F₁: erigida H | [tibi cyzicus *om.* R] | cizzicus NμυFc³: cirzicus Vo.: cifĭcus c¹c²: cirricus BH: cẏczicus P: cinzicus c⁴: circiter L₂ (-citer *in ras.*) | annos c¹c²c⁴RL₂: annus *cett.*: [amnis d₁: amni g] ‖ **2.** propontiata BHL: [propunciane R] | qua c⁴: qᵘ [= qua] Vo.: q̃ c²: ;q̄ c³: q̄ F: que BLc¹: quae NυpH | fuit c¹ | ismos NυpBH₁: ysmos LF (*an* ysnios?): hismos c²c³: hysmos c¹: ithsmos c⁴: isnithmos Vo. ‖ **3.** Dindymis *Palmerus*: Dindymus Np: Dindimus FBHLVo.Rc³₂: Didimus c¹c³₁c⁴: dedimus c² | sacra *codd.*: sacre c¹c⁴ | fabricat F₁ | in caute *Housmannus* (*coll. Ap. Rhod.* I, 1120): inuenta NBLμυplVo.Rc¹c²c³c⁴: iuuenta FH₁: e uite *Hauptius* (*coll. Ap. Rhod.* I, 1117) | [*in* c¹ *man. recentior* + iuuenca *in margine addit, Is. Vossii fortasse suam hic ipsius coniecturam adnotantis*] | [cybebe *Itali*]: cybele Vo.: cibele Npc²c⁴: cibelle Bc¹c³: cybellę H: cybille F₁: cībele R ‖ **4.** dicis BH₁ | *interrogationis signum posuit Caruttius* ‖ **5.** iuuant c¹c²c⁴: iuuat *cett.* | belles FL | [atam. c⁴: athamanth. F: ataniādido R] | undas c¹c²: undae *codd.* ‖ **6.** nec *Itali*: et Ω ‖ **7, 8** *in codd. post u.* 16 *exstant: huc traiecit Housmannus.* '*Cyzico ad urbes Hellesponti, Asiae, Aegypti, ad occidentem, ad orientem, nauiget Tullus.*' (*post* si te, et (Ω) *uide homoearchon* et si, et.) ‖ **7.** et *codd.*: at F₁BHL | si qua Ω | ortygii *Is. Vossius*: origiae c³₁ *corr.*, g (*pro u.l.*): orige *codd.*: origae Npc³₁ *primo*, Vo.: '*orygae,' uet. cod. Puccii:* ortygia et *Hauptius* | orta c³ | caistri Ω ‖ **8.** *u. om.* c² | septemnas H ‖ **9.** atlanta c³: athlanta *codd.*: athalanta c¹c²c⁴: athlante R ‖ **10.** serta Vo.: septa c² | phortidos c¹L: phorados BH₁: phocidos N *primo* | hora F₁ ‖

Geryonis stabula et luctantum in puluere signa
   Herculis Antaeique, Hesperidumque choros,
tuque tuo Colchum propellas remige Phasim
   Peliacaeque trabis totum iter ipse legas,
15 qua rudis Argea natat inter saxa columba
   in faciem prorae pinus adacta nouae—

omnia Romanae cedent miracula terrae: (c)
   natura hic posuit quicquid ubique fuit.

armis apta magis tellus quam commoda noxae,   (a)
20 famam, Roma, tuae non pudet historiae;
nam quantum ferro tantum pietate potentes
   stamus: uictrices temperat ira manus.

Hic Anio Tiburne fluis, Clitumnus ab Vmbro   [B. (a)
   tramite, et aeternum Marcius umor opus,
25 Albanusque lacus socii Nemorensis et unda,
   potaque Pollucis lympha salubris equo.

---

11. gerionis $c^1c^2c^4$R: girionis NpF_1BHLc^3 *corr.*: gironis c^3_1: ienonis Vo.: *fortasse* Geryonae *scribendum* (*Housmannus, Journ. of Phil.* XXXI, p. 253) | stabulę Vo. | luctant˘ c^1: luctantem c^4 ‖ **12.** Hectoris Bc^4 | antei. Nc^3: anthei. *cett.* | experidum. F_1 ‖ **13.** teque R | colchum $NVo.Rc^1c^3c^4$: cholc. FH *corr.* L_1: cholch. c^2: colc. BH_1: [colchum tuo c^3 *primo*] | phasin c^4 ‖ **14.** pelliace F_1C | turbis F_1BH_1R ‖ **15.** argea $F_1Rc^1c^2c^4$: argoa *cett.* ‖ **16.** pro re c^1 | ad ossa F ‖ **17.** rome B | cadent $c^1c^2c^3$ ‖ **18.** hic posuit] posuit c^3c^4: inposuit c^1: imp. c^2 | ubique] ubi $c^1c^2p_1$ ‖ **19.** acta c^2 | comoda $FBHc^1$: quomoda c^2 | nexe c^2: nosse R ‖ **20.** phamam Vo.: flammam v | yst. F: hyst. c^1 ‖ **21.** [tamtum c^2] ‖ **22.** uitrices c^3: uitt. c^2 | illa $c^1c^2c^4ς$ (*uet. cod. Barb.*): ille R: ire c^3_1 *primo* ‖ **23.** anio *codd.*: amo B: arno c^2: aruo R | tyburne BH: tiberine C: tirburne N: tribuunt R: tibune *corr.* c^3_1 | [fluis gd]: flues Ω | clituñus $c^1c^2c^4_1g$: ditumnus d: litumnus $N\mu\nu p$: liti unnus c^3: licīnnus L: litintinus H: lituranus B: liturnus Vo.: *om.* FR | ab umbra F_1, *om.* R ‖ **24.** ęcternū F | martius Ω: [marcius g] | humor Ω ‖ **25.** albanusque $c^1c^2c^4$ (*contra metrum*), *Hertzbergius*: albanus *codd. et* c^3 (*credo* -que *antiqua correctione in* C *additum; cf. Ell. Lib.* I, i, 5) | locus N: lanus c^3_1: [*sc. ob* Al-banus] | et Ω, *quod ante* unda *posuit Hertzbergius, deleto* ab | socii *codd.*: sotii FHc^2: socia *Puccius*: [*foliis Housmannus* (*ex* sotiis, *quod habent Baehrensii* DV)] | memorensis plP: nemorenses $Vo.c^2c^4$: memorenses $c^1c^3_1$ | ab unda Ω (*cf. u.* 23): et unda *Hertzbergius*: [abundans *Housmannus*] | *nec* 'socia ab unda' *sunt hi lacus, nec lacus me quidem iudice ut nemus* 'foliis abundare' *dici potest* ‖ **26.** polucis Fc^3: pollutis L | nympha *codd.*: nim. FBc^1c^3, *corr. Itali* | sabris BH_1 ‖

at non squamoso labuntur uentre cerastae,   (c)
Itala portentis nec furit unda nouis.

non hic Andromedae resonant pro matre catenae,   (b)
30   nec tremis Ausonias, Phoebe fugate, dapes,
nec cuiquam absentes arserunt in caput ignes
     exitium nato matre mouente suo:
Penthea non saeuae uenantur in arbore Bacchae,
     nec soluit Danaas subdita cerua rates,
35   cornua nec ualuit curuare in paelice Iuno
     aut faciem turpi dedecorare boue:

.   .   .   .   .   et non hospita Grais   (a)
saxa   .   .   .   .
arboreasque cruces Sinis   .   .   .   .
40   .   .   et curuatas in sua fata trabes.

haec tibi, Tulle, parens, haec est pulcherrima sedes,   (a)
hic tibi pro digna gente petendus honos,

---

27. ut c¹ | nunc N | scamoso F₁: squamosa c¹c²c⁴ | lambuntur BHLVo.:
lanib. F₁ | ueste c¹c²c³₁c⁴ || **28.** potentis BH₁: portantis F₁c³ | fuit una Ω, *corr. Itali* ||
29. non] hoc c¹ | andromade *codd.* [-ę c³]: [-mede c⁴: -mace F₁: -mache R] | re-
sonare c¹ | cathen(a)e FBHLVo.R: chat. c² || **30.** ne BH | febe F: phebę H | fugare
F₁H₂Vo.c¹c²c⁴ || **31.** ne c² | quoiquam Vo.c¹: quicquam F | absc. Vo. | arsere c¹ ||
32. exitum H₁c²: extintum c³ | [induente c⁴] || **33.** Pentea Fc³ | sene Bc² | bacche
BVo.c¹: bachę NH: bache LRc²c³: bacce F || **34.** nec *codd.*: hęc c³₁ | tubdita c² ||
35. non Vo. | ualuit] soluit c¹c² (*e u.* 34) | pelice NBHL: pellice *codd. plerique* |
uino NVo.c¹ || **36.** [boue gdꝰ]: boui Ω || **37–40.** *post u.* 36 *lacunam statuit Liuineius;*
deesse distichon docent et numeri et paginae. uu. 39, 40 *ita in codd. exstant:*
     arboreasque cruces Sinis et non hospita Grais
          saxa et curuatas in sua fata trabes.
truces c² | senis Ω: scinis *corr. Beroaldus* | et non hospita] et non *om.* F₁: et *om.* Vo.:
et inhospita c¹c²gdꝰ | saxaque curuantes Vo. | curtatas *Puccius* | fatta F₁ (-tt- *in ras.*).
cruces Sinis et mortem ipsius memorat poeta, sed sine uerborum conformatione; mire
interposita est Scironis saxorum mentio (saxa enim Nauplii uix inter huiusmodi portenta
memorari debebant). consuta esse duo disticha censeo; confer Cynth. iii, 16; *Ell. Lib.*
ii, xvii, 17; iii, xii, 23 || **41.** nec c¹ *primo* | ubi c¹c² | pulcerima F: pulcherima
HRc¹c²: pulcheryma Vo. || **42.** hoc *in* hyc *corr.* F₁: hec L | honor c¹ | [*u.* 43 *et ante*
et post u. 42 *in* c¹ *scriptus est.*]

hic tibi ad eloquium ciues, hic ampla nepotum
   spes et uenturae coniugis aptus amor.

xxiv

                                                                            [xxiii]

Ergo tam doctae nobis periere tabellae,   [A. (a)
   scripta quibus pariter tot periere bona.
has quondam nostris manibus detriuerat usus,
   qui non signatas iussit habere fidem.

5   illae iam sine me norant placare puellas
   et quaedam sine me uerba diserta loqui.
me miserum, his aliquis rationem scribit auarus
   et ponit diras inter ephemeridas.

non illas fixum caras effecerat aurum: (b)
10   uulgari buxo sordida cera fuit.
qualescumque, mihi semper mansere fideles,
   semper et effectus promeruere bonos.

Forsitan haec illis fuerint mandata tabellis: [B. (a)
   'irascor quoniam es, lente, moratus heri.

numeri elegiae xxiv: 8, 4; | 8, 4.

---

44. aptas c² ||

xxiv. *noua elegia in* Ω. *titulus* de tabulis perditis (p̂.dictis H).

1. tamen c¹ | uobis F₁ | perire H₁ || **2.** tot] non FL || **3.** nostras N₁: uestris F |
nauibus Vo. | decreuerat BH: defuerit F || **4.** fides c¹ || **5.** [ille N] || **6.** disersa N₁
primo: deserta vc²c⁴ || **7, 8** *in codd. post u.* 20 *exstant: huc traieci monentibus numeris,
et collato Ouid. Am.* I, xii, 21–26. *uide homoearchon* (ille, et; me, et) *et homoeoteleuton,*
auarus (auari Ω), aurum; *uide etiam quam apte ueniat u.* 9 *post auari mentionem* ||
7. hiis Fc¹ | scripsit Vo. | auari Ω, *corr. Itali* || **8.** duras F₁L | epemeridas F₁L:
ephim. c²c⁴: ephym. c¹, c³ *corr.* || **10.** uolgari c¹ | busso c¹c²c⁴ | caera Vo.: ceca c¹:
ceta c² || **10, 11.** *cf. Ouid. Am.* I, xi, 27, 28 || **12.** efcus c²: aff. c⁴ | permeruere
BHVo.c²c³c⁴: permetuere c¹ || **13.** fuerint Nv: fuerunt p: fuerant *cett.* || **14.** mora-
turus c³ | eri F₁ ||

15   an tibi nescio quae uisa est formosior? an tu
      non bona de nobis crimina ficta iacis?'
      aut dixit: 'uenies hodie, cessabimus una:
      hospitium tota nocte parabit Amor,'
      et quaecumque dolens reperit non stulta puellà
20   garrula, cum blandis dicitur hora dolis.

      quas siquis mihi rettulerit, donabitur auro.   (b)
      quis pro diuitiis ligna retenta uelit?
      i puer, et citus haec aliqua propone columna,
      et dominum Esquiliis scribe habitare tuum.

                XXV   [xxiv]

      Falsa est ista tuae, mulier, fiducia formae,   [A. (a)
      olim oculis nimium facta superba meis!
      noster amor tales tribuit tibi, Cynthia, laudes:
      uersibus insignem te pudet esse meis?
5   mixtam te uaria laudaui saepe figura,
      ut quod non esses, esse putaret amor;

numeri elegiae xxv: $\widehat{8\cdot6}$, 8; | 8, $\widehat{6\cdot8}$.

---

15. an] at Vo.R: ah c¹ | est] et Vo. || **16.** bona] bene *Itali* | nobis] bonis F_1BH_1L | facta c¹ || **17.** dixi Ω, *corr. Itali* | uenias c¹ | cessabimus c²: cassabimus c¹: cessauimus *codd.* || **18.** parauit Ω, *corr. Heinsius* | amor] *om.* c³c⁴ || **19.** uolens *Itali* | repperit pc³: inperit c¹ || **20.** garula Vo.C | *distinxit Housmannus* | ducitur Ω, *corr. Itali* | ora c¹c⁴ | loris C: iocis *Itali* (*fortasse ex* C) | *fortasse post* dolis *ponendum est interrogationis signum* || **21.** retulerit μυBLRC: retulit et F_1 | auro] euo c² || **22.** signa Ω, *corr. Beroaldus* (*cf. Ouid. Am.* I, xii, 7, 13) | retempta c¹c²c³υ₁ || **23.** citius c² | [columna c³: columpna c²] || **24.** dominum] dum B | exquil. FVo.Rc¹: ex quil. c² | abitare c³ | tuum est c² | *elegiae restitui et uerborum et rerum responsiones:* tabellae (1), illis tabellis (13); aurum (9), auro (21); *uu.* 21, 22 *reuocant uu.* 9, 10; *uersibus* 1–8 *respondent de puellae parte uu.* 13–20 ||

xxv. *noua elegia in* Ω. *titulus* ad amicam superbientem *in* FBc³, *nullus in* HL.

1. salsa B | est ista] iste (*in* ista *corr.*) F_1 | fidutia LVo.R || **2.** oculis] elegis *Schraderus* || **3.** [cinth. c¹] || **4.** *signum interrogationis habent* NB *soli* || **5.** mistam C: his tam *Baehrensius* || **6.** ut *ex* et *corr.* F_1 | quid c² | esses] essem F_1: esset F (*corrector aequalis*) | esse] s(a)epe FLVo. ||

et color est totiens roseo conlatus Eoo,
    cum tibi quaesitus candor in ore foret.

haec ego, non ferro, non igne coactus, et ipsa   (b)
10   naufragus Aegaea uerba fatebor aqua.
quod mihi non patrii poterant auertere amici,
    eluere aut uasto Thessala saga mari,
correptus saeuo Veneris torrebar aheno:
    uinctus eram uersas in mea terga manus.

15   limina iam nostris ualeant lacrimantia uerbis,   (a)
    nec tamen irata ianua fracta manu!
ecce coronatae portum tetigere carinae,
    traiectae Syrtes, ancora iacta mihi est:
nunc demum uasto fessi resipiscimus aestu,
20   uulneraque ad sanum nunc coiere mea.
Mens Bona, siqua dea es, tua me in sacraria dono;
    exciderunt surdo tot mea uota Ioui.

---

7. roseoo B | [coll. *codd.*] | coo c¹: ego R ‖ **8.** quom BH: quin c¹c² ‖ **9.** non igne] nec igne F | cohactus c¹R ‖ **10.** naufragiis N | uera *Passeratius*: fat. uerba H | fatebor *ex* -bar *corr.* c³ | ęqua c³ ‖ **11, 12** *in codd. ante u.* 9 *exstant: traiecit Housmannus* ‖ **11.** quod *codd.*: Q c²: quid c¹: cum R | potuerunt F₁ | [aduertere c²] ‖ **12.** eluere pl(*ex corr.*)BHVo.c²c³: ell. R: fluere NμυF₁Lc¹c⁴ | thesala c¹c³: tesala c²c⁴: tessala FL ‖ **13.** seno (?) F₁ | torrebat c²c³: terrebar Vo. | aheno BHc⁴: atheno R: aeno NFLVo.c¹c²c³ ‖ **14.** Victus NFVo.Rc¹c² | uersus Lc³₁ ‖ **15, 16** *in codd. post u.* 30 *exstant: huc traieci monentibus numeris, ut ianuae prius uale dicat poeta quam nouo sacrario se dedicet. uide homoeoteleuton,* manus, manu, *homoearchon,* uīctu-, nectū ‖ **15.** lumina μυF₁LRc⁴ ‖ **16.** facta B ‖ **15, 16** *Cynth.* xvii *reuocant, et e.g. Ell. Lib.* ii, vii, 22, nec mea praeclusas fregerit ira fores ‖ **17.** tetigere] refige F₁ ‖ **18.** sirtes *codd. plerique*: sirter c³₁ | anch. BLRc² | in acta Vo. ‖ **19.** nuc c³ | respicimus c¹R: respiscimus H: resipiss. c³: [resempsimus c⁴] ‖ **20.** uulnera et F | nuc c³ ‖ **21.** ęt si F | dea es *Itali*: deo est *codd.* (c³₂): est C: adeo es *Housmannus* | in] tibi F₁ | saccaria H: sacria Vo. | domo BVo.c⁴: condo *Heinsius* ‖ **22.** exciderant Ω (F₁ *ex* exid- *corr.*), *corr. Itali* ‖

Risus eram positis inter conuiuia mensis,   [B. (a)
et de me poterat quilibet esse loquax.
25   quinque tibi potui seruire fideliter annos:
ungue meam morso saepe querere fidem.
nil moueor lacrimis; ista sum cautus ab arte:
semper ab insidiis, Cynthia, flere soles.
flebo ego discedens, sed fletum iniuria uincet;
30   tu bene conueniens non sinis ire iugum.

at te celatis aetas grauis urgueat annis,   (b)
et ueniat formae ruga sinistra tuae.
uellere tum cupias albos a stirpe capillos,
a, speculo rugas increpitante tibi,
35   exclusa inque uicem fastus patiare superbos,
et quae fecisti facta queraris anus.

has tibi fatalis cecinit mea pagina diras.   (a)
euentum formae disce timere tuae.

---

23. *cum prioribus coniungunt* FL. *in cett. incipit noua elegia, cum titulo* ad cynthiam (cinth. H, cinthy. c³) *in* μυBHc³. *nempe noua uncialis pagina cum noua elegiae parte coepta est; cf.* III, xiv, 15 *al.* 'hos uersus quos libri omnes a praecedentibus separant, cum illis coniungendos esse critici omnes ab Italis inde iudicarunt. recte sane...'— *Lachmannus. coniunxere recentiorum Baehrensius et Rothsteinius: et quid duobus opus erat recantationibus?* | Isus Vo.Rc⁴: [M]issus c³₁: Nisus c² (*rubric.*) | mensas c³₁ ∥ **23, 24** *reuocant* Ell. Lib. II, xiii, 29, 30 ∥ **25.** fidelî̃ c²: foeliter *corr.* c³₂ ∥ **26.** quaerere c³ ∥ **27.** morior F₁ | ista sum *ex* istam *corr.* F₁: ita F (*man. aequalis*) *pro u. l.* | captus Ω: captas c³ *primo: corr. Palmerus et Heimreichius* | arce H₁ ∥ **28.** cynthea c³: cinth. c¹ | ferre F₁ | solem F₁ (*in* solet *corr. man. aequalis*) ∥ **29.** Iuria c³ | uincit *codd., corr.*

Itali: uincês c² ∥ **30.** ire] esse FL ∥ **31.** *adscripsit in margine* F (*man. aequalis*) inprecatio ∥ **32.** sinistrae c²: finestra Vo. ∥ **33.** uellera c³₁ | tum NμυplBHc¹c³c⁴Vo.RF₁ *corr. supra:* cum F₁Lc² | cupias Lc¹: cupies Vo.c⁴: capias *cett.*: iapias (?) c³₁ | albosa *codd.*: [*altera a* uix *separata in* FHVo.]: annosa R ∥ **34.** a *codd.*: ha c¹: [aspeculo c²H] ∥ **35.** uices Vo. | ȿpaciare H: patrare c¹ ∥ **36.** g̃raris c³ ∥ **37.** pigina B | dira F₁: liras c² ∥ **38.** form(a)e *codd.*: domine FL | discȩ c³ ∥

39–44. *de hoc uncialis folio* (125 *a, b*) *disserui in* C.Q. XII, 2 (1918), *pp.* 62, 67–69, 73, 74; *praefat. pp.* 20, 21. *inseruit aliquis inter dissita ea folia libri secundi* (65–75): *in codd. exstat post fol.* 71 *b* (II, xii, 4) *et ante* II, xi, 1 (*fol.* 71 *a*). III, xxv, 39–44 *fragmentum multis ante me sunt uisi: ut alibi, librarius, qui unciali iam dirupto usus est, a miniatura* (IV, i, 1) *coepit, fragmentum in prima pagina omissum postea exscripsit. hi sex uersus in codd. post* IV, i, 26 *exstant; in* FBHc² *cum praecedentibus cohaerent, in* c⁴ *miniaturae tantum spatio separantur: in cett. a u.* 39 *incipit noua*

[ii, xi]

    scribant de te alii, uel sis ignota, licebit:

40   laudet, qui sterili semina ponit humo.

    omnia, crede mihi, tecum uno munera lecto

       auferet extremi funeris atra dies:

    et tua transibit contemnens ossa uiator,

       nec dicet 'cinis hic docta puella fuit.'

explicit Ell. Lib. tertius,

incipit quartus.   **IV, i**   [ii, x]

Sed tempus lustrare aliis Helicona choreis   (a)

    et campum Haemonio iam dare tempus equo;

    iam libet et fortes memorare ad proelia turmas

       et Romana mei dicere castra ducis.

5   quod si deficiant uires, audacia certe

       laus erit: in magnis et uoluisse sat est.

    aetas prima canat Veneres, extrema tumultus: (a)

       bella canam, quando scripta puella mea est.

    nunc uolo subducto grauior procedere uultu:

10   nunc aliam citharam me mea Musa docet.

numeri elegiae i: 6·6, 6, 6·6; *etiam,* 6·4, 2·6·2, 4·6.

---

elegia. c³ *titulum habet, ad cintiam:* in H *rubricator adscripsit* erat et hęc cum superioribus eadem in exemplari. [*omnia haec in* LR *desunt.*] *Fonteinius uu.* 39–44 *recto fere loco post u.* 36 *inserere uoluit; uide etiam ad* iv, i, 7, 8 || **39.** scribant alii de te BH: scribebant alii dę tę F | dete c² | aliis c² | uel] ue F₁ | ignora N₁ *primo* || **40.** laudet Vo.c¹c³: ludet *cett., sed fortasse* Ł *uoluit* c² | sterilli Vo. || **41.** mihi] tn c²: michi F || **42.** aufert F || **43.** contempnens p₁Fc²: contennes c¹ || **44.** cuius F: cinis, c *ex* f *corr.* c³₁ | haec F | fuit] iacet c¹c²c³ ||

iv, i, **1–26** *cum sex uersibus Ell. Lib.* iii, xxv, 39–44, *qui in codd. sequuntur* (q.u.), *ut folium unum, huc traieci. primus Lachmannus uu.* 1–26 *pro noui libri exordio habuit,* '*tertii*' *ille quidem* (*i.e. Elegiarum secundi*). *hi versus cum Ell. Lib.* ii, xii, 4 (*fol.* 71 *b*) (= ii, ix, 52) *nullo interstitio cohaerent in* FBHgdc⁴: H (*rubricator*) *in margine adscripsit* vel *cum superiori sit eadem elegia. in cett. a* Sed tempus *noua elegia incipit sine titulo. at* c³ *de caesare octauiano habet. uide supra ad Ell. Lib.* iii, xxv, 39.

1. sed] ..d Vo. | helic. pHVo.c³: elic. *cett.* | coreis Fc¹ || **2.** hęm. N: hem. FBHc²c³c⁴: em. c¹Vo.: hemonia p₁ : Aonio *uel* Maeonio *Heinsius* (*hoc accepto* campum *et* Housmannus) | ęquo c³ || **3.** memore c² | prellia Vo. || **4.** *nempe Augustus ad castra in Galliam iuit post deuictum Lollium A.V.C.* 738/16; *cf. u.* 7 || **5.** audatia Hc³ || **6.** in] et c² | [uiolasse c⁴] || **7, 8** *cum* iv, ii '*coniungendos*' *diuinarat Postgatius. satis dissoni inter libros* i *et* ii *exsulabant* || **7.** ueteres v₁μp₁c² | tumultus] *tangit poeta* Sygambros, Usipetes, Tencteros, *quos nondum domitos arguit hic et in u.* 18 *omissa* gloria; *uide praefat. p.* 50, § 31 || **8.** scripta quando c¹ || **9.** succedere F || **10.** nunc] nam F₁ (*in* namque *corr.*): namque Vo. | cyth. BHVo.: cyt. c³ | mea] me c² | ducet c² ||

surge, anima, ex humili: iam, carmina, sumite uires;
    Pierides, magni nunc erit oris opus.

iam negat Euphrates equitem post terga tueri   (a)
    Parthorum et Crassos se tenuisse dolet;
15   India quin, Auguste, tuo dat colla triumpho,
    et domus intactae te tremit Arabiae;
et, siqua extremis tellus se subtrahit oris,
    sentiat illa tuas postmodo capta manus.

haec ego castra sequar. uates tua castra canendo   (a)
20   magnus ero; seruent hunc mihi fata diem!
ut caput in magnis ubi non est tangere signis,
    ponitur hac imos ante corona pedes:
sic nos, nunc inopes laudis conscendere in arcem,
    pauperibus sacris uilia tura damus.

25   nondum etiam Ascraeos norunt mea carmina fontes,   (a)
    sed modo Permessi flumine lauit Amor.

---

11. anime *Heinsius* | exumili · (*sic*) F: exhumili c^2: ethumili c^1 | carmina FH_1c^2gd: carmine *cett.* | suṁite $FBHc^2c^3$: suṁitte Vo.: poscite c^1 ‖ **12.** Pyer. B | eritoris BH_1 ‖ **13.** euphrates N: eufr. *codd.*: heufr. c^2: eufratres Vo. | timeri *Postgatius*: negari c^2 (*ob* negat) ‖ **14.** partorum c^3 | cassos c^2 | metuisse Vo.: timuisse *ex ten- corr.* H ‖ **15.** inda $c^1c^3_1$ | quis Ω, *corr. Beroaldus* | augustae Nc^4: anguste p_1F, B_1 *primo*, c^2Vo.: collo N | [trih. c^2] ‖ **16.** te tremuit F: tetremit B | arabiẹ H *ex corr.* ‖ **17.** hextr. c^2 | teuus c^3_1 *primo* | subtrat c^3: subtrathit H | horis $NpF_1BHc^2c^3$ ‖ **18.** senciat pVo. | pŏmodo c^1: p̃m̃õ c^2: pstm F: post modo Vo. ‖ **19.** haec *om.* c^1 ‖ **20.** facta Vo. ‖ **21.** ubi et non et F_1: ut non ubi est H ‖ **22.** ponir c^2 | hac $NpIFBHc^3$: hec c^1c^2: híc Vo.c^4: '*hac, ubi uides*' | unos Vo.: ymos c^2 ‖ **23.** '*sic, ut uides*' | *post* nos *distinxi* | inipes N_1: ynopes c^2 | coscend. F | in arcem *Birtius*: carmen Ω: culmen *Heinsius*; *cf. Sil. Ital.* xiii, 771:

      quae te uia, fare, superbum
    ad decus et summas laudum perduxerit arces ‖

24. iulia F | tura $HVo.c^1c^3$: thura *codd.*: rura c^4 ‖ **25.** nundum BH | et c^2: aeciam H: ascraeos etiam N | astreos $c^1c^2c^3$: alcreos F_1: asereos Vo. ‖ **26.** permensi c^2: parmensi c^3: parnasi c^1; *cf. Verg. Buc.* vi, 64, 70 ‖ *post u. 26 requiri adhuc non minus quattuor uersus docent numeri; si quattuor erant, in medio elegiae uersu positam habes Augusti adlocutionem* ‖

27–30 *in codd. post* ii, 44 *exstant* (*q.u.*), *sed ita ut interueniant uersus '*Cynthiae*' ultimi* (xxiv, 27–32, Ennius hirsuta…ille meo). *de illo loco disserui in C.Q.* xii, 2 (1918), *pp.* 64, 65, 69, 74; *praefat. p.* 26. *operi tamquam Hesiodeo incipiendo inuocant fauorem quale iam ab initio elegiae* ii *uidemus coeptum: prooemii perorationi sunt aptissimi. cum numeri elegiae* i *uersus quattuor requirant,* fontes Ascraei *ibi in u.* 25 *memorentur, hos uersus ad initium folii traieci; unde is qui unciali dirupto usus est, ut saepius factum est, ideo dimouit ut a miniatura folium suum inciperet, fragmentum imam in paginam postea insereret* ‖

Roma, faue; tibi surgit opus. date candida, ciues,
    omina, et inceptis dextera cantet auis.
sacra diesque canam et cognomina prisca locorum:
30   has meus ad metas sudet oportet equus.

ii   [i]

Hoc quodcumque uides, hospes, qua maxima Roma est,   [A₁ . (a)
    ante Phrygem Aenean collis et herba fuit,
Tarpeiiusque pater nuda de rupe tonabat,
    et Tiberis nostris aduena bubus erat,
5   atque ubi Nauali stant sacra Palatia Phoebo
    Euandri profugae concubuere boues.

fictilibus creuere deis haec aurea templa   (b)
    nec fuit obprobrio facta sine arte casa;
qua gradibus domus ista Remi se sustulit, olim
10   unus erat fratrum maxima regna focus.

curia, praetexto quae nunc nitet alta senatu,   (a)
    pellitos habuit rustica corda patres;

numeri elegiae ii: (A) 6·4·6, 4·4·4, 6·4·8; | (B) 4·4·4, 6·6·4, 8·4·6; | (C) 4·6·6, 6·4·8,
4·4·4.

uu. 11–14: *Lactantius instit.* II, 6.

---

27. surgit tibi opus c¹c³₁c⁴: tibi · surgit (*sic*) F | data c³₁: dare c¹ ‖ **28.** omīa *codd.*:
omina Hc³₂ | incęptis HVo.: incertis F₁: in tectis L: incoptis c² | destera c³ | canet H |
auis] opus H₁ ‖ **29.** prisca *om.* c³ | locerum N: uirorum c² | *Hesiodi* Ἔργα καὶ Ἡμέρας
tangit, sed etiam Callimachi opera e.g. Κτίσεις νήσων καὶ πόλεων καὶ μετονομασίας
et Ἐθνικὰς Ὀνομασίας ‖ **30.** opportet c²c³ | equs c²; *cf. principio cliui noster
anhelat equus, Ouid. R.A.* 394; *Verg. G.* III, 202, 203; II, 541, 542; *Stat. Achill.*
I, 17, da ueniam ac trepidum patere hoc sudare parumper / puluere: *et u.* 2 *supra* ‖
uide App. adn. 2

1. quam Ω, *corr. Scioppius; cf. Ouid. Fast.* V, 91–94:
    exsul ab Arcadia Latios Euander in agros
    uenerat inpositos attuleratque deos.
    hic, ubi nunc Roma est, orbis caput, arbor et herbae
    et paucae pecudes et casa rara fuit.
est *om.* F ‖ **2.** phryge N: phrigem c¹: frigem F, L₁ *corr.* (-em *in ras.*), c²c³ | aenean B:
(a)eneā NL: (a)eneam FHVo.RC | erba F₁ ‖ **3, 4** *huc traieci: in codd. post u.* 8
exstant, inter casa (8) *et* domus (9). *nondum erat fictilis Iuppiter, cum nuda de rupe
tonabat; ante Euandrum tauri* nostri ‖ **3.** tarpeiiusque μυ: tarpetiusque NBHRc³:
tarpeiusque plLVo.c¹c²c⁴: tarpeusque F | derupte c¹₁ | fouebat F₁ ‖ **4.** tyberis B:
tiberys F: thyberis Vo. | aduena *cf.* uago fluminis hospitio, *Cynth.* xxi, 10 | bobus
BH₁c¹: tutus F₁L ‖ **5.** sta F₁ | pallatia L: palacia c³c⁴: piacula c¹c² | phebe F₁ ‖
6. procubuere Vo. | boues *ex* bonos *corr.* F₁ ‖ **7.** deis] suis Vo. ‖ **8.** Non FL | obrobrio
Vo.R: oprobrio c² ‖ **9.** quo *codd.*: quod N: qua R, *edd.* | iste c² | substulit c¹c²c⁴ ‖
11. pretesto Lc²c³c⁴: preteste c¹ | nuc c³ ‖ **12.** pellites L ‖

bucina cogebat priscos in uerba Quirites:
    centum illi in prato saepe senatus erat.
15   nec sinuosa cauo pendebant uela theatro:
    pulpita sollemnis non oluere crocos.

nulli cura fuit externos quaerere diuos,   [A₂. (b)
    cum tremeret patrio pendula turba sacro,
annuaque accenso celebrare Parilia faeno
20   qualia nunc curto lustra nouantur equo.

Vesta coronatis pauper gaudebat asellis,   (b)
    ducebant macrae uilia sacra boues:
parua saginati lustrabant compita porci,
    pastor et ad calamos exta litabat ouis.

25   uerbera pellitus saetosa mouebat arator,   (b)
    unde licens Fabius sacra Lupercus habet;
nec rudis infestis miles radiabat in armis:
    miscebant usta proelia nuda sude.

---

13. bucina NμυBHc¹c²c³ : bucc. FLVo.Rc⁴ | piscos c³ ‖ **14.** cention c¹c² ‖ **15.** sumosa F₁ | cauo *om.* F₁L : cano R, F₂ *corr.*, c³ | [theat⁰ c² : teat⁰ c¹] ‖ **16.** solemnis μυBR : solēnis Vo.c³ : solennis Hc¹ : sollempnis NpL : solempnis c² : solemus F₁ : solemnius F *man. aequalis pro u. l.* ‖ **17.** hesternos c¹ ‖ **18.** quom BHVo.c¹ | ťemeret (= *treem-*) F₁ : penderet c³, *Leidensis* 13 : pendet c¹c² : crederet c⁴ | pendula] *cf. Hor. Ep.* I, xviii, 110 : neu fluitem dubiae spe pendulus horae | saccho c² ‖ **19.** [annua at *Lachmannus*] | acoruso F₁ : acenso c² | [celebrante *Housmannus*] | parilia Np₁FL [*sic Fasti Caer. Maff. Praen.*; *Ouid. Fast.* IV, 721 (AV)] : palilia *codd.* [*sic Varronis L.L.* 6, 15, *et codd. dett. Ouidi*] : paluia c³₁ | feno NFVo.c²c⁴ : foeno BHc¹c³ ‖ **20.** nuc μ | curuo (*altera* u *in ras.*) V₁, H₂ | aequo H ‖ *dicit poeta pastores primos accenso tantum faeno oues lustrasse* (*cf.* v, 55–58), *non ut suis temporibus urbem sanguine Octobris equi lustrent urbani. equus, animal Martium, a Romulo inlatus* (*u.* 36): *asellae et su-oue-taurilium* (*uu.* 21–24) *bestiae satis pastoribus. ita Ouidius* (*Fast.* IV, 733) *populo Romano, non pastoribus, dicit* sanguis equi suffimen erit ‖ **21.** uestra NF₁L | assellis H ‖ **22.** iulia NH | sacca c² ‖ **23.** siginati H : signati c³ : sagina F₁ | 9pita B ‖ **24.** extalitabat c³₁, *Paris.* 7989 : excalitabat F₁L ‖ **26.** liceus F₁c¹c⁴ : lucens c² | saxa c³ | ſ̑t F₁ *litteris nondum siccatis erasit: post grandioribus iterum scripsit* (*sc.* aper *uoluerat*) : aper H₁ ‖ **27.** miles infestis rudis F | in festis Bc³ ‖ **28.** nuda] facta FLVo. | sudae H : suae υ₁ : sue R ‖

hinc usque ad finem hoc ordine uu. exstant in Ω: 29; 34–36; 31–33; 30; 37, 38; [93, 94; 103–108; 95–102]; 39–44; | [*Cynth.* xxiv, 27–32]; [*Ell. Lib.* IV, i, 27–30]; | 47–52; 55–60; 53, 54; 75, 76; 45, 46; 61–74; | 77–92; | 109–128; 133, 134; 131, 132; 129, 130; 135–138 |

prima galeritus posuit praetoria Lycmon,   [A₃. (a)
30   hac ubi Fidenas longa erat isse uia.

quippe suburbanae parua minus urbe Bouillae
et qui nunc nulli maxima turba Gabi
et stetit Alba potens, albae suis omine nata;
magnaque pars Tatio rerum erat inter oues.

35   hinc Titiens Ramnesque uiri Luceresque Soloni;   (b)
     quattuor hinc albos Romulus egit equos.
nil patrium nisi nomen habet Romanus alumnus:
sanguinis altricem non pudet esse lupam.

optima nutricum nostris lupa Martia rebus,   (c)
40   qualia creuerunt moenia lacte tuo!
moenia namque pio coner disponere uersu.
ei mihi, quod nostro est paruus in ore sonus!
sed tamen, exiguo quodcumque e pectore riui
fluxerit, hoc patriae seruiet omne meae:

29–38 *in codd. sic ordinantur:* 29; 34, 35, 36; 31, 32, 33; 30; 37, 38. *inter u.* 29
et u. 34 *iam interstitium posuerat Lachmannus, inter u.* 36 *et u.* 31 *L. Muellerus:*
aliis 31, 32, 33, 30 (*in codd. cohaerentes*) *spurii uel alieni uisi sunt* || **29.** galericus F₁ |
lygmon Nμν, H *corr.*, Vo.c³: ligmon *cett.* || **30.** longe Ω (logne c¹): *corr. Itali* |
erit Rc² | isse *codd.*: ipse Vo.c²c³₁: ipe H₂: ire FL | uias Ω (uas v₁): *corr. Itali* ||
Lycmon ἐκ Σολωνίου πόλεως *ueniens* (*Dion. Hal.* II, xxxvii, 2), *quae inter Ardeam*
et Romam stabat, Fidenas, Tuscam urbem, ante uias munitas per Romam die uno uix
potuit peruenire: itaque in Quirinali castra posuit (*l. c.* 5) || **31.** sub urban(a)e FBHLR
c³ | parua st' (*i.e. sunt*) c² | minus] mm⁹ c¹: minurbe c³₁ | Bouillae *Itali*: uouillae
Leidens. 13: uiol(a)e Ω || **32.** nlli F₁ | turbe L | gadi c² || **33.** ommine c² | nara c¹:
uaca F *corr.* (*man. aequalis*): dicta c⁴ || **34.** tacito N: ratio Vo.c¹c²c³: tacio c⁴R:
ştatio F (ş *a man.* 2) | erat inter] intererat c¹: interrerat c² || **35.** titiens NBHVo.:
ticiens Lc³: ticeus F₁: taciens c¹: tacens c²: tociens c⁴R | rafies c²Vo.: rampnes L:
rampues F: -que *om.* c⁴ | soloni *codd.*: solemni H₁: seloni μν: coloni IFL; *cf. Dion.*
Hal. ad u. 30 *supra* || **36.** quattuor BVo.: quatuor *codd.* | huic Rc¹: hin c³₁ | allos F₁L ||
37. patruum FL | nomen] uerum F₁ (*corr. man. aequalis in marg.*) | alumpnus
NpF: alunnis c¹ || **38.** ultricem c² | pudet Rc¹c²c⁴: putet *cett.* || *inter u.* 38 *et u.* 39
exstat in codd. fol. 129 a, *quos sedecim uersus hinc primus separauit Lachmannus* ||
39, 40 *cum u.* 38 *antehac coniunxere L. Langius, Postgatius* || **39.** nutritum Lc² |
                                                     c
marcia Vo.R || **40.** meonia c⁴: menia (en *in ras.*) c³₁ | late H *corr.* || *signum inter-*
rogationis in c³ || **41.** nanque c² | [tuo *in* pio *corr.* B₁] | *poeta Amphiona uelit imitari;*
cf. Amphioniae moenia...lyrae (*Cynth.* ix, 10); *Ell. Lib.* III, i, 49, 50 || **42.** hei
BHVo.c¹: hey LR: Ey F | paruus) *prius* B | somnus H || **43.** riui) uni c² || **44.** fluxerint
c³c⁴ | seruiat c¹c³; *cf. Ouid. Pont.* IV, viii, 65, 66 (*ubi* riui *coni. Hertzbergius*):
         si quid adhuc igitur uiui, Germanice, nostro
           restat in ingenio, seruiet omne tibi.

post u. 44 *in codd. exstant* Cynth. xxiv, 27–32, *tum* Ell. Lib. IV, i, 27–30 (*q.u.*). *utrumque*
fragmentum de 'patria' poetae, siue Vmbria siue Roma, scriptum, huc traiecit corrector
dirupti uncialis ubi in ima pagina post patriae...meae *addi poterat. iam Housmannus*
Cynth. xxiv, 31, 32 *eo reuocauerat. uide praefat. pp.* 25, 26 *et App. adn.* 10 ||

45　　dicam 'Troia cades et Troica Roma resurges':
　　　et maris et terrae longa sepulchra canam.

　　　"Quo ruis inprudens, uage, dicere fata, Properti?　　[B₂. (b)
　　　non sunt, a, dextro condita fila colo.
　　　accersis lacrimas cantans; auersus Apollo.
50　　poscis ab inuita uerba pigenda lyra.

　　　certa feram certis auctoribus; haut ego uates　　　　　(b)
　　　nescius aerata signa mouere pila
　　　felicesque Iouis stellas Martisque rapaces
　　　et graue Saturni sidus in omne caput.

55　　me creat Archytae suboles Babylonius Horops　　　(b)
　　　Horon, et a proauo ducta Conone domus.
　　　di mihi sunt testes non degenerasse propinquos
　　　inque meis libris nil prius esse fide.

　　　nunc pretium fecere deos et fallitur auro　　　　　　[B₁. (a)
60　　Iuppiter; obliquae signa iterata rotae.

45, 46 *monentibus numeris et sensu* (*non enim astrologo sunt apta uerba Cassandrae*) *huc ad initium a fine paginae traieci: alio alii post Scaligerum. in codd. post u.* 60 *exstant, sed interpositis uu.* 53, 54 *et* 75, 76. *hanc paginam coepit exscribere librarius a u.* 47; *fragmentum a u.* 44 *separatum post finitam inseruit. deerat uero ante u.* 49 *aliquid quod lacrimas accerseret; nec plus duobus uersibus primae parti elegiae addendum requirebatur* ||

45. troya Vo.c¹c²c³ | clades c¹ | troyca Vo.c¹c²: troia Rc⁴ | rerurges c³ || **46.** sepulchra NBHVo.c³: (-cra *cett.*) || *Troiae cineres* (*u.* 102) *mare et terras uelut sepulchrum habuerunt, donec fundata est Roma. ita* Perusina…*patriae*…*sepulchra* (*Cynth.* xxiv, 3) || **47.** *hinc incipere nouam elegiam crediderunt Itali multi et Lachmannus; nempe trium huius partium secunda incipit. poetam adloquitur astrologus* | rudis c² | impr. BHLRc²c³ | uaga R, *Itali*: fuge *Liuineius* | facta c¹c³₁c⁴: uerba Rc³₂ *pro u. l.*: fata *nunc explicat u.* 45 | '*gyro tuo seuectus, Cassandrae artem nescius profiteris, Cassandrae lacrimis Loxian auertis*' | properci c³₁ || **48.** adextro c¹c²c⁴R: a destro F₁c³ | candida c⁴, *Heinsius* || **49.** acra sis c²: arcessis c⁴: accenssis R (*cf. Ell. Lib.* III, xvii, 16) | lacrimas NpFLc²c⁴: lachrimas l: lacrimis μBHRc¹c³: lachrimis *v*: lachrymis Vo.gd | cantas *codd.*, *corr. Baehrensius*: cartas R: charitas g, *Lipsianus* | [accersis Charitas lacrimis? *ego olim, post Heinsium*: auersis Charisin cantas *Heinsius*] | aduersus FRC | appollo Fc² || **50.** postis F₁ | ab] et c¹c³c⁴ | in uita Vo.c¹c³ | pingenda F | lira FVo.c¹ || **51.** certis] cacis c² | abauctoribus F₁: autor. Bc² | haut *Palmerus* (*cf. Ell. Lib.* II, xvii, 51 (*q.u.*)): haud c¹c⁴gd, *Baehrensius*: aut *codd.* (a *in ras.* c³₁): at *v₁*: aut *per se stare potuit* (*cf. Verg. Aen.* x, 630), *non post u.* 47: '*haut ego uates nescius, ut tu inprudens uagus infelix*' || **52.** netius c² | errata F₁c²: aurata B | pla c³ *primo* || **53, 54** *in codd. post u.* 60 *exstant, ubi magnam confusionem genuerunt. hinc in imam paginam delapsi sunt ob homoeoteleuton, uates, rapaces; huc restituendos docent numeri* || **53.** marcas c² | rapaces c³₁, *Liuineius*: rapacis *codd.*: rupacis c¹ || **54.** capud c² || **55.** archite *codd.* | soboles *codd.*: (pioles c⁴) | babil. NLVo.Rc²c³c⁴: babill. Fc¹: babyl. BH | orops Ω || **56.** horon *codd.*: horim (*uel* horun) B *primo*: oron c²c⁴: noron c³ | a *om.* N₁ *primo* | proano c³ *primo* | canone Vo.c¹: corione c⁴ || **57.** dii *codd.*: dic N: di Bc³c⁴ | sint c² | degñasse Vo.: degenersse H || **59.** nunc] in

dixi ego, cum geminos produceret Arria natos
　(illa dabat natis arma uetante deo),
non posse ad patrios sua pila referre Penates;
nempe meam firmant nunc duo busta fidem.

65　quippe Lupercus, equi dum saucia protegit ora,　　　　(a)
　　heu sibi prolapso non bene cauit equom;
　　Gallus at in castris, dum credita signa tuetur,
　　concidit ante aquilae rostra cruenta suae.
　　fatales pueri, duo funera matris auarae!
70　uera, sed inuito contigit ista fides.

　　idem ego, cum Cinarae traheret Lucina dolores　　　　(b)
　　et facerent uteri pondera lenta moram,
　　Iunonis fauste uotum inpetrabile dixi;
　　illa parit: libris est data palma meis.

75　quid moneant Pisces animosaque signa Leonis,　　　　[B₃. (c)
　　lotus et Hesperia quid Capricornus aqua,

FL | precium BLVo.: precipum H: pitium c¹ | herere c¹ ‖ **60.** Iupiter NFBHLc³ |
distinxi | '*fecere huius aetatis homines pretio capiendos aut fallendos deos, itaque periit
ars diuinationis. zodiacum sol repetit semper, semper incorruptum,* uerusque per astra
trames* (81) *est.' post u.* 60 *in codd. exstant uu.* 53, 54, *tum uu.* 75, 76, *tum uu.* 45,
46 (*q.u.*). *fortasse imis in paginis sigillo aliquo conexerat de sphaera uersus is qui de
Maecenate, de Vergilio, de patria Propertii locos contempto uncialis ordine coniunxit
(uide Ell. Lib.* II, i, 33; III, i, 6; IV, ii, 44 (*supra*)) ‖

61. quom BHVo.c¹ | arua L: atria R: accia *ς*: ortia dg (*pro u. l.*) ‖ **62.** dabit c² ‖
63. fila Vo. ‖ **65.** equi] aui *Postgatius, quem probat Housmannus; at quid in acie circa
septuaginta annorum miles?*: eques *Heinsius; se igitur protegendo sibi non cauit eques*:
sautia FVo. | ho *ante* ora *del.* F₁ ‖ **66.** tibi Vo. | pro lapso BLc³₁ | canit F₁B | equo Ω,
correxi. accusatiuum -uom *astrologo ter dedi; cf. codd. ad uu.* 134, 137: prolapso *de
equite dicitur, non de equo, ut in Liuio* xxvii, 27 *et* 32. *equus ob uulnus saeuiens pro-
lapsum sui causa equitem calcando necauit (cf.* xi, 8) ‖ **67.** at] ad c¹: et R | ordita c² |
tuere c¹ ‖ **68.** rostra] signa Vo. | cruencta F ‖ **69.** fatale H₁ ‖ **70.** in uno F₁L: in uiro
c¹ | contingit Vo.: concidit Rc³₂ *corr.* ‖ **71.** quom HVo.: qum c¹: *om.* LR | eniare L,
om. R | l^uicina *corr.* F₁ ‖ **73.** Iunoni *Itali* | fauste *ego* (*h.e. astris fauentibus*): facite Ω
(*ob* facerent, 72): facito *Lachmannus*: (uotum facito *Burmannus*). [*corruptio*:
fauste, faucte, facite, *ut e.g.* trita, tricta, trista (viii, 18); *aut* s *ad* Iunoni *migrauit*] |
imp. HLRc¹c³: imperabile Vo. ‖ **75, 76** *in codd. inter uu.* 53, 54 *et* 45, 46 *post u.* 60
exstant: illic alienos esse perspexit Scaliger multorum primus. post u. 82 *ponere uoluit
Housmannus, et certe inter u.* 74 *et u.* 83 *distichon addendum docent numeri. cum
autem credam nudum illud* hoc *in u.* 77 *se parum explicare, facilius in fol.* 127 *b
uagari potuisse e fol.* 128 *a uersus ultimos, huc potius traieci* ‖ **75.** moneant μυBHLc²c⁴:
moueant *cett.* ‖ **76.** lętus υ₁: letus F: locus c⁴: lothus R | et] in c²: *t supra lineam* c⁴:
q, c³ | esperia L: experia c¹c⁴: hisp. H₁ | qui Nc²: ặ *υ* ‖

hoc neque harenosum Libyci Iouis explicat antrum,
    aut sibi commissos fibra locuta deos,
aut siquis motas cornicis senserit alas,
80   umbraue quae magicis mortua prodit aquis:
aspicienda uia est caeli uerusque per astra
    trames et ab zonis quinque petunda fides.

exemplum graue erit Calchas, namque Aulide soluit   (b)
    ille bene haerentes ad pia saxa rates.
85 idem Agamemnoniae ferrum ceruice puellae
    tinxit; et Atrides uela cruenta dedit.

nec rediere tamen Danai. tu diruta fletum   (a)
    supprime et Euboicos respice, Troia, sinus.
Nauplius ultores sub noctem porrigit ignes
90   et natat exuuiis Graecia pressa suis.
uictor Oiliade, rape nunc et dilige uatem
    quam uetat auelli ueste Minerua sua!

explicit quaternio sextus decimus

---

77. aren. FBHR | Libyci *Itali*: libioiouis F_1: lybi(a)e NBHVo.: libye L: libi(a)e C: lybis R_1: Libyos *Heinsius* | antⁱ̂ F_1: anis L || **78.** at FL | commissos (os *in ras.*) c^3_2 | loquta c^2: loquuta Vo.R || **79.** moras c^1 | sempserit c^2 || **80.** umbraue quae *Turnebus*: umbrane quae N: umbra ne qu(a)e μvB: umbra neque HVo.C: (neque in R): umbraque ne FL || **81.** ueriusque c^3 || **82.** et *om.* c^1 | abtonis c^1: atonis c^2: 2 omịs c^4 (= *et onis*) | petunda F: petenda *cett.* || **83.** calchas NBHVo.Rc^2: calcas *cett.* | aullide c^1 || **84.** bere c^3_1 | harentes Vo. || **85.** agamemn. N: agamen. *codd.*: agamenon F_1L || **86.** tincxit c^1 | attrides c^2: atridis c^3_2 *corr.* | debit c^1 || **87.** Hec c^2 | redire LVo.H_2 | danay c^2 | dirruta F *man. aequalis corr.*, LVo.: dirupta c^2 || **88.** emboic. F_1: euboyc. L: euboich. H: euboycas c^2 | troya Vo.c^2: tota c^1 || **90.** ex uiuis Vo. || **91.** oyliade c^2: oliade c^1: o iliade *codd.*: o yl. FL: illiade R | dirige Bc^4 | ratem Vo.H_2 ||

92. quem c^1c^3: qua v_1c^2: q͡in F | uetet c^2 | aneli F_1 | ueste] rate c^1c^3 | mineruę H_1 ||

incipit quaternio septimus decimus

Huc melius profugos misisti, Troia, Penates!   [C$_1$. (b)
heu, quali uecta est Dardana puppis aue,
95   arma resurgentis portans uictricia Troiae!
felix terra tuos cepit, Iule, deos;

si modo Auernalis tremulae cortina Sibyllae   (a)
dixit Auentino rura pianda Remo,
aut si Pergameae sero rata carmina uatis
100   longaeuum ad Priami uera fuere caput:
'uertite equum, Danai; male uincitis. Ilia tellus
uiuet et huic cineri Iuppiter arma dabit.'

iam bene spondebant tunc omina, quod nihil illos   (a)
laeserat abiegni uenter apertus equi,
105   cum pater in nati trepidus ceruice pependit
et uerita est umeros urere flamma pios.
tunc animi uenere Deci Brutique secures,
uexit et ipsa sui Caesaris arma Venus.

93–108 *in codd. inter uu.* 38 *et* 39 *exstant* (q.u.). *inde iam Lachmannus separauerat, interstitia obseruando. uersus sedecim astrologo certe reddendos* (uide enim u. 47) *et pro uncialis una pagina habendos huc iubentibus etiam numeris ad initium quaternionis traieci* ‖ **93.** troya Vo.c^{1}c^{2}c^3 ‖ **94.** Heu *codd., quod defendere uidetur Ouid. Fast.* II, 408 (*de alueo Romuli et Remi*): heu, quantum fati parua tabella tulit! *cf. Ell. Lib.* I, xvii, 12. dubia fuerunt auguria, nunc pro bonis habenda (103). En *Itali*: Eu c^2 (*cf.* viii, 23: heu *codd.,* en c^1): Huc *Baehrensius et Palmerus: sed post* huc (93) *facilius* heu *in* huc *mutari potuit* | qī (= quasi) F$_1$ | pupis μF ‖ **95–102** *in codd. post u.* 108 *exstant:* 95–100 *traiecit Housmannus,* 101, 102 *Postgatius. nec portabat arma Venus* (108, 95), *neque omnino* portans *post* uexit *ferendum. sed melius u.* 103 *post uu.* 101, 102, *melius Caesaris mentio* (108) *elegiae partem claudit historiam claudente astrologo* (109) ‖ **95.** uitritia c^3 | troye Vo.c^{1}c^{2}c^3 ‖ **96.** [foel. c^{1}c^3] | cępit N : coepit c^1 | yule c^1 ‖ **97.** uernalis *in* es *corr.* B | sibill(a)e *codd.* ‖ **98.** rura] iura c^{1}c^2 *Fonteinius; rus uiolat urbs condenda. locus imperii rus erit istud, Ouid. Fast.* v, 96; caeso moenia firma Remo, *Prop. Ell. Lib.* III, viii, 24; *lectioni* iura *uix fauet Ouid. Met.* XIV, 118, 119 (*de Aenea cum Sibylla*):

didicit quoque iura locorum,

                      n
quaeque nouis essent adeunda pericula bellis|

pienda Vo. | deo H$_1$ ‖ **99.** aut si] seu F$_1$ | rata F$_1$ (*sic*): nata Vo. ‖ **101.** uertice Vo.Rc^4: uenite c^2 | [ilya c^2: ylia c^1: illia c^4] | telus *in* tell- *corr.* B$_1$ ‖ **102.** iupiter NFBHLc^3 ‖ **103.** uide ad u. 95 | omina Nμ: omīa LRc^{1}c^{3}c^4: omnia *cett.* | nicĦ F: n^ı (= nisi) c^2: n^ı R | illos *Schraderus* (sc. deos Penates): illam Ω: (uua v$_1$); *quod nec de puppi* (94) *nec de tellure Ilia* (101) *intelligendum erat; sed credo hic facilius quam post uu.* 93, 94 illos *in* illam *mutari potuisse, si quis illos ad Danaos* (101) *credidisset,* illam *ad* Ilia tellus *referri uoluisset* ‖ **104.** abiegni] -egn- *in ras.* L: ambiegui F$_1$: abigni c^2: ab regni R | uentus F$_1$R: uēt' c^2: uertiter c^1 ‖ **105.** tum HVo.C: tam R | innati F$_1$B | tremidus F: tremulus *Itali* ‖ **106.** hum. Ω | uerere c^1 | flama BRc^{1}c^4 ‖ **107.** hinc *Heinsius* | anuū F$_1$ | decii NpFLR: [decii uenere F] ‖ **108.** uixit c^1 | et arma c^3$_1$ ‖

hactenus historiae; nunc ad tua deuehar astra: [C₃. (a)

110   incipe miraclis aequus adesse nouis.

Vmbria te notis antiqua Penatibus edit—

mentior? an patriae tangitur ora tuae,

qua nebulosa cauo rorat Meuania campo

et lacus aestiuis non tepet uber aquis?—

115   ossaque legisti non illa aetate legenda   (b)

patris, et in tenues cogeris ipse Lares;

nam tua cum multi uersarent rura iuuenci

abstulit excultas pertica tristis opes.

mox ubi bulla rudi dimissa est aurea collo   (c)

120   matris et ante deos libera sumpta toga,

tum tibi pauca suo de carmine dictat Apollo

et uetat insano uerba tonare Foro:

---

109. Actenus *in* HAc- *corr.* F₁ | hyst. c²c³ | deuear NF₁Vo.c¹c³c⁴: deueat c² ||
110. miraclis *Housmannus*: tu lacrimis Ω; *lacrimas omnino deprecatus est astrologus*
(*u.* 49) | equs Fc²: ęquis c³₁ | odesse c¹ || **111.** ombria pl: umbri c³₁ | uotis F₁: noctis
H: noctes R | ędit N: audit c² || **112.** hora F₁, L₁ (*ut uid.*), c² || **113.** qua C: quam
cett. (*cf. u.* 1) | rotat Lc¹c² | memania c³₁: menaria R || *inter Meuaniam et Fulginium*
uia Flaminia transit campum qui a fontibus Clitumni (*Ell. Lib.* I, viii, 25) *usque ad*
Perusiam extenditur; tota regio Propertiae gentis patria; Asisium caput, Meuania ora ||
114. etstiuis c¹: extiuus c²: aestiuus Vo.: estiuum R | non tepet *Housmannus*:
nunc opet c²: inceptet c⁴: intepet *codd.*: (itepet p) | uber C (*cp. Cynth.* xxiv, 10):
imber F₁R: umber *cett.* (*ob u.* 111) || *memorant incolae lacum inter Meuaniam et*
Asisium exstitisse (*Butlerus, C.R.* XXII, p. 245). *nostro loco bis utitur Ouidius, Am.* II,
xvi, 1–10; *Trist.* IV, x, 1–8; Sulmo mihi patria est, gelidis uberrimus undis (3). *qui*
patriam laudat, intepere aquas non dicit; Stat. Theb. II, 376:
> Lernaea palus ambustaque sontibus alte
> intepet hydra uadis.

114 a, b. *post u.* 114 *exstant in codd., exstabant iam in unciali* (*cf. enim* iv, 16 *sqq.*),
uersus duo spurii sed satis antiqua arte ex Cynth. xxiv, 31, 32 *ficti:*
> ⟨scandentisque Asis consurgit uertice murus,
> murus ab ingenio notior ille tuo.⟩

quibus numeri locum non cedunt. nempe litterator iste 'Cynthiae' uersus parum in-
tellexit; Asis enim aut mons fuit aut oppidi conditor Asisii, nec potuit ut arces scandere.
nec uertice felicius, cum arx Asisii monti satis alto supposita sit. non hos, sed Cynth.
xxiv, 31, 32, *pro interpolatis habuit Luetiohannus. fortasse finxit eadem manus quae*
III, xxii, 26 a, b *et* v, 32, a, b; *illi etiam in uncialis ordine iam stabant* | -que] et F₁ | assis
H: axis Vo.Rc³c⁴: Asisi *Lachmannus, contra prosodiam* | consurgit] g *ex* q *corr.* L ||
116. patus F₁ | extenues c²: intenuis R | cogerit F || **117.** qum c¹: quom HVo. |
seruarent Fd₁ | uiuenti c¹ || **118.** abstuluit H: astulit F₁c⁴ | ex cultas Vo. | partica
c⁴: partita L || **119.** ruda F₁ (a *in* -y *corr.*) | demissa Fc²c⁴ | aña F₁ || **121.** cum FL:
tu R | tibi] *om.* N: mihi c³₁d | dictat] cantat C ||

'at tu finge elegos, pellax opus,—haec tua castra—
    scribat ut exemplo cetera turba tuo;
125   militiam Veneris blandis patiere sub armis
    et Veneris pueris utilis hostis eris.'

nam tibi uictrices quascumque labore parasti   [C$_2$. (b)
    eludit palmas una puella tuas;
nec mille excubiae nec te signata iuuabunt
130   limina: persuasae fallere rima sat est.

illius arbitrio noctem lucemque uidebis: (b)
    gutta quoque ex oculis non nisi iussa cadet;
et, bene cum fixum mento decusseris uncum,
    nil erit hoc: rostrum temperat ansa suom.

135   nunc tua uel mediis puppis luctetur in undis   (b)
    uel licet armatis hostis inermis eas
uel tremefacta cauom tellus diducat hiatum,—
    octipedis Cancri terga sinistra time.''

---

123. at] et F | ellegos Bc² | pellax *Heinsius*: fallax *codd.* (falax Rc³): *cf. codd.
Vergilii ad Aen.* II, 90, *ubi* pellacis *testantur Velius Longus, Donatus, Seruius* ||
124. turba] uerba c² | *quattuor tantum uersus Apollini tribuendos docent numeri;
quattuor dabat Luetiohannus, duodecim Heimreichius (Baehrensius, Postgatius).
at* parasti (127) *Propertio laborem ingressuro non potuit dicere Apollo* || **125.** blandi

                                      e
c³$_1$ || **126.** uenerit c³$_1$: uentris c⁴ | pu ris *corr.* L$_1$ || **128.** eludit *codd.*: elludit
c³c⁴: et ludit L: eludid, d *in* t *corr.* H$_1$: eludet d, *Itali* || **129–134** *in codd. hoc
ordine exstant;* 133, 134 : 131, 132 : 129, 130. *uu.* 133, 134 *post u.* 128 *parum
apte positos uidere Baehrensius et Housmannus; hic post u.* 132, *ille post u.* 130 *traicere
uoluit. quorum utrique consentiens primum et tertium distichon inter se locum mutare
iussi* || **129.** nille c³ | te] re c² | iuuabunt *ex* uidebunt *corr.* c²$_1$ || **130.** lumina NpFLRc² |
rima *Beroaldus*: prima *codd.*, om. F$_1$ || **131.** uidebit F$_1$ || **132.** gucta Fc¹c²c⁴: gusta R |
quoque] quidem FL | oculis *om.* F$_1$ | non] nunc N || **133.** ed F$_1$ | cum fixum μυ,
Beroaldus: confixum *cett. codd.* | decusseris *Broukhusius*: dis-
cusserit *codd.*: discuserit Rc³c⁴: disuesserit H *primo* | [unchum c¹: untum c⁴] |
Anth. Pal. XII, 241: ἄγκριστρον πεπόηκας, ἔχεις ἰχθὺν ἐμέ, τέκνον [*Dietrichs*] ||
134. nil erit μplBHc¹c²c⁴: nihil erit v$_1$Vo.: nichil erit N: nil premit FLc² | rostrum
scripsi: rostro *Dom. Calderinus*: nostro Ω | temperat *ego*: te premat *codd.*: cep̄mat c²:
te premit F: te premet *Itali* | ansa *Dom. Calderinus*: ausa Ω (au *in ras.* F) | suom
ego (*cf.* 137, 66): suo *codd.*: tuo N | urcei ansam et rostrum ingeniose inuenit uir
doctus, neque explicuit quomodo ansa rostro suo poetam premere possit. an capulus
mucrone perforet?* || **135.** medii c² || **136.** hostibus c³ | inhermis FLc⁴: in ermis
BHc³ | eas *ex* eat *corr.* F$_1$ || **137.** cauom *scripsere Baehrensius et Palmerus* (*cf.* 134, 66):
cauum c²F$_2$ *corr.*: cauo *codd.*: (cano R) | diducat NμυBVo.Rc¹c³$_2$ (*ex* diducit *corr.*):
deducat HLc²c⁴, F (*sed* dede coeptum est) | hyatum FLc¹c²: hiatu c⁴: hiatus R ||
138. octi pedis F$_1$Vo. | caneri c³ | sinixtra Fc² | *uersum interpretari conati sunt edd.
aliquot de Cynthiae auaritia; at sub Cancro nati non auari sed uariis commerciis apti*
(*Manil.* IV, 166). *rogatus per litteras comiter me docuit Housmannus astrologiae unus
peritissimus neque hic neque in u.* 82 (ab zonis quinque petunda fides) *ullius astrologi
scientiam exhiberi, ridere Propertium. respicit sane, ut ego credo, ad uu.* 109, 110
(nunc ad tua deuehar astra). *inter miracla scientiae suae ultimum ponit astrologus se scire sub Cancro natum poetam; nihil enim post illam horam homini timendum
adferunt zodiaci signa* ||

iii [ii]

Quid mirare meas tot in uno corpore formas?   [A. (a)
    accipe Vertumni signa paterna dei.
Tuscus ego ⟨*et*⟩ Tuscis orior, nec paenitet inter
    proelia Volsinios deseruisse focos.

5   et tu, Roma, meis tribuisti praemia Tuscis
    (unde hodie Vicus nomina Tuscus habet),
tempore quo sociis uenit Lycomedius armis
    atque Sabina feri contudit arma Tati.

uidi ego labentes acies et tela caduca,   (b)
10   atque hostes turpi terga dedisse fugae;
sed facias, diuum sator, ut Romana per aeuum
    transeat ante meos turba togata pedes:
haec me turba iuuat nec templo laetor eburno:
    Romanum satis est posse uidere Forum.

15   hac quondam Tiberinus iter faciebat, et aiunt   (b)
    remorum auditos per uada pulsa sonos;

numeri elegiae iii: 8; 6, 6·6·6; | 6, 6·6·6; 8.

---

iii. *noua elegia in* Ω. *titulus* fabula uertunni [uertumpni FL]: de uertunno c³.
  1. qui c⁴ *Heinsius* ‖ **2.** uertunni NBc⁴: uertumpni L: uertumpui F₁: uertuni c¹ |
petenda F₁Lυ (*pro u. l.*) g₁d ‖ **3.** et *suppleuere Itali,* c⁴: *om. codd.* | fuscis Vo. |
corion R: honor c² | [poen. c¹] | inter c³₂ (-ter *in ras.*) ‖ **4.** uolsanios Nμυplc³₁:
         c
uolsonios c²: uols anios *corr.* c¹c³₂: uolscanios c⁴R: uolsanos FB (*in* uolcanos *corr.*)
Vo.: uolsamos H: uolsunios *L. Muellerus* ‖ **5–12** *huc traiecit Housmannus, sed sic ut*
uu. 5, 6 *post u.* 10 *legerentur. hoc quem seruo ordine ante u.* 57 *exstant in codd.* ‖
5. et Nυ₁c²: at *cett.* | prebuisti c¹c³₁c⁴ ‖ **6.** tuscus nomina uirus Vo. | uitiis L ‖ **7.** sotiis
FLc¹ | lycom. NBVo.: licom. *codd.*: licodem. H: licomodius F: lucumonius
Turnebus ‖ **8.** sabina F₁ (s *ex* l *corr.*) | contudit Nμplc²c⁴: contulit υFBHLVo.Rc¹c³ |
taci BHVo.c²c³c⁴: tacii NμυFLR: tatii l: truci c¹ ‖ **9.** aties L ‖ **11.** roma c¹c³R:
rom[ana per] *spatio relicto* c⁴ ‖ **12.** rogata H₁R | pedes] meos H₁ ‖ **13.** Nec Vo.H₂c² |
me *codd.*: mea NFLc² | lector HR | heburno F ‖ **14.** est] et Vo. ‖ **15.** hac] hile c¹ |
condam F | tiberinus NBHRc¹c³c⁴: tyb. Fc²: thyb. Vo. | iter (t *in ras.*) L | et] ut
L ‖ **16.** auditas c² | pulsa Ω; *cf. Tibull.* II, 5, 34 ‖

at postquam ille suis tantum concessit alumnis,
     Vertumnus uerso dicor ab amne deus.
seu, quia uertentis fructum praecerpimus anni,
20   Vertunni rursus credis id esse sacrum.

prima mihi uariat liuentibus uua racemis   (b)
     et coma lactenti spicea fruge tumet;
hic dulces cerasos, hic autumnalia pruna
     cernis et aestiuo mora rubere die;
25 insitor hic soluit pomosa uota corona,
     cum pirus inuito stipite mala tulit.

nam quid ego adiciam, de quo mihi maxima fama est, (b)
     hortorum in manibus dona probata meis?
caeruleus cucumis tumidoque cucurbita uentre
30   me notat et iunco brassica uincta leui;
nec flos ullus hiat pratis quin ille decenter
     inpositus fronti langueat ante meae.

---

17. alumpnis NFLc^2 ‖ **18.** uertunnus c^{1}c^{2}c^3: uertunus c^4: uertumpnus F: uertamnus *Paleyus* | anne c^{2}c^3 | deuus c^3 ‖ **19.** quia] qua F$_1$c^{1}c^3 | uertentes N | fluctum c^2 | pr(a)ecepimus Nμv_1plBHVo.R, *corr. Fea, post Heinsii* praecerpsimus: percepimus FLC | ante c$^3_1$ ‖ **20.** uertunni BHc^{1}c^3: uertanni *Paleyus*: uertumni LVo.c^2: uertumpni F: uertuñi NRc^4 | rursum c^2: [*uulgus Itali, ob* credidit] | credis id *Postgatius*: credidit Ω | *docet seu rursum poetam hic* Vertunni *ab anno, illic* Vertumnus *ab amne scripsisse* ‖ **21.** uua] una F$_1$c^{2}c^3 | uacemis c^2: racenus F$_1$ ‖ **22.** spigea c^3 ‖ **23.** dolces c^1 | crassas H$_1$ | autunalia c^{2}c^4: autuñalia Bc^1: antumn. c^3: autumpn. FL: autunn. H | pruma *v*: prima H$_1$c^{4}p: poma Vo.H (*pro u. l.*): prona R:
runa add. L$_2$ ‖ **25.** lusitor c$^3_1$ ‖ **26.** qum c^1: quom BH | pus Vo. | [stypite c^2] ‖ **27–32** *in codd. post u.* 56 *exstant: huc traiecit Schraderus* (*sc. ob homoearchon*, cūpirus (26), inpo̅itus (32), *errauit librarius*) ‖ **27.** aditiam c$^3_1$ | fama *om.* c^3: cura c^{1}c^4: fama (*prima a ex corr.*) B$_1$ ‖ **28.** ortorum Vo.c^{1}c^4 ‖ **29.** tumideque Vo., *om.* -que c^4 | [curbita c^4] ‖ **30.** necat F$_1$L | iunco LVo.c^4: uinco NμvBHc^3: [*incerti* c^{1}c^{2}R]: uinci F$_1$ | bassica F$_1$: brasica c^{3}R | iuncta Fc^3 ‖ **31.** [hyat c^2] ‖ **32.** inp. N: imp. *codd.*: impositum c$^3_1$ | langueat angueat L | mee *ex uie corr.* F$_1$ | *sic, cum Housmanno octo, cum Schradero sex uersibus traiectis, ad mediam elegiam peruenimus. nunc uertunt se numeri, se uertit materia* ‖

Mendax fama, uaces. alius mihi nominis index: [B. (b)
de se narranti tu modo crede deo.

35   opportuna mea est cunctis natura figuris:
in quamcumque uoles uerte, decorus ero.
at mihi, quod formas unus uertebar in omnes,
nomen ab euentu patria lingua dedit.

indue me Cois, fiam non dura puella;   (b)
40   meque uirum sumpta quis neget esse toga?
da falcem et torto frontem mihi conprime faeno:
iurabis nostra gramina secta manu.
arma tuli quondam et, memini, laudabar in illis;
corbis in inposito pondere messor eram.

45   sobrius ad lites: at, cum est inposta corona,   (b)
clamabis capiti uina subisse meo.
cinge caput mitra, speciem furabor Iacchi:
furabor Phoebi, si modo plectra dabis.

---

33. phama Vo. | uaces *Itali*: uoces FLVo. (*quod pro* uaces *positum credit Housmannus*): noces NμuplBc^{1}c^3: notes c^{2}c^4: nocet H | [indes c^1] ‖ 34. [naranti c$^3_1$] ‖ 35. opport. BHc^{1}c^{3}c^4: oport. *codd.* ‖ 36. quamcumque Nμu: quanc. c^1: quāc. c^3: quac. *codd.*: inquecunque Vo. | uertes v_1 ‖

37, 38 *in codd. exstant inter duos illos pannos a Schradero et ab Housmanno traiectos (uu. nostros 27–32 et 5–12, qui suo loco omissi tum hoc ordine inter u. 56 et u. 57 sunt exscripti). hoc etiam distichon locum perdiderat, ut docent numeri, sex hic uersus requirentes: ibi iam a Guyeto erat suspectum. ut dicit de se, neque ob uertentes acies (9) neque ob tergiuersationem suam (4) neque a uerso amne aut anno (18, 20) Vert-omenos uel Vertumnus uel Vertunnus uel denique Vertunus nominatus est deus a Tuscis; sed, quia formas uertebatur unus in omnes, Vertunus uel Vertomenos uel coniuncte Vertumnus uel omnes unus euenit.*

39. chois *codd.*: cohis FL: ehois B ‖ 41. facilem v_1c^4 | fontem L | compr. *codd.* | feno FBLVo.: fero H$_1$: foeno H$_2$Rc^{1}c^3: freno v_1 ‖ 42. septa c^2: facta FL ‖ ‖ 43. condam F: (quomd. c^1) ‖ 44. cor bis L | in NplVo.c^{2}c^3: *om.* μvFBHLRc^4: et c^{1}gd, *fortasse recte*: ab ς | imp. μvBHLVo.c^{2}c^{3}c^4 | messa c^2 ‖ 45. at] ac v_1FL | quom BHVo.c^1 | est] *om.* FL | inp. *codd.*: imposta BHLVo.: inposta *inter u.* 44 *et u.* 49 (*et post u.* 32) *friget; sed uix* mihi sumpta *legendum; cf.* templorum positor, templorum sancte repostor, *Ouid. Fast.* II, 63 ‖ 46. uiua F$_1$R: iura H$_1$ | sub esse c^{1}c$^3_1$ ‖ 47. cigne c^1 | capud c^2 | intra c^1 | spetiem c^3 | achei *codd., corr. Itali*: (athei Rc^4) ‖ 48. phebi NFVo.: plebi μv_1 | plecta F$_1$L$_1$ ‖

        cassibus inpositis uenor: sed harundine sumpta

50   fautor plumoso sum deus aucupio.

        est etiam aurigae species, uestitus et eius   (b)

          traicit alterno qui leue pondus equo.

        suppetat hoc, pisces calamo praedabor; et ibo

          mundus demissis institor in tunicis.

55   pastor ouem ad baculum possum curare; uel idem

          sirpiculis medio puluere ferre rosam.

        sex superant uersus; te, qui ad uadimonia curris,   (a)

          non moror: haec spatiis ultima creta meis.

        stipes acernus eram, properanti falce dolatus,

60   ante Numam grata pauper in urbe deus;

        at tibi, Mamurri, formae caelator ahenae,

          tellus artifices ne terat Osca manus,

        qui me tam docilis potuisti fundere in usus.

        unum opus est; operi non datur unus honos.

---

49. casibus Fc³ | imp. BHVo.c³ | arund. FLRc¹c²c⁴ || **50.** fautor *C. Rossbergius*: fauuor F₁: fauor NBR: faunor p₁l₁Lc²: fauon μυc¹c³₁c⁴: fauonor H₁: faunus Vo. || **51.** est etiam] mentiar *Housmannus* | spet. Lc³: specie *Heinsius* | uestitus *scripsi*:
uertumnus *codd.*: utunus N: uertunnus Hc³c⁴: uertundus c¹: uertunus R: uerturupuus (*sc. pro* -umpnus) F | elus *codd., corr. Itali,* R: helus c⁴: ʒelas, a *in* u *corr.* F₁ | *hic omnino friget nomen Vertumni, quod et Housmannus et Heinsius retinet: uerba sine sensu praebent codd.* uestitus *in* uertūus *abire facile potuit, in hac praecipue elegia: facile etiam supra* species *potuit aliquis adnotare* uertumno, *ut illud est explicaret* || **52.** qui leue *bis* c² | pundus c³ || **53.** supperat N: suppeta F₁: suppectat H | pices L || **54.** in stitor B: instit Vo. || **55.** pastor ouem *Huleattus*: pastorem Ω || **56.** serpiculus Vo.H₂c¹c³c⁴: serpicolis B || *post hunc u. in codd. exstant uu. nostri* 27–32, 37, 38, 5–12, *quos omnes suis locis omissos ante u.* 57 *inserere coactus est librarius eis uerbis* sex superant uersus || **57.** *numeros elegiae ut doctis agnoscendos testatur poeta: uide praefat. p.* 7 | currus c³ || **58.** moror] mor c³₁: minor c² | spac. FR | creta] serta H | meta c⁴ || **59.** stipis *codd., corr. Itali* | acernus NμυBVo.c³₁ *corr.*: aceruus HL₁ (*ex* acernus *corr.*) Rc¹c²c⁴: aceriuis c³₁ (?): arceruus F₁ || **60.** gratam H || **61.** mamurri *codd.*: mamuri Vo.c⁴: mamumi c²: mamurti L | cadator H | aen(a)e *codd.*: aeneę H: athene R || **62.** me F₁L | terrat FH | ossa c¹c³₁c⁴ || **63.** quod LVo. (?): QĮ c¹ || **64.** opus] usus FL | honor c¹c³c⁴R ||

iv [iii]

Haec Arethusa suo mittit mandata Lycotae,— [A. (a)
    cum totiens absis si potes esse meus.
siqua tamen tibi lecturo pars oblita deerit,
    haec erit e lacrimis facta litura meis;
5   aut siqua incerto fallet te littera tractu,
    signa meae dextrae iam morientis erunt.

te modo uiderunt iteratos Bactra per ortus, (b)
    te modo munito Sericus hostis equo,
hibernique Getae, pictoque Britannia curru,
10   tunsus et Eoa decolor Indus aqua.

haecne marita fides? a, pacta precaria noctis, (a)
    cum rudis urguenti bracchia uicta dedi!
quae mihi deductae fax omen praetulit, illa
    traxit ab euerso lumina nigra rogo;
15   et Stygio sum sparsa lacu, nec recta capillis
    uitta data est: nupsi non comitante deo.

numeri elegiae iv: 6, $\widehat{4\cdot6}$, 8; 6, $\widehat{4\cdot8}$, 6; 6, $\widehat{8\cdot4}$, 6.

---

iv. *noua elegia in* Ω. *titulus* epła (h)aretuse ad licotem FBc³: [areth. lycot. L].

1. H(a)ec c²c³: Ec c⁴: *om. cett. codd.* | Harethusa NBL: Haretusa FH: [ ]Rethusa Vo.R: Arethusa c²c³: Aretusa c¹ (*sic*): Aretusa c⁴ (*sic*) | mictit Fc¹c²c⁴ | licote *codd.*: licotę c³: licoce c²: licore c⁴: liquore c¹ || *uide* **App. adn.** 3

2. quom BH: ne c¹ | si] cum c² || **3.** lectura c¹ | oblitura Vo. | deerit Ω || **4.** elacr. c¹: et lacr. c²: est lacr. c⁴ | littura c³R: lict. c²: lictera F₁ || **5.** at FL | in caro c² | litera c³: lict. c¹ | tractu] tra... c² || **6.** destrę c³ || **7.** iteratro c³: iterato c¹c⁴c⁵: 'iteratos: *a sole scil.... Ouid. Fast.* VI, 199: Phoebusque iterauerit ortus': *Palmerus. credo autem Augustum Alexandrum alterum se profitentem iterum Bactra peruenire uoluisse; cf. Tacit. Agric.* xiii, diuus Claudius auctor iterati operis (*sc.* inuadendae Britanniae: *codd.* auctoritate operis) | bactra μυlBVo.c¹c³c⁴: blactra pF₁L: batra H: bratha c²: *om.* NR (*sc. ob non intellectum* blactra *uel* blattra *tria uerba omisit* N. *idem librarius in Cynth.* xxiv, 31 *post* scandentes *omisit incertum uocabulum, postea emendatum inseruit*) | per ortus *codd.*: [ortos g]: *om.* N || **8.** tu Vo.c³₁ | munitus *codd.*, *corr. Beroaldus*: minutus F₁ | hericus *codd.*, *corr. Beroaldus*: horicus c²: neuricus *Puccius* | eco c²₁: ęquo H || **9.** hyberni FR | picto *om.* -que F₁L | brictanica c² || *num picta sunt* esseda Britanna (*Ell. Lib.* II, i, 62)? *scit saltem puella pictos esse Britannos et curru uehi* || **10.** tunsus *Housmannus*: ustus *codd.*: uestus Vo.R | decolor *cod. Berol. lat.* 500, *Passeratius; cf. Ouid. A.A.* III, 130: discolor *codd.* | nidus c¹ || **11.** hac ne Vo.: hec ue F₁: nec me c¹ | *interrogationis signum post* fides *pono* (*cum* H) | a *ego*: et *codd.* (*ut passim*): *om.* R: hae *Itali*; *cf.* hicne est liber Hymen? o dulcia furta dolique... (*Stat. Achill.* I, 936–938) | pacta *Postgatius*: pacata c¹: pact(a)e H₁Vo.: pacat(a)e μυplFBLc², H₂ *corr.*: paccat(a)e gd, c³₂ *corr.*: peccate c⁴: peccatie c³₁ (*cf.* N): *om.* NR | precaria (*h.e.* praecaria) *ego*: parce auia N (*cf.* c³₁): mihi *codd.*: iam mihi Vo.: *om.* R | noctis L. *Muellerus*, *edd.*: noctes *codd.*: notes c² | [pacta haec mihi praemia noctis *Postgatius*: et primae praemia noctis *Housmannus*] || **12.** qum c¹:

340

flore sacella tego, uerbenis compita uelo,   (c)
     et crepat ad ueteres herba Sabina focos.
     siue in finitimo gemuit stans noctua tigno,
20   seu uoluit tangi parca lucerna mero,
     illa dies hornis caedem denuntiat agnis,
      succinctique calent ad noua lucra popae.
     omnis amor magnus, sed aperto in coniuge maior;
      hanc Venus, ut uiuat, uentilat ipsa facem.

25   Omnibus, heu, portis pendent mea noxia uota;   [B. (a)
      texitur haec castris quarta lacerna tuis.
     occidat, inmerita qui carpsit ab arbore uallum
      et struxit querulas rauca per ossa tubas,
     dignior obliquo funem qui torqueat Ocno,
30   aeternusque tuam pascat, aselle, famem!

noctibus hibernis castrensia pensa laboro   (b)
     et Tyria in gladios uellera secta suo:

---

quom BHVo. | rudis c^2 | ingenti Vo. | uicta] nuda $c^1c^3c^4$: uita H_1 (*qui hic etiam signum interrogationis ponit*) || **13.** omni F_1L: omne H_1v_1: omine R | pertulit $c^1c^3c^4$: protulit Vo. || **14.** trasit B | lumine c^3_1 || **15.** stig. *codd.* | sum] sinu F_1 | ructis F_1 ‖ **16.** uitta NB: uicta *codd.*: uita FH_1L ‖

    de tota elegia ordinanda uide App. adn. 4. *in* Ω *hoc ordine exstat:* 1–16; 25–30; 49–58; 31, 32; 35–48; 23, 24; 33, 34; 59–62; 17–22; 63–72.
    17. tergo c^2 | uerbennis H ‖ **19.** infin. Vo.Rc^1: funtiuo *in furtiuo corr.* F_1 | genuit $F_1LVo.R$: [stans gemuit c^1] ‖ **20.** noluit c^1 | tigni c^1: tagni c^4: tingi *Itali* | pauca lacona c^2 ‖ **21.** dies, i *ex corr.* B_1 | ornis *codd.*: omnis Vo. | denunc. $BVo.c^4$: denunct. c^1: denumpt. Fc^2 | agnis] *ex* annis *corr.* N_1: anguis F *pro u. l.* (*man. aequalis*) ‖ **22.** succinct(a)eque *codd., corr. Itali:* succint. $F_1Vo.Rc^3$ | cadent $c^1c^3_1c^4$ | popo F_1: prope c^1 ‖ **23, 24** *in codd. post u.* 48 *exstant, ibi iam in unciali exstabant, loco suo ob homoearchon,* omnis (23), omnibus (25), *delapsi et in ima pagina* (b) *inserti. ibi post eos lacunam indicauit Luetiohannus, quem secutus est Baehrensius; huc reuocaui. aperto in* coniugio (*cf.* coniugis obsceni *pro* 'coniugii' *positum: Ell. Lib.* III, x, 39) *gloriatur nupta quamuis frustra: quamuis absente amato* (*cf. Ell. Lib.* III, xvi, 18) *Venus uiuam hanc facem seruat* ‖ **23.** maior] monor c^2 ‖ **24.** ut] et c^2 | [uentillat c^2] ‖ **25–30** *in codd. post u.* 16 *exstant; uide App. adn.* 4. *sic separaui. modo narrata sunt pro reditu coniugis uota, quae die sunt facta et foris. nunc ad interiorem domum et ad telam uertimur, quae die etiam exercetur. sequuntur horae uespertinae* (31–42), *nocturnae denique* (55–57) *et redeuntis diei* (58–62) ‖ **25.** pendens c^3_1: pendere c^1: pendet c^4 ‖ **26.** texerit Vo.: tessitur c^2 | castri F *primo* | laterua F_1 ‖ **27.** in merita $v_1Vo.c^1$: imm. Hc^3 | carpsit ab] carpserit $c^1c^3c^4$ϛ [*sc. omiserat* C *ab ante* arb-] | abore arbore uatum H_1 ‖ **28.** quaerula c^3_1 | cubas c^2 ‖ **29.** finem F_1 | torquaeat c^3: torquet v_1 | ocno NH_1c^2 (?): oeno pFL: orno BR: aeno Vo.c^3c^4: euo c^1 ‖ **30.** pascit B_1 *primo* | assele H ‖ **35** *in codd. ante u.* 58 (*sed post u.* 58) *exstant: uide App. adn.* 4; *sc. inter u.* 30 *et u.* 31 *exscripti sunt decem primi uersus folii* 134 *a* ‖ **31.** nocturnas *dicit poeta horas uespertinas etiam in Ell. Lib.* III, ix, 21, 23, *ubi etiam sequitur nox* (30) *amantium* ‖ **31.** hyb. $c^1c^2c^3R$ | castrentia NF_1 | labora F_1 ‖ **32.** tiria Fc^1c^3 | clauos *Passeratius* | septa c^2 | suos Ω, *corr. C. Rossbergius* ‖

nam mihi quo Poenis tum purpura fulgeat ostris
crystallusque meas ornet aquosa manus?

35   et disco qua parte fluat uincendus Araxes,   (c)
quot sine aqua Parthus milia currat equus,
cogor et e tabula pictos ediscere mundos,
qualis et haec docti sit positura dei,
quae tellus sit lenta gelu, quae putris ab aestu,
40   uentus in Italiam qui bene uela ferat.
adsidet una soror curis, et pallida nutrix
peierat hiberni temporis esse moras.

felix Hippolyte! nuda tulit arma papilla   (a)
et texit galea barbara molle caput.
45   Romanis utinam patuissent castra puellis!
essem militiae sarcina fida tuae;
nec me tardarent Scythiae iuga, cum pater altas
Caspius in glaciem frigore nectit aquas.

33, 34 *in codd. post u.* 48 *exstant, sed interiectis uu.* 23, 24; *uide App. adn.* 4. *ut cum uu.* 31, 32 *coniungerentur, traieci* || **33.** penis FLc¹c³ | tum *scripsi pro* tᶜ (= *tunc*), *quod testantur codd., ut uidit Housmannus*: te N: tibi *cett.*: nunc *Housmannus* || **34.** crystalus H: crist. Vo.Rc¹c³ | meas N: tuas *cett. codd.* | *uesperi intra amati domum ornatum omnem remittit, qualem per compita die ostendit* (17–22) || **35–48** (*cum uu.* 23, 24) *in codd. post u.* 32 *exstant et ante uu.* 33, 34; *uide App. adn.* 4. *uu.* 35–40 *seruo in ordine quem praebent codd. Broukhusius uu.* 35, 36 *post u.* 38 *posuit* (*sic Postgatius*). *at confer Ell. Lib.* iii, xi, 7, 8:

> tu tamen *intexta* tectus, uaesane, *lacerna*
> potabis galea fessus *Araxis* aquam.

Araxes cum lacerna in mentem uenit et Parthi; discit res militares. rem duriorem ediscere cogitur, geographiam physicam. uu. 37–40 *arte cohaerere docet Ouidius, Met.* i, 45–51 (*cf.* 21, 32):

> sic onus inclusum numero distinxit eodem
> (48) *cura dei*, totidemque plagae tellure premuntur.
> quarum quae media est non est habitabilis aestu:
> *nix tegit alta duas.*

35. uicendus c¹ || **36.** quod N | ᵃqua N | partus FH₁c¹c²c³ | curat c³: aurat c² | equs Nc² || **37.** etab. c¹ | mondos c¹c³₁ || **38.** sic c¹ | ponitura Vo. | *cf. Ouid. l.c.* 21, 32, 48, 57, 79; *Ell. Lib.* iii, iii, 49, 50, 53:

> tum mihi naturae libeat perdiscere mores,
> quis *deus* hanc *mundi* temperet *arte* domum;
> unde salo superant *uenti, etc.*

frustra uersum uexauere Hoefftius (Dahae) *et R. Ellisius* (educti...Dai) || **39.** pueris Vo.: puť (*sic*) c² || **40.** ytal. F: ylanliam c¹ | bene] t͠m c¹ | uella ferrat H || **41.** ass. BHLRC: adsit Vo. | curris H: euris B || **42.** pierat B | hyb. c³ | corporis c² || **43.** hypp. Vo.Rc²: hyp. BH: ypolite NFLc¹c³ | tullit BHc³ || **44.** gallea c³ || **45.** potuissent c¹c² || **46.** fide c² || **47.** scithye Vo.c²: cithie F₁: cythie L: scitice c¹: scitię c³ | uiga H | quom BHc¹c³ || **48.** Caspius *ego*: affricus *codd.*: (africus Rd: aphricus Vo.g) acrius *Postgatius, quo accepto in u.* 47 *legendum sit* Pater || *uide* **App. adn. 5**

Dic mihi, num teneros urit lorica lacertos?   [C. (a)
50 num grauis inbelles adterit hasta manus?
  haec noceant potius, quam dentibus ulla puella
   det mihi plorandas per tua colla notas!
  diceris et macie uultum tenuasse: sed opto
   e desiderio sit color iste meo.

55 at mihi cum noctes induxit uesper amaras,   (c)
   siqua relicta iacent, osculor arma tua;
  tum queror in toto non sidere pallia lecto,
   lucis et auctores non dare carmen aues.
  omnia surda tacent, rarisque adsueta kalendis
60 uix aperit clausos una puella Lares;
  Craugidos et catulae uox est mihi grata querentis:
   illa tui partem uindicat una toro.

  ne, precor, ascensis tanti sit gloria Bactris   (b)
   raptaue odorato carbasa lina duci,

49–58 *in codd. inter u.* 30 *et u.* 31 *exstant: sc. pro fol.* 133 *a omisso librarius fol.* 134*a*
coeperat || **49.** michi F | dum *codd., corr. Itali:* cum c³c⁴: quom c¹ | teneros *indurati*
militis lacertos ex more amatorio dicit puella, ut poeta matris causa Paeti longas manus,
teneras manus, *Ell. Lib.* III, v, 20, 62 || **50.** qum c¹ | in bellis c²: imb. BHLVo. |
att. *codd.*: aterit F: acterit c², c⁴ (*bis*): hacterit c¹ | asta Fc²c³ || **51.** nec Vo.c¹: nẹ c² |
uoceant c² | puellae Vo. || **52.** michi F | natas c¹ || **53.** matie Vo.: macio *in* macro
corr. c²₁ | uultum] collum Vo. (*e u.* 52) | cenuasse c² || **54.** e] *in* et, *tum in* ut *corr.* F
(*man. aequalis*): et Vo.R | ipse c¹c³c⁴: ille Vo.RH₂ || **55.** quom BHc¹ | inducit FB |
amaras] armatus H₁ || **56.** relipta c² | obsc. c¹c²c³ || **57.** tu quaeror c³ | in] nſ F₁ |
sῑdere F || **58.** luces F₁ || **59–62** *in codd. post u.* 34 *exstant, inter u.* 62 *et u.* 63 *interiectis*
uu. 17–22 (*iam Housmannus uu.* 61, 62 *cum nostro u.* 58 *coniungere uoluerat, probante*
Postgatio). *hi uersus matutini temporis acta prima narrant; expergiscitur catula post*
ancillam, ancilla post aues. uu. 58, 59 *coniunxi* || **59.** ratisque c³: -que *om.* F₁L |
adsueta *codd.*: ass. *v*Fc¹c²c³: assuta c⁴ | calendis FVo.c³₁: kaᵗᵉdis c²: kᵗendis c⁴:
klendis Rc¹ || **60.** laros N || **61.** graucidos *codd.* (F₁ *uel* u *uel* n: grācidos R), *corr.*
Bergkius: [Glaucidos *Scaliger*] | quaerentis Vo.: queraentis c³ || **62.** uendicat
Rc¹c²c⁴ | thoro *codd.:* [thori c⁴] || **63.** ne] nec Lc¹: hec R | [p̄cor c³] | asc. *codd.*:
a scensis Vo. | battris F: blactris L: baotris c¹: batris R: [parthis c⁴] (*cf. u.* 7) ||
64. raptiue c¹ ||

65　　　plumbea cum tortae sparguntur pondera fundae
　　　　　subdolus et uersis increpat arcus equis!

　　　　sed (tua sic domitis Parthae telluris alumnis　　　　　　　(a)
　　　　　pura triumphantes hasta sequatur equos)
　　　　incorrupta mei conserua foedera lecti—
70　　　　hac ego te sola lege redisse uelim;
　　　　armaque cum tulero portae uotiua Capenae,
　　　　　subscribam: 'saluo grata puella uiro.'

　　　　　　　　　　　　　　V　　　　　　　　　　　　[iv]

Tarpeium nemus et Tarpeiiae turpe sepulchrum　　[A₁. (a)
　　　　fabor et antiqui limina capta Iouis.

　　　　lucus erat felix hederoso conditus antro　　　　　　　　(b)
　　　　　multaque natiuis obstrepit arbor aquis,
5　　　　Siluani ramosa domus, quo dulcis ab aestu
　　　　　fistula poturas ire iubebat oues.
　　　　hunc Tatius fontem uallo praecingit acerno,
　　　　　fidaque suggesta castra coronat humo.

numeri elegiae v: 2: | 6·6 (+ *8*), 6·8·8·8; | 8·6·8·8; 8 [*2* +] 4·6: | 2.

---

65. plombea H | quom H: quin c¹ | torce c² | spanduntur c²: sparụnguntur H |
pundera N₁ | nĩde F₁: ponte (*in* fundẹ *corr.*) p ‖ **66.** sub dolus c²R | et aduersis c²:
[auersis *Fonteinius*: auersis et crepat *Baehrensius*] | artus c¹ ‖ **67.** sic] sit Lc²: sint F |
parte Vo.c¹c²c³ | [par. tell. al.] *om.* R | alumpnis NFL: alumpnus c²: alunnis c¹ ‖
68. triunph. c¹c³: trihumph. c² | ♭asta N₁ *corr.*: asta c¹c³ | sequantur c² ‖ **69.** federe
Bc³₁ ‖ **70.** haec c¹ ‖ **71.** quom BHVo.c¹c³ | tullero Vo. | uotiua, uo- *ex corr.* (co *uel* oo)
F₁: uotiue H₁ | capin(a)e NBHL: capeme F₁ | *uersus ad u.* 25 *respicit* ‖ *de numeris
huius elegiae nihil notaui: tu nunc formam et responsiones considera* ‖

　　v. *noua elegia in* Ω. *titulus* fabula Tarpei(a)e: [f. tarpe(a)e Lc³: Tarpeiae mors H].
　　1. tarpeum F₁ | tarpeiiae *Housmannus* (*ex* F), c³₂: tarpell(a)e F₁c³₁: tarpel(a)e
NμνB: trapelae H: tarpeye L: tarpeiat c¹: tarpei(a)e *cett.* | turpẹ H₁: pulcre F₁L |
sepulcr. FLc³R ‖ **2.** lumina F₁c² ‖ **3.** luctus F₁ | hedoroso *v*: ederoso L: oderoso F:
edorso Vo. ‖ **4.** -que *om.* c¹c³₁: multa ubi *Itali* | obstrepet F ‖ **5.** siluam L, H₁ *primo*:
saluam c³₁: siluarum R | quod c³ ‖ **6.** uidebat Vo.c³c⁴ ‖ **7.** nunc Vo.Rc¹c³ | tatius
LVo.R: tacius NFBHc²c³: [tacitus c⁴: facĩus (= *facinus*) c¹] | funtem c³ | ualo c³₁:
ualle c² | precignit c¹ | acerbo c²: aceruo F₂ *corr.*: acerno (a *in ras.*) c³ ‖ **7, 8.** *cf.*
Paneg. Messal. 82–87:

　　　　　　　　nam te non alius belli tenet aptius artes,
　　　　　　　　qua deceat *tutam castris praeducere fossam*,
　　　　　　　　qualiter aduersos hosti defigere ceruos,
　　　　　　　　quemue locum ducto melius sit *claudere uallo*,
　　　　　　　　fontibus ut dulces erumpat terra liquores,
　　　　　　　　ut facilisque tuis aditus sit et arduus hosti ‖
　　8. subgesta Frc²: subiecta c¹ ‖

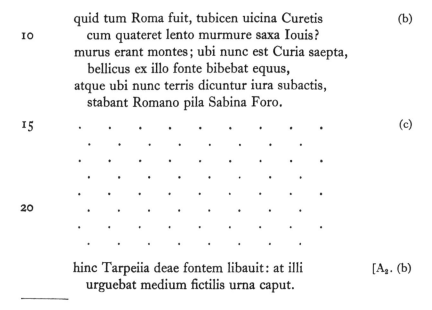

quid tum Roma fuit, tubicen uicina Curetis   (b)
10   cum quateret lento murmure saxa Iouis?
murus erant montes; ubi nunc est Curia saepta,
     bellicus ex illo fonte bibebat equus,
atque ubi nunc terris dicuntur iura subactis,
     stabant Romano pila Sabina Foro.

15   .   .   .   .   (c)

20

hinc Tarpeiia deae fontem libauit: at illi   [A₂. (b)
urguebat medium fictilis urna caput.

9. qui Vo.: quod L | cum F₁LVo.c² | Curitis *Bergkius* || 10. quom BHc¹c³ | cateret F₁ (s *ante* c *add.* F₂): quater et c¹ | saxa] facta F₁L (*sc. e* sacsa) || 11, 12 *in codd. post u.* 14 *exstant: traiecit nescio quis* || 11. aurus c³₁ | curria c¹c³ | supta c¹ | [curia septa *postea add.* L] || 12. funte c¹c³ | bibeba c¹ | equs c¹ || 13. dicuntur] dn̄r (*sic*) c¹c²c³ | sub aptis c²: sub actris Vo. || 14. foco Ω, *corr. Itali,* c⁴g, *Corsinianus,* ⌐ || 15–22 *deesse censeo, lacunam tot uersuum inter* iv, 49 *et* v, 88 *testantibus foliis* [*uide enim ad uu.* 88, 89, 90 *et ad* vii, 67, 68 *nec non illam uncialis paginam in el.* viii *agnoscendam* (*fol.* 145 *b*)], *inter* v, 2 *et* 23 *numeris. lacunam declarat etiam sensus. quis enim sit Tarpeia, quis illa dea, nusquam ante u.* 23 *narratur, neque locus unde libatum* (hinc) *uenerit puella. certe de Capitolio uenit, non de Foro, secundum scriptores omnes, e.g. Liu.* I, xi, 5–9 (*de uu.* 89, 90, *qui hic post u.* 24 *in codd. exstant, uide ad locum: Vestam deam nominant, nihil ultra adiuuabant*). *itaque facile octo uersibus materiam suppleueris, de Vesta, de Vestalibus uirginitati deuotis, de Ioue antiquo, de portis Capitoli* || 23. tarpeiia *Housmannus* (*cf. u.* 1): carpella F₁: tarpela N: trapeya L: tarpeia *cett.* | funtem c³: *an furtim? cf. Seruium ad Aen.* VIII, 348: (Tarpeia) aquatum profecta in hostes incidit | libabat c² || 24. urgebat *codd.*: uigebat c³₁ futilis L; *cf. Ouid. Fast.* III, 12, 14 || *post u.* 24 *exstant in codd. uu.* 89, 90, *q.u.* ||

25　　uidit harenosis Tatium proludere campis
　　　　pictaque per flauas aera leuare iubas;
　　　　obstipuit regis facie et regalibus armis
　　　　interque oblitas excidit urna manus.

　　　　saepe illa inmeritae causata est omina lunae　　　　　　(c)
30　　　　et sibi tinguendas dixit in amne comas:
　　　　saepe tulit blandis argentea lilia Nymphis,
　　　　　Romula ne faciem laederet hasta Tati:
　　　　dumque subit primo Capitolia nubila fumo
　　　　rettulit hirsutis bracchia secta rubis,

35　　et sua Tarpeia residens ita fleuit ab arce
　　　　uulnera, uicino non patienda Ioui:

　　　　'ignes castrorum et Tatiae praetoria turmae　　　　　　(c)
　　　　et formosa oculis arma Sabina meis,
　　　　o utinam ad uestros sedeam captiua Penates,
40　　　　dum captiua mei conspicer ⟨ora⟩ Tati!

---

25. haren. BHc¹c²c⁴: aren. *cett.* | tatium Lc³: tacium *codd.*: tacitum Vo.: tacū F₁ | producere c¹c⁴: produce c³ ‖ **26.** pactaque BH₁: [obstupuit flauas c¹ (*e u.* 27)]; *cf. Culex,* 70: tellus gemmantes *picta per* herbas | flammas c³₁ | aera *Heinsius (h.e. galeam)*: arma Ω (*e u.* 27) | *nostrum reuocat* Ouid. *Met.* VIII, 32 (*de Scylla*):

　　　　cum uero faciem dempto nudauerat aere
　　　　purpureusque albi stratis insignia *pictis*
　　　　terga premebat equi spumantiaque ora regebat,
　　　　uix sua, uix sanae uirgo Niseia compos
　　　　mentis erat (cf. 25).

cf. etiam Ell. Lib. III, x, 15, 16:

　　　　aurea cui postquam *nudauit cassida frontem,*
　　　　uicit uictorem candida forma uirum ‖

27–38 *reuocant Cirin, uu.* 163–176, *ut etiam uu. nostri* 83–88. *uide praesertim Cir·* 172–6:

　　　　saepe redit patrios ascendere perdita muros
　　　　aeriasque facit causam se uisere turres;
　　　　saepe etiam tristis uoluens in nocte querellas
　　　　sedibus ex altis caece (caeli *codd.*) speculatur amorem,
　　　　castraque prospectat crebris lucentia flammis ‖

27. regia c¹: reges c³₁ | faciẹ N | R^{re}galibus *sic corr.* F (*man. aequalis*) ‖ **28.** excedit c² ‖ **29.** illam c¹R | in mer. c¹c⁴Vo.R: imm. H: im mer. c³ | cāta F₁ | omina Nμυ BLH₂ (*in marg.*), c²c³₂: omnia FVo.R: lumina c¹c⁴: lumine c³₁ ‖ **30.** tinguendas Nμυ BLc²: tingendas *cett.* | amne] arma R: omne Vo. ‖ **31.** tuli Vo. | nymphis BHR: nimphis *codd.*: lymphis Vo.; *cf.* Ouid. *Met.* XIV, 786 (Naides Ausoniae) ‖ **29–31** H₁ *habet tantum,* Saepe illa immeritae bland. arg. lil. nym. ‖ **32.** romola c¹c³ | luderet c¹c² | asta c²c³ | taci *codd.*: tacii NμυFLR ‖ **33.** capitula L ‖ **34.** retulit *v*FBVo.c²c³c⁴: rect. c¹ | hyrs. c² | bracch. c¹c²F: brach. *codd.* | septa c²Vo.R ‖ **35.** tarpeia *codd.*: tarpea (-ea *fortasse ex corr.*) L ‖ **36.** non patiena c³: compatienda FL ‖ **37.** taci(a)e *codd.*: tacitẹ Vo. ‖ **38.** formosa Vo.c¹c²: famosa *cett.* ‖ **39.** o *om.* F | adūros N: aduersos R: ad fīros F | captura c¹: capitiua Vo. ‖ **40.** conspicer *codd.*: conspicies c³₁ | ⟨ora⟩ *e uu.* 27, 32 *suppleuere Itali*: esse *codd.*: arma Vo. | tati N: taci *codd.*: rati F₁: tatii F *pro u. l.* (*man. aequalis*): tacii R | *unde sit ortum* esse *indicat* c³₁ (*cf.* ix, 90), *quo abierit* ora F₁; *et or post er facile potuit omitti* ‖

Romani montes et montibus addita Roma
  et ualeat probro Vesta pudenda meo.
ille equus, ille, meos in castra reponet amores,
  cui Tatius dextras conlocat ipse iubas.

45 quid mirum in patrios Scyllam saeuisse capillos   (c)
  candidaque in saeuos inguina uersa canes?
prodita quid mirum fraterni cornua monstri,
  cum patuit lecto stamine torta uia?
quantum ego sum Ausoniis crimen factura puellis,
50 inproba uirgineo lecta ministra foco!
Pallados exstinctos siquis mirabitur ignes,
  ignoscat: lacrimis spargitur ara meis.'

Vrui festus erat (dixere Parilia patres: [B₂. (c)
  hic primus coepit moenibus esse) dies—
55 annua pastorum conuiuia, lusus in urbe,
  cum pagana madent fercula diuitiis,

---

41. abdita c²gd *corr.* ‖ **42.** probo c¹ ‖ **43.** equs c² | rependere F₁: repòrtet *Passeratius et Dousa pater* ‖ **44.** Quoi BHVo.c¹: Qui c³ | tacius BHLRc¹ | destras c³ | coll. *codd.*: colat F₁ ‖ **45.** quod Vo. | syllam c²: sillam Fc¹c³c⁴ ‖ **46.** in *om.* Vo. | foedos *Heinsius*: [sceuos H] ‖ **47.** fr͞m F *primo* (= *fratrem*): fr͞em R | carmina c³ ‖ **48.** quom BHVo.c¹ | pacuie Vo. | leto c¹ | stamine NLRc¹c²c⁴: stamina BHVo.c³: stramine F₁ ‖ **50.** inproba c¹: impr. *codd.* | uirgeneo Vo. ‖ **51.** pallidos Vo.: palladis L | ext. *codd.*: et tinctos Vo. ‖ **52.** sapargitur c² | ara F₁ *in ras.* (?) ‖ **53–62** *huc traieci ab ima uncialis pagina* 137 *a; in codd. post u.* 88 *exstant, ibi in ipso unciali inserti, cum ob homoeoteleuton, et* '*homoeomeson*,' -*at* lacrimisspargiturarameis (52), -*at pactisipsa futura comes* (62) *omisisset librarius. quod mendum non ante me uidisse uiros doctos admodum miror. sola sibi loquitur Tarpeia nocte prima per uu.* 37–52; *in uu.* 63–82 *manifeste Tatium adloquitur et uentura luce* (79) (83, dixit, et). *quod ut orationem unam dederunt edd. e duobus constat, inter quas liquet olim esse positos uu. nostros* 61, 62. *reciperati numeri rem confirmant* ‖ **53.** urui *ego, sed monente Postgatio, qui* lusus et urui *in u.* 55 *coniecit*: urbi Ω: *Festus,* p. 375: uruat. Ennius in Andromeda significat circumdat, ab eo sulco, qui fit *in urbe condenda uruo aratri; Varro L.L.* v, 143: oppida quae prius erant circumducta aratro *ab orbe et uruo urbes; cf. id. ib.* v, 135; *R.R.* II, 1. 9, 10; *Isidor. Origin.* xv, 2 | palilia c¹c⁴, H *corr.* (*cf.* ii, 19): papilia Vo. ‖ **54.** hi N | cepi N | men. c³ ‖ **55.** urbi N: [et urui *Postgatius* (*cf. u.* 53)] ‖ **56.** quom BHVo.c¹ | mandet c³: mandent *v₁*Vo.c¹: manent F₁ | deliciis *cod. Corsinianus* (1460): delitiis *cod. Lipsianus* ‖

347

cumque super raros faeni flammantis aceruos
traicit inmundos ebria turba pedes.
Romulus excubias decreuit in otia solui
60   atque intermissa castra silere tuba.

hoc Tarpeia suum tempus rata conuenit hostem;   b)
pacta ligat, pactis ipsa futura comes:
'cras, ut rumor ait, tota pigrabitur urbe;
tu cape spinosi rorida terga iugi.
65   lubrica tota uia est et perfida: quippe tacentes
fallaci celat limite semper aquas.

o utinam magicae nossem cantamina Musae!   (c)
haec quoque formoso lingua tulisset opem.
te toga picta decet, non quem sine matris honore
70   nutrit inhumanae dura papilla lupae.
sic hospes pariamne tua regina sub aula?
dos tibi non humilis prodita Roma uenit.

explicit quaternio septimus decimus

---

57. quomque BHVo.c³: qumque c¹: quinque c⁴ | foeni HRc¹ | flamantis c²c³c⁴R ||
58. trahicit F: traiecit B | inmundas *codd.*, *corr. Itali*: in mundas FVo.c⁴: immundas
c³ *ex corr.* (unde *coeperat*) | hebria c¹ | dapes Ω, *corr. Itali* || **59.** ocia NFVo.Rc¹c²c³ ||
60. inter missa NVo. || **61.** Haec F (Ⴁ) | carpeia F₁: tarpeya L | rara Vo.: rate c¹ ||
62. bacca c¹ | [coeptis *Housmannus*]; *cf.* viii, 74 | comis c³ *primo* || **63.** ait] erit c³₁:
ait et Vo. | tota, a *ex corr.* c³ | pigrabitur *Housmannus*: purgabitur c¹c³₁c⁵₁, *Huleattus
ex coni.*: prignabitur R: pugnabitur *codd.*: [lustrabitur c⁴: cessabitur *Palmerus*] |
Parilibus purgatum est (*Tibull.* II, i, 17) *et solutae excubiae, itaque illa nocte hostem
conuenire potuit Tarpeia.* '*cras, aiunt, pigrabitur*': '*rumor*' *nullus de die festo certoque.*
pigraris, *Lucr.* I, 410; pigrasse, pigrem, *Accii fragmenta: aptam temporibus olet
uerbum antiquitatem.* (*cf. u.* 91.) || **64.** spinosa Vo. | terra F₁ | iugi] igni c³₁ || **65.** per-
uida c¹ | quippe] *ex quinque corr.* B₁ || **66.** cęlat N || **67.** magine N: magie c³ | noscem
c¹c³: nostem Vo. || **68.** formose c²: formosa c⁴ || **69.** tota c¹ | docet Vo. | non *om.* c² |
honorem c¹ || **70.** in human(a)e Rc¹c²c³ | pupilla BHc¹c⁴ || **71.** hic c¹ | hostes H₁
[*cf. Soph. Antig.* 824: τὰν Φρυγίαν ξέναν Ταντάλου] | pariãne N: parianne μυ:
pariam ne BHc³c⁴: ꝓ iam ne R: patriamne p: patriam ne Vo.: patriam tua ne c¹:
patrianue F₁: patrie ne c²: patrare L (*sed prior* r *in ras. a man. recent.*): patiare ς
(*e.g. Baehrensii* DV; *cf.* L): spatierne *Housmannus*, *post Heinsii* spatiorne: *cui faueat*
c² | tua] *om.* Vo.R; *cf.* c¹ | regna F₁ | *signum interrogationis habet* B: *uide* **App. adn.** 6 ||
72. Bos c² ||

incipit quaternio octauus decimus

> si minus, at raptae ne sint inpune Sabinae:
> me rape, et alterna lege repende uices.

75   commissas acies ego possum soluere; nuptae   (c)
        uos medium palla foedus inite mea.
        adde, Hymenaee, modos; tubicen, fera murmura conde;
        credite, uestra meus molliet arma torus.
        et iam quarta canit uenturam bucina lucem,
80   ipsaque in Oceanum sidera lapsa cadunt.
        experiar somnum; de te mihi somnia quaeram;
        fac uenias oculis umbra benigna meis.'

        dixit, et incerto permisit bracchia somno,   [B₁. (c)]
        nescia se Furiis accubuisse nouis.
85   nam Vesta, Iliacae felix tutela fauillae,
        culpam alit et plures condit in ossa faces.
        illa ruit, qualis celerem prope Thermodonta
        Strymonis abscisso pectus aperta sinu.

---

73. at] aŭt N: aut HVo. (*supra lin. add.*): ac L | ne] non F: ut c² | inpune c¹: I pune R: I punę Vo.: imp. *codd.* ‖ **74.** et *supra add.* H ‖ **75.** comissas LRc³: comissa c¹ | aties L | soluere] (-ere *fortasse in ras.*) F | *ante* nuptae *distinguit* c³ | nupt(a)e Ω: [nupta *Luetiohannus et Maduigius*]. *genitiuus est:* 'mea nuptae palla' ‖ **76.** uos *ex* dos *corr.* F₁. uos, *ut* uestra (78), *ad Tatium et Sabinos refer* | [media *Baehrensius*] | *cf. Ouid. Met.* VIII, 47, 48:

> me tamen accepta poterat deponere bellum
> obside; me comitem, me pacis pignus haberet (*sc.* Minos).

pala c³ | inire c¹ | [palla mea c²] ‖ **77.** addis c¹ | hymenee c¹: humente c² (= *humenee*): himenee BRc³: himeneae Hc⁴: hymeneae Vo.: hyminee L: himinee N: imenee F | modos] mons c²c⁴ | tubicem H: tibicen Bc¹c³₂ | feda μυ₁ | murmure H₁ | cede R: crede F₁BH₁: cde L: pande *in* cande *corr.* c² ‖ **78.** credita c¹: credite, di *ex corr.* F₁ | thorus Ω ‖ **79.** [at *Fonteinius*: en *Baehrensius*] | bucina NBHc³: lucina R: bucc. *cett.* ‖ **80.** oceanum BVo.c⁴: occ. *cett.* | syd. BHR ‖ **81.** sompnia Fc²c³ ‖ **82.** oculis nimias F₁: oculis minias L | [bnigna c²: bnigña R] ‖ **83.** premisit H: promisit R: permissit c³: permixit c⁴: per unsit F *primo* | bracchia c²: brach. *codd.* | sompno Fc² ‖ **84.** se furiis *Liuineius*: nefariis *codd.*: (nephariis c¹c²c³: nefaris R) | nouis *ex* meis *corr.* c²: *tot. in ras.* F₁ ‖ **85.** ueste FL | illiac(a)e Vo.c³: yliace Fc¹ | tutella BHR: tutula Vo. | famille F₁: fauilę H ‖ **87.** quales H | termodonta c¹: thermodoonta NμυBH: thermodounta Vo.: termodoonta FLRc³c⁴: termo deontha c² ‖ **88.** strymonis N: strim. *cett.* | abscisso BRc²c⁴: absciso Nμυ₁FHL c¹c³: ab scisso Vo. | pectus *Hertzbergius*: fertur Ω. *Tibull.* I, vi, 18: neue cubet laxo *pectus aperta sinu*; *Ouid. Fast.* III, 15: aperto pectore (Ilia) ‖ *uu.* **87, 88** *hinc abreptos post* ix, 54 *traicere uoluit Housmannus: quod nec numeri nec paginae permittunt. credo hic quoque Cirin respexisse nostrum* (*u.* 165); *cf. supra uu.* 27–38 ‖ *post. u.* 88 *codd. habent uu.* 53–60, *in ima scilicet uncialis pagina insertos* ‖

349

      et satis una malae potuit mors esse puellae,

90   quae uoluit flammas fallere, Vesta, tuas?

      mons erat ascensu dubius, festoque remissis   (b)

      ·   ·   ·   ·   ·   ·   ·

     ·   ·   ·   ·   ·   ·   ·   ·

      nec mora, uocales occupat ense canes.

95   omnia praebebant somnos; sed Iuppiter unus

      decreuit poenis inuigilare suis.

      prodiderat portaeque fidem patriamque iacentem,   (b)

      nubendique petit, quem uelit, ipsa diem.

      at Tatius (neque enim sceleri dedit hostis honorem)

100   'nube' ait 'et regni scande cubile mei.'

      dixit, et ingestis comitum super obruit armis.

      haec, uirgo, officiis dos erat apta tuis.

      a duce Tarpeium mons est cognomen adeptus.   (a)

      o uigil in iustae praemia sortis, habes.

89, 90 *in codd. post u.* 24 *exstant; quos ibi manifeste alienos post u.* 102 *traiecit Broukhusius, post u.* 96 *melius Housmannus. Baehrensius lacunam statuit; Lachmannus u.* 89 *rescripsit. ut nunc uidemus, qui unciali nostro pro exemplari utebatur, finita pagina* 135 *a coepit paginam* 137 *b, sed duos tantum uersus exscripsit. idem fecit inter paginas* 140 *b et* 143 *a* (vii, 81, 82). *aptissime post u.* 86 (*plures faces*) *uenit et satis una...mors?* ||

90. flamas Rc¹c⁴ | ueste H₁c¹c²c³₁ || **91, 94, 95–104** *in codd. post u.* 62 *leguntur: uide ad uu.* 53, 88, 89 || **91.** asc. *codd.*: accensu c¹ | dubios c²: dubio R | [ascensum monstrat dubio *Housmannus*] | foesto c¹c⁴: testo c² | remissis F₁L: remissus *codd.* || *post* dubius *lacunam duorum uersuum statuit Baehrensius: deesse distichon docent numeri et paginae. deest nomen Tatii ante u.* 94, *deest e.g.* ⟨excubiis⟩ *post* remissis, *fortasse etiam* ⟨die⟩ *post* festo; *deest denique omnino facinus Tarpeiae narrandum* || **94.** Hec c¹ | ocupat Fc³ || **95.** [carpebant *Luetiohannus*] | sonnos c²: sompn. F: som nos c¹: somni *Lachmannus* | iuppiter c¹R: iup. *cett.* || **96.** in uigilare Vo.: ut uigilare F₁ | suis *Itali, Corsinianus; cf.* 104; 2, 35, 36: tuis Ω || **97.** uers. om. c² *sine signo* || **98.** cum *Palmero distinxi; cf.* vi, 48: nempe tulit fastus ausa rogare prior | ipsam c²: ipse R, *edd. multi* || **99.** tacius *codd.*: tatius c³c⁴: tacuis F₁ | seleri c³: scelen Vo. | hastis c¹ || **100.** cande c³₁ || **101.** ingress Vo. | horruit Vo. || **102.** offit. HVo. || **103.** ab c² | dute Vo. | Tarpeium *Palmerus*: tarpeio *codd.*: carpeo F₁: tarpeyo L: Tarpeius C. *Rossbergius*: Tarpeia *Itali*: *Palmerum sequor; facilius enim* tarpeium *ante* m *possit* m *suam amittere quam* tarpeia *in hac saltem elegia in* tarpeio *mutari* || **104.** in iustae Hc³: in iuste Vo.Rc¹: iniustae NB: iniuste *cett.* | *ante* habes *distinxi* | *numeri in se demum reuersi hoc distichon ad illud primum respicere nos docent. qui hic* uigil *est et* praemia habet, *antiquus est Iuppiter* (u. 2), *qui deditionem passus* (*uu.* 35, 36, 95) *poenis suis inuigilauit* (u. 96). *deus iustitiae et fidei ius iurandum Vestalium iusta sorte Tarpeiae ultus est* ||

vi　　　　　　　　　　　　　　　　　　　　　　[v]

Terra tuum spinis obducat, lena, sepulchrum,　　　　[A₁. (a)

　　et tua, quod non uis, sentiat umbra sitim,

nec sedeant cineri Manes, et Cerberus ultor

　　turpia ieiuno terreat ossa sono!

5　　docta uel Hippolytum Veneri mollire negantem,　　(a)

　　concordique toro pessima semper auis,

Penelopen quoque neglecto rumore mariti

　　nubere lasciuo cogeret Antinoo;

illa uelit, poterat magnes non ducere ferrum　　　(a)

10　　et uolucris nidis esse nouerca suis;

quippe et, Collinas ad fossam mouerit herbas,

　　stantia currenti diluerentur aqua.

audax cantatae leges inponere lunae　　　　　　(b)

　　et sua nocturno fallere terga lupo,

15　　posset et intentos astu caecare maritos.

　　cornicum inmeritas eruit ungue genas,

numeri elegiae vi: 4, 4·4, 6; | 4·6·4, 4·6·4, 4·6·4; | 4, 6, 4·4.

vi. *noua elegia in* Ω. *titulus* ad lenam BLc³: obsecratio in lenam H. *hinc usque ad finem libri nulla inter elegias interstitia relinquit* F. (*confer passim Ouid. Amor.* I, viii.)
1. lena] terra Vo. | sepulcrh. c²: sepulcr. FLRc³ || **2.** et] at c³ | uis *supra add.* N₁ || **3.** et *om.* F₁: sed c⁴g₂ | ceiberus c¹: cerbarus Vo. | ulctor c⁴: uultor c²: *om.* R || **4.** ienuno Vo. || **5.** docta] nocto F₁: nocte L | hypol. c⁴: ypolitum NFc¹: ypolidum c³: hipp. BR | moliere c¹: molire c³ || **6.** cordique Vo. | thoro Ω | pexima c¹c²c⁴: fessima v₁ | anus Vo. || **7.** Penelopen N: Penelopem BR: Penolopē F | Penolopen c¹c²c⁴: Penolpen c³: Penolopem HLVo. | numore c² || **8.** antynoo NB, H₁ *corr.*, c³: antynno H₁ *primo*: autiuoo F₁: anthinoo Vo.: anthiloco R || **9.** poterit Ω, *corr. Fonteinius* | magnos *in* -es *corr.* c¹₁ | non ducere] inducere F₁L || **10.** uidis F₁: indis L: nudis B | [nouercha c²] || **11.** colinas H: collines c²: collirias Vo. | nouerit B: mouerat R || **12.** santia c¹ | dill. c³c⁴R || **13.** cantarē N | Ip- *uel imp. codd.* || **14.** lubo Vo. || **15.** Posset *ex* Nosset *corr.* F₁ | et Ω, *nisi* N *ut* uoluit, qui posså *ꝗ compendiis dissimilibus scripsit:* ut *Itali, edd. multi:* [et intentos ut Penelopen quoque (7)] | intensos c³₁: intectos c⁴: in tentos F | arcu c¹c³c⁴: assu R: hastu FBHL | *distinxi* || **16.** cornitum Vo.: cor meum c¹: cernimus R | imm. BHc³: in meritas F₁L₁c¹ | in igne F: unge c²R | gennas B ||

17. consulit H₁ | -que *om.* c¹c³c⁴ || **18.** hippomenes NB, H *corr.*, Rc²c⁴: hypp. Vo.: hippomones H₁: yppomones c³: yppomonos c¹: yppomenes L: ipomenes F | fẹt(a)e Nc³: foetae BH: forte c¹: fere c² | aequae H: aquẹ c³₁ || **19.** exorabat *codd:*. (exorabit c⁴: exorbat R) | illa monebat talia, *Ouidius, uu.* 21, 22. *docent numeri et Ouidius* (*Amor.* I, viii, 103, 104) *hinc coepisse orationem lenae. Ouidi uersus sunt:*
　　　lingua iuuet mentemque tegat: blandire noceque;
　　　inpia sub dulci melle uenena latent.
uide etiam illius uu. 79, 80:
　　　et, quasi laesa prior, nonnumquam irascere laeso;
　　　uanescit culpa culpa repensa tua.
[*uu.* 103, 104 *inepte sonant in fine orationis; conlato Propertio posthac traiciat Ouidi editor ante uu.* 79, 80 (noceque *ante* laeso)] | opus uerbis Ω; *distinxi. huc respiciunt in*

consuluitque striges nostro de sanguine, et in me
　　hippomanes fetae semina legit equae.

Exorabat: 'opus uerbis: uice blanda perure,　　　　　[B₁. (a)
20　　fac scissamque ferat sedula culpa uicem.

sperne fidem, prouolue deos; mendacia uincant:
　　frange et damnosae iura pudicitiae.

si te Eoa Zmaragditum iuuat aurea ripa　　　　　　　(b)
　　et quae sub Tyria concha superbit aqua,

25　Eurypylisque placet Coae textura Mineruae
　　sectaque ab Attalicis putria signa toris,

seu quae palmiferae mittunt uenalia Thebae,
　　murreaque in Parthis pocula cocta focis,

dum uernat sanguis, dum rugis integer annus,　　　(a)
30　　utere, ne quid cras libet ab ore dies;

uidi ego odorati uictura rosaria Paesti
　　sub matutino cocta iacere Noto.

---

fine orationis (58) *quid nisi uerba feres? et in fine obsecrationis* (78) *uerba mala* |
uice *ego*: ceu Ω (*aduerbium non Propertianum*): [seu l] | perure NplFLc² (*interpretatur Ouidius*): peruret BHVo.c¹c³c⁴: perurit μυ: periret R | *mutata nulla, addita una littera i, archetypi uersum uindicaui; qui si uerus est, sequitur ut in u.* 20 uiam *in* uicem *sit mutandum, cum* uice *nudum pro 'uicissim' Latine non sit dictum: sed cf. Stat. Silu.* iii, iii, 49, *uice cuncta reguntur / alternisque premunt (sc. uicibus). paene sequitur etiam ut illud* saxosam, *quod ibi praebent codd., epitheton celet distinctionem significaturum. Ouid. Am.* ii, ix, 43–46:

　　me modo decipiant uoces fallacis amicae....
　　et modo blanditias dicat, modo iurgia nectat:
　　　　saepe fruar domina, saepe repulsus eam

(*apertum e Propertio furtum*); *cf. id. Met.* x, 416 || **20.** fac scissamque *ego*: saxosamque Ω: [*sc. e* facsosamq *factum; cf. codd. ad* iii, 4 (Volsanios), v, 10 (saxa, facta)]; *cf.* Scyllaque et *alternas scissa* Charybdis aquas (*Ell. Lib.* iii, xi, 28); *A Lover's Complaint, u.* 293:

　　O cleft effect, cold modesty, hot wrath;
　　Both fire from hence and chill extincture hath |

ferat *codd.*: feret H | culpa Ω | uicem *ego*: uiam *codd.*: (manu c³₁): [*cf. e.g. codd. ad Verg. G.* i, 418, *et Cynth.* xvi, 28] | *Ouidius sententiam mutat* (*u.* 80), *sed scribens* culpa culpa repensa tua *uersus nostri meminit. doctiorum* 'guttas,' 'blattas,' 'talpas,' uiam 'forantes,' opus in tenebris 'exterebrantes,' eruant caeci || **21, 22** *in codd. post u.* 28 *exstant; monentibus numeris huc traieci.* (*facilius distichon omittere potuit librarius ubi u.* 20 *a* fa- *incipiebat, in* uicē *finiebatur.*) || **21.** spernae H | mendatia H | micant F: dicant c²₁ *primo* || **22.** frange et c⁴: fragne et c¹: frage et c⁵: frangent *codd.*: fragent H | dampn. c²c⁴ | iura] uita c¹ | pudititiae Vo.: pudicic. H || **23.** *ab hoc uersu coeperunt orationem lenae edd. omnes* | te] re c² | Zmaragditum *ego*: dorozantum NμυplBHc³: drozantum R: dorotantum c¹: derozantum c⁴: derotantum c²: dero-rantum LVo.: de rorantum F: [dororantum d: dorobrantem *corr.*g]: Domazanum *Ungerus*: topazorum *Housmannus; unde* Topazitum *Postgatius* || *uide* **App. adn. 7** | uiuat Vo. || **24.** thyria Vo.: thiria F: tiria Rc¹c⁴: tina L | conca Fc³c⁴ | superbat H₁ || **25.** Eurypylisque *Heinsius*: eurypilique N: euripilique B | placuit c¹ | coę c³: cohę Vo.: cho(a)e *codd.* | testura c³: teɿxtura p: texura Vo.c⁴ || **26.** sextaque FL | atalicis c⁸R: athal. F (t *ex* c *corr. man. rec.* (?)), Lc⁴: actaliɿscis H: acthalices c¹ |

in mores te uerte uiri; si cantica iactat,   [B₂. (a)
     i comes, et uoces ebria iunge tuas.

35   si tibi forte comas uexauerit, utilis ira;
     postmodo mercata pace premendus erit.

ingerat Apriles Iole tibi, tundat Omichle   (b)
     natalem Maiis Idibus esse tuum;

denique ubi amplexu Venerem promiseris empto,

40   fac simules puros Isidis esse dies;

supplex ille sedet: posita tu scribe cathedra
     quidlibet. has artes si pauet ille, tenes.

semper habe morsus circa tua colla recentes,   (a)
     litibus alternis quos putet esse datos;

45   et simulare uirum pretium facit; utere causis:
     maior dilata nocte recurret amor.

nec te Medeae delectent probra sequacis   [B₃. (a)
     (nempe tulit fastus ausa rogare prior),

---

patria BH₁ | thoris Ω || **27.** seu quae *Itali*: seuq; N: seu q L: seu quē Vo.: seu quam *codd.* | mictunt Fc¹c²c⁴ | menalia c¹ | tebe c¹c⁴ || **28.** murea Vo.: mirrea F | in partis Fc³: inpartis c¹: inpardus c²: in parchis R | copta c² || **29–32** *huc (sed post uu.* 21, 22) *a fine orationis lenae traiecit Luetiohannus: in codd. post u.* 60 *exstant. uu.* 22, 29–32 *meminit Ouidius in suis* 35–53 (pudor, rugae: forma senescit). *ob iteratum* cocta (*uu.* 28, 32) *errauit librarius: omissa, ut solitus, in fine inseruit* || **29.** dum] -ū *in ras.*, F₂ | neruat (*uel* ueruat) F₁: ueniat Vo. || **30.** nequid F: nec quid Vo.c¹c³c⁴ | liber c¹c² | hore c² || **31.** adorati c³: edorati R: odoratum uictura r. Paestum *Schippersius: quod probant Postgatius et Palmerus. at uide uu.* 67–70 | nictura L₁ (n *ex corr.*): uīctura R | pesti Ω || **32.** sub] s₃ [= *set*] c¹ | copta c² | notho NFBHLc¹c³c⁴ ||

33–60 *in codd. hoc exstant ordine:* 45, 46; 35–44 (*sed inter se mutauerunt locum disticha* 39, 40, 37, 38); 47–50; 33, 34; 51–60; *h.e. uu.* 33, 34 *quattuordecim uersuum interuallo in* Ω *distabant suo loco, uu.* 45, 46 *in eum locum uenerunt. uu.* 33, 34 *huc ante u.* 35 *traiecerat iam Housmannus* | *uide* **App. adn. 8** || **33.** sicantia c³₁: si cancia c⁴ || **34.** iunge] iacta c¹c³c⁴ (*e u.* 33) || **35.** forte] ferre c² || **37, 38** *in codd. post u.* 40 *exstant: post u.* 36 *iam traiecerat Postgatius; disticha iram est locum mutare iussi. post iram est pax mercata* (36); *tum premitur ille* (36) *ingerendo, tundendo, dum ancillae argute dona alia flagitant, ut ematur amplexus* (39); *Venus ut promissa ematur, restat. ob simillima* -s *idibus esse* (38), *sideris esse* (40), *errauit librarius. uu. nostros* 35–39 *tangit Ouidius in uu.* 79–94, *nostros* 33, 34, 39, 40 *in uu.* 71, 72, *nostros* 40, 45, 46 *in uu.* 73–76, *nostros* 43–46 *in uu.* 95–98 || **37.** Apriles *sc. Kalendas: Ouid. A.A.* 1, 405 *seqq.* | tibi tondat BLVo.: circūdat F | omicle *codd.*: omide c³₁: am. *in* om. *corr.* N₁: omiclae, o *in a corr.* H₂: amidę Vo.: amicle c⁴ || **38.** maiis μv₁Vo. *corr.*: mallis c¹: malis *codd.* | tuuū F || **39.** amxplexa c¹ | promiss. c³ | emptor H₂c¹ || **40.** similes *codd.*, *corr. Itali*, gd: om. F₁L | sideris *codd.*: (syd. BHLc³): *corr. Beroaldus* | deos L || **41.** suplex NBHc²: suppllex Vo. | sedet *om.* c² | posida F₁ | chatedra H || **42.** quid libet c¹c⁴: quodlibet Vo.: quilibet F₁BHL | has] hic c² | paues Vo.: panes (*uel* paues) F₁ (*nisi* s *correxit man. aequalis*) | tones Vo. || **43.** retentes F₁: tenentes c² || **44.** alternis *codd.* (*et* F *man. aequalis*): alterius F₁Lc³ | putat F₁ *primo* Lc¹c³c⁴: pudet c² || **45, 46** *post u.* 40 *traiecit Postgatius, huc ego; in codd. ante u.* 35 *exstant. uide ad u.* 33. *quibus alterutrum locum uindicare possit Ouidius* (97, 73, 76); *sed cum minima codicum mutatione consentit aptissima depicti lusus conclusio, u.* 46, *et illud* sequacis (47) *hoc* recurret *optime arripiens* || **45.** funulare F₁ | pręt. H: prec. N, L₁ (c *ex* t *corr.*), BVo. | urere c¹ | clausis F || **46.** dilacta c³ | recurrat c¹c³c⁴ || **47.** non FL || **48.** nenpe N ||

sed potius mundi Thais pretiosa Menandri

50   cum ferit astutos comica moecha Getas.

ianitor ad dantis uigilet: si pulsat inanis,   (b)

surdus in obductam somniet usque seram.

nec tibi displiceat miles non factus amori,

nauta nec adtrita si ferat aera manu,

55   aut quorum titulus per barbara colla pependit,

cretati medio cum saluere Foro.

aurum spectato, non quae manus adferat aurum.   (a)

uersibus auditis quid nisi uerba feres?

qui uersus, Coae dederit nec munera uestis,

60   ipsius ⟨Phoebi⟩ sit tibi surda lyra.'

His animus, nostrae dum uersat Acanthis amicae   [A₂. (a)

.   .   .   .

uu. 51, 52. *CIL.* IV, 1894 (= *carm. epigr.* 1785 *Bchl.*): '*ianitor...seram.*'

49. set N | pocius N: potius *in* potuit *corr.* F (*man. aequalis*) | mudi c² | thays F: tays L | praec. H: spetiosa c¹: speciosa Vo. c⁴, c³₂ *pro u. l.*: spaciosa R | [prec. men. *om.* L₁] || **50.** quom BHc¹c³ | moecha B: mecha NHVo.: meccha c¹: mẹcca c³: mecca c⁴: merca c²: meca L: meta F₁: metha R | gates N || **51.** ad dantis *Inscr. Pompeiana*: (addantis c⁴): ad dantes *codd.*: adantes c¹: ad clantes R | pulsat, *Inscr. Pomp.*, *codd. Corsin. et Lipsianus*: pulset Ω | in anis H: in annis Vo. || **52.** surdis c³₁ | in] et c¹c⁴ | abductam Vo. | sompn. c²: sommet c³ | *hoc distichon tangit Ouidius in uu.* 77, 66–68, *quae sequuntur duo in uu.* 63–65 || **54.** actrita c¹c²c⁴: atrita FBLR | hera c¹: acra NF₁L || **55.** pepedit c³ || **56.** cretati *Passeratius*: celati *codd.*: celari c¹: elati Vo.: celatis R; *cf. Ouid. u.* 64, gypsati pedes; *Tibull.* II, iii, 60, gypsatos pedes; *Plin. N.H.* XXXV, 199–201, cretatis pedibus...(hoc est insigne uenaliciis gregibus) | quom Hc¹c³ | saluere *codd.*: saliere Fc²c⁴: cumsiluere Vo.: p̣ saluere c¹: faluere R | fero c² || **57.** adferat NBc³: deferat H: efferat (*uel* off-) c²: aff. *codd.* || **58.** nis Vo.c³ *primo* || **58** *a, b. hic exstant in* Ω, *exstabant iam in unciali, repetiti uersus Cynthiae,* ii, 1, 2 (*quid iuuat ornato...*), *quos hic esse interpolatos iam ante Scaligerum uiderant Itali, ut testatur cod. Berol. Diez. B.* 57 (*anni* 1481), *qui distichon omittit. reiciunt numeri: sed aperte illuc respicit poeta. uersus Coos* (*sc. Philetae*) *ut uestem intellige* || [**58** *a.* uicta c²c⁴R: uitta Vo.H₂ || **58** *b.* coa FL: choa *cett.* | tenere Fg (*pro u. l.*)] || **59.** quid μFL: que c²R | coe F: cho(a)e *codd.* | ne μυVo.c⁴ || **60.** ipsius Ω: [istius *Itali, edd. multi*] | *Tibullus habet* (II, iv, 13, 14; 19, 20):

nec prosunt elegi nec carminis auctor Apollo:
illa caua pretium flagitat usque manu....
ad dominam faciles aditus per carmina quaero:
ite procul, Musae, si nihil ista ualent.

nunc Ouidium audi (*uu.* 57–62):

ecce quid iste tuus praeter noua carmina uates
donat? *amatoris milia multa leges.*
ipse deus uatum palla spectabilis aurea
tractat inauratae consona fila lyrae.
qui dabit, ille tibi magno sit maior Homero.
crede mihi, res est ingeniosa dare.

[aurea, inauratae = aurum, aurum (*u. nostro* 57), consona fila lyrae = surda lyra (60), qui dabit, ille tibi...sit...= qui...dederit...tibi sit.] *Ouidi* ipse *in hac imitatione inducit* deus uatum, *quem simili in loco induxit Tibullus. ut habent* Ω *uersum nostrum,*

.   .   .   .

per tenuem ossa ⟨*mihi*⟩ sunt numerata cutem.

65   sed cape torquatae, Venus o regina, columbae   (b)
ob meritum ante tuos guttura secta focos.
uidi ego rugoso tussim concrescere collo
sputaque per dentes ire cruenta cauos,
atque animam in tegetes putrem exspirare paternas:
70   horruit algenti pergula curua foco.

exsequiae fuerunt rari furtiua capilli   (a)
uincula et inmundo pallida mitra situ,
et canis in nostros nimis experrecta dolores,
cum fallenda meo pollice clatra forent.

75   sit tumulus lenae curto uetus amphora collo;   (a)
urgueat hunc supra uis, caprifice, tua.
quisquis amas, scabris hoc bustum caedite saxis,
mixtaque cum saxis addite uerba mala.

---

friget nudum ipsius. ⟨*Phoebi*⟩ *suppleui* | tibi sit surda Ω: (sit tibi *ego*) | sine (a)ere *codd.* (ẹra c⁴): sine arte FLVo.: sine aure *cod. Mentelianus, Vahlenus*: deleui. sine aere *post u.* 57 *non ferendum; ferendum* sine arte, *sed tamen post* nec dederit *parum elegans: exspectas enim* 'sine ueste' *aut* 'sine munere.' *itaque post* nudum et frigidum ipsius *dant codd.* duo uerba glossemati simillima aut interpolationi (*sc. e u.* 54) | lira c¹c⁸ | *credo me ex Ouidio et uersum et gradationem in fine orationis sanasse; ante* tibi *aut* sit tibi *excidit* ⟨febi⟩, *tum metri causa glossema uel interpolatio in ordinem admissa est* || 61. hiis F | animus *codd.*: animum c² *Itali*: animis FR | *lectionem difficillimam, ut in* v, 91, *reliqui, amissis quae succedebant. fortasse* animus *poetae erat; cf. enim Ouid. uu.* 109–112. sed animos uersat *in Ell. Lib.* III, xvii, 14 | nostrae *om.* Vo. | achantis *codd.*: acautis F₁ || 62, 63 *deesse suspicatus est Burmannus, arguunt numeri. post uncialem perierunt, ut docent* vii, 65, 66, 81, 82 (*qq. u.*) ||

64. tenues Ω, *corr. Iacobus:* [pertenues L] | ossa Ω, *post quod* mihi *suppleuit Iacobus, conlato Ouid. Tr.* IV, vi, 42, uixque habeo tenuem quae tegat ossa cutem. *ante* sunt *facilius excidere potuisset* ⟨sui⟩, *amisso in u.* 63 ⟨poetae⟩ *uel* ⟨amantis⟩ | numerata, u *in ras.* L₂ | cutes Ω, *corr. Iacobus* | *locum tractat Housmannus, C.Q.* XXI, 1, *pp.* 5, 6 || **65.** capṭe c³: catẹ Vo. || **66.** guctura F₁c¹c²c⁴: gutura c³ | septa c² || **67.** uudi N | tuscim c¹c³: [tuscum c⁴] | crebrescere *Housmannus* || **67–70** *ad uu.* 29–32 *respiciunt:* uidi ego (31), rugis (29). *quibus comparatis, illic* uictura *a* 'uiuo,' *non a* 'uinco,' *deriuo—*animam exspirare (69)—, *hic* concrescere *ut illi libet oppositum interpretor, illi* cocta *hoc* algenti || **68.** sputa] *supra* c³₁ | canos FL || **69.** integetes F: integites c¹c³₁: integres Vo. | putem Vo.c¹c³ | *exp. codd.:* expiare Bc⁴: experiare Vo.: hespirare c² || **70.** horuit c³: orruit c¹: horrūt F | algenti] *sc. ut* cadauer | pergula c¹c³₂, *corr.* c⁴, gd, *Corsinianus* (*Scaliger*): p̣ gula R: percula *codd.* (c³₁): paruula F | curua Ω, *sc. ut* anus quam tegebat; *cf. Ell. Lib.* I, ix, 48: curta *Itali, edd. plerique* || **71.** exeq. *codd.:* exquie Vo. | fuerant Ω, *corr. Passeratius* | fortina c³₁ | capilla Vo. || **72.** in mundo BHVo.c¹ | pallia N: palida c³ | mittra F | sinu c¹ || **73.** at c¹c³ | canis *ex* carus *corr.* F₂ (*ut uid.*) | nimis] minis F₁ *primo* | experrecta c¹c²: exporecta NF₁HLVo.c³c⁴: exporecta B: experiecta R || **74.** quom BHVo.c³: qum c¹ | falenda Vo. | police c³: polite R | caltra *codd., corr. Beroaldus:* caltia c¹: cultura R || **75.** cinto Vo. | uectus c² || **76.** urgeat Ω | uis] umis c⁴: ins Vo. || **77.** scabriis H: schabris Vo. | herbustum L | c(a)edito Ω, *corr. Liuineius* || **78.** mistaque Fc³ | cum *om.* c² | addice c¹: adiice Vo.c⁴ꟗ: addita *in* addite *corr.* F₁: addito gd ||

vii [vi]

Sacra facit uates: sint ora fauentia sacris, [A₁. (a)
et cadat ante meos icta iuuenca focos.
cera Philiteis certet Romana corymbis,
et Cyrenaeas urna ministret aquas.

5 costum molle date et blandi mihi turis honores,
terque focum circa laneus orbis eat;
spargite me lymphis, carmenque recentibus aris
tibia Mygdoniis libet eburna cadis.

ite procul fraudes, alio sint aere noxae; (b)
10 pura nouum uati laurea mollit iter.

Musa, Palatini referemus Apollinis aedem: (c)
res est, Calliope, digna fauore tuo.
Caesaris in nomen ducuntur carmina; Caesar
dum canitur, quaeso, Iuppiter ipse uaces.

15 Est Phoebi fugiens Athamana ad litora portus, [A₂. (a)
qua sinus Ioniae murmura condit aquae;

numeri elegiae vii: (A) $\overbrace{8 \cdot 2}$, 4; 8, $\overbrace{6 \cdot 6}$; | (B) 4, 8; 2 $(+ \overbrace{4 \cdot 6, 6} +)$ $\overbrace{2 \cdot 2}$; | (C) 4, $\overbrace{6 \cdot 6}$; 8, $\overbrace{8 \cdot 2}$.

vii. *noua elegia in* μυBHVo.c³c⁴R: N *in margine signum dat,* c¹ *spatium miniaturae relinquit, nullum tamen uersuum interstitium. cohaeret cum superioribus in* pl (?) FLc²g₁d. *titulus* de sacris H: sacra Propertii c³.

e mentione Sygambrorum (u. 93) *colligitur elegiam non ante A.V.C.* 738/16 *scriptam esse, quo anno, absente iam in Gallia Augusto, edidit Agrippa ludos quinquennales Apollinis Palatini: uide praefat. p.* 50. *quem uerum Actiaci proelii uictorem laudauerat Vergilius, debebat hoc praesertim anno Propertius laudare: uide ad uu.* 65, 66.

i
1. facis Vo. | sint] st' Vo.: sit R | orta Vo. ‖ **2.** cadet FL | iącta H: ista Fc¹: uicta c² | iuuenta Vo. ‖ **3.** cęra c³: ęra R: serta *Scaliger, alia alii* | philippeis *codd.:* phileth. *Beroaldus:* (philipeis R: phillipeis c²) | certet Ω | corimbis FRc¹c³ | *simulata uerecundia dicit noster* cera Romana *pro corona uersuum Latinorum. hoc uiderunt Itali; e.g. is qui adnotauit cod. Berol. Lat.* 500 (*Neapol.* A.D. 1460), *fortasse Pontanus.* '*hodie quoque festis diebus multa elaborantur e cera: ut pira · racemi · pruna · cidonia · melones · flores · ramuli · et talia multa: quibus altaria ornantur.*' *Beroaldus:* '*libet mihi gloriari: citra tamen insolentem gloriationem . . . est sensus: uersus mei elegiaci* (hoc enim significat caera romana) *certent cum corona hederacea qua coronatus est philetas apud graecos elegiographus poeta.*' *Aristophanes, Eccles.* 1034 *seqq.* (*parari sacra iussit iuuenis*):

Γραῦς ά. ἦ μὴν ἔτ' ὀνήσει σὺ καὶ στεφάνην ἐμοί.
Νεανίας. νὴ τὸν Δί' ἥνπερ ᾖ γέ που τῶν κηρίνων.
                pauperibus sacris uilia tura damus,
Ell. Lib. IV, i, 23–26: corona (22).

                tu satius memorem Musis imitere Philitan
                et non inflati somnia Callimachi,
Ell. Lib. II, xxv, 7.

huc mundi coiere manus; stetit aequore moles
　　pinea: nec remis aequa fauebat auis.
altera classis erat Teucro damnata Quirino,
20　　pilaque femineae turpiter apta manu:
hinc Augusta ratis plenis Iouis omine uelis,
　　signaque iam patriae uincere docta suae.

tandem aciem geminos Nereus lunarat in arcus,　　　　(d)
　　armorum et radiis picta tremebat aqua,
25　cum Phoebus linquens stantem se uindice Delon
　　(nam tulit iratos mobilis ante Notos)
adstitit Augusti puppim super, et noua flamma
　　luxit in obliquam ter sinuata facem.

non ille adtulerat crines in colla solutos　　　　(d)
30　aut testudineae carmen inerme lyrae,
sed quali aspexit Pelopeum Agamemnona uultu
　　egessitque auidis Dorica castra rogis,

Ouid. Her. xiii, 151–158:
　　　　adde sonum cerae, Protesilaus erit.
　　　　hanc specto…pro coniuge uero ||

4. cireneas FHVo.Rc^1: cinereas c^2: (cirren. c^4); *cf. Ell. Lib.* III, ii, 52 || **5.** dare c^2 | turris Vo.c^{1}c^{3}c^4: thuris BHR || **7.** me limphis Fc^3: melumphis (u *in* i *corr.*) c^1 | recentibus] *ut* nouum iter (10).
　　　　primus ego ingredior puro de fonte sacerdos
　　　　Itala per Graios orgia ferre choros
(*Ell. Lib.* III, i, 9). *sed recens etiam tunc Apollinis templum* (*anno* 738/16) || **8.** migd.
　　　　　　　　　　　　　　　　　　　　　　　　　　e
FHVo.Rc^1: migdonis c^3 || **9.** ire c^1 | st' Vo. (= *sunt*) | atre F$_1$ || **10.** lauerea H || **11.** *noua elegia in* Ω. *titulus* de aede apollinis palatini Hc^3: [palat. *om.* c^3]: ad iovem L: de Caesare Augusto μ. N *tantum in margine distinguit* | pall. c^2 | referamus Vo.c^4: apolinis Bc^3: appollinis F$_1$c^4: appol. c^2 || **12.** caliope FRc^{1}c^{2}c^3 | furore Vo. || **13.** caesat c^1 || **14.** iupiter NFBHVo.c^{2}c^3 | uates Vo. || **15.** athamani c^{1}c^{3}c^4: athamanta Vo.: achamena R | litt. *codd.*: lict. c^{2}c^4 || **16.** sinus] sanius c$^3_1$: samis Vo. | yon. c^1 | condidit L ||

ante u. 17 *exstant in codd. uu.* 81, 82 (*q.u.*) || **17.** Nuc c^3 | mondi c^{1}c^3 | choiere F: cohiere Rc^2: corie Vo. | stent *μυ*L || **18.** auis] aquis *υ*$_1$p$_1$B: equis Vo. || **19.** teutro F$_1$BHc^3 | dampn. c^{2}c^4: damanata H || **20.** pinaque c$^3_1$ | feminea *codd.*, *corr. Mark-landus* | apta N*μυ*pF$_1$BHLRc^{1}c^2: acta Vo.c^{3}c^4 || **21.** hic F | angusta NR | rates N || **22.** docte c^1 || **23.** atiem L: acciem c^3 | geminas c^2 | nereus BHRp$_2$lυ$_2$gdc^1, c$^3_2$ *corr.*, c^{4}c^5: nerreus c^2: uereus p$_1$: neruis N*μυ*$_1$F$_1$LVo.: laneus c$^3_1$: lineus Ϛ (*sc.* la, li *ex* lun-, *et* n'eus) | liniarat L$_1$: limarat NVo.c^2: *om.* c^1 (*uide supra quomodo exemplar uerbum perdiderit*; *cf.* c$^3_1$) || **24.** armorum et *codd.*: armorum c^4: armorumque H, Corsin., Lips., *tum* radis *Itali* | tremabat F$_1$Vo.: cremabat c^2 || **25.** quom BHVo.c^1, c^3 *corr.*: quin c^4: quem c$^3_1$: quam R$_1$ | linqueus B | liqueus F | iudice c^1: uertice c^2 | dolon L || **26.** non c^{2}R | nutos F$_1$ | nobilis c^{4}R | ante *Lipsius*: unda Ω | nothos NFBHLc^3 || **27.** adst. Vo.: ast. *cett.* | puppe F: pupim c^3 | flama c^{1}c^4 || **29.** att. *codd.*: act. c^{1}c^4: atul. F$_1$ (*ex* tul- *corr.*) | incola B || **30.** inherme NF$_1$L: in erme c^3: in erme H | lir(a)e FHc^1 || **31–34** *om.* R || **31.** quasi F$_1$c$^3_1$ | pelopeium F: pellopeum c^{1}c^3 | agamenona Lc^{2}c^3: agamnona B: agamemnona H (*sic*): agameñonia F || **32.** egessitque *Corsin., Lips., cod. Mus. Brit. Harl.* 2574, *aliique*: egissetque Ω ||

aut quali flexos soluit Pythona per orbes
serpentem, inbelles quem timuere ⟨de⟩ae.

35　　Mox ait: 'o Longa mundi seruator ab Alba,　　　　[B₁. (c)
　　　　Auguste, Hectoreis cognite maior auis,
uince mari; iam terra tua est. tibi militat arcus,
　　et fauet ex umeris hoc onus omne meis.

solue metu patriam, quae nunc te uindice freta　　　　(a)
40　　　inposuit prorae publica uota tuae.
quam nisi defendes, murorum Romulus augur
　　ire Palatinas non bene uidit aues.
nec te, quod classis centenis remiget alis,
　　terreat; inuito labitur illa mari:
45　　quotque uehunt prorae Centaurica saxa minantis,
　　tigna caua et pictos experiere metus.

Frangit et adtollit uires in milite causa;　　　　[B₂. (d)
　　quae nisi iusta subest, excutit arma pudor.

---

33. qualis Ω, *corr. C. Rossbergius* | pith. c^3_1: phitona FHLc^1c^2: phyth. Vo. | orbis c^2 ‖ **34.** in belles c^2: imb. BHLVo.c^3 | ⟨de⟩ae, *editor Etonensis*: lir(a)e NFLc^1c^2: lyr(a)e *cett.* | *ob similitudinem litterarum,* -men inerme (30), -uem timuere, *illuc errauit librarii oculus* ‖ **35.** ob longua F₁: lunga c^1c^3 | mūdi, ū *in ras.* F₁ ‖ **36.** hettoreas c^2: h'tor ait F₁ ‖ **37.** tibi] mihi Vo. ‖ **38.** umeris F₁L: hum. *cett.* | onne c^3: esse Vo. ‖ **39.** solbe c^1 | iudice N ‖ **40.** Inp. N: imp. *cett.* | pro re Rc^1 | suę Vo. ‖ **41.** quem F₁ | deff. c^2 ‖ **42.** pallat. c^2 ‖ *post u.* 42 *exstant in codd. uu.* 65, 66 (*q.u.*) ‖ **43.** conteñis c^1 | remiges F₁ ‖ **44.** in uito c^1c^3: inuicto F₁ ‖ **45.** quotque gd, *Mus. Brit. Harl.* 5246, *Caruttius, Housmannus*: quodque Ω | centauria μυ₁: centaurea c^4 | sassa F | mimantis c^1: numantis c^3_1 ‖ **46.** pintos F₁: [ρuictos F *pro u. l.*] | experiare LVo.F (*pro u. l.*): expirare F₁ | mętus c^3 ‖ **47.** att. *codd.*: act. c^1c^4 ‖ **48.** iuxta vc^2 | sub est c^1c^3 | excudit c^1 ‖

[desunt elegiae vii *uu.* 49–64]

65   et nimium remis audent prope. turpe Latinos
            principe te fluctus regia uela pati!
           tempus adest; committe rates: ego temporis auctor   (b)
            ducam laurigera Iulia rostra manu.'

           Dixerat, et pharetrae pondus consumit in arcus: [C$_1$. (c)
70   proxima post arcus Caesaris hasta fuit.
           uincit Roma fide Phoebi: dat femina poenas;
            sceptra per Ionias fracta uehuntur aquas.

           at pater Idalio miratur Caesar ab astro: (d)
            'sum deus; est nostri sanguinis ista fides.'
75   prosequitur cantu Triton, omnesque marinae
            plauserunt circa libera signa deae.
           illa petit Nilum cymba male nixa fugaci,
            hoc unum, iusso non moritura die.

           di melius! quantus mulier foret una triumphus,   (d)
80   ductus erat per quas ante Iugurtha uias!

65, 66 *in codd. post u.* 42 *exstant: huc ad initium uncialis paginae traieci. per uu. nostros* 81, 82 *(q.u.) has omnes paginas agnoscere licet: per eosdem elegiae e parte (A) in partem (C) traiectos aequae fiunt hae partes atque omnibus numeris absolutae. at in medio elegiae, h.e. in ipsa Phoebi oratione quae uelut cumulus elegiae debebat accedere, desunt uersus sedecim, ne primae et tertiae aequa sit pars altera. aequa ut sit, postulabit ut debitum nemo; sit hoc satis, ut aeque in se diuisa responsiones totius elegiae non uiolet. sed inter u.* 35 *et u. nostrum* 68 *exstant in codd. disticha nouem, quem numerum aeque diuidere nisi in particulas tres non potes; neque omnino haec disticha sic se diuidunt. igitur in hac parte (B) mendum aliquod erat; et sensus in uu.* 65, 66 *id indicat latuisse. post Romulum regem (41) non sequitur ut turpe sit regia uela pati (66); post remis (65) non apte sequitur remiget (43), neque apte 'audacia' hostis (65) inter 'metus' patriae (39–42) et Augusti (43–46) interuenit; neque denique nominatur hostis, neque habet et (65) cui coniungatur. at traiecto hoc disticho ante u.* 67 *(et Phoebi procul dubio sunt uerba), ueram, ut credo, cum sequenti coniunctionem percipimus:* nimium prope audent, tempus adest; *omissam ante illud et paginam totam statuere cogimur. in ea causae (47) comparabantur, regia dominatio exprobrabatur, Actium et Leucas et fortasse uotum ab Augusto susceptum memorabatur, certe laudes Agrippae et initia proelii usque ad u.* 65. *sedecim sic additis uersibus tertia elegiae pars cum duobus aequatur. primum paginae distichon locum perdidit in foll.* 143 a, 137 b, 139 a *(cf.* 145 b*); hic quoque librarius uu.* 65, 66 *pro uu.* 33, 34 *per errorem, disiunctis foliis, exscripsit, tum finito fol.* 141 b *ad paginam iam coeptam prosiluit, interpositam autem neglexit. uide etiam quae in App. adn.* 10 *adnotaui.*

65. nimium] numen L: lumen F$_1$ | prope Ω: (probe *v*): proh *Itali, edd. multi* | latinis Ω (*sc. ob* remis), *corr. Marklandus. i.e. Latinos fluctus, ex iure gentis Latinae, fas prohibet regibus seruire; cf. Ouid. Trist.* II, 205 ‖ **66.** Incipe L | pluctus c^1 ‖ **67.** ad est c^{3}c^4 | commicte c^{1}c^{2}c^4: comitte F: comite B | autor F ‖ **68.** uilia NμvLc^{1}c^3 ‖ **69.** consummit c^2 | in] et c^1 ‖ **70.** asta c^3 ‖ **71.** plebi F$_1$L ‖ **72.** uhehuntur c^2 | *uersum om.* c^3$_1$ *sine interstitio* ‖ **73.** Eat N | italio N ‖ **74.** sum] suum c^4: siue BH$_1$ | decus Rc^{1}c^4 | est] et Vo.c^4; *cf. Ouid. Met.* XV, 850, 851 ‖ **75.** tricon F$_1$: tritōn c^3 | [triton cantu c^1] ‖ **76.** circa] cura H ‖ **77.** ille F$_1$LH$_2$Vo. | nyl. c^2 | cimba c^{1}c^3 | male¦nixa (n *in ras.*) F$_1$ ‖ **78.** uiso Hc^4 | non est c^1 | dee *in* dye *corr.* F$_1$ ‖ **79.** di c^{1}c^3: dii *cett.* | cantus F$_1$: tantus (*pro u. l.*) F$_1$ *in margine* ‖ **80.** iugurta FBc^{1}c^{2}c^4 | tuas H$_1$ ‖

Actia Iuleae pelagus monimenta carinae,
   nautarum uotis non operosa uia.
Actius hinc traxit Phoebus monimenta, quod eius
   una decem uicit missa sagitta rates.

85 Bella satis cecini; citharam iam poscit Apollo   [C_2. (a)
      uictor et ad placidos exuit arma choros:
   candida nunc molli subeant conuiuia luco,
      blanditiaeque fluant per mea colla rosae.
   uinaque fundantur prelis elisa Falernis,
90   terque lauet nostras spica Cilissa comas:
   ingenium potis inritet Musa poetis.
   Bacche, soles Phoebo fertilis esse tuo.

   ille paludosos memoret seruire Sygambros,   (a)
      Cepheam hic Meroen fuscaque regna canat,
95   hic referat sero confessum foedere Parthum:
      'reddat signa Remi; mox dabit ipse sua.

_____

81, 82 *in codd. post u.* 16 *exstant, i.e. post ultimum uncialis paginae* (b) *uersum; huc ad initium paginae* (a) *traieci. ibi in appositione* pelagus *cum* aut *sinus* aut *portus non Latine dictum, praesertim cum 'fugerit' ille portus apertum mare; neque uero exspectas fructus uictoriae ante coeptum proelium. Ell. Lib.* III, x, 69–72:

   Leucadius uersas acies memorabit Apollo:
      tantum operis belli sustulit una dies.
   at tu, siue petes portus seu, nauita, linques,
      Caesaris in toto sis memor Ionio.

aut ob similitudines ante u. 83 *omisit aut ut ad foll.* 137 *b,* 139 *a, fortasse* 142 *b, festinauit librarius* || **81.** attia c² | nylee L: uileẹ c³ | monumenta HVo.c²c⁴ | krine c¹ || **82.** uia] tuto F₁ || **83.** H actius H: Hec actius L: Hactius μυ: actus c³₁ | hinc traxit] I traxit F₁: intraxit L | phoebȷ c¹: phoebi c³₁ | monumenta FBHVo.Rc¹c², c³₂ *corr.* || **84.** missa] uicta c² | sagita N: sagicta c⁴: sagipta F₁c¹c² || **85.** *incipit noua elegia in* c⁴ | cecini] cecū F₁ | cytharam NBHVo.c³: citaram c¹: lr̃ạm̃ (= *liberam*) citheram c² | possit F₁c¹ | appollo F || **86.** thoros LR: coros F: cọhoros H |! **87.** luco] Roma Quadrata incipit a silua quae est in area Apollinis (Palatini), *Solinus*, I, 17, 18 || **88.** blandicieque c³: blandicitieque L: blanditaeque *Scaliger* || **89.** preliis c³:
                                                                            s
preliis c²₁: paelis c¹ | elisa *corr.* F₁ | phalernis F || **90.** Terque H₁ *ex corr., Corsin., Lips.*: Perque Ω | cilissa *codd.*: cylissa Vo.: calissa BRc¹c³: callissa Hc⁴₁: alissa c² || **91.** imgen. Vo. | potis *Lips., Corsin., m.* 2 *in marg.*: positis Ω | irritet *codd.*: irritit' c¹: irritat *Scaliger* | *ad hunc uersum adludit Horatius, Epp.* II, ii, 102: genus inritabile uatum || **92.** Bache NLRc²c³ | solet F₁ || **93.** paladosos c¹: paludos R | memores c¹ | seuire c³c⁴ | sicambros *codd.*: syc. BVo.: scyc. R: sycanbros N: *unde colligas elegiam aut anno* 738/16 *Ludis Quinquennalibus recitatam aut anno aliquo recentiore* ||
                                                                            f
94. Cephean NFBHLVo.c¹c³: Cefeam c⁴: Cephefam c² [*i.e. cepheam*] | [meroen d]: mereon c⁴: mereoen Vo.: meroin *codd.*: miroin c³₁: meroam R: meroyn F | fusca] -que *om.* c³₁ | canas F₁ | *Candace, Meroes regina, a Petronio deuicta est anno* 732/22–733/21 || **95.** H' (= *haec*) F: hoc Vo. | sero] ferro F₁ | parthim L: partum μB (*primo*) c²c³ || **96.** redat c¹R | signo c² | rhemi μR | ipsa H₁ ||

siue aliquid pharetris Augustus parcet Eois,
    differat in pueros ista tropaea suos.
gaude, Crasse, nigras siquid sapis inter harenas:
100   ire per Euphraten ad tua busta licet.'

sic noctem patera, sic ducam carmine, donec   (b)
    iniciat radios in mea uina dies.

viii   [vii]

Sunt aliquid Manes: letum non omnia finit,   [A. (a)
    luridaque exstinctos effugit umbra rogos.
Cynthia namque meo uisa est incumbere fulcro,
    (murmur ad extremae nuper humata uiae,
5   ramosis Anio qua pomifer incubat aruis
    et numquam Herculeo numine pallet ebur),
cum mihi somnus ab exsequiis penderet amoris,
    et quererer lecti frigida regna mei.

eosdem habuit secum, quibus est elata, capillos,   (b)
10   eosdem oculos; lateri uestis adusta fuit,

numeri elegiae viii: 8; 6; 6·4, 6·6, 4·6; | 6; 6·4, 6·6, 4·6, 8; | 2.

97. aliquis Ω, *corr. Itali* | faretris Rc³c⁴ | paret c³₁ ‖ **98.** puros L₁ | trophea *codd.* ‖
99. si quis c² | satis H₁ | arenas FRc³ | **100.** euphraten NμυBc⁴: eufraten Fc₁:
eufraden L: euphratem H: eufratem Rc²c³: eufratē Vo. ‖ **101.** noctem] uocem
F₁LVo. | pathera Fμυc² | ducas sic c² | carmina NBHRc² | dones c² ‖ **102.** initiat
c¹c² | uiua FR ‖

viii. *noua elegia in* Ω. *titulus* de Cynthia L: quod anima sit immortalis H.
1. laetum NVo.c³: loetum H: loctum B: non letum F₁ | non] noῑe (?) c³₁ ‖ **2.** lauri-
daque B | extinctos *Passeratius*: euinctos *codd.*: (eiunctos N): (*i.e.* ettinctos = *euinc-*
tos) | *Ouid. Trist.* IV, x, 85:
si tamen exstinctis aliquid *nisi nomina restat,*
    et gracilis structos effugit umbra rogos
| focos H ‖ **3.** cin. c¹c³R | nanque c³ | incumbre c³: in cumb. H | fulco c²: fultro
F₁R: fulchro BHL ‖ **4.** murimur c¹ | ab c¹c⁴ | extremo c²: extremae, *i.e. prope*
Tibur | humara Vo. | [tubae *Housmannus*]: meo *in* uie *corr.* c²₁ ‖ **5, 6** *in codd. post*
u. 64 *exstant: huc traiecit Postgatius, quod confirmant restituti numeri. ob homoeo-*
teleuton, aruis, amoris, *homoearchon,* et, et, *ante uu.* 7, 8 *omissi sunt* (*at uide App.*
adn. 10) ‖ **5.** amo μυR: ꝰamo F₁ *corr.*: hamo L: auio H₁: unio c³₁ | ponosu c²:
ipse Anio pomifer *per riuos suos, ut Ouid. Am.* III, vi, 46; *cf. Hor. C.* I, vii, 13; *Sil.*
Ital. IV, 225, 226 ‖ **6.** nunq. c³ | nomine Vo.H₁ (*pro u. l.*), c³₁: numine m *repetitum*
L | pellat c³ | hebur Fc²c⁴ ‖ **7.** Quom BHc¹c³ | michi N | sompnus c² | exeq. Ω | ab
exequiis somnus Vo.H₂ꞈ | [pendent c⁴] | amores N (d₁g *pro u. l.*): amotis c¹: [amarus
Liuineius: amaris c⁴, *Lipsianus*]; *cf. Val. Flacc.* I, 481: peruigil Arcadio Tiphys
pendebat ab astro ‖ **8.** quereret F: querer c¹c³₁c⁴: queret c³₂R ‖ **9.** [eosdem *Corsin.*
et Lips.]: osdem HR: hosdem *codd.* | est] et F₁ | ellata Hc³: elapsa F₁ | capillos
Vo.c¹c²c⁴: capillis NμυFBHLc³ ‖ **10.** eosdem NμυplBC: eosidem H: hosdem
FLVo.: osdem R | aducta c² ‖

et solitum digito beryllon adederat ignis,
    summaque Lethaeus triuerat ora liquor;
spirantisque animos et uocem misit; at illi
    pollicibus fragiles increpuere manus:

15 'Perfide, nec cuiquam melior sperande puellae,   (b)
    in te iam uires somnus habere potest?
iamne tibi exciderunt uigilacis furta Suburae
    et mea nocturnis trita fenestra dolis?
per quam demisso quotiens tibi fune pependi,
20   alterna ueniens in tua colla manu!

saepe Venus triuio commissa est; pectore mixto   (c)
    fecerunt tepidas pallia nostra uias.
foederis heu taciti, cuius fallacia uerba
    non audituri diripuere Noti!

25 at mihi non oculos quisquam inclamauit euntis: (b)
    unum inpetrassem te reuocante diem.

---

11. beryllon H: berillon *codd.*: heryllon R: berilon Lc³gd: berylon B: beryllos N |
addederat c²: addiderat R: adderat c⁴: aderat c³₁g: ademerat Vo. || **12.** suma B |
leteus c³₁: lateris c² || **13.** missit c³ || **14.** polic. H | fragilis c³₁ || **15.** quoiquam BHc¹c³ |
mellior H || **16.** sonus c¹c³: sompnus c²: sompna L | *hic uersus in* H *post u.* 20
inseritur, sign. adpos. || **17.** Iam ue F₁ | exciderant *codd., corr. Itali (e.g. cod. Berol.
Lat.* 500, *corrector saec.* xv) | uigilatis c³₁R: uigilantis c¹c² | furta] te tecta F₁: tecta
Vo. | suburr(a)e *vc*⁴: sabure R: subiree L: subire Vo. || **18.** tricta c⁴: trista BHLRc¹c³₁ |
fonestra c¹ || **19.** demisse F₁ | tociens c² || **21.** triuo c¹: trimo R: tremo F₁ | commissa
Vo.c⁴, *Heinsius*: commixta *codd.*: commista Fc¹c⁵: comixta R | est] et *Heinsius* |
pectore] tempore c¹c³₁c⁴c⁵g (*pro u. l.*) | misto Fc¹c³c⁴c⁵ | *huc respicit u.* 92: mixtis
ossibus ossa teram; *cf. Stat. Silu.* v, i, 43:
                nec mirum si uos *collato pectore mixtos*
                iunxit inabrupta Concordia longa catena ||
22. *u. om.* c¹c³₁c⁴ | trepidas *μυ*FBHVo.Rc³₂c⁵ | pallia] palia c³₂R: pectora F₁L
[*cf. Ouid. Am.* I, iv, 48] || **23.** heu] en c¹ | quouis c¹c³ | fallatia L | uerbi c² || **24.** derip.
H: dirr. LR: dirup. F | noti Vo.Rc¹: nothi *cett.* || **25.** oculos *ex* -is *corr.* N₁ | quam-
quam c¹ | inclinauit Vo.Rc¹ | eunti *uel* hiantis *coni. Heinsius; at cf.* labentes oculos,
Ouid. Trist. III, iii, 44 || **26.** inp. Lc¹: ip. F: imp. *cett.* ||

363

nec crepuit fissa me propter harundine custos,
  laesit et obiectum tegula curta caput.
denique quis nostro curuum te funere uidit,
30   atram quis lacrimis incaluisse togam?

si piguit portas ultra procedere, at illuc   (b)
  iussisses lectum lentius ire meum.
cur uentos non ipse rogis, ingrate, petisti?
cur nardo flammae non oluere meae?
35 hoc etiam graue erat, nulla mercede hyacinthos
  inicere et fracto busta piare cado.

te patiente meae conflauit imaginis aurum,   (c)
  ardente e nostro dotem habitura rogo,
quae modo per uiles inspecta est publica noctes;
40   haec nunc aurata cyclade signat humum;

et grauiora rependit iniquis pensa quasillis,   (b)
  garrula de facie siqua locuta mea est,

explicit quaternio octauus decimus

---

27. fissa NμυBHL: fixa FVo.c¹c²c³c⁴gd: sissa R | harund. BHLR: arund. *codd.*:
arūd′ie (*sic*) F | custos F₁ || 28. abiectum c⁴ *Guyetus* | cūcta c¹: gutta c³₁ || 29. cur-
ruum c¹: currum L | fundere B || 30. arram H₁ | quis *om.* c² || 31. pinguit F | ad c³₁ ||
32. Iussisset, t *in* s *corr.* N₁: lussisses c¹: luxisses c² || 33. quor Vo.c³c⁴ | imgr. Vo. ||
33–36, 59–62, 37–52 *repetiti sunt in* c³ *post* ix, 38, *unde fidem librarii confirmare*
potes, e.g. in uu. 39, 40 || 34. quor c¹c³c⁴ | flamine F₁B || 35. Nec c¹c³₁c⁴ | graue etiam
c¹c³c⁴: et iam gr. H₁ | erit FLVo. | nulla] ruina F₁ | hiacintos F: hyacintos H:
hyacinctos NpBL: iacintos c¹c³c⁴: iacinthos c²Vo.: iacinthus R: iacynthos μυ ||
36. et *om.* c³ (*etiam in repetitione*) || *post u.* 36 *in codd. exstant uu.* 59–62: qq. uu. ||
37, 38 *in codd. post u.* 46 *exstant; post u.* 40 *traiecit Schraderus, huc ego.* [*sc. e sic*
conflato auro habuit auratam cyclada (40).] || 37. paciente H | in magnus c² (*tum*
in mag′nus′ *corr.*): ymag. c¹ | aure F₁: auex c²: au₂₊ c³ (*bis*) || 38. ardent e *codd.*, *corr.*
Itali: [ardenti c⁴: ardent ex Vo.] | dotem] decem c² || 39. puplica NμBHc³₂ *corr.*:
pulpita R: pbblica F₁ *primo* | nostres c¹ || 40. nec c¹ | ciclade Rc²c⁴: cida designat F₁ ||
41. pependit c¹: pendit c⁴: fundit F₁LVo.: [refundit *Corsin.*, *Lips.*] | casillis F₁ ||
42. garula F₁LRc¹c³c⁴ | loquuta Rc⁴ | mea est] mee *in* mea *corr.* c² ||

incipit quaternio nonus decimus

nostraque quod Petale tulit ad monimenta coronas,
    codicis inmundi uincula sentit anus,
45   caeditur et Lalage tortis suspensa capillis,
    per nomen quoniam est ausa rogare meum.

Non tamen insector, quamuis mereare, Properti: [B. (b)
    longa mea in libris regna fuere tuis.
iuro ego Fatorum nulli reuolubile carmen,
50   tergeminusque canis sic mihi molle sonet,
me seruasse fidem. si fallo, uipera nostris
    sibilet in tumulis et super ossa cubet.

set tibi nunc mandata damus, si forte moueris,   (b)
    si te non totum Chloridos herba tenet.
55   nutrix in tremulis ne quid desideret annis
    Parthenie; potuit, nec tibi auara fuit.
deliciaeque meae Latris, cui nomen ab usu est,
    ne speculum dominae porrigat illa nouae.

---

43. perade c^1: petule c^3_1 (*bis*): petalet R | monimenta c^1c^8R: monu. *cett*. | cornas c^3_1 (*bis*) ‖ **44**. condicis BH$_1$c$^3_1$ (*bis*): (c$^3_2$ *supra* o *lineam erasit*) | inmundi NLRc²: inmondi c³: in mundi FHVo.c⁴: in mondi Bc¹c³ (*in repetitione*) | sentit] se nescit c¹:
fregit c² ‖ **45**. creditur Rc² | lalage Vo.: lalace *codd*.: lalace (*sic*) R | [cortis R: torus μ] ‖ **47**. *in media elegia uertunt se numeri, uertitur Cynthia a culpa in mandata, nominatur Propertius post medium uersum,* per nomen quoniam est ausa rogare | tm̃ sector (= *tantum sector*) c¹: [inseptor c²] | mercare c¹ | properci c³$_1$ (*bis*) ‖ **48**. mei c¹c³ (*bis*) c⁴ | furere F₁ ‖ **49**. iure c³$_1$: (iuro *in repetitione*) | nullum BHc³$_1$ (*bis*) | carmen Ω (*in* L *postea add. a man. uet.*) | at omnibus numeris reuolubile est hoc carmen *Properti; cf. ad u.* 47 ‖ **50**. ter gem. LR | michi N | sonat c²: somnet H ‖ **52**. sibi et c²: si libet c⁴ | et super *bis* c² | cubat c² | *hic sequuntur in codd. praeter* c⁸ *uu.* 75–90, *quos primus seiunxit Fonteinius: in* c⁸ *uu.* 67–74, 91–94 *et el.* ix, 1–38 ‖ **53**. set NBL: sed *cett*. | nunc] n̄c̄ n̄c̄ F | si damus H ‖ **54**. si] set F₁L | tortum B | chloridos NH: cloridos FBVo.c¹c³: choridos Lc²: [claridos c⁴: doridos R] | erba F ‖ **55**. in] ut F | nequod F₁: ne quod L | desyd. B ‖ **56**. parthenie Vo.c¹c²c⁴: phatenie FL: partheniae NHc³: parthanie B: parchanie R | patuit *Itali* | net B ‖ **57**. delit. BHVo.Rc²: dilit. c¹ | latrix Vo.c² | quoi BHc¹c³: tui R₁ ‖ **58**. nouae] mee c¹ ‖

      Lygdamus uratur, candescat lamina uernae: (c)

60   sensi ego cum insidiis pallida uina bibi.

      aut Nomas arcanas tollat uersuta saliuas:

      dicet damnatas ignea testa manus.

      et quoscumque meo fecisti nomine uersus,   (b)

      ure mihi: laudes desine habere meas.

65   pelle hederam tumulo, mihi quae praegnante corymbo

      mollia contortis adligat ossa comis.

      hic carmen media dignum me scribe columna,

      sed breue, quod currens uector ab urbe legat.

      nec tu sperne piis uenientia somnia portis: (b)

70   cum pia uenerunt somnia pondus habent.

      nocte uagae ferimur (nox clausas liberat umbras)

      errat et abiecta Cerberus ipse sera.

      luce iubent leges Lethaea ad stagna reuerti:

      nos uehimur, uectum nauta recenset onus.

59–62 *huc traiecit Schraderus, post u.* 54 *Postgatius, post u.* 46 *Scaliger; in codd. post u.* 36 *exstant; uide App. adn.* 10. *manifeste sunt uerba Cynthiae mandata enumerantis, neque ante u.* 53 *ponenda* ‖ **59.** Ligdania F₁: Lidamus c²: ligdamis c¹: ligdamus c³c⁴: ligamus R | iuuetur F₁ | uernę neruę c³₁ ‖ **60.** quom BHc³ | infidus F₁: insidias c² | pallia N: passida B: palida c³ ‖ **61.** aut Ω | nonias L: normas B | arch. NBHVo.Rc¹c²c³: arcana L | uersura F: uersuta (-uta *a man.* 2 *in ras.*) c³: (uers ut c³ *in repetitione*) | saliuas Vo.R, *Itali*: salinas codd. ‖ **62.** licet c¹: uincet *Baehrensius* | damnat' c¹: damnatos c³₁ (damnatas *in repetitione*): dampnatas c²c⁴ | texta c² ‖ **63.** om. Vo., *spatio relicto* ‖ **64.** *cf. Martial.* XIV, 189, 2: accepit famam, plus tamen ipsa dedit ‖ **65.** ederam Vo.c¹ | mihiq' c³₁ | quae] q₃ q₃ F₁ | praegnante *Cornelissenus*: pugnante Ω: pungente *Burmannus* | corimbo BRc¹c³c⁴: chorinto c² ‖ **66.** mollia c¹c³c⁴gd: molli *cett.* | contorris c²: cum tortis BR: cantoris F₁ | all. Ω | cola F₁ (*sic*) ‖ *post u.* 66 *exstant in codd.* uu. 5, 6 ‖ **67.** hoc FL (*sc. ob* 68 *a, b*) | columpna NFc² ‖ **68.** turrus Vo.: curres *corr.* F | uictor F₁L | legat *ex* uehit *corr.* c² ‖ **68** *a, b. post u.* 68 *exstant in codd. duo uersus spurii et post uncialem inlati: quos recte, ut credo, ex* F *emendarunt Itali:*

      hic Tiburtina iacet aurea Cynthia terra.

      accessit ripae laus, Aniene, tuae.

. EPITAPH . c³₂ *in marg.* | sed tiburtina iacet hic F [*sc.* sed *e u.* 68]: sed tiburna iacet hic NμυplBHL (tribuna L) c²: tiburna iacet hic c⁴: tiburina iacet hic H₁ *corr.*, Vo.c³: tiburtina iacet hac c¹d (tyb. d): sed tyburtina iacet g (hac *pro u. l.*): sed aurea [. . . . .] cinthia terra R: hic tiburtina iacet *Corsin., Lips., Itali,* edd.: [hic, Tiburne, tua *Postgatius*: hic sita Tiburna *Palmerus*] | [cin. Rc¹] ‖ **68** *b.* acessit c² | aniene gd, *Itali*: aniena c²: amene c⁴: inane c¹: aniane codd.: anianę p: amanę Vo.: auiane F: annine (?), B *primo* | *uide App. adn.* 9. *de apographo ex unciali facto disserui in App. adn.* 10 ‖

69. uehementia Vo. | sompn. Fc² ‖ **70.** Quom BHVo.c¹c³ | sompn. c² ‖ **73.** luce] luet c¹: inde R | [letea c¹c⁴: lentea R] ‖ **74.** onus *om.* F₁: o L₁ (-nus *add. man. uet.*): honus c² ‖

75   nam gemina est sedes turpem sortita per amnem,   (c)
         turbaque diuersa remigat omnis aqua.
         una Clytaemestrae stuprum uel adultera Cressae
         portat mentitae lignea monstra bouis.

         ecce coronato pars altera rapta phaselo,   (b)
80   mulcet ubi Elysias aura beata rosas,
         qua numerosa fides quaque aera rutunda Cybebes
         mitratisque sonant Lydia plectra choris,
         Andromedeque et Hypermestre sine fraude maritae
         narrant, historiae pectora nota suae.

85   haec sua maternis queritur liuere catenis   (a)
         bracchia nec meritas frigida saxa manus;
         narrat Hypermestre magnum ausas esse sorores,
         in scelus hoc animum non ualuisse suum.
         sic mortis lacrimis uitae sanamus amores;
90   celo ego perfidiae crimina multa tuae.

75–90, *pannum sedecim uersuum, primus huc traicere uoluit Fonteinius: in codd.*
post u. 52 exstant. [*nihil moror quod ab ipso hoc uersu omittuntur, sc. ob interlapsum*
exemplaris sui folium, uu. 28 in c³, quos post ix, 36, repetitis ante uersibus 24 sign.
adpos. inserit; cf. ad ix, 38.] *inter u.* 52 *et u.* 75 *credidit et Baehrensius aliquid (sc.*
distichon unum) deperiisse ‖ **75.** turpe Vo.R: [tristem *Burmannus*]; *cf. Lygdam.* iii,
38: ignaua luridus Orcus aqua | per annem c²: perannem N ‖ **77.** clytemestr(a)e
NBH: clitemestre FLc¹c²c³: clytmnestrae Vo. | strupum Fc³: struprum c⁴ |
uel adultera R. *Ellisius:* uehit altera Ω; *Ouid. Met.* VIII, 132: quae toruum ligno
decepit *adultera* taurum; *Anth. Lat. (P. Lat. Min.)* 319:
       uatem te poterit reddere ligneum
       qui uaccam trabibus lusit *adulteris.*
in una rate certe Clytaemestra et Pasiphae | craese c¹: cresę c³₂ *corr.*: crass(a)e
BHRc³₁c⁴ ‖ **78.** mostra c² | bonis c³₁ ‖ **79.** parta *codd., corr. Palmerus:* [pacta R:
uecta gd, *Italī:* pulsa *Postgatius*] | phaselo L: phasello F₁Vo.c¹: faselo NBH:
fasello c²c³c⁴ ‖ **80.** elysas c¹, c³₂ *corr.*: ęlysas Np: elisas c²: elisa c³₁R: elixas c⁴:
elysa B: ęlisas H: lisas F₁L | saura BH₁c³₁: sura R: aurea c¹ ‖ **81.** que F | qua
qu(a)erar *codd.*: qua qu(a)erat FLVo.c².: [qua uertitur R: qua quaeritur g] | quaque
aera rotunda *corr. Turnebus:* (rutunda *Passeratius*) | ut unda *codd.*: et unda
R: ue unda c⁴: nuda F | cybeles NBHc³: cybelles Vo.: cibeles c²c⁴: cibelles
FLRc¹ ‖ **82.** pletra c³ | coris c²c⁴ ‖ **83.** andromed(a)e Nc²c³c⁴: andromad(a)e *codd.*:
[-que *om.* c⁴]: sǫnạnt et B | hypermestre B: hypermestrae NHVo.: ipermestr(a)e
Fc¹c³c⁴: hip. c²R | [et sine c⁴]: sū F₁ | marita *C. Rossbergius: sed de Andromeda uide*
cum Rothsteinio Erat. Cat. 17…ἀπῆλθε μετ' ἐκείνου εὐγενές τι φρονήσασα ‖
84. norant c¹: narrauit c⁴: narran H *primo* | hyst. c³ | uota B | [historias…suas
Marklandus] ‖ **85, 86, 87** *om.* c³₁: *add.* c³₂ *in marg.* ‖ **85.** Nec c¹ | sua maternis *Itali:*
suma eternis BL: summa (a)eternis *codd.*: [externis R] | chatenis Hc²: cath. BVo.
Rc³₂: ktenis c¹ ‖ **86.** bracchia FVo.c¹c²: brach. *codd.* | nęc c³₂ ‖ **87.** hypermestrae
NHVo.c³₂: hypemestre c²: iper. Fc¹c⁴ ‖ **88.** selus c³ ‖ **89.** mortis Ω; *cf. Ell. Lib.* II,
iii, 22 | sancimus *C. Rossbergius:* [sonamus c²: satiamus R] | [amore c²] ‖ **90.** caleo
ego c¹c³₁: (caelo c³₂ *corr.*): calleo c⁵: cedo ego c⁴ ‖

nunc te possideant aliae; mox sola tenebo.
mecum eris, et mixtis ossibus ossa teram.'

haec postquam querula mecum sub lite peregit,   (d)
inter conplexus excidit umbra meos.

ix   [viii]

Disce, quid Esquilias hac nocte fugarit aquosas,   [A₁. (a)]
   cum uicina nouis turba cucurrit agris,
turpis in arcana sonuit cum rixa taberna,
   si sine me, famae non sine labe meae.

5   Lanuuium annosi uetus est tutela draconis;   (b)
   hic tibi tam rarae non perit hora morae,
qua sacer abripitur caeco descensus hiatu,
   qua penetrat uirgo (tale iter omne caue),
ieiuni serpentis honos, cum pabula poscit
10   annua et ex ima sibila torquet humo.

talia demissae pallent ad sacra puellae,   (c)
   cum temere anguino creditur ore manus;

numeri elegiae ix: 4, 6‧8; | 6‧4, 8; | 8, 4‧6; | 8, 6‧4; | 4‧6, 8.

---

91. nunc] nec FL ‖ **92.** erit c³₁ | mistis F: mestis c³₁c⁴: moestis c¹c⁵ | terram B₁Hc² | *cf. uu.* 21, 52; *et Consol. ad Liuiam*, 163: miscebor cinerique cinis atque ossibus ossa ‖ **93.** nec c¹c⁴ | [sublite R: subluce c⁴]: sub lite, *inter capitula accusationis; cf. Ouid. Met.* xiii, 34, in arma prior *nulloque sub indice* ueni | pergit N ‖ **94.** 9plex. c¹: cōpl. Fc⁴: compl. *codd.* ‖

  ix. *noua elegia sine titulo in codd.; separat secunda manus in* Nc³ [*in hoc post rasuram,* Isce qd *et* quom uicina *a manu secunda*].
x
  1. quod NF₁ | exquil. μFVo.Rc²c⁴: equil. B: ẹquil. H₁ *corr.* | ac c¹ ‖ **2.** quom BHVo.c³: qum c¹ | nobis Vo. ‖ **3, 4** *in codd. post u.* 22 *exstant; huc traiecit Luetiohannus, cui consentiunt numeri; cf. uu.* 61–65 ‖ **3.** arch. BHLVo.Rc¹c²c³ | somnuit H | quom BHc¹c³ | risa c¹: rissa c² ‖ **4.** si sine] desine Vo. ‖ **5.** Iannuuium c²: Iannhuinum c⁴: launium B: lamynium L: lanuuium annosi *om.* F₁ (*man. aequalis in marg. scribit:* non potuit legi in exeplari hoc quod deficit) | annos c³₁ | droconis BH₁ ‖ **6.** hoc c² | tibi *Itali*, c⁴₁ (*in* ubi *corr.*): ubi *codd.*: uer L | raRę (*sic*) N | parit Vo. | ora Vo.c¹ ‖ **7.** arrip. Fc²: ab ripitur H: obripitur c¹: obrepitur c⁴ | coeco BH | [desensus c³: defentus c⁴] | hyatu Vo.c¹c² ‖ **8.** tele c¹ | inter Vo. | cane F: caue *add. m.* 2 *in* c³ ‖ **9.** Ienū F₁: Leuum c⁴: Leium c³₁ | honos] nos c¹ | quom BHVo.c¹c³: quo c⁴ ‖ **10.** anima F¹ | ex ima μc¹c²c³: exima BHR: ex inia *v*: ex una *cett.* | fibľa F (*ut uid.*) ‖ **11.** palent c¹c³ ‖ **12.** quom BHVo.c¹c³₂: quę c³₁: quē c⁴ | tremere c¹c³₁c⁴ ‖

368

ille sibi admotas a uirgine corripit escas:
uirginis in palmis ipsa canistra tremunt.

15 .   .   .   .

.   .   .   .

si fuerint castae, redeunt in colla parentum,
clamantque agricolae 'fertilis annus erit.'

Huc mea detonsis auecta est Cynthia mannis: [A₂. (b)]
20 causa fuit Iuno, sed mage causa Venus.
Appia, dic, quaeso, quantum te teste triumphum
egerit effusis per tua saxa rotis.
spectaclum ipsa sedens primo temone pependit,
ausa per inpuros frena mouere locos.

25 Serica nam taceo uulsi carpenta nepotis   (a)
atque armillatos colla Molossa canes,—
qui dabit inmundae uenalia fata saginae,
uincet ubi erasas barba pudenda genas.

13, 14 *ante u.* 11 *traicere uoluit Housmannus; et certe latebat uulnus; sed uide ad*
uu. 15, 16 ‖ **13.** ad motas HRc¹ | auirgine c²: a uirgi. L₁ | corrigit BH: colligit
FLc² | estas c¹ ‖ **15, 16** *deesse docent et numeri et paginae (uide enim* x, 1, 3*); cf. Aelian.*
Nat. An. xi, 16, *de hoc sacro:* καὶ ἐὰν μὲν παρθένοι ὦσι . . . εἰ δὲ μή, ἄψαυστοι μένουσι
(*sc.* αἱ τροφαί) προειδότος αὐτοῦ τὴν φθορὰν καὶ μεμαντευμένου . . . καὶ ἤ γε τὴν
παρθενίαν αἰσχύνασα ταῖς ἐκ τοῦ νόμου κολάζεται τιμωρίαις ‖ **17.** fuerunt Fc⁴₁ |
reddeunt H ‖ **19, 20** *om.* c³₁, *in marg. add.* ‖ **19.** de tonsis F: detorsis Vo. | aduecta c²:
euecta H | [cymth. c²] | ab annis Ω: (abannis c¹: -nis *in* c³ *abscisae*): *corr. Beroaldus* ‖
20. uino Nc¹ | caūa L ‖ **21.** A pia H | te] de F: et c⁴ | [trihumphum Fc²: triunph.
c¹c³: triuph. c⁴] ‖ **22.** sassa F ‖ *hic exstant in codd. uu.* 3, 4 ‖ **23.** spectaclum
μ, υ₂ *corr.*, p: spectac†um c¹: spectaculum NLVo.Rc²c³c⁴: spectadum υ₁: spectandum
FBH | sedens] tenes c² ‖ **24.** impuros BHL: impimos c²: in pueros Vo. | fana c¹ |
locos NFLVo.c³₁: iocos μυplBHRc¹c²c³₂c⁵: cocos c⁴: [locos (*sic*) c²] | *cf. Ouid. Am.*
II, xvi, 49–52 ‖ **25.** serica nam taceo *Beroaldus*: si riganam tacto NμυFBHLc²:
siriganam t. c³: si riga nam t. Vo.: siuaganam t. R: si riganam tracto c¹: sirringa nam
tracto c⁴ | uolsci c¹c³: uosci c⁴ | nepotis Vo.: nepoti *cett.* ‖ **26.** armilatos R: armalltos
H₁: arnill. Vo. | [molossa c⁴]: molosa FBLRc¹c²c³: mollosa H: mollossa Vo.:
malosa Nμυ ‖ **27.** dabat Vo. | in munde Fc¹c⁴: in monde c³ | facta FHRc² ‖ **28.** hera-
sas c²: crasas BR | putenda F, *et* L *ex corr.* | genas (g *in ras.* L₁) ‖

cum fieret nostro totiens iniuria lecto,   (c)
30   mutato uolui castra mouere toro.
Phyllis Auentinae quaedam est uicina Dianae;
     sobria grata parum: cum bibit, omne decet.
altera Tarpeios est inter Teia lucos;
     candida, sed potae non satis unus erit.
35   his ego constitui noctem lenire uocatis,
     et Venere ignota furta nouare mea.

Vnus erat tribus in secreta lectulus herba.   [A₃. (c)
     quaeris ⟨dis⟩cubitus? inter utramque fui.
Lygdamus ad cyathos, uitrique aestiua supellex,
40   et Methymnaei Graeca saliua meri.
Nile, tuus tibicen erat, crotalistria, phimus,
     et facilis spargi, munda sine arte, rosa;
nanus et ipse suos breuiter concretus in artus
     iactabat truncas ad caua buxa manus.

---

29. quom BHVo.c¹c³: quin c⁴ | [in Iuria F: inuiria L] ‖ **30.** [mutato c⁴₁gd, *Itali*]: multato *codd.*: mulctato μυR: multa tato Vo. | uoluit *codd., corr. Beroaldus*: noluit L | thoro *codd.*: [toro c⁴] ‖ **31.** *hinc incipit noua elegia in codd.; separat secunda manus in* N; *iam Itali coniunxerant. titulus* de concubitu suo cum theida et phillide H | phillis *codd.*: ([-]hillis c²): philis c¹c³c⁴: hilis Vo.R | quendam B | dinnẹ *in* dianẹ *corr.* H₁ ‖ **32.** quom BHc¹c³ | omne] canna c² ‖ **33.** est *om.* N₁ | *post* inter *spatium quinque litterarum in* L, *plurium in* pl: *etiam in* N *in uacuo spatio addidit* est *manus recentior* | theia Fc¹c²: theya c³₂ *pro u. l.*: cetera c³₁: taxa (*sic*) c⁴: terra R | lucos ue Vo. ‖ **34.** poti F₁L: portẹ c³₁ ‖ **35.** Hiis FL | uenire N ‖ **36.** notare F₁L: mouere c³₁ ‖ **37.** herba] umbra *Heinsius* ‖ **38.** concubitus Ω, *corr. Palmerus*: cunc.Vo. | utranque c¹c³: utraque NF₁: utrā₃que L *primo* | fuiṭ H ‖ *in* c³ *sequuntur* viii, 33–36, 59–62, 37–52 *repetiti; tum* viii, 75–90, *ut in* Ω (*sed omissis* 85–87) *et* 53–58, 63–66, 7, 8 (*ut in* Ω); *tum* ix, 39, *h.e. repetiti sunt uu.* 24, *additi* 28, *sed tribus omissis a manu prima: folium exemplaris est* ‖ **39.** ligd. c¹c³R | ad] et c³ | cyatos Vo.c³: ciatos c⁴L: cyacos c¹: ciathos c²R | utrique *codd., corr. Scaliger; cf. Copa,* 29, aestiuo…uitro: uterque F₁L₁ (?) | estuta c¹: extiua Fc² | suppellex Vo.c¹c²c³: suppelex H ‖ **40.** methuunei F: methumẹi c⁴: metimnei c¹c³: methynei c²: (methyñnei Vo.: methimnei R): methymṃei H | gr(a)eca *codd.*: grata c¹ſ: Graia *Palmerius*: *sic* Graeca…testa *Hor. C.* I, xx, 2; *et Copa,* I, 2: copa Surisca caput Graeca redimita mitella,/ crispum sub crotalo docta mouere latus *etc.*; *cf. uu.* 39, 41, 44 | salina F₁R: saluia c¹(? c³) ‖ **41.** *u. om.* μ, *spatio relicto* | nile, tuus] Nilotes *Scaliger*: unguentum *Housmannus* | nille c³₁ | tibícens Vo. | crotalistria *corr. Turnebus*: coralistria LR: chor. pBHc¹c³₂: ebor. Ndg: choralistra μυ: cʰorolastra c⁴: colistria F₁: choristia c³₁: cordistria c²: coristria Vo. | phimus *Housmannus* (*cf. u.* 47): philis Vo.c¹,c³₂ *corr.*, c⁴: philix c³₁: phillis *codd.* (*quae sane in lectulo manebat, u.* 38): [Byblis *Palmerus*] ‖ **42.** *deest huic cenulae unguentum, etiam illud quod Catullus* (xiii, 11) *dare potuit. ad Hor. C.* I, v, I *aperte adludit noster*:

     quis multa gracilis te puer *in rosa*
     perfusus liquidis urguet odoribus? . . .
         cui flauam religas comam
     simplex munditiis?

45   sed neque suppletis constabat flamma lucernis,   (a)
      reccidit inque suos mensa supina pedes;
      me quoque per talos Venerem quaerente secundos
      semper damnosi subsiluere canes.

      cantabant surdo, nudabant pectora caeco;   (b)
50   Lanuuii ad portas, ei mihi, solus eram,
      cum subito rauci sonuerunt cardine postes
      et leuia ad primos murmura facta Lares:
      nec mora, cum totas resupinat Cynthia ualuas,
      non operosa comis, sed, furibunda, decens.

55   pocula mi digitos inter cecidere remissos,   [A₄. (c)
      pallueruntque ipso labra soluta mero.
      fulminat illa oculis et quantum femina saeuit;
      spectaclum capta nec minus urbe fuit.
      Phyllidos iratos in uultum conicit ungues:
60   territa uicinas Teia clamat aquas.

---

sed Copam hic passim imitatus noster, ut ibi sub diuo plebeis sine unguento conuiuiis
rosa (7, 14, 32, 35) cum liliis uiolisque aestatem olet, rosa potius quam unguento
nimis artificioso uiliores puellas spargit. Methymnae respondet Nilus (cf. Ouid. A.A.
III, 318, *Niliacis carmina lusa modis*) *aptius quam ut mutare audeamus.* [*qui audet,*
unguentum legat, *aut* lilina, tus, *conl. Plinio, N.H.* XXI, 5, 11 (22): lilium rosae
nobilitate proximum est et quadam cognatione unguenti oleique, quod lilinum
appellatur] || **43.** nanus *Beroaldus*: magnus Ω; *quod pro nomine nani habent nonnulli.*
at uix e familia Propertii fuerunt tibicen, crotalistria, nanus, sed in cenam conducti, itaque
non, ut Lygdamus, nominandi | concritus F₁ | arcus FL: arthus c²: artis H₁: antro Vo. ||
44. factabat BH₁ | [trucas c²: trunchas c³] | buxa] bussa μRc² | *crotalistriam*
imitatus, nanus excutiebat cubitos, credo, cauis buxis [= *castanets, Hertzbergius*]
ornatos et manus truncas iactabat; cf. Copam, 4: ad cubitum raucos excutiens calamos.
si buxa pro tibia scripsisset noster, de sono, non de fabrica, epitheton dedisset ||

45. supletis H | flama c¹c⁴ || **46.** Reccidit NB: Reęcidit H: recidite Vo.: recidit
μυFLRc²c³c⁴: redidit c¹ | suppina BRc³ || **47.** meque per calos Vo. | secundo Ω:
[secundos *Corsin. et Lips.,* g] || **48.** clamosi c¹c³c⁴d: dampnosi c² | subsil., l *ex* n *corr.*
c¹₁ || **49.** undabant L: undabat c⁴: nudabam Vo. | cecho F: c(a)eto NBLc¹c³ ||
50. laminii L: Lauinii R: lannuuii c²: Ianhuini c⁴: Lanium F | ei N: hei *codd.*: heu
Lc² || **51.** quom BHVo.c¹c³ | postres c¹ *primo* || **52.** fata L || **53.** qum c¹: quin c⁴:
quom Hc³: tum L | resūpniat F₁ | [cint. c¹] || **54.** foribunda c² || **55.** om. c³: add. in
marg. c³₂ || **56.** Palluerant *codd.,* corr. *Liuineius*: pallueram Vo.: poll. c²: pallerant c³₁ |
ipsa libra Vo. || **57.** oculos F || **58.** spectaclum μυ₂pHL: spectaꞇum c¹: spectaculum
NBVo.Rc²c³c⁴: spectadum υ₁: spectandum F₁ | cf. *Ouid. Met.* XII, 222 *seqq.*: . . . cap-
taeque erit urbis imago | non F: ne L || **59.** Phyll. NB: phill. *codd.*: phil. H₁c¹c³c⁴:
phillides c² | coniicit ignes Vo. || **60.** teya c⁴: theia c¹c² | clamat] uocabat Vo., H *pro u. l.* |
aquas Ω [anus *Itali*: aues c⁵₁]; cf. *u.* 1: *aquae ductus ut uigiles inuocat? an ipsos*
uigiles? cf. Petron. 78: tam ualde intonuit, ut totam concitaret uiciniam. itaque
uigiles, qui custodiebant uicinam regionem,...cum aqua securibusque tumultuari...
coeperunt ||

lumina sopitos turbant elata Quirites,
omnis et insana semita nocte sonat.

illas direptisque comis tunicisque solutis   (b)
excipit obscurae prima taberna uiae.
65   Cynthia gaudet in exuuiis uictrixque recurrit
et mea peruersa sauciat ora manu,
inponitque notam collo morsuque cruentat,
praecipueque oculos, qui meruere, ferit.

atque, ubi iam nostris lassauit bracchia plagis,   (a)
70   Lygdamus, ad plutei fulcra sinistra latens,
eruitur, geniumque meum prostratus adorat.
Lygdame, nil potui; tecum ego captus eram.

Supplicibus palmis tum demum ad foedera ueni,   [A₅. (a)
cum uix tangendos praebuit illa pedes,
75   atque ait 'admissae si uis me ignoscere culpae,
accipe, quae nostrae formula legis erit.

---

61. ellata c³ ‖ **62.** in sana H │ *insanit nox intempesta; cf. Ell. Lib.* III, v, 13 : hunc paruo ferri *uidit nox inproba* ligno │ [*uoce Fruterius*] │ sonat] clamat c¹c³₁c⁴ (*sc. e u.* 60) ‖ **63.** illam FVo. : illa c³₁ *primo* │ truncis c¹ ‖ **64.** osc. Vo. │ uiae] meę c³₁ ‖ **65.** [gaude μυ₁] : gaudet ex uuiis c¹ : exuuiis gaudet in B : in exuuiis gaudet H : in exiguis gaudet Vo. │ uitrixque c³ │ cucurrit Vo. ‖ **66.** mea] metu c¹ │ santiat F₁ : sanciat c³ ‖ **67.** inp. Nc¹ : imp. *cett.* │ colla N, g *pro u. l.* │ morsusque c³₁ ‖ **69.** ibi c² │ laxauit c¹c²c⁴R │ bracchia Fc² : brach. *codd.* │ plagıs, g *ex* n (?) *corr.* c¹₁ ‖ **70, 71** *om.*

c⁴ *sine signo* ‖ **70.** Liddamus Ll │ plutri c¹ : pultei *v*Vo. : pulcri R : putei c² │ fulcra

Beroaldus (?), μ *in marg.* : fusca *codd.* : [frustra gd₁] ‖ **71.** exuitur BHVo.Rc¹c³ │ geniumque (-nium *postea in spat. angustiore addidit* L *man. uet.*) : -que *om.* F₁ │ prostratus μvBHVo.Rc¹c², *Itali* : prostatus c³ : protractus NplFL ‖ **73** *ante* 71 *scripserat* F (*sign. tunc adpos. corr.*) │ supplibus F₁ │ tundemum F : cum d. Vo. │ ueni B, *Itali* : uenit *codd.* ‖ **74.** cum NRc²c⁴ : qum c¹ : quom BHc³ : cur F : cui LVo. │ tanguendos c¹ ‖ **75.** si uis] suus Nμυ₁c² : suis R │ si *post* si uis *erasit* F │ ingnosc. c¹ *primo* : cognosc. F₁ ‖

---

77. ponpeia NVo. │ spat. c¹ : spac. *cett.* │ herba Vo. ‖ **78.** neque c¹c³ │ qum c¹ : quom BH │ lasiuum c¹c³ │ arena NFL │ focum F₁ (*corr. man. aequalis*) ‖ **79.** cane F₁ │ oblica BH₁ : oblita R : obliquare F₁ │ teatrum Fc² ‖ **80.** letica Vo.Rc¹c³ │ sudet Ω : se det *Gruterus et Heinsius* │ operta Vo. │ *i.e. ne supra te in theatro speculatus neue subter te e lectica uulnus quaesieris; cf. Ouid. A.A.* I, 164 *seqq. sudat lectica quae solem admittit postmeridianum* ‖ **81.** inpr. L │ ōm̃io c¹ │ querellę N : querel. *cett.* ‖

tu neque Pompeia spatiabere cultus in umbra   (b)
    nec cum lasciuum sternet harena Forum.
colla caue inflectas ad summum obliqua theatrum
80   aut lectica tuae sudet aperta morae.
Lygdamus in primis, omnis mihi causa querellae,
    ueneat et pedibus uincula bina trahat.'

indixit leges. respondi ego 'legibus utar.'   (c)
    riserat imperio facta superba dato.
85 dein, quemcumque locum externae tetigere puellae,
    suffiit ac pura limina tergit aqua,
imperat et totas iterum mutare lucernas,
    terque meum tetigit sulpuris igne caput.
atque ita, mutato per singula pallia lecto,
90   respiro, et toto soluimus arma toro.

x

Sance pater, salue, cui iam fauet aspera Iuno: [A₁. (a)
Sance, uelis libro dexter inesse meo.

numeri elegiae x: 2; | 8, 6·6; 2·8·2; 8, 6·6; 2·8·2; 8; | 2.

---

82. uenerat Vo.c⁴ | trahit HVo. || 83. Imd. Vo. | leges BHVo.RC: legem NμυplFL | respondi] dixi F || 84. nuperio c¹ || 85. dein *codd.*: deīn quicumque c²: deiñ c¹: dehinc c⁴: Ve ɪquēcūque (*sic*) F₁: Ve in. L: de inquecunque Vo. || 86. suffiit *Beroaldus*: ac *Baehrensius*] sufficat NμυplFBHc²: sufficiat L₁Vo.Rc³: sufficat et c¹: suffuciat et c⁴ | pɨura c³ | lumina F₁L₁Vo.Rc¹c⁴ || 87. totos c³₁ | lacernas Lc¹ *edd.*: laternas F: lucernas *defendit Iacobus* (*Philol.* ii, 448), *seruat Hosius. aduenas testantur lucernae* (*cf.* iv, 20, *et u.* 45 *supra*). *iam suppletas* (*u.* 45) *iterum de nouo implere aduenis dimissis purgationis causa imperat. nec non ipso facto, qui mutat* 'lacernas,' *totas mutat* || 88. sulphuris Ω | igne] ige c³: age c¹ || 89. at μυ₁ | ita] inque F₁: *om.* Vo. | palia Hc³ || 90. respiro *ego* (*h.e.* respo): respo c³₁: respondi *e u.* 83 *suppleuere codd.; cf.* si armis positis ciuitas respirauerit... *Cic. ad Fam.* vi, 2, 2; respiraui, liberatus sum *id. Mil.* 18, 47 | *locus diuersissime temptatus: res pacta L. Muellerus* | thoro Ω ||

x. **1, 2** *in codd. ante uu.* 75, 76 *exstant: post eos Schneidewinus, huc monentibus numeris et analogia traieci; cf.* v, 1, 2; 103, 104; xi, 1–4; 45–48. '*cognomen priscum*' *initio debuit ponere quod deriuare constituit; sic Vertumnum, Tarpeium, Feretrium. quasi latebant uu. uncialis ima in pagina, et aperte fabula ab* Amphitryoniades *et a pagina noua incipiebat.*

1. Sance *hic et in u.* 2 *scripsi* (*iam Heinsius* Sancum *in u.* 76 *restituerat*): sancte Ω (*quod melius* Iouem *significaret*): (sēe c¹): *ab antiquo nomine Sabino ad Graecam transit fabulam; hic ut in fine confundit et componit* | quoi Hc¹: qui B: cum Vo. | apera uino N || **2.** sancte Ω | in esse BH | *nempe non post finitam fabulam, ut in codd., sed ante coeptam, solet poeta deum celebrandum in librum inuocare; cf. Ell. Lib.* iii, xvii, 1, 2: nunc, o Bacche...da mihi pacato uela secunda, pater ||

Amphitryoniades qua tempestate iuuencos   (b)
  egerat a stabulis, o Erythea, tuis,

5   uenit ad inuictos pecorosa Palatia montes
  et statuit fessos fessus et ipse boues,
qua Velabra suo stagnabant flumine quoque
  nauta per urbanas uelificabat aquas.
sed non infido manserunt hospite Caco

10   incolumes: furto polluit ille Iouem.

incola Cacus erat, metuendo raptor ab antro,   (c)
  per tria partitos qui dabat ora sonos.
hic ne certa forent manifestae signa rapinae,
  auersos cauda traxit in antra boues;

15   nec sine teste deo: furem sonuere iuuenci,
  furis et inplacidas diruit ira fores.

Maenalio iacuit pulsus tria tempora ramo   (c)
  Cacus; et Alcides sic ait: 'ite boues,

---

3. *hinc incipit noua elegia in* Ω. *titulus* Herculis et caci fabula H. *in v nullum uersus interstitium* | (-) tiphitrionides c^1: (-) nphitroniades Vo.: Onphit. c^3 (*rubric.*) ∥ **4.** erithea Nμv_1: herithea c^2: eritrea FL: erithee BHVo.R: erithẹẹ c^3: crithee c^1: erithrẹe c^4 ∥ **5.** ad inuictos *Itali*: in aduictos c^{1}c^3: in auectos c^4: in aductos Vo.: et ad uictos BHc^2: et ad ũitos R: et ad iutos F: et aduictos Nμv: et adiunctòs L: [*sacra Herculis Inuicti et Victoris tangit noster*] | nemorasa Vo. | [palacia c^3: pelacia c^4: pall. Vo.] ∥ **6.** [*add.* v_1 *in marg.*] | fossus Vo. ∥ **7.** qua uelabra *codd.*: quaue labra B: qua ue libra FL: que uel. c^{2}R | stagnabat c^2, F *corr. man. aequalis*: stanuabant F | flumine *codd.* [*Tibull.* II, v, 33, 34]: flumina Nc^{1}c^2: lumina H$_1$: fulmine F$_1$L:
flamine R | quoque *codd.*: quoquẹ N: quaque c^4, *Itali, edd.*: [q͗3 FR] | *cf.* iii, 15–18. *Seruius ad Aen.* VIII, 90, 98, Tiberi per Lupercal fluente ∥ **8.** urbanas] irdonaas *cod. Leid. Voss. Lat.* 13: irdoanas *cod. Mus. Brit. Harl.* 2574 ∥ **9.** [imfido Vo.]: *Dium Fidium tangit, qui Sancus est* | mansere c^1: mampserunt F: mansuerunt H | cacco Vo.Rc^3: cacho FLc^1: chaco NμvBH: caccho c^2 ∥ **10.** incolumis *codd.*: incolumes c^4 *corr.*, gd, *Itali*: incolumum c^1: incolunus c^2: [*potuit noster 'incolumis' plurali numero ponere; sed hic ob* ille *legitur*] | poluit NLc^2 | locum ς: Ionem R: [*sacra Iouis Inuentoris et Hospitalis tangit*] ∥ **11.** insula Ω, *corr. Itali*: accola *Schraderus* (*et Liuius,* I, 7, 5): *in ipso Velabro, unde scandunt 'scalae Caci,' locat Cacum ut aduenae hospitem. sic antiqua fabula* | chacus NμvBH: caccus Vo.Rc^3: cachus c^1: ratus c^2 | erit H$_1$ *primo* | metuendus Rc$^3_2$ *corr.* ∥ **12.** partitos] patricios c^2: petitos c^4 | sonos] focos Vo. ∥ **13.** serta F$_1$ | manifestet c$^3_1$: [manificste c$^4_1$: mamifesta c^2] ∥ **14.** aduersos Fc^{1}c^2 | trixit H$_1$ *primo* | *in* N *primae litterae uersuum* 14, 15, 16 *et* 17 *omissae*: A-, N-, F-, Ma-. N *exemplaris sui speciem praebet* ∥ **15.** Ne c^1 | dẹo c^3 | funem F$_1$ ∥ **16.** Euris c^1 | inplac. Nc^{1}c^2: Iplac. Vo.R: implac. FHL: in plac. Bc^{3}c^4: in placida μv_1 | dirruit FLVo. ∥ **17.** *in* c^1 *deest folium unum, uu.* 17–67 (*exceptis* 45, 46) *olim continens* ∥ **18.** Cibus c^2: caccus R: chacus vBH: cachus F: chachus μ ∥

Herculis ite boues, nostrae labor ultime clauae,
20   bis mihi quaesitae, bis mea praeda, boues,
aruaque mugitu sancite bouaria longo:
nobile erit Romae pascua uestra forum.'

dixerat, et sicco torquet sitis ora palato,   (a)
terraque non uiuas feta ministrat aquas.

25   sed procul inclusas audit ridere puellas,   (b)
lucus ubi umbroso fecerat orbe nemus,
femineae loca clausa deae fontesque piandos
inpune et nullis sacra retecta uiris.
deuia puniceae uelabant limina uittae
30   (putris odorato luxerat igne casa),
populus et largis ornabat frondibus aedem,
multaque cantantes umbra tegebat aues.

huc ruit in siccam congesta puluere barbam   (a)
et iacit ante fores uerba minora deo:

19, 20 *om.* μυ₁ ‖ **19.** ultimę caluę Vo. ‖ **21.** mugite et F₁ | sanctite FL: ancite R: sanate Vo.: sancita c³ | boualia μυ₁: [boaria c⁴, *Itali*] ‖ '*Sancum' cum 'sancire' iam conectit; Forum Boarium in Velabro per boues inuentas* (u. 75) *sanctum dicit. procul respicit etiam portam Mugoniam Forumque Romanum* (*Verg. Aen.* viii, 360, 361). *Tac. Ann.* XII, 24: *a foro boario, ubi aereum tauri simulacrum aspicimus* ‖ **22.** [F nr̃a *habeat an* ur̃a *incertum*] ‖ **23.** at *Housmannus* ‖ **24.** taraque c² | non uiuas *ego* (*cf.* c³₁ *ad* xii, 25): non nullas *codd.* (nonnullas Bc²): non ullas c⁴R, *Itali*, *edd.* | *at aqua, aqua ubique; uide uu.* 7, 8; 27, 37; *praesertim uu.* 63, 64. fons, *unde funditur e terra aqua uiua, Varro, L.L.* v, 123; *Ouid. Met.* XIV, 103, loca feta palustribus undis; *Fast.* I, 662, *seminibus iactis* est *ubi fetus ager*; *Stat. Silu.* III, 2, 17; raram sepositi quaerere fontis aquam, *Cynth.* xxi, 26 (*Hylas, ad Ascanium flumen*) | fęta NVo.c³: foeta BHR | ministrat Hc⁴, *Itali*, *edd.*: ministret *codd.* ‖ **25.** inclausas F | *Vestales tangit noster et Bonam etiam Deam, ut hunc locum interpretari uidetur Macrobius* (*S.* I, 12, 27) ‖ **26.** ubi *Heinsius*: ab Ω ‖ **27.** foem. B: femine c³₁: femineeque F₁c⁴ | deē F₁ | funtes c³ ‖ **28.** inp. N: imp. *cett.*: impunę c³ | *huc respicit Lygdamus,* v, 8:

non ego temptaui *nulli temeranda uirorum*
audax *claudendae* (laudandae *codd.*, celandae *Itali*) *sacra docere deae.*

29. lumina FLVo.R | uittę NH₁ *corr.*: uict(a)e c²c³c⁴: uitrae FLVo.: uitae BH₁R ‖ **30** *om.* c³, *in marg. addit* c³₂ | distinxi | putris] turis *Heinsius; cf.* fanum *putre* Vacunae, *Hor. Ep.* I, x, 49 | luserat c²₁ | ige c³₂ | casa] *Stat. Silu.* III, 1, 82: stabat dicta sacri tenuis casa nomine templi... ‖ **31.** [popp. Vo.] | largis *Baehrensius* (*respondet in u.* 32 multa): longis Ω: glaucis *Housmannus. arborem Herculeam tangit; cf. Verg. Aen.* VIII, 276. *et licet epitheta transferre, sed uix talia ut qualitatem uocabulo transferas uerae prorsus contrariam: frons enim potest longa dici at nullo modo populi. itaque conl. codd. ad Cirin*, 526, *Stat. Theb.* II, 296 *al.*, *et* a, o, r, n *hic passim confusis, Baehrensium quamuis dubitantem sequor* ‖ **33.** coniesta F: congesto c² | *in* c³ *folium unum excisum, IV, x, 34–xi, 10 olim continens* ‖ **34.** minora FVo., H₂ *corr.*, c²c⁴₁: minore Nμυ|BH₁LR ‖

35 'Vos precor, o luci sacro quae luditis antro, [B. (b)
   pandite defessis hospita fana uiris.
   fontis egens erro, circaque sonantia lymphis

   .   .   .   .

   .   .   .   .

40   et caua succepto flumine palma sat est.
   quod si Iunoni sacrum faceretis amarae,
       non clausisset aquas ipsa nouerca suas.

   audistisne aliquem tergo qui sustulit orbem? (c)
       ille ego sum: Alciden terra recepta uocat.
45 quis facta Herculeae non audit fortia clauae
   et numquam ad uastas inrita tela feras,
   atque uni Stygias homini luxisse tenebras,

       .   .   .   .   ?

   sin aliquem uultusque meus saetaeque leonis (c)
50   terrent et Libyco sole perusta coma,
   idem ego Sidonia feci seruilia palla
       officia et Lydo pensa diurna colo,

---

octo uersus, 35–42, uelut numerorum et fabulae clauis partem quidem elegiae alteram aperiunt, numero autem suo partis prioris seriem concludentes callidam fecere totius operis iuncturam || **35.** luci c²c⁴: lucis *cett.*: [lutis R] | sacroque BVo.: sacro qui F₁ || **36.** de fessis FHL: deff. Vo.: defex. c² | uana Ω, *corr. Scaliger* | uiis Ω, *corr. Itali,*
gd, *Corsinianus* || **37.** [ferro c⁴] | cirque (*sic*) F: curaque c² | sanancia c²: [sonancia c⁴] | [limph. c⁴R] | *sibi persuaserint edd. u.* 37 *ante u.* 40 *sine interstitio legi posse, neque tamen -que sic usurpatum neque sic* sonantia *pro* loca, prata, templa sonantia *positum exemplo uno defenderunt. neque melius rem absoluere emendatores. distichon ante uncialem deperiisse censeo* || **40.** succepto NBH₁, *Housmannus:* subcepto c⁴: suscepto *cett.: aliud est amicum suscipere, aliud aquam succipere: Velius Longus,* VII, 64, 17, K (*cf. Caprum, Orth.* p. 98, *Keil.*) || **41, 42** *in codd. post u.* 48 *a exstant; huc traieci monentibus numeris.* [*ibi ut ante hos starent, traiecit Iacobus uu.* 69, 70] || **41.** quid Vo. | innoui F₁ *primo* | satium Vo. || **42.** clauisset v₁ || **43.** audistis ne NHL | *subst.* FVo.c²c⁴ || **44.** alciden Bc² (*cf.* vii, 100): alcidē N: alcide F₁LVo.: alcidem *cett.* | suscepta Nμv₁: (*sc. e u. l. ad u.* 40) || **45.** qui c² | fata BH | forcia c² || **46.** uastas Vo., *Itali:* uatas NL₁ (?): natas *codd.:* adnatas vB: ad iratas H₁ *corr.:* uacuas *cod. unus et alter recentissimorum: sic* N s *ante* p *omittit, u.* 1: *credo equidem* s *ante* t *ut hic omisisse* Ω *in* ii, 73 | ferras H || **47.** mustigias F₁: [stig. NR] | lusisse c² || **48** *a. u.* 48 *post uncialem deperiit. habent codd. u.* 70:

〈accipit haec fesso uix mihi terra patet.〉

hic F₁ | fexo Fc² | *cum uu.* 69, 70 *summa uncialis in pagina exstarent, ueri simile est eum qui sequeretur, post u.* 48 *finita pagina sua, eos hic exscripsisse, et ita mendum esse factum, uu.* 48 *et* 69, *non* 69, 70 *deletis. uide App. adn.* 10, viii, 68 *a, b. post u.* 48 *a exstant in codd. uu. nostri* 41, 42 || **49.** aliquem Ω (*et* F) | uoltusque BH | mens F | settę Vo.: sece R: fere c² || **50.** *post* terrent *distinguit* N | lybico NBVo.: lib. *codd.* | perhusta c² || **51.** id me Vo. | sidonia Vo., H *corr.*, c⁴₂, *Itali:* sinonia μlFH₁LRc²c⁴₁: syn. vpB: symonia N || **52.** offitia LVo. | et lido *codd.* [lydo Vo.]: elidio c²: [collo c⁴₁R] ||

mollis et hirsutum cepit mihi fascia pectus,
 et manibus duris apta puella fui.'

55 talibus Alcides: at talibus alma sacerdos,   (a)
 puniceo canas stamine uincta comas.

'parce oculis, hospes, lucoque abscede uerendo: (b)
 cede agedum, et tuta limina linque fuga.
interdicta uiris metuenda lege piatur,
60 quae se submota uindicat ara casa.
magno Tiresias aspexit Pallada uates,
 fortia dum posita Gorgone membra lauat.
di tibi dent alios fontes: haec lympha puellis
 auia secreti limitis una fluit.'

65 sic anus: ille umeris postes concussit opacos, (a)
 nec tulit iratam ianua clausa sitim.

at, postquam exhausto iam flumine uicerat aestum, (b)
 ponit uix siccis tristia iura labris:

---

53. hyrs. Vo.c² : irs. F | fastia F₁ || **55.** tallibus c² | at] ad F₁: et L: ac R || **56.** iuncta
NL: uicta c² || **57.** lutoque L | ab scede HVo.: abscendo c² || **58.** [agendum c⁴R] |
lumina FLR | linque *om.* F₁ || **59.** inter dicta N: interdita F₁ || **60.** quo c²: qua Vo.H₂ ||
[summ. *codd.*]: sub mota c⁴: subm. c²Vo.: sumota R] | undicat N: iundicat R ||
61. magnam Ω, *corr. Passeratius: cf. Callim. Hymn.* v, 102: μισθῷ τοῦτον ἰδεῖν
μεγάλῳ | tires. Fc⁴: tyres. NμυBHVo.c² | pallia L || **63.** dii H [*ex* da (?) *corr.*]
LVo.Rc²c⁴ || **64.** ama F₁: aura R | [liminis c⁴] | una Ω | fuit Ω, *corr. Fruterius; cf.*
u. 24, *et u.* 67 (flumine) || **65.** humeris Ω | opaces H₁ *primo* || **66.** clausa ianua F₁
(*h.e.* omisso ianua *post* iratam) | sytym c² || **67.** exausto c²c⁴ | uicera H₁ *primo* ||
68. siccis] si- *ex* ti- *corr.* F₁ | uira L ||

69, 70 *post u.* 48 (*i.e. ante uu. nostros* 41, 42) *traiecit Iacobus, ante u.* 35 *Luetio-*
hannus; Iacobum probant Baehrensius et Postgatius. uide quod ad u. 48 *adnotaui;*
nudos post u. 48 *fuisse uu. nostros* 41, 42 *libenter fateor. at uulnus huic loco grauius*
infligebant critici. angulus hic mundi *ad Erytheam (Finem Terrae) in u.* 4 *respicit:*
in fine elegiae τοῦτ' ἐκεῖνο. fesso (70) *ad u.* 6 *respicit;* patet exspectat illud pateat
(*u.*73) || **69.** augulus F₁: argulus c⁴ | [mondi c¹] | me mea] menia c¹: mea R | factaVo.R₁ |
trahentes c² || **70.** fexo c² | paret c¹ || **71.** fessus dicitur esse inuictus Hercules hic et in uu.
6, 36, *a Liuio quoque:* 1, 7, 4, *prope Tiberim fluuium...loco herbido, ut quiete et*
pabulo laeto reficeret boues, et ipsum fessum uia procubuisse. fessum enim se prodebat
in statua illa enormi et notissima, Lysippi opere, quam Tarento praedatus in Capitolio
Fabius Maximus dedicauerat [*Overbeck, Schriftquellen,* 1453, 1468–1472]; *fessum ab*
Hesperidum hortis etiam nostris oculis, sed Lysippi exemplar deprauans Farnensis
apud Neapolitanos statuae sculptor fabricauit, Glycon Athenaeus. Cf. Seruius, Aen.
VIII, 276 || **71.** maximaque F || **72.** inquid N: iniquit H₁: [inquit *ad emphasin in*

'angulus hic mundi nunc me mea fata trahentem
70　　　accipit; haec fesso uix mihi terra patet.
maxima quae gregibus deuota est ara repertis,
　　　ara per has,' inquit, 'maxima facta manus,
haec nullis umquam pateat ueneranda puellis;
　　　Herculis Oestrumni nec sit inulta sitis.'

75　　　hunc, quoniam manibus purgatum sanxerat orbem,　　(a)
　　　sic Sancum Tatiae conposuere Cures.

xi

Nunc Iouis incipiam causas aperire Feretri　　[A. (a)
armaque de ducibus trina recepta tribus.
magnum iter adscendo, sed dat mihi gloria uires:
　　　non iuuat e facili lecta corona iugo.

5　　　inbuis exemplum primae tu, Romule, palmae　　(b)
　　　huius, et exuuio plenus ab hoste redis,
tempore quo portas Caeninum Acrona petentem
　　　uictor in euersum cuspide fundis equum,

numeri elegiae xi: 4 |; $\widehat{6\cdot8}\cdot6$; | $\widehat{6\cdot8}$; 6; | 4.

_____

repetitione]. dextra Hercules data accipere se omen impleturumque fata (*cf. u.* 69) ara
condita ac dicata ait, *Liuius*, I, 7, 11. aram Hercules, quam uouerat si amissas boues
repperisset, punito Caco Ioui inuentori dicauit; *Solinus*, I, 7 (*ita Dion. Hal.* I, 39). *con-*
fundit noster de industria Iouis aram 'ad portam Trigeminam,' ubi altera Herculis aedes,
alterum Caci antrum erat, cum Ara Maxima 'ad Circum' et prope 'Herculis rotundam
aedem' 'in foro bouario' (Liu. x, 23) || **73.** pareat c¹ || **74.** herculis *Paris.* 7989 (*an.* 1423),
c⁴₁gd, *Cors., Lips.,* ᵴ : herculi c¹: hercule *codd.*: hercle, u *erasa* L | Oestrumni *ego* (*ex*
Auieno): exterminium *codd.*: extranimimium R: extremum, *Paris.* 7989: aeternum
Heinsius: eximii *Itali*, c⁴ᵴ | *uide* **App. adn. 11.** | nescit *codd.*, *corr. Corsinianus (an.*
1460), *Housmannus*: uescit F₁: nexit c²: ne sit c⁴ᵴ, *Itali* | multa Fc⁴: uulta c²: in ulta *v* ||
75. nunc c¹c³c⁴, *Itali* | quem B | manibus Ω (*cf.* ᴋ. 72), *quod ad illud* dexter *in u.* 2
respicit. sed de manubîs *sanxit quod* manibus *purgauerat. itaque de mutatione*
cogitaui. ibi tum primum boue eximia capta de grege sacrum Herculi...factum,
Liuius, I, 7, 12; θύσας τῶν βοῶν τινας καὶ τῆς ἄλλης λείας τὰς δεκάτας ἐξελών,
Dion. Hal. I, 40; factis bouicidiis, *Solinus*, II. *decumam de manubiis suam ad aram*
primus obtulit Hercules e colonia Poena ueniens: Erythia...iuris olim Punici: habuere
primo quippe eam Carthaginis priscae coloni (Auien. Or. Mar. 311–313). *decumam*
offerre Poenorum ex origine et Iudaeorum mos erat, non Graecorum aut Romanorum.
Hercules Oestrymnius Melcarth est; nec potuit terram 'sancire' nisi 'sanguine hostiae.'
ablatiui de forma contracta uide Lachm. ad Lucr. v, 85; *Verg. Aen.* v, 269, puniceis
ibant euincti tempora taenis (*quem u. imitatur noster in u.* 56); *fortasse Ell. Lib.* III,
i, 4, iactaque *Lauinis* moenia litoribus | pacatum c¹c⁴c⁵ | sauserat F₁: senserat
c¹c⁴c⁵ᵴ: sempserat c² || **76.** hic F | sanctum *codd.* (*cf. u.* 1): scumen c¹: *corr. Heinsius* |
tati(a)e Bc¹: tac. *codd.* | cure c¹c⁴: uires R ||

necdum ultra Tiberim belli sonus, ultima praeda
10   Nomentum et captae iugera terna Corae.

Acron Herculeus Caenina ductor ab arce,   (c)
      Roma, tuis quondam finibus horror erat.
hic spolia ex umeris ausus sperare Quirini
      ipse dedit, sed non sanguine sicca suo.
15   hunc uidet ante cauas librantem spicula turres
      Romulus, et uotis occupat ante ratis:
'Iuppiter, haec hodie tibi uictima corruet Acron.'
      uouerat, et spolium corruit ille Ioui.

urbis uirtutisque parens sic uincere sueuit,   (b)
20   qui tulit a parco frigida castra Lare;
idem eques effrenis, idem fuit aptus aratris;
      nec galea hirsuta compta lupina iuba,
picta neque inducto fulgebat parma pyropo:
      praebebant caesi baltea lenta boues.

---

xi. *noua elegia sine titulo in codd.; in* N *cohaeret cum priore sine signo.* [*in* c² *post*
x, 76 *sequitur sine interstitio* xi, 1; *tum correctus error; interstitio posito, repetitus
uersus primus.*]

1. Vne Vo. | faretri c¹: pharetri c²: feretri F₁ (ere *in ras. ut uid.*): fateri N ‖ **2.** de-
ducibus c¹ | trina (ri *ex er corr.*) L₁: turma R ‖ **3.** asc. *codd.*: asendo N ‖ **5.** Imbuis
codd. [*inb. Postgatius*]: imbius Vo.: induis FL | prime, e *ex* o *corr.* F ‖ **6.** hius c¹:
hunis F₁ *primo* | et] in R: est c¹ | exuuio BHLVo.Rc¹c² (?): exuiuo Nμc⁴: eximio F:
ex uuio v₁ ‖ **7.** cęninum *ex* tęn- *corr.* N₁: cemnum c¹c²: ceniuum c⁴: cecinum Vo.R:
cecininum H | acronta Ω, *corr. Itali:* [a cȏe R] | potentem c¹ ‖ **8.** in euersum *Itali*,
gd, *Cors., Lips.:* nec uersum Ω | fundus c² | equm c¹c²: ęquum H ‖

9, 10 *in codd. post u.* 26 *exstant: ante u.* 25 *Passeratius, huc traieci ego.* ultra Tiberim
Veii: homoearchon Nom-, Rom- ‖ **9.** nec dum FBVo.Rc¹c⁴ | tiberim BRc¹c³: tyb.
codd. ‖ **10.** captae *Itali*, gd, *Lips.*, μ₂*corr.*: capta Ω | iugera] i *in ras.* c³₂: augera (?) c³₁ |
terra Ω, *corr. Itali* [*ex* teria *corr.* H, *ut uid.*: tr̄a c⁴] | core F: chor(a)e *cett.* ‖ **11.** acion
c¹ | ceuina F₁H₁: cecina Vo.c²c⁴ | deductor Vo. ‖ **12.** horor N ‖ **13.** ex] et c¹ | umeris
NF₁: humeris BHLVo.RC ‖ **15.** nunc BHVo.c¹c³: hinc L ‖ **16.** ocupat c³ | occupat
ante *ut Cic. Or.* 40, 138, ut ante occupet quod uideat opponi; *Ouid. Tr.* I, x, 6 |
ratis Rg, *Itali:* rates *codd.*: lares c² ‖ **17.** iupiter NFBHc³ ‖ **18.** corruet c³₁ ‖ **19.** uirtu-
temque F₁LVo. | parem F₁BHL ‖ **20.** a parco *Iacobus:* aporco NF₁: a poreo L:
a prico Bc²₁: aprico *codd.*: apto Vo. ‖ **21.** effrenis *ego* (*sc. equis*), *conl. Liuio,* IV, 32,
11; 33, 7: tum ut memor regiae pugnae, memor opimi doni Romulique ac Iouis
Feretri rem gereret...frenos ut detrahant equis imperat, et ipse princeps calcaribus
subditis euectus effreno equo in medios ignes infertur: et frenis Ω: (et fretus R):
idem eques, e frenis idem... *Postgatius* ‖ **22.** nec *Housmannus:* et Ω; *non Romulus,
ut Tatius, galeam aeream iuba pictam gerebat* (v, 26; *cf.* ii, 28, 29) | hyrs. c²: irs. c³ ‖
23. inducio F₁ | fulgebar c¹ | palma c²c³c⁴: flamma Vo. | pyropo Vo.: piroto *codd.* ‖
24. lesi c³₁: cesi *in marg. pro u. l. addit* c³₁ | balta c³ ‖

25   Cossus at insequitur Veientis caede Tolumni,   [B. (b)
      uincere cum Veios posse laboris erat.
      a, Veii ueteres, et uos tum regna fuistis,
      et uestro posita est aurea sella foro!
      nunc intra muros pastoris bucina lenti
30   cantat, et in uestris ossibus arua metunt.

      forte super portae dux Veius adstitit arcem,   (c)
      conloquiumque situ fretus ab urbe dedit;
      dumque aries murum cornu pulsabat aheno,
      uinea qua ductum longa tegebat opus,
35   Cossus ait: 'fortis melius concurrere campo.'
      nec mora fit: plano sistit uterque gradum.
      di Latias iuuere manus; desecta Tolumni
      ceruix Romanos sanguine lauit equos.

      Claudius a Rhodano traiectos arcuit hostes,   (b)
40   Belgica cui uasti parma relata ducis,

                              explicit quaternio nonus decimus

---

25. coxus c² | ueientis NFVo.c⁴: uerentis L: uenientis BHRc¹c³₁: uehientis *μv*c²: *fortasse* Veiientis, Veiios, Veiius, *scripsit noster* (*cf.* v, 1) | tede c² | tolumpni c²: toluni c³: tulunni c⁴: columni Vo.R: columpni F₁ ‖ **26.** unicere c¹ | quom Hc¹c³: quin c⁴ | uehios *μv*Rc²: ueros H₁ *primo*, c¹ ‖ *hic in codd. exstant uu.* 9, 10 ‖ **27.** a *Baehrensius:* Ẹ N: E *μv₁*F₁: & H: et *codd.*: heu *Luetiohannus:* [*á sic scriptum in* & *abiit, ut saepius*] | neii F₁, c¹ *primo*: ueri c³: ioui c⁴: uetii R: uehi c²c⁵: Aeueii *in marg.* c³₁ (*cf. u.* 28) ‖ **28.** et *ex* e *corr.* F₁ | Ae ueii uestro posita est c¹ (*cf.* c³ *ad u.* 27) | haurea c² ‖ **29.** buccina Vo.c¹c²c⁴ ‖ **30.** arua *codd.*: arma Vo.ς | metum F₁L: metit F *corr. man. aequalis* ‖ **31.** porce c² | ueius *codd.*: ueiius c¹: uehies c²: uehius *μ*: uerus c³: uirus R: Veiens *Dempsterus* (*cf. ad u.* 25) | ast. *codd.*: *Verg. Aen.* VI, 17, Chalcidicaque leuis tandem *super adstitit arce* (*sc. Daedalus, praepetibus pennis*). *Tolumnius super arcem escendit quam fecit porta munita Veiiorum, ut hodie uisentibus licet cognoscere* | artem c³₁ ‖ **32.** situ *ego*: sua Ω: fretus *sine ablatiuo nusquam legitur* ‖ **33.** corno c² | aheno BHVo.R: aeno *codd.* ‖ **34.** uineaque H₁ | [lunga c¹] | regebat FVo.c¹ | aeropus c³ ‖ **35.** forti Ω, *corr. Broukhusius et Marklandus* | cocurrere c³ ‖ **36.** sit c¹ | gradu Ω, *corr. Itali* ‖ **37.** di latias NB: dilatias *μv*c³: dii lat. HLVo.c²: dii lac. c⁴R: Romuleas F₁ (*sc. ex adnotatione ad* Romanos...equos; *cf. Ell. Lib.* III, xix, 4; iv, vii, 82): dum lacras c¹ | uiuere N*μ*BHc¹c³₁ | desetta c²: deserta Rc¹: defecta L | tolumpni c²: columni LVo.: tolinum F₁ ‖ **38.** ceruus c² | romano c³ ‖ **39.** a Rhodano *Postgatius, e Polybio,* II, 34, 2: ὥρμησαν ἐπὶ τὸ μισθοῦσθαι τῶν περὶ τὸν ῾Ρόδανον Γαισατῶν Γαλατῶν εἰς τρισμυρίους: a rheno NBH, Vo. (rhẹ-), c³ (*sc. e u.* 41): arheno R: hareno c¹: atheno c⁴: a reno FL: aeno c²: Eridano *Palmerus* (*post Guyeti* Eridanum) *conl. Liu.* XXI, 56: exercitus Pado traiectus | transhiectos c² | areuit B: circuit R ‖ **40.** belgiga c³₁: belgita F₁: belgerica L: bellica R | cum *codd.,* *corr. Guyetus*: [quom Hc¹] | palma BHc³c⁴ ‖

                              i

41. Virdomari *Itali*: uirtomani *v*BH₁c⁴: uirtomane (*sic*) N: uirtomanigenus *μ*: uirtomam c³: uir romani genus lR: uirtromani c²: birtomani c¹: uutomani F: untoniani L: uncomani Vo. | reno F ‖ **42.** mobilis Ω | e tectis *Lipsius* (*hic mos Gallorum et Belgarum*): effecti F₁LVo.: erecti *codd.*: erepti c²: errecti H: erectis R, *Lipsianus*: [e rectis *Passeratius*]; *cf. Aen.* XII, 671: eque rotis magnam respexit ad

incipit quaternio uicesimus

Virdomari. genus hic Rheno iactabat ab ipso,
  mobilis e tectis fundere gaesa rotis.
⟨G⟩alli uirgatis iaculantis ab agmine bracis
  torquis ab incisa decidit unca gula.

45 nunc spolia in templo tria condita. causa, feretri   (a)
  omine quod certo dux ferit ense ducem;
  seu, quia uicta suis umeris haec arma ferebant,
  hinc Feretri dicta est ara superba Iouis.

xii

Desine, Paulle, meum lacrimis urguere sepulchrum; [A₁. (a)
  nempe tuas lacrimas litora surda bibent.
cum semel infernas intrarunt funera leges,
  obserat euorsos lurida porta rogos.
5 te licet orantem fuscae deus audiat aulae,
  panditur ad nullas ianua nigra preces.
uota mouent superos: ubi portitor aera recepit,
  non exorato stant adamante uiae.

numeri elegiae xii: 8; 6·4·4·6; | 6·4, 8·6; ‖ 8·6, 4·6; | 8; 4·6·6·4.

urbem | caesa N*v*Vo., *corr. edd.* (*sic codd.* Vergili PR*γ in Aen.* VIII, 662): cesa *codd.*
et F₁: [gessa gd, *Lips.*]: *Galli gaesati; cf. Polybium supra et Verg. l.c.* ‖ **43.** Galli *ego*:
illi Ω: *uide App. adn.* 12 | nigratis F₁: iurgatis c¹, F (*man. aequalis*) | iaculantis
codd.: iaculatis c¹c⁴ | agmine *codd.*: agmina N : inguine H₁, *Itali, Cors., Lips.,* ⟨ | bracis]
brutis L ‖ **44.** unca] mica F | gula Vo.Rc¹c³₂ *in ras.*: gyla NIFBH: gila Lc²c³₁ (*sed
ante positis litteris duabus*) | [*cum* g c qu *distichon post* gaesa gutturibus Insubrium
aptare uoluit*] ‖ **45.** nec F₁L: haec Vo. | *post* causa *distinxi, non post* feretri; *ad u.* 1
respicit | feretri *ego*: Feretri *edd.*: *uide App. adn.* 13 ‖ **46.** omine] crimine lFLc²
creto c²: circo lL ‖ **47.** umeris N₁: hum. *cett.* | haec] huc *Burmannus; at uide Liuium
in App. adn.* 13 | ferebat c³c⁴ | *i.e. quia duces feretro uel ferculo spolia tria fere-bant* ‖
xii. *noua elegia in codd.; cum priore cohaeret in* N. [*titulus* epigrama H.] *uu.* 1–28:
prooemium. Cornelia in umbras descendit, inuocat testes ac iudices in Stygio foro.
uide App. adn. 14 ‖ **1.** Paule Ω | urgere Ω | sepulcrum FLRc¹ ‖ **2.** lict. B₁ *primo*, c¹c⁴:
licth. c²: litt. NBR | surba c¹ *primo* ‖ **3.** quom c¹c³: quem BH | sepe c² | infrenas N |
intrare c¹ ‖ **4.** euorsos *ego* (*cf. u.* 10 *et* proauos *u.* 44): erbosos F: herbosos
codd.: umbrosos Vo. | rogos Ω: [locos *Marklandus*] | viii, 2, luridaque exstinctos
effugit umbra rogos; iv, 14, traxit (*sc. fax deductae*) ab euerso lumina nigra rogo.
(in euersum (xi, 8) *in codd.* nec uersum *factum est; cf.* euersosque focos…, *Ell. Lib.* I,
i, 29). *neque 'herbosi' sunt neque 'umbrosi' rogi direpti ac nuperrime exstincti; sed ne
illuc quidem redire licet mortuis ad locum ubi ad extremum sunt uisi* ‖ **5.** Teluet c¹ |
arantem c² ‖ **6.** nullas] nigras c² | iariua c³ ‖ **7.** manent F₁ | portior H₁c¹c³:
porcior c⁴ | erat F₁ (*corr. man. aequalis*) ‖ **8.** ex orato B: excorato F₁ | ad amante
Vo.c¹: ad amanta c² | *Ouid. Fast.* v, 383: saxo *stant* antra uetusto; *Alcaeus, Mess.
Anth. Gr.* VII, 412, 8: εὖτε σιδηρείην οἶμον ἔβης Ἀΐδεω [*Postgatius*]: *v. Aen.* VI, 551:
solidoque adamante columnae. *lege portae adamantine uiam tenes immutabilem* ‖

sic maestae cecinere tubae, cum subdita nostrum   (b)

10   detraheret lecto fax inimica caput.

quid mihi coniugium Paulli, quid currus auorum

    profuit aut famae pignora tanta meae?

non minus inmites habuit Cornelia Parcas;

    et sum, quod digitis quinque legatur, onus.

15 damnatae noctes et uos, uada lenta, paludes   (c)

    et quaecumque meos inplicat unda pedes,

inmatura licet, tamen huc non noxia ueni.

    det pater hic umbrae mollia iura meae.

aut, siquis posita iudex sedet Aeacus urna,   (c)

20   in mea sortita uindicet ossa pila;

adsideant fratres, iuxta et Minoida sellam

    Eumenidum intento turba seuera foro.

Sisyphe, mole uaces, taceant Ixionis orbes,   (b)

    fallax Tantaleo corripere ore liquor;

---

9. moestę H | tuba c³₁ | qum c¹: quom BHc³ || **10.** lecto] *sc. funebri in rogo* || **11.** con-
iugius c² | pauli *codd.*: paule F *corr.*, Vo. || **12.** phame Vo. || **13.** Non NVo.c¹: Hon
R: Nū FL: num μυBHc²: nunc c³c⁴ | immites c⁴: inmittes H: in mictes c¹: immittes
c³ | habuit Ω, *cf. u.* 33 | cofĩdia c¹ | pxas F₁: partes R || **14.** legatur *codd.*: legetur c¹:
leuatur *Itali, edd. multi* (*Lachmannus, Baehrensius, Postgatius*): legatur, *ut cinis
euerso rogo, non leuatur ut urna, quamuis Ouidius habeat* (*Am.* III, ix, 40) *uix manet
e toto parua quod urna capit. confer enim uu.* 9, 10 *supra, ad quos respicit noster,
et ii,* 115, *ossaque legisti non illa aetate legenda / patris* [*etiam Lygdam.* ii, 18] |
honus μ || **15.** [dam nate c¹: dampn. c²] | noctes Ω: [⟨tes⟩tes *Housmannus*]: *uide*
App. adn. 15 | uos] *om.* c²: nos FR || **16.** impl. BHLVo.c³ | nuda F₁ || **17–80** (*ex-
ceptis* 69, 70) *om.* N, *folio uno exciso* || **17.** inmat. Lc²: in mat. BHRc¹c⁴: immat.
cett. | licet] l *ex corr.* L₂ | innoxia c² || **18.** det pater Ω: [deprecor, *Koppiersius,
probantibus multis*]. *Romana puella in patriam potestatem se redire credit, ad patrem
auctorem laudis aut supplicii* (*Liu.* II, 41, 10). *Martial.* v, 34, 1: hanc tibi, Fronto
pater, genetrix Flaccilla, puellam, / oscula commendo deliciasque meas, / paruula ne
nigras horrescat Erotion umbras /... *Verg. Aen.* VIII, 670: his dantem iura
Catonem...; *Seruius ad loc.*: *et supergressus est hoc loco Homeri dispositionem,
siquidem ille Minoem Rhadamanthyn Aeacum de impiis iudicare dicit,* hic Romanum
ducem innocentibus dare iura commemorat. (*ut innocens ad patrem se uertit.*)
imitatur nostrum Ouidius, Trist. IV, x, 85, 86 (= *Ell. Lib.* IV, viii, 2), 87: fama,
parentales, si uos mea contigit, umbrae, / et sunt in Stygio crimina nostra foro
(= *u. nostrum* 22), / scite, precor, causam (nec uos mihi fallere fas est)... / (=*u.* 27).

17, 18. *hinc uersus usque ad finem multifariam turbauit Postgatius; post u.* 18 *uoluit
Housmannus uu. nostros* 53–60 *traicere aliaque multa mutare. hic igitur adnotabo
quae pauca me iudice errauere de ordine uersuum librarii. uu.* 33, 34 (*ob* domus, comas;
non fuit, quin; mox ubi, uin-, 35, 36) *loco delapsi in codd. post u.* 46 *exstant; quos
restituit Peerlkampius, cum prima pars uitae oporteat ut ante illud* mox (35, *seqq.*)
memoretur. simili de causa loco delapsi sunt uu. nostri 49–52; *librarii oculus de* nec (47)
ad hec (51) *errauit, adiuantibus* uiximus, uidimus, *in uu.* 48, 49. *haec disticha in
codd. nunc paullo separata post u.* 72 (49, 50) *et u.* 76 (51, 52) *exstant; illinc utrumque
alii alio amouere, aliqua mutantes. in quartam elegiae partem* (*u.* 77 *usque ad finem*)

25   Cerberus et nullas hodie petat inprobus umbras,
      et iaceat tacita laxa catena sera.
   ipsa loquor pro me. si fallo, poena sororum
      infelix umeros urgueat urna meos.

   Si cui fama fuit per auita tropaea decori,   [B$_1$. (b)
30   aera Numantinos ⟨*nos*⟩tra loquuntur auos.
   altera maternos exaequat libra Libones,
      et domus est titulis utraque fulta suis.
   non fuit exuuiis tantis Cornelia damnum;
      quin et erat magnae pars imitanda domus.

35   mox, ubi iam facibus cessit praetexta maritis,   (c)
      uinxit et acceptas altera uitta comas,
   iungor, Paulle, tuo sic discessura cubili.
      in lapide hoc uni nupta fuisse legar.

   testor maiorum cineres, tibi, Roma, colendos,   (a)
40   sub quorum titulis, Africa, tunsa iaces,

---

errauit distichon unum, uu. nostri 69, 70, *quod in codd. ante u.* 101 (*causa perorata est*) *extremum quod potuit nactum est locum. hoc post u.* 68 *iam Caruttius reuocauit; unde ob eandem causam qua cetera delapsum est* (et, et; *tum* te).

19. aut] *sc. si impia audio; cf. ad u.* 18 | sedet] sed H$_1$ | eatus c^1: earus μv_1: cacus Vo. || **20.** uindicet F: iudicet *cett.* || **21.** adsid. BH: ass. *cett.* | iusta c^{1}R: iūx c^{2}c^4 | et *huc reuocarunt Itali; quod in codd. post* sella legitur | minoida *codd.*: minora c^{1}c^{2}c$^3{}_1$ | sellam *Itali*: sella et *codd.*: et *om.* FLR || **22.** Heumen. c^{2}R | [foco c^4] || **23.** sinciphe F$_1$: sysiphe c^3: si syhe Vo. | molle Rc^{2}c^{3}c^4 | uates c^2 | hysionis c^1: ision. c^{3}c^4: isionibus R: ixionis *ex* ixlonis *corr.* F || **24.** falax HR | tanth. c^2 | corripiare Ω: [corip. R]: *corr. Auratus* | *metro et sonis liquidis imitatur guttarum* πίτυλον *noster; cf. Consol. ad Liuiam,* 276: inque illa ferocum / *inuitis lacrimas decidere ora genis* ||

25. et nullas] exuuias c$^3{}_1$ | *impr.* BHL: Ipb, c^2 (*sic*) || **26.** iaceat] *ex* tac. *corr.* B$_1$ | tacita] taceat c^1 | lara c^2: lapsa F | cat. c^{1}c^{3}c^4: cath. μvFBLVo.Rc^2: chat. H || **27.** [loquar *Itali*]: *ad* ipsa loquor pro me *in fine prooemii respondet* causa perorata est (*u.* 101) | fallo c^1, *Itali*: fallor *codd.*|| **28.** humeros Ω | urgeat Ω | una c^{1}c^{3}c^4 || **29–52:** *pars altera. narrat uitam ut populo uisa est; maiores utriusque domus obtestatur* || **29.** si quoi Hc^{1}c^3: si quá B (*sic*) | phama HVo. | per nauita c$^3{}_1$: paui c^2: per auia l | trophea decori μv_1plBHRC: decora trophei FLVo. || **30.** *om.* F$_1$ (*spatio relicto*) | Aera vBHRc^{1}c^4: Era μc^2: Eranumantinos l: Ara c^3: et LVo. | nostra *post Palmerum et Baehrensium scripsi*: era c^2: regna *cett.*: nostra Num. signa *Baehrensius. uide* **App. adn. 16** || **31.** libra *ego*: turba Ω. *uide* **App. adn. 17** | ligones Ω (leg. c^1), *corr. Itali* || **33, 34** *in codd. post u.* 46 *exstant; traiecit Peerlkampius. uide ad uu.* 17, 18 || **33.** Ton FL: confuit Vo. | exuuii LVo.: eximii F | stantis FLVo.c^2 | dampn. c^{2}c^4: damni Vo.: damñ L (*sic*) || **34.** qum c^1 | par F | mutanda c^{1}R || **35.** pretesta Fc^1 || **36.** V$_{\text{111}}$at F$_1$ (*incerte*) | aceptas F | uicta μvFLc^{2}c^4: uita BRc^1: uista c$^3{}_1$ || **37.** paule Ω | tuos F$_1$L: tua R$_1$c^2 | sic dissessura L: sic dixessura μ: condissessura F$_1$ || **38.** in] ut *Graeuius, fortasse recte* | in lapide hoc...legar *respicit ad* aera loquuntur (30), *ut uu.* 51, 52 *ad uu.* 39 *seqq. et ad uu.* 29–32. *triumphus ac monumentum feminae mores* || **40.** affrica BHLVo.c^{2}c^{3}c^4 | tunsa Ω: tonsa *Itali* ||

. . . .

. . . .

et Persen proauo stimulantem pectus Achille,
    quique tuas proauos fregit, Achiue, domos,
45   me neque censurae legem mollisse, nec ulla
    labe mea uestros erubuisse focos.

nec mea mutata est aetas, sine crimine tota est;   (b)
    uiximus insignes inter utramque facem:
    uidimus et fratrem sellam geminasse curulem,
50   consule quo facto temperor, apta soror.
    haec est feminei merces extrema triumphi,
    laudat ubi emeritum libera fama rogum.

Mi natura dedit leges a sanguine ductas;   [B₂. (a)
    nec possis melior iudicis esse metu.
55   quaelibet austeras de me ferat urna tabellas:
    turpior adscensu non erit ulla meo,

41, 42 *deesse uidit Munrouius* (*J. of Phil.* VI, 53–62); *quod confirmant numeri.*
obtestatio transiit ad maiores Paulli Aemilios: requiritur Hannibalis nomen, fortasse
Antiochi etiam ‖ **43.** et Ω: [te *Santenus*: qui *Heynius*] | persen lBHLc¹c³c⁴: persem
(*uel -ē*) Vo.Rc²: proseu F₁: [[perseu *Santenus*] | proaui *codd.*: proam F₁: pro aui c¹:
proauo *corr. Lipsius*; *cf. Sil. Ital.* xv, 292 *infra* | stimulantem Ω | achillis H *corr.*,
R₁c¹c³c⁴: achilli *cett.*: achille *corr. Lipsius*; *in quo* e *longum lego* (*Ouid. ex Pont.* III, iii,
43) ‖ **44.** Qque L₁: quinque c³: [et tumidas *Heynius*] | tuos·c¹ *primo*, c⁴ | proauos
μ*v*BHRc³c⁴, *Munrouius*: pro auos c¹c²: proauo FLVo. | fregit Achille domos Ω: Achiue
ego: Auerne *Munrouius, de Hercule interpretans* [*post Heynium ad Verg. Aen.* VI, 840,
Munrouium l.c., Postgatium, Select Elegies, p. 235, *haec scribo. uide* **App. adn. 18**] ‖
45. caensurę H | mollixe c² | ne c¹: ei F₁ ‖ **46.** uestros Ω ‖ **47.** aetas] eras F₁ ‖
48. diximus Vo. | insignem F₁L | utranque FVo.c¹c³c⁴ ‖ **49, 50.** *uide* **App.
adn. 19** ‖ **49.** geminasse] gemui...e c³₁: -ss- *a man.* 2 *in ras.* ‖ **50.** quo] que c² |
pacto c³c⁴: [*Catull.* 113, 2: facto consule nunc iterum] | temporer apta *ego*: tempore
rapta Ω: Rapta (*sic*) F: rata H₁ | *uide* **App. adn. 20** ‖ **51, 52** *in codd. post. u.* 76
exstant; uide ad uu. 17, 18 [*Baehrensius post* 74 *traiecit, accepta Schraderi mutatione*] ‖
51. [trumphi c¹: trihu. c²] ‖ **52.** phama Vo. | [torum *Schraderus*] | emeritum, *ut*
emerui (*u.* 67), '*plene meritum laudationem*': *Ouid. Pont.* I, vii, 61 | *imitatur auctor
Consol. ad Liuiam,* 466. *uide ad u.* 38. triumphis (29, 40) *maiorum respondet hic
femineus, eorum cineribus* (39) *dignum laudatio hunc rogum fecit* ‖ **53–76:** *pars tertia.
a uiris illustribus ad feminas beatas gentis Claudiae atque Aemiliae, in astra scilicet
translatas, ad matrem, Augusti olim uxorem, ad Augustum et Iuliam se uertit: ab
Augusto et Iulia ad leges Iulias, ad ius trium liberorum, ad liberos* ‖ **53.** minatura B ‖
54. nec possis c⁴: ne possis *codd.*: me possis c²: ne possim H₁ *corr.*, *Lipsianus*: ne
possem *Itali, edd., Paris.* 7989, *pro u. l.* | metu] *i.e. per metum* ‖ **55.** quilibet F₁ |
haust. μlHL₁, B₁ *corr.* | una c¹ ‖ **56.** adscensu BH₁c¹c³ (*cf. uu.* 103, 104): ascensu
c⁴: ascensus R: assensu μ*v*plLVo., *Baehrensius*: asensu F: a sensu c²: assessu *Itali,
edd.* | olla propter quae datur homini ascensus in caelum, *Cic. Leg.* 2, 8; ollisque ad
honoris amplioris gradum is primus ascensus esto, *ibid.* 3, 3. *inter maiores erat cuius
epitaphium dixerat*: si fas endo plagas caelestum adscendere cuiquam est, / mi soli
caeli maxima porta patet. / *nunc autem facilior pluribus ascensus ille factus erat; cf.
Ell. Lib.* III, xviii, 51, 52, *et Strongiam,* '*Apotheosis and After Life*,' *passim* ‖

uel tu quae tardam mouisti fune Cybeben,
    Claudia, turritae rara ministra deae,
uel cuius, rasos cum Vesta reposceret ignes,
60   exhibuit uiuos carbasus alba focos.

nec te, dulce caput, mater Scribonia, laesi;   (b)
    in me mutatum quid nisi fata uelis?
maternis laudor lacrimis urbisque querellis,
    defensa et gemitu Caesaris ossa mea.
65   ille sua nata dignam uixisse sororem
    increpat, et lacrimas uidimus ire deo.

et tamen emerui generosos uestis honores,   (c)
    nec mea de sterili facta rapina domo.
et bene habet; numquam mater lugubria sumpsi:
70   uenit in exsequias tota caterua meas.

te, Lepide, et te, Paulle, meum post fata leuamen—   (b)
    condita sunt uestro lumina nostra sinu!

---

57. dardam c¹ | mouistis v_1 | cibelen μvB: cibelem FHLRc²c⁴: cibellem Vo.c¹c³ ‖
58. [Claudia Rc⁴, L₂ (*man. uet. in marg.*), gd, *Paris.* 7989, *Lipsianus*, ς]: Gaudia
codd. [*ob* Cl = C₁, *quod habet* c³] | tu rite FL ‖ **59.** cuius] quouis c¹c³: quo uis c⁵:
onus c²: tuus B | rasos FLVo., *Paris.* 7989: iasos *codd.*: hyasos c¹c⁴: iasios *cod.*
Neapol. Lat. IV, F. 21: (*quod ipse olim conieceram*—uel ⟨tu⟩ cui Iasios: tu cui,
Peerlkampius—'*Iasios*' *de Iasio Dardani fratre interpretatus*; *Seru. ad Aen.* VII, 207);
cui iuratos, *Butlerus* | *uide* **App. adn. 21** | qum c¹: quom H | ueste c³ ‖ **60.** exib.
FHRc¹c²: ex hib. Vo. | carbasis F₁L: garbasus c² | alta F₁ ‖ **61.** hec c¹c⁴ ‖ **62.** facta
Rc² ‖ **63.** alternis *in* maternis *corr.*
F₁ | lauda c² | querelis Ω ‖ **64.** deffensa L | et]
in e *corr.* c¹ ‖ **65.** nota c¹ | misisse F₁ ‖ **66.** imcr. H | uidemus c¹; *Consol. ad Liuiam*,
465, 466:

    denique laudari sacrato Caesaris ore
    emerui lacrimas elicuique deo

‖ **67.** et tamen] *quamuis me lamententur immature abreptam, natos tamen tres habui et bene
habet domus* | generos c³₁ | *respicit de legibus Iuliis ad naturae leges* (u. 53) ‖ **68.** fata F |
domi c¹ ‖ **69, 70** *in codd. post u.* 100 *exstant; huc traiecit Caruttius. uide ad uu.* 17, 18 ‖
                         si
et] si H₂; *Mentelianus aliique* (*sc. ex corr. ortum* sumptum) | bene habet] *sc. domus* |
numquam] *bis* FL: nunquam unquam Vo.: unquam c¹ | lubrigia NμvplBHc²c⁴,
corr. Itali: lilbr. c¹: lubrica FLVo.: ludibria R | sumptum *codd.*, *corr. Itali*: suorum
c¹ ‖ **70.** exeq. *codd.*: exequia B ‖ **71, 72** *post* 78 *traicere uoluit Housmannus, ut te . . .
te de commendo* (*sc. tibi, Paulle*) *pendeant* ‖ **71.** te . . . te Ω: tu . . . tu *Itali, edd. multi* |
cf. Tibull. II, 1, 31: *sed* '*bene Messallam*' *sua quisque ad pocula dicat; Ouid. Fast.* II,
637: *et* '*bene uos, patriae, bene te, pater optime, Caesar*' / *dicite. edd. abruptam
lacrimis inuocationem mutare uoluisse ualde miror* ‖ **72.** [candida c⁴] | uestro *om.* FL |
Callimachus, Epigr. xli, 4, 5:

    καί μοι τέκν᾽ ἐγένοντο δύ᾽ ἄρσενα, κἠπέμυσ᾽ ἐκείνων
    εὐγήρως ἐνὶ χερσίν· ἕρπε χαίρων.

filia, tu specimen censurae nata paternae,
  fac teneas unum nos imitata uirum.
75 et serie fulcite genus: mihi cymba uolenti
  soluitur, aucturis tot mea fata meis.

Nunc tibi commendo communia pignora natos;   [A₂. (a)
  haec cura et cineri spirat inusta meo.
fungere maternis uicibus, pater; illa meorum
80   omnis erit collo turba ferenda tuo.
oscula cum dederis tua flentibus, adice matris;
  tota domus coepit nunc onus esse tuum:
et siquid doliturus eris, sine testibus illis:
  cum uenient, siccis oscula falle genis.

85   sat tibi sint noctes, quas de me, Paulle, fatiges,   (c)
  somniaque in faciem credita saepe meam;
atque, ubi secreto nostra ad simulacra loqueris,
  ut responsurae singula uerba, tace.

---

73. specimen BVo. (specim̃) c², c³₂ *corr.*: specimem H: speciem FLRc³₁c⁴: spetiem c¹ | nacta c¹c⁵ || **74.** unum *om.* F₁L | imittata H || **75.** fulcita F: fulgite c³₁, Corsin.: fulcire c¹ | mihi] *nunc erasum in* c³ | cimba FRc¹c³ | c³ *in hoc uersu desinit, folio ultimo exciso* || **76.** aucturis *Itali:* uncturis *codd.*: uicturis c²: nupturis F: uncturus c⁴ | facta R₁c² *primo* | malis Ω, *corr. Palmerus* | *pessime egit qui hoc distichon a praecedentibus seiungere uoluit, uersu praesertim* 69 (*et bene habet* = uolenti), *et cum* 73, 74 (*sed inuerso ordine*) *post u.* 100 *traicere* || **77–104.** *pars quarta omnibus numeris primae respondet, ut secundae tertia. testibus mortuis iterat quae mandauit moritura, innocentiae argumentum ultimum* || **77.** conmendo c¹c²: cõ mendo BVo.Rc⁴ | conmunia c¹: comunia FR: cõm. c⁴ || **78.** nec c² | cyneri c² | inhusta c² || **79.** meorum *ex* deorum *corr.* c² || **80.** ferendo c¹: fouenda *L. Muellerus* || **81.** obsc. c¹c² | quom c¹ | addice Lc¹: [adiice c⁴: adiite R] | mater *codd., corr. Itali:* mare c¹: matri R || **83.** [quid gd, *Itali*]: quis Ω | eris c²: eras g₁d: erit *codd.*: erat R || **84.** Quom BHc¹ | obsc. c¹c² || **85.** sunt FLVo.: siue c¹ | fatigas Vo. || **86.** [infaciem c¹] | reddita *Graeuius* || **88.** tace Ω: iace *Itali, edd.*: [tue R] || *mutando reuocat tamen noster Tibullum,* II, I, 32 (*cf. ad u. nostrum* 71): nomen et absentis singula uerba sonent. '*me crede singulis saltem uerbis posse respondere, et, ita ut respondeam, identidem tace.*' *cf.*

foederis heu *taciti, cuius* fallacia *uerba*
  non audituri diripuere Noti,

viii, 23, 24. [respondent omnia siluae, *Verg. Ecl.* x, 8; respondent flebile ripae, *Ouid. Met.* XI, 53] ||

seu tamen aduersum mutarit ianua lectum,   (b)
90   sederit et nostro cauta nouerca toro,
coniugium, pueri, laudate et ferte paternum;
    capta dabit uestris moribus illa manus.
nec matrem laudate nimis; conlata priori
    uertet in offensas libera uerba suas.

95   seu memor ille mea contentus manserit umbra   (b)
    et tanti cineres duxerit esse meos,
discite uenturam iam nunc sentire senectam,
    caelibis ad curas nec uacet ulla uia.
quod mihi detractum est, uestros accedat ad annos:
100   prole mea Paullum sic iuuet esse senem.

causa perorata est. flentes me, surgite, testes,   (c)
    dum pretium uitae grata rependit humus.
moribus et caelum patuit: sim digna merendo,
    cuius honoratis ossa uehantur auis.

EXPLICIT LIBER QVARTVS ELEGIARVM.

---

89. matarit F_1: mutauit c^1: mutat c^2 ‖ 90. [nouercha c^1] | toro Lc^4: thoro *codd.* ‖
91. pu[eri] *post add. man. uet. in* L | *quamuis aegre ferendum, laudate tamen patris causa* ‖ 92. nostris F ‖ 93. minus F_1c^1 | conl. NBH: coll. *cett.* ‖ 94. [offenss. R: offensis c^4] ‖ 95. seu] set c^2: nec F_1 ‖ 96. dixerit LVo. | esses B ‖ 97. sentire Ω: [lenire *Schraderus*] | *imitatur Ouid.* A.A. III, 59: *uenturae memores iam nunc estote senectae* [*Postgatius*] ‖ 98. celebis c^1: celibus B | ualet N: uacat v | uias N ‖ 99. nostros FLR ‖ 100. uiuet μv_1 | prole mea Paullum *ut formosa*...Lycoride Gallus, Cynth. xxii, 25, *ablat. descript. sine pronomine aut adiectiuo*: '*Paullum, nulla nisi mea prole praeditum*' ‖ 101 *ad u. 27 respicit* ‖ 102. precium BHLVo.R | cara c^2 ‖ 104. cinus F: quoius Rc^1c^4: quouis BH | ueantur H: uehuntur FLVo.: uehiantur c^2 | auis *Heinsius* (*conl. Consol. ad Liuiam*, 330:
      ille pio, si non temere haec creduntur, in aruo
      inter honoratos excipietur auos):
aquis NFL, H_2 *corr.*, Rc^1c^2 *primo*, c^4: equis μvplBH_1Vo., c^2_1 *corr.; cf. ad u.* 56 ‖
explicit NL: finis c^2lRVo.: explicit liber propertii Ultimus F: propertii aurelii naute monobyblos feliciter explicit uel liber elegiarum propertii finit H, B (*hic litt. grand. et* monobiblos): propertii aurelii naute elegiarum liber quartus et ultimus finit v, μ (*hic*, aur. prop. naute *et* explicit).

APPENDIX A

adn. 1 (*fol. 1a*)

Cynthia. i. *Titulus nullus in* N₁plc¹c²Vo.R (*uide Lowe, C. Q.* XIX, p. 206).
N₂ (*man. saec.* XII–XIII). Incipit Propertius.
μ. Incipit monobiblos elegiarum propertii aurelii naute liber AD TULLUM.
ν. Propertii aurelii poetę clarissimi naute monobiblos elegiarum liber incipit primus
feliciter... (*tum minoribus litteris*) ad Tullum.
AFH. Incipit monobiblos propertii aurelii naute (uaute F) ad tullum (foeliciter
addit H).
B. Monobiblos propertii aurelii naute ad Tullum incepit.
Puccius, fortasse ex antiquo codice, scribit Incipit Monobyblos Propertii aurelii nautę
(= AFH).
c³ (*totum in rasura*). Propertii Aurelii Nautae Monobiblos ad Tullum incipit
foeliciter.
c⁴. Propertius ad Tullum [*nusquam alibi titulum habet*].

adn. 2 (*fol. 126a*)

IV, ii. *hinc incipit noua elegia in* Ω (*sc. post Ell. Lib.* III, xxv, 38): *in plerisque
distinguitur liber nouus, non in* c²c⁴. *tituli:* explicit liber tertius incipit quartus F:
liber quartus incipit L: propertii aurelii nautę liber tercius explicit: quartus et
ultimus incipit feliciter B: propertii aurelii nautę monobiblos liber tertius explicit
incipit quartus H: prop. aur. naut. poetę clarissimi elegiarum liber explicit tertius
incipit eiusdem quartus ν: prop. aur. naut. lib. ter. expl. inc. quartus μ: prop. aur.
naut. lib. iii finit incipit iiii foeliciter c³.

adn. 3 (*fol. 132b*)

IV, iv, **1**. *Arethusam et Lycotam fuisse Aeliam Gallam et Postumum ex Ell. Lib.* III,
xi, *e u.* 7 *praesertim* (*cf. u. nostrum* 26), *ueri simile est; nonne certum uidetur, cum
reuocamus Verg. Ecl.* x, 1, 2:

> extremum hunc, *Arethusa*, mihi concede laborem:
> pauca *meo Gallo* sed quae legat ipsa *Lycoris*...?

(*hanc saltem Arethusam amantem uult amplecti per plus quam Ionium mare.*) III, xi
anno 731/23 *scripta elegia;* IV, iv, (26) *anno* 734/20–735/19, *Tiberio in Orientem misso.*

adn. 4 (*fol. 133a*)

IV, iv, **17** *seqq. uncialis fol.* 133 *a, b, nisi quod uu.* 23, 24 *post u.* 48 *exstabant, restitui;
pagina* (*a*) *uu.* 17–22, 25–32 *et ultimos uu.* 33, 34, *pagina* (*b*) *uu.* 35–48 *et ultimos
uu.* 23, 24 *continebat. quae pagina* (*b*) *sic a codd. seruata est; at pagina* (*a*) *omissa est
ab eo qui est secutus et folii* 134 *a decem uersus ante fol.* 133 *b exscripti. tum corrector
particulatim in marginibus imis paginarum uicinarum* (*succedentis folii*) *uu.* 17–22,
(*praecedentis*) *uu.* 25–30 *omissos inseruit; uu.* 31, 32 *summa in pagina* (*ubi margo minor*)
cum u. 35 *signis coniunxit, uu.* 33, 34 (*sic a u.* 32 *diuisos*) *supra paginam succedentem
posuit. qui sic correcto apographo usus est inter diuersa signa errauit. idem fere euenit
in Ell. Lib.* III, v, 11–40 (*fol.* 97 *a, b*): *q.u. uide etiam fol.* 139 *a, b* (*Ell. Lib.* IV, vi, 33).

17–22 *in codd. inter u.* 62 *et u.* 63 *exstant. ibi uu.* 17, 18 *non cohaerere uidit
Burmannus et post u.* 22 *traiecit* (*sic Postgatius*). *ergo dicit:* '*ne tanti sit gloria, ut
sacra faciam*'; *ne sic quidem sanatus locus est. tantine, ut lacrimes, Africa tota fuit*
(*Ell. Lib.* III, xx, 4), *et Tibulli* non ego sum tanti ploret ut illa semel (II, vi, 42)
*indicant quale ibi sit requirendum. his uersibus narrat horas diurnas quibus nocturnae
debent succedere.*

adn. 5 (*fol. 133b*)

IV, iv, **48.** *me quidem iudice clamant 'altae aquae' Scytharum proprium nomen.*
Stat. Theb. XII, 526 (*de Amazonibus triumphatur Theseus, Hippolyten reducit,* 534):
bipennes
quis nemora et *solidam Maeotida* caedere suetae.

ultra Amazonas et Hippolyten Armenius Araxes et Scythiae iuga, quo ire uelit
Arethusa. in mare Caspium fluit Araxes contra sinum Scythicum; Caspium mare cum
Oceano boreali coniunctum credebant Eratosthenes et Strabo, quem Oceanum, ut
Maeotida, hieme gelatum nouerant. sed pater Caspius *est mons Caspius (cf. Verg.*
Aen. XII, 703:
niuali
uertice se attollens pater Appenninus ad auras).

Tauri iugum est, qui resilit ad septentriones flexusque inmensum iter quaerit,
uelut de industria rerum natura subinde aequora opponente, hinc Phoenicium,
hinc Ponticum, illinc Caspium et Hyrcanium contraque Maeotium lacum...quin
etiam confractus, effugiens quoque maria, plurimis se gentium nominibus hinc et
illinc implet, *a dextra Hyrcanius, Caspius, a laeua...Amazonicus...Scythicus*
appellatus, in uniuersum uero Graece Ceraunius, *Plin. N.H.* v, 27, §§ 97, 99. *Verg.*
Aen. VI, 798–9: Caspia regna, Maeotia tellus; *Hor. C.* II, ix: mare Caspium (2)...
nec *Armeniis in oris...stat glacies iners* menses per omnes (4–6)...cantemus
rigidum Niphaten, Medumque flumen...minores uoluere uertices. *Priscianus,*
Periegesis, 629 *seqq., multa de Tauro ut Plinius, sed de Tanai dicit* (653 *seqq.*):
Caucasiis exit cuius fons montibus altis,
murmure cum uasto Scythiae per plana refusus.
hunc tamen inmenso torrentem flumine uertit
in glaciem boreas horrendo flamine saeuus.

ut (C)aspius *in* a(f)fricus *ita in archetypo* (C)andidus *in* ardidus *abiit uersus initio:*
Ell. Lib. I, ii, 24 (*cf. ad* IV, xi, 43 *et* II, xvii, 47).

adn. 6 (*fol. 136b*)

IV, v, **70.** '*hac lege ut patriam prodam matrisne honorem* (69) *ex te habebo? filiosne tuos*
sub aula pariam, non sub diuo, ut peperit ante me Vestalis Ilia Romulum? reginane,
quamuis hospes, non ancilla, fiam? (cf. Ciris, 443, 444; *Ouid. Her.* III, 69, 70 *al.*). satis*
quidem dotata uenio. sin minus honoris habebo, ut Sabinas gens Romuli, me rape.' cf.*
Stat. Theb. XII, 539 (*de Hippolyta a Theseo capta*): Atthides...mirantur...magnis*
quod barbara semet Athenis / misceat atque *hosti ueniat paritura marito* (paritura ω,
Priscianus: placitura P). [*fortasse eadem est corruptio in Tibull.* II, v, 51, Marti
placitura sacerdos Ilia (*codd.*): paritura *Postgatius* (placitura *in. u.* 35).] *Stat. Achill.* I,
954: (*Deidamia, noua nupta, Achilli profecturo*) *pariat ne quid tibi barbara coniunx /*
ne qua det indignos Thetidi captiua nepotes....rursusque *tuos* dignabere *partus*
(932). *in Ciri Scylla, dum* undique conquirit nubendi sedula causas (354) *patri suo*
orbum flet maesta parentem/*cum Ioue communes cui non datum habere nepotes* (361).
quae 'me rape' potuit dicere noctu militi, non in 'pariam' haesitabit. elegantius
Ouidius, Met. VIII, 53–6 (*Scylla*):
o ego ter felix, si pennis lapsa per auras
Gnosiaci possem castris insistere regis,
fassaque me flammasque meas, *qua dote, rogarem,*
uellet emi: tantum patrias ne posceret arces.
nam pereant potius *sperata cubilia* quam sim
proditione potens.

denique uersibus nostris respondet Tatius in u. 100: 'nube' ait 'et regni scande cubile
mei.'

adn. 7 (*fol.* 138 *b*)

IV, vi, **23**. *primum de zmaragdis. Ell. Lib.* I, x, 43:

> sed quascumque tibi *uestes,* quoscumque *smaragdos (codd.),*
> quosue dedit flauo lumine chrysolithos [*i.e. topazos*]. . . .

Tibull. I, i, 51:

> o quantum est *auri* pereat potiusque *smaragdi,*
> quam fleat ob nostras ulla puella uias:

id. II, iv, 27–30:

> o pereat quicumque legit uiridesque *smaragdos*
> *et niueam Tyrio murice tingit ouem.*
> hic dat auaritiae causas *et Coa puellis*
> *uestis* et e Rubro lucida concha mari.
> haec fecere malas. . . .

Ouid. Met. II, 23, 24:

> *purpurea uelatus ueste* sedebat
> in solio Phoebus claris lucente *zmaragdis* (N).

itaque cum Tyriis Coisue uestibus et auro accedit poetis in mentem in primis smaragdus post Lucretium (IV, 1126):

> grandes uiridi cum luce *zmaragdi*
> *auro includuntur teriturque thalassina uestis.* . . .

secundum de eis qui aurum Eoum *legunt. Plin. N.H.* XXXIII, 4. 21. 66: aurum inuenitur in nostro orbe, ut omittamus Indicum a formicis (*cf. Ell. Lib.* III, xii, 5) *aut apud Scythas grypis erutum.* . . [in Gange Indiae]. *Priscian. Periegesis,* 696:

> primi sunt *Scythiae populi* Saturnia iuxta
> aequora uiuentes Hyrcanique ostia ponti.
> *quos supra grypes ditissima rura zmaragdo,*
> *qualem non alius terrarum possidet orbis,*
> *atque aurum sibimet defendunt pondere puro,*

sc. contra Arimaspos (703). *Lucan.* VII, 756: (*auri*)

> quod legit diues summis Arimaspus harenis.

[*Herodot.* III, 116; IV, 13.] *itaque Eoa aurea ripa supra Hyrcani ponti ostia iacet, ubi etiam optimi zmaragdi inueniuntur.* mons Smaragdites *non illic, sed iuxta Calchedonem dicitur* (*Plin. N.H.* XXXVII, 5. 18. 73): *sed in u. nostro clamant uerba nomen proprium quod locum gazae natiuum* (*ut Tyros, Cos, Thebae, Parthia*) *aut homines fabulosos* (*ut Eurypylum, Attalum*) *indicet. itaque lego* Zmaragditum. *quod archetypus praebuit,* dorozantum, *retinet* z·ar··d·tum; *pro a et g o et o habet, pro m et i, n. de a et o confusis nihil dico.*

adn. 8 (*fol.* 139 *a*)

IV, vi, **33**. *quid euenerit, explicet uncialis. nondum uu.* 29–32 *perdiderant locum; uu.* 33, 34 *paginae* (*a*) *initio stabant. is qui secutus est non, ut in foll.* 135 *b* (137 *b*)—*uide ad* IV, v, 89—, 140 *b* (143 *a*)—*uide ad* vii, 81—, *distichon paginae succedentis primum anticipauit, sed exscriptis uu.* 33, 34 *et uerso per casum uncialis folio in tertium errauit uersum paginae* (*b*). (*iunge* tuas, 34, getas, 50.) *ita primo omisit sedecim uu.* 35–50, *in libro suo fecit ordinem* 32, 33, 34, 51–60. *tum cognito errore aut ipse aut corrector, aut in marginibus aut postea in libri ordine et signis adpositis, exscripsit uu.* 35–50. *credo ego in marginibus, ut factum est in foll.* 133 *a,* 97 *a, qq. uu., quod sic facilius retrorsum migrare potuit distichon* 45, 46 *quam ob homoeoteleuton* [-is, -mor; -is, -rior (47, 48)]: *sequuntur tamen uu.* 47–50 *in loco suo.*

APPENDIX A

adn. 9 (fol. 145 b).

IV, viii, **68** a, b. *primum de Latinitate.* '*Tiburtinus*' *in Gromaticis frequens a Plinio et a Martiale usurpatur;* Tiburtina uia, *Plin. Ep.* VII, 29, 2. *poetae ante Martialem* Tiburs *usurpant, et ipsa uia* Tiburs *apud Horat. Sat.* I, vi, 108 (*de Cicerone Phil.* 5, 7, 19 *dubito:* in Tiburti⟨no⟩ Scipionis). *unus Propertius* Anio Tiburne *habet: Ell. Lib.* III, xxiii, 23. Anienus *pro flumine aut pro fluminis deo nusquam ante Priscianum et Martianum Capellam; apud Statium* (*Silu.* I, iii, 70) *non exstat. hoc disticho igitur duo nomina uix Propertiano ex usu; nec dicitur Cynthia alibi* aurea, *neque epitheton ut hic, de mortalium forma, sed figurate de moribus, usurpatur a poetis.*

deinde de proprietate. potestne fieri ut Cynthiae umbra mandet Propertio non epitaphium componendum, sed uersus a se compositos et ei in columnam inscribendos? nonne debet poeta ustos de ea ceteros omnes (63) *nunc tandem paucis sibi scribendis uersibus compensare? Epitaphium Didonis apud Ouid. Fast.* III, 545–550 *ab ipsa compositum est, caruit quia uate sacro—sed ante mortem:*

> tumulique in marmore carmen
> hoc breue, quod moriens ipsa reliquit, erat....

nec numeri neque uncialis nostri paginae hoc distichon admittunt. aptum sane grammaticis certamen epitaphium Cynthiae.

adn. 10 (fol. 145 b).

IV, viii, **68** a,b. *nunc repetitis ex erroribus librarii qui exemplari utebatur unciali nostro discamus aliquid de eo quem ipse exarabat libro. in hac elegia* (uide ad loc.) *exscripsit pag.* 146 a *totam post u.* 52, *in el.* ii *pag.* 129 a *totam post u.* 38. *rem fecit similem utroque in loco post exscriptos decem uncialis paginae uersus; facilius fecerit si utroque in loco paginam sui libri finiebat. at* vii, 81, 82 e *fol.* 143 a *post u.* 16 *exscripsit; facilius fecerit, si pagina sua cum unciali uersu sedecimo finiebatur; haec omnia enim ob disiuncta prius folia acciderunt. idem fecit post* v, 24, *uu.* 89, 90 *exarando e fol.* 137 b. *nec non facilius explicari possunt quae foliis* 139 a, b *et* 133 a, b *euenerunt, si et suae paginae in* vi, 32 *et* iv, 16 *finiebantur. quid ergo? ponamus ut ueri simile, eundem atque exemplar numerum uersuum ab eo seruatum esse; ponamus ut ueri simile paginam eius in* ii, 38 *finitam esse; tunc exscripsit pag.* 129 a, *deinde uu. sex neglectos* (39–44), *et ad finem exemplaris paginae peruenerat. testantur* Ω *eum, si sedecim et ipse uersus in paginis exararet, paginam suam decem uersibus aliunde inlatis expleuisse (Cynth. xxiv, 29–32, et Ell. Lib. IV, i, 27–30); pannus uterque ab olim praecedentibus segregatus in summa uncialis stabat pagina. itaque a u.* 45, *si sedecim tenebat exemplaris uersus, eadem rursus atque uncialis uersus in ipsa paginae continere.* (sed uu. 45, 46 ab olim praecedentibus segregatos post coeptum, ut credidit, carmen (u. 47) ima in sua pagina posuit.) *et eosdem continebant uersus; pagina in* iv, 16 *desiit* (uide ad loc.), *et in* v, 24; *si non omisit* v, 15–22, v, 53–60 *aut ipse aut uncialis nostri librarius potuit, ut omissos, imam in paginam suam post u.* 88 *restituere. omisitne* v, 92, 93? *immo uero: post* vi, 34, *non uu.* 49, 50 *exscripsit ob uersam paginam, sed uu.* 51 *seqq., in errorem ductus per homoeoteleuton* -ge tuas (34), getas (50). *nec potuit ille* v, 62, 63 *omittere ita ut erant in unciali positos, nec profecto omisit; peruenimus enim ad* vii, 16, *ubi dislocata inter folia a uu.* 81, 82 (*fol.* 143 a) *incipiebat. quid de* vii, 65, 66? *potuit ille, ut uidimus, hos quoque uersa aliqua pagina praesumere; potuerunt hi uersus tali sensu aut ob remis, remiget, per correctorem postea ante u.* 43 *locum nancisci; uix potuit ille per se sic ordinare uersus, cum ipse fuit qui lacunam unius paginae fecerat ante u.* 65. *itaque de singulis paginis nihil* (totam autem paginam 142 a) *omiserat usque ad* IV, viii. *hic tamen adnotauimus illum post u.* 52 *fol.* 146 a *exscripsisse, et ante u.* 37 *uu.* 59–62 e *fol.* 145 b, *cum hic etiam laxa folia et disiuncta sint. paginam suam reliquit agnoscendam inter duas interpolationes, uu.* 37–52. *quid igitur? finiuit quidem paginam suam cum unciali nostro in el.* vii, *in el.* viii *autem ante u.* 37 *et u.* 52, i.e. *post decem uersus uncialis paginae. aut uanam sequimur quaestionem aut inseruit ille ipse inter* vii, 65 *et* viii, 37 *non minus sex uersus. sed quattuor ab* Ω *inserti sunt, i.e. uu.* 59–62, *qui ante* *u. 37 exstant. potuit ille hos quoque, ut* vii, 81, 82 *et* v, 89, 90, *e paginae initio prae-sumere; potuerunt hi quoque, ut* vii, 65, 66 *ob* pallida uina *post u.* 36, fracto...cado, *nancisci locum. sed restat ut illis quattuor addamus duo. sunt in* Ω *uersus duo, uu.* 68 *a, b, qui certe in uncialis ordine non exstabant; hi nunc post uu.* 67, 68 *ab aliquo inserti sunt et ante eosdem uu. nostri* 5, 6 (ramosis Anio...). *non dubito plane censere hos uersus* 68 *a, b* (hic Tiburtina...Aniene) *ab illo ipso quem obseruamus post u. nostrum* 6 *insertos esse. tunc ita desierunt uersus (a u.* 4)*:* uiae, aruis, ebur, terra, tuae, amoris: *adfuerunt* et, et (6, 8), *ut omnia coirent quo facilius quattuor uersus,* ramosis Anio—Aniene, tuae, *ante u.* 7 *omitterentur. admissis autem in ordinem uu.* 68 *a, b post u.* 6 *et uu.* 65, 66 *ante u.* 37, *paginae illius ante u.* 37 *et post u.* 52 *desierunt. haec omnia consideranti nonne licet concludere re uera eum qui exemplari utebatur unciali nostro paginis et ipsum exarasse uersuum sedecim? nonne concludere illum fuisse qui 'fragmenta dissita,' e.g. post* IV, ii, 44, *ex materia collegerit? nonne idem librarius finito uncialis fol.* 72 *uersus xxxii inseruit? at si sedecim tantum uersuum, tunc unciali manu ipse etiam exarabat, et saeculo satis antiquo passus est Propertius huiusmodi calamitates. ad* IV, viii, 68 *a, b reuertamur. non ut spurii ceteri in ordine uncialis stabant; inseruit, in ordinem suum, non post u.* 68, *sed post u.* 6, *is qui secutus est. illic positos neget nemo spurios esse: nullo modo possunt illo cum loco coniungi, nec currente calamo ita eos composuisse librarium ueri simile est. epigramma legimus grammatici alicuius noti, quod illic ob uia sc. Tiburtina* (4) *et Anio* (5) *in margine adnotauerat aut prior librarius aut uncialis nostri.*

adn. 11 (*fol.* 151 *b*)

IV, x, **74**. *solus Auienus memorat Erytheae cognomen priscum. Ora Maritima,* 89 *seqq.:*

> et prominentis hic iugi surgit caput,
> *Oestrymnin istud dixit aeuum antiquius,*
> molesque celsa saxei fastigii
> tota in tepentem maxime uergit Notum.
> sub huius autem prominentis uertice
> sinus dehiscit incolis *Oestrymnicus,*
> in quo insulae sese exserunt *Oestrymnides,*
> laxe iacentes et metallo diuites
> stanni atque plumbi....
> (110) Tartesiisque in terminos *Oestrumnidum*
> negotiandi mos erat: Carthaginis
> etiam coloni et uulgus inter Herculis
> agitans columnas haec adibant aequora....
> (129) siquis dehinc
> *ab insulis Oestrymnicis* lembum audeat
> urgere in undas, axe qua Lycaonis
> rigescit aethra, caespitem Ligurum subit
> cassum incolarum....

id. Descriptio Orbis Terrae, 738 *seqq.:*

> propter Atlantei tergum salis Aethiopum gens
> Hesperides habitant; *dorsum tumet hic Erythiae,*
> hicque sacri (sic terga uocat gens ardua) montis:
> nam protenta iugum tellus trahit: *hoc caput amplae*
> *proditur Europae: genetrix haec ora metalli*
> *liuentis stanni uenas uomit.*

id. Ora Maritima, 308 *seqq., Erythiam insulam uocat:*

> interfluoque scinditur
> a[t] continente[m] quinque per stadia modo.

usque ad Gades solum ipse Auienus explorauerat (*Or. Mar.* 274); *quae non uidit, uidi ego terra marique has insulas et promunturia perscrutatus. itaque intellego scriptorem columnas Herculis fabulosas 'Abilam atque Calpen' cum pharis uel columnis confudisse quas antiqui Poeni et cis et ultra Finem Terrae in usum nauigantium struxerint. neque insulae neque montes neque omnino stanni metalla exstant nisi ultra Minii fluminis ostia, illic Cassiterides siue Hesperides, siue Oestrumnides, illic Finis Terrae, in Notum* (*Or. Mar.* 92), *ut nauiganti uidetur, protentus, et Erythea ab Auieno dictus altero loco* (*Des. Orb. Ter.* 739), *altero* Oestrymnis (*Or. Mar.* 90). *neque Hesiodus* (*Theogon.* 289–293) *neque Herodotus* (IV, 8) *uiderant Erytheam insulam, quam tamen alter* σταθμῷ ἐν ἠερόεντι πέρην κλυτοῦ Ὠκεανοῖο, *alter* πρὸς Γαδείροισι τοῖσι ἔξω Ἡρακλέων στηλέων ἐπὶ τῷ Ὠκεανῷ *posuit. pro codicum lectione* exterminium *cognomen hoc priscum Erytheae (u. 4) reuocaui:* Hercules Oestrumnius *illic celebrari debebat. genitiui contractam formam uide, e.g.* Deci (ii, 107): *etiam nominatiuus contractus est* Soloni (ii, 35), *quae forma pro 'Solonici' uel 'Soloniates' usurpata cum hac nostra comparanda est; cf. ad u.* 75.

adn. 12 (*fol.* 153 *a*)

IV, xi, **43.** *sic initio uersus* Verg. *Aen.* VIII, 657, Galli per dumos..., *cod.* Romanus *praebet* olli, *ob confusas* G *et* O *magis quam quod sequatur* ollis *in u.* 659. *aut eadem res hic quoque accidit, aut* G *initialis ante* a *periit ut in Ell. Lib.* I, ii, 24 (Ω) C *ante* a, *et, credo, in* IV, iv, 48 (Ω). P *ante* u *periisse credo in Ell. Lib.* II, xvii, 47, pulla, *illa* Ω (Gallicus *pro* Callidus (Ω); *Ell. Lib.* II, iii, 50). *habuit noster ante oculos* Vergilium:

> uirgatis lucent sagulis, tum lactea colla
> auro innectuntur, duo quisque Alpina coruscant
> gaesa manu...

etiam Aen. VI, 855 *seqq.*: insignis spoliis Marcellus opimis... sternet Poenos Gallumque rebellem, / tertiaque arma patri suspendet capta Quirino. *hic quoque ut in uu.* 7, 11, 25, 31, *gens deuicti regis erat nominanda; gentem clamant torquis et uirgatae bracae; sed unde pendeat ablatiuus* (uirgatis bracis) *illi sane non sufficit. illi et iaculantis ad eundem in uno uersu referre solus nouit* Rothsteinius. *itaque illi uirgatas maculanti sanguine bracas* Schraderus, *illi, ut uirgatis iaculans it ab agmine bracis, Postgatius, uersum refinxerunt. sed ne sic quidem illi et hic* (41) *ad eundem* εἰς ἔμφασιν *cum elegantia referas.*

adn. 13 (*fol.* 153 *a*)

IV, xi, **45.** *Sil. Italic.* v, 166 *seqq.*:

> est, Orphite, munus,
> est, ait, hoc certare tuum, quis *opima uolenti*
> *dona Ioui portet feretro suspensa cruento.*

Liu. I, 10, 5: spolia ducis hostium caesi suspensa *fabricato ad id apte ferculo gerens* in Capitolium escendit...cognomenque addidit deo: 'Iuppiter Feretri,' inquit, 'haec tibi uictor Romulus rex regia arma fero...' (*cf. u.* 47). [*i.e. ictus ducis ducem feri-entis' certum omen est 'fere-tri'* (tria condita (45)).]

adn. 14 (*fol.* 153 *a*)

IV, xii, **1–8.** *horum octo uersuum hexametri quidem recte in codd. ordinati sunt, pentametri autem inter se ita locos mutauere ut* 6, 8, 2, 4 *exstent ordinati. credo librarii oculum a* Desine (1) *ad* Telicet (5) *errasse, post exscriptum u.* 6 *id erratum percepisse; sed uu.* 8, 2, 4 *tamquam serie post u.* 6 *seruanda eum continuauisse. iam u.* 4 *nostrum post u.* 3 *posuerat* Ribbeckius; *sed* et porta est et ultra portam ianua, *quarum haec in* aulam (5), *illa in* ciuitatem et leges *debet admittere* (v. *Aen.* VI, 552); *eadem igitur* *ratione qua Ribbeckium hic multi iam secuti sunt, debebant certe u. nostrum* 6 *post u.* 5 *traicere* (*Hor. C.* III, xi, 15, 16:

> cessit immanis tibi blandienti
> *ianitor aulae*).

sic statim inter se respondent fuscae *et* nigra, orantem *et* preces, audiat *et* panditur. *semel fixis inter se uu. nostris* 3, 4, 5, 6, *et fixo u.* 1 *et igitur necessario u.* 7 (*post* preces (6) *aptissimum accedit* uota mouent superos), *restat solum ut uu. nostros* 2 *et* 8 *inter duos hexametros diuidamus. pessime uero Ribbeckius* (*et Postgatius*) lacrimas *uersus nostri* 2, *non post* desine...lacrimis urguere (1), *quocum futurum quoque uerbum,* bibent, *facilius possis conectere, sed post u. nostrum* 7 *traiecere;* portitor *enim* (7) uias (8) *tantum curat* (*V. Georg.* IV, 502, 503: *cf. etiam Ell. Lib.* IV, viii, 74; III, xviii, 47, 48, 52). *raro in codd. nostris pentametri sine hexametris ita sunt perturbati: Ell. Lib.* II, iii, 42, 44; III, iii, 64, 66; *cf.* IV, ii, 29–38. *simpliciter autem, ut credo, poetae artem in loco praeclaro uindicaui, cui nunc uelut cumulus accedit uersus noster ultimus.*

adn. 15 (*fol.* 153 *b*)

IV, xii, **15**. *Cf.* sat tibi sit poenae *nox et iniqua uada, Cynth.* xviii, 10. *noctem et caliginem in primis sentiunt illuc adeuntes, post possunt paludes, tum Styga dispicere: e.g. Verg. G.* IV, 468 *ante* 478–480; *in primis redeuntes, ibid.* 497, feror ingenti circumdata nocte; *id. Aen.* VI, 265, 267, 268, obscuri sola sub nocte sub umbram, *ante* 295 *et seqq.,* 438, 439. *itaque non consentio Housmanno* ⟨tes⟩tes *quamuis ingeniose legere uolenti, quia nox, ut decet, prima in ore adeuntis est. sed audacius pluralem* noctes *posuit poeta pro tenebris quam densissimis, ubi nox sit perpetua una dormienda. si quis mutare uelit, legat:* damnatae Noctis set uos...(*cf. Cynth.* xvii, 23).

adn. 16 (*fol.* 154 *a*)

IV, xii, **30**. ' nostra (*ob si cui opposite necessarium*)' *ante* Numantinos, *pro* aera, *scripsit Baehrensius; tum* regna *in* signa *emendauit. quem, nisi possem hoc* regna *in suspicionem uocare, sequi coactus essem.* nostra *enim ualde necessarium; sed post* Numantinos *uel facilius excidere potuisset* nos- *quam* Nr̄a *in* E̦ra *corrumpi. quod autem grauius est, pentameter praecedens ad caesuram habuit litteras* -ros urgea-t; *itaque post* -nos *facile potuit scribi* urgea, *illud postea in* regna *mutari. credo* c² *correcti exemplaris uestigium seruasse,* era *praebentem in utroque loco, in altero* sc. *pro* -tra. *stabilito semel* nostra *in loco alterutro, cadunt* Afra (*Scaliger*), uersa (*Lipsius*), uera (*Beroaldus*). *aera tituli sunt aeneis litteris, domui aptiora quam totidem* signa. *Palmerus proposito* nostra *maluit* una *legere. simile sonat uersus Ell. Lib.* III, ii, 52: ora *Philitea* nostra *rigauit aqua.*

adn. 17 (*fol.* 154 *a*)

IV, xii, **31**. *si eadem Libones trutina ac Scipiones uoluisset noster pensare, aequos nullo modo iudicasset; per auita tropaea nihil ualuerant, duo tantum eorum consules fuerant ante annum* 739/15, *in quo scriptam esse hanc elegiam credo. sed nomen per se non indecorum nobilitauerat Octauianus cum Scriboniam duxisset uxorem, hoc anno nobilitabat consulatus M. Liui Drusi Libonis.*

> omnia non pariter rerum sunt omnibus apta,
> palma nec ex aequo ducitur una iugo,

Ell. Lib. III, viii, 7, 8; ...ut ei quos constet esse laudandos, in dispari tamen genere laudentur: *Cic. de Orat.* III, 7, 26.

> si, quia Graiorum sunt antiquissima quaeque
> scripta uel optima, Romani pensantur eadem
> scriptores trutina, non est quod multa loquamur:

Hor. Epp. II, i, 28 (*cf. Sat.* I, iii, 72). ad ea probanda quae non aurificis statera, sed populari quadam trutina examinantur: *Cic. ibid.* II, 38, 159. *multis uersus noster corruptus uisus est* (*uide Baehrensium*); *Peerlkampius et Baehrensius mendum in* turba *latere uiderunt. ille* uirga (*sc. magistratus insigne*), *hic* cera *dubitanter proposuit. certe si* turba *sc.* auorum *certarent Libones, minus ualerent quam Augusti cum praesenti gratia huiusque anni consulatu tropaea Scipionum compensando. uult certe noster Augusto et consuli placere, uult Corneliam commendare; sed ut exaequentur, ut uelut aequo eant iugo familiae coniunctae, oportet alteram altera trutina pensare;* 'suo' enim quaeque 'in genere princeps' (*Cic. l.c.* III, 7, 28). *itaque pro* turba *lego* libra, *quod ex* ubra *post* t *in* turba *facillime potuit abire. sic illud* utraque...suis *in u.* 32 *nouam uim acquirit.*

adn. 18 (*fol.* 154 b)

IV, xii, **44**. *Sil. Ital.* XIV, 93 *seqq.*:

> tum praecipiti materna furori
> Pyrrhus origo *dabat stimulos proauique superbum*
> *Aeacidae genus atque aeternus carmine Achilles.*

Aeacides hic Peleus.] *id.* XV, 291 (*de Philippo*):

> hic gente egregius ueterisque ab origine regni
> *Aeacidum sceptris proauoque tumebat Achille.*

Verg. Aen. VI, 837 *seqq.*:

> (*Mummius*) caesis insignis Achiuis...
> eruet ille (*L. Aemilius Paullus*) Argos Agamemnoniasque Mycenas,
> ipsumque Aeaciden, genus armipotentis Achilli,
> ultus auos Troiae.

cf. id. ib. III, 326: stirpis Achilleae fastus iuuenemque superbum. *idem uolt noster ac Vergilius:* proauos *Paulli* Macedoniam fregit et totam Graeciam. 'Achiui' ut Argiui *ita omnes apud Troiam Graeci. cf. Ell. Lib.* II, xiv, 25, 27, Achilles, Achiuos; II, xiii, 17, 21, Briseis Achillem...et tanti corpus Achiui (*Muellerus:* Achilli *uel* Achillis *codd.*). *quod Silius Italicus uno loco* stimulos, *altero* tumebat, *habet uix argumenti satis est ut* 'tumidas' *uel* 'tumens' *una cum* stimulantem *in distichon cogamus* | fregit] *hoc* ataui monuere mei *proauique Nerones/*(fregerunt ambo Punica bella duces): *Consol. ad Liuiam,* 451, 452.

adn. 19 (*fol.* 154 b)

IV, xii, **49, 50** *in codd. post u.* 72 *exstant; huc traieci. uide ad u.* 18. *potuit solum hoc distichon post* uiximus *excidisse et in ima uncialis pagina* 155 a *insertum esse; sed credo duo simul disticha,* 49–52, *locum perdidisse. qui alio hos uersus traiecere, num uiderunt fratris honores* 'insignem' *fecisse et sororem? nihil habent cum fecunditate matris aut cum lacrimis Augusti; fuere tamen qui post uu.* 67–70, *fuere qui post u.* 66 *posuerint.*

adn. 20 (*fol.* 154 b)

IV, xii, **50**. *cf. Consol. ad Liuiam,* 49, 50:

> nec uires errasse tuas campoue foroue
> quamque licet citra constituisse modum.

freti hoc uersu, ut codd. dabant, Corneliam anno 738/16 *mortuam esse intellexerunt edd.; quamuis mutata lectione consentio tamen uero hoc esse proximum: sequente anno, ut reor, liber quartus prodiit. uide adn.* 17 *et praefat. p.* 50. *consul quo factus tempore, Lachmannus.*

APPENDIX A

adn. 21 (fol. 155 a)

IV, xii, **59.** *requiritur epitheton cum* ignes, *cui respondeant* re-posceret *et* uiuos (60); *cf.* tardam (Cybeben mouisti, 57). *per discipulae culpam Aemilia in periculum uenit impietatis: Val. Max.* I, 1, 7: maximae uero uirginis Aemiliae discipulam extincto igne tutam ab omni reprehensione Vestae numen praestitit. qua adorante, cum carbasum, quem optimum habebat, foculo imposuisset, subito ignis emicuit. *nec quo modo ignem exstinxerit puella e scripto compertum habemus, compertum tamen puellarum morem quae radant: omnia enim radunt, uel ipsum in foco ignem. Ouid. Fast.* II, 521 *seqq.* (*farra ueteres*)

> usibus admoniti flammis torrenda dederunt,
> *multaque peccato damna tulere suo.*
> *nam modo uerrebant nigras pro farre fauillas,*
> nunc ipsas ignes corripuere casas.

quidni solum Vestae iussa radere cum solo fauillas emundauit?

adn. 22 (fol. 115 b)

III, xvii, **29, 30.** *qui prauam codicum lectionem* Naxon (29), Naxia (30), *emendare conati sunt u.* 29 *mutauere, pro* per mediam...Naxon *legentes*: per Diam...saxis, *Palmerus (prius)*: per Diam...nasci, *Baehrensius*: per Diae...saxa, *Postgatius*: per mediam...Diam, *Palmerus in editione. at nusquam in toto opere Propertius in uno disticho et nomen et epitheton usurpauit quae rem eandem uolunt.* Attica *cum* Cecropiis, Eurypylis *cum* Coae, Latias *cum* Romanos *compensat libens; sed* Diam, Naxia *scribere non potuit: Dia enim et Naxos eadem res. itaque aut* cautem uel huiusmodi aliquid (*cf.* Naxia cos, ἀκόνη) *scripsit et* Naxon *glossema est, aut, quod mihi ueri similius uidetur, in u.* 30 *latet mendum. narrat poeta* ἀναγνωρίσεις *Bacchi; nescii Tyrrheni deum agnouere (27, 28) prope Naxon; in Naxo notissimum miraculum celebrabatur. iam Ariadnen nominauit (8) pro qua factum est; sed post auectam Ariadnen deum agnouere Naxii et fontem uini memorabant (Steph. Byz. v.* Νάξος). *nescia in* nexia *corruptum esse credo, hoc in* Naxia *uel* noxia *mutatum.* noxia *turba* (=impii), Ouid. *Ibis* 174; (=*Cleopatrae comites*) *de Augusti Bello Aegyptiaco Carmen,* 36: *sed hic nulla eiusmodi fabula est, et fortasse, qui noxia intulit, de Tyrrhenis (27) interpretabatur. sic retinetur uersus; licet autem dubitare num retinendus sit. repetitum nomen proprium u. spurium* xi, 30 *a reuocat (et cf.* xxii, 26 *a, b,* IV, ii, 114 *a, b). neque illa turba Naxiorum ab aliis poetis memoratur, quos secundum potor nullus nec testis miraculi adfuit nisi semidei et Ariadne; ne hos quidem potores admittit Seneca Oed.* 487–495:

> pumice ex sicco fluxit Nyctelius latex;
> garruli gramen secuere riui.
> combibit dulces humus alta sucos
> niueique lactis candida fontes
> et mixta odoro Lesbia cum thymo.

apud Catullum (lxiv, 168, 184) nullo litus, sola insula, tecto; *cf. Ouid. A.A.* I, 527–564.

APPENDIX B

'LIBER SECUNDUS'

quo ordine in codd. traditus est

i

f. 25*a* Quaeritis, unde mihi totiens scribantur amores, (I, i)
(*cont.*)   unde meus ueniat mollis in ora liber.
    non haec Calliope, non haec mihi cantat Apollo:
      ingenium nobis ipsa puella facit.
  5 siue illam Cois fulgentem incedere *uidi*,
    hac totum e Coa ueste uolumen erit;
    seu uidi ad frontem sparsos errare capillos,
      gaudet laudatis ire superba comis;
    siue lyrae carmen digitis percussit eburnis,
  10   miramur, facilis ut premat arte manus.
f. 25*b*   seu *t*um poscentes somnum declinat ocellos,
      inuenio causas mille poeta nouas;
    seu nuda erepto mecum luctatur amictu,
      tum uero longas condimus Iliadas;
  15 seu quicquid fecit, siue est quodcumque locuta,
    maxima de nihilo nascitur historia.
    quod mihi si tantum, Maecenas, fata dedissent,
      ut possem heroas ducere in arma manus,
    non ego Titanas canerem, non Ossan Olympo
  20   inpositam, ut caeli Pelion esset iter,
    nec ueteres Thebas nec Pergama nomen Homeri,
      Xerxis et imperio bina coisse uada,
    regnaue prima Remi aut animos Carthaginis altae,
      Cimbrorumque minas et benefacta Mari;
  25 bellaque resque tui memorarem Caesaris, et tu
    Caesare sub magno cura secunda fores.
f. 26*a*   nam quotiens Mutinam aut ciuilia busta Philippos
      aut canerem Siculae classica bella fugae,
    euersosque focos antiquae gentis Etruscae
  30   et Ptolemaeei litora capta Phari,
    aut canerem Aegyptum et Nilum, cum *atratus* in urbem
      septem captiuis debilis ibat aquis,
    aut regum auratis circumdata colla catenis,
      Actiaque in Sacra currere rostra Via,
  35 te mea Musa illis semper contexeret armis,
    et sumpta et posita pace fidele caput.
    Theseus infernis, superis testatur Achilles, *post u. 38 la-*
      hic Ixioniden, ille Menoetiaden. *cunam statui*
    sed neque Phlegraeos Iouis Enceladique tumultus
  40   intonet angusto pectore Callimachus,
    nec mea conueniunt duro praecordia uersu
      Caesaris in Phrygios condere nomen auos.

f. 26*b* nauita de uentis, de tauris narrat arator,
　　　　　enumerat miles uulnera, pastor oues,
　　45　nos contra angusto uersantis proelia lecto.
　　　　　qua pote quisque, in ea conterat arte diem.　　(*expl.* I, i)
f. 58*ab* laus in amore mori: laus altera, si datur uno　　(II, i)
　　　　　posse frui; fruar, o, solus amore meo!　　*uu. 47 seqq.*
　　　　　si memini, solet illa leues culpare puellas,　　*separauit*
　　　　　　　　　　　　　　　　　　　　　　　　Ribbeckius
　　50　et totam ex Helena non probat Iliada.
　　　　　seu mihi sunt tangenda nouercae pocula Phaedrae,
　　　　　pocula priuigno non nocitura suo,
　　　　　seu mihi Circaeo pereundum est gramine, siue
　　　　　Colchis Iolciacis urat ahena focis,
　　55　una meos quoniam praedata est femina sensus,
　　　　　ex hac ducentur funera nostra domo.
　　　　　omnes humanos sanat medicina dolores:
　　　　　solus amor morbi non *habet* artificem.
　　　　　tarda Philoctetae sanauit crura Machaon,
　　60　Phoenicis Chiron lumina Phillyrides,
　　　　　et deus exstinctum Cressis Epidaurius herbis
　　　　　restituit patriis Androgeona focis,
　　　　　Mysus et Haemonia iuuenis qua cuspide uulnus
　　　　　senserat, hac ipsa cuspide sensit opem.
　　65　hoc siquis uitium poterit mihi demere, solus
　　　　　Tantaleae poterit tradere poma manu;
　　　　　dolia uirgineis idem ille repleuerit urnis,
　　　　　ne tenera adsidua colla grauentur aqua;
　　　　　idem Caucasea soluet de rupe Promethei
　　70　bracchia et a medio pectore pellet auem.
　　　　　quandocumque igitur uitam mea fata reposcent
　　　　　et breue in exiguo marmore nomen ero,
　　　　　Maecenas, nostrae spes inuidiosa iuuentae,
　　　　　et uitae et morti gloria iusta meae,
　　75　si te forte meo ducet uia proxima busto,
　　　　　esseda caelatis siste Britanna iugis,
　　　　　taliaque inlacrimans mutae iace uerba fauillae:
expl. f. 58*b* 'huic misero fatum dura puella fuit.'　　(*expl.* II, i)

ii

f. 60*a* Liber eram et uacuo meditabar uiuere lecto;　　(II, iii)
(*expl.*)　　at me conposita pace fefellit Amor.　　*uu. 1, 2 alienos esse*
　　　　　　　　　　　　　　　　　　　　　　　　uidit Scaliger
　　　　　cur haec in terris facies humana moratur?　　(II, ii)
　　　　　Iuppiter, ignosco pristina furta tua.
　　5　fulua coma est longaeque manus; et maxima toto
　　　　　corpore et incedit uel Ioue digna soror,　　*post u. 6*
　　　　　aut cum Dulichias Pallas spatiatur ad aras,　　*lacunam*
　　　　　Gorgonis anguiferae pectus operta comis.　　*statui*
inc. f. 60*a* qualis et Ischomache, Lapithae genus, heroine　　*uu. 9–12 hic alienos*
　　10　Centauris, medio grata rapina mero,　　*ante u. 3 posui*

Mercurio *Ossaeis* fertur Boebeidos undis
    uirgineum *Brimo* conposuisse latus.
cedite iam, diuae, quas pastor uiderat olim
    Idaeis tunicas ponere uerticibus!
15 hanc utinam faciem nolit mutare senectus,
    etsi Cumaeae saecula uatis aget!   (*expl.* II, ii)

iii

f. 26*b*   'Qui nullam tibi dicebas iam posse nocere,   (I, ii)
(*cont.*)   haesisti? cecidit spiritus ille tuus?
    uix unum potes, infelix, requiescere mensem,
      et turpis de te iam liber alter erit?'
  5 quaerebam, sicca si posset piscis harena
      nec solitus ponto uiuere toruus aper,
    aut ego si possem studiis uigilare seueris:
      differtur, numquam tollitur ullus amor.
    nec me tam facies, quamuis sit candida, cepit
  10   (lilia non domina sunt magis alba mea),
    ut Maeotica nix, minio si certet Hibero,   *uu.* 11, 12
      utque rosae puro lacte natant folia,   *post u.* 16
    nec de more comae per leuia colla fluentes, *posuit*
      non oculi (geminae sidera nostra faces),   *Housmannus*
f. 27 *ab* 15 nec siqua Arabio lucet bombyce puella
      (non sum de nihilo blandus amator ego),
    quantum *cum* posito formose saltat Iaccho,
      egit ut euhantes dux Ariadna choros,
    et quantum, Aeolio cum temptat carmina plectro,
  20   par Aganippaeae ludere docta lyrae,
    et sua cum antiquae committit scripta Corinnae,
      carminaque *Erinnes* non putat aequa suis.
    non tibi nascenti primis, mea uita, diebus
      candidus argutum sternuit omen Amor?
  25 haec tibi contulerint caelestia munera diui,
      haec tibi ne matrem forte dedisse putes.
    non, non humani partus sunt talia dona;
      ista decem menses non peperere bona.
    gloria Romanis una es tu nata puellis: *uu.* 29 *et* 31
  30   Romana accumbes prima puella Ioui   *inter se locum*
    nec semper nobiscum humana cubilia uises. *mutare iussit*
      post Helenam haec terris forma secunda redit. *Lachmannus*
    hac ego nunc mirer si flagrat nostra iuuentus?
      pulchrius hac fuerat, Troia, perire tibi.
  35 olim mirabar, quod tanti ad Pergama belli
      Europae atque Asiae causa puella fuit;
    nunc, Pari, tu sapiens et tu, Menelae, fuisti,
      tu quia poscebas, tu quia lentus eras.
    digna quidem facies, pro qua uel obiret Achilles
  40   uel Priamus, belli causa probanda fuit.

siquis uult fama tabulas anteire uetustas,
  hic dominam exemplo ponat in arte meam;
siue illam Hesperiis siue illam ostendet Eois,

expl. f. 27*b* uret et Eoos uret et Hesperios.   (*expl.* I, ii)

(iv)

f. 79*a b* his saltem ut tenear iam finibus! haut mihi, siquis, (II, xvii)
  acrius, ut moriar, uenerit alter amor.   *nouam fecit*
ac ueluti primo taurus detractat aratra,   *elegiam*
  post uenit adsueto mollis ad arua iugo,   *Schraderus*
5 sic primo iuuenes trepidant in amore feroces,
  dehinc domiti post haec aequa et iniqua ferunt.
turpia perpessus uates est uincla Melampus,
  cognitus Iphicli subripuisse boues;
quem non lucra, magis Pero formosa coegit,
10 mox Amythaonia nupta futura domo.
Multa prius dominae delicta queraris oportet, (II, xviii, 1)
  saepe roges aliquid, saepe repulsus eas,   *hinc inc.*
et saepe inmeritos corrumpas dentibus ungues,   *elegia in* Ω
  et crepitum dubio suscitet ira pede.
15 nequiquam perfusa meis unguenta capillis,   *uu.* 15, 16
  ibat et expenso planta morata gradu.   *alienos censuit*
non hic herba ualet, non hic nocturna Cytaeis,   *Housmannus;*
  non Perimedaeae gramina cocta manu.   *post u.* 16
quippe ubi nec causas nec apertos cernimus ictus,   *lacunam*
20 unde tamen ueniant tot mala caeca uia est.   *statui*
non eget hic medicis, non lectis mollibus aeger,
  huic nullum caeli tempus et aura nocet:
ambulat, et subito mirantur funus amici:
  sic est incautum, quicquid habetur amor.
25 nam cui non ego sum fallaci praemia uati?   *uu.* 25, 26
  quae mea non decies somnia uersat anus?   *ante u.* 19
hostis siquis erit nobis, amet ille puellas: *posuit Birtius*
  gaudeat in puero, siquis amicus erit.
tranquillo tuta descendis flumine cymba:
30 quid tibi tam parui litoris unda nocet?
alter saepe uno mutat praecordia uerbo,
expl. f. 79*b* altera uix ipso sanguine mollis erit.

(v)

f. 66*a* Hoc uerum est, tota te ferri, Cynthia, Roma, (II, vii)
(*cont.*) et non ignota uiuere nequitia?
haec merui sperare? dabis mi, perfida, poenas,
  et nobis Aquilo, Cynthia, uentus erit.
f. 66*b* 5 inueniam tamen e multis fallacibus unam,
  quae fieri nostro carmine nota uelit,
nec mihi tam duris insultet moribus et te
  uellicet: heu sero flebis amata diu.

nunc est ira recens, nunc est discedere tempus:

10   si dolor afuerit, crede, redibit amor.

non ita Carpathiae uariant Aquilonibus undae,

  nec dubio nubes uertitur atra Noto,

quam facile irati uerbo mutantur amantes:

  dum licet, iniusto subtrahe colla iugo.

15 nec tu non aliquid, sed prima nocte, dolebis:

  omne in amore malum, si patiare, leue est.

at tu, per dominae Iunonis dulcia iura,

  parce tuis animis, uita, nocere tibi.

non solum taurus ferit uncis cornibus hostem,

20   uerum etiam instanti laesa repugnat ouis.

f. 67a   nec tibi periuro scindam de corpore uestes,

  nec mea praeclusas fregerit ira fores,

nec tibi conexos iratus carpere crines

  nec duris ausim laedere pollicibus.

25 rusticus haec aliquis tam turpia proelia quaerat,

  cuius non hederae circumiere caput.

scribam igitur, quod non umquam tua deleat aetas,   *ante u. 27*

  'Cynthia forma potens, Cynthia uerba leuis.'   *lacunam*

crede mihi, quamuis contemnas murmura famae,   *statui*

30   hic tibi pallori, Cynthia, uersus erit.

vi

Non ita complebant Ephyraeae Laidos aedes,   (II, viii)

  ad cuius iacuit Graecia tota fores,

turba Menandreae fuerat nec Thaidos olim

  tanta, in qua populus lusit Erichthonius,

5 nec, quae deletas potuit conponere Thebas,

expl. f. 67a   Phryne tam multis facta beata uiris.

f. 68a (*inc.*) quin etiam falsos fingis tibi saepe propinquos,   *post u. 6*

  oscula nec desunt qui tibi iure ferant.   *lacunam*

me iuuenum pictae facies, me nomina laedunt,   *statui*

10   me tener in cunis et sine uoce puer;

me laedet, si multa tibi dabit oscula mater,

  me soror et cum qua*e* dormit amica simul.

omnia me laedent: timidus sum (ignosce timori)

  et miser in tunica suspicor esse uirum.   *post u. 14 la-*

15 his olim, ut fama est, uitiis ad proelia uentum est,   *cunam statuit*

  his Troiana uides funera principiis;   *Ribbeckius*

aspera Centauros eadem dementia iussit

  frangere in aduersum pocula Perithoum.

cur exempla petam Graium? tu criminis auctor,

20   nutritus duro, Romule, lacte lupae;

tu rapere intactas docuisti inpune Sabinas:

expl. f. 68a   per te nunc Romae quidlibet audet amor.

f. 65a (*inc.*) felix Admeti coniunx et lectus Vlixis,   (II, v)

  et quaecumque uiri femina limen amat!   *uu. 23, 24 sepa-*

    rauit Postgatius

<table>
<tr><td>f. 68 b
(cont.)</td><td>25</td><td>templa Pudicitiae quid opus statuisse puellis,
    si cuiuis nuptae quidlibet esse licet?</td><td>(II, ix (inc.))
ante et post
uu. 25, 26
lacunam
statuit Lach-
mannus</td></tr>
</table>

<table>
<tbody>
<tr>
<td>f. 68 b
(cont.)</td>
<td>25</td>
<td>

templa Pudicitiae quid opus statuisse puellis,
    si cuiuis nuptae quidlibet esse licet?
quae manus obscenas depinxit prima tabellas
    et posuit casta turpia uisa domo,
illa puellarum ingenuos corrupit ocellos

</td>
<td>

(II, ix (inc.))
ante et post
uu. 25, 26
lacunam
statuit Lach-
mannus

</td>
</tr>
</tbody>
</table>

f. 68 b (cont.)

25 templa Pudicitiae quid opus statuisse puellis,
    si cuiuis nuptae quidlibet esse licet?
  quae manus obscenas depinxit prima tabellas
    et posuit casta turpia uisa domo,
  illa puellarum ingenuos corrupit ocellos
30 nequitiaeque suae noluit esse rudes.
  a, gemat, in terris ista qui protulit arte
    iurgia sub tacita condita laetitia!
  non istis olim uariabant tecta figuris:
    tum paries nullo crimine pictus erat.
35 sed non inmerito uelauit aranea fanum,

expl. f. 68 b   et male desertos occupat herba deos.

f. 68 b (inc.) quos igitur tibi custodes, quae limina ponam,
    quae numquam supra pes inimicus eat?
  nam nihil inuitae tristis custodia prodest:
40   quam peccare pudet, Cynthia, tuta sat est.

f. 65 a (cont.) nos uxor numquam, numquam seducet amica:
    semper amica mihi, semper et uxor eris.

Right column annotations:

(II, ix (inc.)) / ante et post / uu. 25, 26 / lacunam / statuit Lach- / mannus

ante et post / uu. 35, 36 / lacunam / statuit Lach- / mannus

(II, viii)

(expl. II, viii)

(II, v)

(expl. II, v)

vii

Gauisa es certe sublatam, Cynthia, legem,   (II, vi)
    qua quondam edicta flemus uterque diu,
  ni nos diuideret; quamuis diducere amantes
    non queat inuitos Iuppiter ipse duos.
5 'at magnus Caesar.' sed magnus Caesar in armis:
    deuictae gentes nil in amore ualent.
  nam citius paterer caput hoc discedere collo
    quam possem nuptae perdere more faces,
  aut ego transirem tua limina clausa maritus,
10   respiciens udis prodita luminibus.
  a, mea tum quales caneret tibi tibia somnos,   *post u.* 12 la-

expl. f. 65 a   tibia funesta tristior illa tuba!   *cunam statuit* / *Lachmannus*

f. 66 a (cont.) Vnde mihi patriis gnatos praebere triumphis?   (II, vi, 33)
    nullus de nostro sanguine miles erit.   [ante u. 13
15 quod si uera meae comitarent castra puellae,   *ponendi*
    non mihi sat magnus Castoris iret equus.   *uulgati uersus*
  hinc etenim tantum meruit mea gloria nomen,   xxx, 19–22]
    gloria ad hibernos lata Borysthenidas.   *a u.* 13 *noua*
  tu mihi sola places; placeam tibi, Cynthia, solus: *elegia in* Ω
20   hic erit et patrio sanguine pluris amor.   (expl. II, vi)

sequitur uul- / *gati* v *supra*

viii

f. 72 b (cont.) Eripitur nobis iam pridem cara puella;   (II, xiii, 1–8)
    et tu me lacrimas fundere, amice, uetas?
  nullae sunt inimicitiae nisi amoris acerbae:
    ipsum me iugula, lenior hostis ero.
5 possum ego in alterius pos.tam spectare lacerto?
    nec mea dicetur quae modo dicta mea est?

omnia uertuntur; certe uertuntur amores:
expl. f. 72*b* uinceris aut uincis, haec in amore rota est.
f. 71*a* (*inc.*) magni saepe duces, magni cecidere tyranni, (II, x)
10 et Thebae steterunt altaque Troia fuit.
munera quanta dedi uel qualia carmina feci!
illa tamen numquam ferrea dixit 'amo.' (*expl.* II, x)
f. 75*a* ergo iam multos nimium temerarius annos, (II, xv (*inc.*))
improba, qui tulerim teque tuamque domum, *uu.* 13–16
15 ecquandone tibi liber sum uisus? an usque *separauit*
expl. f. 75*a* in nostrum iacies uerba superba caput? *Lachmannus*
f. 72*b* (*inc.*) sic igitur prima moriere aetate, Properti? (II, xii)
sed morere: interitu gaudeat illa tuo! *nouam*
exagitet nostros Manes, sectetur et umbras, *elegiam*
20 insultetque rogis calcet et ossa mea! *statuit Lach-*
f. 32*b* (*inc.*) quid? non Antigonae tumulo Boeotius Haemon *mannus*
corruit ipse suo saucius ense latus, (I, v)
et sua cum miserae permiscuit ossa puellae, *separauit et*
qua sine Thebanam noluit ire domum? *traiecit*
f. 72*b* 25 sed non effugies; mecum moriaris oportet: *Housmannus*
(*cont.*) hoc eodem ferro stillet uterque cruor. (II, xii)
quamuis ista mihi mors est inhonesta futura,
mors inhonesta quidem, tu moriere tamen. (*expl.* II, xii)
f. 75*a* (*inc.*) ille etiam abrepta desertus coniuge Achilles (II, xiv
30 cessare in tectis pertulit arma sua. (*cont.*))
uiderat ille fuga stratos in litore Achiuos, *ante u.* 29
feruere et Hectorea Dorica castra face; *lacunam*
uiderat informem multa Patroclon harena *statuit*
porrectum et sparsas caede iacere comas, *Baehrensius*
35 omnia formosam propter Briseida passus:
tantus in erepto saeuit amore dolor.
at postquam sera captiua est reddita poena,
fortem illum Haemoniis Hectora traxit equis.
inferior multo cum sim uel matre uel armis,
40 mirum, si de me iure triumphat Amor? (*expl.* II, xiv)

ix

ff. 73*ab*–
74*a* Iste quod est ego saepe fui; sed fors et in hora (II, xiii, 9)
hoc ipso eiecto carior alter erit.
Penelope poterat bis denos salua per annos
uiuere, tam multis femina digna procis;
5 coniugium falsa poterat differre Minerua,
nocturno soluens texta diurna dolo;
uisura et quamuis numquam speraret Vlixem,
illum exspectando facta remansit anus.
nec non exanimem amplectens Briseis Achillem
10 candida uaesana uerberat ora manu,
et dominum lauit maerens captiua cruentum
appositum *fuluis* in Simoente uadis,

foedauitque comas, et tanti corpus *Achiui*
maximaque in parua sustulit ossa manu,
15 cum tibi nec Peleus aderat nec caerula mater
    Scyria nec uiduo Deidamia *toro.*
tunc igitur ueris gaudebat Graecia natis:
    otia tunc felix inter et arma pudor.
at tu non una potuisti nocte uacare,
20   inpia, non unum sola manere diem.
quin etiam multo duxistis pocula risu:
    forsitan et de me uerba fuere mala.
hic etiam petitur qui te prius ipse reliquit.
    di faciant, isto capta fruare uiro!
25 haec mihi uota tuam propter suscepta salutem,
    cum capite hoc Stygiae iam poterentur aquae
et lectum flentes circum staremus amici?
    hic ubi tum, pro di, perfida, quisue fuit?
quid si longinquos retinerer miles ad Indos,
30   aut mea si staret nauis in Oceano?
sed uobis facile est uerba et conponere fraudes:
    hoc unum didicit femina semper opus.
non sic incerto mutantur flamine Syrtes,
    nec folia hiberno tam tremefacta Noto,
35 quam cito feminea non constat foedus in ira,
    siue ea causa grauis, siue ea causa leuis.
nunc, quoniam ista tibi placuit sententia, cedam.
    tela, precor, pueri, promite acuta magis,
figite certantes atque hanc mihi soluite uitam:
40   sanguis erit uobis maxima palma meus.   *(expl.* II, xiii)
————   (II, xiv (*inc.*))
sidera sunt testes et matutina pruina   *diuisit*
    et furtim misero ianua aperta mihi,   *Wakkerus*
te nihil in uita nobis acceptius umquam;
    nunc quoque erit, quamuis sis inimica, *nihil,*
45 nec domina ulla meo ponet uestigia lecto;
    solus ero, quoniam non licet esse tuum.
atque utinam, si forte pios eduximus annos,
expl. f. 74*a*   ille uir in medio fiat amore lapis!
f. 71*b*   non ob regna magis diris cecidere sub armis   (II, xii (*inc.*))
50   Thebani media non sine matre duces,   *post* viii, 28
quam, mihi si media liceat pugnare puella,   *supra ponebat*
f. 71*b expl.*   mortem ego non fugiam morte subire tua!   *Burmannus*

                                x

f. 125*ab*   Sed tempus lustrare aliis Helicona choreis,   (IV, i, 1 (*inc.*))
(*cont.*)   et campum Haemonio iam dare tempus equo;
iam libet et fortes memorare ad proelia turmas
    et Romana mei dicere castra ducis.
5 quod si deficiant uires, audacia certe
    laus erit: in magnis et uoluisse sat est.

aetas prima canat Veneres, extrema tumultus:
    bella canam, quando scripta puella mea est.
nunc uolo subducto grauior procedere uultu:
10   nunc aliam citharam me mea Musa docet.
surge, anima, ex humili; iam, carmina, sumite uires:
    Pierides, magni nunc erit oris opus.
iam negat Euphrates equitem post terga tueri
    Parthorum et Crassos se tenuisse dolet;
15 India quin, Auguste, tuo dat colla triumpho,
    et domus intactae te tremit Arabiae:
et siqua extremis tellus se subtrahit oris,
    sentiat illa tuas postmodo capta manus.
haec ego castra sequar. uates tua castra canendo
20   magnus ero; seruent hunc mihi fata diem!
ut caput in magnis ubi non est tangere signis,
    ponitur hac imos ante corona pedes:
sic nos, nunc inopes laudis conscendere *in arcem*,
    pauperibus sacris uilia tura damus.
25 nondum etiam Ascraeos norunt mea carmina fontes,
    sed modo Permessi flumine lauit Amor.

uu. 7, 8 *cum uulgati* IV, i *coniungebat Postgatius*

expl. f. 125 *b*

xi

f. 125 *a* (*inc.*)

Scribant de te alii, uel sis ignota, licebit;
    laudet, qui sterili semina ponit humo:
omnia, crede mihi, tecum uno munera lecto
    auferet extremi funeris atra dies;
5 et tua transibit contemnens ossa uiator,
    nec dicet 'cinis hic docta puella fuit.'

(III, xxv)
uu. 1–6 *cum uulgati* III, xxiv *coniungebat Fonteinius*

(*expl.* III, xxv)

xii

f. 71 *a* (*cont.*)

Quicumque ille fuit puerum qui pinxit Amorem,
    nonne putas miras hunc habuisse manus?
is primum uidit sine sensu uiuere amantes
    et leuibus curis magna perire bona.
5 idem non frustra uentosas addidit alas
    fecit et humano corde *uacare* deum,
scilicet alterna quoniam iactamur in unda
    nostraque non ullis permanet aura locis.
et merito hamatis manus est armata sagittis
10   et pharetra ex humero Gnosia utroque iacet,
ante ferit quoniam tuti quam cernimus hostem,
    nec quisquam ex illo uulnere sanus abit.

f. 71 *b*

in me tela manent, manet et puerilis imago;
    sed certe pennas perdidit ille suas,
15 euolat, a, nostro quoniam de pectore nusquam
    adsiduusque meo sanguine bella gerit.
quid tibi iucundum est siccis habitare medullis?
    si *pudor* est, alio traice tela tua!

(II, xi)

intactos isto satius temptare ueneno:
20   non ego, sed tenuis uapulat umbra mea.
quam si perdideris, quis erit qui talia cantet
(haec mea Musa leuis gloria magna tua est),
qui caput et digitos et lumina nigra puellae
    et canat ut soleant molliter ire pedes?   *(expl.* ii, xi)

sequitur ix, 49 *supra*

xiii

f. 57 *a*   Non tot Achaemeniis armatus *Eruthra* sagittis,   (ii, i, i (*inc.*))
spicula quot nostro pectore fixit Amor.
hic me tam graciles uetuit contemnere Musas,
    iussit et Ascraeum sic habitare nemus,
5 non ut Pieriae quercus mea uerba sequantur,
    aut possim Ismaria ducere ualle feras,
sed magis ut nostro stupefiat Cynthia uersu:
    tunc ego sim Inachio notior arte Lino.
non ego sum formae tantum mirator honestae,
10   nec siqua inlustres femina iactat auos:
me iuuet in gremio doctae legisse puellae,
    auribus et puris scripta probasse mea.
haec ubi contigerint, populi confusa ualeto
    fabula: nam domina iudice tutus ero.
15 quae si forte bonas ad pacem uerterit aures,
f. 57 *a expl.*   possum inimicitias tunc ego ferre Iouis.
f. 61 *ab*   quandocumque igitur nostros mors claudet ocellos, (ii, iii)
accipe quae serues funeris acta mei.   *lacunam statuere*
nec mea tunc longa spatietur imagine pompa,   *post Hemster-*
                                                          husium fere
20   nec tuba sit fati uana querella mei;   *omnes*
nec mihi tunc fulcro sternatur lectus eburno,   *uu.* 21, 22 *ante*
    nec sit in Attalico mors mea nixa toro;   19 *posuit Otto*
desit odoriferis ordo mihi lancibus, adsint
    plebei paruae funeris exsequiae.
25 sat mea, sic *manda*, si tres sint pompa libelli,
    quos ego Persephonae maxima dona feram.
tu uero nudum pectus lacerata sequeris,
    nec fueris nomen lassa uocare meum,
osculaque in gelidis pones suprema labellis,
30   cum dabitur Syrio munere plenus onyx.
deinde ubi subpositus cinerem me fecerit ardor,
    accipiat Manes paruula testa meos,
et sit in exiguo laurus super addita busto,
    quae tegat exstincti funeris umbra locum;
35 et duo sint uersus: 'qui nunc iacet horrida puluis,
    unius hic quondam seruus amoris erat.'
nec minus haec nostri notescet fama sepulchri,
    quam *flerunt* Phthii busta cruenta uiri.
tu quoque si quando uenies ad fata, memento,
40   hoc iter ad lapides cana ueni memores.

406

interea caue sis nos aspernata sepultos:
  non nihil ad uerum conscia terra sapit.
atque utinam primis animam me ponere cunis
  iussisset quaeuis de Tribus una Soror!
45 nam quo tam dubiae seruetur spiritus horae?
  Nestoris est uisus post tria saecla cinis;
qui si longaeuae minuisset fata senectae,
  callidus Iliacis miles in aggeribus,

uu. 40 et 42
inter se locum
mutare iussi

f. 62*a* non ⟨*aut*⟩ Antilochi uidisset corpus humari,
50 diceret aut 'o mors, cur mihi sera uenis?'
tu tamen amisso non numquam flebis amico;
  fas est praeteritos semper amare uiros.
testis, cui niueum quondam percussit Adonem
  uenantem Idalio uertice durus aper;
55 illis formosu*s* iacuisse paludibus, illuc
  diceris effusa tu, Venus, isse coma.
sed frustra mutos reuocabis, Cynthia, Manes;
  nam mea qui poterunt ossa minuta loqui?

(*expl.* II, iii)

xiv

f. 80*ab* Non ita Dardanio gauisus Atrida triumpho est,
(*cont.*) cum caderent magnae Laomedontis opes,
nec sic errore exacto laetatus Vlixes,
  cum tetigit carae litora Dulichiae,
5 nec sic Electra, saluum cum aspexit Oresten,
  cuius falsa tenens fleuerat ossa soror,
nec sic, ⟨*cum*⟩ incolumem Minois Thesea uidit,
  Daedalium lino cu*i* duce rexit iter,
quanta ego praeterita collegi gaudia nocte:
10 inmortalis ero, si altera talis erit!
at, dum demissis supplex ceruicibus ibam,
  dicebar sicco uilior esse lacu.

(II, xix (*inc.*))

nec mihi iam fastus opponere quaerit iniquos,
  nec mihi ploranti lenta sedere potest.
15 atque utinam non tam sero mihi nota fuisset
  condicio! cineri nunc medicina datur.

uu. 13, 14
ante 11
posuit
Fonteinius

ante pedes caecis lucebat semita nobis:
  scilicet insano nemo in amore uidet.
hoc sensi prodesse magis: contemnite, amantes!
20 sic hodie ueniet, siqua negauit heri.
pulsabant alii frustra dominamque uocabant:
  mecum habuit positum lenta puella caput.
haec mihi deuictis potior uictoria Parthis,
  haec spolia, haec reges, haec mihi currus erunt.
25 magna ego dona tua figam, Cytherea, columna,
  taleque sub nostro nomine carmen erit:
'has pono ante tuas tibi, diua, Propertius aedes
f. 80*b expl.* exuuias, tota nocte receptus amans.'

(*expl.* II, xix)

f. 80*a* (*inc.*) nunc ad te, mea lux, ueniet mea litore nauis   (II, xviii)

30   seruato? an mediis sidat honusta uadis?   *separauit*

         quod si forte aliqua nobis mutabere culpa,   *G. Fischerus*

         uestibulum iaceam mortuus ante tuum.   (*expl.* II, xviii)

xv

f. 62*a*   O me felicem! nox o mihi candida! et o tu   (II, iv)

(*cont.*)   lectule deliciis facte beate meis!

         quam multa adposita narramus uerba lucerna,

         quantaque sublato lumine rixa fuit!

f. 62*b*   5 nam modo nudatis mecum est luctata papillis,

         interdum tunica duxit operta moram;

         illa meos somno lapsos patefecit ocellos

         ore suo et dixit 'sicine, lente, iaces?'

         quam uario amplexu mutamus bracchia! quantum   *uu.* 9, 10 *ante*

10   oscula sunt labris nostra morata tuis!   3 *posuit Otto*

         non iuuat in caeco Venerem corrumpere motu:

         si nescis, oculi sunt in amore duces.

         ipse Paris nuda fertur periisse Lacaena,

         cum Menelaeo surgeret e thalamo;

15 nudus et Endymion Phoebi cepisse sororem

         dicitur et nudae concubuisse deae.

         quod si pertendens animo uestita cubaris,   *uu.* 17–22 *hi*

         scissa ueste meas experiere manus;   *alienos esse*

         quin etiam, si me ulterius prouexerit ira,   *censuit*

20   ostendes matri bracchia laesa tuae.   *Fonteinius*

         necdum inclinatae prohibent te ludere mammae:

         uiderit haec, siquam iam peperisse pudet.

f. 63*a* (*inc.*) dum nos fata sinunt, oculos satiemus amore:

         nox tibi longa uenit, nec reditura dies.

25 atque utinam haerentes sic nos uincire catena⟨*m*⟩

         uelles, ut numquam solueret ulla dies!

         exemplo uinctae tibi sint in amore columbae,

         masculus et totum femina coniugium.

         errat, qui finem uaesani quaerit amoris:

30   uerus amor nullum nouit habere modum.

         terra prius falso partu deludet arantes

         et citius nigros Sol agitabit equos

         fluminaque ad caput incipient reuocare liquores

         aridus et sicco gurgite piscis erit,

35 quam possim nostros alio transferre dolores:

         huius ero uiuus, mortuus huius ero.

         quod mihi si secum tales concedere noctes

         illa uelit, uitae longus et annus erit.

         si dabit haec multas, fiam inmortalis in illis:

40   nocte una quiuis uel deus esse potest.

         qualem si cuncti cuperent decurrere uitam

         et pressi multo membra iacere mero,

non ferrum crudele neque esset bellica nauis,
    nec nostra Actiacum uerteret ossa mare,
45 nec totiens propriis circum oppugnata triumphis
    lassa foret crines soluere Roma suos.
haec certe merito poterunt laudare minores:
    laeserunt nullos pocula nostra deos.
tu modo, dum lucet, fructum ne desere uitae!
50 omnia si dederis oscula, pauca dabis.
ac ueluti folia arentes liquere corollas,
    quae passim calathis strata natare uides,
sic nobis, qui nunc magnum spiramus amantes,
forsitan includet crastina fata dies.

uu. 49, 50
post 24 *posuit*
Housmannus

f. 63*b* *expl.*

xvi

f. 38*b*   Praetor ab Illyricis uenit modo, Cynthia, terris,   (I, xi)
(*cont.*)–40*b*   maxima praeda tibi, maxima cura mihi.
non potuit saxo uitam posuisse Cerauno?
    a, Neptune, tibi qualia dona darem!
5 nunc sine me plena fiunt conuiuia mensa,
    nunc sine me tota ianua nocte patet.
quare, si sapis, oblatas ne desere messes
    et stolidum pleno uellere carpe pecus;
deinde, ubi consumpto restabit munere pauper,
10 dic alias iterum nauiget Illyrias.
Cynthia non sequitur fasces nec curat honores;
    semper amatorum ponderat una sinus.
at tu nunc nostro, Venus, o succurre dolori,
    rumpat ut adsiduis membra libidinibus!
15 ergo muneribus quiuis mercatur amorem?
    Iuppiter, indigna merce puella perit.
semper in Oceanum mittit me quaerere gemmas
    et iubet ex ipsa tollere dona Tyro.
atque utinam Romae nemo esset diues, et ipse
20 straminea posset dux habitare casa!
numquam uenales essent ad munus amicae,
    atque una fieret cana puella domo;
numquam septenas noctes seiuncta cubares,
    candida tam foedo bracchia fusa uiro.
25 non quia peccarim (testor te), sed quia uulgo
    formosis leuitas semper amica fuit,
barbarus excussis agitat uestigia lumbis
    et subito felix nunc mea regna tenet.
aspice quid donis Eriphyla inuenit amaris,
30 arserit et quantis nupta Creusa malis.
nullane sedabit nostros iniuria fletus?
    an dolor hic uitiis nescit abesse suis?
tot iam abiere dies, cum me nec cura theatri
    nec tetigit Campi, nec mea Musa iuuat.

uu. 29, 30
ante 37 *pono*

35 at pudeat certe, pudeat! nisi forte, quod aiunt,
   turpis amor surdis auribus esse solet.
cerne ducem, modo qui fremitu conpleuit inani
   Actia damnatis aequora militibus:
hunc infamis amor uersis dare terga carinis
40   iussit et extremo quaerere in orbe fugam.
Caesaris haec uirtus et gloria Caesaris haec est:
   illa qua uicit condidit arma manu.
sed quascumque tibi uestes, quoscumque smaragdos,
   quosue dedit flauo lumine chrysolithos,
45 haec uideam rapidas in uanum ferre procellas;
   quae tibi terra, uelim, quae tibi fiat aqua!
non semper placidus periuros ridet amantes
   Iuppiter et surda neglegit aure preces.
uidistis toto sonitus percurrere caelo
50   fulminaque aetherea desiluisse domo;
non haec Pleiades faciunt neque aquosus Orion,
   nec sic de nihilo fulminis ira cadit;—
periuras tunc ille solet punire puellas,
   deceptus quoniam fleuit et ipse deus;
55 quare ne tibi sit tanti Sidonia uestis
   ut timeas quotiens nubilus Auster erit.

xvii

Mentiri noctem, promissis ducere amantem,   (I, xii)
   hoc erit infectas sanguine habere manus!
horum ego sum uates, quotiens desertus amaras
   expleui noctes fractus utroque toro.
5 uel tu Tantalea moueare ad flumina sorte,
   ut liquor arenti fallat ab ore sitim,
uel tu Sisyphios licet admirere labores,
   difficile ut toto monte uolutet onus,
durius in terris nihil est quod uiuat amante
10   nec, modo si sapias, quod minus esse uelis.
quem modo felicem inuidia *lacrim*ante ferebant,
   nunc decimo admittor uix ego quoque die.
nunc iacere e duro corpus iuuat, impia, saxo,   *uu.* 13, 14
   sumere et in nostras trita uenena manus;   *post* 2 *posuit*
                                                     Housmannus
15 nec licet in triuiis sicca requiescere luna
   aut per rimosas mittere uerba fores.
quod quamuis ita sit, dominam mutare cauebo;
   tum flebit, cum in me senserit esse fidem.

xviii

Adsiduae multis odium peperere querellae;   (I, xiii (*inc.*))
   frangitur in tacito femina saepe uiro.
siquid uidisti, semper uidisse negato;
f. 40b *expl.*   aut siquid doluit forte, dolere nega.

410

f. 38a
(inc.)

5 quid mea si canis aetas candesceret annis,
    et faceret scissas languida ruga genas?
at non Tithoni spernens Aurora senectam
    desertum Eoa passa iacere domo est:
illum saepe suis decedens fouit in ulnis,
10   quam prius abiunctos sedula lauit equos;
illum ad uicinos cum amplexa quiesceret Indos,
    maturos iterum est questa redire dies.
illa deos currum conscendens dixit iniquos
    inuitum et terris praestitit officium.
15 cui maiora senis Tithoni gaudia uiui
    quam grauis amisso Memnone luctus erat.
cum sene non puduit talem dormire puellam
    et canae totiens oscula ferre comae.
at tu etiam iuuenem odisti me, perfida, cum sis
20   ipsa anus haut longa curua futura die.

f. 38b (inc.) quin ego deminuo curam, quod saepe Cupido
    huic malus esse solet cui bonus ante fuit.

f. 64b (inc.) nunc etiam infectos demens imitare Britannos,
    ludis et externo tincta nitore caput?
25 ut natura dedit, sic omnis recta figura est;
    turpis Romano Belgicus ore color.
illi sub terris fiant mala multa puellae,
    quae mentita suas uertit inepta comas!
deme *nihil*; *per* te poteris formosa uideri:
30   mi formosa *sat es*, si modo saepe uenis.
an si caeruleo quaedam sua tempora fuco
    tinxerit, idcirco caerula forma bona est?
cum tibi nec frater nec sit tibi filius ullus,
    frater ego et tibi sim filius unus ego.
35 ipse tuus semper tibi sit custodia lectus,
    nec nimis ornata fronte sedere uelis.
credam ego narranti (noli committere) famae:
expl. f. 64b   et terras rumor transilit et maria.

xix

f. 35ab

Etsi me inuito discedis, Cynthia, Roma,
    laetor quod sine me deuia rura coles.
nullus erit castis iuuenis corruptor in agris,
    qui te blanditiis non sinat esse probam.
5 nulla neque ante tuas orietur rixa fenestras,
    nec tibi clamatae somnus amarus erit.
sola eris et solos spectabis, Cynthia, montes
    et pecus et fines pauperis agricolae.
illic te nulli poterunt corrumpere ludi
10   fanaque peccatis plurima causa tuis;
illic adsidue tauros spectabis arantes
    et uitem docta ponere falce comas;

(1, x cont.)
separauit
C. Ross-
bergius

uu. 13, 14
ante 9 posuit
Postgatius

(expl. 1, x)
[sequitur
xvi, 1 supra]
(II, v)
sedecim uersus
separauit
Kuinoelius

uu. 31, 32
ante 29
traiecit
Baehrensius

(1, viii)

atque ibi rara feres inculto tura sacello,
    haedus ubi agrestis corruet ante focos,
15 protinus et nuda choreas imitabere sura.
    omnia ab externo sint modo tuta uiro.
ipse ego uenabor. iam nunc me sacra Dianae
    suscipere, et Veneris ponere uota iuuat;
incipiam captare feras et reddere pinu
20   cornua et audaces ipse monere canes.
non tamen ut uastos ausim temptare leones
    aut celer agrestes comminus ire sues;
haec igitur mihi sit lepores audacia molles
    excipere, et stricto figere auem calamo,
25 qua formosa suo Clitumnus flumina luco
    integit et niueos abluit unda boues.
tu quotiens aliquid conabere, uita, memento
    uenturum paucis me tibi Luciferis.
sic me nec solae poterunt auertere siluae
30   nec uaga muscosis flumina fusa iugis,
quin ego in adsidua *mussem* tua nomina lingua.
f. 35b *expl.*   absenti nemo non nocuisse uelit.   (*expl.* I, viii)

XX

f. 48a   Quid fles abducta grauius Briseide? quid fles   (I, xxi (*inc.*))
(*expl.*)   anxia captiua tristius Andromacha?
f. 48b (*inc.*) quidue mea de fraude deos, insana, fatigas?
    quid quereris nostram sic cecidisse fidem?
5 non tam nocturna uolucris funesta querella
    Attica Cecropiis obstrepit in foliis,
nec tantum Niobae bis sex ad busta superbae
    lacrima sollicito defluit a Sipylo.
mi licet aeratis astringant bracchia nodis,
10   sint *tua* uel Danaes condita membra domo,
in te ego et aeratas rumpam, mea uita, catenas,
    ferratam Danaes transiliamque domum.
de te quodcumque, ad surdas mihi dicitur aures;
    tu modo ne dubita de grauitate mea.
15 ossa tibi iuro per matris et ossa parentis
    (si fallo, cinis heu sit mihi uterque grauis!)
me tibi ad extremas mansurum, uita, tenebras;
    ambos una fides auferet, una dies.
f. 49a   quod si nec nomen nec me tua forma teneret,
20   posset seruitium mite tenere tuum.
septima iam plenae deducitur orbita lunae,
    cum de me et de te compita nulla tacent;
interea nobis non numquam ianua mollis,
    non numquam lecti copia facta tui.
25 nec mihi muneribus nox ulla est empta beatis:
    quicquid eram, hoc animi gratia magna tui.

cum te tam multi peterent, tu me una petisti:
   possum ego naturae non meminisse tuae?
tum me uel tragicae uexetis Erinyes, et me
30   inferno damnes, Aeace, iudicio,
adque *iecur* Tityi uolucris, mea poena, uagetur,
   tumque ego Sisypheo saxa labore geram!
nec tu supplicibus me sis uenerata tabellis:
   ultima talis erit quae mea prima fides.
f. 49b 35 hoc mihi perpetuo ius est, quod solus amator
   nec cito desisto nec temere incipio.

xxi

A, quantum de me Panthi tibi pagina finxit,   (1, xxii)
   tantum illi Pantho ne sit amica Venus!
sed tibi iam uideor Dodona uerior augur?
   uxorem ille tuus pulcher amator habet.
5 tot noctes periere. nihil pudet? aspice, cantat
   liber; tu, nimium credula, sola iaces;
et nunc inter eos tu sermo es: te ille superbus
   dicit se inuito saepe fuisse domi.
dispeream, si quicquam aliud quam gloria de te
10   quaeritur: has laudes ille maritus habet.
Colchida sic hospes quondam decepit Iason:
   eiecta est (tenuit namque Creusa) domo.
sic a Dulichio iuuene est elusa Calypso:
   uidit amatorem pandere uela suum.
f. 50a 15 a, nimium faciles aurem praebere puellae,
   discite desertae non temere esse bonae.
huic quoque, cui restat, iam pridem quaeritur alter.
   experta in primo, stulta, cauere potes.
nos quocumque loco, nos omni tempore tecum
20   siue aegra pariter siue ualente sumus.

xxii

Scis here mi multas pariter placuisse puellas: (1, xxiii)
   scis mihi, Demophoon, multa uenire mala.
nulla meis frustra lustrantur compita plantis.
   o nimis exitio nata theatra meo,
5 siue aliquis molli diducit candida gestu
   bracchia seu uarios incinit ore modos!
interea nostri quaerunt sibi uulnus ocelli,
   candida non tecto pectore siqua sedet,
f. 50a   siue uagi crines puris in frontibus errant,
expl. 10 Indica quos medio uertice gemma tenet.   *post u.* 10
inc. f. 51a quae si forte aliquid uultu mihi dura negarat,   *lacunam*
   frigida de tota fronte cadebat aqua.   *statuit*
quaeris, Demophoon, cur sim tam mollis in omnes?   *Fonteinius*
   quod quaeris, 'quare?' non habet ullus amor.

413

15 cur aliquis sacris laniat sua bracchia cultris
 et Phrygis insanos caeditur ad numeros?
unicuique dedit uitium natura creato:
 mi fortuna aliquid semper amare dedit.
me licet et Thamyrae cantoris fata sequantur,
20 numquam ad formosas, inuide, caecus ero.
sed tibi si exiles uideor tenuatus in artus,
 falleris; haut umquam est culta labore Venus.
percontere licet: saepe est experta puella
 officium tota nocte ualere meum.
25 Iuppiter Alcmenae geminas requieuerat Arctos,
 et caelum noctu bis sine rege fuit,
nec tamen idcirco languens ad fulmina uenit;
 nullus amor uires eripit ipse suas.
quid? cum e complexu Briseidos iret Achilles,
30 num fugere minus Thessala tela Phryges?
quid? ferus Andromachae lecto cum surgeret Hector,
 bella Mycenaeae non timuere rates?
ille uel hic classes poterant uel perdere muros;
 hic ego Pelides, hic ferus Hector ego.
35 aspice, uti caelo modo sol modo luna ministret;   *uu.* 35–42
 sic etiam nobis una puella parum est.   *post* 20 *pono*
altera me cupidis teneat foueatque lacertis,
 altera si quando non sinit esse locum,
aut si forte irata meo sit facta ministro,
40 ut sciat esse aliam, quae uelit esse mea.
nam melius duo defendunt retinacula nauim,
expl. f. 51*b* tutius et geminos anxia mater alit.
f. 53*ab* aut si es dura, nega: sin es non dura, uenito.   (I, xxiv)
(*inc.*) quid iuuat, a, nullo ponere uerba loco?   *lacunam*
                     statuere Itali
45 hic unus dolor est ex omnibus acer amanti,
 speranti subito siqua uenire negat.
quanta illum toto uersant suspiria lecto!
 'cur recipi*t* quae non nouerit? ille uetat?'
et rursus puerum quaerendo audita fatigat,
50 quem, quae scire timet, *dicere* plura iubet.   (*expl.* I, xxiv)

xxiii

Cui fugienda fuit indocti semita uulgi,   (I, xxv)
 ipsa petita lacu nunc mihi dulcis aqua est.
ingenuus quisquam alterius dat munera seruo,
 ut promissa suae uerba ferat dominae?
5 et quaerit totiens 'quaenam nunc porticus illam
 integit?' et 'campo quo mouet illa pedes?'
deinde, ubi pertuleris quos dicit fama labores
 Herculis, ut scribat 'muneris ecquid habes?'
cernere uti possis uultum custodis amari,
10 captus et inmunda saepe latere casa?

quam care semel in toto nox uertitur anno!
a, pereant, siquos ianua clausa iuuat!
contra, reiecto quae libera uadit amictu
custodum et nullo saepta timore, placet;
15 cui saepe inmundo Sacra conteritur Via socco,
nec sinit esse moram, siquis adire uelit.
differet haec numquam, nec poscet garrula, quod te
astrictus ploret saepe dedisse pater,
nec dicet 'timeo; propera iam surgere, quaeso:
20 infelix hodie uir mihi rure uenit.'
et quas Euphrates et quas mihi misit Orontes,
me iuerint: nolim furta *cupita* tori.
libertas quoniam nulli iam restat amanti,
expl. f. 53b null*a*s, liber erit siquis, amare uolet.

xxiv

f. 55b
(cont.)

'Tu loqueris, cum sis iam noto fabula libro
et tua sit toto Cynthia lecta Foro?
cui non his uerbis aspergat tempora sudor?
aut pudor ingenuis aut reticendus amor.'
5 quod si tam facilis spiraret Cynthia nobis,
non ego nequitiae dicerer esse caput,
nec sic per totam infamis traducerer urbem:
uterer et quamuis nomine, uerba darem.
expl.
f. 55b 10 quare ne tibi sit mirum me quaerere uiles.
parcius infamant: num tibi causa leuis?
f. 55b (inc.) et modo pauonis caudae flabella superbae
et manibus dura frigus habere pila,
et cupit iratum talos me poscere eburnos,
quaeque nitent Sacra uilia dona Via.
15 a, peream, si me ista mouent dispendia! *sed* me
fallaci dominae iam pudet esse iocum.
f. 42a (inc.) hoc erat in primis quod me gaudere iubebas?
tam te formosam non pudet esse leuem?
una aut altera nox nondum est in amore peracta,
20 et dicor lecto iam grauis esse tuo.
me modo laudabas et carmina nostra legebas;
ille tuus pennas tam cito uertit amor?
contendat mecum ingenio, contendat et arte,
in primis una discat amare domo;
25 si libitum tibi erit, Lernaeas pugnet ad hydras
et tibi ab Hesperio mala dracone ferat,
taetra uenena libens et naufragus ebibat undas
et numquam pro te deneget esse miser.
quos utinam in nobis, uita, experiare labores!
30 iam tibi de timidis iste proteruus erit,
qui nunc se in tumidum iactando uenit honorem.
discidium uobis proximus annus erit.

(I, xxvii
(*inc.*))

(I, xxvi)
uu. 11–16
segregauit
Scaliger: la-
cunam statuit
Baehrensius

(*expl.* I, xxvi)
(I, xiv, 5)
separauit
Scaliger: la-
cunam statui

lacunam
statuerunt
L. Muellerus
et Postgatius

f. 42*b*   at me non aetas mutabit tota Sibyllae,
        non labor Alcidae, non niger ille dies.
35 tu mea conpones et dices 'ossa, Properti,
        haec tua sunt: eheu, tu mihi certus eras,
    certus eras, eheu, quamuis nec sanguine auito
        nobilis et quamuis non ita diues eras.'
    nil ego non patiar, numquam me iniuria mutat;
40   ferre ego formosam nullum onus esse puto.
    credo ego non paucos ista periisse figura,
        credo ego sed multos non habuisse fidem.
    paruo dilexit spatio Minoida Theseus,
        Phyllida Demophoon, hospes uterque malus;
45 ⟨*et modo*⟩ Iasonia *uecta* est Medea carina,
        et modo seruato sola relicta uiro.
    dura est quae multis simulatum fingit amorem,
        et se plus uni siqua parare potest.
f. 43*a* (*inc.*) noli nobilibus, noli conferre beatis;
50   uix uenit, extremo qui legat ossa die.
    hi tibi nos erimus; sed tu potius precor ut me
        demissis plangas pectora nuda comis.

uu. 47, 48
*alienos
putauerunt
Scaliger
aliique*

XXV

f. 77*b* (*inc.*) Vnica nata meo pulcherrima cura dolori,—
        excludit quoniam sors mea 'saepe ueni'—
    ista meis fiet notissima forma libellis,
        Calue, tua uenia, pace, Catulle, tua.
5 miles depositis annosus secubat armis,
        grandaeuique negant ducere aratra boues,
    putris et in uacua requiescit nauis harena,
        et uetus in templo bellica parma uacat:
    at me ab amore tuo deducet nulla senectus,
10   siue ego Tithonus siue ego Nestor ero.
    nonne fuit satius duro seruire tyranno
        et gemere in tauro, sae*u*e Perille, tuo,
    Gorgonis et satius fuit obdurescere uultu,
        Caucaseas etiam si pateremur aues?
15 sed tamen obsistam. teritur rubigine mucro
        ferreus et paruo saepe liquore silex:
f. 78*a*   at nullo teritur, dominae qui limine am*a*tor
        restat et inmerita sustinet aure minas.
    ultro contemptus rogat, et peccasse fatetur
20   laesus, et inuitis ipse redit pedibus.
    tu quoque, qui pleno fastus adsumis amore,
        credule, nulla diu femina pondus habet.
    an quisquam in mediis persoluit uota procellis,
        cum saepe in portu fracta carina natet?
25 aut prius infecto deposcit praemia cursu,
        septima quam metam triuerit *a*rte rota?

(II, xvii)

inter uu. 17 *et*
18 *lacunam
statui*

416

mendaces ludunt flatus in amore secundi:
   siqua uenit sero, magna ruina uenit.
tu tamen interea, quamuis te diligat illa,
30   in tacito cohibe gaudia clausa sinu:
namque in amore suo semper sua maxima cuique
   nescioquo pacto uerba nocere solent.

f. 78b quamuis te persaepe uocet, semel ire memento:
   inuidiam quod habet, non solet esse diu.
35 at si saecla forent antiquis grata puellis,
   essem ego quod nunc tu: tempore uincor ego.
non tamen ista meos mutabunt saecula mores:
   unus quisque sua nouerit ire uia.
at uos qui officia in multos reuocatis amores,
40   quantum sic cruciat lumina uestra dolor!
uidistis pleno teneram candore puellam,
   uidistis fusco; ducit uterque color:
uidistis quandam Argiuam prodente figura,
   uidistis nostras; utraque forma rapit:
45 pullaque plebeio uel sit sandicis amictu: ante u. 47 la-
   haec atque illa mali uulneris una uia est.   cunam statuit
cum satis una tuis insomnia portet ocellis,   Housmannus,
                                                       post 48 ego
expl. f. 78b   una sit et cuiuis femina multa mala.   statui

<h2 style="text-align:center">xxvi</h2>

f. 43 ab   Vidi te in somnis fracta, mea uita, carina   (I, xv)
(cont.)   Ionio lassas ducere rore manus,
et quaecumque in me fueras mentita fateri,
   nec iam umore graues tollere posse comas,
5 qualem purpureis agitatam fluctibus Hellen,
   aurea quam molli tergore uexit ouis.
quam timui, ne forte tuum mare nomen haberet
   atque tua labens nauita fleret aqua!
quae tum ego Neptuno, quae tum cum Castore fratri,
10   quaeque tibi excepi, iam dea, Leucothoe!   uu. 11, 12
at tu uix primas extollens gurgite palmas   post 16 pono,
   saepe meum nomen iam peritura uocas.   post 18
quod si forte tuos uidisset Glaucus ocellos,   Heimreichius
   esses Ionii facta puella maris,
15 et tibi ob inuidiam Nereides increpitarent,
   candida Nesaee, caerula Cymothoe.
sed tibi subsidio delphinum currere uidi,
   qui, puto, Arioniam uexerat ante lyram;
iamque ego conabar summo me mittere saxo,
20   cum mihi discussit talia uisa metus.   (expl. I, xv)
nunc admirentur quod tam mihi pulchra puella   (I, xvi (inc.))
   seruiat et tota dicar in urbe potens!   separauit
non, si gaza Midae redeant et flumina Croesi,   Burmannus
   dicat 'de nostro surge, poeta, toro.'

R P   417   27

25 nam mea cum recitat, dicit se odisse beatos;
    carmina tam sancte nulla puella colit.
    multum in amore fides, multum constantia prodest;

expl. f. 43*b*   qui dare multa potest, multa et amare potest.

f. 30*ab*   seu mare per longum mea cogitet ire puella,   (I, iv)
(*inc.*) 30 hanc sequar et fidos una aget aura duos.   *noua elegia*
    unum litus erit sopitis unaque tecto   *in* Nμ:
    arbor et ex una saepe bibemus aqua;   *lacunam*
    et tabula una duos poterit componere amantes,   *statuit*
    prora cubile mihi seu mihi puppis erit.   *Housmannus*
35 omnia perpetiar; saeuus licet urgueat Eurus,
    uelaque in incertum frigidus Auster agat,
    quicumque et uenti miserum uexastis Vlixem
    et Danaum Euboico litore mille rates,
    et qui mouistis duo litora, cum ratis Argo
40 dux erat ignoto missa columba mari.
    illa meis tantum non umquam desit ocellis,
    incendat nauem Iuppiter ipse licet.
    certe isdem nudi pariter iactabimur oris;
    me licet unda ferat, te modo terra tegat—
45 sed non Neptunus tanto crudelis amori,
    Neptunus fratri par in amore Ioui.
    testis Amymone, latices dum ferret, in aruis
    conpressa, et Lernae pulsa tridente palus:
    iam deus amplexu uotum persoluit, at illi
50 aurea diuinas urna profudit aquas.
    crudelem et Borean rapta Orithyia negauit:
    hic deus et terras et maria alta domat.
    crede mihi, nobis mitescet Scylla nec umquam
    alternante u*ac*ans uasta Charybdis aqua;
55 ipsaque sidera erunt nullis obscura tenebris,
    purus et Orion, purus et Haedus erit.
    quod mihi si ponenda tuo sit corpore uita,
    exitus hic nobis non inhonestus erit.   (*expl.* I, iv)

xxvii

f. 77*a* (*inc.*) at uos incertam, mortales, funeris horam   (II, xvi)
    quaeritis et qua sit mors aditura uia;
    quaeritis et caelo, Phoenicum inuenta, sereno,
    quae sit stella homini commoda quaeque mala,
5 seu pedibus Parthos sequimur seu classe Britannos,
    et maris et terrae caeca pericla uiae.
    rursus et obiectum *fles tu* caput esse tumultu,
    cum Mauors dubias miscet utrimque manus.   *ante u.* 9
    praeterea domibus flammam domibusque ruinas, *lacunam*
10 neu subeant labris pocula nigra tuis.   *statui*
    solus amans nouit quando periturus et a qua
    morte, neque hic Boreae flabra neque arma timet;

418

iam licet et Stygia sedeat sub harundine remex
　　cernat et infernae tristia uela ratis,
15 si modo clamantis reuocauerit aura puellae,
f. 77 a expl.　concessum nulla lege redibit iter.　　　　　(II, xvi *expl.*)

xxviii

f. 30b　Iuppiter, adfectae tandem miserere puellae!　　(I, v)
expl. f. 30b　tam formosa tuum mortua crimen erit;
f. 31ab　uenit enim tempus quo torridus aestuat aer,
(inc.)　　incipit et sicco feruere terra Cane.
　5 sed non tam ardoris culpa est neque crimina caeli,
　　quam totiens sanctos non habuisse deos.
　hoc perdit miseras, hoc perdidit ante, puellas:
　　quicquid iurarunt, uentus et unda rapit.
　num sibi conlatam doluit Venus? illa peraeque
10　prae se formosis inuidiosa dea est.
　an contempta tibi Iunonis *menda* Pelasgae,
　　Palladis aut oculos ausa negare bonos?
　semper, formosae, non nostis parcere uerbis:
　　hoc tibi lingua nocens, hoc tibi forma dedit.
15 sed tibi uexatae per multa pericula uitae
　　extremo ueniet mollior hora die.
　Io uersa caput primos mugiuerat annos:
　　nunc dea, quae Nili flumina uacca bibit.
　Ino etiam prima terris aetate uagata est:
20　hanc miser inplorat nauita Leucothoen.
　Andromede monstris fuerat deuota marinis:
　　haec eadem Persei nobilis uxor erat.
　Callisto Arcadios errauerat ursa per agros:
　　haec nocturna suo sidere uela regit.
25 quod si forte tibi properarint fata quietem,
　　ipsa, sepultura facta beata tua,
　narrabis Semelae quo sit formosa periclo,
　　credet et illa, suo docta puella malo:
　et tibi Maeonias omnis heroidas inter
30　primus erit nulla non tribuente locus.
　nunc, utcumque potes, fato gere saucia morem:
　　et deus et durus uertitur ipse dies.
　hoc tibi uel poterit coniunx ignoscere Iuno:
expl. f. 31b　frangitur et Iuno, siqua puella perit.
f. 32b　35 deficiunt magico torti sub carmine rhombi,　　(I, vi (*inc.*))
(cont.)　　et *t*acet exstincto laurus adusta foco,　　*noua elegia*
　　　　　　　　　　　　　　　　　　　　　　in Nμν
　et iam Luna negat totiens descendere caelo,
　　nigraque funestum con*cin*it omen auis.　　　*ante u.* 41 *cum*
expl.　una ratis fati nostros portabit amores　　*Housmanno pono*
f. 32b 40　caerula ad infernos uelificata lacus.　　*uu. quattuor*
　　　　　　　　　　　　　　　　　　　　　　viii, 21–24 *supra*
f. 32b　si non unius, quaeso, miserere duorum.　　(I, v, 55)
(cont.)　　uiuam, si uiuet: si cadet illa, cadam.

419

27-2

pro quibus optatis sacro me carmine damno;
    scribam ego 'per magnum est salua puella Iouem':
45 ante tuosque pedes illa ipsa operata sedebit
    narrabitque sedens longa pericla sua.   *(expl.* I, v)

f. 34*b*
(inc.)   haec tua, Persephone, maneat clementia, nec tu,   (I, vii)
    Persephonae coniunx, saeuior esse uelis.   *separauit*
                                                Lachmannus
sunt apud infernos tot milia formosarum;
50   pulchra sit in superis, si licet, una locis.
uobiscum est Iope, uobiscum candida Tyro,
    uobiscum Europe nec proba Pasiphae,
et quot Troia tulit, uetus et quot Achaïa formas,
    et *Pelei* et Priami diruta regna senis;
55 et quaecumque erat in numero Romana puella
    occidit; has omnis ignis auarus habet.
nec forma aeternum aut cuiquam est fortuna perennis: *uu.* 57, 58 *ante*
    longius aut propius mors sua quemque manet.   47 *posui. spurii*
                                                    Fonteinio, alieni
tu quoniam es, mea lux, magno dimissa periclo,   *Housmanno*
60   munera Dianae debita redde choros;   *uisi sunt*
redde etiam excubias diuae nunc, ante iuuencae,
expl. f. 34*b*   uotiuas, noctes et mihi solue decem.   *(expl.* I, vii)

xxix

f. 47*b*
(cont.)   Hesterna, mea lux, cum potus nocte uagarer   (I, xx)
    nec me seruorum duceret ulla manus,
obuia nescioquot pueri mihi turba minuta
    uenerat: hos uetuit me numerare timor.
5 quorum alii faculas, alii retinere sagittas,
    pars etiam uisa est uincla parare mihi;
sed nudi fuerunt. quorum lasciuior unus
    'arripite hunc' inquit; 'iam bene nostis eum;
hic erat, hunc mulier nobis irata locauit.'   *monente*
10   dixit, et in collo iam mihi nodus erat.   *Butlero*
hic alter iubet in medium propellere, at alter: *post u.* 10
    'intereat qui nos non putat esse deos!   *lacunam*
haec te non meritum totas exspectat in horas,   *statui*
    at tu nescioquas quaeris, inepte, fores.
15 quae cum Sidoniae nocturna ligamina mitrae
    soluerit atque oculos mouerit illa graues,
adflabunt tibi non Arabum de gramine odores,
    sed quos ipse suis fecit Amor manibus.
parcite iam, fratres,—iam certos spondet amores;
20   et iam ad mandatam uenimus, ecce, domum.'
atque ita mi iniecto dixerunt rursus amictu:
    'i nunc et noctes disce manere domi.'   *(expl.* I, xx)
f. 45*ab*
(inc.)   mane erat, et uolui si sola quiesceret illa   (I, xvii, 5)
    uisere; at in lecto Cynthia sola fuit.   *nouam elegiam*
25 obstupui: non illa mihi formosior umquam   *statuit Guyetus.*
    uisa, neque ostrina cum fuit in tunica   *deesse initium*
                                                    censeo

ibat et hinc castae narratum somnia Vestae,
    neu sibi neue mihi quae nocitura forent.
talis uisa mihi somno dimissa recenti.
30   heu, quantum per se candida forma ualet!
'quo tu matutinus,' ait, 'speculator amicae?
    me similem uestris moribus esse putas?
non ego tam facilis; sat erit mihi cognitus unus,
    uel tu uel siquis uerior esse potest.
35   adparent non ulla toro uestigia presso,
    signa uolutantis nec iacuisse duos.
aspice ut in toto nullus mihi corpore surgat
    spiritus admisso notus adulterio.'
dixit, et opposita propellens sauia *dex*tra
40   prosilit, in laxa nixa pedem solea.
sic ego tam sancti cust*os de*ludor amoris;
    ex illo felix no*x* mihi nulla fuit.

XXX

Quo fugis, a, demens? nulla est fuga; tu licet usque (I, xviii)
    ad Tanain fugias, usque sequetur Amor.
non si Pegaseo uecteris in aere dorso,
    nec tibi si Persei mouerit ala pedes;
5   uel si te sectae rapiant talaribus aurae,
    nil tibi Mercurii proderit alta uia.
instat semper Amor supra caput, instat, amanti
    et grauis ipse super libera colla sedet;
excubat ille acer custos et tollere numquam
10   te patietur humo lumina capta semel.
et iam si pecces, deus exorabilis ille est,
expl. f. 45*b*   si modo praesentes uiderit esse preces.
f. 47*a* (*inc.*) ista senes licet accusent conuiuia duri;   (I, xix (*cont.*))
    nos modo propositum, uita, teramus iter. *lacunam*
                                                                                statuit
15   illorum antiquis onerantur legibus aures: *Heimreichius*
    hic locus est, in quo, tibia docta, sones,
quae non iure uado Maeandri iacta natasti,
    turpia cum faceret Palladis ora tumor.
f. 66*a* (*inc.*) non tamen inmerito Phrygias nunc ire per undas (II, vi)
20   et petere Hyrcani litora nota maris, *uu.* 19–22
spargere et alterna communes caede Penates, *segregauit*
    et ferre ad patrios praemia dira Lares. *Heimreichius*
f. 47*a*   una contentum pudeat me uiuere amica? (I, xix (*cont.*))
(*cont.*)   hoc si crimen erit, crimen Amoris erit.
25   mi nemo obiciat. libeat tibi, Cynthia, mecum
    rorida muscosis antra tenere iugis.
illic aspicies scopulis haerere Sorores
    et canere antiqui dulcia furta Iouis,
ut Semela est combustus, ut est deperditus Io,
30   denique ut ad Troiae tecta uolarit auis.

421

quod si nemo exstat qui uicerit Alitis arma,
   communis culpae cur reus unus agor?
f. 47b (*inc.*) nec tu Virginibus reuerentia moueris ora:
   hic quoque non nescit quid sit amare chorus,
35 si tamen Oeagri quaedam conpressa figura
   Bistoniis olim rupibus accubuit.
hic ubi me prima statuent in parte choreae
   et medius docta cuspide Bacchus erit,
tum capiti sacros patiar pendere corymbos:
40   nam sine te nostrum non ualet ingenium.

(*expl.* I, xix) [*sequuntur uulgati* xxix, 1–22, *et* xx, 1 *seqq.*] (II, xxi) *nouam elegiam fecerunt* μυC

(xxxi)

f. 82b (*inc.*) quaeris cur ueniam tibi tardior? aurea Phoebi
   porticus a magno Caesare aperta fuit.
tanta erat, in speciem Poenis digesta columnis,
   inter quas Danai femina turba senis.
5 hic ⟨*Phoebus*⟩ Phoebo uisus mihi pulchrior ipso
   marmoreus tacita carmen hiare lyra;
atque aram circum steterant armenta Myronis,
   quattuor, artificis uiuida signa, boues.
tum medium claro surgebat marmore templum,
10   et patria Phoebo carius Ortygia;
e quo Solis erat supra fastigia currus,
   et ualuae Libyci nobile dentis opus:
altera deiectos Parnasi uertice Gallos,
   altera maerebat funera Tantalidos.
(*expl.* f. 82b) 15 deinde inter matrem deus ipse interque sororem
   Pythius in longa carmina ueste sonat.

elegiae finem deesse uidit Perreius

(xxxii)

f. 84b (*inc.*) qui uidet, is peccat; qui te non uiderit, ergo
   non cupiet: facti lumina crimen habent.
nam quid Praenesti dubias, o Cynthia, sortes,
   quid petis Aeaei moenia Telegoni?
5 cur *ita* te Herculeum deportant esseda Tibur?
   Appia cur totiens te uia *Lanuuium*?
hoc utinam spatiere loco, quodcumque uacabis,
   Cynthia! sed tibi me credere turba uetat.
cur uidet accensis deuotam currere taedis
10   in nemus et Triuiae lumina ferre deae?
scilicet umbrosis sordet Pompeia columnis
   porticus aulaeis nobilis Attalicis,
et creber platanis pariter surgentibus ordo,
   flumina sopito quaeque Marone cadunt
15 et leuiter Nymphis *toto* crepitantibus *orbe*,
   cum subito Triton ore recondit aquam.
f. 85a   falleris; ista tui furtum uia monstrat amoris:
   non urbem, demens, lumina nostra fugis.

(II, xxii) *nouam elegiam fecerunt Itali, cuius initium deesse uidit Perreius*

uu. 7, 8 *ante* 1 *traiecit Housmannus*

nil agis; insidias in me conponis inanes:
20 tendis iners docto retia nota mihi.
sed de me minus est. famae iactura pudicae
 tanta tibi miserae, quanta meretur, erit.
nuper enim de te nostras me laedit ad aures
 rumor, et in tota non bonus urbe fuit.
25 'sed tu non debes inimicae credere linguae:
 semper formosis fabula poena fuit.'
non tua deprenso damnata est fama ueneno
 (testis eris puras, Phoebe, uidere manus);
sin autem longo nox una aut altera lusu
30 consumpta est, non me crimina parua mouent.
Tyndaris externo patriam mutauit amore;
 et sine decreto uiua reducta domum est.

f. 85*b* ipsa Venus, quamuis corrupta libidine Martis,
 nec minus in caelo semper honesta fuit,
35 quamuis Ida *palam* pastorem dicat amasse
 atque inter pecudes accubuisse deam.
hoc et Hamadryadum spectauit turba sororum
 Silenique senes et pater ipse chori,
cum quibus Idaeo legisti poma sub antro,
40 subposita excipiens, Nai, *caduca* manu.
an quisquam in tanto stuprorum examine quaerit
 'cur haec tam diues? quis dedit? unde dedit?'
o nimium nostro felicem tempore Romam,
 si contra mores una puella facit!
45 haec eadem ante illam ⟨*iam*⟩ inpune et Lesbia fecit:
 quae sequitur, certe est inuidiosa minus.
qui quaerit Tatios ueteres durosque Sabinos,
 hic posuit nostra nuper in urbe pedem.

f. 86*a* tu prius et fluctus poteris siccare marinos
50 altaque mortali deligere astra manu,
quam facere ut nostrae nolint peccare puellae:
 hic mos Saturno regna tenente fuit.
et cum Deucalionis aquae fluxere per orbem,
 et post antiquas Deucalionis aquas,
55 dic mihi, quis potuit lectum seruare pudicum,
 quae dea cum solo uiuere sola deo?
uxorem quondam magni Minois, ut aiunt,
 corrupit torui candida forma bouis;
nec minus aerato Danae circumdata muro
60 non potuit magno casta negare Ioui.
quod si tu Graias es tuque imitata Latinas,
 semper uiue meo libera iudicio.

xxxiii

Tristia iam redeunt iterum sollemnia nobis: (II, xxiii)
 Cynthia iam noctes est operata decem.

423

f. 86*b*   atque utinam pereant, Nilo quae sacra tepente
                misit matronis Inachis Ausoniis!
      5 quae dea tam cupidos totiens diuisit amantes,
                quaecumque illa fuit, semper amara fuit.
          tu certe Iouis occultis in amoribus, Io,
                sensisti, multas quid sit inire uias,
          cum te iussit habere puellam cornua Iuno
      10   et pecoris duro perdere uerba sono.
          a, quotiens quernis laesisti frondibus ora,
                man*d*isti ⟨*et*⟩ stabulis *arbuta* pasta tuis!
          an, quoniam agrestem detraxit ab ore figuram
                Iuppiter, idcirco facta superba dea es?
      15 an tibi non satis est fuscis Aegyptus alumnis?
                cur tibi tam longa Roma petita uia?
          quiduė tibi prodest uiduas dormire puellas?
(*expl.* f. 86*b*)   sed tibi, crede mihi, cornua rursus erunt,
f. 87*a* (*inc.*) aut nos e nostra te, saeua, fugabimus urbe:
      20   cum Tiberi Nilo gratia nulla fuit.
          at tu, quae nostro nimium placata dolore es,
                noctibus his uacui ter faciamus iter.   *post u. 22*
          non audis et uerba sinis mea ludere, cum iam *lacunam*
                flectant Icarii sidera tarda boues.   *statui*

f. 82*a* 25 lenta bibis: mediae nequeunt te frangere noctes? (II, xx (*cont.*))
(*inc.*)   an nondum est talos mittere lassa manus? *uu. 25–40*
          'a, pereat, quicumque meracas repperit uuas *aliunde*
                corrupitque bonas nectare primus aquas! *inlatos censuit*
          Icare, Cecropiis merito iugulate colonis,   *Baehrensius*
      30   pampineus nosti quam sit amarus odor;
          tuque, o Eurytion, uino, Centaure, peristi,
                nec non Ismario tu, Polypheme, mero.
          uino forma perit, uino corrumpitur aetas,
                 uino saepe suum nescit amica uirum.'
      35 me miserum, ut multo nihil est mutata Lyaeo!
          iam bibe: formosa es—nil tibi uina nocent,
          cum tua praependent demissae in pocula sertae,
                et mea deducta carmina uoce legis.
f. 82*a*   largius effuso madeat tibi mensa Falerno,
expl. 40   spumet et aurato mollius in calice! (*expl.* II, xx)
f. 87*a*   nulla tamen lecto recipit se sola libenter:
(*cont.*)   est quiddam, quod uos quaerere cogat Amor.
          semper in absentes felicior aestus amantes:
                eleuat adsiduos copia longa uiros. (*expl.* II, xxiii)

(xxxiv)

          cur quisquam faciem dominae iam credat Amori? (II, xxiv)
f. 87*a expl.* sic erepta mihi paene puella mea est. *nouam*
f. 87*b* (*inc.*) expertus dico; nemo est in amore fidelis: *elegiam*
          formosam raro non sibi quisque petit. *fecerunt Itali*

5 polluit ille deus cognatos, soluit amicos,
    et bene concordes tristia ad arma uocat:
hospes in hospitium Menelao uenit adulter;
    Colchis et ignotum nonne secuta uirum est?
Lynceu, tune meam potuisti, perfide, curam
10   tangere? nonne tuae tum cecidere manus?
quid si non constans illa et tam certa fuisset?
    posses in tanto uiuere flagitio?
tu mihi uel ferro pectus uel perde ueneno:
    a domina tantum te modo tolle mea.
15 te *dominum* uitae, te corporis esse licebit;
    te *socium* admitto rebus, amice, meis:
lecto te solum, lecto te deprecor uno;
    riualem possum non ego ferre Iouem.

f. 88 a   ipse meas solus, quod nil est, aemulor umbras,
20   stultus, quod *nullo* saepe timore tremo.
una tamen causa est, qua crimina tanta remitto,
    errabant multo quod tua uerba mero.
sed numquam uitae me fallet ruga seuerae:
    omnes iam norunt quam sit amare bonum.   (*expl.* II, xxiv)

(xxxiv *b*)

25 Lynceus ipse meus seros insanit amores!   (II, xxv, 1)
    solum te nostros laetor adire deos.   *separauit*
                                                   Casp.
quid tua Socraticis tibi nunc sapientia libris   *Barthius*
    proderit aut rerum dicere posse uias?
aut quid Erechthei tibi prosunt carmina *plectri*?
30   nil iuuat in magno uester amore senex.
tu satius memorem Musis imitere Philitan
    et non inflati somnia Callimachi.
nam rursus licet Aetoli referas Acheloi
    fluxerit ut magno fractus amore liquor,

f. 88 b 35 atque etiam ut Phrygio fallax Maeandria campo
    errat et ipsa suas decipit unda uias,
qualis et Adrasti fuerit uocalis Arion,
    tristis ad Archemori funera uictor equos,
Amphiaraëae prosint tibi fata quadrigae
40   aut Capanei magno grata ruina Ioui:
desine et Aeschyleo conponere uerba coturno,
    desine, et ad molles membra resolue choros.
incipe iam angusto uersus includere torno
    inque tuos ignes, dure poeta, ueni:
45 tu non Antimacho, non tutior ibis Homero:
    despicit et magnos recta puella deos.
sed non ante graui taurus succumbit aratro,   *uu.* 47–50
    cornua quam ualidis haeserit in laqueis,   *post* 54
nec tu tam duros per te patieris amores: *traiecit L.*
50   trux, tamen a nobis ante domandus eris.   *Muellerus*

harum nulla solet rationem quaerere mundi
    nec cur fraternis Luna laboret equis,
nec si post Stygias aliquid restabit *echidnas*,
    nec si consulto fulmina missa tonent.
55 aspice me, cui parua domi fortuna relicta est
    nullus et antiquo Marte triumphus aui,
ut regnem mixtas inter conuiua puellas
    hoc ego, quo tibi nunc eleuor, ingenio.
me iuuet hesternis positum languere corollis,   (*expl.* II, xxv;
60 quem tetigit iactu certus ad ossa deus.   *et lib.* II)

f. 89*a*   Actia Vergilio custodis litora Phoebi   (III, i, 1)
(*cont.*)   Caesaris et fortes dicere posse rates,   *a u.* 59
qui nunc Aeneae Troiani suscitat arma   *coeptam*
    iactaque Lauinis moenia litoribus.   *nouam*
                                    elegiam
65 cedite Romani scriptores, cedite Grai!   *censuit*
expl. f. 89*a* nescioquid maius nascitur Iliade.   *Housmannus*

f. 23*ab* tu canis umbrosi subter pineta Galaesi   (*Cynthia*
(*inc.*)   Thyrsin et adtritis Daphnin harundinibus,   xxii, 1)
utque decem possint corrumpere mala puellas   *separauit*
70 missus et inpressis haedus ab uberibus.   *Lachmannus*
felix, qui uiles pomis mercaris amores!
    huic licet ingratae Tityrus ipse canat.
felix intactum Corydon qui temptat Alexin
    agricolae domini carpere delicias!
75 quamuis ille sua lassus requiescat auena,
    laudatur facilis inter Hamadryadas.
tu canis Ascraei ueteris praecepta poetae,
    quo seges in campo, quo uiret uua iugo;
tale facis carmen docta testudine, quale
80 Cynthius inpositis temperat articulis.
non tamen haec ulli uenient ingrata legenti,
    siue in amore rudis siue peritus erit;
f. 23*b* (*inc.*) nec minor hic animis aut sim minus ore canorus:
    anseris indocto carmine cessit olor.
85 haec quoque perfecto ludebat Iasone Varro,
    Varro Leucadiae maxima flamma suae;
haec quoque lasciui cantarunt scripta Catulli,
    Lesbia quis ipsa notior est Helena;
haec etiam docti confessa est pagina Calui,
90 cum caneret miserae funera Quintiliae.
et modo formosa quam multa Lycoride Gallus
    mortuus inferna uulnera lauit aqua!
Cynthia quin etiam uersu laudata Properti,   (*expl.*
    hos inter si me ponere Fama uolet.   *Cynthia* xxii)

INDEX

cum conspectu uirorum doctorum quos honoris causa nominaui
et lectionum in archetypo grauiter deprauatarum.

INDEX

Obliquae signa iterata rotae: 330, 331
Oenomaus: 85
Oestrumnius Hercules: 378, *App. adn.*
11
Omphale et in: 284
Ossaeis *in satis corruptum*: 201
Ossan, *fem. an masc. generis?* 140
otia tunc *in* tunc etiam *corruptum*: 226
Otto: 203, 205, 298

P. *cod. Paris. Bibl. Lat. Nat.* 7989: 12,
108
pacta precaria: 340
palam *in* Parim *corruptum*: 246
Paley: 337
Palmer, A.: 4, 156, 161, 174, 248, 251,
267, 289, 318, 350, 370, 386
Pan Tegeaee: *corruptum:* 259 (*cf.* 156)
Panegyric of Messalla: 75–81
pariamne?: 348, *App. adn.* 6
Passerat: 229, 271, 286, 289, 354, 362,
377
paternos cineres: 280
patria apud inferos potestas: 382
pectore mixto: 363
pectus *in* fertur *corruptum*: 349
Peerlkamp: 383
pellax *in* fallax *corruptum*: 335
Perfect indic. act., *3rd pers. plur.* -ĕrunt,
changed to pluperf. -erant: fuerunt,
178, 355, *fortasse* 115; steterunt,
221; condiderunt, 286; exciderunt,
323, 363; palluerunt, 371. *Cf.*
fortasse contulerunt, -int, 143;
fuerint, -unt, -ant, 321; fuerunt
(F), 369. p. 204 flerunt *scripsi, non*
flerant (fuerant Ω), *quia pluperf. hoc*
contractum nusquam legitur; credo
flerunt *in* fuerunt *primo corruptum*
esse. fuerant, *p.* 115 *reliqui ob*
uiderat, 201, 229, uenerat, 130
Perreius: 242, 244
pertica tristis: 334 (*cf.* 76)
Petrarch: 11, 12
Philetas (Philitas): 70, 71, 221, 251,
254, 261, [280], 356
Philippeo sanguine adusta nota: 284
Phillimore, J. S.: 4, 6
phimus *in* Phillis *corruptum*: 370
pigrabitur *in* pugnabitur *corruptum*: 348
plaustra *in* flamma *corruptum*: 264
plectri *in* lecta *corruptum*: 251
Plural, indefinite: 213 (*meae puellae*),
376 (*defessis uiris*)
Poggius: 12
Politianus, A.: 94, 132, 222
Pompeia porticus: 244, 373
Pompeius: 67, 285, 286

Pontanus: 14, 168
Ponticus: 105, 106, 111, [251]
porticus Phoebi: 48, 49, 242
Postgate, J. P.: 4, 6, 11, 20, 227, 233,
262, 311, 325, 340, 347, 362, 380
Postumus: 287, 288, *App. adn.* 3
poterentur: 226
praefulgent *in* persuadent *corruptum*:
94
praegnante *in* pugnante *corruptum*: 366
Praenesti: 244
Priscianus: 277
proauo Achille: 384, *App. adn.* 18
Propertius, earliest works of: 75–87
influences upon: 70–74
ordered composition of: 61–64; *and*
see Stanza-schemes
point of view of: 64–70
Ptolemaeei, *written* Ptolo-: 141
Puccius: 10, 112, 222
pudor *in* puer *corruptum*: 222
punica rostra: 259

Quaque aera rutunda *in* qua quaerar ut
unda *corruptum*: 367
qui Asis, *corruptum*: 139
Quires, of the uncial: 59–61

Rasos ignes: 385, *App. adn.* 21
recipere =*spondere*: 189
Remi, *metri causa pro* Romuli: 140,
327
respiro (=*respo*) *in* respondi *corruptum*:
373
reuolubile carmen: 365
Rhodano *in* Rheno *corruptum*: 380
Ribbeck: 197, 216
Rossberg, Conrad: 164, 339, 341, 358
rostrum temperat ansa suom: 335
Rothstein: 122, 189, 192, 280

Salmasianus, *codex*: 253
saluo *in* solito *corruptum*: 126
Sancus: 373, 375, 378
Santen: 180
Scaliger, J. C.: 4, 15, 114, 118, 167, 197,
200, 208, 246, 273, 292, 307, 309,
315, 316, 331, 370, 376
Schrader: 129, 235, 263, 333, 337, 366
sciet *in* solet *corruptum*: 101
Scioppius: 290, 327
Scribonia: 385
Scriverius: 280
Scythia: 304, 342, *App. adn.* 5, 7
'Second Book' of vulgate: text in full,
App. pp. 397–426
fragments of uncial in: 42; analysis of
fragments: 38–46

430

INDEX

For EU product safety concerns, contact us at Calle de José Abascal, 56–1°,
28003 Madrid, Spain or eugpsr@cambridge.org.

www.ingramcontent.com/pod-product-compliance
Ingram Content Group UK Ltd.
Pitfield, Milton Keynes, MK11 3LW, UK
UKHW010049140625
459647UK00012BB/1718